U0922297

1951–2013

广西价格调查资料汇编

GUANGXI JIAGE DIAOCHA ZILIAO HUIBIAN

公开版

（第三册）

国家统计局广西调查总队 编

广西人民出版社

《广西价格调查资料汇编（公开版）（1951—2013）》

编辑委员会及编委人员名单

编辑委员会

主　　任：邹伟忠　杨京凯

副 主 任：何永东　梁开光　李建茂　杨锡虹　程兴华

主　　编：梁开光

副 主 编：彭金娥　苏小玲

编　　委：彭金娥　苏小玲　苏然荣　黄岚兰　蒋志华　陆俊全
　　　　　金庆全　刘　剑　陈　钧　肖静月　杨宁琳　李　辉
　　　　　骆　洁

编辑工作人员

责任编辑：彭金娥　苏小玲

执行编辑：蒋志华　陈　钧

编辑人员：黄岚兰　蒋志华　陈　钧　肖静月　杨宁琳　司丽锋　李　辉
　　　　　骆　洁

图书在版编目（CIP）数据

广西价格调查资料汇编：1951–2013/ 国家统计局广西调查总队编 .—南宁：广西人民出版社，2014.12

ISBN 978-7-219-09288-0

Ⅰ . ①广… Ⅱ . ①国… Ⅲ . ①价格 – 统计资料 – 汇编 – 广西 –1951~2013 Ⅳ . ① F726.762

中国版本图书馆 CIP 数据核字 (2014) 第 312690 号

策　　划　李　洁
责任编辑　韦洁琳
责任校对　兰　震

出版发行　广西人民出版社
社　　址　广西南宁市桂春路 6 号
邮　　编　530028
印　　刷　广西发展改革委机关服务中心印刷厂
开　　本　889mm × 1194mm　1/16
印　　张　116.25
字　　数　1600 千字
版　　次　2014 年 12 月　第 1 版
印　　次　2014 年 12 月　第 1 次印刷

ISBN　978-7-219-09288-0/F · 1154
总定价：800 元（全三册）

编 者 说 明

一、《广西价格调查资料汇编（公开版）（1951—2013）》是国家统计局广西调查总队编辑出版的大型价格指数历史资料年鉴，收录了1951—2013年广西流通消费价格、工业生产者价格、固定资产投资价格等指数资料。

二、全书内容分为两篇和附录即：第一篇广西价格调查；第二篇价格指数；附录1：1985—2013年全国及各省居民消费价格和商品零售价格指数；附录2：1985—2013年全国工业生产者价格指数；附录3：1991—2013年部分国家居民消费价格指数；附录4：广西CPI波动规律及对策研究。

三、由于各年价格调查方法制度均有不同程度的修改或变动，一些价格指数的分类资料存在前后不衔接、不连贯的情况，编辑时尽量保持历史原貌。本套资料保持当时的价格指数分类，并收录了大、中、小、部分基本分类等价格指数资料。

四、考虑到一些市(县)已自行编制本地区的价格指数年鉴，所以本套资料只收录南宁市、柳州市、鹿寨县、桂林市、全州县、梧州市、北海市、合浦县、防城港市、钦州市、贵港市、玉林市、博白县、百色市、田阳县、贺州市、河池市、宜州市、来宾市、崇左市、扶绥县等21个广西主要市县的居民消费价格总指数和大类指数。

五、本套资料为公开版，分一、二、三册。

目录

第二篇 广西流通消费价格调查

附　录

附录 1：1985—2013 年全国及各省居民消费价格和商品零售价格指数

2000年广西全区商品零售价格各月环比指数

以上月价格为100

类　别	1月	2月	3月	4月	5月
商品零售价格总指数	**99.9**	**101.0**	**98.9**	**99.7**	**99.1**
一、食　品	**99.4**	**103.3**	**97.0**	**99.5**	**97.5**
1. 粮　食	98.9	100.2	99.1	99.6	98.4
(1) 细　粮	98.1	100.2	99.1	99.4	98.0
大　米	97.6	100.1	99.0	99.2	97.3
(2) 粗　粮	105.6	99.8	99.2	101.1	101.6
2. 油脂类	100.1	99.7	100.2	99.4	99.2
3. 肉禽蛋	98.7	102.2	95.9	98.7	98.6
猪　肉	97.5	102.7	95.6	100.1	98.9
牛　肉	99.2	107.1	97.0	96.9	97.8
羊　肉	99.8	111.5	96.1	96.2	94.8
鸡	100.8	100.8	96.1	97.0	98.9
鸭	99.0	99.8	95.0	99.1	98.6
鲜　蛋	99.3	100.0	94.3	95.4	97.7
4. 水产品类	98.6	109.5	97.5	98.6	101.2
5. 鲜　菜	90.4	113.7	91.3	93.7	78.0
6. 干　菜	98.6	101.1	97.3	100.9	99.3
7. 鲜　果	113.8	110.8	91.6	109.3	98.7
8. 干　果	98.9	101.2	100.5	101.3	101.3
9. 其他食品类	100.8	99.9	100.9	101.0	100.7
(1) 调味品	102.1	100.1	100.0	100.0	99.4
盐	106.6	100.0	100.0	100.0	100.0
酱　油	100.0	102.5	100.0	100.0	99.8
(2) 食　糖	101.0	97.9	104.5	103.9	103.3
(3) 糖　果	101.0	99.5	99.3	100.9	100.0
(4) 糕　点	99.8	100.2	100.0	100.0	100.7
(5) 奶及奶制品	100.1	101.6	100.4	100.5	100.4
(6) 罐　头	101.1	100.0	99.6	100.1	99.0
10. 饮食业	99.7	100.0	100.0	100.0	100.0
(1) 主　食	99.3	100.0	100.0	100.0	100.0
(2) 炒　菜	99.8	100.0	100.0	100.0	100.2
(3) 地方小吃	100.0	100.0	100.0	100.0	99.2

6月	7月	8月	9月	10月	11月	12月
99.0	100.1	100.2	100.5	100.2	100.1	99.4
97.2	100.3	101.2	99.9	100.2	100.2	98.1
99.5	99.0	97.3	99.6	99.6	101.1	99.6
99.3	98.5	97.2	99.8	99.4	101.1	99.1
99.3	97.9	96.4	99.9	99.7	101.7	98.8
101.6	102.7	98.1	98.2	101.5	101.3	103.6
99.8	100.4	99.7	99.9	98.9	98.3	97.5
100.1	99.7	102.3	100.7	100.1	100.4	100.1
99.8	100.3	101.7	100.0	101.3	100.8	100.3
99.7	97.7	102.1	99.7	101.6	100.9	99.5
100.0	98.4	98.3	102.9	105.1	102.2	98.3
100.5	100.6	102.2	102.7	98.7	98.5	100.6
101.6	94.3	98.5	99.8	98.1	105.9	100.7
100.8	100.0	112.2	100.6	96.4	96.9	98.6
101.4	100.3	96.9	101.0	97.7	98.0	103.2
80.8	104.1	105.1	98.7	110.5	103.8	79.1
98.0	100.6	99.6	101.0	99.6	100.8	99.1
79.4	100.7	106.1	100.1	93.8	97.3	98.0
100.0	101.3	100.5	99.9	95.3	96.7	98.9
100.5	101.4	101.9	100.0	99.9	100.4	99.3
100.0	99.7	99.9	100.0	99.9	100.2	100.0
100.0	100.0	99.6	100.0	100.8	100.0	99.8
100.0	100.0	100.0	100.0	100.0	100.0	100.0
102.2	107.6	110.0	100.0	99.8	100.8	96.1
100.0	100.0	100.0	100.0	100.1	101.2	100.1
100.3	100.0	100.2	100.0	100.0	100.0	100.0
100.0	100.2	99.8	99.9	99.8	100.0	100.0
101.2	100.1	98.9	99.5	99.8	99.8	100.0
100.0	99.9	100.0	97.2	100.1	100.0	99.8
100.0	100.0	99.9	100.0	100.0	100.0	100.0
100.0	100.0	100.0	95.3	100.0	100.0	99.8
100.0	98.9	100.0	101.1	100.6	100.0	100.0

2000 年广西全区商品零售价格各月环比指数（续表）

以上月价格为 100

类　别	1 月	2 月	3 月	4 月	5 月
二、饮料、烟酒类	**100.6**	**98.9**	**100.5**	**99.7**	**100.4**
1. 饮　　料	99.5	100.0	100.1	99.7	99.4
2. 烟　　酒	100.8	98.7	100.6	99.7	100.6
三、服装、鞋帽类	**99.6**	**98.6**	**93.4**	**100.4**	**100.1**
1. 服　　装	99.3	97.8	97.0	100.7	100.6
2. 鞋	100.2	99.9	101.0	99.9	99.1
3. 其他衣着	100.0	99.8	100.3	100.2	99.8
四、纺织品类	**99.6**	**100.0**	**100.3**	**100.0**	**99.4**
1. 棉　　布	99.7	99.5	100.1	100.0	99.6
2. 棉花化纤混纺布	100.0	100.2	100.0	100.0	99.3
3. 化 纤 布	100.0	100.0	100.8	100.0	99.1
4. 呢　　绒	100.0	101.7	100.8	100.0	98.2
5. 绸　　缎	99.9	100.0	100.2	100.0	100.0
6. 其他纺织品	98.6	99.7	99.8	100.0	99.9
五、中、西药品类	**100.3**	**103.1**	**99.8**	**99.8**	**99.1**
1. 中　　药	99.8	99.1	99.5	100.0	98.2
2. 西　　药	100.8	108.2	100.2	99.5	100.1
3. 医疗用品	99.9	98.1	99.7	99.8	99.3
六、化妆品类	**99.1**	**100.2**	**99.3**	**99.9**	**100.0**
七、书报、杂志类	**100.0**	**101.8**	**100.9**	**100.0**	**100.0**
八、文化体育用品类	**99.9**	**100.0**	**100.0**	**100.2**	**99.9**
1. 文化用品	99.9	100.1	100.0	100.2	99.9
2. 体育用品	100.0	99.9	100.0	100.1	100.0
九、日用品类	**100.2**	**99.5**	**100.6**	**99.9**	**99.9**
1. 一般日用品	100.2	99.8	101.0	99.9	99.8
2. 家 具 类	100.3	99.9	100.0	100.0	100.2
3. 日用杂品	99.8	98.0	100.1	99.8	100.0
十、家用电器类	**99.5**	**98.5**	**99.5**	**99.5**	**99.9**
十一、首 饰 类	**99.9**	**99.6**	**100.1**	**99.5**	**99.9**
十二、燃 料 类	**103.0**	**100.3**	**99.0**	**99.6**	**105.1**
汽　　油	101.2	99.6	100.3	99.8	109.2
煤　　油	100.9	100.9	99.6	100.0	100.5
液化石油气	105.4	100.9	97.4	99.3	101.8
十三、建筑装潢材料类	**100.4**	**100.2**	**99.9**	**99.8**	**99.4**
十四、机电产品类	**99.8**	**99.5**	**99.6**	**98.7**	**96.2**

6月	7月	8月	9月	10月	11月	12月
99.9	**100.1**	**100.0**	**100.1**	**100.0**	**99.8**	**100.0**
99.7	99.7	99.9	99.9	99.8	100.2	100.0
100.0	100.2	100.0	100.1	100.0	99.7	100.0
99.9	**99.9**	**99.2**	**100.0**	**102.6**	**100.3**	**100.3**
99.9	99.9	99.0	100.2	104.6	100.3	100.4
99.8	100.0	99.5	100.2	99.1	100.3	100.0
99.9	99.5	100.0	98.1	100.2	100.6	100.2
100.3	**100.3**	**99.6**	**100.3**	**100.1**	**100.0**	**100.0**
100.8	100.0	98.9	99.7	101.5	99.6	99.8
100.0	100.1	99.3	100.9	99.6	100.0	100.0
100.4	100.0	100.0	100.5	100.0	100.0	100.0
100.0	100.0	99.3	100.0	98.5	100.0	99.9
100.0	99.7	99.9	100.0	100.0	100.0	100.0
100.3	101.5	100.0	100.3	100.3	100.2	100.0
100.4	**99.6**	**99.4**	**100.6**	**98.6**	**100.5**	**99.9**
101.0	99.5	99.4	101.5	97.0	100.4	99.9
99.8	99.8	99.2	99.8	100.1	100.8	99.9
100.0	99.1	100.1	99.5	100.3	100.0	99.9
99.0	**100.0**	**99.6**	**100.0**	**99.3**	**100.2**	**100.0**
100.0	**100.3**	**100.0**	**116.1**	**100.0**	**100.0**	**100.0**
99.6	**100.0**	**99.9**	**99.8**	**100.3**	**100.0**	**100.1**
99.9	99.9	99.9	99.7	100.4	100.0	100.1
99.1	100.2	100.0	100.0	100.2	99.9	100.1
100.1	**99.9**	**100.0**	**99.9**	**100.1**	**99.9**	**99.9**
99.9	99.9	99.9	99.9	99.9	100.0	100.0
99.7	99.9	100.2	99.8	100.6	99.9	99.9
101.6	100.2	100.0	100.0	100.0	99.8	99.5
99.8	**99.9**	**98.3**	**99.1**	**99.8**	**99.9**	**100.6**
99.3	**99.9**	**96.7**	**98.3**	**98.5**	**98.5**	**99.6**
101.9	**100.9**	**102.6**	**105.6**	**102.3**	**100.6**	**100.2**
108.2	104.2	105.4	106.9	99.1	97.1	99.4
102.2	106.1	110.4	103.3	101.2	102.4	99.1
95.8	97.2	99.6	105.1	105.8	104.1	100.8
100.0	**99.8**	**99.9**	**99.8**	**99.6**	**99.9**	**101.0**
98.6	**99.7**	**99.7**	**99.6**	**99.6**	**99.6**	**99.9**

2001年广西全区商品零售价格各月环比指数

以上月价格为100

类　　别	1月	2月	3月	4月	5月
商品零售价格总指数	**100.0**	**99.6**			**99.2**
一、食品类	**100.3**	**100.2**			**98.8**
1. 粮　食	101.5	99.7			99.3
(1) 细　粮	101.8	99.7			99.2
大　米	102.9	100.0			
(2) 粗　粮	98.5	99.7			100.3
2. 油　脂	97.7	101.3			97.9
3. 肉禽蛋	100.7	99.6			99.8
猪　肉	100.2	98.4			
牛　肉	106.1	105.1			
羊　肉	106.3	103.9			
鸡	101.0	100.2			
鸭	97.8	95.8			
鲜　蛋	100.6	99.6			
4. 水产品	105.3	102.3			97.5
5. 鲜　菜	95.1	101.9			93.4
6. 干　菜	98.5	100.7			100.4
7. 鲜　果	100.3	99.8			96.0
8. 干　果	97.0	99.8			101.0
9. 其他食品类	100.8	100.6			100.5
(1) 调味品	104.2	100.6			100.1
盐	117.3	103.5			
酱　油	100.0	100.0			
(2) 食　糖	101.8	102.6			103.1
(3) 糖　果	97.9	100.0			100.0
(4) 糕　点	100.7	100.2			100.0
(5) 奶及奶制品	100.0	99.9			99.9
(6) 罐　头	100.0	100.0			100.0
10. 饮食业	100.0	99.7			100.0
(1) 主　食	101.6	98.6			100.0
(2) 炒　菜	99.5	100.0			100.0
(3) 地方小吃	100.0	100.0			100.0

6月	7月	8月	9月	10月	11月	12月
99.2	**100.2**	**99.1**	**99.9**	**100.7**	**99.5**	**99.4**
98.3	**101.5**	**98.6**	**100.5**	**100.1**	**98.3**	**98.9**
100.5	98.9	99.0	99.2	100.2	100.1	100.1
100.7	98.7	98.9	99.2	100.2	100.2	100.2
99.0	100.3	99.9	99.1	100.4	99.2	99.7
99.3	100.0	99.2	99.2	98.8	99.7	98.8
99.3	101.8	97.7	102.8	100.7	98.6	99.4
97.5	99.7	98.6	97.5	99.4	99.0	99.9
96.9	109.6	96.5	98.5	97.8	94.8	90.7
100.3	99.9	100.5	100.1	100.1	99.7	100.2
86.4	103.4	101.8	98.6	99.5	92.8	100.1
98.3	99.4	100.6	99.6	99.5	100.1	98.7
100.0	99.7	99.7	99.9	100.1	99.8	99.9
99.6	99.5	100.0	100.0	100.6	100.0	99.9
100.4	99.0	99.3	99.5	99.8	99.5	97.3
100.0	100.0	100.0	100.0	100.4	100.7	101.4
100.0	100.0	99.4	100.0	100.0	99.0	100.0
100.0	100.0	100.0	100.0	100.0	100.0	100.5
100.0	100.0	99.9	100.0	100.0	99.6	100.0
100.0	100.0	99.3	99.9	100.8	99.3	100.0
100.0	100.0	100.0	100.0	100.0	100.0	100.0
100.0	100.0	99.0	99.8	101.3	98.9	100.0
100.0	100.0	100.0	100.0	100.0	100.0	100.0

2001年广西全区商品零售价格各月环比指数（续表）

以上月价格为100

类　　别	1月	2月	3月	4月	5月
二、饮料、烟酒类	**99.7**	**99.9**			**99.8**
1. 饮　　料	100.2	99.9			99.6
2. 烟　　酒	99.6	99.9			99.8
三、服装、鞋帽类	**99.7**	**95.5**			**98.6**
1. 服　　装	99.8	96.0			97.5
2. 鞋	99.5	92.9			100.1
3. 其它衣着	100.0	99.3			101.9
四、纺织品类	**100.0**	**99.5**			**100.0**
1. 棉　　布	100.0	98.9			100.0
2. 棉花化纤混纺布	100.0	100.2			100.0
3. 化 纤 布	100.0	100.0			100.0
4. 呢　　绒	100.0	99.6			100.0
5. 绸　　缎	100.0	99.9			100.0
6. 其他纺织品	100.0	98.9			100.1
五、中、西药品类	**98.9**	**99.6**			**99.1**
1. 中　　药	98.9	99.9			98.9
2. 西　　药	98.9	99.2			99.1
3. 医疗用品	99.6	99.4			99.8
六、化妆品类	**97.3**	**100.0**			**99.7**
七、书报、杂志类	**100.0**	**104.1**			**100.0**
八、体育娱乐用品	**99.9**	**100.3**			**99.3**
1. 文化用品	99.7	100.6			99.8
2. 体育用品	100.3	99.9			98.6
九、日 用 品	**99.6**	**99.9**			**99.7**
1. 一般日用品	99.5	100.0			99.6
2. 家 具 类	99.8	100.0			99.7
3. 日用杂品	99.7	99.6			99.9
十、家用电器	**99.7**	**100.0**			**99.6**
十一、首 饰 类	**98.7**	**98.5**			**98.8**
十二、燃 料 类	**101.2**	**98.3**			**101.0**
汽　　油	98.6	95.8			
煤　　油	96.8	98.2			
液化石油气	103.9	100.3			
十三、建筑装潢材料类	**99.6**	**99.9**			**99.6**
十四、机电产品类	**101.7**	**98.3**			**98.6**

注：3、4月数据缺失

6月	7月	8月	9月	10月	11月	12月
100.0	100.0	100.0	100.2	100.7	100.0	99.7
99.9	99.9	100.0	100.0	97.8	100.0	99.9
100.0	100.0	100.0	100.3	101.4	100.0	99.6
99.8	99.6	99.3	98.6	107.2	100.4	102.8
99.9	99.6	99.2	98.9	111.2	100.6	103.6
99.5	99.6	99.5	97.3	99.9	100.0	102.0
99.9	99.9	99.9	100.0	100.4	100.0	100.0
100.0	100.0	99.5	100.0	99.8	100.1	100.5
99.9	100.0	100.0	100.0	99.5	100.2	100.6
100.0	100.0	100.0	100.0	99.4	100.0	100.0
100.0	100.0	98.2	100.0	100.0	100.0	100.0
100.2	100.0	100.6	100.0	99.0	100.0	100.0
99.9	100.0	100.0	100.0	99.9	100.0	101.6
100.0	100.2	100.0	100.0	100.2	100.4	101.4
99.4	99.6	100.2	99.7	100.2	100.2	99.0
99.7	99.6	100.5	99.5	99.0	100.3	98.3
99.0	99.5	100.0	100.1	101.7	100.2	99.5
99.9	99.8	100.0	98.1	99.3	100.0	100.2
100.0	100.0	100.0	100.0	95.4	106.6	100.2
100.0	100.0	100.0	97.5	100.0	100.0	100.0
99.9	100.1	100.0	100.0	99.7	100.0	99.6
99.8	100.2	100.0	100.0	99.6	100.0	99.4
100.0	100.0	100.0	100.0	99.9	100.0	100.0
99.8	100.1	99.9	99.9	99.9	99.8	100.1
99.7	100.3	99.8	99.9	99.9	99.6	100.2
99.9	99.9	99.8	100.1	100.0	100.0	99.8
100.2	100.0	100.1	99.8	99.9	100.0	100.0
99.1	99.1	98.7	99.1	100.0	100.2	99.2
99.7	98.3	99.8	100.1	100.2	99.9	100.0
100.6	95.3	97.1	101.4	102.6	99.4	95.1
100.2	99.7	99.8	99.5	101.2	100.7	99.6
98.6	99.4	98.9	99.4	99.6	98.5	99.3

2002年广西全区商品零售价格各月环比指数

以上月价格为100

类　　别	1月	2月	3月	4月	5月
商品零售价格总指数	**100.6**	**100.2**	**99.5**	**100.2**	**99.2**
一、食 品 类	**98.5**	**102.7**	**99.9**	**100.0**	**98.2**
1. 粮　　食	97.6	99.8	99.5	99.9	99.9
大　　米	96.8	99.7	99.2	99.7	99.9
2. 淀粉及薯类	99.1	108.1	97.9	97.6	98.2
3. 干豆类及豆制品	105.3	101.7	95.5	100.2	97.9
4. 油　　脂	95.6	98.6	98.5	99.9	101.7
5. 肉禽及其制品	100.9	103.9	96.9	99.4	98.9
(1) 食用畜肉及副产品	99.9	104.8	95.7	99.0	98.4
猪　　肉	100.1	104.0	96.0	100.2	99.6
牛　　肉	90.1	112.9	96.0	96.4	97.8
羊　　肉	107.1	101.1	94.0	98.8	95.8
(2) 禽	103.4	103.1	98.3	100.0	99.8
鸡	103.5	103.0	98.3	99.7	99.9
鸭	102.1	102.6	100.3	100.1	99.8
(3) 肉禽加工制品	99.6	101.6	98.9	100.3	99.4
6. 蛋	99.9	103.0	95.7	98.2	102.1
鲜　　蛋	100.0	103.2	95.4	98.0	102.4
7. 水 产 品	101.0	106.3	95.8	99.4	101.6
(1) 鱼	100.0	106.1	97.2	100.3	101.5
淡 水 鱼	100.5	105.2	96.3	101.1	99.8
海 水 鱼	98.4	108.6	99.8	98.0	106.2
(2) 其它水产品	103.6	107.0	92.2	96.8	101.7
8. 菜	91.1	99.1	109.1	103.6	91.9
鲜　　菜	89.7	98.4	111.7	104.3	90.4
9. 调 味 品	100.6	99.9	100.0	100.0	100.3
盐	99.1	100.0	100.4	100.0	100.0
酱　　油	101.0	100.0	100.3	100.0	100.1
10. 糖	103.9	99.0	98.7	98.9	99.5
食　　糖	115.6	97.6	96.5	97.4	99.8
11. 干鲜瓜果	89.6	114.4	112.8	100.4	89.5
鲜　　果	89.3	117.3	115.1	100.5	87.6
12. 糕点饼干面包	101.7	100.0	99.8	100.0	99.1

6月	7月	8月	9月	10月	11月	12月
99.5	**99.7**	**100.0**	**100.6**	**100.6**	**100.0**	**100.1**
99.0	**100.0**	**100.7**	**101.6**	**100.1**	**99.6**	**99.8**
100.1	100.5	100.1	100.3	99.1	100.9	102.3
100.1	100.8	100.3	100.4	98.7	101.4	103.2
103.3	102.1	101.0	99.1	98.2	96.5	99.5
100.4	99.9	100.4	100.1	99.9	99.5	99.5
103.9	100.8	100.2	100.8	99.6	100.4	100.3
99.9	98.8	99.8	100.8	100.5	100.1	100.3
99.8	99.4	100.2	101.1	100.9	100.9	100.2
99.7	99.5	99.9	100.8	99.9	101.1	99.2
101.2	99.8	101.9	100.3	101.7	100.8	102.6
98.7	97.5	101.6	103.6	100.1	103.3	99.2
100.1	97.4	98.7	100.6	100.2	98.5	100.1
100.4	97.5	98.7	100.4	100.0	98.3	100.5
100.3	97.2	98.3	102.2	100.9	96.9	99.4
99.7	99.5	99.9	100.3	99.9	99.8	101.0
100.2	98.8	103.8	103.7	99.4	96.8	98.8
100.2	98.6	104.1	104.1	99.3	96.5	98.7
99.7	101.0	100.4	96.7	100.8	97.3	100.5
99.3	101.3	98.8	96.8	101.5	97.6	100.0
100.8	99.9	99.1	99.2	100.1	97.5	100.7
95.4	105.0	98.0	90.3	105.5	98.2	98.1
100.7	100.2	104.9	96.7	99.0	96.5	101.6
100.8	109.3	106.5	100.3	102.3	95.4	92.8
101.1	110.9	107.2	100.4	102.7	94.8	91.6
100.0	99.9	99.7	99.7	99.9	100.0	100.0
100.0	100.0	100.0	100.0	100.0	100.5	100.0
100.0	99.1	100.1	99.4	100.0	100.0	100.0
99.3	100.2	98.8	100.6	100.1	99.7	101.4
98.4	99.7	97.0	100.4	99.2	99.6	100.0
84.1	90.6	99.4	123.6	97.3	103.7	101.8
80.4	88.3	98.8	130.2	96.7	104.7	101.8
99.6	100.0	99.0	100.0	99.9	100.0	101.0

2002年广西全区商品零售价格各月环比指数（续表1）

以上月价格为100

类　　别	1月	2月	3月	4月	5月
13. 奶及奶制品	100.3	100.0	99.9	99.8	100.0
14. 在外用膳食品	99.9	100.3	99.7	100.0	100.0
15. 其它食品	101.7	100.0	98.5	99.8	98.7
二、饮料、烟酒	**99.2**	**100.2**	**99.8**	**100.1**	**100.2**
1. 茶及饮料	100.6	100.0	99.8	100.1	99.7
(1) 茶　　叶	99.9	100.0	100.0	100.0	99.3
(2) 饮　　料	100.8	100.0	99.7	100.1	99.8
2. 烟　　草	99.5	100.3	99.8	100.2	100.2
3. 酒	97.9	100.1	99.7	99.9	100.5
三、服装、鞋帽类	**102.8**	**94.9**	**96.9**	**100.4**	**100.1**
1. 服　　装	103.1	94.0	95.6	100.4	100.0
(1) 男式服装	103.9	92.2	96.5	100.5	101.1
(2) 女式服装	103.1	94.6	94.6	100.3	99.0
(3) 儿童服装	100.8	96.6	96.9	100.4	100.4
2. 鞋 袜 帽	102.5	96.5	99.6	100.6	100.5
(1) 鞋	103.7	96.0	99.2	100.5	100.5
(2) 袜　　子	96.7	100.0	102.2	100.0	100.0
(3) 帽　　子	92.6	100.0	100.0	104.6	103.2
3. 其　　它	101.1	99.6	100.3	100.1	100.0
四、纺织品类	**100.1**	**100.0**	**99.6**	**100.3**	**99.3**
1. 衣着材料	100.6	99.3	99.0	100.7	100.2
2. 床上用品	99.7	100.5	100.0	100.0	98.6
五、家用电器及音像器材	**107.9**	**99.4**	**99.4**	**99.2**	**99.5**
1. 家庭设备	106.2	99.6	99.1	99.1	99.9
2. 文娱用耐用消费品	111.4	99.0	99.6	99.3	98.9
3. 音像器材	100.7	100.0	100.0	99.3	100.0
六、文化办公用品	**106.5**	**99.9**	**100.0**	**99.2**	**99.5**
七、日 用 品	**101.8**	**99.8**	**100.2**	**100.0**	**99.7**
1. 日用百货	102.3	100.1	100.0	99.7	99.7
2. 日用杂品	100.9	99.8	100.1	100.0	100.0
3. 洗涤用品	102.3	99.5	100.5	100.0	99.5
4. 其它日用品	100.7	100.0	100.1	100.5	99.6

6月	7月	8月	9月	10月	11月	12月
100.1	100.0	99.8	99.1	100.9	100.0	100.0
100.0	100.0	100.0	100.0	99.7	100.0	100.3
100.0	101.7	100.0	100.0	99.5	100.2	100.0
100.1	**100.2**	**100.0**	**100.0**	**100.1**	**100.1**	**100.1**
99.6	100.3	99.8	99.9	100.4	99.9	99.9
100.0	100.8	100.0	100.0	100.0	100.0	100.0
99.5	100.1	99.8	99.9	100.5	99.9	99.9
100.0	100.0	100.0	99.9	100.0	100.3	99.6
100.4	100.4	100.0	100.1	100.2	99.9	100.9
99.8	**98.3**	**99.2**	**100.7**	**103.7**	**102.7**	**100.8**
100.3	98.8	98.5	100.5	104.6	103.2	101.6
101.4	98.4	98.4	101.3	102.6	103.7	100.8
99.5	98.8	98.5	100.4	106.3	103.3	102.1
100.0	99.9	98.7	98.7	104.5	101.4	101.9
98.4	97.2	100.7	101.2	102.6	101.3	99.0
98.1	96.7	100.8	101.5	103.2	101.2	98.8
100.0	100.0	100.0	100.0	99.4	101.8	100.0
100.0	100.0	100.0	100.0	100.0	100.0	100.0
100.0	97.2	101.6	100.0	96.7	103.5	100.0
100.0	**100.0**	**99.9**	**99.7**	**101.2**	**100.2**	**99.7**
100.0	99.9	99.5	99.2	101.1	100.7	99.7
100.0	100.0	100.2	100.0	101.3	99.9	99.7
99.8	**99.6**	**98.9**	**99.5**	**98.5**	**98.8**	**99.9**
100.0	99.6	99.5	99.8	98.5	99.0	99.9
99.5	99.4	98.0	99.0	98.3	98.4	99.7
100.0	100.0	100.0	100.0	100.0	100.0	100.0
99.3	**98.4**	**99.6**	**99.5**	**98.8**	**99.6**	**99.8**
99.9	**99.8**	**99.7**	**99.7**	**99.9**	**99.6**	**100.0**
100.0	99.5	100.0	99.8	99.9	99.5	99.5
100.0	99.4	100.1	99.9	99.8	99.5	100.5
99.8	100.2	99.1	99.2	99.8	100.2	100.0
99.6	100.0	99.5	99.9	100.0	99.1	100.8

2002年广西全区商品零售价格各月环比指数（续表2）

以上月价格为100

类　别	1月	2月	3月	4月	5月
八、体育娱乐用品	**100.3**	**99.8**	**100.1**	**99.7**	**100.1**
1. 体育用品	100.0	100.0	100.0	100.0	100.1
2. 娱乐用品	100.6	99.7	100.2	99.3	100.0
九、交通、通信用品	**110.4**	**99.6**	**98.5**	**99.0**	**98.6**
1. 交通运输机械	105.4	99.7	99.0	99.3	98.5
2. 通讯器材	119.4	99.5	97.7	98.5	98.8
十、家　　具	**102.9**	**99.9**	**100.0**	**99.8**	**98.6**
十一、化妆品类	**102.1**	**100.0**	**100.0**	**99.9**	**99.5**
十二、金银珠宝类	**97.7**	**100.0**	**100.0**	**100.8**	**100.4**
十三、中西药品及医疗保健用品类	**102.8**	**100.3**	**100.1**	**99.8**	**99.0**
1. 医疗器具及用品	101.1	100.5	100.0	99.7	99.8
2. 中药材及中成药	104.8	101.1	99.7	99.9	98.8
3. 西　　药	101.8	100.0	100.2	99.8	98.8
4. 保健器具及用品	101.3	97.9	101.9	100.0	99.7
十四、书报杂志及电子出版物类	**102.9**	**100.0**	**100.0**	**100.0**	**100.0**
1. 教材及参考书	105.9	99.9	100.0	100.0	100.0
2. 书报杂志	99.6	100.0	100.0	100.0	100.0
3. 电子音像制品	102.8	100.0	100.0	100.0	100.0
十五、燃 料 类	**85.5**	**98.1**	**98.4**	**104.2**	**101.6**
1. 煤炭及制品类	101.6	100.0	100.0	100.0	98.4
2. 石油及制品类	83.5	97.8	98.1	104.9	102.1
液化石油气	86.9	94.5	91.5	102.0	96.8
管道燃气	100.0	100.0	100.0	100.0	100.0
汽　　油	78.7	100.6	104.2	108.1	106.7
柴　　油	78.0	101.1	103.6	107.8	106.2
十六、建筑材料及五金电料类	**103.1**	**99.5**	**99.6**	**99.9**	**98.5**
1. 建筑装潢材料	103.7	99.4	99.6	99.9	98.1
2. 五金电料	100.7	100.0	100.0	100.0	99.7

6月	7月	8月	9月	10月	11月	12月
100.0	99.9	100.1	99.9	99.8	99.9	100.4
100.0	100.0	100.0	99.9	100.0	100.0	100.0
99.9	99.8	100.2	100.0	99.6	99.9	100.8
98.4	99.5	99.1	99.1	100.3	98.4	99.6
98.9	100.0	99.9	99.1	100.8	99.8	99.7
97.6	98.8	97.6	99.1	99.3	96.1	99.5
99.6	99.7	98.2	100.0	100.0	101.4	100.0
100.0	99.8	100.0	99.6	99.5	99.7	99.9
100.6	100.1	99.7	100.4	99.9	100.0	100.4
99.8	99.4	100.1	99.5	100.0	99.2	100.0
98.8	100.0	100.0	100.3	99.8	100.0	100.0
99.5	98.9	100.6	98.7	100.0	98.2	100.0
100.3	99.7	99.8	99.9	100.0	99.8	100.0
99.9	99.1	100.0	100.1	100.2	100.0	100.0
99.4	100.0	99.8	97.5	100.4	100.1	100.0
100.0	100.0	99.6	94.0	100.9	100.0	100.0
100.0	100.1	100.0	100.0	100.0	100.2	100.0
97.2	100.0	100.0	100.0	100.0	100.0	100.0
99.8	100.4	101.4	103.5	105.8	101.8	101.0
100.0	100.0	100.0	100.0	100.0	100.0	100.0
99.8	100.5	101.6	104.0	106.6	102.0	101.1
99.3	102.0	104.3	109.8	109.4	104.0	102.2
100.0	100.0	100.0	100.0	100.0	100.0	100.0
100.3	100.0	100.0	100.0	104.5	100.2	100.0
99.9	98.3	99.9	100.3	106.8	100.6	101.1
99.5	99.9	100.2	100.1	99.6	100.1	100.1
99.5	99.9	100.3	100.1	99.4	100.1	100.1
99.6	100.0	100.0	100.0	100.0	100.0	100.0

2003年广西全区商品零售价格各月环比指数

以上月价格为100

类　　别	1月	2月	3月	4月	5月
商品零售价格总指数	**101.0**	**99.6**	**99.9**	**100.1**	**98.8**
一、食 品 类	**102.1**	**99.5**	**100.3**	**101.1**	**97.8**
1. 粮　　食	102.1	99.4	101.0	100.9	100.4
大　　米	102.8	98.6	101.6	101.2	100.7
2. 淀粉及薯类	103.7	98.7	103.2	101.7	96.9
3. 干豆类及豆制品	105.8	100.7	97.5	100.0	100.7
4. 油　　脂	103.2	99.1	99.1	103.4	99.5
5. 肉禽及其制品	101.1	101.9	96.3	99.8	97.6
(1) 食用畜肉及副产品	101.9	101.2	95.6	99.7	98.4
猪　　肉	101.1	101.7	96.1	100.1	98.5
牛　　肉	106.4	102.3	93.7	99.9	100.6
羊　　肉	102.7	98.1	95.1	98.6	98.8
(2) 禽	100.1	103.3	97.1	99.6	95.6
鸡	99.5	101.0	96.9	100.6	96.7
鸭	102.2	110.1	96.1	96.8	92.6
(3) 肉禽加工制品	99.6	102.1	97.9	100.4	98.3
6. 蛋	98.2	98.9	97.2	99.2	99.1
鲜　　蛋	98.0	98.8	97.0	99.1	99.1
7. 水 产 品	100.2	103.5	97.5	100.2	99.0
(1) 鱼	100.3	103.3	98.8	101.2	99.6
淡 水 鱼	98.0	103.7	99.4	102.3	100.0
海 水 鱼	106.3	102.3	97.5	98.4	98.3
(2) 其它水产品	100.2	104.1	94.0	97.2	97.6
8. 菜	115.5	85.7	119.3	104.6	86.2
鲜　　菜	118.4	83.8	122.9	105.0	84.5
9. 调 味 品	100.5	100.2	99.7	100.0	100.0
盐	100.0	100.0	100.0	100.0	100.2
酱　　油	100.6	99.9	98.9	100.0	100.0
10. 糖	100.0	99.6	99.1	99.6	99.9
食　　糖	99.6	98.8	99.7	99.3	99.9
11. 干鲜瓜果	100.7	103.7	100.7	106.2	101.4
鲜　　果	100.6	104.3	100.9	107.6	101.6
12. 糕点饼干面包	99.2	100.8	99.9	100.0	100.0

6月	7月	8月	9月	10月	11月	12月
99.4	**99.7**	**100.0**	**100.9**	**100.6**	**100.9**	**100.7**
98.7	**100.6**	**101.5**	**102.6**	**100.5**	**101.8**	**101.2**
100.1	100.0	99.5	100.1	100.8	104.6	101.5
100.3	100.0	99.4	100.1	100.8	104.0	101.6
101.0	99.0	101.5	100.8	99.0	99.0	99.4
99.6	99.9	101.8	99.5	102.0	106.4	103.7
100.4	100.4	99.8	100.1	105.5	108.9	103.8
101.6	101.7	101.9	103.5	101.1	102.4	100.5
100.8	101.2	101.8	103.8	103.5	103.9	99.0
101.5	102.6	101.7	104.3	103.7	105.3	98.3
100.1	100.2	102.2	101.4	100.9	101.3	102.5
97.5	97.2	100.8	99.6	103.6	104.6	98.8
104.0	102.7	102.4	104.0	96.8	99.9	104.6
102.7	101.1	102.1	105.0	99.8	99.3	102.6
107.1	107.5	104.8	102.7	88.8	100.0	108.7
100.0	101.6	101.2	101.1	99.9	101.4	99.3
99.0	100.7	106.5	109.1	98.1	104.5	101.2
99.0	100.7	107.1	109.7	97.7	104.7	100.9
99.7	101.0	100.0	99.3	99.2	100.5	99.5
99.5	101.1	99.9	99.2	98.9	100.1	99.5
98.9	100.4	99.8	99.5	99.0	99.6	99.4
101.1	102.9	100.1	98.4	98.5	101.3	99.9
100.3	100.6	100.2	99.8	100.1	101.9	99.4
91.0	102.5	108.5	109.0	101.2	96.9	100.6
89.3	102.8	110.2	110.8	101.1	96.2	100.2
100.1	100.0	100.1	100.0	99.8	101.0	99.6
100.0	100.0	100.0	100.0	100.0	100.0	100.0
100.0	100.0	100.0	100.2	99.8	100.3	99.0
99.1	100.0	99.5	100.1	100.6	102.2	102.2
97.7	100.1	98.6	100.3	100.7	104.4	104.1
89.8	96.6	100.6	105.5	96.8	99.7	104.9
87.9	96.2	100.5	107.0	95.8	98.5	105.8
100.1	100.1	99.9	100.2	100.0	100.3	100.7

2003年广西全区商品零售价格各月环比指数（续表1）

以上月价格为100

类　　别	1月	2月	3月	4月	5月
13. 奶及奶制品	96.6	100.4	99.4	100.7	99.6
14. 在外用膳食品	99.6	99.9	100.0	100.0	100.0
15. 其它食品	101.0	100.0	100.8	99.8	99.0
二、饮料、烟酒	**99.4**	**100.0**	**100.0**	**100.0**	**99.6**
1. 茶及饮料	98.6	100.0	99.8	99.7	99.9
(1) 茶　　叶	100.8	100.0	100.1	100.0	99.7
(2) 饮　　料	97.7	100.0	99.6	99.6	100.0
2. 烟　　草	99.8	100.0	99.8	99.8	99.1
3. 酒	99.3	100.2	100.2	100.4	99.9
三、服装、鞋帽类	**99.6**	**95.6**	**99.9**	**101.2**	**99.9**
1. 服　　装	99.5	93.9	98.6	101.7	100.1
(1) 男式服装	99.3	93.5	98.2	101.3	100.8
(2) 女式服装	99.4	93.2	98.5	102.3	99.6
(3) 儿童服装	100.4	97.7	99.7	100.4	100.0
2. 鞋 袜 帽	99.7	99.2	103.3	100.3	99.2
(1) 鞋	99.7	99.0	103.8	100.1	99.1
(2) 袜　　子	100.0	100.3	100.3	100.0	100.0
(3) 帽　　子	100.0	100.0	100.0	105.5	100.0
3. 其　　它	100.0	99.7	100.0	100.0	100.0
四、纺织品类	**98.7**	**98.0**	**101.9**	**100.0**	**99.9**
1. 衣着材料	98.1	99.8	99.6	100.1	99.8
2. 床上用品	99.2	96.8	103.5	99.9	100.0
五、家用电器及音像器材	**99.4**	**99.7**	**99.6**	**98.5**	**99.2**
1. 家庭设备	99.5	99.7	99.7	98.6	99.6
2. 文娱用耐用消费品	99.2	99.6	99.4	98.1	98.7
3. 音像器材	99.6	100.0	100.0	99.8	100.0
六、文化办公用品	**98.8**	**100.2**	**99.3**	**99.3**	**99.5**
七、日 用 品	**99.8**	**100.0**	**99.7**	**100.1**	**99.7**
1. 日用百货	99.7	99.9	100.0	99.8	99.5
2. 日用杂品	100.2	100.0	100.0	101.2	99.7
3. 洗涤用品	99.8	100.3	99.0	99.8	100.1
4. 其它日用品	99.7	100.0	100.0	100.0	99.5

6月	7月	8月	9月	10月	11月	12月
100.3	100.1	99.3	99.6	99.7	101.0	99.8
100.0	100.1	100.1	100.0	100.0	100.4	100.5
98.4	99.8	99.6	101.6	100.3	99.3	101.7
99.8	**99.2**	**101.2**	**100.1**	**100.1**	**99.9**	**100.4**
99.5	100.2	99.9	99.8	100.2	100.0	99.6
100.0	100.0	100.0	100.0	100.0	100.0	99.1
99.2	100.3	99.8	99.7	100.2	100.0	99.7
99.7	100.0	100.6	100.0	100.0	100.0	100.0
100.1	97.8	102.7	100.4	100.2	99.8	101.3
99.6	**99.8**	**96.9**	**100.5**	**103.3**	**100.8**	**101.4**
99.6	99.1	98.1	100.1	103.6	100.9	101.7
99.6	99.5	98.5	100.1	104.4	101.0	100.9
99.4	99.0	97.8	100.1	104.2	100.9	102.0
99.9	98.2	98.0	100.0	99.3	100.3	103.0
99.9	101.6	95.1	101.4	103.2	100.7	99.6
99.9	101.9	94.3	101.7	104.2	100.8	99.6
100.0	100.0	100.0	99.9	98.6	100.1	100.1
100.0	100.0	100.0	99.9	95.1	100.0	100.0
98.8	100.0	92.9	101.3	100.1	100.0	107.6
100.1	**99.1**	**100.0**	**100.1**	**101.6**	**99.8**	**100.9**
100.2	98.5	99.8	100.1	102.7	100.0	99.6
100.1	99.5	100.1	100.1	100.8	99.7	101.7
99.6	**99.1**	**98.7**	**99.0**	**100.1**	**100.0**	**98.8**
99.4	99.1	99.5	99.5	100.7	99.9	99.7
99.8	99.0	97.4	98.2	99.4	100.1	97.5
100.0	99.9	100.0	100.0	99.4	100.0	100.0
99.7	**99.5**	**99.9**	**99.4**	**99.1**	**100.1**	**99.2**
99.3	**100.3**	**99.8**	**99.7**	**100.1**	**100.1**	**99.7**
99.3	99.9	100.0	100.2	100.3	99.9	99.7
100.0	100.0	99.6	99.4	99.7	100.1	99.2
98.3	100.9	99.9	99.1	100.6	100.4	99.9
99.9	100.3	99.4	100.0	99.5	100.0	99.8

2003年广西全区商品零售价格各月环比指数（续表2）

以上月价格为100

类　　别	1月	2月	3月	4月	5月
八、体育娱乐用品	**99.9**	**99.9**	**100.0**	**99.9**	**99.6**
1. 体育用品	100.0	100.0	100.0	99.8	99.7
2. 娱乐用品	99.7	99.8	100.1	100.1	99.5
九、交通、通信用品	**99.0**	**99.4**	**99.2**	**98.0**	**98.9**
1. 交通运输机械	99.3	99.9	99.4	98.7	99.0
2. 通讯器材	98.6	98.6	98.9	96.8	98.6
十、家　　具	**100.0**	**99.9**	**100.0**	**99.5**	**100.4**
十一、化妆品类	**99.8**	**100.3**	**100.0**	**99.8**	**100.0**
十二、金银珠宝类	**101.8**	**101.2**	**100.4**	**99.5**	**100.5**
十三、中西药品及医疗保健用品类	**99.8**	**101.8**	**99.4**	**103.2**	**102.2**
1. 医疗器具及用品	100.1	100.0	99.8	100.3	101.1
2. 中药材及中成药	99.5	104.9	98.4	108.5	106.1
3. 西　　药	99.9	100.0	99.9	99.9	99.2
4. 保健器具及用品	100.0	100.0	100.5	99.9	100.6
十四、书报杂志及电子出版物类	**100.8**	**100.6**	**100.0**	**100.0**	**100.0**
1. 教材及参考书	100.0	100.9	100.1	100.0	100.0
2. 书报杂志	102.6	100.2	100.0	100.0	100.0
3. 电子音像制品	99.4	100.6	100.0	100.1	100.0
十五、燃 料 类	**107.1**	**100.3**	**98.3**	**96.9**	**94.7**
1. 煤炭及制品类	104.6	99.1	100.0	99.6	100.0
2. 石油及制品类	107.5	100.5	98.1	96.5	94.0
液化石油气	116.6	96.2	94.6	92.3	92.0
管道燃气	100.0	100.0	109.0	100.0	100.0
汽　　油	100.0	105.0	100.8	99.9	94.6
柴　　油	100.3	104.5	100.4	100.0	94.9
十六、建筑材料及五金电料类	**100.0**	**99.7**	**100.1**	**100.2**	**100.0**
1. 建筑装潢材料	100.1	99.6	100.1	100.2	100.0
2. 五金电料	99.3	100.1	100.0	100.0	100.0

6月	7月	8月	9月	10月	11月	12月
100.0	**99.7**	**100.0**	**99.3**	**99.5**	**100.1**	**98.9**
100.0	99.6	100.0	99.4	99.8	100.3	97.8
100.0	99.9	100.0	99.2	99.1	99.8	100.0
99.1	**98.5**	**97.7**	**99.6**	**99.2**	**98.7**	**99.4**
100.0	98.9	98.7	99.8	99.8	99.1	99.6
97.5	97.7	95.8	99.2	98.1	98.0	99.0
100.0	**99.3**	**99.8**	**101.1**	**100.6**	**99.3**	**99.5**
99.2	**101.0**	**100.0**	**99.7**	**100.0**	**101.8**	**100.1**
100.3	**99.9**	**100.5**	**101.1**	**101.0**	**101.3**	**103.8**
100.4	**96.6**	**99.9**	**100.0**	**99.3**	**100.0**	**101.4**
99.3	102.8	101.7	100.1	100.4	99.9	103.2
100.3	94.1	99.2	99.7	99.0	99.7	100.9
100.7	98.3	100.2	100.2	99.3	100.0	101.7
100.1	96.3	100.0	100.1	100.0	101.2	100.3
100.2	**100.0**	**99.9**	**99.2**	**100.2**	**100.1**	**100.5**
100.0	100.0	100.9	97.7	100.0	100.2	100.0
100.2	100.0	99.8	100.2	100.2	100.0	100.0
100.6	100.0	98.4	100.0	100.6	100.0	102.1
100.0	**99.5**	**99.6**	**101.8**	**100.5**	**103.1**	**103.3**
99.5	100.0	101.2	100.0	100.0	99.6	100.0
100.1	99.5	99.4	102.0	100.5	103.6	103.7
103.5	96.4	98.7	104.6	101.2	108.0	102.4
100.0	100.0	100.0	100.0	100.0	100.0	100.0
97.6	102.6	100.0	100.0	100.0	100.2	106.0
96.8	100.5	100.5	100.6	100.2	100.4	104.5
99.6	**100.0**	**100.1**	**100.2**	**103.9**	**101.7**	**99.3**
99.5	100.0	99.9	100.2	104.9	101.8	99.6
99.9	100.0	100.9	100.0	100.0	101.2	98.4

2004 年广西全区商品零售价格各月环比指数

以上月价格为 100

类　　别	1 月	2 月	3 月	4 月	5 月
商品零售价格总指数	**100.2**	**99.8**	**101.1**	**101.4**	**99.7**
一、食 品 类	**100.8**	**100.7**	**103.6**	**103.0**	**99.4**
1. 粮　　食	101.6	101.6	113.6	103.8	97.6
大　　米	101.4	102.0	117.1	103.7	96.8
2. 淀粉及薯类	101.3	103.0	105.6	107.2	100.4
3. 干豆类及豆制品	109.1	101.3	98.9	103.4	101.6
4. 油　　脂	100.3	97.8	102.7	101.0	98.5
5. 肉禽及其制品	103.0	99.5	101.4	100.4	100.8
(1) 食用畜肉及副产品	102.8	104.2	99.9	99.5	99.0
猪　　肉	101.0	102.3	103.0	101.1	98.7
牛　　肉	108.8	106.5	95.6	98.6	98.1
羊　　肉	108.3	106.2	96.1	97.1	97.1
(2) 禽	102.2	89.7	105.1	102.4	104.9
鸡	102.4	91.2	100.1	103.6	104.6
鸭	100.5	83.0	123.2	99.3	108.2
(3) 肉禽加工制品	106.1	100.0	100.8	100.2	100.7
6. 蛋	100.9	99.4	90.0	100.7	100.1
鲜　　蛋	100.7	99.4	98.5	100.6	100.1
7. 水 产 品	104.3	105.2	103.0	102.8	102.5
(1) 鱼	102.8	105.5	104.2	104.4	103.1
淡 水 鱼	103.6	106.7	105.9	105.2	103.2
海 水 鱼	100.9	102.4	99.2	102.1	103.0
(2) 其它水产品	108.2	104.4	100.0	98.4	100.6
8. 菜	89.7	100.8	108.3	111.5	91.1
鲜　　菜	88.0	101.3	109.6	113.6	89.7
9. 调 味 品	99.8	100.4	100.6	99.4	100.1
盐	100.0	100.0	100.0	100.0	100.0
酱　　油	99.0	101.8	101.6	100.0	100.0
10. 糖	99.8	99.9	100.7	98.2	101.1
食　　糖	99.2	99.5	100.0	98.4	102.5
11. 干鲜瓜果	102.1	103.2	106.4	113.3	101.5
鲜　　果	101.8	104.3	107.5	115.6	101.8
12. 糕点饼干面包	100.4	103.4	100.5	99.9	99.9

6月	7月	8月	9月	10月	11月	12月
99.4	**100.7**	**100.3**	**101.1**	**100.2**	**99.6**	**99.4**
98.3	**102.7**	**100.5**	**102.9**	**99.1**	**98.5**	**99.3**
99.5	99.4	100.3	100.5	100.3	99.7	99.0
99.5	99.4	100.5	100.9	100.3	99.6	98.5
95.2	102.1	97.9	99.8	97.3	99.3	99.6
100.9	100.6	100.6	99.8	100.1	100.3	100.5
99.7	102.0	100.2	100.5	98.6	98.8	99.6
105.8	104.1	100.1	102.8	99.5	98.3	100.7
105.9	104.5	100.3	104.4	100.2	96.9	99.4
107.8	105.2	101.1	106.6	99.4	95.6	98.7
100.9	102.2	98.6	100.3	102.0	100.0	101.3
99.8	99.4	99.6	98.6	106.3	99.6	99.8
107.0	104.0	99.3	100.0	97.8	100.7	103.5
107.4	103.7	101.4	100.9	99.6	100.7	101.5
109.1	105.1	93.0	96.5	91.7	101.1	110.5
102.6	102.2	101.1	101.6	100.2	100.2	100.5
105.5	102.5	104.1	105.4	98.8	95.6	100.2
105.9	102.6	104.1	104.8	98.7	95.4	100.2
101.8	100.9	97.5	98.4	100.0	98.0	101.1
103.2	101.2	96.7	97.6	97.7	97.1	100.9
102.3	100.6	97.2	97.6	97.2	96.1	101.2
105.8	103.4	95.3	97.7	99.4	100.0	100.0
98.0	100.0	99.8	100.9	106.4	100.3	101.6
89.1	118.4	99.0	105.2	93.6	94.4	98.6
87.3	121.9	98.5	106.1	92.7	93.8	98.5
99.3	99.9	99.7	101.1	100.0	99.9	99.7
100.0	100.0	100.0	100.0	100.0	100.0	100.0
96.7	99.8	100.0	102.7	100.0	99.8	101.0
100.3	100.1	100.8	100.6	100.1	100.6	98.0
100.8	100.2	101.7	101.4	99.9	95.9	97.1
69.0	93.6	108.8	113.9	98.6	98.7	94.9
64.0	92.2	111.3	117.1	98.5	98.4	94.0
100.2	99.9	99.9	101.8	100.4	101.3	99.0

2004年广西全区商品零售价格各月环比指数（续表1）

以上月价格为100

类　　别	1月	2月	3月	4月	5月
13. 奶及奶制品	101.5	100.6	99.2	101.3	98.5
14. 在外用膳食品	99.9	100.3	102.3	100.4	100.2
15. 其它食品	99.4	100.0	100.1	100.8	100.4
二、饮料、烟酒	**99.7**	**99.9**	**100.0**	**100.0**	**99.8**
1. 茶及饮料	99.7	99.8	100.5	100.3	100.2
(1) 茶　　叶	99.8	100.0	100.0	100.0	99.9
(2) 饮　　料	99.7	99.8	100.6	100.4	100.3
2. 烟　　草	99.8	99.7	99.9	100.0	100.0
3. 酒	99.5	100.3	99.8	99.7	99.4
三、服装、鞋帽类	**99.4**	**94.2**	**99.0**	**102.5**	**101.3**
1. 服　　装	99.1	92.6	99.1	102.3	101.7
(1) 男式服装	98.8	94.2	96.2	103.0	99.9
(2) 女式服装	99.0	91.5	101.0	100.6	102.1
(3) 儿童服装	100.1	92.1	100.2	106.3	105.0
2. 鞋 袜 帽	100.2	96.9	99.4	102.8	100.5
(1) 鞋	100.2	96.4	99.3	103.3	100.6
(2) 袜　　子	100.0	100.0	100.0	100.0	100.0
(3) 帽　　子	100.3	100.0	100.0	100.0	100.0
3. 其　　它	100.0	99.4	97.1	102.9	100.0
四、纺织品类	**98.9**	**97.4**	**100.3**	**99.9**	**100.0**
1. 衣着材料	99.9	96.9	100.0	99.9	100.1
2. 床上用品	98.2	97.7	100.5	99.9	100.0
五、家用电器及音像器材	**99.5**	**99.3**	**99.9**	**99.9**	**98.8**
1. 家庭设备	99.4	99.6	100.1	100.2	99.4
2. 文娱用耐用消费品	99.5	98.8	99.6	99.5	97.7
3. 音像器材	100.0	100.0	100.0	100.0	100.0
六、文化办公用品	**100.0**	**99.0**	**100.3**	**100.4**	**100.0**
七、日 用 品	**100.2**	**100.3**	**100.2**	**100.7**	**99.8**
1. 日用百货	99.8	100.0	100.0	102.1	99.0
2. 日用杂品	100.6	100.9	99.5	100.4	100.1
3. 洗涤用品	100.4	99.8	100.9	99.5	99.9
4. 其它日用品	100.2	100.9	100.0	100.5	100.6

6月	7月	8月	9月	10月	11月	12月
99.5	100.2	99.9	99.7	101.6	99.5	99.1
99.8	100.0	100.1	102.9	100.0	100.0	97.7
100.6	99.6	100.6	100.0	100.3	100.0	97.5
100.0	**100.0**	**100.0**	**100.3**	**99.9**	**99.9**	**99.2**
100.0	100.0	99.9	100.9	99.8	100.4	99.3
100.0	98.1	100.0	100.2	100.0	100.0	99.2
100.0	100.8	99.9	101.1	99.7	100.6	99.3
100.1	100.0	100.1	100.1	99.9	99.9	100.0
100.0	100.0	99.8	100.2	100.0	99.6	98.0
99.9	**98.2**	**96.9**	**99.6**	**104.0**	**101.8**	**100.6**
100.0	98.6	96.3	100.1	105.2	102.7	101.3
99.7	97.8	99.2	100.9	102.7	102.4	100.8
100.2	99.4	94.9	100.4	107.0	103.2	101.7
100.1	97.8	94.0	97.0	106.0	102.2	101.0
99.6	98.0	97.7	98.4	101.8	99.5	99.2
99.6	97.5	97.4	98.1	102.2	99.6	99.4
99.2	101.4	99.5	99.7	100.0	99.2	97.6
100.0	99.8	100.0	100.0	100.0	100.0	100.0
99.9	95.7	99.5	100.0	100.0	101.5	99.7
99.9	**99.9**	**99.5**	**100.2**	**101.2**	**100.5**	**100.0**
100.0	100.0	98.9	100.0	100.4	101.3	100.8
99.9	99.8	99.8	100.4	101.7	100.0	99.5
99.7	**100.2**	**99.8**	**99.5**	**99.5**	**99.7**	**100.0**
99.1	100.6	100.2	99.8	99.5	99.8	100.0
100.5	99.7	99.3	99.0	99.3	99.5	100.1
100.0	100.0	100.0	100.0	100.0	100.0	99.1
99.0	**100.2**	**99.6**	**100.0**	**99.2**	**99.2**	**99.3**
99.9	**99.6**	**99.8**	**100.0**	**100.2**	**100.2**	**98.7**
101.1	99.0	99.1	100.8	100.1	99.7	99.1
100.0	99.9	100.1	100.0	98.9	101.7	98.0
98.2	100.2	100.1	99.7	101.1	99.6	98.6
100.0	99.4	100.4	99.3	100.6	100.4	98.9

2004年广西全区商品零售价格各月环比指数（续表2）

以上月价格为100

类　别	1月	2月	3月	4月	5月
八、体育娱乐用品	**99.6**	**99.9**	**100.1**	**100.1**	**100.0**
1. 体育用品	100.4	99.8	100.1	100.0	100.0
2. 娱乐用品	98.8	100.0	100.0	100.2	100.0
九、交通、通信用品	**99.1**	**100.0**	**99.7**	**99.7**	**99.0**
1. 交通运输机械	99.8	100.1	99.6	100.0	99.9
2. 通讯器材	97.9	99.8	99.7	99.0	97.3
十、家　具	**99.8**	**100.0**	**100.2**	**99.7**	**99.8**
十一、化妆品类	**99.4**	**100.3**	**100.0**	**99.7**	**99.3**
十二、金银珠宝类	**102.2**	**99.8**	**100.2**	**100.2**	**100.1**
十三、中西药品及医疗保健用品类	**100.2**	**100.2**	**100.5**	**99.3**	**99.9**
1. 医疗器具及用品	99.9	100.8	100.0	100.1	99.3
2. 中药材及中成药	100.6	100.1	101.4	98.4	100.1
3. 西　药	100.0	100.1	99.6	99.9	99.7
4. 保健器具及用品	99.6	100.0	101.1	99.7	100.0
十四、书报杂志及电子出版物类	**100.8**	**102.5**	**100.0**	**100.0**	**100.0**
1. 教材及参考书	100.0	105.9	100.2	100.0	100.0
2. 书报杂志	102.2	100.2	100.0	100.0	100.0
3. 电子音像制品	100.0	100.0	99.9	100.0	100.0
十五、燃 料 类	**100.5**	**99.8**	**99.8**	**103.7**	**100.4**
1. 煤炭及制品类	100.0	100.0	100.0	100.0	100.0
2. 石油及制品类	100.6	99.7	99.7	104.2	100.5
液化石油气	101.9	99.4	99.4	104.0	100.1
管道燃气	100.0	100.0	100.0	100.0	100.0
汽　油	99.5	100.0	100.0	107.0	99.7
柴　油	99.7	100.0	99.6	100.4	103.8
十六、建筑材料及五金电料类	**100.5**	**100.8**	**99.4**	**99.7**	**99.0**
1. 建筑装潢材料	100.7	100.0	99.3	99.7	98.8
2. 五金电料	99.8	103.9	99.7	100.1	99.6

6月	7月	8月	9月	10月	11月	12月
100.1	**99.7**	**100.1**	**100.0**	**100.1**	**99.7**	**99.9**
100.1	99.9	100.4	100.0	100.1	100.0	99.8
100.1	99.5	99.8	100.0	100.1	99.3	100.0
99.3	**99.2**	**99.5**	**98.6**	**98.7**	**99.3**	**98.0**
99.3	99.0	99.5	98.4	99.5	99.2	98.6
99.3	99.7	99.6	98.9	97.1	99.5	96.8
99.8	**99.6**	**99.6**	**101.6**	**100.1**	**100.4**	**100.3**
99.8	**100.5**	**99.8**	**99.9**	**100.0**	**100.5**	**97.9**
99.3	**99.9**	**100.4**	**99.8**	**99.9**	**100.8**	**103.8**
99.5	**99.4**	**100.4**	**100.2**	**100.2**	**99.5**	**99.5**
98.1	100.0	100.8	99.9	100.0	99.5	98.0
99.3	99.3	100.6	101.2	100.5	99.2	99.3
99.8	99.2	100.4	99.8	99.9	99.6	100.0
100.0	100.7	99.5	98.9	100.0	99.9	98.5
100.0	**100.0**	**99.4**	**98.0**	**100.0**	**100.0**	**100.0**
100.0	100.0	99.0	94.9	100.1	100.0	100.0
100.0	100.0	99.6	100.0	99.8	100.0	100.0
100.0	100.0	99.8	100.6	100.0	99.9	100.0
101.0	**100.2**	**105.4**	**101.9**	**102.9**	**101.3**	**98.7**
104.6	104.1	103.4	100.1	101.7	101.6	104.5
100.5	99.6	105.7	102.1	103.1	101.3	97.9
99.6	98.9	111.6	98.7	107.2	102.9	95.1
100.1	100.0	110.2	100.0	100.0	102.3	102.2
100.2	100.4	100.9	105.5	100.0	100.0	100.0
104.1	100.0	100.7	105.3	100.0	100.0	100.0
101.1	**99.8**	**100.3**	**101.2**	**101.7**	**100.0**	**99.3**
101.4	99.8	100.4	101.5	101.3	100.2	99.4
100.0	100.1	100.1	100.0	103.4	99.4	98.8

2005年广西全区商品零售价格各月环比指数

以上月价格为100

类　　别	1月	2月	3月	4月	5月
商品零售价格总指数	**100.6**	**100.6**	**99.4**	**100.2**	**99.4**
一、食品类	**100.6**	**102.7**	**99.2**	**100.9**	**98.9**
1. 粮　　食	100.0	100.3	100.6	100.0	99.6
大　　米	99.9	100.2	100.7	100.0	99.5
2. 淀粉及薯类	103.7	100.9	102.8	97.7	96.7
3. 干豆类及豆制品	101.2	103.8	96.3	99.8	99.1
4. 油　　脂	101.1	97.8	100.1	99.7	98.2
5. 肉禽及其制品	101.0	103.6	98.8	98.9	97.8
(1) 食用畜肉及副产品	101.5	103.5	96.3	97.5	97.1
猪　　肉	97.5	100.6	97.5	98.7	97.1
牛　　肉	109.1	106.1	97.0	97.2	100.5
羊　　肉	108.0	109.7	95.9	96.5	94.8
(2) 禽	98.9	104.6	103.9	100.7	98.5
鸡	102.4	105.3	100.3	100.0	98.6
鸭	89.6	102.9	116.4	104.5	97.9
(3) 肉禽加工制品	103.5	102.4	98.3	100.8	98.8
6. 蛋	101.3	100.8	96.6	97.2	100.6
鲜　　蛋	101.4	100.8	96.3	97.0	100.7
7. 水产品	103.1	108.5	100.3	98.6	99.2
(1) 鱼	102.7	109.5	100.5	99.0	100.6
淡水鱼	104.3	111.0	100.2	98.4	101.8
海水鱼	98.8	105.5	101.5	100.8	97.3
(2) 其它水产品	104.0	106.0	99.7	97.6	95.5
8. 菜	99.7	102.2	98.5	111.8	95.3
鲜　　菜	99.5	102.5	98.0	114.0	94.8
9. 调味品	100.6	100.5	100.3	99.6	101.3
盐	98.9	101.1	100.0	100.0	102.4
酱　　油	104.4	100.4	101.0	100.0	100.8
10. 糖	100.8	100.1	98.6	99.0	100.8
食　　糖	98.7	100.0	101.1	101.0	98.7
11. 干鲜瓜果	96.5	110.4	97.6	105.9	102.3
鲜　　果	95.5	112.4	97.4	107.3	102.6

6月	7月	8月	9月	10月	11月	12月
100.0	**100.3**	**99.1**	**100.6**	**100.6**	**99.7**	**100.1**
99.2	**101.2**	**97.3**	**101.3**	**100.8**	**98.7**	**99.7**
100.3	99.8	99.9	100.0	99.5	99.4	100.0
100.3	99.8	99.8	100.0	99.4	99.2	100.0
106.2	99.3	102.2	98.6	99.8	99.2	102.1
100.7	100.8	101.1	100.0	98.9	98.9	100.6
100.2	100.1	99.3	100.0	99.9	100.3	99.0
98.7	98.5	99.1	98.6	99.2	97.5	98.7
99.0	100.0	99.4	99.6	100.7	97.8	101.2
99.4	99.8	100.0	99.9	99.2	97.8	98.5
99.3	99.1	96.7	100.1	101.1	100.0	102.0
98.9	100.1	100.2	100.0	101.9	101.0	105.6
97.4	95.4	97.6	96.2	95.4	95.8	93.4
99.2	95.3	97.0	97.7	95.6	93.8	94.2
91.5	92.3	99.0	90.3	93.2	101.7	88.3
100.8	99.4	101.2	99.4	100.8	99.5	99.1
103.8	99.0	100.9	102.5	97.2	97.4	95.9
104.0	99.0	100.9	102.7	97.1	97.1	95.6
99.4	100.5	99.0	98.9	97.8	98.5	100.7
99.4	100.4	97.9	99.1	95.0	99.3	101.1
99.1	98.3	97.3	99.3	93.3	98.9	101.4
100.2	106.5	99.5	98.3	99.3	100.1	100.4
99.4	100.7	102.0	98.5	105.3	96.6	99.6
106.6	111.8	82.6	101.9	111.5	97.4	104.8
107.6	113.2	80.3	102.3	112.8	96.9	105.5
99.5	100.3	100.0	100.1	100.3	99.7	100.1
100.0	100.1	100.0	100.0	100.0	100.0	100.0
98.5	100.8	100.0	100.3	100.5	98.8	99.7
103.1	100.3	102.6	101.7	101.7	99.7	102.3
101.0	102.4	106.7	103.8	105.4	99.8	104.3
82.3	104.8	92.9	124.5	104.0	99.9	93.9
78.8	105.6	91.1	130.4	104.9	99.8	92.3

2005 年广西全区商品零售价格各月环比指数（续表 1）

以上月价格为 100

类　　别	1 月	2 月	3 月	4 月	5 月
12. 糕点饼干面包	100.9	100.0	100.1	99.3	100.4
13. 奶及奶制品	101.3	100.3	101.3	99.5	100.1
14. 在外用膳食品	100.4	100.2	99.8	100.2	100.0
15. 其它食品	103.8	99.5	99.4	97.7	101.9
二、饮料、烟酒	**101.9**	**100.2**	**100.0**	**99.3**	**98.9**
1. 茶及饮料	101.4	99.9	99.2	98.5	100.9
(1) 茶　　叶	101.3	100.0	100.0	97.3	101.0
(2) 饮　　料	101.4	99.9	98.9	98.9	100.8
2. 烟　　草	100.1	100.3	100.3	99.2	99.0
3. 酒	104.7	100.1	100.0	100.1	97.5
三、服装、鞋帽类	**100.2**	**97.0**	**95.9**	**101.0**	**100.5**
1. 服　　装	100.0	96.2	95.3	100.6	101.9
(1) 男式服装	101.4	95.3	95.1	99.1	100.7
(2) 女式服装	98.8	96.1	96.3	100.5	102.4
(3) 儿童服装	101.1	98.9	92.3	104.8	103.5
2. 鞋 袜 帽	100.0	98.8	96.9	102.7	96.0
(1) 鞋	100.0	98.6	96.4	103.2	96.2
(2) 袜　　子	100.3	100.0	99.6	100.0	100.0
(3) 帽　　子	99.1	100.0	100.0	100.0	100.0
3. 其　　它	104.4	99.7	100.0	98.5	100.0
四、纺织品类	**100.9**	**99.8**	**99.3**	**99.7**	**99.6**
1. 衣着材料	100.3	99.3	99.7	99.8	100.0
2. 床上用品	101.3	100.1	99.0	99.6	99.3
五、家用电器及音像器材	**99.8**	**99.4**	**100.5**	**99.8**	**99.7**
1. 家庭设备	99.8	99.5	101.2	100.2	102.2
2. 文娱用耐用消费品	99.7	99.3	99.7	99.5	96.4
3. 音像器材	100.0	100.0	99.9	99.2	99.9
六、文化办公用品	**100.3**	**99.7**	**100.0**	**99.0**	**99.0**
七、日 用 品	**101.2**	**100.4**	**100.5**	**99.5**	**100.4**
1. 日用百货	100.3	99.9	100.6	99.5	100.5
2. 日用杂品	102.8	100.0	100.0	97.7	101.0
3. 洗涤用品	101.6	100.8	100.7	99.5	100.1

6月	7月	8月	9月	10月	11月	12月
100.2	100.0	100.4	100.2	99.6	100.1	102.7
100.0	101.2	100.8	99.2	98.8	101.3	99.5
100.0	100.0	100.3	100.0	99.4	100.1	100.4
102.8	99.7	99.8	100.1	100.0	100.5	100.7
101.4	**100.1**	**100.1**	**100.0**	**99.9**	**100.0**	**100.0**
102.4	100.1	100.1	100.1	99.9	99.9	100.1
104.6	100.3	100.0	100.0	100.0	100.0	100.0
101.6	100.0	100.2	100.1	99.8	99.9	100.1
100.0	100.0	100.1	100.0	100.0	100.0	100.1
102.6	100.2	100.2	100.1	99.8	100.0	100.0
100.5	**98.6**	**98.2**	**101.7**	**101.3**	**101.4**	**101.7**
100.2	99.0	98.2	101.8	101.6	101.9	101.3
100.4	98.4	98.8	103.4	102.4	101.5	100.4
100.2	99.2	98.0	100.4	101.3	102.3	101.8
100.1	99.6	97.2	102.3	100.9	101.3	102.3
102.0	97.3	97.7	101.9	100.7	100.6	102.9
102.2	96.6	97.2	102.3	100.8	100.7	103.5
100.8	101.4	100.0	100.0	100.0	100.0	99.4
101.7	100.0	100.0	100.0	100.0	100.0	100.6
96.1	100.0	100.0	99.4	100.0	99.5	100.0
100.4	**100.1**	**100.4**	**99.9**	**101.4**	**99.8**	**100.0**
100.3	100.0	100.0	100.0	102.9	100.0	100.0
100.5	100.1	100.7	99.8	100.3	99.6	100.0
99.7	**99.2**	**99.0**	**99.2**	**99.4**	**100.3**	**99.4**
100.2	99.2	99.3	99.5	99.5	100.3	99.8
98.8	99.1	98.6	98.7	99.2	100.2	98.7
100.0	100.2	99.8	100.0	100.0	100.0	100.0
99.8	**98.6**	**100.8**	**100.0**	**100.0**	**99.7**	**99.9**
101.5	**100.0**	**100.2**	**100.0**	**99.9**	**100.2**	**99.9**
101.4	99.4	100.3	100.0	99.8	100.3	99.7
102.2	100.0	99.6	100.0	100.0	100.1	100.0
102.2	101.0	100.5	100.1	100.1	99.9	100.0

2005年广西全区商品零售价格各月环比指数（续表2）

以上月价格为100

类　　别	1月	2月	3月	4月	5月
4. 其它日用品	101.0	101.3	100.6	101.2	99.9
八、体育娱乐用品	**100.3**	**100.1**	**100.2**	**100.3**	**100.4**
1. 体育用品	101.3	100.0	100.3	100.6	100.8
2. 娱乐用品	99.3	100.3	100.0	100.0	100.1
九、交通、通信用品	**99.7**	**99.5**	**98.7**	**99.1**	**98.6**
1. 交通运输机械	99.5	99.9	99.8	99.8	100.2
2. 通讯器材	100.1	98.9	96.9	97.9	95.5
十、家　　具	**100.6**	**99.9**	**99.8**	**99.0**	**100.2**
十一、化妆品类	**101.8**	**99.4**	**100.1**	**97.9**	**99.8**
十二、金银珠宝类	**100.3**	**100.1**	**101.5**	**100.1**	**100.1**
十三、中西药品及医疗保健用品类	**99.3**	**99.9**	**99.8**	**99.8**	**100.0**
1. 医疗器具及用品	99.3	100.0	99.4	99.6	102.2
2. 中药材及中成药	99.7	99.6	100.1	98.6	98.9
3. 西　　药	99.0	100.2	99.8	100.9	100.1
4. 保健器具及用品	99.8	100.2	99.1	99.5	103.0
十四、书报杂志及电子出版物类	**100.6**	**102.5**	**100.3**	**100.0**	**100.0**
1. 教材及参考书	100.4	105.8	100.6	100.1	100.0
2. 书报杂志	101.0	100.3	100.0	100.0	100.0
3. 电子音像制品	100.3	100.0	100.1	99.8	100.2
十五、燃 料 类	**101.5**	**99.5**	**99.4**	**101.7**	**99.2**
1. 煤炭及制品类	103.7	100.6	100.0	101.0	100.6
2. 石油及制品类	101.2	99.3	99.4	101.9	99.0
液化石油气	102.7	98.4	96.5	101.2	97.8
管道燃气	100.0	100.0	100.0	100.0	100.0
汽　　油	100.0	100.0	102.6	103.9	98.6
柴　　油	100.0	100.0	100.0	100.0	102.6
十六、建筑材料及五金电料类	**100.5**	**99.9**	**99.6**	**99.7**	**99.6**
1. 建筑装潢材料	100.4	100.1	99.5	99.7	99.4
2. 五金电料	101.1	99.4	100.0	99.5	100.3

6月	7月	8月	9月	10月	11月	12月
100.2	99.8	100.0	99.9	99.8	100.4	100.1
100.0	**98.9**	**101.1**	**100.0**	**100.0**	**99.8**	**99.8**
100.1	98.3	102.1	100.0	100.0	100.0	100.0
100.0	99.6	100.1	100.0	100.0	99.6	99.6
99.2	**99.4**	**98.8**	**99.2**	**99.4**	**99.6**	**99.9**
99.9	99.8	99.9	99.7	99.9	99.7	99.9
97.8	98.6	96.6	98.1	98.5	99.4	99.9
99.6	**99.4**	**100.0**	**100.0**	**100.5**	**100.0**	**100.0**
102.3	98.0	102.2	100.1	100.0	99.7	100.1
99.9	99.7	100.0	100.1	100.8	100.8	101.8
100.1	**99.9**	**99.3**	**99.8**	**99.1**	**99.3**	**100.0**
100.0	99.4	97.4	99.5	99.5	100.0	100.0
101.0	99.8	98.6	99.0	100.4	99.3	100.1
99.4	100.0	100.0	100.5	98.2	99.1	99.9
100.5	100.0	100.0	100.0	97.8	100.1	100.0
100.0	**99.7**	**100.0**	**97.5**	**100.1**	**99.7**	**99.8**
100.0	99.5	100.0	94.0	100.3	100.0	100.1
99.9	99.8	100.0	100.0	100.0	100.0	100.0
99.9	99.9	100.0	100.0	99.9	98.7	99.1
100.5	**103.0**	**102.9**	**102.6**	**103.8**	**100.7**	**100.4**
99.9	100.1	100.0	100.0	100.0	100.0	100.7
100.5	103.4	103.4	103.0	104.3	100.8	100.4
100.7	101.6	102.4	106.6	108.8	101.8	100.9
100.0	100.0	103.5	100.0	110.2	100.0	100.0
99.3	105.5	104.3	100.5	100.4	100.0	100.0
103.1	105.1	104.1	100.6	100.3	100.0	100.0
100.2	**101.3**	**100.0**	**101.2**	**100.5**	**99.9**	**101.6**
100.1	101.7	100.0	101.5	100.7	99.6	101.8
100.8	100.0	100.0	100.0	100.0	100.8	101.0

2006年广西全区商品零售价格各月环比指数

以上月价格为100

类　别	1月	2月	3月	4月	5月
商品零售价格总指数	**100.4**	**100.3**	**99.6**	**100.1**	**100.0**
一、食　品	**101.2**	**102.7**	**100.0**	**99.7**	**99.6**
1. 粮　食	100.4	100.4	99.9	100.0	99.5
大　米	100.8	100.4	99.9	99.8	99.2
2. 淀　粉	104.7	96.3	102.6	100.3	100.9
3. 干豆类及豆制品	99.5	102.8	98.3	99.3	100.3
4. 油　脂	100.6	99.1	100.8	99.5	102.4
食用植物油	100.6	98.9	101.6	99.4	104.0
5. 肉禽及其制品	102.6	104.7	96.3	95.0	99.7
(1) 食用畜肉及副产品	101.5	103.4	96.1	93.4	100.1
猪　肉	100.8	102.2	96.5	93.3	99.8
牛　肉	102.2	101.7	98.7	98.5	101.2
羊　肉	106.7	108.6	101.0	90.4	98.1
(2) 禽	107.2	109.3	95.2	95.9	98.9
鸡	104.1	109.0	93.7	95.0	102.0
鸭	115.5	110.2	98.7	97.6	92.7
(3) 肉禽加工制品	99.0	101.6	99.2	99.9	99.7
6. 蛋	103.8	98.5	96.3	98.7	99.5
鲜　蛋	104.4	98.4	96.1	98.6	99.4
7. 水产品	104.8	106.7	95.3	99.7	99.5
(1) 鱼	103.8	103.2	96.8	98.1	97.4
淡水鱼	104.6	104.9	97.4	98.7	97.2
海水鱼	102.0	99.2	95.1	96.6	98.0
(2) 其他水产品	106.9	113.7	92.8	102.8	103.2
虾蟹类	108.2	114.4	92.2	103.0	103.4
8. 菜	95.9	100.9	108.4	99.9	97.3
鲜　菜	94.2	100.5	110.3	100.3	96.6
9. 调味品	100.2	98.7	100.1	102.1	99.5
盐	100.0	100.0	100.0	100.0	100.0
酱　油	100.5	98.7	100.0	103.5	98.4
10. 糖	102.4	100.7	103.1	104.6	99.7
食　糖	105.7	106.4	108.4	106.1	97.9
11. 干鲜瓜果	102.2	110.3	107.6	109.2	98.6
鲜瓜果	102.6	112.4	109.0	110.9	98.2

6 月	7 月	8 月	9 月	10 月	11 月	12 月
100.0	**99.6**	**100.4**	**100.1**	**100.0**	**100.5**	**101.2**
100.2	**99.9**	**101.0**	**100.0**	**99.2**	**100.5**	**102.6**
100.7	100.9	100.5	101.1	100.2	99.2	100.9
101.0	101.3	100.8	101.3	100.2	98.5	100.1
101.5	101.7	102.6	96.4	98.3	100.1	99.5
100.4	99.5	101.0	99.5	100.0	99.3	101.4
99.1	100.6	100.2	100.4	98.0	102.2	107.0
100.6	101.0	100.5	99.9	96.8	101.5	107.4
101.4	99.7	101.8	104.2	102.2	100.1	105.0
100.7	99.5	100.7	105.5	103.2	100.2	105.6
101.0	99.7	101.4	107.8	103.2	99.6	106.2
98.3	100.9	100.6	99.3	101.2	100.8	100.6
98.0	98.6	99.2	98.9	106.4	106.2	110.2
102.8	100.0	105.1	103.0	100.7	99.9	105.6
101.6	96.3	105.6	104.6	99.9	101.1	107.7
105.3	107.7	104.6	100.2	102.4	98.0	101.5
101.6	99.8	100.0	101.4	101.2	99.8	101.3
100.1	100.2	109.8	103.8	100.5	100.2	105.0
100.2	100.1	110.6	103.9	100.8	99.8	105.4
99.6	99.3	98.5	97.2	99.9	100.7	101.9
105.0	100.9	99.4	96.2	99.4	99.9	99.5
102.4	101.4	100.1	95.5	100.2	99.9	100.8
111.4	99.8	97.7	97.6	97.7	99.8	96.5
90.6	96.1	96.7	99.3	100.8	102.2	106.6
91.3	95.9	96.5	98.2	101.0	102.1	106.7
103.6	102.8	109.6	92.1	87.0	104.1	102.2
104.1	103.3	111.0	90.9	84.8	105.1	102.4
99.9	100.2	101.5	104.6	100.3	100.1	99.9
100.0	101.9	105.4	116.3	101.7	100.0	100.4
99.9	100.9	100.0	100.0	99.7	100.0	100.2
100.2	98.0	98.2	99.9	101.3	99.1	99.9
102.1	96.1	96.9	99.7	102.4	98.3	99.6
94.4	96.7	90.7	95.9	99.4	100.4	102.0
93.1	95.5	88.6	94.5	99.2	100.7	102.4

2006 年广西全区商品零售价格各月环比指数（续表 1）

以上月价格为 100

类　　别	1 月	2 月	3 月	4 月	5 月
12. 糕点饼干面包	101.0	98.5	100.9	101.0	100.1
13. 液体乳及乳制品	100.2	99.9	99.8	103.7	99.2
14. 在外用膳食品	100.2	100.2	100.1	100.0	100.7
15. 其他食品	100.0	99.1	99.9	99.6	100.4
二、饮料、烟酒	**99.5**	**99.3**	**100.3**	**100.9**	**99.1**
1. 茶及饮料	99.4	98.1	101.5	101.3	100.7
(1) 茶　　叶	100.0	95.7	101.7	101.9	103.0
(2) 饮　　料	99.2	99.0	101.4	101.0	99.8
2. 烟　　草	99.9	100.1	99.7	100.2	98.3
3. 酒	99.2	99.4	100.0	101.5	98.8
三、服装、鞋帽	**99.3**	**96.1**	**97.2**	**101.8**	**100.0**
1. 服　　装	99.1	94.2	96.1	102.8	100.2
(1) 男式服装	99.1	95.5	97.1	101.8	100.3
(2) 女式服装	99.4	92.7	95.2	103.0	100.7
(3) 儿童服装	98.3	96.1	96.7	104.5	98.1
2. 鞋 袜 帽	99.0	100.3	99.1	99.9	99.8
(1) 鞋	98.8	99.8	99.2	99.5	99.7
(2) 袜　　子	100.0	103.5	98.3	102.7	100.0
(3) 帽　　子	100.9	102.0	97.9	100.0	100.6
3. 其　　他	103.7	99.9	101.6	100.5	98.5
四、纺 织 品	**101.7**	**99.1**	**94.9**	**102.0**	**99.8**
1. 衣着材料	100.0	99.1	97.3	99.5	99.1
2. 床上用品	102.6	99.1	93.5	103.5	100.2
五、家用电器及音像器材	**98.7**	**99.8**	**100.2**	**99.2**	**100.2**
1. 家庭设备	99.3	99.9	100.2	100.1	100.9
2. 文娱用耐用消费品	97.9	99.7	100.3	97.9	99.5
3. 音像器材	100.0	100.0	100.0	100.0	100.0
六、文化办公用品	**99.7**	**99.6**	**99.6**	**99.7**	**99.9**
七、日 用 品	**99.2**	**99.4**	**100.7**	**101.9**	**99.3**
1. 日用百货	99.4	99.1	100.9	102.6	100.0
2. 日用杂品	100.6	99.0	98.8	102.4	98.4
3. 洗涤用品	97.8	99.2	101.8	102.1	98.5
4. 其他日用品	99.8	100.5	100.3	100.0	100.5

6 月	7 月	8 月	9 月	10 月	11 月	12 月
100.2	100.1	100.2	99.9	100.1	100.2	100.0
100.5	100.5	99.9	100.3	100.0	99.8	99.7
100.0	100.0	101.0	100.1	100.2	100.4	100.5
100.0	102.0	99.7	100.9	101.5	100.0	100.0
100.3	**99.6**	**100.1**	**99.8**	**100.3**	**99.9**	**100.2**
100.9	99.1	100.3	100.0	100.1	100.0	100.3
101.3	97.4	100.0	100.0	100.0	100.0	100.0
100.8	99.9	100.5	100.0	100.2	100.0	100.4
100.0	99.9	100.0	100.0	100.0	100.0	100.0
100.0	99.6	100.1	99.5	100.7	99.8	100.4
98.7	**97.9**	**99.7**	**102.0**	**104.2**	**102.5**	**102.2**
99.3	97.7	98.9	102.3	105.4	102.7	102.7
100.0	97.3	99.1	102.1	104.0	102.4	101.4
99.9	98.4	98.7	101.6	106.4	103.3	104.5
95.5	96.7	98.4	105.6	105.3	101.5	99.9
97.3	98.1	102.0	101.5	102.4	102.5	101.1
97.0	97.6	102.1	101.9	102.9	102.5	101.2
98.4	101.5	101.2	100.0	98.8	103.1	100.1
100.0	100.0	101.2	98.5	100.0	100.0	103.1
98.5	99.9	97.0	100.0	99.7	100.0	102.2
99.2	**99.7**	**100.3**	**100.0**	**100.7**	**100.4**	**100.6**
100.1	99.5	100.0	100.1	100.1	101.9	101.4
98.7	99.8	100.5	99.9	101.0	99.5	100.2
99.8	**99.1**	**99.8**	**100.1**	**99.8**	**100.2**	**100.0**
100.2	99.5	99.9	100.6	100.2	100.4	100.3
99.1	98.5	99.7	99.6	99.2	100.0	99.7
100.0	100.0	100.0	100.0	100.0	100.0	100.0
99.8	**99.8**	**99.8**	**99.4**	**99.6**	**99.7**	**99.9**
100.2	**100.3**	**100.8**	**99.9**	**99.4**	**100.6**	**100.3**
99.3	100.6	100.5	99.7	99.1	99.3	100.7
102.0	100.2	100.2	100.1	98.2	103.2	100.2
100.1	100.4	102.2	99.5	100.0	100.6	99.9
99.7	100.1	99.7	100.8	100.1	100.0	100.2

2006 年广西全区商品零售价格各月环比指数（续表 2）

以上月价格为 100

类　　别	1 月	2 月	3 月	4 月	5 月
八、体育娱乐用品	**99.4**	**99.9**	**99.6**	**98.8**	**100.0**
1. 体育用品	99.4	100.6	99.3	97.2	100.0
2. 娱乐用品	99.5	99.1	100.0	100.4	100.0
九、交通、通信用品	**99.8**	**99.6**	**99.3**	**99.1**	**99.7**
1. 交通运输机械	99.9	99.8	99.8	99.4	99.9
2. 通信器材	99.5	99.3	98.4	98.6	99.2
十、家　　具	**101.0**	**100.0**	**100.0**	**99.8**	**100.0**
十一、化 妆 品	**101.9**	**99.8**	**100.4**	**100.2**	**100.0**
十二、金银珠宝	**103.9**	**101.5**	**102.6**	**102.7**	**106.8**
十三、中西药品及医疗保健用品	**100.2**	**100.4**	**101.2**	**99.6**	**100.3**
1. 医疗器具及用品	100.0	100.0	102.0	99.5	100.0
2. 中药材及中成药	100.1	101.3	101.7	98.9	100.2
3. 西　　药	100.2	100.0	100.6	100.1	100.6
4. 保健品及器具	100.5	99.3	102.0	99.8	100.0
十四、书报杂志及电子出版物	**100.1**	**100.7**	**100.0**	**100.1**	**99.9**
1. 教材及参考书	100.2	101.7	100.0	100.2	100.0
2. 书报杂志	100.0	100.0	100.0	100.0	100.0
3. 电子音像制品	100.0	100.0	100.0	100.1	99.5
十五、燃　　料	**103.8**	**98.9**	**97.1**	**100.7**	**101.4**
1. 煤炭及制品	101.5	100.1	100.2	99.8	100.0
2. 石油及制品	104.1	98.7	96.7	100.8	101.5
液化石油气	110.2	96.9	90.6	98.7	98.6
管道燃气	100.3	100.3	99.5	100.0	100.0
汽　　油	100.0	100.0	101.3	102.7	103.8
柴　　油	100.0	100.0	100.8	101.6	103.8
十六、建筑材料及五金电料	**100.2**	**98.0**	**99.7**	**100.2**	**101.1**
1. 建筑装潢材料	100.3	97.7	99.6	100.1	101.0
2. 五金电料	100.0	99.4	100.1	100.7	101.5

6 月	7 月	8 月	9 月	10 月	11 月	12 月
99.5	99.7	100.0	100.1	100.1	100.4	100.1
99.1	100.0	100.0	100.2	99.9	100.7	100.5
100.0	99.4	100.0	100.0	100.3	100.0	99.7
98.9	99.0	98.6	100.0	99.8	99.6	99.3
99.6	99.7	99.4	100.1	99.9	99.8	100.0
97.3	97.4	96.9	99.7	99.6	99.0	97.6
98.3	100.4	100.0	100.9	100.2	100.4	100.1
99.9	99.9	99.8	99.4	100.8	101.2	100.0
98.2	100.6	100.2	98.0	99.6	100.6	100.7
100.3	100.0	99.9	99.3	100.0	100.3	100.2
99.9	98.9	100.0	100.0	101.1	100.0	100.0
101.2	100.1	100.6	99.9	100.2	100.2	101.2
99.9	100.1	99.5	98.5	99.9	100.5	99.3
99.6	100.2	99.8	100.0	99.5	99.7	100.5
100.0	100.3	99.9	98.6	100.0	100.0	100.2
100.0	100.0	99.8	96.5	100.1	100.0	100.0
100.0	100.0	100.0	100.0	100.0	100.0	100.0
100.0	101.3	100.0	100.0	100.0	100.0	101.0
102.0	99.6	101.4	100.8	99.4	99.6	102.5
99.1	100.0	100.0	100.0	100.0	100.0	99.9
102.4	99.5	101.6	100.9	99.3	99.6	102.8
97.7	98.6	104.5	102.6	98.3	98.8	107.9
99.9	99.6	100.4	100.1	100.0	100.0	100.5
105.6	100.0	100.0	100.0	99.9	100.0	99.9
106.2	100.0	100.0	100.0	99.9	100.0	100.0
100.8	99.3	99.9	100.1	100.9	100.8	100.8
100.9	99.2	99.9	100.1	101.2	100.9	100.9
100.3	100.0	100.0	100.0	99.8	100.2	100.5

2007年广西全区商品零售价格各月环比指数

以上月价格为100

类　　别	1月	2月	3月	4月	5月
商品零售价格总指数	**100.3**	**100.5**	**100.0**	**100.6**	**100.2**
一、食　　品	**101.3**	**102.9**	**101.2**	**100.8**	**100.0**
1. 粮　　食	102.1	100.2	100.2	99.9	100.0
大　　米	102.1	99.9	99.8	99.8	100.0
2. 淀　　粉	101.5	99.8	102.6	96.4	99.5
3. 干豆类及豆制品	101.0	103.4	99.6	100.6	101.2
4. 油　　脂	102.3	100.3	100.2	103.9	103.6
食用植物油	101.7	100.6	100.1	103.5	103.3
5. 肉禽及其制品	103.6	105.7	96.9	98.4	106.8
(1) 食用畜肉及副产品	104.8	106.7	95.9	96.5	105.0
猪　　肉	105.3	107.0	95.3	96.9	107.9
牛　　肉	102.3	101.3	99.9	97.4	98.2
羊　　肉	105.2	103.1	94.1	97.2	94.6
(2) 禽	102.3	105.1	97.9	100.9	110.7
鸡	103.2	105.1	97.8	100.6	110.0
鸭	99.9	105.2	98.0	101.6	112.6
(3) 肉禽加工制品	102.0	102.4	99.8	100.9	105.6
6. 蛋	101.3	100.8	99.4	101.5	104.0
鲜　　蛋	101.3	100.8	99.3	101.5	104.2
7. 水 产 品	102.1	108.8	99.6	97.8	99.9
(1) 鱼	101.0	104.9	100.3	98.9	100.9
淡 水 鱼	100.1	103.9	100.6	99.9	100.7
海 水 鱼	103.1	107.6	99.4	96.7	101.2
(2) 其他水产品	104.4	116.3	98.3	95.8	98.1
虾 蟹 类	104.4	116.3	98.3	95.8	98.1
8. 菜	93.9	94.4	125.6	113.3	79.4
鲜　　菜	92.3	92.4	131.4	115.8	76.4
9. 调 味 品	101.2	100.1	100.0	100.2	100.1
盐	100.6	100.0	100.0	100.0	100.0
酱　　油	101.4	100.0	100.0	100.0	100.1
10. 糖	99.6	98.8	100.1	99.9	100.0
食　　糖	98.8	96.3	100.2	99.6	99.6
11. 干鲜瓜果	101.7	109.9	102.3	96.6	98.0

6 月	7 月	8 月	9 月	10 月	11 月	12 月
100.4	102.1	100.6	100.2	100.0	100.7	101.2
101.3	106.1	102.6	100.4	98.7	100.0	102.9
100.3	100.8	101.1	101.7	100.7	100.6	99.9
100.7	100.5	101.0	101.3	100.9	100.8	99.3
100.1	101.4	100.4	106.3	105.0	103.7	107.5
100.5	101.0	102.6	102.6	101.3	104.4	106.4
102.6	101.4	102.1	100.2	101.4	104.8	107.9
103.0	101.6	102.3	101.3	102.0	104.4	106.2
104.8	114.7	102.2	97.9	97.9	100.2	107.0
106.1	121.0	103.9	97.1	96.8	101.7	110.2
107.3	126.6	105.0	96.1	95.2	100.9	110.9
106.1	105.7	99.7	101.2	98.7	102.7	113.6
104.0	102.0	99.8	101.2	108.0	105.5	98.0
103.2	105.6	98.4	98.5	98.8	97.3	102.1
102.8	105.7	99.3	99.4	98.8	95.4	102.1
104.4	105.3	96.1	96.3	98.9	102.2	102.2
103.1	109.0	102.9	99.9	101.0	99.9	102.0
104.9	104.5	103.0	98.6	96.5	95.9	99.0
105.0	104.3	102.9	98.2	96.3	95.5	98.8
99.9	99.6	99.8	99.6	99.3	97.9	101.9
102.5	104.0	102.4	99.9	98.1	97.3	101.0
102.4	106.5	102.9	99.4	97.8	96.0	100.9
102.7	97.7	101.0	101.4	98.9	100.8	101.2
94.9	90.4	93.7	98.8	102.2	99.4	104.2
94.9	90.4	93.7	98.8	102.2	99.4	104.2
101.1	103.5	109.7	108.4	93.5	95.4	90.7
101.4	103.9	110.7	108.9	91.9	94.3	88.7
100.2	99.5	100.7	100.1	100.0	101.3	101.4
100.0	100.0	100.0	100.0	100.0	100.0	100.0
100.1	99.1	101.8	99.9	99.7	103.3	100.0
100.0	100.1	101.6	100.5	99.9	100.9	102.3
100.2	99.9	102.5	99.9	99.2	99.8	99.8
90.4	102.3	105.1	101.7	101.7	99.2	100.4

2007年广西全区商品零售价格各月环比指数（续表1）

以上月价格为100

类　别	1月	2月	3月	4月	5月
鲜瓜果	101.8	112.4	103.0	95.8	97.4
12. 糕点饼干面包	100.0	100.9	100.3	99.9	100.2
13. 液体乳及乳制品	99.8	99.4	100.5	101.0	100.5
14. 在外用膳食品	100.3	100.3	99.8	100.9	100.2
15. 其他食品	100.0	100.2	100.4	100.0	99.8
二、饮料、烟酒	**100.5**	**100.0**	**100.0**	**100.6**	**100.2**
1. 茶及饮料	100.2	100.5	99.8	100.5	100.9
(1) 茶　叶	101.3	100.2	100.3	100.1	100.5
(2) 饮　料	99.8	100.5	99.6	100.7	101.1
2. 烟　草	100.1	99.8	100.2	99.9	99.9
3. 酒	101.1	99.7	100.0	101.5	100.0
三、服装、鞋帽	**99.3**	**97.7**	**97.1**	**102.9**	**100.0**
1. 服　装	99.4	96.3	95.5	102.9	99.9
(1) 男式服装	98.7	97.0	97.6	101.1	99.2
(2) 女式服装	99.5	95.3	94.2	104.0	100.3
(3) 儿童服装	100.7	97.7	94.7	103.8	100.0
2. 鞋袜帽	98.9	101.3	100.7	103.1	100.1
(1) 鞋	98.9	101.5	100.6	103.6	100.1
(2) 袜　子	98.8	100.5	102.2	100.0	100.2
(3) 帽　子	100.7	100.0	97.9	100.6	99.3
3. 其　他	100.7	97.6	99.4	102.1	100.2
四、纺织品	**100.0**	**99.8**	**97.5**	**98.5**	**101.0**
1. 衣着材料	101.2	97.9	100.2	98.9	99.8
2. 床上用品	99.2	100.9	96.1	98.2	101.8
五、家用电器及音像器材	**99.7**	**99.0**	**100.1**	**98.9**	**100.3**
1. 家庭设备	100.2	99.7	100.3	100.3	100.3
2. 文娱用耐用消费品	99.1	98.1	99.9	97.2	100.3
3. 音像器材	100.0	100.0	98.6	100.0	100.0
六、文化办公用品	**100.3**	**100.1**	**100.0**	**100.1**	**99.7**
七、日用品	**99.6**	**100.0**	**100.2**	**100.5**	**100.0**
1. 日用百货	99.8	100.3	99.2	101.3	100.1
2. 日用杂品	97.6	101.1	101.2	100.3	100.1
3. 洗涤用品	100.4	99.9	100.5	100.1	99.9

6 月	7 月	8 月	9 月	10 月	11 月	12 月
88.0	102.5	106.3	101.7	101.6	98.3	100.0
101.1	99.9	101.6	101.4	100.4	100.3	105.3
99.9	99.5	101.8	100.7	99.6	102.8	101.9
100.3	101.9	100.9	100.7	100.1	101.2	102.3
100.1	102.4	101.9	100.2	97.9	100.7	99.0
100.3	**99.8**	**99.8**	**100.1**	**100.0**	**100.1**	**100.9**
101.3	100.0	100.2	100.3	100.2	99.9	100.6
100.0	100.4	100.0	100.4	100.0	99.9	100.0
101.9	99.9	100.3	100.2	100.2	99.9	100.8
100.0	99.3	99.4	99.9	100.0	100.0	100.0
99.9	100.3	99.9	100.2	99.9	100.4	102.0
99.1	**98.7**	**97.6**	**100.7**	**103.8**	**102.0**	**101.4**
99.5	98.4	96.9	101.9	104.1	102.4	102.9
99.2	98.7	98.5	101.1	105.0	101.5	101.1
99.8	98.3	97.0	100.0	104.1	102.7	102.8
99.2	97.7	92.7	111.3	101.9	103.7	107.8
98.3	99.3	99.1	97.8	103.4	100.9	97.9
98.0	98.9	99.0	97.4	104.0	101.1	98.0
99.8	102.1	100.0	100.0	100.0	100.0	97.1
100.0	100.0	99.8	100.0	100.0	100.0	99.6
99.3	99.5	97.5	100.7	100.0	103.7	100.0
100.5	**98.9**	**99.1**	**101.6**	**100.5**	**99.6**	**97.6**
100.0	97.9	99.1	101.9	101.4	100.5	100.0
100.8	99.5	99.1	101.5	100.0	99.6	96.2
99.7	**99.9**	**99.6**	**99.6**	**98.6**	**99.7**	**99.1**
99.9	100.1	100.0	99.9	100.0	99.8	100.0
99.4	99.6	99.0	99.2	96.6	99.5	97.8
100.0	100.0	100.0	100.0	100.0	100.0	100.0
99.7	**99.2**	**99.5**	**99.8**	**100.0**	**98.9**	**99.0**
100.1	**100.3**	**100.4**	**100.3**	**100.2**	**99.8**	**100.5**
99.8	100.0	99.4	100.8	100.4	99.5	100.2
100.2	100.2	100.0	100.0	100.0	100.0	101.1
100.1	100.7	101.8	100.1	100.1	99.7	100.8

2007年广西全区商品零售价格各月环比指数（续表2）

以上月价格为100

类　别	1月	2月	3月	4月	5月
4. 其他日用品	99.9	98.6	100.4	100.1	100.1
八、体育娱乐用品	**100.1**	**100.5**	**99.4**	**100.0**	**99.8**
1. 体育用品	99.8	101.1	98.9	100.0	100.0
2. 娱乐用品	100.4	100.0	100.0	99.9	99.6
九、交通、通信用品	**99.7**	**99.3**	**99.4**	**98.9**	**98.7**
1. 交通运输机械	99.8	99.9	99.8	99.2	99.7
2. 通信器材	99.5	97.9	98.5	98.1	96.6
十、家　　具	**100.4**	**100.2**	**100.1**	**99.6**	**99.6**
十一、化 妆 品	**99.9**	**100.1**	**99.5**	**100.7**	**99.8**
十二、金银珠宝	**100.7**	**99.5**	**101.2**	**101.5**	**100.1**
十三、中西药品及医疗保健用品	**99.6**	**99.9**	**100.0**	**102.1**	**102.1**
1. 医疗器具及用品	99.5	100.0	100.2	99.6	99.7
2. 中药材及中成药	100.0	100.1	100.5	105.7	106.8
3. 西　　药	99.3	99.8	99.6	100.1	99.4
4. 保健品及器具	99.9	100.0	99.9	100.1	99.5
十四、书报杂志及电子出版物	**100.1**	**100.0**	**99.8**	**100.0**	**100.1**
1. 教材及参考书	100.0	100.0	99.3	100.0	100.3
2. 书报杂志	100.4	100.0	100.2	100.0	99.9
3. 电子音像制品	99.8	100.0	100.0	100.0	100.0
十五、燃　　料	**99.5**	**97.7**	**98.1**	**100.8**	**100.7**
1. 煤炭及制品	100.0	101.1	100.0	103.2	100.1
2. 石油及制品	99.4	97.3	97.9	100.5	100.8
液化石油气	100.5	94.7	94.3	101.8	102.1
管道燃气	100.0	99.5	100.5	100.0	100.0
汽　　油	97.9	98.3	100.0	99.6	100.0
柴　　油	100.0	100.0	99.9	100.0	100.0
十六、建筑材料及五金电料	**101.2**	**99.6**	**100.3**	**100.2**	**101.3**
1. 建筑装潢材料	101.5	99.6	100.5	100.2	101.6
2. 五金电料	100.0	100.0	99.8	100.1	100.2

6 月	7 月	8 月	9 月	10 月	11 月	12 月
100.7	100.2	100.1	99.9	100.0	100.0	99.9
99.9	100.1	100.1	100.0	100.0	99.3	99.5
100.0	100.0	100.0	100.0	100.2	100.0	99.3
99.9	100.2	100.2	100.0	99.8	98.6	99.7
99.0	98.9	98.9	99.4	98.6	99.6	99.7
99.9	99.6	99.3	99.4	98.8	99.9	100.0
97.2	97.4	98.2	99.4	98.2	98.8	99.0
99.5	99.9	100.1	100.3	100.7	100.1	100.2
100.0	99.9	99.9	100.4	99.8	99.7	99.9
99.6	99.8	100.1	102.7	102.1	103.7	99.5
100.7	102.5	98.2	99.4	100.4	99.9	99.8
100.0	100.0	100.0	100.0	100.4	100.1	100.1
101.9	105.5	95.2	90.5	100.4	99.5	99.7
99.9	100.8	100.4	100.1	100.5	100.1	99.9
100.3	100.5	100.0	100.0	99.9	100.8	99.9
99.8	100.0	99.8	97.6	100.0	100.0	100.0
99.6	100.0	99.5	93.5	100.0	100.0	100.0
100.0	100.0	100.0	100.0	100.0	100.0	100.0
100.0	100.0	100.0	100.0	100.0	100.0	100.0
101.1	101.0	100.6	100.1	103.2	109.5	100.9
100.0	101.4	100.4	100.0	102.9	102.3	102.2
101.2	100.9	100.7	100.2	103.3	110.4	100.7
102.9	102.4	101.7	100.4	108.3	114.2	101.1
100.7	100.0	100.0	100.0	100.0	100.5	100.7
100.3	100.0	100.0	100.0	100.2	108.5	100.4
100.0	100.0	100.1	100.0	100.0	109.1	100.6
99.8	100.8	101.0	101.8	102.3	101.1	103.0
99.9	100.9	101.3	102.3	102.8	101.3	103.5
99.5	100.3	100.0	100.3	100.4	100.1	100.8

2008 年广西全区商品零售价格各月环比指数

以上月价格为 100

类　　别	1 月	2 月	3 月	4 月	5 月
商品零售价格总指数	**101.4**	**103.6**	**98.9**	**100.8**	**99.5**
一、食　　品	**104.7**	**111.1**	**96.6**	**102.6**	**98.3**
1. 粮　　食	100.5	101.2	100.9	101.7	106.5
大　　米	100.4	101.2	100.8	102.1	108.0
2. 淀　　粉	103.8	102.6	102.0	100.0	98.6
3. 干豆类及豆制品	106.1	117.7	99.3	100.0	99.5
4. 油　　脂	102.3	102.2	102.3	98.8	99.3
食用植物油	102.5	102.4	103.5	98.9	98.9
5. 肉禽及其制品	104.0	107.4	97.6	101.2	98.9
(1) 食用畜肉及副产品	104.4	108.2	98.2	99.9	98.4
猪　　肉	101.7	103.7	99.5	100.5	97.9
牛　　肉	111.7	117.3	97.8	100.0	100.2
羊　　肉	106.2	121.2	89.8	96.3	98.5
(2) 禽	103.3	108.1	94.7	104.3	99.9
鸡	103.5	110.5	90.3	104.9	100.6
鸭	103.0	103.0	105.1	103.1	98.3
(3) 肉禽加工制品	103.5	102.7	100.7	100.7	99.6
6. 蛋	102.0	103.2	96.7	98.7	101.2
鲜　　蛋	102.4	103.6	96.3	98.6	101.3
7. 水 产 品	105.4	116.1	103.1	99.0	98.4
(1) 鱼	102.6	112.4	104.2	105.9	101.9
淡 水 鱼	103.4	115.6	107.3	105.9	102.3
海 水 鱼	101.1	106.7	98.1	106.0	101.0
(2) 其他水产品	110.9	122.4	101.3	87.6	91.5
虾 蟹 类	110.9	122.4	101.3	87.6	91.5
8. 菜	119.7	153.6	79.6	112.3	83.3
鲜　　菜	123.4	161.5	77.3	113.8	80.8
9. 调 味 品	100.0	100.1	102.0	101.5	100.8
盐	100.0	100.1	100.0	100.0	100.0
酱　　油	100.4	100.0	103.7	102.4	101.4
10. 糖	100.9	101.1	100.3	99.7	98.7
食　　糖	99.0	99.6	100.9	99.1	98.2
11. 干鲜瓜果	102.9	114.7	96.2	106.9	94.7
鲜 瓜 果	103.2	117.2	95.3	108.6	93.6

6 月	7 月	8 月	9 月	10 月	11 月	12 月
100.3	100.7	99.3	100.0	99.5	98.9	99.1
99.7	100.8	98.7	100.0	99.1	98.4	98.5
100.6	100.1	100.3	100.1	99.9	99.8	99.6
100.6	100.2	100.4	100.0	99.9	99.8	99.5
98.9	100.1	99.0	97.3	102.8	98.0	97.2
99.5	99.8	99.2	99.4	99.4	97.8	99.5
100.0	100.2	98.8	98.0	97.8	96.1	94.4
100.1	100.1	99.0	98.3	97.6	96.6	95.4
99.2	98.7	99.1	99.2	96.6	96.3	101.1
99.3	98.9	99.1	98.2	94.5	95.1	101.7
99.2	98.2	98.5	96.9	91.5	92.6	102.7
100.5	100.6	100.6	100.4	100.0	99.8	100.5
98.9	101.2	100.2	100.8	101.0	98.6	99.2
98.3	97.4	98.6	100.8	99.4	97.8	100.6
98.4	97.4	98.3	100.1	99.3	98.2	101.5
98.1	97.5	99.1	102.2	99.8	97.2	98.8
100.4	100.2	99.8	100.8	99.5	98.2	99.8
101.0	101.0	101.4	100.6	98.1	97.7	99.2
101.1	101.1	101.7	100.7	97.9	97.4	99.0
97.4	100.3	99.8	98.4	98.5	95.7	100.2
100.4	99.8	98.1	96.9	96.7	95.3	97.5
99.7	99.3	98.7	97.8	95.5	94.5	95.6
102.1	101.0	97.0	95.1	99.2	96.9	101.5
90.5	101.5	104.0	101.6	102.5	96.6	105.6
90.5	101.5	104.0	101.6	102.5	96.6	105.6
102.9	111.8	93.3	101.8	104.4	99.4	88.9
103.3	113.5	92.2	102.2	105.5	99.5	87.1
100.8	100.1	101.2	99.8	100.2	99.7	100.6
100.0	100.0	100.0	99.9	100.0	100.0	100.0
100.7	100.0	100.1	100.0	99.7	99.3	101.3
101.4	100.4	100.7	100.0	101.3	100.4	99.9
100.6	99.3	100.3	98.9	101.5	100.4	99.3
93.4	96.8	97.8	103.5	98.7	100.1	98.2
92.0	95.7	96.6	104.4	99.1	100.4	97.6

2008 年广西全区商品零售价格各月环比指数（续表 1）

以上月价格为 100

类　　别	1 月	2 月	3 月	4 月	5 月
12. 糕点饼干面包	102.1	100.5	100.9	100.0	98.4
13. 液体乳及乳制品	107.3	101.7	100.8	100.3	101.7
14. 在外用膳食品	102.5	101.4	100.6	101.9	105.6
15. 其他食品	102.8	100.9	99.7	100.6	100.2
二、饮料、烟酒	**100.9**	**100.2**	**100.5**	**100.5**	**100.0**
1. 茶及饮料	101.0	99.6	100.2	100.4	99.8
(1) 茶　　叶	101.2	98.2	99.8	100.9	100.0
(2) 饮　　料	100.9	100.1	100.3	100.3	99.7
2. 烟　　草	99.7	100.0	100.0	100.0	100.0
3. 酒	102.2	100.9	101.4	101.0	100.3
三、服装、鞋帽	**99.2**	**96.1**	**97.9**	**99.6**	**101.6**
1. 服　　装	98.1	95.3	96.5	99.4	102.8
(1) 男式服装	99.4	94.3	101.4	99.6	99.3
(2) 女式服装	97.4	96.3	92.8	99.0	105.7
(3) 儿童服装	97.7	94.4	96.5	100.4	102.2
2. 鞋 袜 帽	101.8	97.8	101.5	99.9	98.9
(1) 鞋	102.0	97.6	101.7	99.9	98.7
(2) 袜　　子	100.3	98.2	100.0	100.0	99.8
(3) 帽　　子	100.8	100.0	100.0	100.0	100.0
3. 其　　他	100.8	99.6	97.9	100.6	100.5
四、纺 织 品	**101.7**	**97.8**	**100.6**	**99.1**	**102.2**
1. 衣着材料	100.1	100.1	98.7	100.2	100.7
2. 床上用品	102.5	96.8	101.4	98.6	102.9
五、家用电器及音像器材	**99.5**	**100.7**	**100.1**	**100.1**	**98.9**
1. 家庭设备	100.3	101.3	101.0	100.6	99.5
2. 文娱用耐用消费品	98.4	99.9	99.1	99.4	98.0
3. 音像器材	100.0	100.0	100.0	100.0	100.0
六、文化办公用品	**99.8**	**100.1**	**100.2**	**100.0**	**99.2**
七、日 用 品	**100.7**	**101.1**	**100.4**	**100.2**	**100.5**
1. 日用百货	99.9	100.4	99.9	101.1	100.1
2. 日用杂品	99.6	100.7	100.2	101.2	101.2
3. 洗涤用品	102.3	102.1	100.7	99.8	100.7
4. 其他日用品	100.7	101.0	100.9	98.3	100.0

6 月	7 月	8 月	9 月	10 月	11 月	12 月
102.5	100.4	100.0	100.2	100.7	100.0	100.7
105.4	100.5	99.2	98.7	98.4	102.7	99.9
100.2	100.2	100.2	100.0	100.1	100.1	100.0
99.6	100.4	99.8	100.5	99.8	102.8	99.9
100.4	**100.1**	**100.3**	**100.2**	**100.0**	**100.2**	**99.9**
100.3	99.9	100.9	100.0	99.8	100.3	100.1
100.0	101.3	100.0	100.0	100.0	100.5	100.0
100.4	99.3	101.2	100.0	99.7	100.3	100.2
100.0	100.0	100.0	100.0	99.9	100.0	100.0
101.0	100.4	100.0	100.5	100.2	100.2	99.7
101.1	**98.5**	**97.5**	**99.9**	**102.6**	**100.9**	**100.4**
101.3	98.7	97.7	99.6	102.9	101.7	101.1
101.1	99.2	98.5	99.0	103.5	100.5	101.6
101.1	98.2	97.5	99.8	102.0	103.5	100.7
102.5	98.9	96.1	100.5	104.5	98.5	101.5
100.9	97.8	96.7	100.5	102.0	99.3	99.0
101.0	97.3	96.2	100.6	102.3	99.2	98.9
100.0	101.8	100.4	100.0	99.7	100.0	99.6
100.0	100.0	100.0	100.0	101.1	101.6	99.0
99.2	100.0	99.6	100.0	100.8	98.0	98.3
100.0	**103.3**	**98.5**	**100.8**	**101.1**	**99.4**	**99.8**
100.0	100.9	99.8	101.5	101.4	98.6	99.5
100.1	104.5	98.0	100.5	100.9	99.7	100.0
98.8	**99.5**	**99.9**	**99.6**	**99.3**	**99.0**	**99.1**
99.1	99.5	99.8	99.8	99.9	99.3	99.5
98.3	99.5	100.1	99.3	98.4	98.7	98.5
100.0	100.0	100.0	100.0	100.0	97.1	100.0
99.8	**99.8**	**99.5**	**99.6**	**99.9**	**99.2**	**99.7**
100.2	**100.8**	**101.2**	**100.3**	**100.5**	**100.0**	**100.0**
100.0	100.7	101.3	100.0	99.9	99.8	100.0
100.0	100.2	101.4	99.8	100.7	100.0	99.3
100.2	100.7	101.8	101.3	101.3	100.7	100.3
100.7	101.6	100.1	99.9	100.1	99.1	100.1

2008年广西全区商品零售价格各月环比指数（续表2）

以上月价格为100

类　　别	1月	2月	3月	4月	5月
八、体育娱乐用品	**99.2**	**99.7**	**99.9**	**100.4**	**100.5**
1. 体育用品	99.7	99.6	99.9	100.6	100.6
2. 娱乐用品	98.7	99.7	99.9	100.1	100.4
九、交通、通信用品	**98.9**	**99.8**	**99.5**	**99.5**	**99.7**
1. 交通运输机械	99.9	100.0	99.8	100.1	100.2
2. 通信器材	96.9	99.6	98.7	98.2	98.6
十、家　　具	**100.0**	**99.9**	**99.8**	**99.6**	**100.0**
十一、化 妆 品	**99.2**	**100.9**	**99.3**	**100.6**	**100.6**
十二、金银珠宝	**103.7**	**105.9**	**103.4**	**97.2**	**97.5**
十三、中西药品及医疗保健用品	**100.3**	**100.9**	**100.2**	**99.9**	**100.4**
1. 医疗器具及用品	100.0	99.5	100.0	100.0	100.0
2. 中药材及中成药	100.4	102.1	100.4	100.2	100.8
3. 西　　药	100.4	100.5	100.1	99.6	100.2
4. 保健品及器具	100.0	100.1	100.1	100.1	100.1
十四、书报杂志及电子出版物	**100.4**	**100.0**	**101.9**	**99.9**	**100.0**
1. 教材及参考书	100.2	100.1	106.0	99.9	100.0
2. 书报杂志	100.8	100.0	100.0	100.0	100.0
3. 电子音像制品	100.0	100.0	100.0	99.9	99.9
十五、燃　　料	**99.6**	**101.2**	**99.8**	**99.8**	**100.1**
1. 煤炭及制品	101.0	104.7	102.2	102.1	100.4
2. 石油及制品	99.4	100.8	99.5	99.5	100.1
液化石油气	98.5	101.9	98.8	98.7	100.2
管道燃气	100.0	100.0	100.0	100.0	100.0
汽　　油	100.0	100.0	100.0	100.0	100.0
柴　　油	100.0	100.0	100.0	100.0	100.0
十六、建筑材料及五金电料	**99.7**	**100.2**	**101.4**	**100.6**	**101.5**
1. 建筑装潢材料	99.5	100.3	101.4	100.6	101.9
2. 五金电料	100.1	99.7	101.5	100.8	100.0

6 月	7 月	8 月	9 月	10 月	11 月	12 月
100.0	99.9	99.4	100.0	100.1	99.8	99.8
100.1	100.0	99.8	100.2	100.2	100.0	100.0
99.8	99.7	98.8	99.8	100.0	99.6	99.6
99.7	100.3	99.4	99.6	99.6	99.8	99.8
100.0	100.6	100.2	100.0	100.0	99.9	100.0
98.8	99.7	97.7	98.8	98.8	99.5	99.3
100.0	99.7	100.0	99.7	100.0	99.9	100.0
100.0	100.4	98.7	100.9	99.9	99.8	100.4
99.4	102.6	94.3	98.7	95.5	95.1	104.1
99.8	100.3	101.1	99.7	100.2	100.0	100.1
100.0	100.0	100.0	100.0	100.0	100.0	100.0
98.7	100.2	100.8	99.5	99.7	99.5	100.1
100.0	99.6	100.4	99.7	100.1	100.2	100.2
102.3	103.9	106.0	99.7	102.7	100.6	100.0
100.0	100.0	100.5	98.3	100.0	99.9	100.0
100.0	100.0	100.2	94.8	100.0	100.0	100.1
100.0	100.0	101.1	100.3	100.3	100.0	100.0
99.9	99.9	99.9	99.8	99.4	99.5	100.0
105.0	104.1	99.9	101.6	98.1	96.3	94.4
101.0	101.4	103.9	116.5	101.2	98.5	97.4
105.6	104.5	99.4	99.6	97.7	95.9	93.9
103.3	101.1	98.4	98.9	93.6	88.9	95.8
100.0	100.0	100.0	100.0	100.0	100.0	100.0
108.1	107.6	100.0	100.0	100.0	99.8	92.2
108.8	108.1	100.0	100.0	100.0	99.5	91.3
100.7	100.6	99.4	99.6	98.2	98.5	100.4
101.1	100.8	99.2	99.4	97.7	98.1	100.6
99.5	100.0	100.3	100.0	99.8	99.8	100.0

2009年广西全区商品零售价格各月环比指数

以上月价格为100

类　　别	1月	2月	3月	4月	5月
商品零售价格总指数	**99.7**	**99.4**	**100.2**	**99.8**	**99.5**
一、食　　品	**101.2**	**99.4**	**101.4**	**99.7**	**99.0**
1. 粮　　食	99.9	100.6	101.4	100.4	100.1
大　　米	99.7	100.7	101.7	100.3	100.0
2. 淀　　粉	100.1	99.5	101.1	99.8	100.1
3. 干豆类及豆制品	102.0	99.2	98.3	99.6	99.5
4. 油　　脂	96.2	97.8	98.0	97.7	98.9
食用植物油	94.9	96.6	97.4	98.2	99.4
5. 肉禽及其制品	103.3	99.0	97.3	98.2	96.4
(1) 食用畜肉及副产品	103.7	98.7	96.3	97.1	93.7
猪　　肉	105.0	97.1	95.1	96.0	91.3
牛　　肉	101.7	99.6	98.5	99.3	98.7
羊　　肉	101.9	100.5	97.4	99.5	97.6
(2) 禽	103.9	98.9	98.2	99.5	99.2
鸡	104.6	96.8	97.9	100.7	99.1
鸭	102.4	103.5	98.7	97.1	99.5
(3) 肉禽加工制品	101.0	100.5	98.6	99.3	99.3
6. 蛋	100.4	100.2	100.1	100.8	100.1
鲜　　蛋	100.4	100.2	100.1	100.8	100.1
7. 水 产 品	108.2	102.4	96.3	99.5	100.1
(1) 鱼	102.6	102.1	99.5	98.6	100.7
淡 水 鱼	99.9	102.9	100.1	97.5	99.2
海 水 鱼	106.8	100.9	98.6	100.4	102.9
(2) 其他水产品	117.6	103.0	91.5	100.9	99.3
虾 蟹 类	117.6	103.0	91.5	100.9	99.3
8. 菜	99.3	92.2	122.4	97.4	95.1
鲜　　菜	99.1	90.8	127.3	96.9	94.1
9. 调 味 品	100.4	100.0	100.5	99.7	99.6
盐	99.9	100.0	100.0	100.2	100.0
酱　　油	100.8	99.6	100.2	99.1	98.9
10. 糖	100.1	99.8	100.1	100.8	101.0
食　　糖	100.0	100.1	100.7	101.1	101.4
11. 干鲜瓜果	97.8	104.5	104.6	105.3	105.1
鲜 瓜 果	98.1	105.8	105.6	106.0	105.7

6 月	7 月	8 月	9 月	10 月	11 月	12 月
100.0	**100.3**	**100.5**	**100.5**	**100.0**	**100.6**	**100.6**
99.6	**100.8**	**101.4**	**100.5**	**99.7**	**99.7**	**100.8**
100.3	100.3	100.1	100.3	100.1	100.0	100.4
100.4	100.3	100.0	100.3	100.0	99.9	100.4
99.6	99.7	100.5	100.2	100.2	100.0	100.4
100.0	99.5	100.4	100.7	101.2	101.5	102.3
101.2	100.7	98.6	97.9	99.8	100.9	102.8
100.5	100.1	99.0	97.8	99.8	102.1	104.4
98.2	99.4	102.6	102.7	99.8	99.5	101.0
97.7	98.7	103.8	102.9	100.0	100.0	101.8
96.7	97.8	106.2	104.3	100.0	99.1	101.9
100.0	99.9	100.2	100.1	100.5	100.8	100.4
98.5	100.2	100.2	99.9	99.2	101.6	103.2
98.8	100.5	101.7	102.8	99.4	98.6	100.2
99.1	100.4	101.3	101.8	99.7	99.4	100.0
98.3	100.6	102.7	105.0	98.8	96.9	100.5
98.6	99.4	100.6	101.6	100.0	99.5	100.1
99.9	100.2	102.4	102.9	99.3	98.8	99.7
99.9	100.1	102.6	102.9	99.1	98.6	99.7
98.3	100.3	97.1	98.0	102.0	100.2	102.9
100.9	99.9	98.2	98.4	99.6	99.4	100.1
99.3	99.5	99.8	98.9	99.1	99.1	99.5
103.2	100.5	96.1	97.6	100.2	99.7	101.0
94.2	101.0	95.2	97.4	106.2	101.7	107.3
94.2	101.0	95.2	97.4	106.2	101.7	107.3
101.1	104.7	106.0	100.6	99.0	101.1	100.5
101.0	105.6	107.0	100.8	98.7	101.2	100.0
99.9	99.9	100.2	100.3	100.0	100.1	100.1
99.8	98.8	100.3	100.2	99.8	100.7	99.7
99.9	100.4	100.2	100.3	100.0	100.1	100.0
100.4	101.5	100.9	100.4	100.3	100.4	100.4
100.6	104.9	101.6	100.5	100.7	101.1	101.2
99.8	103.2	100.5	96.5	96.4	96.3	101.0
99.5	103.7	100.4	95.8	95.6	95.1	100.6

2009 年广西全区商品零售价格各月环比指数（续表 1）

以上月价格为 100

类　　别	1 月	2 月	3 月	4 月	5 月
12. 糕点饼干面包	99.5	99.7	100.4	99.9	100.2
13. 液体乳及乳制品	101.0	99.5	101.1	99.0	100.3
14. 在外用膳食品	100.2	99.9	99.8	100.9	100.2
15. 其他食品	100.0	97.9	100.1	100.0	100.7
二、饮料、烟酒	**99.9**	**100.2**	**99.9**	**100.0**	**100.0**
1. 茶及饮料	99.8	100.0	99.5	100.0	100.0
(1) 茶　　叶	98.7	101.1	99.7	100.0	100.2
(2) 饮　　料	100.2	99.6	99.4	100.0	100.0
2. 烟　　草	99.7	100.0	100.0	100.0	99.9
3. 酒	100.3	100.4	100.2	99.9	100.0
三、服装、鞋帽	**97.3**	**99.3**	**99.1**	**101.3**	**100.3**
1. 服　　装	97.1	98.8	99.7	101.3	101.1
(1) 男式服装	97.4	99.5	100.4	100.6	100.6
(2) 女式服装	97.2	98.4	99.3	102.1	101.4
(3) 儿童服装	95.6	98.8	99.4	100.3	101.4
2. 鞋 袜 帽	97.8	100.3	97.2	102.4	98.1
(1) 鞋	97.5	100.3	96.8	102.9	97.7
(2) 袜　　子	100.2	100.1	100.0	99.8	100.3
(3) 帽　　子	99.5	100.2	98.9	99.7	101.4
3. 其　　他	98.2	99.8	100.3	96.1	100.2
四、纺 织 品	**98.8**	**99.7**	**99.7**	**100.0**	**99.2**
1. 衣着材料	100.0	99.8	100.0	101.0	100.3
2. 床上用品	98.2	99.6	99.6	99.5	98.7
五、家用电器及音像器材	**99.0**	**99.2**	**99.1**	**99.0**	**98.8**
1. 家庭设备	99.7	99.3	99.8	99.1	98.8
2. 文娱用耐用消费品	97.9	98.8	98.1	98.7	98.5
3. 音像器材	100.0	100.1	99.9	100.0	100.0
六、文化办公用品	**99.7**	**99.8**	**100.2**	**99.3**	**99.8**
七、日 用 品	**99.6**	**99.5**	**100.2**	**99.4**	**100.3**
1. 日用百货	99.7	99.9	100.2	99.9	100.0
2. 日用杂品	99.2	100.1	99.6	98.4	102.1
3. 洗涤用品	99.8	98.6	101.1	99.2	99.5
4. 其他日用品	99.4	99.9	99.4	100.0	100.5

6 月	7 月	8 月	9 月	10 月	11 月	12 月
100.2	99.9	100.1	100.0	99.9	100.0	99.8
99.7	100.2	99.3	101.4	100.1	99.2	100.4
100.4	100.0	101.3	100.6	100.0	100.1	100.0
99.6	101.5	101.2	100.0	100.2	100.0	100.1
100.2	**99.8**	**100.3**	**100.2**	**100.1**	**100.0**	**100.1**
99.9	99.7	100.5	99.7	99.9	100.1	100.0
100.0	100.0	100.2	100.1	99.7	100.1	99.9
99.9	99.6	100.7	99.5	99.9	100.1	100.1
100.2	100.0	100.2	100.1	100.0	100.0	100.0
100.3	99.7	100.3	100.8	100.5	100.0	100.3
99.2	**98.2**	**100.1**	**100.8**	**101.4**	**102.7**	**100.4**
98.9	98.3	100.0	100.8	101.3	103.3	100.7
98.6	98.2	99.9	100.7	101.3	103.2	101.4
98.8	98.7	99.9	100.5	101.2	103.3	100.2
100.6	96.7	100.9	102.0	101.5	103.7	100.3
99.7	97.7	100.6	101.0	102.1	101.3	100.0
99.7	97.3	100.7	101.2	102.5	101.4	100.0
100.0	100.0	99.8	100.0	99.8	100.4	100.0
100.0	100.0	100.0	99.8	100.3	100.6	100.0
100.6	99.6	99.5	100.0	100.4	100.4	99.6
101.2	**100.2**	**99.8**	**100.2**	**100.4**	**100.1**	**100.4**
101.6	100.0	100.1	100.0	100.1	100.0	100.1
101.0	100.3	99.7	100.3	100.5	100.1	100.5
99.8	**99.5**	**99.3**	**99.9**	**100.0**	**100.1**	**100.1**
99.4	99.3	98.8	100.1	100.3	100.2	100.1
100.2	99.7	99.8	99.7	99.7	100.0	100.0
100.0	100.0	100.0	100.0	100.0	100.0	100.0
99.8	**99.7**	**99.9**	**100.1**	**99.8**	**100.0**	**100.0**
99.8	**99.7**	**100.0**	**100.1**	**99.9**	**100.2**	**99.9**
100.1	99.7	100.0	99.7	100.1	100.2	99.9
99.8	99.7	100.4	99.7	99.9	100.2	100.0
99.4	99.7	99.7	100.7	100.1	100.2	100.0
100.0	99.6	100.2	100.1	99.5	100.1	99.7

2009年广西全区商品零售价格各月环比指数（续表2）

以上月价格为100

类　别	1月	2月	3月	4月	5月
八、体育娱乐用品	**99.7**	**99.7**	**99.2**	**99.8**	**100.2**
1. 体育用品	99.8	100.0	99.2	99.7	100.5
2. 娱乐用品	99.6	99.3	99.3	99.8	99.7
九、交通、通信用品	**99.7**	**99.5**	**99.6**	**99.5**	**99.4**
1. 交通运输机械	99.7	99.9	99.9	99.9	99.8
2. 通信器材	99.7	98.7	99.0	98.7	98.5
十、家　具	**99.9**	**99.5**	**99.5**	**99.3**	**100.2**
十一、化 妆 品	**99.5**	**101.0**	**99.6**	**100.2**	**100.4**
十二、金银珠宝	**99.8**	**104.3**	**100.7**	**98.2**	**101.5**
十三、中西药品及医疗保健用品	**100.1**	**99.6**	**100.0**	**100.1**	**100.1**
1. 医疗器具及用品	100.5	100.2	99.8	100.0	100.3
2. 中药材及中成药	100.2	98.4	100.0	100.0	100.2
3. 西　药	100.0	100.3	100.0	100.1	100.0
4. 保健品及器具	100.1	99.4	100.0	99.9	100.0
十四、书报杂志及电子出版物	**103.7**	**100.0**	**101.5**	**99.9**	**99.6**
1. 教材及参考书	100.6	100.1	105.2	100.0	99.5
2. 书报杂志	108.5	100.0	99.6	100.0	99.9
3. 电子音像制品	99.9	100.0	99.5	99.6	98.9
十五、燃　料	**93.7**	**97.1**	**99.3**	**100.2**	**98.7**
1. 煤炭及制品	97.8	94.4	97.5	99.8	96.4
2. 石油及制品	93.2	97.4	99.5	100.2	98.9
液化石油气	95.3	95.4	92.8	97.5	96.4
管道燃气	107.3	100.0	100.0	100.0	100.0
汽　油	90.1	98.2	103.6	101.9	100.0
柴　油	88.8	97.6	102.8	101.3	100.1
十六、建筑材料及五金电料	**99.9**	**98.8**	**98.4**	**100.0**	**100.1**
1. 建筑装潢材料	99.8	98.4	98.0	99.7	100.0
2. 五金电料	100.3	99.8	99.7	101.0	100.2

6月	7月	8月	9月	10月	11月	12月
100.1	99.8	100.2	100.1	99.8	99.9	100.0
100.0	99.7	100.4	100.2	99.9	99.9	100.0
100.2	100.0	100.0	99.9	99.6	100.0	99.9
99.3	99.8	99.9	100.1	99.9	99.9	99.9
99.5	99.9	99.9	100.2	100.0	100.0	99.9
98.9	99.6	99.9	99.9	99.9	99.9	100.0
99.9	99.1	100.5	99.9	99.7	100.1	100.3
99.8	99.9	100.2	100.1	100.1	100.0	100.0
102.1	99.0	100.0	101.5	102.8	103.4	100.7
100.0	100.0	100.0	100.1	99.4	99.6	100.3
100.2	100.0	100.0	100.8	100.2	101.4	100.3
99.9	99.9	100.1	100.1	99.0	99.5	100.6
100.1	100.0	100.0	100.1	99.6	99.4	100.1
100.1	99.8	99.9	99.9	99.8	99.9	100.2
100.0	100.1	100.1	98.6	100.1	100.0	100.0
100.0	100.0	100.2	95.9	100.2	100.0	100.0
100.0	100.2	100.0	100.1	100.0	100.0	100.0
100.0	100.0	100.0	100.0	100.1	100.0	100.0
103.3	104.6	100.8	104.3	99.4	106.1	102.9
99.6	100.0	100.1	100.6	99.9	101.0	100.5
103.7	105.0	100.9	104.6	99.4	106.6	103.2
99.5	98.5	110.5	107.6	103.0	109.3	108.4
100.0	100.0	100.0	100.0	100.0	100.0	103.8
106.2	108.6	97.1	103.9	97.6	106.2	100.2
107.1	109.7	96.9	104.4	97.3	106.6	100.4
100.8	100.4	100.9	100.0	100.5	100.6	100.8
101.1	100.1	101.0	100.0	100.6	100.8	101.0
99.8	101.6	100.5	100.2	100.0	100.0	100.0

2010年广西全区商品零售价格各月环比指数

以上月价格为100

类　　别	1月	2月	3月	4月	5月
商品零售价格总指数	**100.3**	**100.8**	**99.3**	**100.5**	**100.0**
一、食　　品	**101.1**	**104.1**	**98.3**	**100.6**	**99.9**
1. 粮　　食	100.8	100.5	100.8	101.8	100.8
大　　米	100.6	100.4	101.0	102.4	101.2
2. 淀　　粉	101.4	100.5	99.7	100.7	100.8
3. 干豆类及豆制品	101.1	103.4	97.4	101.8	103.9
4. 油　　脂	101.6	100.5	100.2	99.2	99.7
食用植物油	101.7	100.3	100.1	99.6	100.0
5. 肉禽及其制品	100.8	103.4	95.3	98.7	98.1
(1) 食用畜肉及副产品	100.8	103.5	94.1	97.9	96.6
猪　　肉	100.8	103.6	92.9	97.3	95.6
牛　　肉	100.5	102.5	97.7	99.0	98.7
羊　　肉	102.7	103.7	99.6	99.3	98.9
(2) 禽	101.0	103.5	96.3	99.6	99.9
鸡	100.6	102.1	96.9	99.5	99.3
鸭	102.0	106.5	95.1	100.0	101.1
(3) 肉禽加工制品	100.4	102.6	97.9	99.6	99.6
6. 蛋	100.8	101.2	98.7	98.8	99.2
鲜　　蛋	100.8	101.3	98.5	98.7	99.2
7. 水 产 品	104.6	110.9	95.7	98.6	97.4
(1) 鱼	101.5	107.9	98.1	100.8	99.7
淡 水 鱼	101.0	109.3	97.6	100.5	99.6
海 水 鱼	102.2	105.6	98.9	101.4	99.7
(2) 其他水产品	109.8	115.7	92.1	95.1	93.7
虾 蟹 类	109.8	115.7	92.1	95.1	93.7
8. 菜	102.5	110.1	97.9	104.3	100.2
鲜　　菜	102.6	111.2	97.4	104.6	99.9
9. 调 味 品	101.2	100.8	100.4	100.2	100.0
盐	100.4	100.0	100.8	99.9	99.7
酱　　油	101.6	101.0	100.3	100.3	100.0
10. 糖	103.1	100.9	100.0	100.5	100.7
食　　糖	107.6	102.0	100.7	101.0	100.9
11. 干鲜瓜果	99.1	112.9	102.8	104.5	104.0
鲜 瓜 果	98.4	115.6	103.8	105.5	104.8

6 月	7 月	8 月	9 月	10 月	11 月	12 月
99.5	**100.4**	**100.4**	**100.2**	**101.1**	**101.0**	**100.7**
99.1	**101.9**	**101.5**	**100.4**	**102.1**	**100.4**	**100.7**
100.0	100.0	100.1	100.7	100.5	102.9	103.9
99.9	100.0	99.9	100.7	100.4	103.2	103.9
101.9	100.3	100.4	100.5	100.9	102.5	105.6
99.4	99.4	99.9	98.7	99.5	101.8	101.2
99.8	100.1	100.5	101.2	100.8	105.2	102.9
100.2	99.8	100.6	101.9	101.6	104.5	103.2
99.8	103.3	105.5	101.0	102.2	102.3	101.7
98.3	103.7	107.4	101.2	103.9	103.7	101.5
98.1	105.9	111.3	101.7	104.6	104.4	101.2
98.9	100.1	99.4	100.2	101.5	100.7	100.0
99.1	99.5	99.6	100.3	101.6	103.5	106.2
102.0	103.8	103.7	100.9	100.1	100.3	102.3
101.8	103.3	103.9	102.5	100.9	99.8	101.4
102.5	104.7	103.4	97.8	98.5	101.3	103.9
100.4	101.1	102.4	100.6	100.5	101.4	101.3
100.3	102.0	107.4	101.8	98.8	102.2	101.6
100.3	102.2	108.1	101.9	98.7	102.2	101.6
101.0	100.9	99.5	99.9	102.4	99.9	102.1
103.1	102.8	99.5	98.5	99.8	100.1	100.7
102.1	102.6	101.3	99.3	99.9	98.7	100.1
104.7	103.2	96.6	97.0	99.6	102.4	101.8
97.4	97.2	99.6	102.7	107.4	99.5	104.6
97.4	97.2	99.6	102.7	107.4	99.5	104.6
95.8	109.3	98.7	99.9	110.9	88.3	88.5
95.0	111.0	98.3	99.8	112.4	86.3	86.3
100.0	99.9	100.2	100.0	99.8	100.6	100.4
100.0	99.7	100.0	100.0	100.0	100.0	100.0
100.0	99.8	100.2	100.0	99.6	100.5	100.4
100.1	100.1	100.7	100.4	101.3	104.8	101.2
100.4	100.1	100.3	100.7	102.2	109.5	100.9
95.3	97.2	98.7	99.6	99.6	104.5	107.5
94.5	96.7	98.2	99.4	99.4	104.8	108.6

2010年广西全区商品零售价格各月环比指数（续表1）

以上月价格为100

类　　别	1月	2月	3月	4月	5月
12. 糕点饼干面包	100.2	99.6	100.3	100.0	100.3
13. 液体乳及乳制品	100.6	98.9	100.6	100.4	100.4
14. 在外用膳食品	100.5	100.6	99.8	100.3	100.2
15. 其他食品	99.8	99.3	98.3	100.6	99.9
二、饮料、烟酒	**100.5**	**99.9**	**100.0**	**100.2**	**100.3**
1. 茶及饮料	100.8	99.6	99.9	100.6	100.6
(1) 茶　　叶	100.6	99.9	99.9	100.0	100.2
(2) 饮　　料	100.8	99.5	99.8	100.8	100.7
2. 烟　　草	100.0	100.1	99.8	100.1	100.0
3. 酒	100.8	99.9	100.2	100.0	100.4
三、服装、鞋帽	**98.8**	**96.4**	**98.9**	**100.9**	**100.0**
1. 服　　装	99.0	95.7	99.0	100.9	99.8
(1) 男式服装	98.6	94.9	98.8	100.5	100.1
(2) 女式服装	99.2	96.2	99.2	100.7	99.8
(3) 儿童服装	99.1	95.9	98.4	102.9	99.3
2. 鞋 袜 帽	98.2	98.0	98.5	100.9	100.5
(1) 鞋	98.0	97.7	98.3	100.9	100.6
(2) 袜　　子	100.0	99.9	99.9	100.5	99.9
(3) 帽　　子	99.8	98.5	100.2	100.9	100.0
3. 其　　他	100.0	97.1	99.6	100.1	100.1
四、纺 织 品	**99.9**	**98.7**	**98.6**	**100.3**	**100.0**
1. 衣着材料	100.1	100.1	99.9	99.9	100.1
2. 床上用品	99.7	98.0	98.0	100.5	99.9
五、家用电器及音像器材	**99.6**	**99.2**	**99.9**	**99.8**	**99.8**
1. 家庭设备	99.7	99.4	100.2	100.0	99.9
2. 文娱用耐用消费品	99.5	98.8	99.5	99.4	99.7
3. 音像器材	100.0	100.1	100.1	100.0	100.0
六、文化办公用品	**100.0**	**99.9**	**99.9**	**100.0**	**99.9**
七、日 用 品	**99.8**	**99.8**	**100.1**	**100.2**	**100.1**
1. 日用百货	99.8	99.8	100.4	100.2	100.1
2. 日用杂品	99.7	99.6	100.0	100.1	100.1
3. 洗涤用品	100.0	99.7	100.1	100.2	100.0
4. 其他日用品	99.8	100.1	99.9	100.2	100.0

6 月	7 月	8 月	9 月	10 月	11 月	12 月
100.3	100.1	101.6	100.2	100.2	100.9	100.5
99.6	100.8	100.5	100.2	100.3	100.9	100.1
100.1	100.4	100.2	100.0	100.2	101.1	100.8
100.2	101.4	100.1	101.6	101.4	100.1	100.9
100.1	**99.9**	**100.3**	**100.1**	**100.1**	**100.2**	**100.4**
100.3	99.8	100.6	100.0	100.1	100.3	100.3
100.2	100.0	99.7	100.0	99.9	100.5	100.1
100.3	99.7	101.0	100.0	100.1	100.2	100.4
100.0	100.0	100.0	99.8	100.0	100.0	100.0
100.1	100.0	100.4	100.5	100.2	100.4	101.0
99.5	**99.7**	**99.0**	**100.1**	**102.8**	**103.6**	**102.3**
99.7	99.9	98.7	99.9	103.2	105.1	102.7
100.0	99.7	98.5	100.1	103.7	105.4	102.4
99.6	100.2	98.4	99.9	102.9	104.8	103.2
99.2	99.3	100.6	99.2	103.1	105.2	102.2
98.9	99.0	99.7	100.1	102.2	100.6	101.4
98.7	98.8	99.5	100.2	102.6	100.7	101.7
99.7	100.2	101.5	100.0	100.1	100.0	100.0
99.9	100.1	100.0	100.0	100.1	100.1	100.1
100.7	101.3	100.2	101.5	101.1	99.9	100.0
100.5	**100.4**	**99.9**	**100.5**	**101.6**	**102.0**	**100.9**
101.3	100.2	100.0	100.6	101.8	102.3	100.5
100.1	100.6	99.8	100.4	101.5	101.8	101.2
99.7	**99.5**	**99.8**	**99.4**	**99.6**	**100.0**	**99.7**
99.5	99.3	99.9	99.2	99.4	100.3	99.8
99.9	99.8	99.8	99.6	99.8	99.6	99.5
99.9	99.9	99.7	99.7	100.0	100.0	100.0
99.9	**99.8**	**100.4**	**99.7**	**99.4**	**100.0**	**99.8**
100.2	**100.1**	**99.9**	**100.0**	**100.0**	**100.3**	**100.2**
100.1	100.1	99.8	100.0	100.0	100.3	100.0
100.2	100.6	100.1	100.0	100.1	100.1	99.9
100.0	99.9	99.9	100.1	100.1	100.1	100.9
100.5	100.0	99.8	99.9	99.9	100.6	100.1

2010 年广西全区商品零售价格各月环比指数（续表 2）

以上月价格为 100

类　　别	1 月	2 月	3 月	4 月	5 月
八、体育娱乐用品	**100.0**	**100.0**	**99.8**	**99.5**	**99.7**
1. 体育用品	100.0	100.1	99.8	100.1	99.7
2. 娱乐用品	99.9	99.9	99.9	99.0	99.7
九、交通、通信用品	**99.9**	**99.5**	**99.8**	**99.6**	**99.8**
1. 交通运输机械	100.0	99.9	100.0	100.0	99.9
2. 通信器材	99.7	98.7	99.5	99.0	99.7
十、家　　具	**100.3**	**100.1**	**99.7**	**98.8**	**98.8**
十一、化 妆 品	**100.1**	**100.0**	**100.3**	**99.7**	**99.9**
十二、金银珠宝	**102.0**	**98.9**	**100.5**	**101.0**	**102.4**
十三、中西药品及医疗保健用品	**100.2**	**100.6**	**99.9**	**100.5**	**100.4**
1. 医疗器具及用品	101.9	101.1	100.2	100.0	100.1
2. 中药材及中成药	100.1	101.2	99.8	100.9	100.4
3. 西　　药	100.1	100.1	100.0	100.2	100.4
4. 保健品及器具	100.0	99.8	99.9	100.5	100.3
十四、书报杂志及电子出版物	**100.0**	**99.9**	**100.6**	**99.9**	**100.0**
1. 教材及参考书	99.9	99.6	101.8	100.0	100.0
2. 书报杂志	100.0	100.1	100.0	100.1	100.0
3. 电子音像制品	100.0	99.9	100.0	99.6	100.2
十五、燃　　料	**100.5**	**100.1**	**99.5**	**102.3**	**99.8**
1. 煤炭及制品	102.0	100.9	101.3	100.0	99.9
2. 石油及制品	100.4	100.1	99.4	102.5	99.8
液化石油气	101.2	100.0	98.4	101.4	99.2
管道燃气	100.0	100.0	100.0	100.0	100.0
汽　　油	100.0	100.0	100.0	103.6	100.1
柴　　油	99.7	100.3	100.0	103.9	100.3
十六、建筑材料及五金电料	**100.2**	**99.4**	**100.2**	**101.7**	**100.7**
1. 建筑装潢材料	100.2	99.3	100.0	102.1	100.8
2. 五金电料	100.3	100.1	100.8	100.0	100.2

6 月	7 月	8 月	9 月	10 月	11 月	12 月
100.1	**99.9**	**99.9**	**99.9**	**99.9**	**100.4**	**99.7**
100.3	99.9	100.1	100.1	100.1	100.8	99.5
99.9	99.8	99.7	99.7	99.6	100.0	99.9
99.8	**99.8**	**99.6**	**99.6**	**99.6**	**100.0**	**100.0**
100.1	99.9	99.7	99.8	99.8	100.2	100.0
99.2	99.6	99.5	99.2	99.1	99.6	100.0
100.0	**100.1**	**100.3**	**100.0**	**100.2**	**100.2**	**101.1**
100.3	**99.8**	**100.2**	**100.1**	**100.1**	**100.1**	**100.2**
101.0	**99.0**	**100.6**	**102.1**	**102.5**	**102.0**	**100.5**
100.2	**100.0**	**100.5**	**100.3**	**100.3**	**101.5**	**100.2**
99.8	99.8	100.8	99.9	99.9	100.0	99.9
100.5	100.0	100.7	100.9	100.8	103.4	101.4
100.0	100.0	100.3	100.0	100.1	100.5	99.5
100.0	100.4	100.8	100.0	100.0	100.8	99.7
100.0	**100.0**	**99.9**	**99.6**	**100.0**	**100.0**	**100.0**
100.0	100.0	100.0	98.9	100.0	100.0	100.0
100.0	100.0	100.0	100.0	100.0	100.0	100.0
99.9	100.0	99.7	100.0	100.0	100.0	100.0
97.8	**98.4**	**99.3**	**100.5**	**102.8**	**104.4**	**102.6**
100.5	99.1	99.5	101.3	101.0	103.1	103.2
97.6	98.3	99.2	100.5	102.9	104.5	102.6
98.2	95.8	97.8	100.7	103.8	111.5	101.7
100.0	100.0	100.0	100.0	100.0	100.0	100.6
97.3	99.8	100.1	100.2	102.7	100.2	103.5
95.9	100.2	100.3	100.6	102.9	100.4	103.7
99.7	**99.5**	**100.4**	**102.2**	**101.0**	**100.9**	**100.8**
99.6	99.4	100.5	102.8	101.2	101.0	101.0
99.9	100.0	100.1	100.2	100.1	100.3	100.1

2011年广西全区商品零售价格各月环比指数

以上月价格为100

类　　别	1月	2月	3月	4月	5月
商品零售价格总指数	**101.2**	**101.3**	**99.8**	**101.1**	**100.0**
一、食　　品	**104.0**	**104.2**	**99.4**	**101.7**	**99.2**
1. 粮　　食	102.3	101.5	103.0	102.1	100.8
大　　米	102.4	101.5	103.9	102.3	100.9
2. 淀粉及制品	100.7	100.6	100.3	100.1	100.4
3. 干豆类及豆制品	102.8	104.2	98.0	100.9	99.3
4. 油　　脂	100.8	100.3	99.9	100.4	100.6
食用植物油	101.2	100.3	100.0	100.6	100.9
5. 肉禽及其制品	102.0	105.0	98.1	101.2	100.8
(1) 食用畜肉及副产品	102.1	107.0	98.0	100.9	100.4
猪　　肉	101.8	107.5	98.5	101.5	100.9
牛　　肉	101.3	103.2	96.4	99.6	99.2
羊　　肉	106.0	108.3	97.8	98.4	97.7
(2) 禽	102.1	102.4	97.9	101.6	101.6
鸡	102.5	103.0	97.0	100.6	101.6
鸭	101.2	101.1	100.0	103.9	101.7
(3) 加工肉禽	101.5	101.5	99.1	101.3	100.9
6. 蛋	101.8	101.8	97.4	98.8	101.1
鲜　　蛋	101.8	101.9	97.2	98.7	101.1
7. 水 产 品	106.2	112.7	98.8	99.8	97.4
(1) 鱼	103.6	107.8	100.3	103.2	100.6
淡 水 鱼	103.1	109.8	101.4	103.4	100.9
海 水 鱼	104.5	104.2	98.2	102.9	100.0
(2) 其他水产品	111.6	122.3	96.1	93.7	91.2
虾 蟹 类	112.0	123.0	96.1	93.6	90.8
8. 菜	119.0	104.0	97.2	102.5	90.6
鲜　　菜	122.5	104.2	96.7	103.0	89.1
9. 调 味 品	100.7	100.7	100.2	100.3	100.5
食 用 盐	100.1	100.0	100.1	99.7	100.0
酱　　油	101.2	101.8	100.0	100.7	101.1
10. 糖	100.4	100.5	100.5	101.5	101.0
食　　糖	100.1	101.1	100.7	101.8	101.0
11. 干鲜瓜果	108.4	108.4	99.3	105.6	97.5
鲜 瓜 果	109.9	109.8	99.1	106.1	96.7

6 月	7 月	8 月	9 月	10 月	11 月	12 月
99.8	100.5	99.8	99.9	100.2	99.5	99.7
100.0	102.0	99.6	99.7	100.5	98.3	99.9
100.4	100.5	98.9	99.0	99.7	99.4	100.4
100.4	100.6	98.6	98.7	99.5	99.2	100.4
100.1	100.2	100.1	100.7	100.1	99.8	100.0
99.5	99.5	98.8	99.2	100.5	99.8	100.2
101.8	101.9	100.6	97.7	99.8	98.6	99.2
102.4	102.9	100.5	96.8	99.5	98.4	99.2
104.0	104.8	99.4	97.9	99.2	96.6	98.3
105.4	107.0	98.8	96.5	98.6	94.7	97.3
107.1	108.8	98.2	95.5	97.3	92.4	94.8
100.4	102.2	101.8	100.8	102.6	101.7	103.4
100.4	100.7	100.3	101.6	104.3	103.3	105.3
101.8	100.5	99.6	99.9	99.6	98.9	99.5
102.5	100.9	99.7	100.7	99.6	98.4	99.2
100.4	99.7	99.3	98.0	99.8	100.2	100.2
101.9	103.9	101.5	100.7	101.0	100.0	100.3
102.6	102.6	102.6	100.2	99.9	97.5	98.4
102.8	102.7	102.5	100.0	99.9	97.3	98.3
99.8	99.3	99.0	100.3	99.5	99.4	100.7
101.4	100.8	99.7	99.7	98.9	98.1	98.5
100.7	100.5	99.4	99.7	98.1	96.9	97.8
102.8	101.3	100.3	99.9	100.5	100.2	99.7
96.4	96.0	97.3	101.8	100.8	102.6	105.6
96.2	95.8	97.2	101.8	100.8	102.8	105.9
95.9	108.1	99.2	103.4	104.8	92.3	101.8
95.1	109.7	99.0	104.1	105.6	91.3	102.2
100.4	100.3	100.1	100.0	100.0	100.0	100.2
100.0	100.0	100.0	100.0	100.0	100.0	100.0
101.0	100.7	100.2	99.8	99.7	99.9	100.1
101.0	100.6	101.4	101.6	100.5	99.9	100.2
101.6	101.1	102.1	102.1	100.3	99.5	100.3
87.8	92.9	96.4	99.9	103.5	103.7	101.7
84.9	90.7	95.7	100.2	104.6	105.0	102.3

2011 年广西全区商品零售价格各月环比指数（续表 1）

以上月价格为 100

类　　别	1 月	2 月	3 月	4 月	5 月
12. 糕点饼干面包	100.9	100.5	100.4	102.0	101.5
13. 液体乳及乳制品	100.5	100.6	100.6	100.8	99.6
14. 在外用膳食品	100.5	101.4	101.3	102.2	101.3
15. 其他食品	100.7	100.3	101.8	99.8	100.1
二、饮料、烟酒	**100.3**	**100.3**	**100.1**	**100.5**	**100.6**
1. 茶及饮料	100.2	100.4	100.1	100.9	100.8
(1) 茶　　叶	100.2	99.8	100.0	99.9	100.2
(2) 饮　　料	100.2	100.7	100.1	101.4	101.0
2. 烟　　草	100.0	100.0	99.9	100.1	100.1
3. 酒	100.6	100.7	100.5	100.5	101.0
三、服装、鞋帽	**98.6**	**97.9**	**98.6**	**101.7**	**100.7**
1. 服　　装	98.6	97.6	98.3	101.7	100.7
(1) 男式服装	98.7	96.9	98.4	101.8	100.4
(2) 女式服装	98.7	98.4	98.1	101.6	100.9
(3) 儿童服装	97.8	97.1	99.0	101.8	100.8
2. 鞋 袜 帽	98.9	98.8	99.3	101.8	100.7
(1) 鞋	98.7	98.7	99.2	102.0	100.8
(2) 袜　　子	99.9	100.0	100.2	99.8	99.8
(3) 帽　　子	100.0	99.2	99.7	100.8	100.0
3. 其　　他	98.0	97.2	99.4	100.2	100.2
四、纺 织 品	**100.0**	**100.0**	**100.5**	**100.8**	**100.2**
1. 衣着材料	100.3	100.1	100.9	101.5	100.8
2. 床上用品	99.8	99.9	100.2	100.4	99.9
五、家用电器及音像器材	**99.6**	**99.4**	**100.1**	**99.8**	**99.8**
1. 家庭设备	99.8	99.6	100.4	100.0	100.3
2. 文娱用耐用消费品	99.2	99.1	99.7	99.5	99.2
3. 专业音像器材	100.6	100.0	99.9	100.0	100.0
六、文化办公用品	**99.9**	**99.9**	**100.0**	**99.9**	**100.0**
七、日 用 品	**100.1**	**100.1**	**100.4**	**100.2**	**100.5**
1. 日用百货	100.2	100.3	100.8	99.8	100.6
2. 日用杂品	100.0	100.1	99.9	100.0	100.8
3. 洗涤用品	100.0	100.1	100.5	100.7	100.7
4. 其他日用品	99.9	99.5	100.2	100.3	100.0

6 月	7 月	8 月	9 月	10 月	11 月	12 月
100.5	100.0	100.8	100.2	100.2	100.2	99.9
101.0	100.1	99.6	100.2	101.1	100.1	100.0
100.7	101.4	101.1	101.0	100.2	100.2	100.3
101.7	100.6	100.1	99.4	100.9	100.2	99.9
100.3	**100.4**	**100.0**	**100.4**	**100.6**	**100.3**	**100.1**
100.3	100.7	100.0	100.1	99.8	100.3	100.2
99.8	100.8	100.2	100.5	99.3	100.5	100.0
100.5	100.6	100.0	99.9	100.0	100.2	100.3
100.0	100.0	100.1	100.0	100.0	100.0	100.0
100.5	100.6	100.0	101.1	102.0	100.6	100.3
99.0	**98.7**	**97.7**	**99.4**	**103.9**	**101.6**	**100.2**
98.9	98.6	97.4	99.5	104.7	101.8	100.2
98.9	98.7	98.2	99.2	104.7	101.8	100.6
99.3	98.6	97.0	99.5	104.9	101.8	100.1
97.5	98.0	96.5	100.0	104.0	101.8	99.5
99.0	98.9	98.0	99.2	102.3	101.3	100.0
98.8	98.7	97.7	99.1	102.7	101.5	100.0
100.0	99.8	99.6	99.9	99.4	100.1	100.1
100.1	99.7	98.1	100.1	100.7	100.3	100.0
99.8	99.9	99.6	99.8	100.6	100.0	100.9
100.9	**100.2**	**100.1**	**100.5**	**101.1**	**100.5**	**99.2**
100.9	100.6	100.2	100.8	102.1	101.0	100.1
100.8	99.9	100.0	100.3	100.5	100.3	98.7
99.9	**99.5**	**99.5**	**99.5**	**99.7**	**99.8**	**99.7**
100.1	99.7	99.5	99.7	99.8	99.8	99.7
99.5	99.3	99.4	99.1	99.6	99.8	99.6
100.1	100.0	99.9	100.1	100.0	100.0	100.0
99.9	**99.8**	**99.6**	**99.8**	**99.8**	**100.0**	**100.0**
100.1	**100.3**	**100.4**	**100.2**	**100.2**	**100.1**	**100.1**
100.2	100.4	100.7	100.3	100.4	99.9	100.0
100.4	100.4	100.1	100.0	99.9	100.0	100.1
99.7	100.3	100.6	100.4	100.3	100.3	100.3
100.3	100.1	100.0	100.2	100.0	100.1	100.1

2011 年广西全区商品零售价格各月环比指数（续表 2）

以上月价格为 100

类　别	1 月	2 月	3 月	4 月	5 月
八、体育娱乐用品	**100.1**	**100.4**	**100.1**	**99.7**	**100.1**
1. 体育用品	100.1	100.2	99.9	99.8	100.0
2. 娱乐用品	100.1	100.6	100.3	99.6	100.1
九、交通、通信用品	**100.0**	**100.0**	**99.9**	**99.8**	**99.6**
1. 交通运输机械	100.0	100.1	100.0	100.0	99.7
2. 通信器材	99.9	99.7	99.6	99.3	99.3
十、家　　具	**100.3**	**100.0**	**100.1**	**100.7**	**100.3**
十一、化 妆 品	**100.0**	**100.0**	**100.1**	**100.0**	**100.2**
十二、金银珠宝	**99.7**	**101.1**	**101.4**	**102.0**	**102.3**
十三、中西药品及医疗保健用品	**100.2**	**100.3**	**100.5**	**100.3**	**101.1**
1. 医疗器具及用品	100.7	100.3	99.9	99.9	100.6
2. 中药材及中成药	100.3	100.8	101.6	101.2	102.7
3. 西　　药	100.0	99.9	100.0	99.7	100.1
4. 保健器具及用品	100.1	100.0	99.3	100.4	100.1
十四、书报杂志及电子出版物	**100.2**	**100.5**	**100.0**	**100.0**	**100.1**
1. 教材及参考书	100.0	101.2	99.9	100.0	100.2
2. 书报杂志	100.3	100.0	100.0	100.1	100.0
3. 电子音像制品	100.3	100.0	100.1	100.0	100.0
十五、燃　　料	**100.7**	**101.9**	**100.0**	**104.8**	**100.5**
1. 煤炭及制品	101.1	100.5	101.6	99.9	102.7
2. 石油及制品	100.6	102.0	99.8	105.3	100.3
液化石油气	101.6	99.5	99.5	106.1	100.7
管道燃气	100.0	100.0	100.0	100.0	100.0
汽　　油	100.0	104.0	100.0	105.6	100.0
柴　　油	100.0	104.5	100.0	104.8	100.0
十六、建筑材料及五金电料	**100.3**	**100.3**	**99.6**	**101.1**	**100.8**
1. 建筑装潢材料	100.6	100.2	99.4	101.1	100.9
2. 五金电料	99.4	100.6	100.0	101.1	100.7

6 月	7 月	8 月	9 月	10 月	11 月	12 月
100.6	**100.0**	**99.8**	**100.0**	**100.2**	**99.9**	**99.9**
100.8	100.1	100.2	99.7	100.0	99.8	100.0
100.4	99.8	99.4	100.2	100.4	100.0	99.9
99.9	**99.5**	**99.8**	**99.9**	**99.6**	**99.6**	**99.6**
100.3	99.8	99.9	100.0	100.0	99.8	99.9
99.2	99.0	99.5	99.7	98.9	99.1	99.1
100.6	**100.3**	**100.3**	**100.3**	**100.1**	**99.7**	**99.6**
100.1	**100.1**	**100.2**	**100.3**	**100.4**	**100.2**	**100.1**
100.5	**100.2**	**105.4**	**100.1**	**96.1**	**102.4**	**97.3**
100.5	**100.4**	**100.4**	**100.4**	**100.0**	**100.0**	**99.8**
100.8	100.1	100.6	100.0	100.0	99.9	100.0
101.2	101.1	101.0	101.1	100.1	100.0	99.3
99.9	100.0	100.0	100.0	100.0	100.1	100.2
100.2	100.1	100.1	99.9	99.8	100.0	100.0
99.9	**100.0**	**100.0**	**99.8**	**99.9**	**100.0**	**100.0**
100.0	100.0	100.1	99.4	99.7	100.0	100.0
100.0	100.0	100.0	100.0	100.0	100.0	100.0
99.7	100.0	100.0	100.0	100.0	100.0	100.0
96.8	**99.0**	**99.6**	**100.1**	**98.3**	**98.8**	**98.7**
102.0	99.1	96.9	100.6	100.0	100.0	100.0
96.3	99.0	99.9	100.0	98.2	98.7	98.5
90.6	97.3	99.7	100.1	100.0	96.5	95.9
98.3	99.7	99.7	100.0	100.0	100.0	100.0
100.0	100.0	100.0	100.0	96.8	100.0	100.0
100.0	100.0	100.0	100.0	96.6	100.0	100.0
100.1	**100.3**	**100.4**	**100.4**	**99.2**	**99.9**	**100.0**
100.0	100.3	100.5	100.5	99.0	99.9	100.0
100.6	100.3	100.1	99.9	100.0	99.9	99.9

2012年广西全区商品零售价格各月环比指数

以上月价格为100

类别	1月	2月	3月	4月	5月
商品零售价格总指数	**102.0**	**100.3**	**100.6**	**100.3**	**99.6**
一、食　品	**105.6**	**100.1**	**100.4**	**100.2**	**99.2**
1. 粮　食	102.0	100.6	100.3	100.5	100.0
大　米	102.6	100.7	100.3	100.6	99.9
2. 淀粉及制品	100.0	100.0	100.1	100.3	100.6
3. 干豆类及豆制品	104.6	98.3	98.7	100.3	100.2
4. 油　脂	103.7	100.9	99.9	101.5	102.3
食用植物油	103.4	101.0	100.1	102.2	103.1
5. 肉禽及其制品	108.8	100.6	98.3	98.2	98.3
(1) 食用畜肉及副产品	113.3	101.7	96.8	96.5	97.7
猪　肉	112.7	100.5	96.3	95.4	96.7
牛　肉	116.3	104.5	98.8	100.9	101.1
羊　肉	110.7	104.1	98.7	98.4	99.6
(2) 禽	103.1	98.8	100.7	101.1	98.9
鸡	103.9	98.9	99.9	100.1	99.4
鸭	101.4	98.8	102.6	103.4	97.8
(3) 加工肉禽	101.7	99.6	100.1	100.0	99.4
6. 蛋	98.9	95.5	98.6	99.4	98.4
鲜　蛋	98.8	95.2	98.5	99.3	98.2
7. 水产品	110.4	101.3	100.2	96.9	97.1
(1) 鱼	103.7	101.3	100.9	99.8	99.0
淡水鱼	104.1	101.3	102.1	100.1	98.8
海水鱼	103.1	101.5	98.7	99.2	99.4
(2) 其他水产品	124.7	101.3	99.1	91.8	93.5
虾蟹类	125.6	101.3	99.2	91.5	93.2
8. 菜	114.0	95.2	109.5	104.6	98.5
鲜　菜	116.1	94.4	111.0	105.2	98.0
9. 调味品	100.0	100.0	100.1	100.2	100.4
食用盐	99.8	100.0	100.0	100.0	100.0
酱　油	100.0	100.0	100.1	100.3	100.4
10. 糖	99.3	99.5	100.1	100.2	100.6
食　糖	98.2	99.6	100.9	99.8	99.9
11. 干鲜瓜果	103.2	101.9	100.7	103.8	97.7
鲜瓜果	103.8	102.3	100.7	104.7	97.2

6 月	7 月	8 月	9 月	10 月	11 月	12 月
99.4	**99.7**	**100.5**	**100.4**	**99.7**	**99.9**	**100.1**
99.5	**100.0**	**101.3**	**100.1**	**98.9**	**100.3**	**101.0**
100.1	100.1	100.1	100.1	99.9	100.0	100.1
100.0	100.1	100.1	100.1	99.7	100.0	100.0
100.4	101.1	100.1	100.1	100.0	100.0	100.2
99.9	100.3	100.5	100.6	100.5	100.1	100.7
100.5	100.9	102.4	101.0	100.9	99.7	99.6
100.6	101.2	103.2	101.0	101.4	99.6	99.6
100.2	100.7	100.6	101.2	100.1	99.9	101.5
100.6	101.0	100.7	101.4	100.5	99.8	101.8
100.5	100.9	100.5	101.8	99.4	99.0	101.7
102.5	101.5	101.2	100.9	103.7	101.7	102.0
100.0	100.1	100.1	100.0	101.2	101.0	101.8
99.6	100.5	100.7	101.2	99.2	100.3	101.4
99.9	100.2	100.8	101.6	99.7	100.1	101.1
98.9	101.2	100.6	100.3	98.0	100.7	102.1
99.4	100.2	100.5	100.1	99.9	99.9	100.3
104.6	99.9	103.6	104.6	98.8	100.1	101.9
105.1	99.9	104.0	104.9	98.6	100.2	102.1
98.7	99.2	100.2	101.2	98.7	100.2	101.4
101.3	100.5	99.8	100.0	98.5	99.4	99.8
101.4	100.0	99.8	99.3	98.4	98.7	99.5
101.1	101.2	100.0	101.2	98.8	100.4	100.4
93.3	96.4	101.2	103.8	98.9	102.3	104.7
93.1	96.2	101.3	104.0	98.9	102.3	104.9
94.1	100.9	108.8	94.8	89.8	103.9	104.3
93.1	101.0	110.2	94.1	88.4	104.7	105.0
100.5	99.9	100.1	100.1	100.0	100.3	100.1
100.0	100.0	100.0	100.0	100.0	100.0	100.0
101.1	99.8	100.1	100.2	100.3	100.4	100.0
100.1	99.8	99.8	100.2	100.1	99.8	100.0
100.0	99.9	99.1	99.3	99.3	100.1	100.2
98.3	94.7	97.6	100.2	100.5	99.6	99.9
97.8	93.5	97.1	100.2	100.7	99.5	99.9

2012 年广西全区商品零售价格各月环比指数（续表 1）

以上月价格为 100

类　　别	1 月	2 月	3 月	4 月	5 月
12. 糕点饼干面包	100.3	100.4	100.4	100.5	100.6
13. 液体乳及乳制品	100.4	100.8	98.9	100.6	100.8
14. 在外用膳食品	101.2	100.8	100.0	100.5	101.0
15. 其他食品	100.6	100.4	100.3	100.7	100.9
二、饮料、烟酒	**100.1**	**100.2**	**100.1**	**100.1**	**100.3**
1. 茶及饮料	100.2	99.9	100.2	100.7	100.8
(1) 茶　　叶	100.3	99.9	100.5	100.3	100.0
(2) 饮　　料	100.1	99.8	100.1	100.9	101.1
2. 烟　　草	100.0	99.9	100.1	100.0	100.0
3. 酒	100.1	100.6	100.0	99.8	100.3
三、服装、鞋帽	**99.8**	**99.3**	**101.2**	**101.8**	**100.9**
1. 服　　装	100.1	99.0	101.3	102.4	101.0
(1) 男式服装	99.8	98.7	101.8	102.6	100.5
(2) 女式服装	100.2	99.2	101.2	102.5	101.2
(3) 儿童服装	100.8	98.8	100.4	101.9	101.6
2. 鞋 袜 帽	99.0	100.1	100.9	100.4	100.7
(1) 鞋	98.8	100.1	101.0	100.4	100.8
(2) 袜　　子	100.3	100.2	99.8	100.7	100.4
(3) 帽　　子	99.8	99.7	100.0	100.1	101.0
3. 其　　他	99.5	99.7	101.5	98.8	100.5
四、纺 织 品	**99.8**	**100.2**	**100.4**	**99.4**	**99.8**
1. 衣着材料	100.1	100.8	100.0	100.0	100.2
2. 床上用品	99.6	99.8	100.6	99.1	99.5
五、家用电器及音像器材	**99.5**	**99.7**	**99.9**	**100.0**	**100.0**
1. 家庭设备	99.6	99.9	100.1	100.2	100.4
2. 文娱用耐用消费品	99.4	99.4	99.5	99.6	99.6
3. 专业音像器材	99.9	100.0	99.9	100.4	99.9
六、文化办公用品	**99.9**	**100.3**	**100.0**	**99.9**	**99.9**
七、日 用 品	**100.0**	**99.9**	**100.1**	**100.1**	**100.0**
1. 日用百货	99.6	100.2	100.1	99.8	100.0
2. 日用杂品	100.2	99.9	100.0	100.3	100.0
3. 洗涤用品	100.1	99.5	100.3	100.1	100.1
4. 其他日用品	100.0	99.9	99.9	100.1	100.0

6 月	7 月	8 月	9 月	10 月	11 月	12 月
100.1	100.0	100.3	99.8	100.1	100.1	100.0
100.2	99.9	100.0	100.4	100.5	99.8	100.4
101.0	100.9	100.4	100.2	99.9	99.6	99.7
99.8	100.7	101.2	99.7	99.3	100.7	99.9
100.2	**100.2**	**100.2**	**99.9**	**100.0**	**100.1**	**99.8**
100.7	100.4	100.2	100.0	100.1	100.4	99.8
100.2	100.2	100.0	99.9	100.0	100.2	100.0
100.9	100.4	100.3	100.0	100.2	100.4	99.7
100.0	100.0	100.0	100.0	100.0	100.0	100.0
100.1	100.3	100.5	99.8	100.0	100.1	99.6
99.4	**99.0**	**99.2**	**100.2**	**100.8**	**100.1**	**99.2**
99.4	99.0	99.3	100.3	101.3	100.2	99.0
99.1	98.7	99.3	100.5	101.9	100.4	98.6
99.5	99.2	99.2	100.2	101.1	99.9	99.1
99.0	99.3	99.5	100.5	100.7	100.5	99.8
99.5	98.7	98.7	100.0	99.4	100.0	99.3
99.4	98.6	98.5	100.1	99.3	100.1	99.3
100.1	100.0	100.1	100.0	100.1	99.8	99.8
100.0	99.2	99.2	99.9	100.0	99.5	99.9
99.4	99.5	100.2	99.4	100.4	99.5	100.7
100.0	**100.1**	**100.0**	**99.7**	**100.4**	**100.0**	**100.1**
100.1	100.1	100.0	100.1	100.1	100.2	100.1
100.0	100.1	100.0	99.4	100.5	99.8	100.1
100.0	**100.0**	**99.5**	**99.9**	**99.3**	**100.0**	**99.2**
100.3	100.4	99.5	100.0	99.4	100.1	99.3
99.5	99.4	99.5	99.8	99.1	99.8	98.9
100.0	100.1	99.9	99.9	100.6	100.4	100.0
100.1	**99.8**	**99.9**	**100.0**	**99.8**	**99.7**	**99.5**
100.0	**100.0**	**100.2**	**100.2**	**100.0**	**100.1**	**99.9**
100.1	99.9	100.1	100.3	100.0	100.0	99.6
100.0	100.1	100.0	100.3	100.0	100.1	100.1
99.9	100.1	100.2	100.3	100.1	100.4	100.0
100.0	100.2	100.5	99.7	100.0	99.9	100.2

2012 年广西全区商品零售价格各月环比指数（续表 2）

以上月价格为 100

类　　别	1 月	2 月	3 月	4 月	5 月
八、体育娱乐用品	**100.0**	**100.1**	**100.1**	**100.0**	**99.9**
1. 体育用品	100.0	100.2	100.1	100.0	99.8
2. 娱乐用品	100.0	100.0	100.1	100.1	100.0
九、交通、通信用品	**99.8**	**100.0**	**100.0**	**99.8**	**99.7**
1. 交通运输机械	100.0	100.0	100.0	99.8	99.9
2. 通信器材	99.4	100.1	99.9	99.8	99.2
十、家　　具	**99.9**	**100.2**	**100.2**	**101.4**	**100.3**
十一、化 妆 品	**100.0**	**100.1**	**100.0**	**100.2**	**100.3**
十二、金银珠宝	**98.0**	**104.0**	**98.9**	**100.1**	**98.7**
十三、中西药品及医疗保健用品	**100.2**	**100.1**	**100.0**	**100.1**	**100.2**
1. 医疗器具及用品	99.7	100.0	100.1	101.5	100.0
2. 中药材及中成药	100.4	100.1	100.0	99.8	100.4
3. 西　　药	100.1	100.2	100.0	100.1	100.1
4. 保健器具及用品	100.0	100.0	100.1	100.1	100.1
十四、书报杂志及电子出版物	**100.0**	**100.5**	**100.2**	**100.0**	**100.0**
1. 教材及参考书	100.0	101.1	100.3	100.0	100.0
2. 书报杂志	100.0	100.1	100.0	100.0	100.0
3. 电子音像制品	100.0	100.0	100.4	100.0	100.1
十五、燃　　料	**103.4**	**104.0**	**105.6**	**100.6**	**97.6**
1. 煤炭及制品	100.0	100.0	100.0	100.1	99.9
2. 石油及制品	103.8	104.4	106.2	100.7	97.4
液化石油气	110.5	107.1	107.4	100.9	97.5
管道燃气	102.4	100.0	100.0	100.0	100.1
汽　　油	100.0	103.1	105.9	100.6	96.9
柴　　油	100.0	103.4	106.6	100.5	96.9
十六、建筑材料及五金电料	**99.9**	**99.8**	**99.9**	**100.2**	**99.9**
1. 建筑装潢材料	99.9	99.7	99.8	100.3	99.8
2. 五金电料	99.9	100.1	100.1	100.0	99.9

6 月	7 月	8 月	9 月	10 月	11 月	12 月
99.9	**100.1**	**99.9**	**99.9**	**99.9**	**99.9**	**99.7**
100.0	100.2	99.8	100.1	100.0	99.8	99.5
99.9	100.0	100.0	99.7	99.9	99.9	99.8
100.0	**100.0**	**100.0**	**99.8**	**99.7**	**99.4**	**99.3**
100.2	100.1	100.2	100.0	99.8	99.6	99.8
99.6	99.8	99.7	99.6	99.6	99.0	98.2
100.3	**100.2**	**100.0**	**100.2**	**100.0**	**99.9**	**99.3**
100.4	**100.3**	**100.1**	**100.1**	**100.2**	**100.0**	**100.0**
99.1	**100.1**	**101.1**	**104.1**	**101.0**	**98.4**	**98.8**
100.1	**100.1**	**100.0**	**100.0**	**99.6**	**99.9**	**99.9**
100.2	100.0	100.0	100.1	100.3	100.0	99.9
99.7	99.9	99.9	100.0	98.9	99.8	99.6
100.5	100.3	100.0	99.9	100.1	100.0	100.0
100.0	100.2	99.9	99.9	100.1	100.0	100.1
100.0	**99.9**	**100.0**	**99.7**	**100.0**	**100.0**	**100.0**
100.0	100.0	100.0	99.3	100.0	100.0	100.0
100.0	100.0	100.0	100.0	100.0	100.0	100.0
100.1	99.6	99.9	99.8	100.0	100.0	100.1
94.6	**96.6**	**103.0**	**104.1**	**100.6**	**98.3**	**99.7**
99.8	100.0	99.8	99.8	100.0	100.0	100.0
94.1	96.2	103.3	104.5	100.7	98.1	99.6
92.4	96.3	103.4	103.2	101.2	99.4	99.4
102.4	100.2	100.0	100.0	100.0	100.0	100.0
94.5	95.8	103.5	105.9	100.4	97.0	99.7
94.2	95.5	103.9	106.3	100.4	96.9	99.8
100.0	**99.6**	**99.3**	**99.7**	**101.2**	**100.4**	**100.4**
100.0	99.5	99.1	99.6	101.5	100.5	100.5
100.0	99.9	99.9	100.1	100.2	100.2	100.0

2013年广西全区商品零售价格各月环比指数

以上月价格为100

类　　别	1月	2月	3月	4月	5月
商品零售价格总指数	**100.8**	**100.6**	**99.4**	**100.1**	**99.5**
一、食　　品	**102.2**	**101.9**	**98.0**	**100.5**	**98.3**
1. 粮　　食	100.3	100.4	100.1	100.1	100.3
大　　米	100.1	100.1	100.0	100.0	100.2
2. 淀粉及制品	99.9	100.2	99.4	101.0	100.0
3. 干豆类及豆制品	102.2	102.8	98.0	99.8	99.9
4. 油　　脂	100.2	99.9	100.0	99.6	98.8
食用植物油	100.3	100.1	100.1	99.6	99.1
5. 肉禽及其制品	103.5	103.5	94.9	95.8	97.6
(1) 食用畜肉及副产品	105.3	103.6	93.0	96.9	98.5
猪　　肉	106.1	102.4	91.3	95.7	97.7
牛　　肉	103.4	106.5	95.7	99.7	100.6
羊　　肉	104.8	104.5	96.5	100.2	99.7
(2) 禽	101.2	104.0	97.1	92.2	95.1
鸡	101.8	102.3	97.1	92.5	95.4
鸭	99.9	108.0	97.2	91.4	94.2
(3) 加工肉禽	100.8	101.8	99.0	98.9	98.8
6. 蛋	101.6	100.1	97.7	99.5	99.6
鲜　　蛋	101.8	100.0	97.4	99.4	99.5
7. 水 产 品	103.5	108.2	93.0	99.2	99.9
(1) 鱼	101.3	105.0	96.8	99.9	99.6
淡 水 鱼	100.9	106.5	97.1	99.9	99.4
海 水 鱼	102.0	102.4	96.3	100.0	99.8
(2) 其他水产品	107.9	114.6	86.3	97.6	100.6
虾 蟹 类	108.2	115.0	85.9	97.5	100.6
8. 菜	104.8	92.0	99.5	118.3	92.1
鲜　　菜	105.4	90.7	99.3	121.1	90.9
9. 调 味 品	100.5	100.3	100.0	100.0	100.1
食 用 盐	100.0	100.0	100.0	99.7	100.3
酱　　油	100.7	100.5	100.1	100.1	100.3
10. 糖	99.5	99.0	100.4	99.4	100.1
食　　糖	98.5	99.3	100.4	99.3	99.9
11. 干鲜瓜果	103.2	109.9	103.5	100.1	97.3
鲜 瓜 果	104.0	112.1	104.3	100.2	96.7

6 月	7 月	8 月	9 月	10 月	11 月	12 月
100.2	**100.0**	**100.9**	**100.9**	**99.7**	**99.8**	**100.2**
100.4	**100.1**	**102.5**	**102.2**	**98.9**	**99.2**	**100.4**
100.1	99.9	99.8	100.1	100.1	100.2	100.3
100.0	99.9	99.6	99.9	100.0	100.2	100.2
100.0	100.5	100.0	100.0	100.0	100.1	99.8
100.1	100.1	100.5	100.0	100.7	100.5	100.5
99.3	99.6	99.2	98.1	99.6	99.2	98.9
98.9	99.8	99.0	97.6	99.7	98.9	98.1
101.7	101.6	103.4	100.9	100.5	100.2	100.5
100.7	101.1	104.1	101.5	100.7	100.3	100.6
100.9	101.6	105.8	101.5	100.2	100.1	100.3
101.2	100.5	101.1	101.8	101.6	100.9	101.0
100.1	100.0	100.6	101.5	101.0	100.4	101.1
104.8	103.0	103.1	100.0	100.2	100.1	100.4
104.5	102.2	102.9	100.3	100.6	100.2	100.5
105.4	104.9	103.7	99.4	99.4	99.7	100.2
100.2	100.3	100.7	100.1	100.1	100.1	100.1
100.0	100.4	102.8	102.2	99.3	99.7	100.0
100.0	100.4	102.9	102.3	99.3	99.6	100.0
100.9	99.7	100.9	102.3	100.1	100.4	101.0
101.0	100.2	100.0	100.5	99.6	99.4	100.2
100.2	100.4	100.3	100.3	99.1	99.2	100.3
102.2	100.0	99.5	100.9	100.3	99.9	99.9
100.9	98.7	102.6	105.9	101.1	102.2	102.5
100.9	98.7	102.7	106.0	101.1	102.2	102.6
97.7	98.7	113.7	111.9	90.0	92.4	99.0
97.3	98.5	115.9	113.5	88.8	91.4	98.8
100.3	100.0	99.8	100.8	100.2	100.0	100.0
100.0	100.0	99.8	100.2	100.0	100.0	100.0
100.3	100.0	99.8	101.5	100.6	100.1	99.8
99.9	100.1	99.9	99.9	99.7	100.1	100.2
99.4	100.0	99.6	99.3	99.9	99.9	100.2
99.6	96.4	99.1	103.7	99.4	98.6	102.9
99.6	95.7	98.9	104.5	99.3	98.3	103.5

2013 年广西全区商品零售价格各月环比指数（续表 1）

以上月价格为 100

类　别	1 月	2 月	3 月	4 月	5 月
12. 糕点饼干面包	100.1	99.8	100.5	100.0	100.7
13. 液体乳及乳制品	99.3	100.9	100.0	100.8	101.0
14. 在外用膳食品	100.2	101.1	100.0	100.2	100.9
15. 其他食品	100.7	100.1	101.3	99.3	100.6
二、饮料、烟酒	**100.0**	**100.0**	**100.2**	**100.0**	**100.0**
1. 茶及饮料	99.8	100.1	100.2	100.2	100.1
(1) 茶　叶	100.1	100.2	100.1	100.3	100.5
(2) 饮　料	99.7	100.1	100.3	100.2	100.0
2. 烟　草	100.0	100.0	100.0	100.0	99.9
3. 酒	100.1	99.9	100.4	99.9	99.9
三、服装、鞋帽	**99.5**	**99.0**	**100.0**	**101.6**	**101.7**
1. 服　装	99.4	98.8	100.1	101.4	102.1
(1) 男式服装	99.5	98.7	100.0	101.4	101.8
(2) 女式服装	99.4	98.9	100.1	101.0	102.0
(3) 儿童服装	98.8	98.6	100.2	103.1	103.3
2. 鞋 袜 帽	99.8	99.5	99.9	102.2	100.9
(1) 鞋	99.8	99.4	99.9	102.5	101.0
(2) 袜　子	99.9	99.9	99.8	100.5	99.8
(3) 帽　子	99.8	99.5	99.6	100.4	101.8
3. 其　他	100.8	100.5	98.6	100.6	100.5
四、纺 织 品	**100.2**	**100.7**	**100.5**	**100.4**	**100.0**
1. 衣着材料	100.0	100.0	100.7	99.8	99.9
2. 床上用品	100.4	101.1	100.4	100.7	100.0
五、家用电器及音像器材	**99.7**	**99.7**	**100.1**	**99.9**	**100.4**
1. 家庭设备	100.0	99.9	100.3	100.2	100.5
2. 文娱用耐用消费品	99.4	99.2	99.9	99.5	100.4
3. 专业音像器材	99.4	100.3	100.0	100.2	99.8
六、文化办公用品	**99.9**	**99.9**	**100.0**	**99.8**	**100.1**
七、日 用 品	**100.0**	**100.0**	**100.0**	**100.1**	**100.1**
1. 日用百货	100.0	100.0	100.2	100.0	99.8
2. 日用杂品	100.0	100.1	99.9	100.1	100.4
3. 洗涤用品	100.1	100.0	99.9	100.3	100.2
4. 其他日用品	99.9	99.9	100.1	100.1	100.0

6月	7月	8月	9月	10月	11月	12月
100.0	100.0	100.5	100.6	100.1	100.1	100.0
101.1	100.6	100.3	101.8	100.8	100.6	100.9
100.4	100.3	100.4	100.0	100.6	100.3	100.1
100.3	100.1	100.1	100.1	100.3	100.6	100.5
99.9	**100.1**	**99.9**	**99.8**	**99.8**	**100.2**	**100.1**
100.2	100.3	100.2	99.9	100.0	99.9	100.2
100.2	100.1	100.1	100.0	99.9	99.9	100.1
100.2	100.4	100.3	99.9	100.0	99.8	100.2
100.0	100.0	100.0	100.0	100.0	100.0	100.0
99.6	100.2	99.7	99.5	99.5	100.6	100.0
101.0	**99.7**	**99.5**	**100.7**	**101.4**	**101.2**	**100.0**
101.2	99.6	99.5	100.5	101.4	101.4	100.0
101.0	99.5	99.4	100.4	101.5	101.5	99.8
101.4	99.5	99.5	100.5	101.4	101.4	100.2
100.9	100.2	99.2	100.6	101.5	101.3	99.5
100.6	100.0	99.7	101.4	101.1	100.7	99.9
100.6	100.0	99.6	101.6	101.3	100.8	99.9
99.9	100.1	100.0	100.1	100.1	100.3	100.0
102.9	100.2	100.0	100.0	100.2	100.0	100.1
100.2	99.7	99.7	99.8	101.1	100.1	100.3
99.9	**100.0**	**100.0**	**100.0**	**100.4**	**100.2**	**100.2**
99.9	100.0	99.8	100.0	100.1	100.1	100.0
99.8	100.0	100.1	100.0	100.5	100.2	100.3
101.0	**99.9**	**99.9**	**99.5**	**100.1**	**99.9**	**99.8**
101.4	100.1	100.0	99.5	100.2	99.8	99.9
100.6	99.6	99.7	99.5	99.9	99.9	99.6
100.2	100.0	99.9	100.0	99.8	99.8	100.0
100.0	**99.9**	**100.0**	**100.0**	**99.9**	**100.1**	**100.0**
100.1	**100.0**	**100.1**	**100.1**	**99.9**	**100.1**	**100.0**
100.0	100.0	100.4	100.2	100.0	100.1	99.9
100.1	100.2	100.1	99.9	100.0	100.1	100.0
100.0	99.9	99.8	100.1	99.8	99.9	100.0
100.2	100.1	99.9	99.9	100.1	100.2	100.0

2013 年广西全区商品零售价格各月环比指数（续表 2）

以上月价格为 100

类　别	1 月	2 月	3 月	4 月	5 月
八、体育娱乐用品	**100.0**	**100.0**	**99.9**	**100.0**	**100.1**
1. 体育用品	100.3	99.9	99.8	100.2	100.2
2. 娱乐用品	99.8	100.1	100.0	99.9	100.1
九、交通、通信用品	**100.0**	**100.1**	**100.1**	**99.9**	**100.1**
1. 交通运输机械	100.3	100.0	100.1	100.0	100.1
2. 通信器材	99.4	100.2	100.0	99.7	100.1
十、家　　具	**99.6**	**100.0**	**100.4**	**99.9**	**100.1**
十一、化 妆 品	**99.8**	**100.2**	**100.1**	**100.1**	**100.1**
十二、金银珠宝	**99.6**	**98.6**	**98.7**	**96.8**	**97.7**
十三、中西药品及医疗保健用品	**99.8**	**100.1**	**100.0**	**100.5**	**100.4**
1. 医疗器具及用品	100.0	100.0	99.9	100.0	100.0
2. 中药材及中成药	99.5	100.2	100.0	101.2	100.9
3. 西　　药	100.0	100.1	99.9	100.1	100.1
4. 保健器具及用品	100.1	100.1	100.2	100.1	100.0
十四、书报杂志及电子出版物	**100.0**	**100.0**	**99.9**	**100.1**	**100.0**
1. 教材及参考书	100.0	100.0	100.0	100.1	100.0
2. 书报杂志	100.1	100.0	99.7	100.2	100.0
3. 电子音像制品	100.0	100.0	100.0	99.8	100.0
十五、燃　　料	**101.1**	**100.6**	**101.1**	**97.8**	**98.4**
1. 煤炭及制品	100.0	100.0	100.0	100.0	100.0
2. 石油及制品	101.2	100.6	101.3	97.6	98.2
液化石油气	103.2	100.8	99.9	98.8	99.2
管道燃气	100.0	100.0	100.2	100.0	100.0
汽　　油	100.0	100.5	102.3	96.5	97.4
柴　　油	100.0	100.5	102.3	96.3	97.1
十六、建筑材料及五金电料	**100.3**	**99.9**	**99.7**	**99.9**	**99.8**
1. 建筑装潢材料	100.3	99.9	99.6	99.9	99.7
2. 五金电料	100.3	100.0	100.0	99.9	99.9

6 月	7 月	8 月	9 月	10 月	11 月	12 月
100.4	100.0	100.5	100.1	100.1	100.0	100.0
100.5	100.0	100.7	100.2	100.0	100.0	100.0
100.2	100.0	100.4	100.0	100.1	100.0	100.0
100.3	100.1	99.9	99.7	99.7	99.9	99.9
100.0	100.0	100.1	99.7	99.8	100.0	100.0
101.0	100.1	99.7	99.7	99.6	99.6	99.7
100.2	100.0	100.1	99.9	100.5	99.2	100.2
100.0	100.0	99.9	100.2	99.8	100.1	100.0
97.4	95.3	101.2	100.6	98.3	98.5	96.3
100.1	100.2	100.1	100.4	100.0	100.0	100.0
100.2	100.0	100.1	100.0	100.0	100.0	100.2
100.4	100.5	100.3	101.0	100.2	100.2	100.0
99.9	100.0	100.0	100.0	99.8	99.9	100.0
100.0	100.0	100.0	99.9	99.9	100.2	99.9
100.1	100.0	100.0	100.0	100.0	100.0	100.0
100.2	100.0	100.0	100.0	100.0	100.0	100.0
100.0	100.0	100.0	100.0	100.0	100.0	100.0
100.1	100.0	100.0	100.0	100.0	100.0	100.0
98.6	100.2	101.1	101.8	99.4	99.6	102.1
99.9	99.9	100.0	100.0	100.0	100.0	100.0
98.4	100.3	101.2	102.0	99.3	99.6	102.3
97.2	98.9	100.4	101.4	100.7	101.1	103.5
94.6	100.0	100.0	100.0	100.0	100.0	100.0
99.8	101.3	101.9	102.6	98.4	98.5	102.0
99.7	101.4	102.0	102.8	98.2	98.2	101.2
100.0	100.0	100.2	100.1	100.2	100.6	100.1
100.0	100.0	100.3	100.5	100.3	100.8	100.2
100.1	100.1	99.9	98.8	99.9	99.8	99.9

1996 年广西城市商品零售价格各月环比指数

以上月价格为 100

类　　别	1 月	2 月	3 月	4 月	5 月
商品零售价格总指数	**100.9**	**101.3**	**100.1**	**101.0**	**99.6**
一、食　　品	**100.2**	**103.8**	**100.1**	**103.0**	**98.5**
1.粮　　食	100.2	102.6	98.5	100.1	100.8
(1) 细　　粮	99.7	102.6	97.9	99.7	100.7
大　　米	99.4	103.5	97.3	99.7	100.8
(2) 粗　　粮	104.6	102.6	104.6	104.3	101.3
2. 油 脂 类	98.5	100.8	98.3	100.2	99.5
3. 肉 禽 蛋	100.9	106.2	97.9	98.9	98.1
猪　　肉	99.1	103.0	96.1	98.1	99.5
牛　　肉	99.9	112.8	99.9	99.1	95.6
羊　　肉	100.3	103.4	93.9	100.7	101.9
鸡	104.0	111.5	99.4	101.2	94.7
鸭	105.9	110.1	98.9	103.8	94.2
鲜　　蛋	101.6	110.8	100.2	92.2	100.3
4. 水产品类	101.5	109.3	103.0	103.3	97.3
5. 鲜　　菜	85.3	94.0	99.2	127.3	82.5
6. 干　　菜	99.8	105.3	99.0	102.3	101.2
7. 鲜　　果	111.6	109.3	110.6	113.5	107.7
8. 干　　果	101.5	101.5	101.6	100.9	100.1
9. 其他食品类	100.4	99.0	100.0	100.9	100.8
(1) 调 味 品	100.8	100.8	101.5	99.8	102.5
盐	103.3	103.2	99.7	100.0	102.1
酱　　油	100.0	100.0	100.0	101.7	103.9
(2) 食　　糖	99.2	99.5	98.5	100.0	100.0
(3) 糖　　果	101.7	100.0	100.2	100.0	100.6
(4) 糕　　点	101.2	97.9	100.0	100.2	100.5
(5) 奶及奶制品	98.9	97.7	100.0	103.9	101.0
(6) 罐　　头	100.0	100.7	99.4	100.5	100.7
10. 饮 食 业	101.0	101.1	102.4	98.9	102.2
(1) 主　　食	100.0	100.1	100.2	100.8	100.7
(2) 炒　　菜	101.3	101.8	102.4	97.9	103.2
(3) 地方小吃	101.7	100.0	107.0	100.0	100.6
二、饮料、烟酒类	**99.7**	**100.5**	**100.6**	**100.3**	**100.2**

6月	7月	8月	9月	10月	11月	12月
98.5		**101.6**	**100.4**	**100.2**	**99.5**	**99.8**
95.9		**102.4**	**99.9**	**99.3**	**98.1**	**99.4**
102.2		100.2	99.5	99.9	99.7	99.0
101.9		100.0	99.4	99.9	99.6	98.8
102.0		100.0	99.2	100.0	99.5	98.1
104.8		102.2	100.0	99.5	100.7	101.3
99.3		100.5	100.8	100.1	101.9	101.4
100.6		102.0	100.4	99.0	100.3	98.7
104.0		101.8	101.8	100.1	101.7	98.4
100.4		101.7	99.2	98.4	96.8	96.6
100.4		100.0	69.5	135.8	96.6	97.9
94.9		101.9	98.7	97.1	101.8	98.4
92.9		103.7	95.4	94.2	96.1	105.6
101.6		102.7	103.5	95.8	97.0	96.2
98.1		101.0	99.0	96.7	99.7	97.9
89.1		109.2	98.8	93.9	78.7	104.7
100.9		99.9	100.2	101.1	101.0	100.0
70.2		108.9	98.4	102.7	94.8	97.3
100.3		103.0	99.1	100.0	101.0	100.0
100.9		101.0	100.7	101.4	101.2	100.1
100.1		102.1	100.0	100.0	100.6	100.0
100.4		101.1	100.0	100.0	100.0	100.0
100.0		100.0	100.0	100.0	100.0	100.0
94.8		102.0	101.9	103.0	103.3	100.0
108.4		100.0	100.0	100.0	102.3	100.0
100.5		101.5	101.2	100.0	100.0	100.0
100.0		100.0	100.3	104.1	100.4	100.1
100.0		98.7	100.0	100.0	101.5	101.4
100.0		100.8	100.0	101.3	99.9	99.7
102.3		100.6	100.0	101.8	100.0	98.9
100.0		101.1	100.0	101.0	100.0	100.0
100.4		100.0	100.0	101.5	99.4	100.0
100.0		**101.9**	**102.6**	**100.9**	**100.1**	**99.5**

1996年广西城市商品零售价格各月环比指数（续表）

以上月价格为100

类　　别	1月	2月	3月	4月	5月
1. 饮　　料	100.3	100.2	100.0	100.8	100.0
2. 烟　　酒	99.5	100.6	100.8	100.1	100.3
三、服装、鞋帽类	**100.6**	**100.9**	**99.6**	**100.1**	**101.2**
1. 服　　装	100.0	98.9	99.4	100.1	101.1
2. 鞋	102.4	105.5	99.9	99.8	100.6
3. 其他衣着	100.0	100.7	100.0	100.4	102.7
四、纺织品类	**101.0**	**99.7**	**100.0**	**99.8**	**99.4**
1. 棉　　布	106.3	102.1	100.0	99.2	100.0
2. 棉花化纤混纺布	100.0	100.0	100.0	99.1	100.9
3. 化 纤 布	100.0	98.0	100.0	100.0	98.5
4. 呢　　绒	100.4	102.3	100.0	100.4	100.0
5. 绸　　缎	100.1	101.1	100.0	100.0	95.7
6. 其他纺织品	100.7	99.2	100.0	100.0	100.5
五、中、西药品类	**100.1**	**100.0**	**100.7**	**100.2**	**102.0**
1. 中　　药	97.2	100.0	101.1	100.7	102.2
2. 西　　药	103.2	99.9	100.4	99.7	102.1
3. 医疗用品	101.8	100.4	100.4	99.8	100.0
六、化妆品类	**102.9**	**99.7**	**100.4**	**100.0**	**100.7**
七、书报、杂志类	**128.4**	**100.0**	**107.3**	**100.0**	**100.0**
八、文化体育用品类	**100.6**	**100.0**	**100.2**	**99.8**	**99.8**
1. 文化用品	100.1	100.0	100.3	99.7	99.7
2. 体育用品	101.4	99.9	100.1	100.0	100.0
九、日用品类	**100.4**	**99.9**	**100.2**	**100.2**	**100.6**
1. 一般日用品	100.4	99.6	100.3	100.2	100.8
2. 家 具 类	100.2	100.4	99.9	100.0	100.0
3. 日用杂品	100.5	99.9	100.3	100.6	100.8
十、家用电器类	**100.4**	**98.3**	**99.4**	**99.7**	**99.5**
十一、首 饰 类	**99.2**	**100.5**	**100.0**	**99.9**	**100.0**
十二、燃 料 类	**99.8**	**100.4**	**100.1**	**99.7**	**100.3**
汽　　油	100.8	100.0	100.4	99.9	99.4
液化石油气	98.1	101.0	100.0	99.3	99.9
十三、建筑装潢材料类	**101.4**	**99.2**	**100.1**	**98.6**	**100.0**
十四、机电产品类	**99.5**	**99.9**	**99.0**	**98.9**	**99.9**

注：7月数据缺失

6月	7月	8月	9月	10月	11月	12月
100.2		101.9	100.0	100.0	100.0	99.4
100.0		101.9	103.4	101.2	100.1	99.5
100.7		**100.7**	**100.3**	**102.3**	**101.1**	**100.3**
101.1		101.2	100.4	102.8	101.6	100.2
99.8		100.0	100.2	101.9	100.3	100.6
100.8		100.2	100.0	101.0	100.2	100.1
100.6		**100.0**	**100.8**	**100.6**	**100.9**	**100.1**
100.0		100.0	100.0	102.1	102.9	100.0
100.0		100.0	100.9	101.5	100.0	100.0
101.4		100.0	101.6	100.0	100.0	100.0
100.0		100.0	100.3	100.5	100.3	100.0
100.0		100.0	100.0	100.4	103.4	100.0
100.5		100.0	100.0	100.1	101.8	100.7
101.2		**105.9**	**103.8**	**102.1**	**100.0**	**99.2**
100.5		110.4	104.4	104.6	100.0	98.3
102.1		101.5	103.8	99.6	100.2	100.2
101.2		102.4	100.4	100.3	98.6	99.8
100.7		**100.5**	**100.1**	**100.0**	**100.0**	**98.0**
100.4		**100.0**	**104.4**	**100.0**	**100.0**	**100.0**
101.4		**102.0**	**99.2**	**100.2**	**100.7**	**99.5**
102.3		102.6	99.4	100.3	99.9	100.0
100.2		101.1	99.0	100.1	101.8	98.7
100.2		**100.9**	**100.2**	**100.4**	**100.5**	**99.8**
100.4		100.8	100.3	100.7	100.4	99.6
100.0		100.8	100.0	100.0	100.2	100.0
99.7		101.1	100.4	100.1	101.1	100.0
99.0		**100.2**	**99.9**	**100.5**	**100.0**	**99.9**
100.0		**100.2**	**100.0**	**100.0**	**100.0**	**100.0**
100.1		**104.4**	**99.9**	**100.4**	**100.6**	**105.3**
100.0		100.0	100.0	100.3	101.3	100.0
100.0		110.3	99.8	100.6	100.3	112.4
99.4		**100.8**	**99.9**	**99.9**	**99.5**	**100.0**
99.6		**98.8**	**99.1**	**98.6**	**100.0**	**99.6**

1997 年广西城市商品零售价格各月环比指数

以上月价格为 100

类　别	1 月	2 月	3 月	4 月	5 月
商品零售价格总指数	**99.7**	**101.0**	**98.6**	**100.4**	**99.2**
一、食　品	**98.8**	**103.3**	**96.9**	**100.8**	**99.1**
1.粮　食	99.7	100.2	98.9	99.4	98.6
(1) 细　粮	99.6	100.2	98.8	99.5	98.5
大　米	99.5	100.3	98.2	99.4	98.0
(2) 粗　粮	100.7	100.2	99.3	98.1	99.9
2. 油 脂 类	100.1	100.1	99.5	100.5	100.8
3. 肉 禽 蛋	98.4	101.6	95.6	100.0	98.8
猪　肉	99.8	102.5	95.7	99.5	99.2
牛　肉	97.6	106.8	95.5	96.4	97.5
羊　肉	98.9	109.8	94.3	98.7	94.8
鸡	94.4	100.1	95.0	103.3	99.1
鸭	99.0	94.5	98.9	104.5	95.1
鲜　蛋	97.8	99.3	88.8	95.2	97.2
4. 水产品类	98.7	107.1	97.2	101.0	98.5
5. 鲜　菜	88.8	109.5	91.4	106.0	92.4
6. 干　菜	102.6	103.0	98.6	100.1	100.2
7. 鲜　果	104.5	118.3	95.7	103.5	105.8
8. 干　果	99.9	100.6	99.9	101.6	102.1
9. 其他食品类	100.7	100.1	99.8	99.8	100.0
(1) 调 味 品	100.2	99.9	100.0	100.0	99.8
盐	100.8	99.8	100.0	100.0	100.0
酱　油	100.0	100.0	100.0	100.0	99.9
(2) 食　糖	98.8	101.1	99.5	98.9	99.8
(3) 糖　果	100.4	99.2	100.0	100.0	97.8
(4) 糕　点	100.2	100.5	99.4	100.0	101.5
(5) 奶及奶制品	103.2	100.0	100.2	100.0	100.2
(6) 罐　头	100.0	100.0	100.0	100.0	101.9
10. 饮 食 业	100.6	99.7	99.6	100.3	100.2
(1) 主　食	101.4	99.4	100.0	100.7	100.7
(2) 炒　菜	100.3	99.8	99.4	100.0	100.1
(3) 地方小吃	100.9	100.0	100.0	100.8	100.0

6月	7月	8月	9月	10月	11月	12月
98.5	100.3	99.6	100.3	99.5	99.2	99.3
96.7	101.5	99.6	100.7	97.8	97.9	98.3
99.1	99.6	99.1	98.6	98.3	99.5	100.2
99.0	99.5	99.0	98.4	98.0	99.4	100.4
98.8	99.6	98.4	98.0	97.4	99.2	100.7
99.7	100.0	100.2	100.2	100.7	99.9	98.4
101.8	99.7	100.2	98.8	99.4	99.7	99.6
100.1	98.6	97.0	101.7	99.5	98.7	97.7
99.6	99.1	100.2	98.9	98.1	99.5	99.3
98.5	97.9	98.9	98.2	96.9	97.3	99.3
99.8	94.8	100.0	102.5	97.8	93.9	95.9
102.2	97.9	89.7	108.1	103.9	98.0	93.6
102.5	98.7	84.8	105.6	100.8	102.6	93.0
98.1	97.3	101.8	104.6	96.3	94.4	98.9
98.7	99.2	98.2	98.9	93.3	97.9	99.6
77.2	117.4	106.0	104.7	93.5	94.3	89.1
99.3	99.4	99.8	100.2	99.7	98.6	99.6
78.5	110.4	106.9	99.0	90.0	88.9	103.1
98.9	99.6	98.6	101.3	96.4	93.9	97.7
100.7	100.1	100.0	100.0	100.3	100.0	99.5
100.0	100.2	100.0	100.0	101.1	100.0	98.2
100.0	100.0	100.0	100.0	102.1	100.0	100.0
100.0	100.0	100.0	100.0	101.8	100.0	98.1
100.0	100.0	99.7	99.8	100.2	100.0	96.9
103.4	100.0	100.5	100.0	100.0	99.9	97.9
100.0	100.1	100.0	100.0	100.5	100.0	100.0
100.0	100.0	100.0	100.0	100.0	100.0	103.1
99.9	100.4	99.3	100.2	100.0	100.0	100.0
101.4	100.0	100.0	100.2	100.1	99.7	100.0
100.0	100.0	100.0	100.9	100.3	99.2	100.0
102.2	100.0	100.0	100.0	100.0	100.0	100.0
100.0	100.0	100.0	100.0	100.0	99.0	100.0

1997年广西城市商品零售价格各月环比指数（续表）

以上月价格为100

类　别	1月	2月	3月	4月	5月
二、饮料、烟酒类	**100.4**	**100.1**	**100.0**	**100.9**	**99.1**
1. 饮　　料	100.0	99.2	100.0	101.1	100.6
2. 烟　　酒	100.5	100.4	100.0	100.9	98.7
三、服装、鞋帽类	**99.9**	**96.7**	**98.3**	**101.6**	**98.5**
1. 服　　装	99.7	95.0	97.2	102.1	97.6
2. 鞋	100.1	99.2	99.8	100.3	100.2
3. 其他衣着	100.2	99.3	100.5	102.2	99.1
四、纺织品类	**100.0**	**99.7**	**99.5**	**100.0**	**99.6**
1. 棉　　布	101.6	100.0	100.0	100.1	99.4
2. 棉花化纤混纺布	100.0	99.2	100.0	99.9	99.2
3. 化 纤 布	100.0	100.0	100.0	100.0	99.2
4. 呢　　绒	98.8	100.0	100.0	100.0	100.0
5. 绸　　缎	100.3	99.9	100.0	100.0	99.4
6. 其他纺织品	100.0	99.2	98.0	100.0	100.2
五、中、西药品类	**100.3**	**100.3**	**100.1**	**99.7**	**100.2**
1. 中　　药	100.5	100.3	99.7	100.5	100.4
2. 西　　药	100.0	100.2	100.1	98.9	100.0
3. 医疗用品	100.2	100.9	102.6	99.0	99.8
六、化妆品类	**99.6**	**100.6**	**100.0**	**101.2**	**100.0**
七、书报、杂志类	**115.5**	**101.0**	**100.9**	**100.0**	**100.0**
八、文化体育用品类	**98.3**	**100.1**	**100.0**	**99.8**	**99.9**
1. 文化用品	97.3	100.1	100.0	99.5	100.0
2. 体育用品	100.1	100.0	100.0	100.3	99.6
九、日用品类	**100.4**	**100.1**	**100.2**	**100.0**	**100.2**
1. 一般日用品	100.8	100.1	100.2	99.9	100.3
2. 家 具 类	99.8	100.0	100.0	100.1	100.0
3. 日用杂品	99.8	100.0	100.4	100.2	100.3
十、家用电器类	**99.1**	**99.8**	**99.5**	**99.4**	**99.9**
十一、首 饰 类	**100.1**	**99.5**	**100.0**	**100.0**	**100.0**
十二、燃 料 类	**100.7**	**100.1**	**99.5**	**99.0**	**97.3**
汽　　油	99.6	100.8	100.0	100.0	99.4
液化石油气	101.4	99.6	99.0	97.9	94.3
十三、建筑装潢材料类	**99.8**	**99.9**	**100.0**	**99.9**	**98.5**
十四、机电产品类	**99.1**	**99.9**	**99.9**	**99.6**	**97.9**

6月	7月	8月	9月	10月	11月	12月
100.2	100.3	99.5	99.6	99.9	100.1	99.4
100.8	100.0	100.1	100.0	99.8	100.0	100.0
100.0	100.4	99.4	99.5	99.9	100.1	99.3
99.9	98.5	98.1	102.0	104.0	100.8	100.7
99.8	98.6	98.4	102.9	106.6	101.1	101.1
100.0	100.0	96.5	99.2	100.1	100.2	100.0
99.9	94.8	100.0	103.4	100.1	100.6	100.4
100.0	100.0	100.1	100.7	99.5	101.0	100.0
100.1	100.0	100.0	99.5	100.0	100.0	100.0
100.0	100.0	100.0	100.0	100.0	99.5	100.0
100.0	100.0	100.2	100.0	100.0	106.1	100.0
100.0	100.0	100.0	100.0	100.0	98.0	100.0
100.0	100.0	100.0	99.8	100.0	100.0	100.0
100.0	100.0	100.1	102.8	98.1	99.2	100.1
101.1	100.2	100.6	99.4	100.4	100.4	99.4
101.6	100.3	101.1	101.3	100.2	100.9	98.9
100.3	100.1	100.0	96.9	100.8	99.9	99.9
101.8	100.0	100.2	100.0	99.6	99.2	100.0
99.7	100.0	100.0	100.1	99.9	100.0	100.0
100.0	100.0	100.0	99.3	100.1	100.0	100.0
99.5	100.0	99.5	100.2	100.0	100.1	99.9
99.3	100.0	99.3	100.3	100.1	99.8	100.0
99.9	100.1	100.0	100.0	99.9	100.7	99.8
99.8	100.1	100.2	99.9	100.5	100.1	99.9
99.6	100.1	100.1	99.7	100.8	99.9	99.8
100.0	100.3	100.3	99.8	100.2	100.4	100.0
100.1	99.9	100.2	100.7	99.9	100.1	100.0
97.8	98.7	99.1	99.7	99.9	99.9	99.9
99.9	99.8	100.3	99.7	99.5	95.7	99.4
98.8	99.7	99.7	99.1	100.3	100.0	100.1
100.2	99.8	100.0	100.2	100.0	100.0	100.0
97.3	99.5	99.4	98.1	100.7	100.0	100.2
100.0	100.0	99.5	100.0	100.1	100.0	99.9
99.7	99.5	99.7	99.8	99.6	98.7	99.0

1998年广西城市商品零售价格各月环比指数

以上月价格为100

类别	1月	2月	3月	4月	5月
商品零售价格总指数	**99.1**	**101.2**	**99.7**	**100.1**	**98.5**
一、食品	**98.2**	**103.0**	**99.7**	**99.8**	**96.4**
1. 粮食	98.0	99.6	99.0	99.2	99.1
(1) 细粮	97.8	99.5	99.1	99.1	99.2
大米	97.7	99.2	98.9	98.7	98.8
(2) 粗粮	100.4	100.3	97.5	100.3	98.4
2. 油脂类	100.7	99.2	99.4	99.9	99.9
3. 肉禽蛋	95.7	105.1	99.0	99.4	96.8
猪肉	96.6	101.2	98.1	98.2	94.8
牛肉	96.7	107.5	94.7	98.5	98.8
羊肉	100.6	108.5	98.5	95.6	89.4
鸡	88.4	115.2	101.4	103.4	99.3
鸭	96.9	109.8	107.0	93.6	95.9
鲜蛋	99.8	101.8	96.3	102.5	98.8
4. 水产品类	97.6	104.6	99.1	98.5	100.4
5. 鲜菜	96.1	101.0	98.3	91.7	77.6
6. 干菜	99.7	100.8	100.0	99.2	99.4
7. 鲜果	107.0	111.7	107.4	115.9	95.6
8. 干果	98.2	100.4	97.3	98.4	98.9
9. 其他食品类	100.4	100.1	100.4	100.0	99.1
(1) 调味品	98.9	99.7	100.0	99.4	100.0
盐	100.0	100.0	100.0	100.0	100.0
酱油	100.0	99.2	100.0	100.0	100.0
(2) 食糖	95.9	100.6	99.5	100.0	97.5
(3) 糖果	106.2	100.2	100.2	97.4	98.5
(4) 糕点	100.6	100.0	101.7	99.0	99.0
(5) 奶及奶制品	99.7	100.0	100.0	103.3	100.2
(6) 罐头	100.0	100.0	100.0	100.6	100.3
10. 饮食业	100.4	99.7	100.0	100.2	100.3
(1) 主食	100.0	100.0	100.0	101.0	100.4
(2) 炒菜	100.6	99.6	100.0	100.0	100.2
(3) 地方小吃	100.0	100.0	100.0	100.0	100.6

6月	7月	8月	9月	10月	11月	12月
98.7	101.9	99.0	99.8	99.9	99.1	99.9
97.5	105.2	97.7	99.9	99.2	97.2	99.4
101.4	103.4	101.3	99.7	100.4	98.6	97.8
101.6	104.2	101.2	100.0	100.3	98.5	98.3
102.1	105.7	101.5	100.0	100.5	98.3	97.7
99.7	95.5	102.3	96.8	101.9	99.3	93.1
99.8	100.0	100.4	100.5	100.8	98.8	96.7
98.6	99.7	99.8	102.5	100.2	96.9	101.1
99.9	99.7	97.6	101.4	100.2	99.1	100.9
97.1	98.1	98.2	97.6	99.5	99.1	104.5
105.5	104.3	100.0	99.9	90.0	97.0	99.6
93.5	98.3	101.4	107.4	102.4	94.0	99.7
96.5	105.3	102.2	104.2	101.5	85.4	105.1
105.3	100.6	107.0	104.0	96.9	93.9	101.2
99.4	102.9	96.4	99.4	98.5	97.3	99.2
91.7	135.3	88.5	93.6	92.6	91.3	94.3
101.0	100.7	98.2	99.9	100.0	99.0	100.8
79.3	121.4	84.0	95.9	97.5	94.3	100.6
99.4	98.7	99.6	99.9	98.6	97.0	97.4
99.7	100.0	100.0	99.0	99.9	99.7	100.0
100.0	100.0	100.1	100.0	100.1	100.0	100.0
100.0	100.0	100.0	100.0	100.4	100.0	100.0
100.0	100.0	100.0	100.0	100.0	100.0	100.0
99.1	98.8	100.6	94.9	99.1	98.0	99.0
100.0	100.0	100.0	100.0	100.0	100.0	100.0
99.5	100.0	100.0	100.0	100.0	100.0	100.0
100.0	100.6	99.6	99.4	100.0	100.0	100.6
100.0	100.5	99.4	99.1	100.0	100.0	100.4
100.0	100.3	100.0	100.0	100.0	100.0	100.0
100.0	100.0	100.0	100.0	100.0	100.0	100.0
100.0	100.4	100.0	100.0	100.0	100.0	100.0
100.0	100.0	100.0	100.0	100.0	100.0	100.0

1998年广西城市商品零售价格各月环比指数（续表）

以上月价格为100

类　　别	1月	2月	3月	4月	5月
二、饮料、烟酒类	100.2	102.9	100.0	100.0	101.0
1. 饮　　料	99.7	102.7	99.6	100.5	100.4
2. 烟　　酒	100.3	102.9	100.1	99.8	101.2
三、服装、鞋帽类	98.9	99.8	99.3	103.4	99.7
1. 服　　装	98.1	96.2	98.8	104.5	100.0
2. 鞋	100.1	107.6	100.1	100.1	99.0
3. 其他衣着	99.9	100.0	99.8	105.6	99.5
四、纺织品类	99.7	100.0	100.0	100.0	99.7
1. 棉　　布	100.0	100.0	100.0	100.0	100.0
2. 棉花化纤混纺布	100.0	100.0	100.0	100.0	100.0
3. 化 纤 布	100.0	100.0	100.0	100.0	100.0
4. 呢　　绒	99.7	100.0	100.0	100.0	98.3
5. 绸　　缎	100.0	100.1	100.0	100.0	99.7
6. 其他纺织品	98.8	100.0	99.0	100.0	100.1
五、中、西药品类	101.4	101.9	100.5	101.1	100.6
1. 中　　药	101.5	104.5	100.4	101.7	101.8
2. 西　　药	101.4	98.9	100.7	100.5	99.1
3. 医疗用品	100.6	100.4	100.0	99.7	100.3
六、化妆品类	100.3	99.6	99.3	100.8	103.5
七、书报、杂志类	102.6	101.4	100.0	100.0	100.0
八、文化体育用品类	100.1	100.0	99.5	99.7	100.2
1. 文化用品	99.8	100.0	100.0	99.6	100.3
2. 体育用品	100.6	100.0	98.5	100.0	99.9
九、日用品类	100.2	99.5	100.6	99.8	99.9
1. 一般日用品	100.4	99.2	100.2	99.8	99.8
2. 家 具 类	100.0	100.0	99.6	100.0	100.0
3. 日用杂品	99.7	100.0	102.9	99.7	100.3
十、家用电器类	98.9	99.5	99.8	99.6	99.9
十一、首 饰 类	99.8	100.0	99.5	98.9	97.6
十二、燃 料 类	99.8	100.0	98.6	98.4	94.9
汽　　油	100.0	100.0	100.0	97.8	100.0
液化石油气	99.5	100.0	97.2	98.6	89.7
十三、建筑装潢材料类	100.3	100.0	99.6	100.0	99.3
十四、机电产品类	98.2	99.1	98.6	98.6	100.1

6月	7月	8月	9月	10月	11月	12月
100.2	100.0	99.6	99.8	100.0	99.8	100.5
100.2	100.4	101.4	98.9	99.8	100.0	100.0
100.2	99.9	99.1	100.1	100.1	99.8	100.6
100.5	100.0	99.9	99.7	100.6	101.1	100.3
101.0	100.0	99.9	99.6	101.4	101.7	100.5
100.1	100.0	100.0	99.8	99.1	100.0	100.0
98.6	100.2	100.0	100.3	100.0	100.2	100.0
100.0	100.0	100.0	99.3	99.7	100.0	100.0
100.0	100.0	100.0	100.0	100.2	100.0	100.0
100.0	100.0	100.0	100.0	100.0	100.0	100.0
100.0	100.0	100.0	96.4	100.0	100.0	100.0
100.0	100.0	100.0	103.6	100.0	100.0	100.0
100.0	100.0	100.0	100.0	100.0	100.0	100.0
100.0	100.1	100.0	99.2	98.8	100.0	100.0
99.4	100.4	101.0	100.3	99.7	100.2	100.4
99.9	100.6	101.2	100.8	98.9	100.4	100.1
98.8	100.2	101.0	99.9	100.5	100.1	100.6
100.0	100.6	100.1	99.7	100.1	100.0	101.6
100.0	100.0	99.7	100.9	99.9	100.0	100.0
100.0	100.0	100.0	99.2	100.0	100.0	100.0
99.9	100.0	99.9	100.1	100.0	99.3	100.3
99.9	100.0	99.9	100.1	100.0	99.0	100.3
99.8	100.0	99.8	100.1	100.0	99.9	100.2
100.3	100.2	99.9	100.4	100.0	100.1	100.0
100.2	100.0	99.5	100.6	100.1	100.2	100.0
100.0	99.8	99.9	100.1	100.2	100.0	100.0
100.9	101.2	100.8	100.0	99.2	100.0	99.9
98.1	100.3	99.7	99.8	99.2	99.9	100.0
96.5	100.0	100.0	99.5	100.0	99.7	100.1
95.8	100.2	99.4	98.9	108.3	102.2	100.5
98.2	100.0	100.0	99.5	101.7	100.0	100.0
92.9	100.4	98.8	98.2	115.4	104.3	101.1
100.0	100.0	99.8	99.3	99.1	100.0	100.0
100.1	98.0	98.9	99.3	99.2	99.6	100.0

1999年广西城市商品零售价格各月环比指数

以上月价格为100

类　别	1月	2月	3月	4月	5月
商品零售价格总指数	**100.4**	**100.1**	**99.4**	**99.5**	**97.7**
一、食　　品	**101.2**	**101.8**	**99.0**	**99.4**	**95.1**
1. 粮　　食	101.5	99.2	98.5	101.8	99.7
(1)细　　粮	102.2	99.6	98.6	101.7	99.2
大　　米	103.2	99.3	98.7	102.4	99.0
(2)粗　　粮	95.1	95.3	97.1	102.3	104.3
2. 油 脂 类	98.8	102.0	96.7	99.8	98.5
3. 肉 禽 蛋	101.6	101.6	95.2	97.2	95.5
猪　　肉	99.4	100.9	96.5	96.3	92.5
牛　　肉	101.4	110.6	95.6	97.8	95.2
羊　　肉	99.0	102.3	96.9	98.1	92.5
鸡	105.3	101.5	90.3	96.8	101.2
鸭	107.9	101.4	93.5	103.5	88.7
鲜　　蛋	102.6	100.4	95.0	93.5	96.4
4. 水产品类	101.0	108.0	100.2	96.8	100.8
5. 鲜　　菜	97.8	90.1	106.2	104.2	81.2
6. 干　　菜	99.8	100.2	99.3	100.8	100.4
7. 鲜　　果	110.5	119.9	106.6	101.5	78.9
8. 干　　果	93.5	102.3	99.8	100.7	96.0
9. 其他食品类	99.9	100.0	99.8	99.9	99.6
(1) 调 味 品	100.0	100.1	99.6	99.5	100.0
盐	100.0	100.0	100.0	100.0	100.0
酱　　油	100.0	100.4	100.0	98.4	100.0
(2) 食　　糖	97.1	99.8	100.0	100.0	98.1
(3) 糖　　果	100.0	100.2	99.4	100.0	99.2
(4) 糕　　点	100.9	100.0	99.9	100.0	100.0
(5) 奶及奶制品	100.4	100.0	100.0	100.0	100.0
(6) 罐　　头	100.0	100.6	100.0	99.5	101.6
10. 饮 食 业	100.0	100.0	100.0	100.0	100.0
(1) 主　　食	100.0	100.0	100.0	100.0	100.0
(2) 炒　　菜	100.0	100.0	100.0	100.0	100.0
(3) 地方小吃	100.0	100.0	100.0	100.0	100.0

6月	7月	8月	9月	10月	11月	12月
98.8	99.9	100.4	101.1	99.9	100.1	100.0
97.5	100.3	100.3	102.6	99.3	98.6	99.1
99.4	98.7	99.8	99.3	99.6	99.5	99.0
99.9	99.1	100.0	99.2	99.6	99.4	98.9
99.8	98.9	99.7	98.8	99.7	99.3	98.6
95.1	94.7	98.3	100.5	99.1	100.1	100.3
101.2	99.4	99.8	100.4	99.4	99.4	98.0
100.4	100.9	99.5	103.8	100.6	98.6	99.6
101.4	102.2	98.8	105.2	101.6	100.5	100.1
97.5	100.1	97.6	101.2	99.3	100.4	100.5
98.8	98.2	109.9	93.7	100.8	102.1	109.5
100.5	98.7	101.9	104.6	101.3	95.1	97.8
103.9	104.6	93.9	104.2	98.4	92.9	103.9
98.5	99.8	102.2	102.4	96.0	96.2	98.0
103.1	96.6	99.8	100.4	97.2	99.3	101.0
82.1	105.6	103.5	117.6	98.2	98.6	90.4
99.2	99.1	99.2	99.3	99.8	100.2	100.1
81.5	100.3	103.5	95.1	96.8	92.4	103.3
100.2	100.9	99.0	104.4	98.0	97.0	98.0
100.2	99.8	99.8	99.9	98.6	99.9	99.9
100.0	99.6	100.0	100.5	100.0	100.2	100.3
100.0	100.0	100.0	102.3	100.0	102.2	101.5
100.0	100.0	100.0	100.0	100.0	100.0	100.0
101.5	98.8	100.0	99.1	92.9	99.9	100.4
100.0	100.4	100.0	100.0	100.0	99.6	100.0
100.0	100.0	100.0	100.0	98.9	100.0	100.0
99.8	100.0	99.3	100.0	100.0	100.0	99.3
100.0	100.0	98.5	100.0	100.0	97.7	99.2
99.8	99.4	100.0	100.0	99.2	100.0	100.0
100.0	100.0	100.0	100.0	99.4	100.0	100.0
99.7	99.3	100.0	100.0	99.1	100.0	100.0
100.0	98.8	100.0	100.0	99.3	100.0	100.0

1999年广西城市商品零售价格各月环比指数（续表）

以上月价格为100

类别	1月	2月	3月	4月	5月
二、饮料、烟酒类	**99.0**	**99.7**	**100.2**	**98.7**	**99.8**
1. 饮　　料	99.2	99.4	100.0	99.6	99.4
2. 烟　　酒	98.9	99.8	100.3	98.4	99.9
三、服装、鞋帽类	**100.0**	**96.4**	**97.7**	**101.6**	**100.2**
1. 服　　装	99.5	94.0	96.1	103.2	100.0
2. 鞋	100.6	100.0	100.0	98.6	100.0
3. 其他衣着	101.5	100.6	100.8	99.8	101.9
四、纺织品类	**99.8**	**99.8**	**100.4**	**99.9**	**100.0**
1. 棉　　布	103.0	102.1	100.1	99.9	100.0
2. 棉花化纤混纺布	100.0	102.9	100.0	100.0	100.0
3. 化 纤 布	100.0	100.0	100.0	100.0	100.0
4. 呢　　绒	96.6	100.0	100.1	100.0	100.0
5. 绸　　缎	100.1	100.3	100.4	100.0	100.0
6. 其他纺织品	100.2	97.4	101.2	99.5	100.0
五、中、西药品类	**101.3**	**100.2**	**101.0**	**99.8**	**99.1**
1. 中　　药	102.3	99.8	101.2	99.3	98.2
2. 西　　药	100.3	100.8	101.0	100.5	100.0
3. 医疗用品	100.3	100.0	99.8	100.0	100.4
六、化妆品类	**100.0**	**100.2**	**100.0**	**100.1**	**99.8**
七、书报、杂志类	**104.6**	**101.0**	**100.4**	**100.0**	**100.0**
八、文化体育用品类	**99.3**	**100.3**	**100.4**	**99.9**	**99.9**
1. 文化用品	99.9	100.1	100.6	100.0	99.9
2. 体育用品	98.3	100.8	100.0	99.8	100.0
九、日用品类	**99.7**	**99.9**	**99.9**	**99.8**	**99.9**
1. 一般日用品	99.3	99.8	99.9	99.7	99.9
2. 家 具 类	100.0	100.0	100.0	100.3	100.0
3. 日用杂品	100.2	100.0	100.0	99.6	100.0
十、家用电器类	**100.2**	**98.4**	**100.9**	**98.8**	**97.9**
十一、首 饰 类	**100.0**	**100.0**	**100.0**	**100.0**	**100.2**
十二、燃 料 类	**100.1**	**99.4**	**96.7**	**98.3**	**97.3**
汽　　油	99.0	100.0	100.0	101.1	99.0
液化石油气	101.0	98.8	93.3	95.6	96.1
十三、建筑装潢材料类	**99.4**	**100.0**	**99.5**	**99.7**	**100.0**
十四、机电产品类	**98.1**	**99.5**	**99.0**	**98.6**	**98.1**

6月	7月	8月	9月	10月	11月	12月
100.2	100.0	99.9	100.0	101.2	98.6	99.6
100.0	100.0	102.5	100.0	99.6	99.8	100.0
100.3	100.0	99.2	100.0	101.6	98.2	99.5
99.8	99.9	100.1	100.0	101.2	105.1	100.9
99.1	99.8	99.9	100.0	102.8	108.5	101.5
101.3	100.0	100.9	100.0	98.2	99.3	100.0
100.0	100.0	99.5	100.0	99.4	100.0	100.0
99.9	100.2	100.1	99.9	99.5	99.7	99.9
100.0	98.8	100.0	100.0	100.0	100.0	98.8
99.2	100.0	100.0	100.0	98.7	100.0	100.0
100.0	100.0	100.0	100.0	100.0	100.1	100.0
100.0	101.2	100.0	99.5	98.7	99.7	100.0
100.0	100.0	100.0	99.5	100.0	100.0	100.0
100.0	100.6	100.5	100.0	99.4	98.9	100.0
99.4	98.0	100.1	100.5	98.3	100.2	100.6
99.3	97.6	101.0	100.8	98.1	100.4	100.9
99.6	98.4	98.9	100.1	98.2	99.9	100.3
99.7	99.3	99.8	100.0	100.0	100.0	100.0
100.9	101.6	100.0	100.0	99.7	100.0	100.0
100.0	100.0	99.8	98.7	100.0	100.0	100.0
100.0	100.2	100.1	100.1	100.1	100.0	100.0
100.0	100.0	100.0	100.1	99.8	100.0	100.0
100.0	100.5	100.3	100.0	100.6	100.1	100.0
99.9	100.2	99.9	100.4	99.7	101.9	100.0
100.0	100.3	100.0	100.6	99.1	103.5	100.0
100.0	99.8	100.0	100.0	100.1	100.0	100.0
99.5	100.6	99.2	100.5	100.6	100.0	100.0
99.5	98.0	100.0	100.0	100.9	99.5	100.0
99.8	99.6	93.4	99.7	103.9	103.5	100.0
98.2	101.2	112.3	104.1	100.8	101.4	105.9
100.0	100.0	102.4	102.2	103.9	103.2	100.3
96.7	102.5	124.3	106.6	98.5	100.0	111.8
98.5	99.1	98.8	100.0	100.0	100.0	100.1
99.2	100.2	99.9	98.5	99.9	99.6	100.0

2000年广西城市商品零售价格各月环比指数

以上月价格为100

类　别	1月	2月	3月	4月	5月
商品零售价格总指数	**99.8**	**101.1**	**98.6**	**99.4**	**99.3**
一、食　品	**99.4**	**104.5**	**96.6**	**98.9**	**98.3**
1. 粮　食	99.9	100.7	99.3	98.6	99.7
(1) 细　粮	99.4	100.8	99.4	98.6	98.9
大　米	99.4	100.9	99.6	98.2	98.3
(2) 粗　粮	103.7	100.2	98.8	98.7	106.1
2. 油脂类	101.2	100.7	100.4	99.8	99.1
3. 肉禽蛋	98.9	102.9	95.5	98.7	100.0
猪　肉	98.2	104.1	94.6	100.7	99.4
牛　肉	99.4	109.9	95.6	97.4	98.7
羊　肉	96.4	111.3	97.0	98.0	94.2
鸡	99.8	100.0	97.8	95.3	102.3
鸭	95.4	97.7	97.8	96.1	100.0
鲜　蛋	100.7	101.1	91.6	96.8	101.6
4. 水产品类	100.5	111.7	96.1	97.2	99.2
5. 鲜　菜	90.7	117.3	91.3	87.7	81.3
6. 干　菜	98.7	100.9	98.0	100.0	99.8
7. 鲜　果	109.0	111.5	91.2	109.8	98.3
8. 干　果	97.4	100.3	100.8	101.9	102.0
9. 其他食品类	99.8	100.3	100.6	101.0	101.3
(1) 调味品	101.5	98.9	100.0	100.0	100.0
盐	106.6	100.0	100.0	100.0	100.0
酱　油	100.0	100.0	100.0	100.0	100.0
(2) 食　糖	97.7	99.9	102.3	105.8	106.4
(3) 糖　果	100.0	100.6	99.6	100.0	100.0
(4) 糕　点	99.6	100.0	100.0	100.0	101.2
(5) 奶及奶制品	100.1	101.3	101.1	100.6	100.5
(6) 罐　头	101.5	100.0	100.3	100.1	98.5
10. 饮食业	99.4	100.0	100.0	100.0	100.3
(1) 主　食	98.4	100.0	100.0	100.0	100.0
(2) 炒　菜	99.6	100.0	100.0	100.0	100.4
(3) 地方小吃	100.0	100.0	100.0	100.0	100.0

6月	7月	8月	9月	10月	11月	12月
98.7	**100.1**	**100.0**	**100.2**	**100.1**	**99.7**	**99.6**
96.8	**100.4**	**100.8**	**99.7**	**99.7**	**99.1**	**98.2**
99.2	99.7	97.4	99.4	98.3	98.7	99.0
98.9	99.6	97.3	99.8	97.4	98.7	99.4
98.7	99.4	96.8	99.8	96.9	98.7	99.2
102.2	100.9	98.2	96.1	106.2	99.1	95.7
100.0	102.0	99.3	100.3	98.6	98.1	95.8
99.6	99.2	101.0	101.1	100.5	99.5	100.0
99.9	98.5	100.2	100.3	102.0	99.6	100.5
99.3	98.2	99.9	100.8	101.7	98.1	100.0
99.0	98.4	95.4	101.1	109.7	106.5	96.9
97.6	102.6	100.4	103.1	99.2	98.1	100.2
103.8	89.7	99.1	98.2	98.3	109.2	100.0
100.2	100.1	112.4	102.0	96.3	95.3	98.5
101.5	102.8	97.6	103.2	95.9	97.4	106.6
83.4	103.3	104.6	99.6	109.6	102.6	79.8
99.0	99.1	101.4	100.6	99.6	99.7	100.1
78.0	101.8	104.6	96.5	91.6	94.3	97.4
99.7	101.6	101.4	101.5	92.8	94.1	99.5
100.2	100.1	101.8	99.9	99.8	100.1	99.9
100.0	100.0	99.5	100.0	100.0	100.0	99.8
100.0	100.0	98.0	100.0	100.0	100.0	99.1
100.0	100.0	100.0	100.0	100.0	100.0	100.0
100.2	100.4	113.8	100.1	99.0	100.4	98.9
100.0	100.0	100.0	100.0	100.2	100.0	100.3
100.6	100.0	100.0	100.0	100.0	100.0	100.0
100.0	100.0	99.7	99.7	99.0	100.0	100.0
102.9	100.0	98.0	99.1	99.5	99.6	100.0
100.0	100.0	100.0	94.6	100.1	100.0	100.0
100.0	100.0	99.8	100.0	100.0	100.0	100.0
100.0	100.0	100.0	92.0	100.0	100.0	100.0
100.0	100.0	100.0	101.4	101.1	100.0	100.0

2000年广西城市商品零售价格各月环比指数（续表）

以上月价格为100

类　　别	1月	2月	3月	4月	5月
二、饮料、烟酒类	**100.5**	**99.8**	**101.1**	**99.8**	**100.9**
1. 饮　　料	99.3	100.0	100.0	100.0	100.0
2. 烟　　酒	100.8	99.8	101.4	99.8	101.1
三、服装、鞋帽类	**99.3**	**98.2**	**98.0**	**100.0**	**101.4**
1. 服　　装	98.8	97.2	95.7	99.9	102.2
2. 鞋	100.1	100.0	102.1	100.0	99.9
3. 其他衣着	100.1	100.0	102.1	100.3	100.0
四、纺织品类	**99.6**	**100.3**	**100.8**	**100.1**	**99.6**
1. 棉　　布	98.8	99.8	100.7	100.0	100.0
2. 棉花化纤混纺布	100.0	101.0	100.0	100.0	100.0
3. 化 纤 布	100.0	100.0	101.7	100.0	100.0
4. 呢　　绒	100.0	101.5	101.1	100.0	98.0
5. 绸　　缎	99.9	100.0	100.5	100.0	99.9
6. 其他纺织品	99.0	100.0	100.0	100.2	100.0
五、中、西药品类	**100.5**	**97.5**	**100.1**	**99.1**	**97.8**
1. 中　　药	100.0	98.1	100.8	98.8	95.8
2. 西　　药	101.1	96.6	99.5	99.4	100.1
3. 医疗用品	100.0	99.1	98.9	99.4	99.2
六、化妆品类	**100.0**	**100.0**	**100.0**	**100.0**	**100.0**
七、书报、杂志类	**100.0**	**101.3**	**100.0**	**100.0**	**100.0**
八、文化体育用品类	**99.9**	**100.0**	**100.0**	**100.1**	**100.0**
1. 文化用品	99.9	100.0	100.0	100.1	100.0
2. 体育用品	100.0	100.0	100.0	100.0	99.9
九、日用品类	**100.1**	**99.5**	**100.0**	**100.1**	**100.1**
1. 一般日用品	100.4	99.7	100.0	100.2	99.9
2. 家 具 类	99.7	100.0	100.0	100.0	100.4
3. 日用杂品	99.9	98.2	100.0	100.1	100.0
十、家用电器类	**99.5**	**97.9**	**99.7**	**99.6**	**99.8**
十一、首 饰 类	**100.0**	**99.4**	**100.0**	**100.0**	**100.0**
十二、燃 料 类	**102.0**	**100.5**	**100.6**	**98.5**	**104.5**
汽　　油	100.7	100.0	100.4	100.0	108.2
液化石油气	103.6	101.1	100.9	96.6	101.9
十三、建筑装潢材料类	**100.8**	**100.0**	**100.0**	**99.8**	**99.9**
十四、机电产品类	**99.8**	**99.7**	**99.5**	**99.3**	**96.2**

6月	7月	8月	9月	10月	11月	12月
100.0	**100.0**	**99.3**	**100.1**	**99.7**	**100.0**	**100.0**
100.0	100.0	99.5	100.0	99.5	100.0	100.0
100.0	100.0	99.3	100.1	99.8	100.0	100.0
99.8	**99.8**	**98.6**	**99.7**	**103.7**	**100.2**	**100.9**
99.9	99.8	98.2	100.0	106.6	100.3	101.4
99.6	100.0	99.0	100.3	98.1	100.0	100.0
100.0	98.8	100.0	95.8	100.1	100.1	100.4
100.4	**100.9**	**99.6**	**100.1**	**99.6**	**100.1**	**100.0**
100.0	100.0	100.0	100.0	100.1	100.0	100.0
100.0	100.6	99.4	100.0	98.3	100.0	100.0
100.8	100.0	100.0	100.0	100.0	100.0	100.0
100.0	100.0	98.6	100.0	97.9	100.0	99.8
99.9	99.9	99.9	100.0	100.0	100.0	100.0
100.6	103.1	99.7	100.4	100.3	100.3	100.0
100.6	**100.0**	**98.2**	**101.5**	**97.7**	**100.9**	**100.0**
101.4	99.5	97.0	103.3	95.8	100.2	100.0
99.8	100.8	99.4	99.7	99.6	101.9	100.0
100.0	99.3	100.0	99.5	100.8	100.0	100.0
99.4	**99.9**	**100.0**	**100.0**	**99.4**	**100.0**	**100.0**
100.0	**100.0**	**100.0**	**111.7**	**100.0**	**100.0**	**100.0**
99.6	**100.1**	**100.0**	**100.0**	**100.3**	**100.0**	**99.9**
100.0	100.0	100.0	100.0	100.4	100.0	99.9
98.9	100.3	100.0	100.0	100.0	100.0	100.0
100.0	**100.0**	**99.9**	**99.8**	**100.1**	**99.9**	**99.9**
99.9	99.8	99.9	99.9	100.2	100.0	100.0
99.9	100.0	100.0	99.5	100.0	99.9	100.0
100.2	100.7	99.9	100.0	100.0	99.6	99.6
99.4	**99.4**	**99.5**	**99.3**	**99.9**	**99.1**	**101.2**
98.9	**100.0**	**94.5**	**97.8**	**98.9**	**99.7**	**99.4**
100.7	**100.6**	**104.0**	**103.5**	**101.7**	**100.9**	**100.1**
105.8	103.8	108.7	102.3	99.4	97.2	99.3
96.2	97.4	100.0	105.1	104.0	104.4	100.2
99.6	**100.0**	**100.0**	**100.4**	**100.3**	**100.1**	**100.6**
98.7	**99.9**	**99.7**	**99.8**	**99.8**	**100.0**	**100.0**

2001年广西城市商品零售价格各月环比指数

以上月价格为100

类　别	1月	2月	3月	4月	5月
商品零售价格总指数	**100.1**	**99.4**			**99.0**
一、食品类	**100.5**	**100.1**			**98.6**
1. 粮　食	101.6	99.3			99.1
(1) 细　粮	101.6	99.3			98.9
大　米	102.8	99.8			
(2) 粗　粮	101.4	99.7			100.4
2. 油　脂	97.8	102.0			96.8
3. 肉禽蛋	100.7	99.0			99.5
猪　肉	100.3	98.7			
牛　肉	106.8	105.7			
羊　肉	107.6	102.8			
鸡	100.5	96.8			
鸭	96.1	95.6			
鲜　蛋	100.8	99.7			
4. 水产品	106.9	102.9			96.9
5. 鲜　菜	96.3	102.9			95.0
6. 干　菜	97.2	100.5			100.1
7. 鲜　果	99.5	100.2			95.4
8. 干　果	96.1	100.0			102.5
9. 其他食品类	100.6	100.0			100.1
(1) 调味品	106.2	100.0			99.8
盐	130.2	100.0			
酱　油	100.0	100.0			
(2) 食　糖	101.8	100.1			101.2
(3) 糖　果	96.1	100.0			100.0
(4) 糕　点	101.0	100.0			100.0
(5) 奶及奶制品	100.0	100.0			99.9
(6) 罐　头	100.0	100.0			100.0
10. 饮食业	100.0	99.6			100.0
(1) 主　食	102.3	98.0			100.0
(2) 炒　菜	99.3	100.0			100.0
(3) 地方小吃	100.0	100.0			100.0

6月	7月	8月	9月	10月	11月	12月
99.3	**100.3**	**99.0**	**99.8**	**100.8**	**99.4**	**99.4**
98.7	**101.6**	**98.5**	**100.1**	**100.1**	**98.1**	**98.8**
100.9	98.6	99.2	99.0	100.2	99.4	99.9
101.1	98.4	99.1	99.0	100.1	99.5	99.9
98.7	100.7	100.1	98.5	100.8	98.9	99.6
100.8	99.8	99.5	98.9	99.5	99.6	99.3
99.8	102.0	96.7	102.8	100.4	98.5	99.1
96.7	99.8	99.0	96.8	99.7	99.4	100.3
99.7	109.9	96.5	98.3	98.8	93.9	91.0
100.8	99.8	100.9	100.0	99.6	99.1	99.9
86.9	102.8	104.2	96.2	99.2	92.6	99.6
97.4	99.2	100.5	99.7	99.6	100.7	98.4
100.0	99.8	99.6	99.9	100.0	99.8	100.4
99.7	99.4	100.0	100.0	100.6	100.0	100.0
100.6	98.9	98.7	99.0	99.2	101.2	99.8
100.0	100.0	100.0	100.0	100.0	100.0	102.5
100.0	100.0	99.3	100.0	100.0	98.7	100.0
100.0	100.0	100.0	100.0	100.0	100.0	100.0
100.0	100.0	100.0	100.0	100.0	99.6	100.0
100.0	100.0	99.1	99.8	101.1	99.1	100.0
100.0	100.0	100.0	100.0	100.0	100.0	100.0
100.0	100.0	98.6	99.7	101.7	98.6	100.0
100.0	100.0	100.0	100.0	100.0	100.0	100.0

2001 年广西城市商品零售价格各月环比指数（续表）

以上月价格为 100

类　别	1月	2月	3月	4月	5月
二、饮料、烟酒类	**99.6**	**100.0**			**99.7**
1. 饮　　料	99.8	100.0			99.4
2. 烟　　酒	99.6	100.0			99.8
三、服装、鞋帽类	**99.7**	**94.1**			**98.3**
1. 服　　装	99.8	94.9			97.0
2. 鞋	99.2	90.6			100.0
3. 其它衣着	100.1	99.2			102.7
四、纺织品类	**100.0**	**99.5**			**100.0**
1. 棉　　布	100.0	97.9			100.0
2. 棉花化纤混纺布	100.0	100.8			100.0
3. 化 纤 布	100.0	100.0			100.0
4. 呢　　绒	100.0	99.6			100.0
5. 绸　　缎	100.0	100.0			100.0
6. 其他纺织品	100.0	98.9			100.0
五、中、西药品类	**98.5**	**99.7**			**98.9**
1. 中　　药	98.5	100.1			98.6
2. 西　　药	98.5	99.1			99.1
3. 医疗用品	99.3	99.8			99.6
六、化妆品类	**96.4**	**100.0**			**100.0**
七、书报、杂志类	**100.0**	**102.6**			**100.0**
八、体育娱乐用品	**100.1**	**100.6**			**99.2**
1. 文化用品	99.9	100.9			99.8
2. 体育用品	100.5	100.0			98.2
九、日 用 品	**99.5**	**99.9**			**99.5**
1. 一般日用品	99.2	100.1			99.4
2. 家 具 类	99.9	100.0			99.5
3. 日用杂品	99.6	99.4			100.0
十、家用电器	**100.0**	**100.1**			**99.6**
十一、首 饰 类	**98.7**	**98.3**			**98.9**
十二、燃 料 类	**101.5**	**98.9**			**100.7**
汽　　油	99.3	95.9			
液化石油气	103.7	101.3			
十三、建筑装潢材料类	**99.0**	**99.8**			**99.8**
十四、机电产品类	**101.7**	**98.2**			**98.3**

注：3、4 月数据缺失

6月	7月	8月	9月	10月	11月	12月
100.0	**100.0**	**100.0**	**100.2**	**101.0**	**99.9**	**99.9**
100.0	100.0	100.0	100.0	97.1	100.0	100.0
100.0	100.0	100.0	100.3	102.0	99.9	99.9
99.8	**99.6**	**99.4**	**98.3**	**109.0**	**100.4**	**103.4**
100.0	99.6	99.3	98.9	113.8	100.6	104.0
99.4	99.5	99.6	96.4	100.0	100.0	102.9
100.0	100.0	100.0	100.0	100.3	100.0	100.0
100.0	**100.0**	**99.5**	**100.0**	**99.7**	**100.0**	**100.7**
100.0	100.0	99.9	100.0	99.8	100.4	100.0
100.0	100.0	100.0	100.0	98.8	100.0	100.0
100.0	100.0	98.0	100.0	100.0	100.0	100.0
100.0	100.0	100.9	100.0	98.7	100.0	100.0
100.0	100.0	100.0	100.0	99.8	100.0	102.2
100.0	100.0	100.0	100.0	100.2	100.0	101.9
99.3	**99.9**	**100.3**	**99.6**	**100.5**	**100.2**	**98.7**
99.4	100.3	100.7	99.4	99.0	100.4	97.7
99.1	99.5	99.9	100.2	102.4	99.9	99.7
99.9	99.8	100.0	97.4	99.0	100.0	99.6
100.0	**100.0**	**99.9**	**100.0**	**93.8**	**109.2**	**100.0**
100.0	**100.0**	**100.0**	**99.9**	**100.1**	**100.0**	**100.0**
99.9	**100.1**	**100.0**	**99.9**	**99.8**	**100.0**	**99.5**
99.8	100.2	100.0	99.9	99.6	100.0	99.2
100.0	100.0	100.0	100.0	100.0	100.0	100.0
99.9	**100.3**	**99.9**	**99.9**	**99.9**	**99.7**	**100.3**
99.9	100.7	99.8	99.9	99.9	99.5	100.6
99.9	99.9	100.0	100.0	100.0	100.0	100.0
100.1	100.0	100.0	99.8	99.8	100.0	100.0
98.8	**99.0**	**98.5**	**99.3**	**100.0**	**100.4**	**98.9**
100.0	**97.9**	**100.0**	**100.1**	**100.5**	**100.0**	**100.0**
100.8	**95.9**	**97.7**	**101.6**	**102.1**	**100.0**	**94.7**
100.2	**100.0**	**99.8**	**100.0**	**100.3**	**100.0**	**99.8**
98.5	**99.7**	**98.7**	**99.3**	**99.6**	**98.5**	**99.5**

2002年广西城市商品零售价格各月环比指数

以上月价格为100

类　　别	1月	2月	3月	4月	5月
商品零售价格总指数	**100.6**	**100.3**	**99.4**	**100.2**	**99.2**
一、食 品 类	**98.7**	**103.7**	**100.0**	**99.7**	**97.9**
1. 粮　　食	99.2	101.3	99.5	99.3	99.7
大　　米	99.1	101.9	99.1	99.1	99.6
2. 淀粉及薯类	96.9	105.1	101.4	98.7	101.2
3. 干豆类及豆制品	110.6	101.5	90.1	99.1	99.2
4. 油　　脂	101.5	99.2	97.4	100.6	101.0
5. 肉禽及其制品	101.3	104.3	96.7	98.7	99.3
(1) 食用畜肉及副产品	100.9	104.7	95.6	98.0	98.5
猪　　肉	100.5	104.7	95.7	98.4	99.2
牛　　肉	87.6	111.4	96.7	96.6	101.8
羊　　肉	116.3	95.9	95.4	99.1	95.6
(2) 禽	102.1	104.6	97.8	100.0	100.5
鸡	101.0	105.5	98.5	99.6	100.7
鸭	101.2	103.4	99.3	100.7	100.0
(3) 肉禽加工制品	101.3	100.9	99.7	99.2	100.0
6. 蛋	100.8	104.3	97.0	98.0	100.3
鲜　　蛋	101.2	104.7	96.7	97.8	100.1
7. 水 产 品	103.7	109.2	94.1	97.6	102.1
(1) 鱼	100.5	110.0	96.1	98.7	104.4
淡 水 鱼	102.0	108.8	93.7	100.1	101.8
海 水 鱼	98.0	112.2	100.4	96.2	108.9
(2) 其它水产品	109.3	107.7	90.7	95.8	97.8
8. 菜	88.9	101.6	111.6	99.0	94.2
鲜　　菜	87.6	101.5	113.7	98.7	93.2
9. 调 味 品	100.9	100.0	100.0	100.0	100.1
盐	95.7	100.0	102.1	100.0	100.0
酱　　油	102.8	100.0	100.7	100.0	100.3
10. 糖	106.0	98.9	100.3	97.7	97.4
食　　糖	125.8	96.2	98.8	91.8	96.7
11. 干鲜瓜果	86.2	119.0	108.8	106.3	85.2
鲜　　果	85.1	122.7	110.5	107.6	82.7

6月	7月	8月	9月	10月	11月	12月
99.6	**99.8**	**100.0**	**100.5**	**100.8**	**99.9**	**99.7**
99.5	**100.2**	**100.5**	**101.3**	**100.2**	**99.6**	**98.7**
100.0	100.4	99.9	101.4	99.2	100.0	100.2
99.6	100.6	100.2	102.0	98.7	100.0	100.3
101.4	101.1	101.8	97.1	96.4	99.2	100.1
99.4	100.4	100.1	101.0	100.2	99.4	100.1
99.8	100.1	100.9	100.5	100.3	99.1	99.7
99.5	98.4	99.6	101.4	100.2	100.9	99.9
99.2	98.8	99.9	102.1	100.6	102.1	100.0
99.1	99.1	99.8	101.8	99.9	102.5	99.4
100.4	99.0	101.6	100.2	101.6	101.6	103.1
98.3	95.6	101.0	104.7	100.6	101.1	98.2
99.9	97.5	99.1	100.5	99.2	98.9	100.1
99.5	97.5	99.7	99.8	99.2	99.9	99.4
101.2	96.1	97.3	103.5	99.9	95.4	102.2
99.8	98.8	100.0	100.2	100.9	99.9	99.4
100.2	98.7	102.6	101.6	101.7	95.4	99.8
100.2	98.5	102.8	101.8	101.8	94.9	99.9
99.3	103.2	100.4	94.7	101.1	96.4	99.1
98.8	103.8	96.7	94.0	102.3	97.0	98.8
102.2	101.1	96.9	99.3	98.6	96.5	99.6
93.3	108.6	96.2	85.2	109.3	97.7	97.4
100.3	102.1	107.6	96.1	99.1	95.4	99.7
103.8	112.0	103.3	99.1	103.6	96.0	89.9
104.7	113.5	103.5	99.4	104.0	95.5	88.7
99.9	99.7	99.9	99.4	99.7	100.5	100.0
100.0	100.0	100.0	100.0	100.0	102.4	100.0
100.0	97.5	100.4	98.3	100.0	100.0	100.0
100.8	100.5	97.6	101.8	100.2	99.1	100.0
102.2	98.9	93.0	101.3	100.3	98.7	100.0
91.9	87.4	101.6	119.8	96.7	104.0	100.5
89.5	84.3	101.2	125.6	96.2	105.2	100.5

2002年广西城市商品零售价格各月环比指数（续表1）

以上月价格为100

类　　别	1月	2月	3月	4月	5月
12. 糕点饼干面包	101.9	99.9	99.7	100.0	99.7
13. 奶及奶制品	99.4	100.0	100.2	100.0	100.0
14. 在外用膳食品	100.3	100.0	100.0	100.0	100.0
15. 其它食品	102.4	100.1	99.2	99.6	100.0
二、饮料、烟酒	**99.4**	**100.2**	**99.6**	**100.4**	**100.1**
1. 茶及饮料	101.7	100.0	99.6	100.2	99.3
(1) 茶　　叶	99.9	100.0	100.0	100.0	98.7
(2) 饮　　料	102.7	100.0	99.4	100.2	99.7
2. 烟　　草	98.9	100.1	99.6	100.8	100.6
3. 酒	97.6	100.9	99.5	99.7	100.0
三、服装、鞋帽类	**103.0**	**93.8**	**97.3**	**100.6**	**100.2**
1. 服　　装	102.4	93.4	96.1	101.7	100.2
(1) 男式服装	103.3	89.8	96.6	102.9	101.1
(2) 女式服装	101.9	95.4	95.0	100.9	99.6
(3) 儿童服装	101.5	97.6	99.2	100.9	100.1
2. 鞋 袜 帽	104.7	94.1	99.7	98.2	100.1
(1) 鞋	105.7	93.1	99.7	97.8	100.2
(2) 袜　　子	100.0	100.0	100.0	100.0	100.0
(3) 帽　　子	97.6	100.0	100.0	102.4	100.0
3. 其　　它	102.7	99.0	100.6	100.3	100.0
四、纺织品类	**100.5**	**100.0**	**99.3**	**101.1**	**99.8**
1. 衣着材料	101.3	98.3	97.6	103.9	100.5
2. 床上用品	100.1	100.8	100.0	100.0	99.4
五、家用电器及音像器材	**109.3**	**99.3**	**99.2**	**99.4**	**99.4**
1. 家庭设备	106.9	99.2	98.7	99.9	100.2
2. 文娱用耐用消费品	114.2	99.1	99.6	99.0	98.5
3. 音像器材类	100.8	100.0	100.0	99.2	100.0
六、文化办公用品	**107.1**	**99.8**	**100.4**	**98.3**	**99.2**
七、日 用 品	**101.6**	**99.6**	**100.4**	**100.0**	**99.5**
1. 日用百货	101.4	100.2	100.0	100.0	100.0
2. 日用杂品	101.1	99.5	100.3	100.1	100.0
3. 洗涤用品	103.0	98.9	101.0	100.0	98.9
4. 其它日用品	100.5	99.6	100.4	100.0	99.3

6月	7月	8月	9月	10月	11月	12月
99.2	100.0	100.0	100.0	99.8	100.0	99.9
100.1	100.0	99.7	100.1	100.4	100.0	100.0
100.0	100.0	100.0	100.0	99.6	100.0	100.0
100.0	99.9	100.0	99.8	98.7	100.4	100.0
100.1	**100.3**	**99.9**	**100.0**	**100.2**	**100.3**	**99.5**
99.2	100.6	99.7	99.8	100.3	99.8	99.9
100.0	101.4	100.0	100.0	100.0	100.0	100.0
98.8	100.2	99.5	99.7	100.4	99.7	99.8
100.1	100.2	99.9	99.9	100.0	100.9	99.1
101.6	100.3	100.1	100.4	100.5	99.5	100.0
99.6	**97.5**	**99.1**	**101.5**	**103.8**	**103.2**	**100.8**
100.8	97.7	97.9	101.2	103.4	103.9	101.9
102.6	97.4	96.9	102.5	102.9	103.9	101.1
99.4	97.4	98.5	101.2	104.5	103.9	102.8
100.0	99.8	99.0	96.8	100.7	103.5	101.2
96.7	97.6	101.4	102.6	105.4	102.0	98.0
96.1	97.1	101.7	103.1	106.5	102.3	97.7
100.0	100.0	100.0	100.0	100.0	100.0	100.0
100.0	100.0	100.0	100.0	100.0	100.0	100.0
100.0	93.2	104.2	100.0	100.2	100.1	100.0
100.0	**99.9**	**99.9**	**99.4**	**100.2**	**100.4**	**99.4**
100.1	99.8	98.8	98.1	100.8	101.7	99.4
100.0	100.0	100.4	100.0	100.0	99.9	99.4
99.8	**99.8**	**98.4**	**99.2**	**98.3**	**98.5**	**99.8**
100.1	99.9	99.0	99.6	98.3	98.6	99.9
99.3	99.7	97.3	98.7	97.9	98.1	99.6
100.0	100.0	100.0	100.0	100.0	100.0	100.0
98.6	**98.7**	**99.9**	**99.0**	**99.6**	**100.0**	**99.8**
99.8	**100.1**	**100.0**	**99.3**	**99.7**	**99.5**	**100.5**
99.9	99.9	100.0	99.5	100.0	99.1	100.0
99.9	99.7	100.1	99.8	99.6	98.9	101.1
99.5	100.6	100.0	98.2	99.6	100.4	100.0
99.7	100.0	100.0	100.1	99.7	99.2	101.4

2002年广西城市商品零售价格各月环比指数（续表2）

以上月价格为100

类　　别	1月	2月	3月	4月	5月
八、体育娱乐用品	**100.2**	**99.7**	**100.2**	**99.4**	**100.1**
1. 体育用品	100.1	100.0	100.0	100.0	100.2
2. 娱乐用品	100.3	99.5	100.3	98.9	100.0
九、交通、通信用品	**109.7**	**98.9**	**97.9**	**99.6**	**98.6**
1. 交通运输机械	105.0	99.5	98.4	100.1	98.8
2. 通讯器材类	119.4	98.0	97.1	98.7	98.1
十、家　　具	**106.8**	**99.7**	**100.0**	**99.8**	**98.4**
十一、化妆品类	**103.0**	**100.0**	**100.0**	**99.8**	**99.6**
十二、金银珠宝类	**97.1**	**100.0**	**100.0**	**101.2**	**100.3**
十三、中西药品及医疗保健用品类	**99.9**	**100.3**	**100.5**	**100.1**	**99.8**
1. 医疗器具及用品	101.8	101.1	100.0	100.0	99.6
2. 中药材及中成药	100.2	101.5	99.4	100.2	99.7
3. 西　　药	99.4	100.0	100.9	100.0	99.8
4. 保健器具及用品	100.6	96.6	103.1	100.1	99.8
十四、书报杂志及电子出版物类	**101.6**	**99.9**	**100.0**	**100.0**	**100.0**
1. 教材及参考书	101.4	99.8	100.0	100.0	100.0
2. 书报杂志	99.5	100.0	100.0	100.0	100.0
3. 电子音像制品	105.1	100.0	100.0	100.0	100.0
十五、燃 料 类	**84.3**	**98.9**	**98.2**	**104.4**	**101.2**
1. 煤炭及制品类	102.9	100.0	100.0	100.0	97.1
2. 石油及制品类	82.0	98.8	97.9	105.2	101.8
液化石油气	85.3	95.8	90.4	101.9	95.5
管道燃气	100.0	100.0	100.0	100.0	100.0
汽　　油	75.5	101.6	105.4	109.5	107.4
柴　　油	74.1	101.8	104.6	109.1	107.8
十六、建筑材料及五金电料类	**103.1**	**99.7**	**99.5**	**99.9**	**98.5**
1. 建筑装潢材料	104.2	99.6	99.3	99.8	98.0
2. 五金电料类	100.0	100.0	100.0	100.0	100.0

6月	7月	8月	9月	10月	11月	12月
100.0	**99.8**	**100.1**	**99.9**	**99.9**	**99.9**	**100.7**
100.0	100.0	100.0	99.8	99.9	100.0	100.0
100.0	99.7	100.2	100.0	100.0	99.8	101.3
98.4	**99.6**	**99.7**	**99.1**	**100.7**	**98.9**	**99.4**
98.3	100.0	99.9	99.3	101.3	99.9	99.6
98.5	98.8	99.2	98.8	99.4	96.8	99.1
99.2	**99.5**	**96.8**	**100.0**	**100.0**	**100.0**	**100.0**
100.0	**99.7**	**100.0**	**99.5**	**99.2**	**99.5**	**99.8**
100.6	**100.2**	**99.5**	**100.6**	**99.8**	**100.0**	**100.7**
99.7	**100.0**	**100.4**	**100.1**	**100.1**	**99.1**	**100.0**
97.4	100.0	100.0	100.7	99.5	100.0	100.0
99.1	100.0	101.1	100.2	100.1	98.5	100.0
100.5	100.0	99.9	100.0	100.1	99.4	99.9
99.8	99.8	100.0	100.1	100.3	100.0	100.0
98.7	**100.0**	**100.0**	**98.9**	**100.7**	**100.2**	**100.0**
100.0	100.0	99.9	96.9	102.0	100.0	100.0
100.0	100.0	100.0	100.0	100.0	100.5	100.0
95.1	100.0	100.0	100.0	100.0	100.0	100.0
99.9	**100.3**	**101.7**	**103.1**	**106.9**	**101.6**	**101.3**
100.0	100.0	100.0	100.0	100.0	100.0	100.0
99.9	100.4	102.0	103.5	107.8	101.8	101.4
99.9	101.1	105.2	108.8	111.8	104.3	103.3
100.0	100.0	100.0	100.0	100.0	100.0	100.0
100.0	100.0	100.0	100.0	105.2	100.0	100.0
99.4	99.7	100.0	100.4	108.6	100.0	99.9
99.6	**99.8**	**100.0**	**99.9**	**100.0**	**100.0**	**100.0**
99.5	99.7	100.0	99.9	100.0	100.1	100.0
100.0	100.0	100.0	100.0	100.0	100.0	100.0

2003年广西城市商品零售价格各月环比指数

以上月价格为100

类别	1月	2月	3月	4月	5月
商品零售价格总指数	**101.0**	**99.5**	**100.0**	**99.8**	**98.5**
一、食品类	**102.6**	**99.2**	**100.6**	**100.5**	**97.3**
1. 粮食	101.2	100.2	99.6	101.2	100.8
大米	101.2	99.8	99.7	101.6	101.2
2. 淀粉及薯类	102.6	95.9	103.1	99.5	99.5
3. 干豆类及豆制品	106.0	99.8	97.8	100.4	101.7
4. 油脂	101.2	100.0	100.8	102.1	101.2
5. 肉禽及其制品	101.5	102.3	96.0	99.1	96.5
(1) 食用畜肉及副产品	102.0	102.0	95.7	99.5	97.8
猪肉	100.8	101.5	96.9	99.0	97.4
牛肉	103.2	107.5	91.3	100.3	101.0
羊肉	107.1	98.5	95.9	103.1	98.9
(2) 禽	101.0	103.2	95.6	98.0	93.4
鸡	100.1	100.4	96.5	99.5	94.1
鸭	104.2	112.8	89.9	93.1	89.6
(3) 肉禽加工制品	100.3	101.6	99.0	99.6	98.4
6. 蛋	100.2	100.1	97.2	98.8	98.8
鲜蛋	100.2	100.1	97.0	98.7	98.7
7. 水产品	104.3	104.4	95.6	98.7	97.7
(1) 鱼	104.1	104.9	97.1	100.0	98.4
淡水鱼	100.9	106.2	97.8	101.3	98.7
海水鱼	109.7	102.7	95.9	97.7	97.8
(2) 其它水产品	104.5	103.6	93.1	96.3	96.4
8. 菜	117.2	84.7	120.4	101.2	85.2
鲜菜	119.7	83.1	123.4	101.3	83.5
9. 调味品	101.7	100.4	100.0	99.8	100.2
盐	100.0	100.0	100.0	100.0	100.9
酱油	101.8	100.0	99.9	100.0	100.1
10. 糖	100.8	99.8	99.6	99.1	100.6
食糖	99.5	99.5	100.0	97.6	101.9
11. 干鲜瓜果	99.9	100.8	101.5	107.2	101.7
鲜果	99.2	100.6	102.2	109.0	102.0

6月	7月	8月	9月	10月	11月	12月
99.5	**99.8**	**100.2**	**101.0**	**100.3**	**100.7**	**100.5**
98.8	**101.1**	**101.6**	**103.2**	**99.9**	**101.1**	**101.1**
100.8	100.0	100.0	100.0	100.7	104.9	101.5
101.2	100.0	100.2	99.9	100.2	104.6	101.5
100.2	95.7	102.4	102.1	99.7	98.3	104.3
100.2	100.2	99.7	100.2	100.4	107.3	103.2
100.9	100.4	100.0	100.6	104.2	108.1	100.8
103.1	101.9	101.3	104.5	100.1	102.4	100.9
100.9	101.5	101.4	105.5	101.2	103.1	100.3
102.2	102.4	101.9	106.7	101.1	103.5	100.2
98.8	101.7	99.3	102.7	100.4	100.9	101.3
97.3	98.1	100.8	97.5	101.0	100.1	101.3
108.5	102.8	101.3	103.4	97.8	100.9	102.3
106.2	102.0	101.2	103.3	100.4	100.7	99.9
120.2	106.6	101.3	104.9	89.5	100.9	109.5
100.4	101.5	100.7	101.8	100.7	102.3	100.6
98.7	99.1	107.7	107.4	99.0	104.4	100.9
98.6	99.0	108.4	108.0	98.9	104.8	100.8
100.2	102.6	99.6	99.7	98.8	100.7	100.7
100.6	102.5	99.3	99.7	98.0	99.4	100.6
100.3	101.2	99.3	100.5	98.4	97.8	99.7
101.1	104.8	99.2	98.3	97.2	102.1	102.1
99.4	102.9	100.2	99.7	100.3	103.3	100.8
93.4	100.8	109.5	113.6	100.0	94.1	102.8
92.3	101.1	111.0	115.4	100.0	93.1	103.3
100.2	100.0	100.3	100.2	99.8	100.2	101.0
100.0	100.0	100.0	100.0	100.0	100.0	100.0
100.0	100.0	100.0	100.5	99.5	100.7	99.9
100.2	100.1	100.0	100.0	100.4	100.6	100.5
100.6	100.3	100.0	100.0	101.2	101.1	100.4
83.4	104.1	101.4	102.5	96.9	101.0	100.3
79.9	105.6	101.6	103.6	95.8	99.3	100.4

2003年广西城市商品零售价格各月环比指数（续表1）

以上月价格为100

类　　别	1月	2月	3月	4月	5月
12. 糕点饼干面包	99.9	100.1	100.0	100.0	100.0
13. 奶及奶制品	94.4	99.9	99.1	100.6	100.0
14. 在外用膳食品	99.2	100.1	99.9	100.0	100.0
15. 其它食品	100.9	100.0	100.0	99.5	100.2
二、饮料、烟酒	**98.6**	**100.0**	**99.7**	**99.9**	**99.8**
1. 茶及饮料	97.0	100.1	99.4	100.0	99.8
(1) 茶　　叶	101.5	100.0	100.0	100.0	99.5
(2) 饮　　料	94.6	100.2	99.1	100.0	100.0
2. 烟　　草	99.4	99.9	99.8	99.1	99.7
3. 酒	98.9	100.1	99.9	101.6	99.8
三、服装、鞋帽类	**98.6**	**96.9**	**100.4**	**100.9**	**99.5**
1. 服　　装	98.2	96.1	99.2	101.3	99.9
(1) 男式服装	98.6	94.6	99.6	101.9	100.6
(2) 女式服装	97.2	96.4	98.7	101.5	99.3
(3) 儿童服装	101.0	100.2	100.0	98.6	100.1
2. 鞋 袜 帽	99.5	98.7	103.6	100.1	98.6
(1) 鞋	99.4	98.4	104.3	100.1	98.4
(2) 袜　　子	100.0	100.0	100.0	100.0	100.0
(3) 帽　　子	100.0	100.0	100.0	100.0	100.0
3. 其　　它	100.0	99.2	100.0	100.0	100.0
四、纺织品类	**97.6**	**96.8**	**104.2**	**100.0**	**99.9**
1. 衣着材料	95.6	100.1	100.2	100.1	99.6
2. 床上用品	98.4	95.4	106.0	99.9	100.0
五、家用电器及音像器材	**99.5**	**99.6**	**99.6**	**98.4**	**99.2**
1. 家庭设备	99.4	99.5	99.5	98.6	99.7
2. 文娱用耐用消费品	99.7	99.5	99.7	97.6	98.3
3. 音像器材类	99.5	100.0	100.0	100.0	100.0
六、文化办公用品	**97.8**	**99.7**	**99.8**	**100.1**	**100.0**
七、日 用 品	**99.7**	**99.8**	**100.0**	**100.1**	**99.8**
1. 日用百货	100.0	99.5	100.0	100.3	99.6
2. 日用杂品	100.4	100.0	100.0	100.0	100.0
3. 洗涤用品	98.7	100.0	100.0	100.0	100.1
4. 其它日用品	100.0	100.0	100.0	100.2	99.7

6月	7月	8月	9月	10月	11月	12月
100.6	100.2	99.9	100.1	100.0	100.0	100.2
100.0	100.0	100.0	100.0	100.2	100.0	99.7
100.0	100.0	100.1	100.0	100.0	100.2	100.4
99.6	99.6	99.0	100.2	100.0	97.5	102.4
99.6	**99.8**	**99.9**	**99.9**	**100.1**	**99.5**	**101.1**
99.6	100.0	99.7	99.6	100.4	100.1	99.6
100.0	100.0	100.0	100.0	100.0	100.0	100.0
99.4	100.0	99.6	99.3	100.6	100.2	99.4
99.3	100.0	100.0	100.0	100.0	100.0	100.1
100.3	99.3	99.9	100.3	100.0	97.6	105.7
99.6	**100.0**	**98.2**	**101.1**	**103.2**	**101.0**	**99.5**
99.8	98.6	98.5	100.2	103.4	100.9	99.6
99.2	99.2	98.4	100.2	103.9	100.0	99.1
100.2	98.5	98.1	100.2	103.2	101.6	100.0
99.6	97.5	100.5	100.0	102.2	100.7	100.0
99.7	103.4	97.3	102.9	103.3	101.4	99.2
99.7	104.0	96.8	103.4	103.9	101.6	99.1
100.0	100.0	100.0	100.0	100.0	100.0	100.0
100.0	100.0	100.0	100.0	100.0	100.0	100.0
96.7	100.0	100.0	103.4	100.3	100.0	100.0
100.3	**99.9**	**100.0**	**100.1**	**101.4**	**99.4**	**100.3**
100.4	100.6	99.6	100.3	103.6	99.2	100.0
100.2	99.6	100.2	100.0	100.5	99.5	100.5
99.5	**98.8**	**99.1**	**99.5**	**100.3**	**99.6**	**98.7**
99.4	98.4	100.0	99.8	101.2	100.2	99.4
99.5	99.0	97.8	98.9	99.6	98.7	97.5
100.0	99.8	100.0	100.0	99.3	100.0	100.0
99.6	**99.9**	**99.8**	**99.4**	**98.0**	**100.0**	**98.9**
98.7	**100.5**	**99.7**	**99.8**	**99.6**	**99.9**	**99.6**
98.7	100.2	99.9	99.4	100.0	100.0	99.8
100.0	100.0	100.0	100.0	100.0	100.0	98.3
96.9	101.2	99.8	100.0	99.1	99.5	100.0
99.8	100.7	99.0	99.9	99.5	100.0	100.1

2003 年广西城市商品零售价格各月环比指数（续表 2）

以上月价格为 100

类　别	1 月	2 月	3 月	4 月	5 月
八、体育娱乐用品	**100.0**	**99.9**	**100.1**	**100.1**	**99.6**
1. 体育用品	100.0	100.0	100.0	100.0	99.9
2. 娱乐用品	99.9	99.7	100.1	100.1	99.4
九、交通、通信用品	**98.5**	**99.3**	**99.3**	**98.5**	**98.8**
1. 交通运输机械	98.8	99.8	99.9	98.5	98.5
2. 通讯器材类	97.9	98.3	98.0	98.4	99.5
十、家　　具	**100.2**	**100.0**	**100.0**	**99.4**	**100.0**
十一、化妆品类	**99.8**	**100.2**	**100.0**	**99.7**	**100.0**
十二、金银珠宝类	**101.2**	**102.2**	**100.4**	**99.2**	**100.0**
十三、中西药品及医疗保健用品类	**99.6**	**101.1**	**100.1**	**103.4**	**100.9**
1. 医疗器具及用品	100.1	100.0	100.0	100.0	100.4
2. 中药材及中成药	99.1	102.9	99.9	108.8	103.0
3. 西　　药	99.9	99.9	100.3	99.7	98.8
4. 保健器具及用品	99.9	99.8	100.0	99.9	101.1
十四、书报杂志及电子出版物类	**100.7**	**100.0**	**100.0**	**100.0**	**100.0**
1. 教材及参考书	100.0	100.1	100.1	100.0	100.0
2. 书报杂志	102.3	100.0	100.0	100.0	100.0
3. 电子音像制品	99.0	100.0	100.0	100.0	100.0
十五、燃 料 类	**106.8**	**100.3**	**97.9**	**96.7**	**94.6**
1. 煤炭及制品类	102.7	100.0	100.0	99.3	100.0
2. 石油及制品类	107.3	100.3	97.6	96.4	93.9
液化石油气	116.4	95.8	93.6	91.9	93.0
管道燃气	100.0	100.0	109.0	100.0	100.0
汽　　油	100.0	105.7	100.0	100.0	93.5
柴　　油	100.3	104.9	100.0	100.0	93.2
十六、建筑材料及五金电料类	**100.2**	**99.7**	**100.1**	**99.7**	**100.0**
1. 建筑装潢材料	100.3	99.7	100.1	99.6	100.0
2. 五金电料类	100.0	100.0	100.0	100.0	100.0

6月	7月	8月	9月	10月	11月	12月
100.0	**100.0**	**100.0**	**99.1**	**99.1**	**100.0**	**98.2**
100.0	100.0	100.0	99.5	99.7	100.0	96.2
100.0	100.0	100.0	98.7	98.6	100.0	100.0
98.6	**99.4**	**99.8**	**99.6**	**99.6**	**99.2**	**99.5**
100.1	99.7	100.0	99.9	99.7	98.7	100.0
95.6	98.7	99.3	98.8	99.2	100.5	98.4
100.0	**99.9**	**99.6**	**99.9**	**99.1**	**99.1**	**101.5**
98.6	**101.9**	**100.1**	**99.4**	**100.0**	**103.1**	**100.1**
100.5	**99.8**	**100.8**	**101.7**	**101.3**	**101.8**	**101.6**
100.5	**94.3**	**99.7**	**99.9**	**99.6**	**100.1**	**100.0**
100.5	100.7	104.0	100.0	100.1	100.0	99.9
100.6	91.3	98.9	99.8	99.1	99.3	99.8
100.5	96.4	100.0	100.0	100.0	100.4	100.3
100.1	94.4	100.0	100.0	100.0	102.0	100.1
100.4	**100.0**	**99.9**	**98.1**	**100.4**	**100.0**	**100.9**
100.0	100.0	99.8	94.3	100.0	100.1	100.0
100.3	100.0	100.0	100.4	100.4	100.0	100.0
101.0	100.0	100.0	100.0	101.0	100.0	103.7
100.7	**99.7**	**99.4**	**101.7**	**100.2**	**102.9**	**103.4**
100.0	100.0	100.0	100.0	100.0	98.4	100.0
100.8	99.7	99.3	101.9	100.2	103.5	103.8
103.3	96.4	98.6	104.5	100.5	108.0	101.8
100.0	100.0	100.0	100.0	100.0	100.0	100.0
98.9	103.0	99.7	100.0	100.0	100.3	107.1
98.7	101.8	100.0	100.1	100.2	100.1	104.8
99.8	**100.1**	**99.9**	**100.1**	**102.9**	**101.8**	**100.3**
99.8	100.1	99.8	100.1	103.9	102.4	100.3
100.0	100.0	100.0	100.0	100.0	100.0	100.1

2004年广西城市商品零售价格各月环比指数

以上月价格为100

类　　别	1月	2月	3月	4月	5月
商品零售价格总指数	**99.9**	**100.2**	**101.1**	**101.2**	**99.8**
一、食 品 类	**100.3**	**100.7**	**103.4**	**102.5**	**99.8**
1. 粮　　食	102.1	102.4	114.5	104.5	98.9
大　　米	101.9	103.3	118.8	104.8	98.2
2. 淀粉及薯类	100.9	102.1	109.8	104.0	109.4
3. 干豆类及豆制品	112.5	100.4	99.8	102.9	101.0
4. 油　　脂	100.2	99.8	100.4	100.8	99.4
5. 肉禽及其制品	103.1	98.2	101.6	100.1	101.5
(1) 食用畜肉及副产品	104.4	103.2	98.9	99.8	100.4
猪　　肉	103.0	100.5	101.1	100.6	100.6
牛　　肉	109.7	108.9	93.3	100.0	100.2
羊　　肉	113.0	111.7	93.9	97.0	98.5
(2) 禽	101.1	88.6	107.2	100.6	103.7
鸡	101.9	90.8	100.4	102.6	102.3
鸭	96.9	75.9	139.3	93.1	110.1
(3) 肉禽加工制品	101.8	97.5	103.5	100.1	102.0
6. 蛋	101.0	99.2	98.4	101.4	99.9
鲜　　蛋	101.1	99.1	97.8	101.5	99.8
7. 水 产 品	105.0	105.6	99.2	101.1	102.7
(1) 鱼	102.7	105.5	101.5	103.1	103.3
淡 水 鱼	103.7	106.5	102.9	103.0	103.6
海 水 鱼	101.0	103.7	98.9	103.3	102.9
(2) 其它水产品	109.1	105.8	95.6	97.7	101.7
8. 菜	87.2	105.1	108.5	105.8	92.2
鲜　　菜	85.7	105.8	109.4	106.8	91.2
9. 调 味 品	99.3	100.0	100.5	100.5	100.2
盐	100.0	100.0	100.0	100.0	100.0
酱　　油	97.8	100.0	100.0	100.1	99.8
10. 糖	99.5	99.7	100.8	99.5	100.3
食　　糖	97.2	99.1	99.2	100.0	100.5
11. 干鲜瓜果	100.2	100.5	108.9	112.3	101.6
鲜　　果	98.5	101.0	111.3	115.1	101.7

6月	7月	8月	9月	10月	11月	12月
99.7	**101.2**	**100.2**	**100.4**	**99.9**	**99.7**	**99.5**
99.1	**103.5**	**99.9**	**101.5**	**98.6**	**98.9**	**99.6**
98.7	98.9	99.8	100.5	100.6	99.8	98.9
98.6	98.7	100.0	100.8	100.6	99.7	98.7
93.9	99.0	92.4	103.3	96.6	98.0	103.0
101.0	99.9	99.9	100.9	100.2	100.6	98.9
99.2	99.4	100.0	99.4	100.5	99.9	99.3
106.9	104.5	99.9	101.1	98.5	99.4	100.0
107.0	104.6	100.5	101.7	98.7	99.2	98.4
109.4	106.2	101.5	102.3	98.1	99.0	97.3
101.4	101.9	97.6	99.6	100.9	99.4	102.4
99.7	98.6	99.7	97.8	101.6	100.3	101.3
107.9	104.6	98.5	99.7	97.4	99.8	102.8
106.8	104.9	101.2	101.4	99.4	98.4	100.6
114.6	105.6	90.1	95.0	88.4	104.8	111.2
103.5	103.7	100.3	101.7	100.5	99.6	101.2
105.0	103.1	104.2	104.4	97.0	96.3	101.9
105.5	103.2	103.9	103.9	96.8	96.1	102.0
102.4	101.4	97.1	98.7	101.1	99.2	100.4
105.2	102.8	95.6	97.5	97.6	98.1	99.5
105.1	101.6	97.0	98.8	97.4	96.9	99.4
105.2	105.0	93.2	95.2	97.8	100.4	99.8
97.2	98.7	100.1	101.2	107.9	101.1	102.0
93.4	119.3	98.5	104.2	93.7	93.3	97.7
92.6	122.0	98.2	104.7	92.7	92.6	97.6
100.0	100.0	100.0	100.9	100.1	100.0	99.6
100.0	100.0	100.0	100.0	100.0	100.0	100.0
100.2	100.0	100.0	100.2	100.0	100.0	98.4
99.5	100.0	100.2	100.2	100.6	99.9	101.6
98.7	100.1	100.1	100.6	100.1	100.9	100.0
72.4	102.4	104.4	108.3	95.9	100.4	98.0
66.3	103.6	106.1	110.1	94.8	100.9	97.8

2004 年广西城市商品零售价格各月环比指数（续表 1）

以上月价格为 100

类　　别	1 月	2 月	3 月	4 月	5 月
12. 糕点饼干面包	100.5	100.0	100.0	100.6	99.7
13. 奶及奶制品	101.4	100.6	98.9	101.7	98.6
14. 在外用膳食品	99.9	100.1	100.9	100.8	100.0
15. 其它食品	99.2	99.9	100.2	99.5	100.9
二、饮料、烟酒	**99.5**	**100.0**	**99.9**	**99.9**	**99.8**
1. 茶及饮料	99.5	99.7	100.5	100.6	99.7
(1) 茶　　叶	100.0	100.0	100.0	100.0	99.9
(2) 饮　　料	99.2	99.5	100.8	101.0	99.6
2. 烟　　草	99.6	100.0	99.7	100.0	100.0
3. 酒	99.4	100.3	99.5	98.5	99.3
三、服装、鞋帽类	**98.4**	**99.8**	**99.7**	**101.6**	**100.9**
1. 服　　装	97.4	99.9	99.4	102.0	100.9
(1) 男式服装	97.8	99.1	96.3	104.1	99.8
(2) 女式服装	96.4	100.8	101.9	100.6	101.1
(3) 儿童服装	99.6	99.1	99.9	101.1	104.0
2. 鞋 袜 帽	100.6	99.8	100.5	101.0	101.0
(1) 鞋	100.7	99.7	100.6	101.2	101.2
(2) 袜　　子	100.0	100.0	100.0	100.0	100.0
(3) 帽　　子	100.6	100.0	100.0	100.0	100.0
3. 其　　它	100.0	98.5	100.0	100.0	100.0
四、纺织品类	**98.8**	**99.9**	**100.2**	**100.1**	**100.1**
1. 衣着材料	99.9	99.6	99.9	100.0	100.3
2. 床上用品	98.3	100.0	100.4	100.1	100.0
五、家用电器及音像器材	**99.0**	**99.3**	**100.0**	**100.2**	**98.4**
1. 家庭设备	99.1	99.1	100.6	100.8	99.0
2. 文娱用耐用消费品	98.8	99.4	99.4	99.5	97.2
3. 音像器材类	100.0	100.0	100.0	100.0	100.0
六、文化办公用品	**100.0**	**99.2**	**100.0**	**100.0**	**99.5**
七、日 用 品	**100.4**	**100.8**	**99.9**	**99.8**	**99.1**
1. 日用百货	99.7	100.1	99.8	99.9	97.5
2. 日用杂品	100.5	101.8	99.0	100.2	100.2
3. 洗涤用品	101.2	100.1	100.4	98.7	99.2
4. 其它日用品	100.2	102.0	100.3	100.9	100.2

6月	7月	8月	9月	10月	11月	12月
100.4	100.0	99.8	100.1	100.0	100.0	100.0
99.4	100.7	100.1	100.0	100.0	99.9	100.0
100.0	100.1	100.1	100.2	100.0	100.0	100.0
100.9	99.5	100.9	97.6	100.6	100.0	99.9
100.1	**100.4**	**99.9**	**99.7**	**99.8**	**99.8**	**100.6**
100.0	100.7	100.1	98.7	99.6	100.4	101.5
100.0	100.0	100.0	100.0	100.0	100.0	100.0
100.0	101.0	100.1	98.0	99.4	100.6	102.4
100.1	100.0	100.2	100.2	99.9	99.7	100.0
99.9	100.7	98.8	99.9	100.0	99.5	100.6
99.7	**98.2**	**97.2**	**98.8**	**101.4**	**100.7**	**100.0**
99.8	99.0	96.8	99.5	100.8	101.2	100.2
100.1	98.7	99.3	100.5	100.4	102.3	99.2
99.6	99.3	95.3	98.9	101.2	100.4	100.8
99.7	98.8	94.5	98.7	100.1	100.6	101.3
99.3	96.6	97.9	96.7	103.0	98.9	99.7
99.2	95.9	97.7	96.1	103.7	98.7	99.8
100.0	101.1	99.1	99.5	100.0	100.0	99.5
100.0	99.7	100.0	100.0	100.0	100.0	100.0
99.6	96.3	100.0	100.0	100.0	103.9	98.4
99.8	**100.0**	**99.9**	**100.0**	**100.1**	**100.0**	**100.0**
100.0	99.9	100.1	100.0	100.4	100.0	100.3
99.8	100.0	99.8	100.0	99.9	100.1	99.8
99.4	**100.6**	**99.8**	**99.9**	**99.5**	**99.6**	**100.0**
98.3	101.8	100.1	100.0	99.2	100.0	100.5
100.7	99.5	99.4	99.7	99.6	99.0	99.6
100.0	100.0	100.0	100.0	100.0	100.0	99.0
99.9	**100.0**	**99.9**	**99.6**	**99.5**	**98.9**	**99.7**
100.5	**99.7**	**100.0**	**99.7**	**100.3**	**99.8**	**99.9**
102.8	100.0	99.3	99.9	100.1	99.0	99.9
100.0	99.9	100.1	100.0	97.7	101.7	100.0
98.7	99.5	100.3	100.0	101.6	99.2	100.0
99.9	99.4	100.3	98.9	101.1	99.9	99.6

2004年广西城市商品零售价格各月环比指数（续表2）

以上月价格为100

类　别	1月	2月	3月	4月	5月
八、体育娱乐用品	**99.7**	**99.9**	**100.2**	**100.0**	**100.0**
1. 体育用品	100.4	99.7	100.2	99.9	100.0
2. 娱乐用品	99.1	100.0	100.1	100.0	100.0
九、交通、通信用品	**99.4**	**99.8**	**99.8**	**100.0**	**99.8**
1. 交通运输机械	99.8	99.8	99.8	100.3	99.8
2. 通讯器材类	98.5	99.9	99.6	99.3	99.7
十、家　　具	**100.0**	**100.0**	**100.3**	**100.0**	**99.8**
十一、化妆品类	**99.1**	**100.3**	**100.0**	**99.2**	**99.6**
十二、金银珠宝类	**101.3**	**100.1**	**100.2**	**99.9**	**100.5**
十三、中西药品及医疗保健用品类	**100.2**	**100.1**	**101.1**	**100.0**	**100.1**
1. 医疗器具及用品	101.6	100.1	100.0	100.3	100.2
2. 中药材及中成药	100.2	100.2	102.8	99.9	100.2
3. 西　　药	100.3	100.0	99.6	100.1	99.9
4. 保健器具及用品	99.3	100.0	101.7	99.5	100.5
十四、书报杂志及电子出版物类	**100.7**	**102.6**	**100.1**	**100.0**	**100.0**
1. 教材及参考书	100.0	107.1	100.4	100.0	100.0
2. 书报杂志	101.9	100.4	99.9	100.0	100.0
3. 电子音像制品	100.0	99.8	99.8	100.0	100.0
十五、燃 料 类	**100.2**	**100.0**	**99.6**	**103.7**	**100.0**
1. 煤炭及制品类	100.0	100.0	100.0	100.0	99.6
2. 石油及制品类	100.2	100.0	99.6	104.2	100.1
液化石油气	102.4	100.0	99.1	103.8	99.9
管道燃气	100.0	100.0	100.0	100.0	100.0
汽　　油	98.4	100.0	100.0	107.4	99.0
柴　　油	98.5	100.0	99.9	100.1	104.3
十六、建筑材料及五金电料类	**101.0**	**100.1**	**100.4**	**99.8**	**99.8**
1. 建筑装潢材料	101.2	99.9	100.8	99.8	99.8
2. 五金电料类	100.4	100.5	98.9	100.0	99.8

6月	7月	8月	9月	10月	11月	12月
100.1	100.0	100.2	100.0	100.1	100.0	100.0
100.2	99.9	100.7	100.0	100.2	100.0	100.0
100.1	100.0	99.8	100.0	100.0	100.0	100.0
99.4	99.7	99.8	98.8	98.0	99.2	97.1
99.4	99.7	99.7	98.9	99.3	98.8	97.8
99.2	99.6	99.9	98.4	95.3	100.1	95.4
100.0	100.5	99.2	99.9	100.0	100.0	99.9
99.7	101.1	99.7	99.7	100.0	100.0	99.3
99.1	100.0	99.9	98.8	99.9	99.6	104.8
99.3	100.9	100.5	100.8	100.2	99.5	98.5
100.0	100.0	101.8	100.0	100.0	98.8	95.4
98.7	102.1	101.4	101.9	100.8	98.7	96.5
99.7	99.8	99.9	100.5	99.8	100.2	100.3
100.0	101.2	99.1	98.1	100.0	99.9	99.8
100.0	100.0	100.0	97.7	100.1	100.0	100.0
100.0	100.0	100.0	93.7	100.2	100.0	100.0
100.0	100.0	100.0	100.0	100.0	100.0	100.0
100.0	100.0	100.1	100.1	100.0	100.0	100.0
101.2	100.8	104.9	101.4	104.5	102.0	98.9
107.0	105.8	100.4	100.1	100.4	100.0	107.9
100.5	100.1	105.5	101.6	105.1	102.2	97.7
99.8	99.7	110.6	97.9	112.1	104.6	94.6
100.1	100.0	110.2	100.0	100.0	102.3	102.2
100.3	100.7	101.0	105.5	100.0	100.0	100.0
103.5	100.0	100.7	105.3	100.0	100.0	100.0
100.4	100.7	100.4	100.1	100.8	100.0	100.3
100.5	100.9	100.5	100.2	101.0	100.1	100.4
100.0	100.4	100.2	100.0	100.1	99.8	100.0

2005 年广西城市商品零售价格各月环比指数

以上月价格为 100

类　别	1 月	2 月	3 月	4 月	5 月
商品零售价格总指数	**100.6**	**100.8**	**99.2**	**100.3**	**99.6**
一、食 品 类	**101.3**	**103.7**	**98.1**	**100.9**	**98.6**
1. 粮　　食	99.9	100.4	100.5	100.1	100.2
大　　米	100.0	100.4	100.3	100.1	100.1
2. 淀粉及薯类	102.8	101.0	98.9	97.2	98.5
3. 干豆类及豆制品	102.4	102.8	96.4	99.4	100.2
4. 油　　脂	101.2	100.1	98.2	100.2	100.1
5. 肉禽及其制品	100.3	104.3	97.5	99.6	98.4
(1) 食用畜肉及副产品	101.4	102.7	95.7	97.2	98.3
猪　　肉	97.6	100.6	97.0	97.8	98.3
牛　　肉	106.3	108.6	94.9	97.4	100.9
羊　　肉	111.8	108.4	93.7	95.4	95.9
(2) 禽	98.3	108.0	100.2	103.2	98.4
鸡	102.3	107.9	96.7	102.7	98.4
鸭	86.4	109.5	112.3	105.8	97.8
(3) 肉禽加工制品	99.6	101.9	99.6	101.2	99.3
6. 蛋	103.1	101.7	93.4	96.7	102.9
鲜　　蛋	103.6	101.8	92.7	96.3	103.1
7. 水 产 品	103.4	108.9	99.7	99.6	96.5
(1) 鱼	103.7	109.4	100.4	101.0	97.6
淡 水 鱼	103.8	110.3	99.4	100.9	98.4
海 水 鱼	103.5	107.8	102.2	101.1	96.4
(2) 其它水产品	103.0	108.0	98.4	97.4	94.6
8. 菜	102.8	104.8	94.9	106.2	98.4
鲜　　菜	103.5	105.2	94.0	107.3	98.4
9. 调 味 品	98.3	100.0	100.0	100.1	100.0
盐	100.0	100.0	100.0	100.0	100.0
酱　　油	98.9	100.0	100.1	100.0	100.0
10. 糖	99.1	100.5	101.4	98.4	100.8
食　　糖	99.1	100.4	101.0	101.2	98.8
11. 干鲜瓜果	105.5	113.3	96.7	104.3	93.0
鲜　　果	106.4	116.1	96.1	105.3	91.7
12. 糕点饼干面包	99.3	100.0	100.3	100.0	100.0

6月	7月	8月	9月	10月	11月	12月
99.9	**100.5**	**99.2**	**100.7**	**100.7**	**99.7**	**100.1**
99.3	**101.5**	**97.6**	**101.7**	**101.3**	**98.6**	**99.6**
100.6	99.5	99.8	100.0	99.9	99.5	99.6
100.6	99.5	99.7	100.0	99.9	99.4	99.4
104.2	97.3	103.0	99.1	99.9	99.0	105.3
99.7	99.9	100.5	100.3	100.6	98.2	100.5
99.7	99.9	99.0	99.0	100.1	100.3	99.6
97.9	98.3	99.0	99.4	98.6	96.9	97.9
98.5	99.5	99.7	100.7	99.6	98.8	100.6
98.1	99.4	99.6	100.8	98.2	97.2	98.9
99.7	99.5	99.4	101.6	102.6	100.1	104.2
98.9	99.9	100.0	99.8	103.2	102.8	107.5
96.0	96.1	97.7	97.0	96.4	92.5	92.4
99.5	96.0	97.1	99.6	96.1	87.6	93.2
87.0	94.9	98.4	86.1	95.8	107.2	85.0
99.0	99.1	99.4	99.2	99.8	99.2	97.9
104.0	98.0	102.0	101.6	97.7	95.6	97.6
104.2	97.9	102.1	101.6	97.8	95.1	97.5
98.5	102.4	99.9	98.7	101.3	98.5	99.9
99.1	103.7	98.4	98.9	97.5	100.0	100.3
99.1	99.7	97.6	99.9	96.3	98.7	101.4
99.0	110.6	99.6	97.4	99.4	102.0	98.6
97.5	100.0	102.7	98.3	108.4	96.1	99.3
112.2	107.3	84.1	105.9	110.2	97.2	102.0
113.7	107.8	82.2	106.6	111.4	96.9	102.4
99.9	100.2	100.0	100.4	101.0	98.9	101.0
100.0	100.3	100.0	100.0	100.0	100.0	100.0
100.0	100.0	100.0	100.9	101.5	96.3	101.9
101.2	100.8	101.1	102.5	103.8	99.6	101.7
100.2	102.2	104.0	106.4	110.9	100.3	101.9
80.0	114.8	101.1	116.9	103.2	100.8	98.3
75.7	118.1	101.2	120.5	103.7	100.9	97.2
100.0	100.0	100.7	100.4	100.0	99.3	105.3

2005年广西城市商品零售价格各月环比指数（续表1）

以上月价格为100

类　别	1月	2月	3月	4月	5月
13. 奶及奶制品	99.9	100.4	100.4	100.3	99.9
14. 在外用膳食品	100.8	100.3	99.7	100.4	100.0
15. 其它食品	100.9	99.6	100.0	102.5	98.8
二、饮料、烟酒	**100.1**	**99.8**	**100.2**	**100.1**	**100.0**
1. 茶及饮料	100.0	99.9	100.1	100.2	99.7
(1) 茶　叶	100.0	100.0	100.0	100.4	100.0
(2) 饮　料	100.0	99.9	100.2	100.0	99.5
2. 烟　草	100.8	100.2	100.3	100.0	100.0
3. 酒	98.8	99.0	100.0	100.0	100.7
三、服装、鞋帽类	**101.7**	**96.5**	**96.8**	**101.1**	**102.0**
1. 服　装	100.9	95.6	95.4	99.4	104.2
(1) 男式服装	101.1	95.1	94.7	98.3	101.7
(2) 女式服装	100.2	95.0	96.0	101.2	105.6
(3) 儿童服装	102.9	99.7	95.6	96.4	106.7
2. 鞋 袜 帽	104.1	98.2	99.9	105.2	97.5
(1) 鞋	105.0	97.9	99.9	106.2	97.0
(2) 袜　子	100.0	100.0	100.0	100.0	100.0
(3) 帽　子	98.1	100.0	100.0	100.0	100.0
3. 其　它	100.4	99.3	99.9	100.0	100.0
四、纺织品类	**101.4**	**100.1**	**100.0**	**100.0**	**99.8**
1. 衣着材料	100.7	100.4	100.0	100.0	100.0
2. 床上用品	101.7	100.0	100.0	100.0	99.8
五、家用电器及音像器材	**99.8**	**99.0**	**100.5**	**99.5**	**100.9**
1. 家庭设备	99.9	99.1	101.3	100.1	104.0
2. 文娱用耐用消费品	99.6	98.7	99.6	98.9	97.6
3. 音像器材类	100.0	100.0	100.0	99.2	100.0
六、文化办公用品	**100.0**	**99.4**	**100.1**	**99.8**	**99.9**
七、日 用 品	**99.8**	**100.4**	**100.5**	**100.9**	**100.2**
1. 日用百货	98.9	99.6	101.6	101.0	99.9
2. 日用杂品	98.8	100.0	100.0	99.8	100.0
3. 洗涤用品	100.4	99.8	100.2	100.5	100.9
4. 其它日用品	101.5	102.4	99.9	102.4	100.0

6月	7月	8月	9月	10月	11月	12月
99.7	100.7	101.1	98.8	99.4	100.8	99.5
100.0	100.0	100.0	100.0	100.0	100.3	100.0
100.0	100.0	99.5	100.3	99.3	101.1	100.4
100.6	**99.9**	**100.3**	**100.1**	**99.6**	**99.9**	**100.1**
101.9	100.0	100.1	100.2	99.5	99.9	100.2
104.3	100.0	100.0	100.0	100.0	100.0	100.0
100.6	100.0	100.2	100.2	99.2	99.8	100.3
100.0	99.9	100.2	100.0	100.0	100.0	100.2
100.3	100.0	100.7	100.3	99.0	99.9	99.9
100.3	**97.8**	**97.5**	**100.1**	**102.4**	**103.3**	**102.3**
99.7	98.2	97.3	101.2	103.0	104.4	101.2
99.0	97.9	98.0	102.6	104.4	103.5	99.5
100.3	98.5	96.6	99.6	102.5	105.5	102.5
99.4	98.1	97.9	102.8	100.0	102.9	101.1
101.6	96.6	97.6	97.6	101.3	101.0	105.7
101.6	95.6	97.1	97.1	101.6	101.2	107.0
101.4	102.5	100.0	100.0	100.0	100.0	98.9
103.3	100.0	100.0	100.0	100.0	100.0	100.0
100.0	100.0	100.0	98.6	100.0	98.7	100.0
100.7	**100.1**	**100.0**	**99.8**	**100.3**	**100.0**	**99.9**
101.6	100.0	100.0	99.9	100.1	100.0	100.0
100.4	100.2	100.0	99.8	100.5	100.0	99.9
99.7	**98.9**	**98.8**	**99.5**	**99.0**	**99.8**	**99.8**
100.2	98.4	98.7	99.7	99.4	100.3	100.3
99.1	99.2	98.8	99.0	98.2	99.0	99.1
100.0	100.0	100.0	100.0	100.0	100.0	100.0
99.6	**99.4**	**99.6**	**100.0**	**100.0**	**99.5**	**99.9**
100.4	**100.0**	**100.0**	**100.1**	**99.9**	**100.2**	**99.8**
99.9	99.7	100.1	100.0	99.9	100.2	99.3
101.2	100.0	99.2	100.0	100.0	100.1	100.0
100.6	100.2	100.5	100.2	100.1	100.0	100.0
100.1	100.1	100.0	100.1	99.7	100.4	100.1

2005年广西城市商品零售价格各月环比指数（续表2）

以上月价格为100

类　　别	1月	2月	3月	4月	5月
八、体育娱乐用品	**100.3**	**100.0**	**100.3**	**100.0**	**100.2**
1. 体育用品	100.5	100.0	100.5	100.0	100.3
2. 娱乐用品	100.0	100.0	100.1	100.0	100.1
九、交通、通信用品	**99.8**	**99.4**	**98.7**	**98.3**	**98.3**
1. 交通运输机械	99.6	99.7	99.7	99.6	100.0
2. 通讯器材类	100.1	98.9	96.9	95.5	94.7
十、家　　具	**99.9**	**100.0**	**100.0**	**99.8**	**99.5**
十一、化妆品类	**100.8**	**98.9**	**100.1**	**100.0**	**100.0**
十二、金银珠宝类	**100.5**	**99.1**	**100.5**	**100.2**	**100.2**
十三、中西药品及医疗保健用品类	**99.7**	**100.0**	**100.3**	**99.8**	**101.0**
1. 医疗器具及用品	100.6	100.0	100.4	99.0	104.9
2. 中药材及中成药	101.6	100.2	100.1	97.7	99.9
3. 西　　药	98.0	99.8	100.5	101.9	100.9
4. 保健器具及用品	99.5	99.8	100.1	99.5	104.3
十四、书报杂志及电子出版物类	**100.6**	**102.1**	**100.1**	**100.0**	**100.1**
1. 教材及参考书	100.3	106.0	100.2	100.1	100.0
2. 书报杂志	101.2	100.0	100.0	100.0	100.0
3. 电子音像制品	100.0	100.0	100.1	99.6	100.4
十五、燃 料 类	**100.9**	**100.0**	**99.4**	**101.2**	**98.1**
1. 煤炭及制品类	103.4	100.1	100.0	101.7	100.1
2. 石油及制品类	100.5	100.0	99.4	101.1	97.8
液化石油气	101.2	100.0	96.0	100.1	95.6
管道燃气	100.0	100.0	100.0	100.0	100.0
汽　　油	100.0	100.0	103.2	103.1	98.2
柴　　油	100.0	100.0	100.0	100.0	101.9
十六、建筑材料及五金电料类	**100.1**	**99.7**	**100.2**	**100.4**	**99.7**
1. 建筑装潢材料	100.1	99.6	100.2	100.5	99.6
2. 五金电料类	100.0	100.0	100.0	100.1	100.0

6月	7月	8月	9月	10月	11月	12月
100.0	**100.0**	**99.7**	**100.0**	**100.0**	**99.7**	**99.7**
100.0	100.0	100.0	100.0	100.0	100.0	100.0
100.0	100.0	99.4	100.0	100.0	99.4	99.4
99.2	**99.6**	**98.9**	**99.3**	**99.5**	**99.3**	**99.9**
100.3	100.3	99.8	99.5	99.9	99.4	99.9
96.5	97.7	96.8	98.7	98.5	98.8	99.9
100.2	**99.9**	**100.0**	**100.0**	**100.9**	**100.0**	**100.0**
99.9	**100.1**	**100.0**	**100.1**	**100.0**	**99.6**	**99.7**
100.0	**100.0**	**100.0**	**100.4**	**101.4**	**100.9**	**102.5**
99.9	**100.0**	**100.0**	**99.8**	**98.7**	**98.6**	**100.1**
100.0	98.8	100.0	100.0	100.0	100.0	100.0
99.6	100.1	99.9	99.6	99.7	98.7	100.1
100.0	100.0	100.1	100.0	98.2	98.1	100.1
100.8	100.0	100.0	100.0	96.6	100.1	100.0
100.0	**99.9**	**100.0**	**97.5**	**100.2**	**99.4**	**99.6**
100.0	100.0	100.0	93.3	100.7	100.0	100.0
100.0	100.0	100.0	100.0	100.0	100.0	100.0
100.0	99.6	100.0	100.0	100.0	97.7	98.4
101.0	**103.4**	**102.6**	**103.1**	**103.5**	**100.6**	**100.1**
99.9	100.1	100.0	100.0	100.0	100.0	100.0
101.2	104.0	103.0	103.5	104.0	100.7	100.1
101.3	102.9	102.5	108.3	107.0	101.7	100.2
100.0	100.0	103.5	100.0	110.2	100.0	100.0
100.3	105.7	103.5	100.3	100.6	100.0	100.0
104.3	105.4	103.2	100.3	100.7	100.0	100.0
99.8	**100.0**	**100.4**	**100.7**	**100.7**	**100.1**	**100.7**
99.8	100.0	100.5	100.9	100.9	100.2	100.8
100.0	100.0	100.0	100.0	100.0	100.0	100.3

2006年广西城市商品零售价格各月环比指数

以上月价格为100

类　　别	1月	2月	3月	4月	5月
商品零售价格总指数	**100.5**	**100.7**	**99.4**	**100.3**	**100.4**
一、食　　品	**101.2**	**104.0**	**99.2**	**99.5**	**100.0**
1. 粮　　食	100.5	100.6	99.9	99.6	99.9
大　　米	101.0	100.9	99.8	99.5	99.9
2. 淀　　粉	109.6	99.9	97.7	100.7	102.4
3. 干豆类及豆制品	101.3	105.5	97.7	97.0	101.4
4. 油　　脂	100.3	100.2	100.3	99.8	100.1
食用植物油	100.5	100.3	100.5	100.0	100.0
5. 肉禽及其制品	104.0	106.6	94.7	96.7	99.9
(1) 食用畜肉及副产品	101.6	103.9	95.3	95.4	98.7
猪　　肉	100.0	102.9	95.7	95.3	97.9
牛　　肉	101.8	99.3	98.8	96.5	100.1
羊　　肉	107.6	109.3	95.5	93.6	101.4
(2) 禽	109.9	114.3	91.9	98.7	102.0
鸡	106.8	114.4	89.7	100.4	105.7
鸭	117.1	114.3	96.6	95.2	94.2
(3) 肉禽加工制品	102.8	102.2	98.6	97.8	100.0
6. 蛋	104.4	100.1	96.6	99.7	98.8
鲜　　蛋	105.0	100.1	96.3	99.8	98.7
7. 水 产 品	104.5	108.2	93.6	99.8	100.0
(1) 鱼	102.7	104.2	94.9	98.3	97.4
淡 水 鱼	103.9	107.0	95.2	98.9	97.6
海 水 鱼	101.0	100.1	94.4	97.2	97.2
(2) 其他水产品	107.3	114.3	91.8	101.9	103.5
虾 蟹 类	107.3	114.3	91.8	101.9	103.5
8. 菜	95.3	102.7	104.9	97.1	101.2
鲜　　菜	93.7	103.5	105.8	96.7	101.1
9. 调 味 品	100.4	100.1	99.9	100.3	100.2
盐	100.0	100.0	100.0	100.0	100.0
酱　　油	100.6	100.0	100.0	100.8	100.0
10. 糖	100.9	104.1	102.9	101.3	99.6
食　　糖	102.8	111.7	107.0	102.9	99.0
11. 干鲜瓜果	98.9	110.2	109.2	107.2	98.4
鲜 瓜 果	98.6	112.4	111.0	108.6	98.1

6 月	7 月	8 月	9 月	10 月	11 月	12 月
99.9	99.4	100.2	100.1	99.9	100.2	101.3
100.6	99.5	100.3	100.1	98.8	100.3	103.1
100.8	100.7	99.4	101.7	100.5	100.5	101.8
101.1	100.9	99.6	101.8	100.4	100.3	101.6
103.2	103.7	99.1	98.6	96.5	100.2	98.9
100.3	100.2	100.3	100.2	99.9	99.1	101.1
100.1	100.0	100.0	100.4	100.0	101.5	105.4
100.0	100.6	99.6	100.5	100.1	101.0	105.5
101.1	99.9	103.0	102.4	102.5	99.9	105.8
99.3	100.2	101.9	104.1	103.6	99.9	106.8
100.1	100.3	103.0	106.3	104.2	99.8	108.8
97.6	101.4	100.7	98.6	101.7	100.8	100.9
98.9	98.9	98.8	100.1	104.0	102.2	106.0
104.2	99.1	105.9	100.1	101.3	100.1	105.5
102.2	96.4	106.9	101.1	99.6	101.6	107.2
109.1	105.2	103.9	98.0	104.8	97.0	101.9
101.5	100.5	100.3	100.8	101.1	99.4	101.9
99.4	100.2	109.6	104.4	99.7	99.1	104.4
99.5	100.0	110.7	104.6	99.8	98.8	104.8
100.0	98.8	97.4	98.1	98.6	100.5	100.9
105.6	100.4	98.4	97.5	98.3	99.9	97.6
99.4	101.4	99.2	98.2	99.1	100.0	99.5
115.6	99.0	97.1	96.5	97.0	99.8	94.8
92.7	96.4	96.0	99.0	99.2	101.5	105.8
92.7	96.4	96.0	99.0	99.2	101.5	105.8
104.7	100.9	108.7	96.3	87.2	100.3	104.3
105.7	101.0	109.9	96.0	85.4	100.2	104.7
100.0	100.3	99.9	103.6	100.8	100.4	99.7
100.0	100.0	100.0	115.2	105.4	100.0	101.2
100.2	99.4	100.0	100.0	99.2	100.0	100.6
100.6	100.0	97.4	100.2	100.2	99.9	99.7
102.2	100.4	95.3	100.0	99.8	100.3	99.4
97.8	94.8	87.6	97.3	96.0	102.2	104.0
97.2	93.5	85.0	95.8	94.1	103.1	105.5

2006年广西城市商品零售价格各月环比指数（续表1）

以上月价格为100

类　　别	1月	2月	3月	4月	5月
12. 糕点饼干面包	99.4	100.4	100.6	99.8	100.1
13. 液体乳及乳制品	100.5	100.4	100.7	100.7	100.0
14. 在外用膳食品	100.3	100.3	99.8	100.0	100.6
15. 其他食品	100.0	99.9	99.7	97.5	100.4
二、饮料、烟酒	**99.1**	**100.7**	**100.3**	**100.2**	**100.0**
1. 茶及饮料	99.4	100.2	100.6	100.9	99.8
(1) 茶　　叶	100.0	100.0	100.0	101.6	100.0
(2) 饮　　料	99.2	100.3	100.8	100.6	99.8
2. 烟　　草	99.7	100.3	100.0	100.0	100.0
3. 酒	97.9	101.8	100.4	99.6	100.3
三、服装、鞋帽	**99.1**	**93.9**	**97.0**	**104.1**	**100.7**
1. 服　　装	99.0	91.5	96.5	104.9	101.0
(1) 男式服装	98.0	95.4	95.8	103.6	100.8
(2) 女式服装	100.5	88.3	97.2	106.3	101.3
(3) 儿童服装	95.4	93.3	95.7	103.6	101.0
2. 鞋 袜 帽	98.5	99.7	97.9	102.6	100.1
(1) 鞋	98.2	99.4	97.7	102.7	100.0
(2) 袜　　子	100.0	100.7	100.0	102.2	100.0
(3) 帽　　子	100.9	104.2	95.7	100.0	101.9
3. 其　　他	106.0	96.5	100.0	101.2	100.0
四、纺 织 品	**101.3**	**100.3**	**97.3**	**101.8**	**100.2**
1. 衣着材料	100.0	101.0	99.0	100.0	100.0
2. 床上用品	101.9	99.9	96.4	102.7	100.2
五、家用电器及音像器材	**98.0**	**99.6**	**99.9**	**99.5**	**99.9**
1. 家庭设备	98.5	99.7	100.3	100.3	100.3
2. 文娱用耐用消费品	97.1	99.4	99.5	98.6	99.4
3. 音像器材	100.0	100.0	100.0	100.0	100.0
六、文化办公用品	**99.8**	**99.5**	**99.8**	**100.2**	**99.9**
七、日 用 品	**99.7**	**100.0**	**100.6**	**100.3**	**100.0**
1. 日用百货	100.6	99.2	101.4	100.7	100.1
2. 日用杂品	101.1	100.0	100.1	100.0	100.0
3. 洗涤用品	97.8	100.7	100.4	99.6	99.9
4. 其他日用品	99.8	100.5	100.0	100.8	100.0

6 月	7 月	8 月	9 月	10 月	11 月	12 月
100.5	100.2	100.0	99.8	100.1	100.0	100.0
99.8	99.3	99.9	100.5	99.7	99.8	99.4
100.1	99.9	100.0	100.1	100.0	100.2	101.1
100.0	104.4	98.2	100.0	100.0	100.0	100.0
99.9	**100.0**	**100.4**	**99.9**	**100.2**	**99.8**	**100.4**
99.7	99.7	100.7	100.0	100.3	99.9	100.1
100.0	100.0	100.0	100.0	100.0	100.0	100.0
99.6	99.5	101.0	100.0	100.4	99.8	100.2
100.0	99.8	100.0	100.0	100.0	100.0	100.0
100.0	100.6	100.7	99.6	100.5	99.6	101.2
98.5	**97.5**	**99.0**	**101.4**	**104.7**	**101.6**	**101.6**
99.2	98.2	97.0	101.9	106.4	102.0	102.5
99.7	96.7	98.0	100.9	105.4	102.9	100.1
99.4	98.8	96.2	101.7	108.5	100.7	105.4
96.4	100.8	97.1	106.5	101.1	104.7	98.1
96.6	95.4	105.3	100.4	100.9	100.9	98.9
96.1	94.6	105.6	100.4	101.3	101.0	98.5
100.0	100.9	104.5	100.0	98.4	100.0	100.2
100.0	100.0	99.7	100.0	100.0	100.0	106.3
100.0	99.3	92.7	100.0	101.3	100.0	103.4
98.9	**97.4**	**103.4**	**100.0**	**99.6**	**99.6**	**100.9**
100.0	99.2	100.0	100.2	99.9	100.0	100.1
98.3	96.5	105.2	99.8	99.5	99.3	101.2
100.2	**99.8**	**99.6**	**100.2**	**99.8**	**100.4**	**99.8**
101.6	100.4	99.8	100.8	100.2	100.8	100.2
98.4	99.0	99.3	99.5	99.2	100.0	99.3
100.0	100.0	100.0	100.0	100.0	100.0	100.0
99.6	**99.9**	**99.6**	**99.8**	**100.0**	**99.4**	**99.9**
99.7	**100.4**	**99.7**	**100.1**	**100.0**	**100.7**	**100.5**
100.0	99.7	100.4	99.8	99.8	99.4	101.7
100.8	99.9	100.0	100.2	100.0	102.9	100.0
99.2	100.7	99.6	99.4	100.0	101.1	99.7
98.6	101.6	98.4	101.7	100.2	100.0	100.4

2006年广西城市商品零售价格各月环比指数（续表2）

以上月价格为100

类　别	1月	2月	3月	4月	5月
八、体育娱乐用品	**100.1**	**99.6**	**100.0**	**100.0**	**100.0**
1. 体育用品	100.2	99.3	100.0	100.0	100.0
2. 娱乐用品	100.0	100.0	100.0	100.0	100.0
九、交通、通信用品	**99.7**	**99.4**	**99.3**	**99.5**	**99.5**
1. 交通运输机械	99.9	99.6	99.9	99.7	99.9
2. 通信器材	99.5	98.9	98.2	99.1	98.8
十、家　　具	**100.4**	**100.0**	**100.0**	**100.0**	**100.0**
十一、化 妆 品	**104.6**	**99.5**	**100.7**	**99.6**	**99.9**
十二、金银珠宝	**102.8**	**101.6**	**101.2**	**104.4**	**108.8**
十三、中西药品及医疗保健用品	**100.3**	**100.8**	**100.9**	**100.0**	**100.1**
1. 医疗器具及用品	100.0	100.0	103.7	100.0	100.0
2. 中药材及中成药	100.1	102.8	100.8	99.5	99.9
3. 西　　药	100.3	99.9	100.8	100.5	100.1
4. 保健品及器具	101.1	98.6	100.4	99.6	100.3
十四、书报杂志及电子出版物	**100.0**	**100.6**	**100.0**	**100.0**	**99.8**
1. 教材及参考书	100.0	101.7	100.0	100.0	100.0
2. 书报杂志	100.0	100.0	100.0	100.0	100.0
3. 电子音像制品	100.0	100.0	100.0	100.0	98.9
十五、燃　　料	**103.2**	**99.6**	**97.7**	**100.6**	**101.9**
1. 煤炭及制品	101.2	100.3	100.5	99.6	100.0
2. 石油及制品	103.4	99.5	97.4	100.7	102.1
液化石油气	108.8	98.8	92.1	98.9	98.9
管道燃气	100.3	100.3	99.5	100.0	100.0
汽　　油	100.0	100.0	101.5	102.5	104.8
柴　　油	100.0	100.0	100.8	101.5	104.9
十六、建筑材料及五金电料	**100.2**	**99.0**	**99.9**	**101.0**	**101.5**
1. 建筑装潢材料	100.2	98.6	99.9	101.2	101.5
2. 五金电料	100.0	100.0	99.9	100.3	101.5

6 月	7 月	8 月	9 月	10 月	11 月	12 月
100.5	99.4	100.0	100.1	100.3	100.0	100.2
101.0	100.0	100.0	100.3	100.0	100.0	100.9
100.0	98.8	100.0	100.0	100.6	100.1	99.4
98.2	98.9	98.8	99.9	99.5	99.3	99.5
99.3	99.5	99.9	99.9	99.8	99.9	99.8
95.8	97.5	96.4	99.9	98.7	97.9	98.6
99.5	99.9	100.0	100.2	100.0	100.4	99.9
99.3	99.0	100.8	98.7	101.4	101.1	100.0
95.4	100.9	100.5	97.2	99.1	100.6	101.2
99.9	100.3	100.2	99.2	100.1	100.3	100.0
99.8	99.5	100.0	100.0	102.1	100.0	100.0
100.5	100.2	100.7	100.1	100.0	100.3	100.4
99.6	100.4	100.0	98.3	99.9	100.5	99.7
99.2	100.5	99.6	100.0	100.3	99.5	100.0
100.0	100.0	99.8	98.1	100.1	100.0	100.5
100.0	100.0	99.5	94.3	100.2	100.0	100.0
100.0	100.0	100.0	100.0	100.0	100.0	100.0
100.0	100.0	100.0	100.0	100.0	100.0	102.0
101.5	99.2	102.4	101.1	99.1	99.1	101.9
100.0	100.0	100.0	100.0	100.0	100.0	99.7
101.7	99.1	102.7	101.2	99.0	99.0	102.2
98.0	97.5	107.9	103.4	97.4	97.2	106.2
99.9	99.6	100.4	100.1	100.0	100.0	100.5
104.6	100.0	100.0	100.0	99.9	99.9	99.9
104.6	100.0	100.0	100.0	100.0	99.9	99.9
100.2	98.7	100.1	100.4	101.9	100.1	100.8
100.3	98.2	100.1	100.5	102.5	100.2	100.7
99.9	100.5	100.0	100.1	100.0	100.0	101.1

2007年广西城市商品零售价格各月环比指数

以上月价格为100

类　　别	1月	2月	3月	4月	5月
商品零售价格总指数	**100.5**	**100.3**	**99.8**	**100.5**	**100.1**
一、食　　品	**101.7**	**102.7**	**100.6**	**100.7**	**99.9**
1. 粮　　食	102.3	99.6	100.2	99.6	99.8
大　　米	102.3	99.4	99.6	99.6	99.8
2. 淀　　粉	99.8	99.8	102.2	98.6	99.0
3. 干豆类及豆制品	100.7	101.1	99.2	100.0	99.2
4. 油　　脂	102.6	100.4	99.9	103.1	101.3
食用植物油	101.3	101.1	99.7	101.6	102.4
5. 肉禽及其制品	103.6	105.5	96.2	98.2	106.3
(1) 食用畜肉及副产品	103.8	105.7	95.6	96.4	106.8
猪　　肉	105.4	106.7	94.7	94.9	109.7
牛　　肉	100.7	100.8	99.0	99.1	99.3
羊　　肉	99.9	104.1	97.1	102.3	101.9
(2) 禽	103.5	106.6	96.6	100.5	106.1
鸡	103.5	107.3	96.7	99.9	103.6
鸭	103.5	104.9	96.4	101.9	112.0
(3) 肉禽加工制品	103.1	101.8	98.4	100.8	104.9
6. 蛋	102.1	101.7	98.7	101.3	104.0
鲜　　蛋	102.1	101.7	98.6	101.4	103.9
7. 水 产 品	103.3	111.1	99.0	97.1	100.3
(1) 鱼	103.0	107.9	98.6	98.9	100.7
淡 水 鱼	102.1	106.0	98.3	101.3	101.1
海 水 鱼	104.5	110.8	99.1	95.5	100.1
(2) 其他水产品	103.8	116.0	99.6	94.5	99.7
虾 蟹 类	103.8	116.0	99.6	94.5	99.7
8. 菜	95.9	91.6	122.9	113.3	82.3
鲜　　菜	95.0	89.6	127.7	115.4	79.7
9. 调 味 品	102.8	99.4	99.9	100.3	100.1
盐	101.8	100.1	100.0	100.0	100.0
酱　　油	103.1	99.9	99.9	100.0	100.2
10. 糖	99.8	99.0	99.7	100.0	100.8
食　　糖	98.9	95.8	99.3	99.4	101.3
11. 干鲜瓜果	102.9	110.7	101.0	98.0	97.8
鲜 瓜 果	103.5	113.3	101.5	97.6	96.6

6 月	7 月	8 月	9 月	10 月	11 月	12 月
100.3	101.6	100.7	100.7	100.4	101.0	100.9
100.5	105.1	103.0	101.4	98.5	99.9	102.3
100.7	101.7	100.6	100.7	101.3	100.4	100.4
101.6	100.9	100.7	99.7	101.7	100.5	99.8
100.1	102.6	100.5	107.2	106.1	103.4	105.3
101.3	103.1	101.9	103.3	102.1	103.9	105.6
102.8	102.3	102.0	101.3	102.1	105.3	108.0
102.8	102.1	101.2	103.1	102.8	105.2	106.5
104.0	112.3	104.0	99.4	97.2	100.1	107.1
105.2	117.2	106.9	100.3	96.4	101.5	109.2
107.3	123.2	108.5	99.6	94.5	100.7	109.3
100.9	101.3	100.9	101.3	100.1	104.4	116.2
100.2	101.9	102.0	106.2	106.4	100.6	97.0
102.6	106.1	98.7	97.4	97.2	97.1	104.5
101.5	106.0	98.6	98.5	97.7	94.5	105.0
105.0	106.3	98.9	95.2	96.0	102.7	103.3
102.4	106.6	102.9	100.2	101.5	100.1	102.6
104.0	104.3	104.5	99.8	94.7	97.2	99.8
104.0	104.1	104.7	99.4	94.2	97.0	99.6
98.6	98.4	98.3	100.5	100.8	99.0	101.2
101.6	102.7	101.7	101.0	99.5	98.2	100.4
100.6	105.9	102.3	100.7	99.5	96.6	100.8
103.2	97.7	100.5	101.6	99.5	100.8	99.7
94.2	91.6	92.2	99.4	103.4	100.5	102.7
94.2	91.6	92.2	99.4	103.4	100.5	102.7
100.6	104.1	107.3	110.8	91.9	95.4	89.1
101.0	104.4	108.3	111.3	90.4	95.0	86.8
100.2	98.8	100.1	100.2	100.2	101.2	100.0
100.0	100.0	100.0	100.0	100.0	100.0	100.0
100.2	98.0	100.0	99.8	100.0	102.9	100.0
100.6	100.2	102.5	101.4	100.2	99.6	100.4
102.3	100.0	103.8	100.5	99.2	98.4	100.4
87.1	104.6	104.5	102.8	103.2	99.9	101.6
83.8	105.4	105.4	102.9	103.9	98.9	101.2

2007年广西城市商品零售价格各月环比指数（续表1）

以上月价格为100

类　　别	1月	2月	3月	4月	5月
12. 糕点饼干面包	100.0	100.0	100.0	100.1	100.1
13. 液体乳及乳制品	100.9	99.2	100.2	101.8	100.5
14. 在外用膳食品	100.3	100.5	99.5	100.8	100.5
15. 其他食品	100.0	100.4	100.8	100.1	99.7
二、饮料、烟酒	**100.6**	**100.3**	**100.5**	**99.6**	**100.4**
1. 茶及饮料	100.6	100.6	100.4	99.4	101.5
(1) 茶　　叶	101.8	100.5	100.5	100.3	100.3
(2) 饮　　料	100.2	100.7	100.4	99.0	102.0
2. 烟　　草	100.3	99.6	100.6	99.8	99.9
3. 酒	100.8	100.7	100.5	99.8	99.9
三、服装、鞋帽	**100.4**	**96.4**	**97.0**	**101.2**	**101.2**
1. 服　　装	100.1	94.8	94.7	100.7	101.5
(1) 男式服装	99.0	96.6	95.5	102.0	100.5
(2) 女式服装	100.4	93.7	93.7	98.1	102.4
(3) 儿童服装	101.9	94.0	96.5	107.2	101.0
2. 鞋 袜 帽	101.2	101.0	102.6	102.0	100.6
(1) 鞋	101.3	101.2	103.1	102.3	100.7
(2) 袜　　子	100.0	100.0	99.3	100.0	100.5
(3) 帽　　子	101.4	100.0	100.0	101.2	98.6
3. 其　　他	101.8	94.2	98.4	105.4	100.5
四、纺 织 品	**101.2**	**99.0**	**98.9**	**101.8**	**97.7**
1. 衣着材料	102.4	100.0	99.9	100.8	99.7
2. 床上用品	100.7	98.6	98.5	102.3	96.8
五、家用电器及音像器材	**99.6**	**99.3**	**100.1**	**99.9**	**100.1**
1. 家庭设备	100.3	99.5	100.5	100.3	100.4
2. 文娱用耐用消费品	98.6	98.8	99.9	99.4	99.6
3. 音像器材	100.0	100.0	98.0	100.0	100.0
六、文化办公用品	**100.6**	**100.4**	**99.7**	**99.7**	**99.6**
七、日 用 品	**100.1**	**100.1**	**99.9**	**100.5**	**100.2**
1. 日用百货	100.0	99.9	100.2	100.8	99.8
2. 日用杂品	100.0	100.1	100.0	100.0	99.8
3. 洗涤用品	100.2	100.7	100.0	100.3	100.7
4. 其他日用品	100.1	99.5	99.2	100.7	100.6

6 月	7 月	8 月	9 月	10 月	11 月	12 月
100.3	99.7	103.0	102.7	100.5	100.0	100.6
99.6	99.3	103.1	100.7	99.4	101.4	102.4
100.0	100.8	101.6	100.2	100.1	100.5	100.5
100.3	103.8	101.3	100.3	96.3	101.3	99.7
100.7	**100.3**	**99.2**	**100.3**	**100.0**	**100.2**	**100.1**
102.4	100.4	99.6	100.6	100.3	99.8	100.1
100.0	100.8	100.0	100.0	100.0	99.9	100.0
103.4	100.2	99.4	100.8	100.4	99.8	100.2
100.0	100.0	98.5	99.8	100.0	100.0	100.0
99.6	100.7	99.5	100.6	99.7	101.0	100.1
99.0	**98.5**	**97.1**	**100.4**	**108.0**	**104.0**	**101.8**
99.4	98.3	96.8	101.3	109.1	105.0	103.6
98.9	99.0	98.1	99.5	110.4	103.1	101.5
100.4	98.1	96.4	100.8	109.3	107.2	104.7
97.0	97.5	94.9	109.1	104.9	101.7	105.7
98.0	98.8	97.5	98.2	106.4	102.2	97.5
97.7	98.0	97.2	97.9	107.4	102.5	97.3
100.0	105.3	100.0	100.0	100.0	100.0	98.6
100.0	100.0	100.0	100.0	100.0	100.0	99.2
100.0	98.8	99.5	101.7	100.0	100.0	100.0
101.8	**97.5**	**98.7**	**102.2**	**101.5**	**100.8**	**99.6**
100.0	100.0	100.0	100.0	100.0	100.0	100.0
102.7	96.4	98.0	103.2	102.2	101.1	99.5
99.9	**99.9**	**99.5**	**99.6**	**99.9**	**99.5**	**99.6**
100.2	100.1	100.2	99.9	100.2	99.5	100.2
99.5	99.6	98.5	99.3	99.5	99.3	98.7
100.0	100.0	100.0	100.0	100.0	100.0	100.0
99.9	**99.6**	**99.5**	**99.5**	**100.0**	**99.8**	**99.2**
100.1	**100.5**	**100.1**	**100.3**	**100.4**	**99.9**	**100.3**
99.6	100.5	99.2	101.0	100.6	100.2	99.7
100.0	100.4	100.0	100.0	100.0	100.0	100.1
100.2	100.4	101.5	100.2	100.2	99.4	101.3
101.1	100.7	99.8	99.8	100.6	100.1	99.9

2007年广西城市商品零售价格各月环比指数（续表2）

以上月价格为100

类　　别	1月	2月	3月	4月	5月
八、体育娱乐用品	**100.1**	**100.1**	**100.0**	**99.9**	**99.7**
1. 体育用品	99.6	100.3	100.0	100.0	100.0
2. 娱乐用品	100.7	100.0	99.9	99.8	99.3
九、交通、通信用品	**99.6**	**98.8**	**99.2**	**99.3**	**98.5**
1. 交通运输机械	99.8	99.9	99.6	99.0	99.6
2. 通信器材	99.4	96.3	98.1	100.0	96.1
十、家　　具	**100.2**	**99.6**	**100.2**	**99.9**	**99.8**
十一、化 妆 品	**99.9**	**100.3**	**99.1**	**101.3**	**99.5**
十二、金银珠宝	**100.5**	**99.9**	**101.0**	**102.2**	**100.1**
十三、中西药品及医疗保健用品	**99.3**	**99.8**	**99.9**	**100.6**	**101.7**
1. 医疗器具及用品	99.1	100.0	100.0	99.6	99.4
2. 中药材及中成药	100.1	100.1	99.9	102.5	105.7
3. 西　　药	98.6	99.5	99.8	99.6	99.8
4. 保健品及器具	99.8	100.0	100.6	99.9	99.2
十四、书报杂志及电子出版物	**100.1**	**100.0**	**99.6**	**100.0**	**100.0**
1. 教材及参考书	100.0	100.0	98.8	100.0	100.0
2. 书报杂志	100.5	100.0	100.0	100.0	100.0
3. 电子音像制品	99.6	100.0	100.0	100.0	100.0
十五、燃　　料	**99.3**	**97.3**	**98.2**	**100.7**	**100.8**
1. 煤炭及制品	100.0	100.0	100.0	99.8	100.2
2. 石油及制品	99.2	97.0	98.0	100.8	100.8
液化石油气	100.0	93.8	94.2	103.0	102.4
管道燃气	100.0	99.5	100.5	100.0	100.0
汽　　油	97.9	98.1	100.0	99.4	100.0
柴　　油	100.1	100.1	99.8	100.0	100.0
十六、建筑材料及五金电料	**101.4**	**100.1**	**101.3**	**100.3**	**101.6**
1. 建筑装潢材料	101.9	100.2	101.8	100.4	101.9
2. 五金电料	100.0	100.0	99.5	100.2	100.5

6 月	7 月	8 月	9 月	10 月	11 月	12 月
100.0	100.0	100.2	100.0	100.2	100.1	99.4
100.0	100.0	100.0	100.0	100.4	100.0	99.5
100.0	100.0	100.4	100.0	100.1	100.3	99.3
99.2	99.0	98.9	99.9	99.6	99.8	99.7
99.9	99.3	99.4	99.9	99.7	99.9	100.0
97.5	98.1	97.5	99.9	99.3	99.4	99.0
100.0	100.9	100.1	99.9	100.0	100.0	100.3
100.0	100.2	100.0	100.5	99.9	100.0	100.0
99.3	99.7	100.1	102.5	103.3	104.2	99.5
100.8	100.2	100.4	100.7	100.1	100.1	99.9
100.0	100.0	100.0	100.0	100.6	100.0	100.1
102.3	100.5	100.2	101.8	99.7	99.9	100.0
99.9	100.1	100.8	100.0	100.3	100.1	99.9
100.6	99.8	100.0	100.0	99.9	100.2	99.8
100.0	100.0	99.9	98.1	100.0	100.0	100.0
100.0	100.0	99.7	93.9	100.0	100.0	100.0
100.0	100.0	100.0	100.0	100.0	100.0	100.0
100.0	100.0	100.0	100.0	100.0	100.0	100.0
101.6	100.7	100.7	100.2	102.6	109.4	100.4
100.0	100.0	102.6	100.0	101.8	104.3	104.1
101.8	100.8	100.5	100.2	102.7	110.1	99.9
104.2	102.2	101.2	100.5	107.1	114.4	99.6
100.7	100.0	100.0	100.0	100.0	100.5	100.7
100.5	100.0	100.0	100.1	100.3	108.9	100.0
100.0	100.0	100.2	100.0	100.0	109.1	100.0
100.2	100.6	100.9	102.0	103.0	102.5	101.0
100.0	100.8	101.2	102.5	103.8	103.1	101.3
100.7	100.1	100.0	100.5	100.0	100.2	99.5

2008年广西城市商品零售价格各月环比指数

以上月价格为100

类　　别	1月	2月	3月	4月	5月
商品零售价格总指数	**101.3**	**103.6**	**98.8**	**100.8**	**99.5**
一、食　　品	**104.7**	**111.1**	**96.4**	**102.9**	**98.2**
1. 粮　　食	100.5	101.1	100.7	101.8	106.9
大　　米	100.4	101.1	100.6	102.3	108.6
2. 淀　　粉	105.0	104.3	100.2	101.1	100.5
3. 干豆类及豆制品	106.7	117.4	98.6	100.0	99.6
4. 油　　脂	100.8	102.0	102.4	98.8	99.6
食用植物油	100.1	102.4	103.6	99.0	99.2
5. 肉禽及其制品	103.9	107.6	97.6	101.2	98.8
(1) 食用畜肉及副产品	104.3	108.4	98.3	99.9	98.4
猪　　肉	101.7	103.7	99.7	100.4	97.8
牛　　肉	111.9	117.2	98.1	100.3	100.0
羊　　肉	105.7	122.1	89.7	96.6	98.7
(2) 禽	103.3	108.3	94.6	104.8	99.6
鸡	103.7	110.9	89.8	105.4	100.3
鸭	102.6	102.8	105.7	103.6	98.1
(3) 肉禽加工制品	103.5	102.8	100.9	100.1	99.2
6. 蛋	100.9	101.9	96.6	99.0	101.5
鲜　　蛋	101.2	102.2	96.2	98.9	101.7
7. 水 产 品	105.5	115.8	102.9	98.9	98.3
(1) 鱼	102.3	111.6	104.3	106.5	101.8
淡 水 鱼	103.3	114.6	107.8	106.6	102.3
海 水 鱼	100.6	106.8	98.4	106.4	100.9
(2) 其他水产品	111.2	122.6	100.7	87.2	91.5
虾 蟹 类	111.2	122.6	100.7	87.2	91.5
8. 菜	120.4	154.8	78.2	113.9	82.4
鲜　　菜	124.2	162.5	75.8	115.5	79.9
9. 调 味 品	100.4	100.1	102.0	101.2	101.0
盐	100.0	100.0	100.0	100.0	100.0
酱　　油	100.0	100.0	103.6	102.7	101.7
10. 糖	101.0	101.1	100.6	99.7	98.6
食　　糖	98.9	99.1	101.4	99.0	98.2
11. 干鲜瓜果	102.3	113.9	96.6	107.2	93.7
鲜 瓜 果	102.6	116.1	95.8	109.0	92.5

6 月	7 月	8 月	9 月	10 月	11 月	12 月
100.3	**100.7**	**99.3**	**100.0**	**99.5**	**98.9**	**99.1**
99.8	**100.9**	**98.6**	**99.9**	**99.1**	**98.4**	**98.5**
100.7	100.0	100.3	100.2	99.9	99.9	99.8
100.7	100.1	100.4	100.2	100.0	99.8	99.8
98.7	100.1	98.8	96.8	102.4	97.6	96.6
99.8	99.4	99.0	99.4	99.7	98.3	99.6
100.1	100.2	99.2	98.1	98.4	96.1	94.6
100.2	100.2	99.2	98.4	98.1	96.9	96.0
99.3	98.7	98.9	99.1	96.6	96.4	101.1
99.3	99.0	98.9	98.0	94.6	95.2	101.7
99.2	98.2	98.3	96.6	91.5	92.6	102.6
100.5	100.4	100.4	100.4	100.0	99.7	100.7
98.9	101.3	100.1	101.0	99.9	97.8	99.0
98.7	97.5	98.4	100.6	99.4	97.9	100.6
98.7	97.4	98.4	100.0	99.1	98.1	101.5
98.8	97.8	98.6	101.7	99.8	97.4	98.9
100.4	100.3	99.9	100.9	99.4	98.2	99.9
101.0	101.1	101.2	100.6	97.8	97.8	99.2
101.0	101.2	101.4	100.7	97.5	97.6	99.1
97.6	100.5	99.6	98.2	98.7	95.8	100.3
100.6	99.9	97.7	96.8	96.7	95.4	97.3
99.8	99.4	98.0	98.0	95.4	94.6	95.0
102.1	100.9	97.1	94.6	99.1	96.9	101.7
91.2	101.8	103.8	101.3	102.7	96.6	105.9
91.2	101.8	103.8	101.3	102.7	96.6	105.9
103.9	112.0	93.0	101.8	103.9	98.7	88.4
104.4	113.6	91.8	102.2	105.1	98.7	86.7
100.8	100.1	101.6	100.1	99.8	99.6	100.8
100.0	100.0	100.0	100.0	100.0	100.0	100.0
100.7	100.0	100.7	100.0	99.7	99.2	101.6
101.5	100.2	100.8	99.9	100.8	100.2	99.8
101.1	99.4	100.4	98.5	102.0	100.5	99.1
93.0	97.1	97.3	103.8	98.8	100.2	98.4
91.4	96.0	95.9	104.6	99.4	100.5	97.8

2008 年广西城市商品零售价格各月环比指数（续表 1）

以上月价格为 100

类　　别	1 月	2 月	3 月	4 月	5 月
12. 糕点饼干面包	102.4	99.9	100.8	100.1	98.3
13. 液体乳及乳制品	107.1	101.7	100.8	100.2	101.7
14. 在外用膳食品	102.8	101.4	100.4	102.1	106.3
15. 其他食品	102.9	100.1	100.0	100.1	100.1
二、饮料、烟酒	**100.9**	**100.5**	**100.5**	**100.2**	**99.9**
1. 茶及饮料	100.7	100.0	100.3	99.9	99.5
(1) 茶　　叶	100.0	100.0	100.0	100.0	100.0
(2) 饮　　料	100.9	100.0	100.5	99.9	99.2
2. 烟　　草	99.6	100.0	100.0	100.0	100.0
3. 酒	102.5	101.6	101.2	100.6	100.3
三、服装、鞋帽	**99.5**	**95.7**	**97.4**	**99.4**	**101.9**
1. 服　　装	98.4	94.8	95.7	99.4	103.0
(1) 男式服装	99.6	93.9	101.6	99.7	99.2
(2) 女式服装	97.7	95.8	91.4	99.0	106.3
(3) 儿童服装	97.7	93.2	96.3	100.0	102.0
2. 鞋 袜 帽	102.4	97.6	101.5	99.1	99.4
(1) 鞋	102.7	97.5	101.7	98.9	99.3
(2) 袜　　子	100.0	97.9	100.0	100.0	100.0
(3) 帽　　子	100.0	100.0	100.0	100.0	100.0
3. 其　　他	100.9	100.0	98.6	100.7	100.7
四、纺 织 品	**100.1**	**97.4**	**100.4**	**98.1**	**101.5**
1. 衣着材料	100.2	100.2	98.2	100.0	101.0
2. 床上用品	100.1	96.3	101.3	97.3	101.8
五、家用电器及音像器材	**99.5**	**100.7**	**100.1**	**100.2**	**99.1**
1. 家庭设备	100.3	101.5	101.0	100.8	99.4
2. 文娱用耐用消费品	98.5	99.7	99.0	99.4	98.6
3. 音像器材	100.0	100.0	100.0	100.0	100.0
六、文化办公用品	**99.9**	**100.1**	**100.2**	**99.9**	**99.2**
七、日 用 品	**100.3**	**101.1**	**100.6**	**100.1**	**100.5**
1. 日用百货	99.7	100.2	100.3	101.0	100.0
2. 日用杂品	99.5	100.8	100.2	101.4	101.2
3. 洗涤用品	101.4	102.2	100.7	99.7	100.8

6 月	7 月	8 月	9 月	10 月	11 月	12 月
102.8	100.4	100.2	100.1	100.7	100.0	100.9
105.7	100.5	99.1	99.1	98.9	102.6	99.8
100.2	100.3	100.2	100.0	100.0	100.2	100.0
99.5	100.3	100.5	99.6	100.2	100.2	99.8
100.3	**100.1**	**100.3**	**100.3**	**100.1**	**100.1**	**99.9**
100.3	99.6	100.9	100.2	100.0	100.4	100.1
100.0	100.0	100.0	100.0	100.0	100.6	100.0
100.4	99.4	101.3	100.2	100.0	100.3	100.1
100.0	100.2	100.0	100.0	99.8	100.0	100.0
100.6	100.4	100.0	100.7	100.4	100.0	99.6
101.4	**98.4**	**97.2**	**99.7**	**102.5**	**101.1**	**101.0**
101.5	98.5	97.4	99.5	103.0	102.0	102.0
101.3	99.1	98.4	98.7	103.8	100.6	102.8
101.3	98.0	97.1	99.9	102.1	103.9	101.3
103.3	98.9	95.8	100.7	104.3	98.4	102.0
101.4	97.8	96.3	99.9	101.7	99.3	99.0
101.5	97.4	95.8	99.9	102.0	99.1	98.8
100.0	101.5	100.5	100.0	100.0	100.0	100.0
100.0	100.0	100.0	100.0	100.0	101.9	99.3
99.0	100.0	100.0	100.0	100.0	97.6	98.2
99.5	**104.2**	**99.0**	**100.1**	**101.0**	**99.8**	**100.1**
100.0	100.7	99.5	101.9	101.6	100.0	100.0
99.3	105.7	98.8	99.3	100.7	99.7	100.2
98.9	**99.5**	**99.8**	**99.7**	**99.5**	**99.2**	**99.1**
99.1	99.5	99.9	99.9	100.0	99.5	99.5
98.5	99.4	99.6	99.4	98.8	99.0	98.6
100.0	100.0	100.0	100.0	100.0	96.9	100.0
99.7	**99.6**	**99.7**	**99.6**	**99.9**	**99.2**	**99.7**
100.0	**100.8**	**101.2**	**100.0**	**100.5**	**99.9**	**100.1**
99.7	100.5	101.2	100.0	99.7	99.7	100.1
100.0	100.3	101.3	99.6	100.9	100.0	99.3
99.9	100.8	101.9	100.4	101.5	100.7	100.5

2008年广西城市商品零售价格各月环比指数（续表2）

以上月价格为100

类　　别	1月	2月	3月	4月	5月
4. 其他日用品	100.6	100.9	101.1	98.1	99.9
八、体育娱乐用品	**99.6**	**99.9**	**99.9**	**100.3**	**100.4**
1. 体育用品	99.8	100.0	99.8	100.5	100.5
2. 娱乐用品	99.3	99.7	100.0	100.0	100.3
九、交通、通信用品	**98.7**	**99.9**	**99.6**	**99.5**	**99.7**
1. 交通运输机械	99.9	100.0	99.8	100.1	100.1
2. 通信器材	96.2	99.7	99.3	98.1	98.8
十、家　　具	**99.7**	**99.9**	**99.8**	**99.5**	**100.0**
十一、化 妆 品	**98.8**	**101.0**	**99.3**	**100.7**	**100.6**
十二、金银珠宝	**102.9**	**105.8**	**103.2**	**96.9**	**97.7**
十三、中西药品及医疗保健用品	**100.3**	**101.1**	**100.1**	**99.7**	**100.3**
1. 医疗器具及用品	100.0	99.4	100.0	100.0	100.0
2. 中药材及中成药	100.4	102.4	100.5	99.9	100.5
3. 西　　药	100.2	100.6	99.9	99.5	100.2
4. 保健品及器具	100.0	100.0	100.2	100.1	100.1
十四、书报杂志及电子出版物	**100.4**	**100.0**	**101.8**	**100.0**	**100.0**
1. 教材及参考书	100.1	100.0	105.9	100.0	100.0
2. 书报杂志	100.8	100.0	100.0	100.0	100.0
3. 电子音像制品	100.0	100.0	100.0	99.8	100.0
十五、燃　　料	**99.4**	**101.3**	**99.9**	**99.8**	**100.2**
1. 煤炭及制品	100.6	104.8	102.5	101.5	100.5
2. 石油及制品	99.3	100.9	99.5	99.5	100.1
液化石油气	98.2	102.2	98.8	98.8	100.4
管道燃气	100.0	100.0	100.0	100.0	100.0
汽　　油	100.0	100.0	100.0	100.0	100.0
柴　　油	100.0	100.0	100.0	100.0	100.0
十六、建筑材料及五金电料	**99.8**	**99.9**	**101.6**	**100.8**	**101.5**
1. 建筑装潢材料	99.7	100.2	101.7	100.8	102.0
2. 五金电料	100.0	98.9	101.5	100.9	100.0

6 月	7 月	8 月	9 月	10 月	11 月	12 月
100.8	101.8	100.1	99.9	100.2	99.0	100.2
100.0	**99.8**	**99.3**	**99.9**	**100.1**	**100.0**	**99.8**
100.0	100.0	99.9	100.0	100.2	100.0	100.0
100.0	99.5	98.7	99.8	100.0	100.1	99.6
99.6	**100.2**	**99.2**	**99.7**	**99.5**	**99.7**	**99.9**
100.0	100.5	100.1	100.1	99.9	99.9	100.0
98.8	99.5	97.2	98.7	98.5	99.0	99.6
99.9	**99.5**	**99.9**	**100.0**	**100.0**	**99.9**	**100.0**
100.0	**100.5**	**98.5**	**101.1**	**100.0**	**100.0**	**100.3**
99.6	**102.6**	**94.3**	**98.8**	**95.1**	**95.2**	**104.4**
99.7	**100.3**	**101.0**	**99.6**	**100.3**	**99.9**	**100.1**
100.0	100.0	100.0	100.0	100.0	100.0	100.0
98.4	100.3	100.9	99.4	99.8	99.4	100.1
100.1	99.5	100.4	99.7	100.1	100.3	100.2
102.2	104.3	104.4	99.7	103.2	99.6	100.0
100.0	**100.0**	**100.5**	**98.4**	**99.9**	**100.0**	**100.0**
100.0	100.0	100.0	94.7	100.0	100.0	100.0
100.0	100.0	101.2	100.3	100.0	100.0	100.0
100.0	99.9	100.0	100.0	99.6	100.0	100.0
104.9	**104.2**	**100.2**	**101.7**	**97.9**	**96.2**	**94.3**
100.8	102.0	104.4	118.5	101.3	97.5	96.0
105.5	104.5	99.7	99.4	97.4	96.0	94.0
103.3	101.2	99.1	98.5	92.9	89.0	96.2
100.0	100.0	100.0	100.0	100.0	100.0	100.0
108.1	107.6	100.0	100.0	100.0	99.8	91.9
108.9	108.1	100.0	100.0	100.0	99.4	90.9
100.5	**100.4**	**99.4**	**99.7**	**98.3**	**98.5**	**100.2**
100.8	100.5	99.2	99.7	97.7	98.1	100.3
99.6	100.0	100.2	100.0	100.1	100.0	100.0

2009年广西城市商品零售价格各月环比指数

以上月价格为100

类　　别	1月	2月	3月	4月	5月
商品零售价格总指数	**99.8**	**99.5**	**100.2**	**99.7**	**99.5**
一、食　　品	**101.4**	**99.4**	**101.4**	**99.7**	**99.1**
1. 粮　　食	99.9	100.7	101.4	100.3	100.1
大　　米	99.7	100.7	101.8	100.3	100.0
2. 淀　　粉	100.0	99.4	99.1	99.7	99.6
3. 干豆类及豆制品	102.0	99.1	98.8	99.5	99.7
4. 油　　脂	96.8	97.9	98.2	97.7	98.6
食用植物油	95.6	96.6	97.8	98.1	99.0
5. 肉禽及其制品	103.5	98.9	97.4	98.3	96.5
(1) 食用畜肉及副产品	103.9	98.7	96.5	97.1	93.9
猪　　肉	105.5	97.0	95.1	95.8	91.2
牛　　肉	101.9	99.6	98.6	99.4	98.7
羊　　肉	102.1	100.5	97.4	99.4	97.4
(2) 禽	104.2	98.2	98.3	99.7	99.2
鸡	104.9	95.8	98.1	100.8	99.1
鸭	102.7	103.3	98.8	97.4	99.3
(3) 肉禽加工制品	101.0	100.7	98.6	99.4	99.3
6. 蛋	100.5	100.7	100.0	100.7	100.0
鲜　　蛋	100.5	100.8	100.0	100.6	100.0
7. 水 产 品	108.6	102.4	96.2	99.5	100.3
(1) 鱼	102.6	102.3	99.8	98.4	100.9
淡 水 鱼	99.2	103.5	100.8	97.0	99.3
海 水 鱼	107.3	100.8	98.5	100.2	103.1
(2) 其他水产品	118.1	102.4	91.2	101.1	99.4
虾 蟹 类	118.1	102.4	91.2	101.1	99.4
8. 菜	99.4	92.4	122.5	96.6	95.6
鲜　　菜	99.5	91.0	127.4	95.9	94.7
9. 调 味 品	100.4	99.9	100.5	99.6	99.4
盐	100.0	100.0	100.0	100.2	100.0
酱　　油	100.8	99.5	100.3	98.9	98.8
10. 糖	100.2	99.9	100.3	101.0	100.2
食　　糖	100.2	100.1	100.7	100.2	101.1
11. 干鲜瓜果	98.2	105.1	104.7	105.1	105.0
鲜 瓜 果	98.2	106.5	105.8	105.8	105.6

6 月	7 月	8 月	9 月	10 月	11 月	12 月
100.0	**100.3**	**100.5**	**100.5**	**99.9**	**100.6**	**100.5**
99.6	**100.9**	**101.3**	**100.5**	**99.6**	**99.7**	**100.8**
100.3	100.3	100.1	100.2	100.1	100.1	100.4
100.4	100.3	100.1	100.1	100.0	99.9	100.4
99.6	99.8	100.5	100.1	100.1	100.0	100.1
100.1	99.5	100.5	100.5	101.3	101.5	102.2
101.0	100.6	98.5	97.7	99.7	100.4	102.8
100.4	99.9	99.0	97.4	99.6	101.2	104.6
98.2	99.6	102.3	102.7	99.8	99.5	101.1
97.7	98.8	103.5	102.9	100.0	100.0	101.9
96.5	97.9	106.0	104.6	99.9	98.9	102.1
100.2	100.0	100.2	100.1	100.6	100.5	100.3
98.3	100.1	100.1	99.9	99.0	101.8	103.3
98.8	100.8	101.5	102.9	99.4	98.7	100.3
99.0	100.7	101.0	101.8	99.7	99.6	100.1
98.4	100.8	102.7	105.0	98.7	96.8	100.7
98.5	99.4	100.6	101.7	100.0	99.5	100.2
100.0	100.3	102.4	102.9	99.1	98.7	99.6
100.0	100.2	102.6	103.0	99.0	98.5	99.6
98.1	100.5	97.1	97.9	102.3	100.4	102.9
101.0	100.2	98.2	98.3	99.8	99.4	99.9
99.1	100.1	99.9	98.8	99.3	99.0	99.5
103.3	100.4	96.1	97.6	100.4	99.8	100.6
93.9	101.1	95.4	97.3	106.4	102.0	107.3
93.9	101.1	95.4	97.3	106.4	102.0	107.3
101.4	105.0	105.7	100.7	98.8	101.2	100.5
101.4	106.0	106.7	101.0	98.4	101.3	100.1
99.9	99.8	100.2	100.2	99.9	100.1	100.1
99.8	98.6	100.4	100.2	99.8	101.0	99.6
99.9	100.5	100.3	100.3	100.0	100.0	100.0
100.4	101.8	101.1	100.3	100.2	100.6	100.2
100.4	106.1	101.6	100.5	100.6	101.5	100.6
99.0	103.3	100.7	96.8	96.5	96.4	101.3
98.6	103.8	100.6	96.1	95.7	95.4	100.9

2009年广西城市商品零售价格各月环比指数（续表1）

以上月价格为100

类　　别	1月	2月	3月	4月	5月
12. 糕点饼干面包	99.6	99.7	100.6	99.9	100.0
13. 液体乳及乳制品	101.4	99.5	100.9	98.8	100.4
14. 在外用膳食品	100.1	99.8	99.7	101.0	100.2
15. 其他食品	100.0	97.5	100.3	99.8	100.6
二、饮料、烟酒	**99.9**	**100.2**	**100.0**	**99.9**	**100.0**
1. 茶及饮料	99.6	100.3	99.4	99.8	100.0
(1) 茶　　叶	98.5	101.6	99.6	100.0	100.2
(2) 饮　　料	100.1	99.7	99.3	99.8	99.9
2. 烟　　草	99.6	100.0	100.1	100.0	99.9
3. 酒	100.5	100.4	100.3	99.9	100.0
三、服装、鞋帽	**97.2**	**99.7**	**99.1**	**101.5**	**100.2**
1. 服　　装	96.9	99.3	99.8	101.3	101.2
(1) 男式服装	97.2	100.1	100.6	100.6	100.5
(2) 女式服装	97.2	98.4	99.3	102.3	101.7
(3) 儿童服装	95.2	100.2	99.4	100.1	101.7
2. 鞋 袜 帽	97.5	100.9	96.9	103.0	97.5
(1) 鞋	97.1	101.1	96.4	103.5	97.0
(2) 袜　　子	100.0	100.2	100.0	100.0	100.1
(3) 帽　　子	100.0	100.0	99.0	99.4	101.7
3. 其　　他	98.8	100.0	100.4	95.4	100.4
四、纺 织 品	**98.8**	**99.5**	**99.8**	**100.0**	**99.1**
1. 衣着材料	100.0	100.0	100.3	101.3	100.1
2. 床上用品	98.1	99.3	99.5	99.4	98.6
五、家用电器及音像器材	**99.1**	**99.0**	**99.0**	**99.0**	**98.7**
1. 家庭设备	99.9	99.1	99.8	99.0	98.7
2. 文娱用耐用消费品	97.8	98.8	97.7	98.7	98.4
3. 音像器材	100.0	100.1	100.0	100.0	100.0
六、文化办公用品	**99.7**	**99.8**	**100.4**	**99.3**	**99.8**
七、日 用 品	**99.8**	**99.6**	**100.2**	**99.3**	**100.4**
1. 日用百货	99.7	99.9	100.3	99.8	100.0
2. 日用杂品	99.1	100.2	99.4	98.3	102.2
3. 洗涤用品	100.3	98.7	101.1	99.0	99.5

6 月	7 月	8 月	9 月	10 月	11 月	12 月
100.1	99.8	100.1	100.0	99.9	100.0	99.7
99.6	100.4	99.2	101.5	100.0	99.5	100.1
100.4	100.0	101.5	100.6	100.0	100.0	100.0
99.5	101.8	101.2	100.1	100.3	100.0	100.0
100.2	99.9	100.4	100.2	100.0	100.0	100.1
100.0	99.7	100.6	99.8	99.8	100.1	100.0
100.0	100.0	100.3	100.2	99.8	100.0	100.0
99.9	99.6	100.8	99.7	99.9	100.1	100.0
100.3	100.0	100.3	100.0	100.0	100.0	100.0
100.3	99.8	100.3	100.8	100.1	100.1	100.3
99.3	98.1	100.3	100.8	101.1	102.6	100.4
99.0	98.2	100.2	100.7	100.7	103.5	100.6
98.6	98.3	100.1	100.5	100.9	103.2	101.5
98.9	98.8	100.2	100.4	100.4	103.6	100.1
101.1	95.7	100.9	102.6	101.2	104.2	100.3
99.9	97.5	100.6	101.3	102.4	100.8	100.0
99.9	97.1	100.7	101.5	102.8	100.8	100.0
100.0	100.0	99.8	100.0	99.8	100.2	100.0
100.0	100.0	100.0	100.0	100.0	100.4	100.0
100.4	99.5	99.4	100.0	100.6	100.1	99.6
101.2	100.2	99.9	99.9	100.3	100.1	100.4
101.8	100.0	100.0	100.0	100.0	99.8	100.0
100.9	100.3	99.9	99.9	100.4	100.2	100.6
99.8	99.4	99.2	100.0	100.1	100.1	100.1
99.3	99.2	98.7	100.2	100.4	100.3	100.2
100.4	99.7	99.8	99.7	99.7	100.0	100.1
100.0	100.0	100.0	100.0	100.0	100.0	100.0
99.8	99.7	99.8	100.1	99.8	100.0	100.0
99.8	99.7	100.0	100.1	99.9	100.2	99.9
100.0	99.7	100.1	99.7	100.2	100.2	99.9
99.8	99.6	100.5	99.8	99.9	100.1	100.0
99.5	99.7	99.6	100.9	100.0	100.3	100.0

2009年广西城市商品零售价格各月环比指数（续表2）

以上月价格为100

类　　别	1月	2月	3月	4月	5月
4. 其他日用品	99.7	100.1	99.1	100.0	100.6
八、体育娱乐用品	**99.7**	**99.8**	**99.3**	**99.8**	**100.1**
1. 体育用品	99.8	100.0	99.1	99.7	100.5
2. 娱乐用品	99.7	99.6	99.5	99.8	99.7
九、交通、通信用品	**99.8**	**99.4**	**99.7**	**99.4**	**99.4**
1. 交通运输机械	99.8	99.9	100.0	100.0	99.8
2. 通信器材	100.0	98.4	99.1	98.4	98.7
十、家　　具	**100.1**	**99.4**	**99.5**	**99.3**	**100.5**
十一、化 妆 品	**99.3**	**101.1**	**99.5**	**100.3**	**100.5**
十二、金银珠宝	**100.5**	**104.3**	**100.7**	**98.2**	**101.6**
十三、中西药品及医疗保健用品	**100.1**	**99.5**	**99.9**	**100.0**	**100.1**
1. 医疗器具及用品	100.4	100.2	99.8	100.0	100.5
2. 中药材及中成药	100.2	98.1	99.9	100.1	100.2
3. 西　　药	100.1	100.3	100.0	100.1	100.1
4. 保健品及器具	100.0	99.3	100.1	99.9	100.0
十四、书报杂志及电子出版物	**103.9**	**100.0**	**101.8**	**99.9**	**99.5**
1. 教材及参考书	100.7	100.0	105.6	100.0	99.5
2. 书报杂志	108.6	100.0	100.0	100.0	99.9
3. 电子音像制品	99.7	99.9	99.5	99.5	98.7
十五、燃　　料	**93.9**	**97.7**	**99.3**	**100.0**	**98.6**
1. 煤炭及制品	98.1	96.8	97.8	99.9	96.3
2. 石油及制品	93.5	97.8	99.4	100.0	98.8
液化石油气	95.4	96.7	92.1	97.0	96.0
管道燃气	107.3	100.0	100.0	100.0	100.0
汽　　油	90.0	98.2	103.9	101.7	100.0
柴　　油	88.8	97.4	103.2	101.1	100.0
十六、建筑材料及五金电料	**100.0**	**98.8**	**98.6**	**99.9**	**100.0**
1. 建筑装潢材料	100.0	98.5	98.3	99.5	99.9
2. 五金电料	100.2	100.0	99.8	101.1	100.2

6 月	7 月	8 月	9 月	10 月	11月	12 月
99.9	99.6	100.2	100.1	99.4	100.1	99.6
100.2	99.8	100.3	100.1	99.7	99.9	99.9
100.1	99.7	100.6	100.3	99.9	99.8	100.0
100.3	100.0	100.0	99.9	99.6	100.0	99.9
99.3	99.8	100.0	100.1	100.0	99.9	99.9
99.5	99.9	100.0	100.2	100.0	99.9	99.9
99.1	99.6	99.9	100.0	100.0	99.9	100.0
99.8	99.1	100.4	100.0	99.7	100.0	100.3
99.7	99.9	100.2	100.0	100.0	100.0	100.0
102.1	99.0	99.9	101.4	102.8	103.5	100.6
100.0	99.9	100.0	100.2	99.3	99.6	100.2
100.2	100.0	100.0	101.1	100.2	101.5	100.0
99.8	100.0	100.1	100.1	98.7	99.3	100.5
100.0	100.0	100.0	100.2	99.5	99.4	100.1
100.1	99.8	99.8	99.8	99.8	99.8	100.2
100.0	100.1	100.0	98.6	100.1	100.0	100.0
100.0	100.0	100.1	95.7	100.2	100.0	100.0
100.0	100.2	100.0	100.1	100.0	100.0	100.0
100.0	100.0	100.0	100.0	100.0	100.0	100.0
103.3	104.4	100.8	104.2	99.4	106.1	102.9
100.0	100.0	100.1	100.6	100.0	101.1	100.5
103.7	104.8	100.9	104.6	99.4	106.6	103.1
99.5	98.2	110.7	107.8	103.1	109.1	108.7
100.0	100.0	100.0	100.0	100.0	100.0	103.8
106.3	108.6	97.1	104.0	97.5	106.4	100.0
107.3	109.8	96.8	104.4	97.3	107.0	100.0
100.8	100.5	100.8	100.1	100.4	100.7	100.7
101.1	100.1	100.9	100.0	100.5	100.9	100.9
100.0	101.7	100.5	100.3	100.0	100.0	100.0

2010年广西城市商品零售价格各月环比指数

以上月价格为100

类　　别	1月	2月	3月	4月	5月
商品零售价格总指数	**100.3**	**100.8**	**99.4**	**100.5**	**100.0**
一、食　　品	**101.2**	**104.2**	**98.4**	**100.5**	**100.0**
1. 粮　　食	100.7	100.3	100.9	101.9	100.8
大　　米	100.6	100.2	101.1	102.6	101.2
2. 淀　　粉	101.3	100.1	99.7	100.6	100.9
3. 干豆类及豆制品	100.9	103.4	97.5	101.8	103.8
4. 油　　脂	101.5	100.6	100.2	99.2	99.8
食用植物油	101.4	100.4	99.9	99.7	100.2
5. 肉禽及其制品	100.9	103.5	95.5	98.5	98.2
(1) 食用畜肉及副产品	100.8	103.8	94.4	97.7	96.8
猪　　肉	100.8	104.0	93.2	97.0	95.8
牛　　肉	100.4	102.6	97.8	99.0	98.8
羊　　肉	103.0	103.7	100.0	99.2	99.0
(2) 禽	101.1	103.3	96.5	99.5	99.9
鸡	100.7	101.9	97.2	99.2	99.2
鸭	102.0	106.0	95.1	100.0	101.1
(3) 肉禽加工制品	100.4	102.8	97.8	99.6	99.6
6. 蛋	100.7	101.4	98.7	98.7	99.3
鲜　　蛋	100.7	101.6	98.6	98.6	99.2
7. 水 产 品	104.7	111.1	95.7	98.4	97.2
(1) 鱼	101.7	107.6	98.4	100.7	99.6
淡 水 鱼	101.1	108.8	98.0	100.3	99.6
海 水 鱼	102.4	105.7	99.0	101.4	99.6
(2) 其他水产品	109.6	116.3	91.9	94.9	93.5
虾 蟹 类	109.6	116.3	91.9	94.9	93.5
8. 菜	102.8	110.1	97.6	103.8	100.5
鲜　　菜	103.0	111.2	97.0	104.0	100.2
9. 调 味 品	101.3	100.9	100.3	100.2	100.2
盐	100.0	100.0	100.0	100.0	100.0
酱　　油	101.8	101.2	100.3	100.4	100.0
10. 糖	103.3	100.5	99.9	100.4	100.8
食　　糖	108.6	101.3	100.5	101.0	101.0
11. 干鲜瓜果	99.2	112.5	103.2	104.0	104.6
鲜 瓜 果	98.6	115.0	104.4	104.9	105.5

6 月	7 月	8 月	9 月	10 月	11 月	12 月
99.5	**100.3**	**100.4**	**100.2**	**101.1**	**100.9**	**100.7**
99.1	**101.8**	**101.4**	**100.4**	**102.1**	**100.3**	**100.7**
100.0	100.1	100.1	100.7	100.4	103.1	103.7
99.9	100.1	99.9	100.7	100.3	103.4	103.7
102.0	100.2	100.7	100.4	100.9	102.2	106.2
99.5	99.0	100.0	98.6	99.4	102.0	101.2
99.7	100.1	100.5	101.0	100.9	105.1	102.9
100.1	99.8	100.5	101.6	101.7	104.4	103.1
99.8	102.8	105.3	101.0	102.2	102.2	101.7
98.4	102.9	107.1	101.2	103.8	103.5	101.5
98.1	104.9	111.3	101.8	104.7	104.3	101.2
98.9	100.0	99.3	100.1	101.6	100.5	99.9
99.0	99.5	99.6	100.3	101.6	103.7	106.3
101.9	103.5	103.7	101.0	100.1	100.3	102.3
101.6	103.1	103.7	102.6	100.8	99.9	101.4
102.5	104.4	103.6	98.1	98.8	101.0	103.8
100.5	101.0	102.4	100.6	100.5	101.4	101.3
100.4	102.1	107.2	101.9	98.6	102.3	101.6
100.5	102.3	107.9	102.1	98.5	102.3	101.6
100.9	100.7	99.5	99.9	102.6	100.0	102.1
103.0	102.8	99.4	98.3	99.9	100.2	100.8
101.7	102.4	101.5	99.4	100.1	98.7	100.1
105.0	103.4	96.5	96.8	99.5	102.6	101.8
97.4	96.9	99.5	102.7	107.6	99.5	104.4
97.4	96.9	99.5	102.7	107.6	99.5	104.4
95.9	109.3	98.9	100.0	110.8	88.1	88.4
95.2	111.0	98.6	99.9	112.2	86.1	86.2
100.1	99.8	100.2	100.0	99.7	100.6	100.4
100.0	99.6	100.4	100.0	100.0	100.0	100.0
100.0	99.7	100.3	100.0	99.5	100.6	100.3
100.0	100.0	100.7	100.3	100.9	104.2	101.3
100.1	100.0	100.2	100.4	101.2	108.9	101.1
95.1	97.6	98.8	99.4	99.7	104.5	107.4
94.3	97.2	98.3	99.1	99.4	104.8	108.5

2010年广西城市商品零售价格各月环比指数（续表1）

以上月价格为100

类　　别	1月	2月	3月	4月	5月
12. 糕点饼干面包	100.2	99.5	100.3	100.0	100.3
13. 液体乳及乳制品	100.5	98.8	100.6	100.5	100.5
14. 在外用膳食品	100.5	100.7	99.7	100.3	100.2
15. 其他食品	99.9	99.2	98.1	100.7	100.0
二、饮料、烟酒	**100.5**	**99.9**	**99.9**	**100.2**	**100.3**
1. 茶及饮料	100.9	99.6	99.8	100.6	100.6
(1) 茶　　叶	100.7	99.8	99.9	100.1	100.1
(2) 饮　　料	101.1	99.5	99.7	100.8	100.8
2. 烟　　草	100.0	100.1	99.8	100.1	100.0
3. 酒	100.7	99.9	100.2	100.0	100.3
三、服装、鞋帽	**98.8**	**96.3**	**99.0**	**100.9**	**100.1**
1. 服　　装	98.9	95.7	98.9	100.9	99.8
(1) 男式服装	98.6	94.9	98.6	100.2	100.1
(2) 女式服装	99.2	96.2	99.3	100.8	99.7
(3) 儿童服装	98.9	96.0	97.8	103.4	99.2
2. 鞋 袜 帽	98.2	97.7	99.2	101.1	100.8
(1) 鞋	97.9	97.4	99.1	101.2	101.0
(2) 袜　　子	100.0	99.8	99.7	100.6	100.0
(3) 帽　　子	99.7	98.6	100.3	101.1	100.0
3. 其　　他	100.0	96.7	99.9	100.1	100.1
四、纺 织 品	**99.7**	**98.7**	**98.7**	**100.5**	**100.0**
1. 衣着材料	100.0	100.1	100.0	100.0	100.0
2. 床上用品	99.5	97.9	98.0	100.8	99.9
五、家用电器及音像器材	**99.7**	**99.2**	**99.9**	**99.8**	**99.8**
1. 家庭设备	99.7	99.4	100.2	100.0	99.9
2. 文娱用耐用消费品	99.6	98.7	99.5	99.5	99.7
3. 音像器材	100.0	100.1	100.1	100.0	100.0
六、文化办公用品	**100.0**	**99.9**	**99.9**	**100.0**	**99.9**
七、日 用 品	**99.8**	**99.7**	**100.1**	**100.2**	**100.0**
1. 日用百货	99.7	99.7	100.4	100.2	100.1
2. 日用杂品	99.6	99.6	100.0	100.1	100.1
3. 洗涤用品	100.0	99.7	99.9	100.2	100.0
4. 其他日用品	99.7	100.1	99.9	100.3	99.9

6 月	7 月	8 月	9 月	10 月	11 月	12 月
100.3	100.0	101.9	100.2	100.1	101.0	100.3
99.7	100.8	100.4	100.2	100.4	100.9	100.1
100.1	100.5	100.2	100.0	100.2	101.2	100.8
100.1	101.7	100.0	101.8	101.6	100.1	100.8
100.1	**99.9**	**100.4**	**100.1**	**100.1**	**100.3**	**100.5**
100.3	99.8	100.9	100.0	100.0	100.3	100.3
100.0	100.0	99.7	100.0	99.5	100.5	100.0
100.4	99.6	101.4	100.0	100.2	100.2	100.4
100.0	100.0	100.0	99.8	100.0	100.0	100.0
100.1	99.9	100.5	100.4	100.2	100.5	101.1
99.4	**99.8**	**99.2**	**100.1**	**102.8**	**103.6**	**102.6**
99.5	100.0	98.7	100.0	103.2	105.1	103.0
99.9	99.7	98.4	100.0	103.9	105.6	102.7
99.4	100.3	98.3	100.0	103.1	104.9	103.5
98.9	99.7	101.0	100.0	101.5	104.7	102.2
99.0	99.1	100.2	100.0	102.1	100.3	101.8
98.9	98.9	99.9	100.0	102.5	100.4	102.0
99.8	100.2	101.8	100.0	100.0	100.0	100.0
99.9	100.1	100.0	100.0	100.1	100.1	100.1
100.9	101.6	100.3	101.8	101.3	99.9	100.0
100.4	**100.3**	**99.8**	**100.5**	**101.4**	**101.5**	**100.7**
101.4	100.1	99.9	100.0	101.4	101.3	100.2
99.9	100.4	99.8	100.8	101.3	101.6	101.0
99.7	**99.5**	**99.8**	**99.3**	**99.5**	**99.9**	**99.7**
99.5	99.2	99.8	99.1	99.4	100.3	99.8
99.9	99.8	99.7	99.5	99.7	99.4	99.4
99.9	99.9	99.7	99.6	100.0	100.0	100.0
99.8	**99.8**	**100.5**	**99.7**	**99.3**	**100.0**	**99.7**
100.2	**100.1**	**99.9**	**100.0**	**100.0**	**100.3**	**100.3**
100.1	100.1	99.8	99.9	100.1	100.4	99.9
100.3	100.7	100.1	100.0	100.1	100.0	99.8
100.0	99.9	99.9	100.1	100.0	100.1	101.0
100.5	100.0	99.8	99.9	99.9	100.7	100.1

2010年广西城市商品零售价格各月环比指数（续表2）

以上月价格为100

类　别	1月	2月	3月	4月	5月
八、体育娱乐用品	**100.0**	**100.0**	**99.8**	**99.6**	**99.7**
1. 体育用品	100.1	100.1	99.8	100.1	99.6
2. 娱乐用品	99.9	99.9	99.9	99.0	99.7
九、交通、通信用品	**100.0**	**99.4**	**99.7**	**99.6**	**99.8**
1. 交通运输机械	100.0	99.9	99.9	99.9	99.9
2. 通信器材	99.8	98.6	99.5	99.0	99.7
十、家　具	**100.3**	**100.0**	**99.7**	**98.6**	**98.7**
十一、化 妆 品	**100.0**	**100.1**	**100.3**	**99.7**	**99.8**
十二、金银珠宝	**102.2**	**98.9**	**100.5**	**101.0**	**102.3**
十三、中西药品及医疗保健用品	**100.2**	**100.6**	**99.9**	**100.5**	**100.5**
1. 医疗器具及用品	101.8	101.2	100.2	100.0	100.0
2. 中药材及中成药	100.1	101.2	99.6	100.9	100.5
3. 西　药	100.1	100.2	100.0	100.3	100.5
4. 保健品及器具	100.1	99.8	100.0	100.6	100.3
十四、书报杂志及电子出版物	**100.0**	**99.9**	**100.6**	**100.1**	**100.0**
1. 教材及参考书	100.0	99.5	101.6	100.0	100.0
2. 书报杂志	100.0	100.2	100.0	100.1	100.0
3. 电子音像制品	100.0	99.8	100.0	100.0	100.2
十五、燃　料	**100.4**	**100.1**	**99.7**	**102.3**	**99.6**
1. 煤炭及制品	101.3	100.6	101.7	100.0	99.9
2. 石油及制品	100.3	100.0	99.6	102.5	99.6
液化石油气	100.9	100.0	98.9	101.2	98.9
管道燃气	100.0	100.0	100.0	100.0	100.0
汽　油	100.0	100.0	100.0	103.8	99.9
柴　油	99.8	100.2	100.0	104.2	100.2
十六、建筑材料及五金电料	**100.1**	**99.4**	**100.2**	**101.7**	**100.7**
1. 建筑装潢材料	100.1	99.2	99.9	102.2	100.8
2. 五金电料	100.0	99.9	101.0	100.1	100.3

6 月	7 月	8 月	9 月	10 月	11 月	12 月
100.2	**99.8**	**99.9**	**99.9**	**99.9**	**100.4**	**99.6**
100.4	99.9	100.2	100.1	100.3	100.8	99.4
99.9	99.7	99.7	99.8	99.5	100.0	99.8
99.9	**99.7**	**99.6**	**99.6**	**99.5**	**100.0**	**100.0**
100.2	99.8	99.7	99.8	99.7	100.3	100.0
99.3	99.6	99.6	99.2	99.0	99.5	100.0
99.9	**100.2**	**100.5**	**100.1**	**100.1**	**100.1**	**101.1**
100.3	**99.7**	**100.3**	**100.1**	**100.2**	**100.1**	**100.2**
101.0	**98.9**	**100.7**	**102.1**	**102.5**	**101.9**	**100.5**
100.1	**100.1**	**100.5**	**100.1**	**100.3**	**101.5**	**100.2**
100.0	100.0	100.8	100.0	100.0	100.0	100.0
100.3	100.0	100.6	100.4	100.7	103.2	101.4
100.0	100.0	100.3	100.0	100.1	100.6	99.3
100.0	100.4	100.9	99.9	100.0	100.9	99.7
100.0	**100.0**	**99.9**	**99.7**	**100.0**	**100.0**	**100.0**
100.0	100.0	100.0	99.0	100.0	100.0	100.0
100.0	100.0	100.0	100.0	100.0	100.0	100.0
100.0	100.0	99.6	100.0	100.0	100.0	100.0
97.8	**98.5**	**99.3**	**100.7**	**102.9**	**104.0**	**102.7**
100.4	99.0	99.5	101.6	101.2	103.5	103.6
97.6	98.4	99.3	100.6	103.0	104.0	102.7
98.3	96.0	97.9	101.1	103.9	110.7	101.7
100.0	100.0	100.0	100.0	100.0	100.0	100.6
97.3	99.8	100.2	100.3	102.8	100.1	103.7
95.5	100.2	100.3	100.8	103.2	100.2	103.9
99.8	**99.5**	**100.4**	**102.0**	**101.0**	**100.7**	**100.8**
99.8	99.4	100.5	102.5	101.3	100.9	101.1
99.9	99.9	100.1	100.3	100.1	100.0	100.1

2011年广西城市商品零售价格各月环比指数

以上月价格为100

类　　别	1月	2月	3月	4月	5月
商品零售价格总指数	**101.2**	**101.2**	**99.8**	**101.1**	**100.0**
一、食　　品	**104.1**	**103.8**	**99.3**	**101.6**	**99.1**
1. 粮　　食	102.4	101.3	103.0	102.4	100.6
大　　米	102.5	101.5	103.9	102.4	100.8
2. 淀粉及制品	101.0	100.8	100.2	100.5	100.3
3. 干豆类及豆制品	102.7	102.9	98.5	100.2	99.9
4. 油　　脂	100.8	100.4	99.9	100.4	100.2
食用植物油	101.4	100.4	99.9	100.5	100.5
5. 肉禽及其制品	102.5	104.2	98.2	101.0	100.8
(1) 食用畜肉及副产品	102.7	105.9	97.9	101.0	100.5
猪　　肉	102.6	106.1	98.3	101.7	101.1
牛　　肉	100.8	103.7	96.5	99.7	99.2
羊　　肉	106.1	107.9	98.0	98.2	97.6
(2) 禽	102.4	102.2	98.5	101.0	101.5
鸡	103.3	102.8	97.7	100.0	101.5
鸭	100.4	100.9	100.2	103.1	101.5
(3) 加工肉禽	101.5	101.5	98.8	101.2	101.0
6. 蛋	101.5	102.6	97.2	98.5	101.4
鲜　　蛋	101.4	102.8	97.0	98.3	101.4
7. 水 产 品	107.1	113.0	97.6	99.3	96.6
(1) 鱼	103.6	106.6	99.6	103.1	99.9
淡 水 鱼	102.9	108.7	101.4	103.2	100.6
海 水 鱼	104.5	103.8	96.9	102.9	98.8
(2) 其他水产品	113.7	123.7	94.8	93.5	91.2
虾 蟹 类	114.3	124.5	94.7	93.3	90.8
8. 菜	117.9	103.9	96.7	101.7	90.7
鲜　　菜	121.3	104.2	96.1	102.0	89.2
9. 调 味 品	100.7	100.6	100.5	100.0	100.7
食 用 盐	100.0	100.0	100.0	99.6	100.0
酱　　油	101.1	101.6	100.3	100.2	101.5
10. 糖	100.2	100.0	100.6	102.1	100.9
食　　糖	100.1	100.1	100.7	102.6	100.4
11. 干鲜瓜果	108.5	107.2	100.0	105.1	98.0
鲜 瓜 果	110.0	108.4	100.1	105.6	97.2

6 月	7 月	8 月	9 月	10 月	11 月	12 月
99.8	**100.4**	**99.8**	**100.0**	**100.3**	**99.6**	**99.7**
99.9	**101.9**	**99.7**	**100.2**	**100.5**	**98.7**	**99.8**
100.4	100.6	99.2	99.1	100.0	99.8	100.1
100.5	100.7	98.9	98.8	100.0	99.7	100.0
100.2	100.1	99.9	100.4	100.2	100.0	100.0
99.6	99.4	99.5	99.5	100.2	99.7	100.1
101.5	101.6	101.3	98.2	99.8	98.7	99.2
102.2	102.5	101.4	97.5	99.3	98.6	99.2
103.7	104.4	99.1	98.9	99.5	97.4	98.8
105.2	106.6	98.5	97.9	99.0	95.7	98.0
107.2	108.5	97.6	96.8	97.5	92.9	95.2
100.0	101.6	100.9	100.9	102.5	102.2	104.0
100.5	100.9	100.4	101.7	104.4	103.4	105.2
101.7	100.6	99.5	100.0	99.6	99.3	99.8
102.2	100.9	99.6	101.1	99.7	98.5	99.8
100.9	100.2	99.4	97.6	99.5	101.0	100.0
101.9	103.4	101.2	100.8	100.9	100.3	100.0
102.2	102.9	103.2	100.1	99.8	97.8	99.0
102.3	103.1	103.3	99.9	99.7	97.6	98.9
99.2	99.0	99.1	101.0	99.1	99.8	100.8
101.6	100.4	100.0	100.3	98.6	98.2	98.1
101.1	100.4	100.0	100.4	98.0	97.0	97.1
102.2	100.4	100.2	100.3	99.6	100.0	99.7
95.0	96.3	97.2	102.3	100.0	103.0	105.9
94.7	96.0	97.1	102.4	99.9	103.2	106.2
97.4	109.7	99.9	103.5	103.4	93.0	101.1
97.0	111.6	99.8	104.3	104.1	92.1	101.3
100.6	100.3	100.0	100.0	100.1	99.8	100.1
100.0	100.0	100.0	100.0	100.0	100.0	100.0
101.4	100.8	100.1	99.8	99.9	99.5	100.2
101.1	100.9	101.4	101.6	100.2	100.2	100.4
102.0	102.3	101.6	101.5	100.3	100.1	100.6
88.1	92.5	97.6	101.5	104.3	104.1	100.2
85.3	90.2	97.1	102.0	105.5	105.3	100.4

2011 年广西城市商品零售价格各月环比指数（续表 1）

以上月价格为 100

类　别	1 月	2 月	3 月	4 月	5 月
12. 糕点饼干面包	100.8	100.4	100.3	102.6	102.1
13. 液体乳及乳制品	100.5	100.4	100.6	101.0	99.7
14. 在外用膳食品	100.5	100.7	101.1	102.4	101.0
15. 其他食品	100.4	100.3	102.2	99.7	100.0
二、饮料、烟酒	**100.2**	**100.3**	**100.2**	**100.7**	**100.7**
1. 茶及饮料	100.1	99.8	100.2	101.5	100.9
(1) 茶　叶	100.0	99.7	100.0	100.1	100.1
(2) 饮　料	100.2	99.9	100.2	102.1	101.3
2. 烟　草	100.0	100.0	99.9	100.0	100.2
3. 酒	100.4	101.0	100.6	100.8	101.2
三、服装、鞋帽	**98.5**	**98.2**	**98.8**	**102.3**	**100.8**
1. 服　装	98.8	97.9	98.5	102.3	100.8
(1) 男式服装	98.9	97.4	99.1	102.4	100.5
(2) 女式服装	98.7	98.6	98.1	102.2	100.9
(3) 儿童服装	98.5	97.0	98.2	102.3	101.3
2. 鞋 袜 帽	98.1	99.0	99.6	102.5	101.2
(1) 鞋	97.9	98.9	99.6	102.9	101.4
(2) 袜　子	99.4	99.9	100.2	100.0	100.0
(3) 帽　子	99.8	99.4	99.3	101.1	100.0
3. 其　他	97.3	97.1	100.0	100.0	100.0
四、纺 织 品	**99.7**	**100.0**	**100.3**	**100.9**	**100.0**
1. 衣着材料	100.4	100.1	101.5	102.1	100.3
2. 床上用品	99.4	99.9	99.8	100.3	99.9
五、家用电器及音像器材	**99.4**	**99.3**	**100.3**	**99.8**	**99.9**
1. 家庭设备	99.8	99.6	100.6	100.1	100.6
2. 文娱用耐用消费品	98.8	98.9	99.9	99.4	99.1
3. 专业音像器材	100.7	100.0	99.9	100.0	100.0
六、文化办公用品	**99.9**	**99.9**	**99.9**	**99.8**	**99.8**
七、日 用 品	**100.0**	**100.0**	**100.3**	**100.0**	**100.6**
1. 日用百货	100.1	100.2	100.5	99.7	100.6
2. 日用杂品	100.1	100.0	99.9	100.0	100.8
3. 洗涤用品	99.9	100.2	100.4	100.3	100.9
4. 其他日用品	99.8	99.2	100.1	100.1	99.8

6 月	7 月	8 月	9 月	10 月	11 月	12 月
100.2	100.0	101.0	100.3	100.2	100.0	99.9
101.0	100.0	99.7	100.1	101.3	99.9	100.3
100.3	101.4	100.6	100.8	100.3	100.2	100.2
101.5	100.9	100.2	99.1	101.1	100.2	100.1
100.2	**100.4**	**100.0**	**100.6**	**100.5**	**100.2**	**100.1**
100.3	100.5	100.3	100.1	99.8	100.4	100.2
99.6	100.9	100.3	100.1	99.2	100.4	100.1
100.5	100.4	100.3	100.1	100.1	100.4	100.2
100.0	100.0	100.0	100.0	100.0	100.0	100.0
100.4	100.8	99.8	101.6	101.7	100.3	100.1
99.1	**98.5**	**97.7**	**99.3**	**104.1**	**101.3**	**100.4**
99.0	98.4	97.4	99.5	105.2	101.7	100.5
98.8	98.6	98.2	99.4	104.8	101.1	101.0
99.4	98.8	97.0	99.7	105.4	101.9	100.3
98.1	96.7	96.4	99.0	105.2	102.8	99.6
99.4	98.4	98.1	98.6	102.2	100.4	100.0
99.3	98.2	98.0	98.4	102.6	100.4	100.0
100.0	99.7	99.3	99.8	99.1	100.2	100.2
100.2	99.6	98.2	100.2	100.4	100.2	100.4
99.6	100.0	99.9	100.0	100.0	100.2	101.5
100.7	**100.1**	**100.0**	**100.5**	**101.1**	**101.0**	**99.6**
100.4	100.5	100.0	100.5	101.6	101.4	100.1
100.9	99.9	99.9	100.5	100.8	100.8	99.3
99.8	**99.5**	**99.4**	**99.4**	**99.8**	**99.7**	**99.6**
100.0	99.6	99.3	99.6	99.9	99.7	99.6
99.3	99.3	99.4	99.0	99.5	99.6	99.5
100.1	100.0	99.9	100.1	100.0	100.0	100.0
99.8	**99.9**	**99.7**	**99.6**	**99.8**	**100.0**	**100.0**
100.2	**100.3**	**100.6**	**100.3**	**100.3**	**100.1**	**100.1**
99.9	100.4	101.0	100.1	100.5	99.9	100.2
100.5	100.4	100.1	100.1	100.2	99.9	100.1
99.9	100.2	100.8	100.6	100.4	100.3	100.1
100.6	100.0	100.0	100.2	100.0	100.1	100.1

2011年广西城市商品零售价格各月环比指数（续表2）

以上月价格为100

类　　别	1月	2月	3月	4月	5月
八、体育娱乐用品	**100.2**	**100.0**	**100.1**	**99.6**	**100.1**
1. 体育用品	100.2	99.9	99.9	99.7	100.0
2. 娱乐用品	100.1	100.1	100.3	99.5	100.2
九、交通、通信用品	**100.0**	**99.9**	**100.0**	**99.8**	**99.5**
1. 交通运输机械	100.0	100.0	100.0	100.0	99.7
2. 通信器材	99.9	99.7	99.8	99.5	99.3
十、家　　具	**100.3**	**99.9**	**100.2**	**100.7**	**100.5**
十一、化 妆 品	**100.1**	**100.0**	**100.1**	**100.1**	**100.2**
十二、金银珠宝	**99.6**	**101.2**	**101.3**	**102.0**	**101.5**
十三、中西药品及医疗保健用品	**100.3**	**100.3**	**100.5**	**100.3**	**101.1**
1. 医疗器具及用品	100.7	100.5	99.9	100.1	100.7
2. 中药材及中成药	100.6	100.6	101.8	100.6	102.7
3. 西　　药	100.0	100.1	99.9	100.0	100.1
4. 保健器具及用品	100.3	100.0	99.3	100.4	99.9
十四、书报杂志及电子出版物	**100.1**	**100.3**	**100.0**	**100.1**	**100.0**
1. 教材及参考书	100.0	100.8	99.9	100.0	100.0
2. 书报杂志	100.2	100.0	100.0	100.1	100.0
3. 电子音像制品	100.3	100.0	100.0	100.1	100.0
十五、燃　　料	**100.5**	**101.9**	**99.9**	**104.7**	**100.5**
1. 煤炭及制品	100.7	100.6	101.2	99.7	103.9
2. 石油及制品	100.5	102.1	99.8	105.2	100.2
液化石油气	101.2	99.8	99.5	106.3	100.6
管道燃气	100.0	100.0	100.0	100.0	100.0
汽　　油	100.0	104.0	100.0	105.6	100.0
柴　　油	100.0	104.5	100.0	104.8	100.0
十六、建筑材料及五金电料	**100.2**	**100.5**	**99.7**	**101.2**	**100.9**
1. 建筑装潢材料	100.6	100.5	99.7	101.2	100.8
2. 五金电料	98.7	100.9	99.4	101.3	101.2

6 月	7 月	8 月	9 月	10 月	11 月	12 月
100.5	**100.0**	**99.9**	**99.9**	**100.2**	**99.8**	**99.9**
100.5	100.1	100.3	99.6	100.0	99.7	100.0
100.5	99.9	99.5	100.3	100.5	100.0	99.9
100.0	**99.5**	**99.9**	**99.9**	**99.7**	**99.6**	**99.6**
100.3	99.7	99.9	100.0	100.0	99.7	99.9
99.5	99.1	99.7	99.8	98.9	99.3	99.0
100.8	**100.6**	**100.2**	**100.2**	**100.0**	**99.7**	**99.5**
100.1	**100.1**	**100.1**	**100.4**	**100.3**	**100.2**	**100.2**
100.5	**100.2**	**105.5**	**99.8**	**95.8**	**102.7**	**97.3**
100.5	**100.2**	**100.6**	**100.3**	**100.0**	**100.0**	**99.7**
101.2	100.2	100.1	100.1	100.0	100.2	100.0
101.0	100.6	101.6	100.8	100.1	100.1	99.1
100.0	100.0	99.9	100.1	100.0	100.0	100.1
100.3	99.9	100.1	99.8	99.8	100.1	100.0
100.0	**100.1**	**100.0**	**99.9**	**100.0**	**100.0**	**100.0**
100.0	100.1	100.1	99.7	100.0	100.1	100.0
100.0	100.0	100.0	100.0	100.0	100.0	100.0
99.8	100.2	99.9	100.0	100.0	100.0	100.0
97.0	**98.7**	**100.1**	**100.1**	**98.2**	**99.2**	**98.5**
103.1	98.7	100.9	101.0	100.0	100.0	100.0
96.4	98.7	100.0	100.0	98.0	99.1	98.3
91.0	96.5	100.0	99.9	99.5	97.6	95.2
98.4	99.7	99.7	100.0	100.0	100.0	100.0
100.0	100.0	100.0	100.0	96.8	100.0	100.0
100.0	100.0	100.0	100.0	96.6	100.0	100.0
100.3	**100.2**	**100.2**	**100.1**	**99.7**	**99.8**	**100.0**
100.2	100.2	100.3	100.2	99.6	99.7	100.0
100.7	100.3	99.7	99.9	100.1	99.9	100.0

2012年广西城市商品零售价格各月环比指数

以上月价格为100

类　　别	1月	2月	3月	4月	5月
商品零售价格总指数	**101.8**	**100.2**	**100.6**	**100.3**	**99.7**
一、食　　品	**105.1**	**99.8**	**100.4**	**100.2**	**99.5**
1. 粮　　食	101.5	100.6	100.3	100.2	100.1
大　　米	101.9	100.6	100.4	100.2	100.1
2. 淀粉及制品	100.0	100.0	99.6	100.2	100.7
3. 干豆类及豆制品	103.4	98.9	99.1	100.4	100.3
4. 油　　脂	103.8	100.7	99.9	101.7	102.0
食用植物油	103.6	101.1	100.1	102.6	102.8
5. 肉禽及其制品	107.4	99.8	98.8	98.6	98.4
(1) 食用畜肉及副产品	111.4	100.4	97.5	96.8	98.0
猪　　肉	111.1	98.8	96.9	95.4	96.9
牛　　肉	115.9	104.5	98.9	101.1	101.6
羊　　肉	111.0	103.2	98.7	98.5	99.7
(2) 禽	102.5	98.8	100.9	101.4	98.8
鸡	102.9	99.0	99.9	100.4	99.1
鸭	101.7	98.5	103.0	103.6	98.2
(3) 加工肉禽	101.3	99.5	99.9	100.1	99.2
6. 蛋	98.2	95.0	98.3	99.4	98.1
鲜　　蛋	98.0	94.6	98.2	99.3	97.9
7. 水 产 品	111.9	101.0	100.0	96.5	97.0
(1) 鱼	103.9	100.6	100.5	99.5	99.6
淡 水 鱼	104.2	100.6	101.4	99.7	99.8
海 水 鱼	103.6	100.7	99.3	99.3	99.4
(2) 其他水产品	126.2	101.6	99.2	91.9	92.7
虾 蟹 类	127.4	101.7	99.2	91.6	92.4
8. 菜	112.2	96.0	108.6	104.8	99.6
鲜　　菜	114.0	95.3	110.1	105.3	99.4
9. 调 味 品	99.9	100.1	100.0	100.4	100.3
食 用 盐	99.7	100.0	100.0	100.0	100.0
酱　　油	100.0	100.2	100.0	100.4	100.5
10. 糖	99.8	99.9	100.6	100.7	100.6
食　　糖	99.5	100.1	101.9	99.9	99.8
11. 干鲜瓜果	103.1	101.6	99.5	103.2	99.3
鲜 瓜 果	103.8	102.0	99.2	104.0	99.1

6 月	7 月	8 月	9 月	10 月	11 月	12 月
99.4	**99.7**	**100.6**	**100.3**	**99.7**	**99.9**	**100.2**
99.4	**99.9**	**101.4**	**100.1**	**98.8**	**100.3**	**101.3**
100.0	100.0	100.1	100.1	99.7	100.0	100.1
99.9	100.1	100.1	100.1	99.5	100.0	100.0
100.6	100.1	100.2	100.1	100.0	100.0	100.3
99.9	100.4	100.1	100.2	100.4	100.3	100.5
100.8	101.2	102.5	101.0	101.1	99.3	99.8
100.9	101.7	103.2	101.2	101.8	99.0	99.9
100.1	100.8	100.9	101.2	100.0	100.1	101.8
100.4	101.3	101.1	101.6	100.2	99.9	102.2
100.0	101.3	101.2	102.3	99.0	99.0	102.2
102.6	101.9	101.2	100.7	103.0	102.0	101.8
100.1	100.0	100.3	100.0	101.4	100.9	102.2
99.6	100.2	100.6	101.0	99.4	100.7	101.7
100.1	99.7	100.8	101.3	100.2	100.7	101.3
98.7	101.2	100.3	100.3	97.8	100.6	102.8
99.5	100.1	100.6	100.1	100.3	99.9	100.3
104.7	100.1	104.0	104.7	98.6	100.2	102.1
105.4	100.1	104.3	104.9	98.4	100.3	102.3
98.6	99.1	100.1	101.2	99.0	100.4	101.9
101.8	100.8	99.8	99.7	99.0	99.3	100.0
101.7	100.1	99.6	98.7	99.5	98.6	99.8
101.8	101.7	100.1	101.2	98.4	100.2	100.3
93.1	95.8	100.8	104.0	98.8	102.5	105.3
92.9	95.5	100.8	104.3	98.7	102.6	105.6
94.3	100.0	109.7	95.2	88.5	104.5	105.9
93.4	100.0	111.1	94.6	86.9	105.4	106.8
100.3	100.0	100.1	100.0	100.2	100.4	100.1
100.0	100.0	100.0	100.0	100.0	100.0	100.0
100.8	99.9	100.2	100.1	100.3	100.7	100.0
100.2	100.1	99.8	100.0	99.5	100.0	100.2
100.0	100.1	99.4	99.5	98.5	100.0	100.4
97.5	95.5	97.6	100.3	101.7	98.7	100.4
97.0	94.5	97.1	100.3	102.1	98.4	100.6

2012年广西城市商品零售价格各月环比指数（续表1）

以上月价格为100

类　　别	1月	2月	3月	4月	5月
12. 糕点饼干面包	100.4	100.6	100.5	100.7	100.8
13. 液体乳及乳制品	100.4	100.9	98.5	100.7	101.1
14. 在外用膳食品	101.5	100.5	100.0	100.3	100.8
15. 其他食品	100.9	99.8	100.0	99.0	101.4
二、饮料、烟酒	**100.2**	**100.3**	**100.1**	**100.3**	**100.5**
1. 茶及饮料	100.3	100.0	100.3	101.0	101.2
(1) 茶　叶	100.5	99.9	100.7	100.4	100.1
(2) 饮　料	100.2	100.0	100.1	101.2	101.6
2. 烟　草	100.0	100.0	100.2	100.0	100.0
3. 酒	100.5	100.9	99.9	100.1	100.5
三、服装、鞋帽	**99.3**	**98.9**	**101.4**	**101.6**	**100.9**
1. 服　装	99.3	98.4	101.6	101.9	101.0
(1) 男式服装	99.2	98.0	102.1	102.1	100.6
(2) 女式服装	99.3	98.8	101.6	101.8	101.3
(3) 儿童服装	99.6	98.4	100.2	101.8	101.5
2. 鞋 袜 帽	99.3	100.0	100.8	100.8	100.8
(1) 鞋	99.1	100.0	101.0	100.8	100.8
(2) 袜　子	100.5	100.3	99.6	101.1	100.7
(3) 帽　子	99.7	99.3	100.0	100.3	100.2
3. 其　他	99.4	99.8	100.2	100.4	100.0
四、纺 织 品	**99.6**	**99.8**	**100.2**	**99.4**	**99.8**
1. 衣着材料	100.0	100.3	100.0	100.0	100.4
2. 床上用品	99.4	99.5	100.3	99.1	99.5
五、家用电器及音像器材	**99.6**	**99.8**	**99.9**	**100.0**	**100.1**
1. 家庭设备	99.5	100.0	100.2	100.2	100.7
2. 文娱用耐用消费品	99.7	99.5	99.6	99.6	99.3
3. 专业音像器材	100.1	100.0	99.9	100.4	100.0
六、文化办公用品	**99.8**	**100.5**	**100.0**	**99.8**	**100.0**
七、日 用 品	**99.9**	**99.8**	**100.1**	**100.1**	**100.0**
1. 日用百货	99.5	100.3	100.1	99.9	99.9
2. 日用杂品	100.3	100.0	100.0	100.4	100.0
3. 洗涤用品	99.9	99.3	100.4	100.1	100.1
4. 其他日用品	99.9	99.8	99.7	100.1	100.1

6 月	7 月	8 月	9 月	10 月	11 月	12 月
100.1	100.1	100.4	100.0	100.0	100.1	100.0
100.2	99.6	100.9	100.3	100.0	99.7	100.1
101.0	100.3	100.2	100.3	100.0	99.5	99.5
99.6	101.0	101.8	99.5	99.5	99.8	100.0
100.3	**100.1**	**100.2**	**100.1**	**100.0**	**100.0**	**99.7**
100.9	100.3	100.5	100.2	100.3	100.1	99.8
100.1	100.1	100.0	99.9	100.0	100.0	100.0
101.3	100.4	100.7	100.4	100.4	100.1	99.8
100.0	100.1	100.0	100.0	100.0	100.0	100.0
100.2	100.1	100.1	100.1	99.7	100.0	99.3
99.2	**98.8**	**99.2**	**100.3**	**100.8**	**100.1**	**99.5**
99.2	98.8	99.4	100.5	101.1	100.4	99.4
99.2	98.2	99.4	100.7	101.4	100.7	99.0
99.3	99.2	99.4	100.5	101.0	100.0	99.5
98.4	99.0	99.4	100.1	100.5	101.1	100.5
99.1	98.8	98.4	99.9	100.2	99.1	99.5
99.0	98.6	98.1	99.8	100.2	99.1	99.5
100.2	100.0	100.2	100.0	100.1	99.6	99.7
100.0	99.6	99.7	100.3	100.1	99.2	99.9
100.0	100.0	100.0	100.0	99.9	100.7	101.1
100.0	**100.1**	**100.0**	**99.8**	**100.3**	**100.0**	**100.2**
100.0	100.1	100.0	100.0	100.0	100.2	100.2
99.9	100.1	100.0	99.6	100.4	99.9	100.3
100.0	**100.1**	**99.5**	**99.8**	**99.5**	**99.8**	**99.2**
100.5	100.3	99.6	100.1	99.5	99.8	99.3
99.3	99.8	99.3	99.3	99.4	99.8	99.0
100.0	100.0	99.9	99.9	100.6	100.4	100.0
99.9	**99.8**	**99.8**	**100.0**	**99.9**	**99.6**	**99.3**
99.9	**99.9**	**100.2**	**100.2**	**100.0**	**99.9**	**99.9**
100.2	99.7	100.1	100.6	100.0	100.0	99.4
100.0	100.0	100.0	100.0	100.0	100.1	100.1
99.6	100.0	100.4	100.2	100.2	99.9	100.1
100.0	100.2	100.2	99.8	100.0	99.7	100.3

2012年广西城市商品零售价格各月环比指数（续表2）

以上月价格为100

类　　别	1月	2月	3月	4月	5月
八、体育娱乐用品	**100.0**	**100.2**	**100.1**	**100.1**	**99.9**
1. 体育用品	100.0	100.3	100.1	100.0	99.8
2. 娱乐用品	100.0	100.0	100.1	100.1	100.0
九、交通、通信用品	**99.9**	**99.9**	**99.9**	**99.7**	**99.8**
1. 交通运输机械	100.0	100.0	100.0	99.7	99.9
2. 通信器材	99.8	99.7	99.8	99.7	99.6
十、家　　具	**99.8**	**100.2**	**100.1**	**101.7**	**100.1**
十一、化 妆 品	**99.9**	**100.1**	**100.0**	**100.3**	**100.3**
十二、金银珠宝	**97.9**	**104.4**	**98.9**	**99.6**	**98.9**
十三、中西药品及医疗保健用品	**100.2**	**100.2**	**100.0**	**100.1**	**100.2**
1. 医疗器具及用品	99.9	100.0	100.1	102.0	100.0
2. 中药材及中成药	100.6	100.4	99.9	99.7	100.2
3. 西　　药	100.0	100.0	100.0	100.1	100.1
4. 保健器具及用品	100.0	100.1	100.1	100.2	100.2
十四、书报杂志及电子出版物	**100.0**	**100.5**	**100.0**	**100.0**	**100.0**
1. 教材及参考书	100.0	101.1	100.0	100.0	100.0
2. 书报杂志	100.0	100.2	100.0	100.0	100.0
3. 电子音像制品	100.0	100.0	100.0	100.0	100.2
十五、燃　　料	**103.2**	**104.0**	**105.3**	**100.8**	**97.8**
1. 煤炭及制品	100.0	100.0	100.0	100.2	99.9
2. 石油及制品	103.5	104.4	105.8	100.8	97.6
液化石油气	109.7	107.5	107.2	101.1	97.7
管道燃气	102.3	100.0	100.0	100.0	100.1
汽　　油	100.0	103.0	105.8	100.8	97.0
柴　　油	100.0	103.3	106.3	100.7	97.1
十六、建筑材料及五金电料	**100.0**	**99.8**	**99.9**	**100.3**	**99.8**
1. 建筑装潢材料	100.0	99.8	99.8	100.4	99.8
2. 五金电料	99.9	100.1	100.2	100.0	99.8

6 月	7 月	8 月	9 月	10 月	11 月	12 月
99.9	100.2	99.9	99.8	100.0	99.8	99.7
99.9	100.2	99.8	100.1	100.0	99.8	99.3
99.8	100.2	100.0	99.5	100.0	99.9	100.1
100.0	99.9	99.9	99.9	99.5	99.3	99.0
100.2	100.1	100.2	99.9	99.6	99.8	99.7
99.5	99.5	99.4	99.9	99.2	98.4	97.6
100.4	100.3	100.0	100.1	99.9	99.9	99.5
100.7	100.1	100.2	100.0	100.2	100.0	100.0
99.2	100.0	101.1	104.5	101.0	97.9	98.8
100.0	100.3	99.9	99.9	99.9	99.9	99.9
100.1	100.0	100.0	100.2	100.5	100.0	99.9
99.7	100.4	99.7	99.8	99.1	99.8	99.5
100.2	100.4	100.0	99.9	100.3	100.1	100.1
99.9	100.2	99.8	99.9	100.0	99.8	100.0
100.0	100.0	100.0	99.6	100.0	100.0	100.0
100.0	100.0	100.0	99.2	100.0	100.0	100.0
100.0	100.0	100.0	100.0	100.0	100.0	100.0
100.2	99.9	99.9	99.7	100.0	100.0	100.1
95.0	96.6	102.7	103.6	100.6	98.3	99.6
99.7	100.0	99.7	99.7	100.0	100.0	100.0
94.5	96.3	103.0	104.0	100.6	98.2	99.6
92.8	95.9	103.6	102.2	100.8	99.2	99.5
102.5	100.2	100.0	100.0	100.0	100.0	100.0
94.5	95.9	103.1	105.9	100.6	97.2	99.6
94.3	95.6	103.5	106.2	100.6	97.0	99.6
100.1	99.6	99.3	99.5	101.0	100.3	100.9
100.1	99.5	99.1	99.3	101.3	100.4	101.1
100.1	100.0	100.0	100.1	100.2	100.3	100.1

2013年广西城市商品零售价格各月环比指数

以上月价格为100

类　别	1月	2月	3月	4月	5月
商品零售价格总指数	**100.7**	**100.6**	**99.2**	**100.1**	**99.6**
一、食　品	**102.1**	**102.0**	**97.7**	**100.6**	**98.6**
1. 粮　食	100.3	100.3	100.2	100.1	100.1
大　米	100.1	100.1	100.0	100.0	100.0
2. 淀粉及制品	99.9	100.3	100.4	101.0	100.0
3. 干豆类及豆制品	101.3	103.6	99.0	99.7	100.3
4. 油　脂	100.0	99.9	99.9	99.8	99.0
食用植物油	100.1	99.9	100.0	99.6	99.1
5. 肉禽及其制品	103.1	104.0	94.8	95.7	97.9
(1) 食用畜肉及副产品	104.7	103.7	93.2	97.1	99.0
猪　肉	105.3	102.7	91.1	95.8	98.3
牛　肉	103.6	106.6	95.6	100.2	100.6
羊　肉	105.2	103.2	96.6	99.4	99.6
(2) 禽	100.8	105.5	96.4	91.6	95.3
鸡	101.4	103.2	96.8	92.2	96.0
鸭	99.7	110.5	95.6	90.2	93.9
(3) 加工肉禽	100.9	101.9	98.6	98.6	98.5
6. 蛋	101.4	100.2	97.5	99.7	99.5
鲜　蛋	101.5	100.1	97.3	99.7	99.4
7. 水 产 品	104.2	109.3	91.8	98.7	100.0
(1) 鱼	101.8	105.2	96.2	99.9	99.5
淡 水 鱼	101.2	107.1	96.3	99.8	99.2
海 水 鱼	102.7	102.6	96.1	100.0	99.8
(2) 其他水产品	108.4	116.2	85.4	96.8	100.8
虾 蟹 类	108.8	116.7	84.9	96.7	100.9
8. 菜	104.4	91.3	98.1	118.7	93.1
鲜　菜	104.8	89.8	97.7	121.5	91.9
9. 调 味 品	100.2	100.0	100.1	99.8	100.5
食 用 盐	100.0	100.0	100.0	99.4	100.6
酱　油	100.2	100.0	100.2	100.0	100.9
10. 糖	99.6	99.5	99.8	99.4	100.1
食　糖	99.3	100.1	100.2	99.0	100.1
11. 干鲜瓜果	103.1	109.8	103.3	101.1	98.6
鲜 瓜 果	103.8	112.0	104.0	101.3	98.3

6 月	7 月	8 月	9 月	10 月	11 月	12 月
100.1	99.9	100.9	101.0	99.7	99.7	100.2
100.3	100.0	102.5	102.3	99.0	99.2	100.4
99.9	100.0	100.1	100.1	100.3	100.1	100.3
99.8	99.9	100.0	100.1	100.3	99.9	100.2
100.0	100.0	100.0	100.0	100.0	100.1	99.5
100.1	100.1	100.1	100.2	100.4	100.6	100.3
99.4	99.8	99.0	97.5	99.7	99.6	98.7
99.0	100.1	98.7	97.3	99.7	99.2	98.1
101.9	101.4	103.1	101.0	100.3	100.2	100.6
100.7	101.1	103.8	101.5	100.4	100.5	100.8
100.7	101.6	105.4	101.5	99.9	100.2	100.6
101.3	100.7	101.2	101.9	101.5	101.0	101.1
100.3	99.9	100.7	101.9	100.8	100.7	101.2
105.1	102.5	102.8	100.0	100.4	99.8	100.4
104.8	101.5	102.1	100.2	101.1	100.0	100.6
105.9	104.7	104.2	99.6	99.2	99.3	100.0
100.4	100.5	101.0	100.4	100.0	100.1	100.0
100.3	100.6	103.0	102.4	99.1	99.6	100.0
100.3	100.6	103.2	102.4	99.0	99.5	100.0
101.3	99.8	100.8	102.9	100.3	100.6	101.1
101.5	100.4	99.9	101.0	99.6	99.5	100.1
100.6	100.6	100.3	101.0	99.3	99.1	100.3
102.6	100.2	99.4	101.1	100.1	100.0	99.9
101.0	98.8	102.4	106.1	101.4	102.3	102.7
101.0	98.7	102.5	106.3	101.4	102.3	102.8
98.6	98.6	113.4	111.7	89.4	91.7	98.6
98.2	98.4	115.6	113.3	88.2	90.6	98.3
100.2	100.1	100.0	100.9	100.4	100.1	100.0
100.0	100.0	99.7	100.3	100.0	100.0	100.0
100.3	100.1	100.5	101.3	100.9	100.3	99.8
99.9	100.2	100.0	99.9	100.1	100.5	100.0
99.3	100.2	99.7	99.3	100.5	100.9	100.2
97.3	96.2	99.1	104.0	100.2	99.1	102.9
96.8	95.5	98.8	104.8	100.2	98.9	103.4

2013年广西城市商品零售价格各月环比指数（续表1）

以上月价格为100

类　别	1月	2月	3月	4月	5月
12. 糕点饼干面包	100.1	100.0	100.3	100.0	101.0
13. 液体乳及乳制品	99.7	100.9	99.9	100.5	100.5
14. 在外用膳食品	100.2	100.5	100.1	100.4	100.8
15. 其他食品	101.0	100.1	100.0	99.3	100.7
二、饮料、烟酒	**100.0**	**100.1**	**100.1**	**100.0**	**100.0**
1. 茶及饮料	99.9	100.1	100.2	100.2	100.1
(1) 茶　叶	100.2	100.2	100.0	100.1	100.1
(2) 饮　料	99.8	100.0	100.2	100.3	100.1
2. 烟　草	100.0	100.0	100.0	100.0	100.0
3. 酒	100.1	100.2	100.1	99.9	99.8
三、服装、鞋帽	**99.8**	**98.9**	**99.5**	**101.4**	**102.2**
1. 服　装	99.8	98.7	99.5	101.2	102.6
(1) 男式服装	99.7	98.5	99.8	101.1	102.4
(2) 女式服装	100.0	98.8	99.3	100.7	102.6
(3) 儿童服装	99.5	98.8	99.5	103.9	103.7
2. 鞋 袜 帽	99.7	99.4	99.8	102.1	101.4
(1) 鞋	99.6	99.3	99.8	102.4	101.6
(2) 袜　子	99.8	99.8	100.1	100.3	99.6
(3) 帽　子	99.9	99.5	99.9	100.6	101.8
3. 其　他	101.1	100.6	97.5	100.7	100.0
四、纺 织 品	**99.8**	**100.3**	**100.3**	**100.4**	**100.0**
1. 衣着材料	99.9	100.2	99.9	99.2	99.9
2. 床上用品	99.8	100.3	100.6	101.1	100.0
五、家用电器及音像器材	**99.7**	**99.6**	**100.1**	**100.1**	**100.3**
1. 家庭设备	100.0	100.0	100.1	100.4	100.5
2. 文娱用耐用消费品	99.3	98.9	100.1	99.8	100.2
3. 专业音像器材	99.3	100.3	100.2	100.3	99.9
六、文化办公用品	**100.0**	**99.9**	**100.0**	**99.8**	**100.0**
七、日 用 品	**100.0**	**100.1**	**100.0**	**100.1**	**100.0**
1. 日用百货	100.0	100.3	100.0	100.0	99.8
2. 日用杂品	100.0	100.0	100.0	100.0	100.1
3. 洗涤用品	100.1	100.1	100.0	100.3	100.3
4. 其他日用品	100.0	100.0	100.1	100.0	100.1

6 月	7 月	8 月	9 月	10 月	11 月	12 月
100.2	100.2	100.7	100.2	100.0	100.1	100.1
101.1	100.4	100.4	101.9	100.8	100.7	101.2
100.3	100.2	100.4	100.0	101.0	100.4	100.0
100.2	100.1	100.3	100.3	100.2	100.5	100.5
100.0	**100.1**	**100.0**	**99.8**	**99.9**	**100.1**	**100.1**
100.2	100.1	100.0	100.0	100.0	99.8	100.3
100.3	100.1	100.1	100.0	99.9	99.9	100.2
100.2	100.1	100.0	99.9	100.1	99.8	100.3
100.0	100.0	100.0	100.0	100.0	100.0	100.0
99.8	100.2	99.8	99.3	99.7	100.3	100.0
100.8	**99.4**	**99.5**	**100.7**	**101.6**	**101.4**	**100.2**
101.1	99.4	99.5	100.4	101.5	101.7	100.2
101.0	99.4	99.5	100.4	101.4	101.7	100.0
101.2	99.4	99.5	100.4	101.5	101.6	100.6
100.4	99.6	99.8	100.5	101.5	101.9	99.7
100.3	99.4	99.6	101.6	101.8	101.1	100.0
100.2	99.3	99.5	101.8	102.1	101.2	100.0
99.9	100.2	100.0	100.2	100.2	100.2	100.0
102.9	100.0	100.0	100.0	100.2	100.0	100.1
100.3	100.0	99.7	100.0	101.1	100.3	100.6
99.8	**100.0**	**100.0**	**100.0**	**100.3**	**100.2**	**100.3**
99.9	100.0	99.7	100.1	100.0	100.0	100.0
99.7	100.0	100.2	100.0	100.4	100.4	100.4
100.8	**100.0**	**99.9**	**99.7**	**99.9**	**99.7**	**99.8**
101.0	100.3	100.1	99.7	100.0	99.7	99.9
100.6	99.6	99.7	99.7	99.9	99.7	99.7
100.2	100.0	99.9	99.9	99.9	99.9	100.0
100.0	**99.9**	**100.0**	**100.0**	**100.0**	**100.1**	**100.0**
100.1	**100.0**	**100.2**	**100.1**	**99.9**	**100.1**	**100.0**
100.1	100.0	100.6	100.3	100.1	100.1	100.0
100.3	100.0	100.2	100.0	100.0	100.0	99.9
100.1	99.9	99.8	100.0	99.6	100.0	100.0
100.0	100.2	99.9	100.0	100.0	100.3	100.0

2013年广西城市商品零售价格各月环比指数（续表2）

以上月价格为100

类　别	1月	2月	3月	4月	5月
八、体育娱乐用品	**99.9**	**100.0**	**99.9**	**100.1**	**100.2**
1. 体育用品	100.1	99.9	99.7	100.3	100.3
2. 娱乐用品	99.7	100.1	100.0	99.9	100.1
九、交通、通信用品	**100.2**	**100.0**	**99.9**	**99.9**	**100.1**
1. 交通运输机械	100.4	100.0	100.0	100.0	100.0
2. 通信器材	99.8	99.9	99.8	99.8	100.2
十、家　具	**99.6**	**100.0**	**100.0**	**99.8**	**100.1**
十一、化 妆 品	**99.7**	**100.3**	**100.1**	**100.0**	**100.0**
十二、金银珠宝	**99.4**	**98.6**	**98.6**	**97.2**	**98.0**
十三、中西药品及医疗保健用品	**99.7**	**100.0**	**100.1**	**100.2**	**100.1**
1. 医疗器具及用品	100.0	100.1	100.0	100.0	100.0
2. 中药材及中成药	99.2	100.0	100.4	100.5	100.2
3. 西　药	100.0	100.0	99.9	100.1	100.0
4. 保健器具及用品	100.1	100.2	100.0	100.2	100.0
十四、书报杂志及电子出版物	**100.0**	**100.0**	**99.8**	**100.1**	**100.0**
1. 教材及参考书	100.0	100.0	99.9	100.1	100.0
2. 书报杂志	100.1	100.0	99.6	100.3	100.0
3. 电子音像制品	100.0	100.0	100.0	99.7	100.0
十五、燃　料	**101.0**	**100.5**	**101.1**	**98.0**	**98.5**
1. 煤炭及制品	100.0	100.1	100.0	100.0	100.0
2. 石油及制品	101.1	100.6	101.2	97.8	98.3
液化石油气	103.1	100.7	99.9	99.3	99.3
管道燃气	100.0	100.0	100.2	100.0	100.0
汽　油	100.0	100.5	102.3	96.5	97.4
柴　油	100.0	100.5	102.3	96.3	97.0
十六、建筑材料及五金电料	**100.2**	**100.1**	**99.8**	**99.8**	**100.2**
1. 建筑装潢材料	100.2	100.1	99.8	99.8	100.2
2. 五金电料	100.1	100.0	100.0	99.9	99.9

6 月	7 月	8 月	9 月	10 月	11 月	12 月
100.5	100.0	100.8	100.1	100.0	100.0	100.0
100.7	99.9	100.9	100.2	100.0	100.0	100.0
100.3	100.1	100.6	100.0	100.0	100.0	100.0
100.0	100.0	100.0	99.7	99.7	99.8	100.0
100.0	100.1	100.1	99.8	99.6	99.9	100.1
99.9	99.8	99.7	99.7	99.7	99.6	99.8
100.3	100.1	100.1	100.2	100.3	98.9	100.1
100.1	100.0	100.0	100.3	99.8	100.1	99.9
96.9	95.3	101.6	100.7	98.5	98.5	95.8
100.2	100.2	100.1	100.4	100.1	100.0	100.0
100.0	100.0	100.0	100.0	100.0	100.0	100.2
100.4	100.4	100.4	101.2	100.3	99.9	99.9
100.0	100.1	99.9	100.0	100.0	99.9	100.0
100.1	100.0	100.1	99.9	100.0	100.3	100.0
100.1	100.0	100.0	100.0	100.0	100.0	100.0
100.1	100.0	100.0	99.9	100.0	100.0	100.0
100.0	100.0	100.0	100.0	99.9	100.0	100.0
100.1	100.0	100.0	100.0	100.0	100.0	100.0
98.6	100.6	100.9	101.8	99.6	99.4	101.6
99.9	99.9	100.0	100.0	100.0	99.9	99.9
98.5	100.6	101.0	102.0	99.6	99.3	101.8
97.6	99.8	99.8	101.8	101.0	100.6	102.5
94.9	100.0	100.0	100.0	100.0	100.0	100.0
99.8	101.3	101.9	102.4	98.6	98.4	101.8
99.8	101.4	102.0	102.6	98.4	98.2	101.2
100.1	100.0	100.1	100.0	100.1	100.4	100.0
100.2	99.9	100.1	100.5	100.2	100.6	100.0
100.0	100.2	100.0	98.1	99.8	99.7	100.0

1996年广西农村商品零售价格各月环比指数

以上月价格为100

类别	1月	2月	3月	4月	5月
商品零售价格总指数	**101.1**	**100.7**	**100.5**	**101.2**	**99.2**
一、食品	**100.7**	**102.0**	**100.2**	**103.1**	**98.0**
1. 粮食	100.8	100.7	100.9	102.0	100.0
(1) 细粮	100.4	100.4	101.0	101.1	99.8
大米	99.9	100.6	101.4	101.0	99.7
(2) 粗粮	104.0	103.1	100.5	109.2	101.3
2. 油脂类	96.3	101.4	96.2	99.0	97.7
3. 肉禽蛋	99.7	103.3	100.9	100.4	97.2
猪肉	95.8	102.4	97.9	100.7	98.2
牛肉	98.8	107.0	100.5	98.2	99.8
羊肉	104.2	95.9	103.3	97.0	100.0
鸡	105.4	103.9	102.4	102.5	86.6
鸭	108.9	102.8	105.1	103.9	96.6
鲜蛋	104.5	104.2	105.1	97.0	103.3
4. 水产品类	100.9	105.8	105.9	106.8	102.5
5. 鲜菜	87.0	87.1	90.0	122.6	79.9
6. 干菜	101.3	103.7	99.2	106.6	101.2
7. 鲜果	119.2	110.4	104.5	112.2	103.1
8. 干果	107.3	107.2	97.7	101.1	103.1
9. 其他食品类	100.9	101.4	100.0	99.7	100.0
(1) 调味品	102.2	101.1	100.7	101.1	101.2
盐	105.3	101.5	101.3	100.2	101.5
酱油	99.3	100.0	100.0	102.0	101.0
(2) 食糖	98.2	99.9	100.1	98.3	97.8
(3) 糖果	100.9	104.1	100.0	98.3	100.5
(4) 糕点	101.8	101.0	98.7	100.5	100.0
(5) 奶及奶制品	101.8	102.2	100.4	100.3	101.7
(6) 罐头	103.3	99.8	100.0	100.0	100.1
10. 饮食业	102.6	101.9	100.0	100.9	99.8
(1) 主食	100.5	100.0	100.6	102.4	100.0
(2) 炒菜	104.0	102.3	99.4	100.0	99.0
(3) 地方小吃	100.0	103.6	102.0	102.7	103.5

6月	7月	8月	9月	10月	11月	12月
98.5		**100.5**	**100.6**	**100.0**	**99.5**	**100.6**
96.4		**101.5**	**100.3**	**100.0**	**98.5**	**99.7**
100.4		99.5	99.1	98.9	100.2	100.0
100.0		99.2	99.2	98.9	99.9	99.2
99.6		98.9	97.5	98.5	100.3	98.5
103.5		101.4	98.0	98.5	102.5	106.1
101.4		103.0	101.8	100.2	97.7	100.1
101.6		100.4	101.2	101.3	99.3	98.0
102.4		100.4	102.3	102.3	99.9	98.4
103.4		99.1	100.8	101.6	98.7	98.9
97.9		98.4	98.1	97.3	98.1	105.0
100.7		100.6	96.3	100.6	100.1	96.7
95.9		105.6	100.7	100.5	95.9	97.3
100.7		98.3	105.3	94.8	97.1	96.2
96.7		102.9	97.3	98.6	93.0	92.5
62.1		114.3	100.5	90.8	86.2	106.3
98.6		103.0	106.0	97.9	100.2	102.3
67.4		103.9	96.5	102.7	101.5	101.9
105.1		98.2	99.8	100.2	99.0	100.0
99.6		100.3	100.7	100.9	100.4	100.8
101.0		99.9	100.1	101.5	100.2	100.0
102.6		100.0	100.0	104.5	100.0	100.0
100.0		100.0	100.0	100.0	100.0	100.0
96.7		101.0	101.4	102.2	102.7	100.8
100.6		100.0	100.1	100.0	99.4	100.0
100.1		100.6	101.2	100.0	100.0	100.0
100.0		99.6	100.5	98.9	98.0	106.8
100.2		100.2	103.7	100.0	100.0	100.0
100.3		100.3	100.4	101.8	99.9	100.2
100.9		100.0	100.0	100.0	100.1	101.0
100.4		100.5	100.0	102.8	99.8	100.0
98.9		100.0	103.6	100.0	100.0	100.0

1996年广西农村商品零售价格各月环比指数（续表）

以上月价格为100

类　别	1月	2月	3月	4月	5月
二、饮料、烟酒类	**103.5**	**101.2**	**100.7**	**100.1**	**100.3**
1. 饮　料	100.5	100.4	100.7	101.2	100.3
2. 烟　酒	104.0	101.3	100.7	99.9	100.3
三、服装、鞋帽类	**102.0**	**100.5**	**99.8**	**99.5**	**100.0**
1. 服　装	102.4	100.7	99.5	99.3	100.1
2. 鞋	101.2	100.1	100.3	98.5	99.5
3. 其他衣着	101.9	100.3	100.0	102.7	100.5
四、纺织品类	**101.3**	**100.1**	**100.0**	**100.7**	**100.3**
1. 棉　布	101.6	100.0	100.0	102.1	99.6
2. 棉花化纤混纺布	102.5	99.4	98.4	100.0	100.5
3. 化 纤 布	100.0	100.0	100.0	100.0	101.8
4. 呢　绒	99.8	101.5	100.0	100.1	100.0
5. 绸　缎	100.3	100.2	100.0	100.7	100.0
6. 其他纺织品	101.9	101.1	102.4	100.0	99.5
五、中、西药品类	**100.5**	**99.4**	**100.2**	**101.1**	**100.2**
1. 中　药	100.8	99.3	100.6	101.7	99.7
2. 西　药	100.3	99.3	99.9	100.6	100.6
3. 医疗用品	100.5	100.0	100.0	100.4	100.0
六、化妆品类	**101.0**	**100.0**	**100.3**	**99.7**	**99.9**
七、书报、杂志类	**103.1**	**100.0**	**121.2**	**100.0**	**100.0**
八、文化体育用品类	**101.1**	**100.2**	**101.3**	**100.2**	**99.8**
1. 文化用品	101.3	100.0	101.6	100.2	99.9
2. 体育用品	100.8	100.5	100.7	100.2	99.6
九、日用品类	**100.1**	**100.2**	**99.9**	**100.3**	**100.0**
1. 一般日用品	100.0	100.3	99.9	100.6	100.3
2. 家 具 类	100.2	100.0	99.9	99.6	99.5
十、家用电器类	**99.5**	**99.5**	**100.0**	**99.6**	**99.6**
十一、首 饰 类	**100.2**	**99.4**	**99.8**	**100.2**	**99.9**
十二、燃 料 类	**100.0**	**100.3**	**99.9**	**99.5**	**99.9**
汽　油	100.0	100.1	100.0	100.0	100.3
煤　油	100.0	100.0	100.0	100.0	99.6
液化石油气	100.0	100.5	99.8	98.8	99.3
十三、建筑装潢材料类	**102.9**	**98.9**	**99.8**	**99.1**	**100.5**
十四、机电产品类	**99.6**	**98.9**	**100.1**	**100.1**	**99.2**

注：7月数据缺失

6月	7月	8月	9月	10月	11月	12月
100.4		100.0	100.7	100.4	100.0	100.3
100.1		100.3	100.0	99.9	99.8	100.0
100.5		99.9	100.8	100.5	100.0	100.4
100.0		99.8	101.5	100.3	100.5	102.6
99.8		99.7	101.2	100.3	100.5	104.2
100.2		100.0	102.8	100.6	100.3	99.6
100.4		100.0	99.9	100.0	100.7	100.8
99.9		100.0	104.8	99.9	100.4	100.4
100.0		100.1	112.4	100.1	100.5	100.1
99.6		100.0	104.3	100.0	100.6	100.0
100.0		100.0	100.0	99.8	100.0	101.1
100.0		100.0	103.4	100.2	100.0	100.0
100.0		100.0	100.0	98.8	100.0	100.0
100.0		99.7	101.3	99.9	101.0	100.6
99.9		101.8	99.9	100.2	100.5	100.0
100.5		100.4	99.9	100.8	100.7	100.6
99.3		103.4	99.9	99.7	100.4	99.4
100.4		100.2	100.3	100.1	99.9	100.1
100.2		100.0	100.9	100.0	100.6	101.2
100.0		101.4	109.2	100.0	100.0	100.0
100.1		100.5	100.0	100.1	100.3	100.6
100.1		100.2	100.0	100.0	100.4	100.8
100.0		101.1	100.0	100.2	100.2	100.3
100.1		100.1	100.2	100.1	100.2	100.3
100.1		100.3	100.1	100.2	100.4	100.5
99.8		99.6	100.6	99.9	100.0	100.1
99.8		98.8	100.4	98.5	99.1	100.1
100.3		100.0	99.6	100.0	100.0	100.0
98.9		99.2	98.6	103.6	100.8	111.9
99.2		99.6	100.0	100.4	101.4	108.2
100.0		99.5	100.0	100.0	100.0	100.0
98.3		98.4	96.4	108.6	100.2	120.2
98.5		99.4	99.0	100.8	100.0	99.2
99.5		100.8	98.8	99.5	99.8	100.0

1997年广西农村商品零售价格各月环比指数

以上月价格为100

类别	1月	2月	3月	4月	5月
商品零售价格总指数	100.0	100.0	99.5	100.0	99.1
一、食品	98.6	101.5	98.7	100.8	98.4
1. 粮食	98.9	99.5	99.3	100.8	98.6
(1)细粮	98.9	99.2	98.8	100.4	98.7
大米	98.4	98.9	98.4	100.5	98.3
(2)粗粮	98.5	101.7	103.5	104.2	97.4
2. 油脂类	99.1	98.5	103.0	100.8	97.6
3. 肉禽蛋	98.4	101.9	97.1	99.9	98.7
猪肉	97.9	101.6	97.7	100.0	99.1
牛肉	96.8	105.9	95.5	98.2	97.6
羊肉	97.3	105.9	91.6	98.0	97.3
鸡	98.9	102.6	97.1	100.7	101.3
鸭	101.8	104.3	96.2	100.8	98.7
鲜蛋	96.6	97.1	94.8	98.7	92.6
4. 水产品类	101.5	103.8	99.4	99.8	101.7
5. 鲜菜	87.7	99.0	100.8	108.3	80.3
6. 干菜	101.0	103.7	96.0	99.7	99.1
7. 鲜果	100.7	112.4	95.4	102.3	112.5
8. 干果	99.2	100.8	104.8	102.1	99.4
9. 其他食品类	100.3	100.2	99.8	99.4	99.5
(1) 调味品	100.3	101.2	99.9	99.8	100.8
盐	100.0	101.1	100.0	100.0	100.0
酱油	100.0	101.0	100.0	100.0	103.9
(2) 食糖	99.8	99.0	99.4	99.7	97.7
(3) 糖果	99.3	100.3	100.0	99.0	99.9
(4) 糕点	101.5	100.0	100.0	98.7	100.0
(5) 奶及奶制品	101.0	100.6	100.0	99.1	98.1
(6) 罐头	102.7	99.2	100.6	99.5	100.0
10. 饮食业	101.5	101.2	100.0	100.0	100.0
(1) 主食	101.9	100.0	100.0	100.0	100.0
(2) 炒菜	101.7	101.9	100.0	100.0	100.0
(3) 地方小吃	100.0	100.0	100.0	100.0	100.0

6月	7月	8月	9月	10月	11月	12月
98.3	**100.2**	**99.7**	**99.7**	**99.7**	**99.9**	**99.1**
95.5	**101.3**	**99.9**	**99.3**	**98.9**	**99.4**	**98.0**
93.5	99.7	99.4	95.8	101.4	101.2	99.7
92.8	99.4	99.8	95.5	101.4	101.1	99.7
90.5	99.1	99.9	94.2	101.6	101.3	99.8
99.7	102.0	96.2	98.0	101.1	101.9	100.0
98.2	99.4	99.1	98.0	100.7	100.9	99.4
98.7	100.2	98.3	101.0	99.6	100.0	97.5
98.6	101.1	99.3	99.5	99.3	99.2	96.6
98.3	101.4	101.0	97.5	98.2	97.6	97.7
100.5	94.3	98.6	106.6	96.7	94.8	98.7
99.9	97.6	94.0	104.4	102.9	103.8	96.7
98.3	96.6	93.8	102.3	100.6	105.7	97.6
97.5	101.6	100.1	105.6	96.4	97.3	101.2
96.8	101.1	99.2	95.6	99.6	97.9	96.2
78.6	114.8	110.8	105.1	92.2	92.7	90.3
99.9	97.4	99.8	101.7	100.4	101.0	99.5
77.8	106.1	98.7	92.4	85.5	92.2	98.7
100.1	97.0	99.7	95.2	99.8	99.5	94.5
99.6	100.5	100.0	100.4	100.2	100.0	100.6
99.5	100.0	100.0	100.0	100.0	100.0	100.6
100.0	100.0	100.0	100.0	100.0	100.0	100.0
98.4	100.0	100.0	100.0	100.0	100.0	100.0
98.9	102.0	100.0	100.0	101.4	99.8	99.0
100.0	100.8	100.0	100.0	99.8	100.0	100.4
100.3	99.4	100.0	100.7	99.5	100.0	103.6
100.0	100.0	100.1	102.8	100.0	100.0	100.0
100.8	100.0	100.0	100.0	100.0	100.0	102.4
100.0	100.0	100.0	100.3	100.0	101.3	100.1
100.0	100.0	100.0	100.0	100.0	100.0	100.0
100.0	100.0	100.0	100.4	100.0	101.5	100.0
100.0	100.0	100.0	100.3	100.0	103.3	100.5

1997 年广西农村商品零售价格各月环比指数（续表）

以上月价格为 100

类　　别	1 月	2 月	3 月	4 月	5 月
二、饮料、烟酒类	**99.9**	**99.6**	**100.4**	**98.9**	**99.9**
1. 饮　　料	99.4	99.7	100.4	99.3	100.3
2. 烟　　酒	100.0	99.6	100.4	98.8	99.8
三、服装、鞋帽类	**100.0**	**97.8**	**99.5**	**99.7**	**100.0**
1. 服　　装	100.1	96.4	99.1	99.5	98.9
2. 鞋	99.8	100.1	100.1	100.1	102.7
3. 其他衣着	99.9	99.3	99.9	100.1	99.2
四、纺织品类	**101.9**	**99.8**	**100.0**	**99.5**	**100.5**
1. 棉　　布	99.9	99.7	100.5	99.2	100.4
2. 棉花化纤混纺布	102.0	100.0	100.0	98.7	100.0
3. 化 纤 布	105.3	100.0	99.5	100.0	100.4
4. 呢　　绒	100.6	100.0	100.0	100.1	100.0
5. 绸　　缎	99.7	100.0	100.0	100.0	100.0
6. 其他纺织品	101.9	99.3	100.0	99.9	101.5
五、中、西药品类	**101.4**	**100.7**	**100.6**	**100.4**	**100.4**
1. 中　　药	100.3	101.3	100.8	99.2	100.7
2. 西　　药	102.6	100.1	100.6	101.6	100.2
3. 医疗用品	100.3	101.2	99.9	100.0	99.9
六、化妆品类	**100.6**	**99.6**	**100.2**	**100.2**	**99.5**
七、书报、杂志类	**109.0**	**99.4**	**101.7**	**100.0**	**100.0**
八、文化体育用品类	**100.4**	**100.5**	**101.1**	**99.9**	**101.9**
1. 文化用品	100.2	100.7	101.8	99.8	103.0
2. 体育用品	100.8	100.2	100.0	100.1	100.1
九、日用品类	**100.6**	**99.9**	**100.2**	**99.5**	**99.7**
1. 一般日用品	100.4	99.7	100.2	99.6	99.9
2. 家 具 类	100.7	100.1	100.0	99.1	99.2
十、家用电器类	**99.4**	**99.2**	**100.1**	**100.1**	**99.1**
十一、首 饰 类	**100.1**	**99.4**	**100.0**	**100.1**	**99.2**
十二、燃 料 类	**102.4**	**98.0**	**97.7**	**96.0**	**96.9**
汽　　油	101.1	97.3	99.8	100.9	99.3
煤　　油	104.1	99.3	100.0	103.2	100.0
液化石油气	103.9	98.3	94.8	89.3	93.4
十三、建筑装潢材料类	**100.7**	**96.7**	**100.3**	**99.8**	**99.4**
十四、机电产品类	**100.0**	**99.9**	**100.2**	**99.7**	**99.3**

6月	7月	8月	9月	10月	11月	12月
99.8	**99.2**	**100.0**	**100.6**	**99.8**	**99.9**	**99.7**
99.7	99.4	100.0	100.0	100.0	100.0	100.0
99.8	99.2	100.0	100.7	99.8	99.9	99.7
100.2	**99.3**	**99.8**	**100.1**	**100.3**	**100.8**	**99.2**
100.0	99.0	99.4	100.0	100.2	101.4	99.2
100.5	99.5	100.7	99.6	100.2	100.0	98.8
100.1	100.6	99.6	101.5	101.0	99.8	99.8
100.1	**99.5**	**99.7**	**100.9**	**100.0**	**99.6**	**100.2**
102.3	99.0	98.2	102.7	100.2	99.8	99.6
97.0	99.3	101.0	100.8	100.0	100.4	98.9
100.0	100.0	100.0	100.0	100.0	98.3	101.9
100.0	100.0	100.0	100.8	99.9	99.6	100.0
100.0	98.7	100.0	100.4	99.2	99.8	100.0
100.4	99.9	100.2	99.9	100.2	100.0	100.4
101.9	**100.1**	**100.4**	**100.4**	**100.3**	**99.9**	**100.3**
103.5	100.1	100.8	100.2	100.0	99.9	100.9
100.9	100.0	100.1	100.6	100.7	99.4	99.5
99.9	100.1	100.0	100.0	100.0	102.4	101.6
100.0	**100.2**	**98.1**	**100.0**	**101.1**	**99.6**	**101.1**
100.0	**100.0**	**99.0**	**101.8**	**100.0**	**100.0**	**100.0**
100.0	**100.4**	**99.6**	**99.9**	**99.5**	**99.8**	**101.3**
100.0	100.4	100.1	99.8	100.0	99.7	102.2
99.9	100.3	98.9	100.0	98.7	100.0	99.9
100.6	**100.1**	**99.3**	**99.3**	**100.2**	**101.2**	**99.8**
100.8	100.4	98.8	99.0	100.3	101.9	99.6
100.3	99.7	99.8	100.0	100.5	100.0	100.2
99.7	**99.3**	**99.5**	**98.8**	**99.9**	**99.4**	**98.3**
100.0	**100.0**	**100.3**	**99.6**	**99.7**	**100.0**	**100.9**
97.2	**98.3**	**99.1**	**101.1**	**101.5**	**99.8**	**100.7**
100.2	100.0	98.9	100.0	100.4	99.1	100.0
100.0	100.0	98.9	99.1	101.0	100.0	100.0
93.1	95.5	99.3	102.8	102.9	100.6	101.6
98.4	**99.7**	**99.9**	**100.3**	**100.7**	**100.6**	**100.4**
99.7	**100.3**	**99.5**	**98.7**	**98.0**	**99.9**	**98.9**

1998年广西农村商品零售价格各月环比指数

以上月价格为100

类　别	1月	2月	3月	4月	5月
商品零售价格总指数	**99.2**	**100.6**	**100.1**	**99.6**	**98.6**
一、食　品	**98.6**	**102.2**	**100.3**	**100.3**	**97.4**
1. 粮　食	101.2	100.1	100.6	98.0	99.3
(1) 细　粮	101.6	100.4	100.1	98.1	99.2
大　米	102.2	100.9	100.3	97.5	99.3
(2) 粗　粮	97.8	97.6	104.6	97.3	99.9
2. 油脂类	100.0	98.7	100.1	98.6	96.5
3. 肉禽蛋	96.4	102.4	98.5	99.0	98.4
猪　肉	97.2	100.4	97.6	97.4	97.6
牛　肉	97.7	105.3	92.0	99.8	99.1
羊　肉	96.4	102.3	96.5	97.2	97.8
鸡	90.1	107.7	101.1	101.1	101.5
鸭	93.6	106.2	102.8	101.1	97.7
鲜　蛋	102.4	100.8	100.6	100.1	95.7
4. 水产品类	96.0	104.8	98.2	102.7	100.9
5. 鲜　菜	99.0	103.9	93.7	91.8	74.0
6. 干　菜	101.2	102.4	96.8	99.9	100.6
7. 鲜　果	100.0	114.7	122.2	127.7	102.2
8. 干　果	98.4	101.2	101.4	99.7	99.6
9. 其他食品类	100.0	100.0	101.6	99.6	99.6
(1) 调味品	99.9	100.1	102.4	100.0	99.5
盐	100.0	100.0	102.0	100.0	98.2
酱　油	100.0	101.6	104.8	100.0	102.1
(2) 食　糖	99.8	99.4	96.7	100.0	99.4
(3) 糖　果	101.5	100.0	109.7	99.3	99.7
(4) 糕　点	98.8	100.7	100.0	99.4	100.0
(5) 奶及奶制品	100.0	100.0	99.5	97.8	100.0
(6) 罐　头	101.9	98.6	100.6	100.0	100.0
10. 饮食业	100.0	99.7	100.0	100.2	99.8
(1) 主　食	100.0	100.0	100.0	100.7	100.0
(2) 炒　菜	100.0	99.4	100.0	100.0	99.7
(3) 地方小吃	100.0	100.8	100.0	100.0	100.0

6月	7月	8月	9月	10月	11月	12月
99.2	**101.7**	**98.7**	**99.7**	**101.0**	**99.8**	**99.9**
98.1	**104.8**	**97.0**	**99.5**	**100.8**	**98.9**	**99.4**
103.7	102.1	95.0	102.1	102.8	98.7	98.1
104.7	102.3	94.5	102.4	102.7	98.9	98.2
106.4	102.6	93.2	103.5	103.6	98.3	97.9
95.9	100.3	99.0	99.9	103.2	97.3	96.9
98.3	101.9	97.2	104.0	104.0	100.6	98.7
99.8	101.3	98.9	100.7	101.7	99.2	99.7
101.7	101.9	95.6	99.9	101.9	100.8	98.9
97.4	100.2	100.1	99.4	98.7	102.2	99.1
100.6	99.3	99.0	98.6	99.5	106.4	101.4
94.1	102.1	102.8	102.5	104.9	95.4	99.1
94.6	102.6	102.1	104.9	102.0	94.8	101.4
107.8	98.8	104.3	103.2	97.8	96.8	104.3
99.8	99.0	95.5	100.3	98.7	98.7	99.9
86.3	134.7	91.4	92.9	91.8	90.6	95.7
101.1	100.9	99.1	99.5	99.5	99.4	100.6
76.3	128.6	86.3	85.8	102.0	100.8	104.2
97.7	98.1	99.5	100.8	98.1	99.5	98.1
99.0	98.7	100.4	100.1	100.4	101.0	99.7
99.9	99.6	99.9	100.0	99.7	101.5	100.0
100.0	100.0	100.0	100.0	100.0	100.0	100.0
100.0	100.0	100.0	100.0	100.0	100.0	100.0
96.2	96.5	101.3	100.0	101.2	100.8	98.7
99.2	98.1	100.3	100.8	100.7	101.6	100.8
100.4	99.7	100.3	99.4	100.5	100.0	99.6
100.6	100.1	100.0	100.1	100.0	100.2	99.7
100.0	101.5	100.0	100.0	100.0	99.8	100.7
100.0	99.7	100.0	100.0	100.0	100.0	100.0
100.0	100.0	100.0	100.0	100.0	100.0	100.0
100.0	99.5	100.0	100.0	100.0	100.0	100.0
100.0	100.0	100.0	100.0	100.0	100.0	100.0

1998年广西农村商品零售价格各月环比指数（续表）

以上月价格为100

类　　别	1月	2月	3月	4月	5月
二、饮料、烟酒类	**99.9**	**99.9**	**100.9**	**100.1**	**100.0**
1. 饮　　料	99.9	100.4	102.0	101.6	99.3
2. 烟　　酒	99.9	99.8	100.7	99.8	100.1
三、服装、鞋帽类	**100.3**	**98.9**	**100.5**	**100.9**	**100.4**
1. 服　　装	100.5	98.5	97.5	101.4	100.4
2. 鞋	100.0	99.4	105.5	100.1	100.3
3. 其他衣着	100.3	99.8	104.1	100.1	100.5
四、纺织品类	**100.0**	**99.8**	**100.1**	**100.1**	**100.3**
1. 棉　　布	100.3	99.6	100.9	100.9	98.7
2. 棉花化纤混纺布	100.0	101.0	100.0	98.6	105.0
3. 化 纤 布	100.0	100.0	100.0	100.0	98.9
4. 呢　　绒	100.0	99.0	100.0	100.0	100.0
5. 绸　　缎	100.0	99.8	99.8	100.0	99.3
6. 其他纺织品	99.8	98.7	99.6	100.7	99.8
五、中、西药品类	**99.2**	**100.7**	**102.6**	**100.8**	**100.8**
1. 中　　药	99.4	102.3	99.9	103.0	102.0
2. 西　　药	98.9	99.3	105.7	99.0	99.8
3. 医疗用品	100.0	100.0	99.6	99.2	100.5
六、化妆品类	**100.0**	**99.8**	**99.6**	**98.8**	**100.0**
七、书报、杂志类	**101.1**	**103.5**	**100.0**	**100.0**	**100.0**
八、文化体育用品类	**100.1**	**99.9**	**98.9**	**100.3**	**100.7**
1. 文化用品	100.1	100.2	98.2	100.4	100.2
2. 体育用品	100.0	99.3	100.0	100.0	101.4
九、日用品类	**99.1**	**99.8**	**99.7**	**99.6**	**100.0**
1. 一般日用品	98.9	99.8	99.6	99.6	100.1
2. 家 具 类	99.2	99.9	99.8	99.6	99.8
十、家用电器类	**99.2**	**99.6**	**99.0**	**100.0**	**98.5**
十一、首 饰 类	**98.5**	**97.7**	**98.1**	**99.5**	**100.0**
十二、燃 料 类	**98.8**	**98.7**	**99.8**	**88.6**	**95.7**
汽　　油	98.6	100.1	99.8	83.3	99.1
煤　　油	99.2	100.0	101.7	99.2	99.5
液化石油气	98.9	96.9	99.7	92.7	91.2
十三、建筑装潢材料类	**100.3**	**98.2**	**100.4**	**99.3**	**96.5**
十四、机电产品类	**100.0**	**98.7**	**98.0**	**100.0**	**98.8**

6月	7月	8月	9月	10月	11月	12月
100.4	100.2	99.5	99.9	99.7	99.9	100.4
100.1	103.3	99.2	99.8	100.0	100.0	101.3
100.5	99.7	99.6	99.9	99.7	99.9	100.3
100.0	99.6	99.7	100.2	102.0	100.5	101.1
100.0	99.6	99.5	99.7	103.4	100.6	101.9
100.3	99.6	100.0	100.8	100.0	100.4	99.9
99.3	99.7	100.4	100.9	100.0	100.5	100.0
99.3	100.0	99.9	100.0	100.1	100.4	99.9
100.0	100.1	100.0	100.3	100.0	101.5	99.9
100.4	100.0	99.8	100.0	100.0	100.0	99.7
96.5	100.0	100.0	100.0	100.0	100.0	100.0
100.0	100.0	100.0	100.0	100.0	100.0	99.9
100.0	100.0	100.0	100.0	100.5	100.0	100.0
100.0	99.9	99.7	99.5	100.5	100.0	99.9
101.4	100.9	100.4	100.3	100.1	99.9	100.0
101.6	100.2	100.8	100.7	99.9	99.8	99.9
101.3	101.7	100.3	99.9	100.0	99.8	100.0
100.8	99.8	99.4	100.0	101.6	101.1	100.0
100.0	100.0	100.1	99.1	100.0	99.4	99.9
100.0	100.0	99.5	96.5	100.1	100.0	100.0
99.9	100.2	100.3	100.0	100.0	100.2	100.0
99.9	99.9	100.5	100.0	100.0	100.3	100.0
100.0	100.6	100.0	100.0	100.0	100.0	100.0
100.2	100.6	99.9	99.5	99.9	99.9	99.9
100.3	100.9	99.8	99.3	100.0	99.9	100.0
99.9	100.0	100.0	100.0	100.0	99.8	99.9
99.6	99.6	99.9	99.7	100.0	100.0	99.9
98.0	98.6	100.2	99.5	100.0	100.2	100.0
98.1	97.9	99.5	100.5	111.3	103.1	99.9
103.2	99.6	101.1	99.9	101.3	100.0	99.4
100.0	95.7	99.5	103.6	101.2	99.5	104.1
92.1	96.1	98.1	101.0	124.0	107.0	100.1
100.5	98.7	98.9	99.9	101.4	100.5	100.8
100.0	100.0	98.9	100.4	99.2	98.8	100.2

1999年广西农村商品零售价格各月环比指数

以上月价格为100

类　别	1月	2月	3月	4月	5月
商品零售价格总指数	**100.4**	**100.3**	**99.5**	**99.2**	**97.8**
一、食　　品	**100.5**	**101.4**	**99.6**	**99.0**	**95.8**
1. 粮　　食	99.4	101.9	101.0	100.7	99.9
(1) 细　　粮	99.5	102.0	101.4	100.4	100.3
大　　米	99.4	102.5	101.9	100.5	100.4
(2) 粗　　粮	98.4	101.0	97.4	103.5	96.6
2. 油 脂 类	97.6	98.8	100.0	98.5	99.6
3. 肉 禽 蛋	100.8	100.4	97.0	96.2	95.3
猪　　肉	99.2	98.9	98.5	95.4	93.4
牛　　肉	103.0	107.5	95.1	98.2	93.9
羊　　肉	98.7	107.1	97.9	91.7	97.9
鸡	104.3	99.9	94.8	97.1	99.0
鸭	102.2	99.0	97.4	96.5	93.8
鲜　　蛋	99.8	102.4	92.2	95.3	97.4
4. 水产品类	99.6	107.6	96.9	100.5	102.4
5. 鲜　　菜	102.1	93.5	104.9	102.3	75.9
6. 干　　菜	101.6	102.3	97.7	104.9	99.1
7. 鲜　　果	105.2	119.1	107.4	102.3	88.1
8. 干　　果	97.9	101.1	102.5	100.2	100.3
9. 其他食品类	99.5	98.7	98.8	99.5	99.5
(1) 调 味 品	100.2	99.8	99.4	99.7	100.2
盐	100.0	100.0	100.0	100.0	100.0
酱　　油	100.0	100.0	100.0	100.0	99.7
(2) 食　　糖	99.5	96.9	97.3	98.4	97.5
(3) 糖　　果	99.7	97.1	97.8	100.0	99.7
(4) 糕　　点	98.8	100.4	100.4	99.7	100.0
(5) 奶及奶制品	97.8	100.0	100.0	100.0	100.8
(6) 罐　　头	100.0	100.0	100.7	100.0	98.9
10. 饮 食 业	100.7	100.0	100.4	100.0	100.0
(1) 主　　食	100.0	100.0	100.0	100.0	100.0
(2) 炒　　菜	101.1	100.0	100.7	100.0	100.0
(3) 地方小吃	100.0	100.0	100.0	100.0	100.0

6月	7月	8月	9月	10月	11月	12月
99.5	**100.2**	**99.8**	**100.9**	**99.7**	**99.6**	**100.5**
99.2	**100.1**	**99.1**	**102.7**	**99.1**	**98.6**	**100.2**
98.5	98.0	97.2	100.1	99.3	100.3	99.7
98.6	98.4	96.8	99.9	99.4	100.6	100.3
98.2	97.8	95.6	100.0	99.3	100.7	100.6
97.7	95.1	102.4	101.4	98.2	97.9	95.0
101.5	101.4	99.5	100.0	100.6	98.6	100.5
104.1	99.6	99.3	104.0	99.7	98.6	99.5
106.8	98.7	99.1	105.6	100.5	100.9	98.5
101.0	98.8	99.1	106.9	100.0	98.0	103.8
99.1	100.3	101.9	101.8	104.2	103.1	97.3
103.8	100.1	100.0	102.7	98.6	93.1	101.6
102.9	103.7	98.8	97.3	97.6	96.7	100.4
98.4	100.2	99.3	104.0	96.7	96.8	96.6
102.0	98.6	96.8	99.9	95.8	99.0	96.9
81.7	109.6	102.0	121.6	97.6	96.6	91.4
99.7	99.2	97.5	102.4	100.4	100.2	100.5
86.0	98.9	99.4	92.7	96.4	90.7	121.9
99.9	98.2	101.4	100.1	96.7	99.2	99.1
99.0	99.6	99.9	100.0	99.8	99.6	99.9
99.3	99.2	99.9	100.5	100.7	100.8	100.4
100.0	100.0	100.0	100.0	100.0	102.0	101.0
100.0	100.0	100.0	101.8	102.4	100.0	100.0
96.9	98.4	99.8	100.4	96.7	97.8	99.3
100.0	99.7	99.7	98.6	102.3	100.0	100.0
99.6	100.4	100.0	100.0	100.0	99.6	100.0
100.0	102.6	100.0	100.0	99.1	100.0	99.3
100.7	100.0	100.0	100.0	99.6	97.6	100.0
100.2	100.4	100.0	100.0	100.0	100.0	100.0
100.0	100.3	100.0	100.0	100.0	100.0	100.0
100.0	100.0	100.0	100.0	100.0	100.0	100.0
101.7	102.6	100.0	100.0	100.0	100.0	100.0

1999 年广西农村商品零售价格各月环比指数（续表）

以上月价格为 100

类　别	1月	2月	3月	4月	5月
二、饮料、烟酒类	**99.9**	**100.3**	**100.2**	**99.6**	**99.2**
1. 饮　　料	99.6	99.6	100.0	100.0	100.0
2. 烟　　酒	99.9	100.4	100.2	99.5	99.1
三、服装、鞋帽类	**100.2**	**99.5**	**99.8**	**100.2**	**97.6**
1. 服　　装	100.3	99.9	99.7	101.1	97.2
2. 鞋	100.1	98.5	99.9	98.4	97.4
3. 其他衣着	100.0	100.2	100.3	100.1	100.0
四、纺织品类	**100.0**	**99.9**	**99.4**	**99.9**	**98.2**
1. 棉　　布	100.0	100.0	100.0	99.6	97.9
2. 棉花化纤混纺布	100.0	100.0	96.7	100.0	97.5
3. 化 纤 布	100.0	100.0	100.0	100.0	97.8
4. 呢　　绒	100.0	100.0	100.0	100.0	97.9
5. 绸　　缎	100.0	100.0	100.9	100.0	98.4
6. 其他纺织品	100.1	99.7	100.1	100.0	99.8
五、中、西药品类	**99.9**	**99.8**	**99.4**	**99.6**	**100.1**
1. 中　　药	99.7	99.2	98.9	100.8	100.0
2. 西　　药	100.1	100.3	99.6	98.4	100.1
3. 医疗用品	100.0	100.0	100.5	99.5	100.2
六、化妆品类	**99.6**	**99.2**	**100.8**	**99.6**	**100.0**
七、书报、杂志类	**102.7**	**100.5**	**104.1**	**100.0**	**100.5**
八、文化体育用品类	**100.1**	**100.7**	**99.9**	**99.9**	**100.0**
1. 文化用品	100.4	100.8	100.0	99.8	99.9
2. 体育用品	99.7	100.5	99.8	100.0	100.1
九、日用品类	**99.9**	**100.1**	**99.9**	**99.7**	**99.9**
1. 一般日用品	100.2	100.1	99.9	99.9	99.8
2. 家 具 类	98.8	100.4	99.8	98.9	99.9
十、家用电器类	**100.0**	**99.7**	**99.1**	**99.1**	**98.5**
十一、首 饰 类	**100.0**	**99.3**	**99.5**	**100.2**	**98.9**
十二、燃 料 类	**101.8**	**97.7**	**95.6**	**95.7**	**98.7**
汽　　油	102.3	99.4	100.0	100.0	100.3
煤　　油	101.6	103.1	102.9	100.0	100.0
液化石油气	101.4	95.3	89.8	90.3	96.8
十三、建筑装潢材料类	**101.5**	**99.5**	**98.8**	**98.6**	**98.6**
十四、机电产品类	**99.8**	**99.0**	**98.0**	**100.8**	**96.1**

6月	7月	8月	9月	10月	11月	12月
100.1	**99.9**	**100.0**	**99.7**	**100.0**	**99.9**	**99.8**
100.0	100.0	100.0	100.0	99.9	100.0	99.8
100.1	99.9	100.0	99.7	100.0	99.9	99.8
100.0	**99.6**	**100.0**	**99.7**	**100.4**	**101.0**	**100.0**
100.0	99.4	100.0	99.5	100.4	101.8	100.1
100.0	100.0	100.0	100.2	100.6	99.6	99.8
99.8	99.8	100.0	99.6	100.0	100.0	100.0
100.1	**99.5**	**100.0**	**100.2**	**100.0**	**99.9**	**100.1**
100.0	100.1	100.0	100.0	100.4	100.3	100.4
101.0	100.0	100.0	100.6	99.1	100.0	100.3
100.0	97.8	100.0	100.0	100.0	100.0	100.0
100.0	100.0	100.0	100.0	100.0	100.0	100.0
100.0	99.9	99.9	100.1	100.0	100.0	100.0
99.7	100.0	100.0	100.2	100.5	98.8	99.7
100.6	**100.3**	**99.5**	**99.7**	**100.7**	**100.3**	**99.8**
100.8	101.9	99.3	100.3	101.1	101.2	99.8
100.4	98.9	99.6	99.1	100.4	99.5	99.8
101.1	100.0	100.0	100.0	100.0	99.9	100.2
100.1	**100.3**	**99.9**	**100.2**	**101.2**	**98.3**	**99.3**
100.0	**100.0**	**100.0**	**96.9**	**100.0**	**100.0**	**100.2**
100.2	**99.6**	**100.0**	**100.0**	**100.2**	**99.7**	**100.0**
100.2	99.9	100.0	100.0	100.1	99.3	100.0
100.1	99.0	99.9	100.0	100.4	100.3	100.0
99.7	**99.5**	**99.8**	**99.8**	**99.4**	**100.0**	**100.1**
100.0	99.2	99.7	100.1	99.2	100.1	100.0
98.9	100.0	100.0	99.0	99.7	99.9	100.6
98.9	**99.9**	**98.7**	**100.1**	**99.9**	**100.5**	**100.0**
100.0	**100.2**	**93.7**	**98.6**	**103.9**	**103.7**	**101.0**
100.7	**105.9**	**108.9**	**103.7**	**99.7**	**99.8**	**108.7**
99.4	98.9	99.8	102.9	101.6	103.8	103.7
103.1	100.0	100.0	101.0	100.0	100.0	101.8
102.1	114.6	120.6	105.2	97.6	95.2	115.5
97.9	**99.5**	**100.0**	**98.8**	**100.3**	**100.2**	**101.3**
99.3	**99.9**	**98.6**	**99.9**	**99.2**	**98.1**	**99.4**

2000年广西农村商品零售价格各月环比指数

以上月价格为100

类　别	1月	2月	3月	4月	5月
商品零售价格总指数	**99.9**	**101.0**	**98.9**	**100.0**	**98.9**
一、食　品	**99.4**	**102.2**	**97.3**	**100.1**	**96.8**
1. 粮　食	98.4	99.8	99.0	100.2	97.7
(1) 细　粮	97.4	99.8	98.9	99.9	97.5
大　米	96.5	99.7	98.6	99.7	96.7
(2) 粗　粮	106.7	99.5	99.4	102.5	99.1
2. 油脂类	99.1	98.8	100.0	99.2	99.2
3. 肉禽蛋	98.6	101.6	96.3	98.6	97.4
猪　肉	96.9	101.5	96.4	99.6	98.4
牛　肉	99.0	105.2	97.9	96.6	97.1
羊　肉	103.3	111.7	95.1	94.3	95.4
鸡	101.8	101.6	94.3	98.7	95.4
鸭	100.8	100.8	93.6	100.6	97.9
鲜　蛋	98.3	99.1	96.4	94.4	94.7
4. 水产品类	96.1	107.8	99.0	100.2	103.5
5. 鲜　菜	90.0	109.8	91.3	100.1	74.4
6. 干　菜	98.6	101.2	96.9	101.4	99.1
7. 鲜　果	119.4	109.9	92.1	108.6	99.1
8. 干　果	100.4	102.1	100.2	100.7	100.5
9. 其他食品类	101.7	99.4	101.1	101.0	100.1
(1) 调味品	102.5	100.5	100.0	100.0	99.2
盐	106.6	100.0	100.0	100.0	100.0
酱　油	100.0	103.5	100.0	100.0	99.7
(2) 食　糖	102.7	96.9	105.6	102.8	101.6
(3) 糖　果	101.8	98.7	100.0	101.7	100.0
(4) 糕　点	100.0	100.3	100.0	100.0	100.0
(5) 奶及奶制品	100.0	101.6	98.6	100.0	100.0
(6) 罐　头	100.7	100.0	98.7	100.0	99.6
10. 饮食业	100.0	100.0	100.0	100.0	99.8
(1) 主　食	100.0	100.0	100.0	100.0	100.0
(2) 炒　菜	100.0	100.0	100.0	100.0	100.0
(3) 地方小吃	100.0	100.0	100.0	100.0	98.2

6月	7月	8月	9月	10月	11月	12月
99.3	100.1	100.4	100.8	100.3	100.5	99.3
97.6	100.2	101.6	100.1	100.5	101.2	98.1
99.7	98.5	97.1	99.8	100.4	102.5	99.9
99.5	97.9	97.0	99.8	100.6	102.5	98.9
99.6	97.1	96.1	100.0	101.3	103.5	98.5
101.3	103.8	98.0	99.4	98.8	102.4	108.1
99.6	99.0	100.1	99.6	99.1	98.5	99.0
100.6	100.1	103.5	100.3	99.7	101.1	100.2
99.7	101.8	103.0	99.8	100.7	101.9	100.1
99.9	97.4	103.6	98.9	101.6	102.9	99.2
101.0	98.4	101.4	104.7	100.3	97.8	99.7
103.4	98.6	104.1	102.3	98.2	98.9	100.9
100.5	96.7	98.2	100.6	98.0	104.2	101.0
101.3	100.0	112.0	99.6	96.5	98.1	98.7
101.8	97.6	95.6	98.8	99.9	98.9	99.2
77.9	104.9	105.7	97.8	111.5	105.0	78.3
97.5	101.4	98.8	101.2	99.6	101.4	98.6
81.1	99.3	107.8	104.3	96.3	100.9	98.7
100.2	101.0	99.7	98.2	97.9	99.5	98.2
100.7	102.6	101.9	100.0	100.1	100.7	98.8
100.0	99.7	100.0	100.0	100.0	100.3	100.0
100.0	100.0	100.0	100.0	101.0	100.0	100.0
100.0	100.0	100.0	100.0	100.0	100.0	100.0
103.2	111.4	108.0	100.0	100.2	101.1	94.7
100.0	100.0	100.0	100.0	100.0	102.1	100.0
100.0	100.0	100.5	100.0	100.0	100.0	100.0
100.0	100.4	100.0	100.4	100.0	100.0	100.0
99.2	100.3	100.0	100.0	100.3	100.0	100.0
100.0	99.7	100.0	100.1	100.0	100.0	99.6
100.0	100.0	100.0	100.0	100.0	100.0	100.0
100.0	100.0	100.0	100.0	100.0	100.0	99.4
100.0	97.7	100.0	100.8	100.0	100.0	100.0

2000 年广西农村商品零售价格各月环比指数（续表）

以上月价格为 100

类　别	1 月	2 月	3 月	4 月	5 月
二、饮料、烟酒类	100.6	98.2	100.1	99.6	100.0
1. 饮　　料	99.8	100.0	100.2	99.3	98.7
2. 烟　　酒	100.8	97.9	100.1	99.7	100.2
三、服装、鞋帽类	99.9	99.0	98.9	100.9	98.7
1. 服　　装	99.8	98.6	98.5	101.6	98.7
2. 鞋	100.3	99.7	99.8	99.7	98.2
3. 其他衣着	99.8	99.6	98.9	100.1	99.6
四、纺织品类	99.7	99.7	99.9	100.0	99.2
1. 棉　　布	100.0	99.4	100.0	100.0	99.5
2. 棉花化纤混纺布	100.0	100.0	100.0	100.0	99.1
3. 化 纤 布	100.0	100.0	100.0	100.0	98.3
4. 呢　　绒	100.0	100.0	100.0	100.0	100.0
5. 绸　　缎	100.0	100.0	100.0	100.0	100.0
6. 其他纺织品	98.2	99.3	99.6	99.8	99.7
五、中、西药品类	100.0	108.3	99.6	100.4	100.2
1. 中　　药	99.5	100.2	98.1	101.3	100.6
2. 西　　药	100.6	118.0	100.8	99.6	100.0
3. 医疗用品	99.8	97.4	100.2	100.1	99.3
六、化妆品类	98.0	100.4	98.4	99.8	100.0
七、书报、杂志类	100.0	102.2	101.6	100.0	100.0
八、文化体育用品类	99.9	100.0	100.0	100.3	99.8
1. 文化用品	99.9	100.3	100.0	100.3	99.7
2. 体育用品	100.0	99.6	100.0	100.3	100.0
九、日用品类	100.1	99.6	101.1	99.7	99.8
1. 一般日用品	100.0	99.9	101.7	99.7	99.7
2. 家 具 类	100.8	99.7	100.0	99.9	100.0
十、家用电器类	99.5	99.1	99.4	99.5	99.9
十一、首 饰 类	99.8	100.0	100.3	98.8	99.8
十二、燃 料 类	103.8	100.1	97.7	100.5	105.6
汽　　油	101.5	99.4	100.3	99.7	109.8
煤　　油	101.5	101.4	99.3	100.0	100.0
液化石油气	106.9	100.7	94.5	101.5	101.7
十三、建筑装潢材料类	100.3	100.4	99.8	99.8	99.1
十四、机电产品类	99.7	98.9	99.9	97.3	99.1

6月	7月	8月	9月	10月	11月	12月
99.9	100.2	100.4	100.1	100.1	99.6	100.0
99.3	99.4	100.3	99.9	100.0	100.4	100.0
100.0	100.3	100.4	100.1	100.1	99.5	100.0
99.9	100.0	100.0	100.3	101.4	100.4	99.6
99.8	100.0	100.0	100.5	102.1	100.2	99.3
100.0	100.0	100.1	100.0	100.3	100.5	100.0
99.8	100.0	100.0	99.9	100.3	101.0	100.0
100.3	99.9	99.5	100.3	100.6	99.8	99.9
101.0	100.0	98.5	99.4	102.0	99.4	99.8
100.0	100.0	99.3	101.2	100.0	100.0	100.0
100.0	100.0	100.0	100.9	100.0	100.0	100.0
100.0	100.0	100.0	100.0	100.0	100.0	100.0
100.0	99.6	100.0	100.0	100.0	100.0	100.0
100.0	99.9	100.3	100.3	100.3	100.0	100.0
100.2	99.1	100.5	99.8	99.4	100.3	99.8
100.6	99.4	102.0	99.6	98.2	100.7	99.8
99.8	98.8	99.1	100.0	100.4	100.0	99.9
100.0	99.0	100.1	99.5	100.0	100.0	99.8
98.5	100.0	99.1	100.0	99.2	100.5	100.0
100.0	100.5	100.0	120.3	100.0	100.0	100.0
99.7	99.9	99.9	99.6	100.4	99.9	100.4
99.8	99.9	99.8	99.3	100.3	100.0	100.4
99.5	100.0	100.0	100.0	100.5	99.8	100.3
100.3	99.9	100.0	99.9	100.2	100.0	99.9
100.0	100.0	99.9	99.9	99.8	100.0	100.0
99.6	99.9	100.3	100.0	101.1	99.9	99.9
100.2	100.2	97.3	99.0	99.6	100.6	100.0
100.0	99.9	100.0	99.1	97.9	96.5	100.0
103.0	101.1	101.6	107.3	102.7	100.3	100.3
109.8	104.5	103.3	109.9	98.9	97.0	99.4
103.6	103.0	110.1	102.9	100.8	103.9	100.1
95.4	97.1	99.2	105.1	107.3	103.9	101.3
100.1	99.8	99.8	99.6	99.3	99.8	101.3
98.9	98.6	100.0	99.2	99.8	98.6	99.5

2001年广西农村商品零售价格各月环比指数

以上月价格为100

类别	1月	2月	3月	4月	5月
商品零售价格总指数	**99.9**	**100.0**			**99.7**
一、食品类	**100.1**	**100.3**			**99.4**
1. 粮食	101.3	100.1			99.8
(1) 细粮	102.1	100.2			99.7
大米	103.0	100.2			
(2) 粗粮	94.4	99.7			100.2
2. 油脂	97.4	99.8			100.4
3. 肉禽蛋	100.8	100.8			100.6
猪肉	100.0	97.6			
牛肉	104.7	104.0			
羊肉	103.1	106.6			
鸡	102.2	109.4			
鸭	100.3	96.1			
鲜蛋	100.0	99.5			
4. 水产品	100.8	100.1			100.3
5. 鲜菜	91.4	99.0			88.6
6. 干菜	100.7	100.9			100.8
7. 鲜果	103.0	98.4			97.9
8. 干果	99.4	99.3			97.0
9. 其他食品类	101.8	101.8			101.4
(1) 调味品	103.7	101.4			100.4
盐	110.7	105.2			
酱油	100.0	100.0			
(2) 食糖	101.8	105.8			105.4
(3) 糖果	101.7	99.9			100.0
(4) 糕点	99.6	100.8			100.0
(5) 奶及奶制品	100.0	99.5			100.0
(6) 罐头	100.0	100.0			100.0
10. 饮食业	100.0	100.0			99.9
(1) 主食	100.1	100.0			100.0
(2) 炒菜	100.0	100.0			99.8
(3) 地方小吃	100.0	100.0			100.0

6月	7月	8月	9月	10月	11月	12月
98.9	99.9	99.2	100.1	100.4	99.6	99.5
97.4	101.3	98.9	101.2	100.1	99.1	99.2
100.0	99.2	98.7	99.5	100.3	101.2	100.6
100.0	99.1	98.6	99.5	100.3	101.4	100.7
99.6	99.8	99.5	99.9	99.9	99.6	99.8
95.8	100.3	98.4	99.9	97.4	100.1	97.5
98.2	101.3	100.0	102.7	101.4	99.0	100.1
99.8	100.0	96.6	99.5	98.4	97.5	98.2
88.8	108.6	96.5	99.2	94.8	97.3	90.0
99.3	100.0	99.7	100.2	100.8	100.5	100.6
84.7	105.5	93.6	106.7	100.6	93.6	101.6
100.4	99.9	100.7	99.3	99.2	98.4	99.5
100.0	99.6	99.9	100.0	100.5	99.8	98.7
99.6	99.6	100.0	100.0	100.5	100.0	99.9
100.3	99.0	100.0	100.0	100.6	97.3	94.1
100.0	100.0	99.9	100.0	101.2	102.2	99.4
100.0	100.0	99.8	99.8	100.0	100.0	100.0
100.0	99.8	100.0	100.0	100.0	100.0	102.7
100.0	100.0	99.7	100.0	100.0	99.8	100.0
100.0	100.0	100.2	100.0	99.9	100.0	100.0
100.0	100.0	100.0	100.0	100.0	100.0	100.0
100.0	100.0	100.3	100.0	99.8	100.0	100.0
100.0	100.0	100.0	100.0	100.0	100.0	100.0

2001 年广西农村商品零售价格各月环比指数（续表）

以上月价格为 100

类别	1月	2月	3月	4月	5月
二、饮料、烟酒类	100.0	99.6			99.8
1. 饮　　料	101.3	99.5			100.0
2. 烟　　酒	99.8	99.6			99.8
三、服装、鞋帽类	99.9	99.4			99.9
1. 服　　装	99.8	99.6			99.5
2. 鞋	100.1	99.1			100.6
3. 其它衣着	99.8	99.5			100.0
四、纺织品类	100.0	99.7			100.1
1. 棉　　布	100.0	100.0			100.0
2. 棉花化纤混纺布	100.0	99.7			100.0
3. 化 纤 布	100.0	100.0			100.0
4. 呢　　绒	100.0	100.0			100.0
5. 绸　　缎	100.0	99.6			100.0
6. 其他纺织品	100.0	98.9			100.3
五、中、西药品类	99.8	99.4			99.5
1. 中　　药	100.0	99.6			99.9
2. 西　　药	99.5	99.4			99.1
3. 医疗用品	100.0	98.7			100.0
六、化妆品类	99.6	100.0			98.9
七、书报、杂志类	100.0	107.4			100.0
八、体育娱乐用品	99.3	99.7			100.0
1. 文化用品	99.1	99.8			100.0
2. 体育用品	100.5	99.6			100.0
九、日 用 品	99.5	100.0			99.9
1. 一般日用品	99.2	100.0			99.9
2. 家 具 类	99.6	100.0			100.0
十、家用电器	99.0	99.8			99.6
十一、首 饰 类	98.5	99.2			98.5
十二、燃 料 类	100.6	96.9			101.7
汽　　油	97.4	95.5			
煤　　油	99.5	98.7			
液化石油气	104.2	98.1			
十三、建筑装潢材料类	100.1	100.0			99.4
十四、机电产品类	99.2	98.6			99.1

注：3、4 月数据缺失

6月	7月	8月	9月	10月	11月	12月
100.0	99.9	100.0	100.2	100.1	100.0	99.2
99.7	99.5	100.2	100.0	100.1	100.0	99.6
100.0	100.0	100.0	100.2	100.1	100.0	99.1
99.7	99.8	99.1	99.4	101.6	100.3	101.5
99.6	99.7	98.9	99.0	102.6	100.5	102.8
99.8	100.0	99.3	99.9	99.8	100.0	99.4
99.7	99.5	99.8	100.0	100.5	100.1	99.9
99.9	100.2	99.7	100.0	99.8	100.3	100.3
99.8	100.0	100.0	99.9	99.3	100.0	101.1
100.0	100.0	100.0	100.0	100.0	100.0	100.0
100.0	100.0	98.9	100.0	100.0	100.0	100.0
100.0	100.0	100.0	100.0	100.0	100.0	100.0
100.0	100.0	100.0	100.0	100.0	100.0	100.0
99.9	100.9	100.0	100.1	100.1	101.4	100.0
99.7	98.7	100.1	99.9	99.7	100.4	99.6
100.4	97.6	99.9	100.0	99.1	100.0	99.9
99.0	99.5	100.2	100.0	100.3	100.9	99.1
100.0	99.8	100.0	99.2	99.9	100.0	100.9
99.7	99.8	100.2	100.0	99.9	99.3	100.9
100.0	100.0	100.0	92.9	100.0	100.0	100.0
99.8	99.9	100.0	100.0	99.6	100.0	99.8
99.6	99.9	100.0	100.0	99.7	100.0	99.7
100.0	100.0	100.0	100.0	99.4	100.0	100.0
99.7	99.8	99.8	100.0	99.9	99.9	99.6
99.5	99.8	99.9	99.9	99.8	99.8	99.6
100.0	99.7	99.3	100.2	100.0	100.1	99.3
99.7	99.4	99.2	98.5	99.9	99.5	99.9
98.5	100.0	99.0	100.3	99.1	99.6	100.0
100.3	94.1	95.8	101.6	103.5	98.2	95.8
100.3	99.2	99.8	99.0	102.4	101.5	99.5
99.8	97.7	99.9	99.6	99.6	99.5	98.7

2002年广西农村商品零售价格各月环比指数

以上月价格为100

类　别	1月	2月	3月	4月	5月
商品零售价格总指数	**100.6**	**100.0**	**99.5**	**100.1**	**99.2**
一、食 品 类	**98.3**	**101.8**	**99.9**	**100.3**	**98.4**
1. 粮　　食	96.5	98.8	99.5	100.3	100.1
大　　米	95.2	98.2	99.3	100.2	100.2
2. 淀粉及薯类	100.8	110.2	95.5	96.8	96.1
3. 干豆类及豆制品	101.9	101.9	99.3	100.8	97.1
4. 油　　脂	91.7	98.2	99.2	99.3	102.2
5. 肉禽及其制品	100.5	103.5	97.0	100.0	98.7
(1) 食用畜肉及副产品	99.1	104.8	95.8	99.8	98.3
猪　　肉	99.7	103.4	96.2	101.7	100.0
牛　　肉	92.4	114.1	95.4	96.2	94.3
羊　　肉	95.3	109.2	92.1	98.4	96.1
(2) 禽	104.5	101.7	98.8	99.9	99.2
鸡	105.9	100.8	98.1	99.8	99.1
鸭	102.8	102.1	101.0	99.7	99.6
(3) 肉禽加工制品	98.8	102.0	98.5	100.8	99.2
6. 蛋	99.4	102.2	95.0	98.4	103.2
鲜　　蛋	99.3	102.3	94.7	98.1	103.7
7. 水 产 品	97.9	103.0	97.9	101.5	101.0
(1) 鱼	99.4	102.6	98.2	101.8	98.9
淡 水 鱼	99.5	102.7	98.2	101.9	98.4
海 水 鱼	99.2	102.2	98.5	101.6	101.0
(2) 其它水产品	90.7	105.0	96.4	99.6	111.8
8. 菜	93.9	96.1	106.0	109.7	89.1
鲜　　菜	92.6	94.6	108.9	112.2	87.0
9. 调 味 品	100.4	99.9	100.0	100.0	100.3
盐	100.0	100.0	100.0	100.0	100.0
酱　　油	100.0	100.0	100.0	100.0	100.0
10. 糖	102.9	99.1	97.9	99.5	100.5
食　　糖	111.6	98.2	95.4	100.0	101.2
11. 干鲜瓜果	93.1	110.0	116.8	94.8	94.0

6月	7月	8月	9月	10月	11月	12月
99.4	99.7	100.1	100.6	100.4	100.0	100.4
98.6	99.9	100.8	101.9	99.9	99.5	100.8
100.3	100.6	100.2	99.5	99.0	101.6	103.8
100.5	100.9	100.3	99.3	98.7	102.3	105.2
104.7	102.8	100.3	100.5	99.6	94.7	99.0
101.0	99.6	100.6	99.5	99.7	99.5	99.2
106.8	101.3	99.8	101.0	99.2	101.3	100.7
100.2	99.2	99.8	100.4	100.8	99.4	100.6
100.3	99.9	100.5	100.3	101.0	99.9	100.4
100.2	99.8	100.0	100.0	100.0	100.0	99.1
101.9	100.5	102.2	100.5	101.9	100.1	102.2
99.2	100.3	102.3	102.1	99.4	106.4	100.5
100.3	97.3	98.4	100.8	101.1	98.1	100.2
101.4	97.6	97.7	100.9	100.7	96.8	101.5
99.7	98.0	98.9	101.3	101.5	98.0	97.5
99.7	99.9	99.8	100.3	99.4	99.8	101.9
100.2	98.9	104.5	105.0	98.1	97.6	98.1
100.2	98.7	104.8	105.4	97.9	97.5	98.0
100.1	98.4	100.4	99.2	100.4	98.4	102.0
99.8	98.9	100.8	99.5	100.8	98.3	101.1
99.8	99.1	100.7	99.2	101.2	98.1	101.5
99.8	98.1	101.6	100.5	99.1	99.0	99.4
101.5	96.0	98.6	98.2	98.5	99.1	106.4
97.1	105.6	111.1	101.9	100.6	94.7	96.7
96.2	107.0	113.0	102.0	100.8	93.8	95.8
100.0	100.0	99.7	99.9	100.0	99.8	100.0
100.0	100.0	100.0	100.0	100.0	100.0	100.0
100.0	100.0	100.0	100.0	100.0	100.0	100.0
98.6	100.0	99.4	100.0	100.1	100.0	102.1
96.9	100.0	98.6	100.0	98.8	100.0	100.0
76.6	94.4	97.1	128.0	98.0	103.3	103.1

2002年广西农村商品零售价格各月环比指数（续表1）

以上月价格为100

类　别	1月	2月	3月	4月	5月
鲜　　果	93.6	112.3	119.8	94.0	92.8
12. 糕点饼干面包	101.4	100.1	100.0	100.1	98.5
13. 奶及奶制品	102.3	100.0	99.3	99.5	100.0
14. 在外用膳食品	99.5	100.7	99.3	100.0	100.0
15. 其它食品	101.2	100.0	98.0	100.0	97.7
二、饮料、烟酒	**99.0**	**100.2**	**99.9**	**99.9**	**100.3**
1. 茶及饮料	99.5	100.0	100.0	100.0	100.0
(1) 茶　　叶	100.0	100.0	100.0	100.0	100.0
(2) 饮　　料	99.4	100.0	100.0	100.0	100.0
2. 烟　　草	99.8	100.4	100.0	99.8	100.0
3. 酒	98.0	99.9	99.8	100.0	100.6
三、服装、鞋帽类	**102.6**	**96.0**	**96.6**	**100.3**	**100.1**
1. 服　　装	103.7	94.5	95.2	99.2	99.7
(1) 男式服装	104.7	94.8	96.4	98.1	101.1
(2) 女式服装	104.2	93.8	94.3	99.7	98.5
(3) 儿童服装	100.4	95.9	95.3	100.0	100.6
2. 鞋 袜 帽	100.3	99.0	99.4	103.0	100.9
(1) 鞋	101.7	98.9	98.7	103.2	100.9
(2) 袜　　子	92.8	100.0	105.0	100.0	100.0
(3) 帽　　子	87.6	100.0	100.0	107.1	106.6
3. 其　　它	100.0	100.0	100.0	100.0	100.0
四、纺织品类	**99.6**	**100.0**	**100.0**	**99.3**	**98.6**
1. 衣着材料	100.2	100.0	100.0	98.6	100.0
2. 床上用品	99.0	100.0	100.0	100.0	97.2
五、家用电器及音像器材	**106.1**	**99.5**	**99.6**	**98.8**	**99.5**
1. 家庭设备	105.4	100.0	99.5	98.3	99.5
2. 文娱用耐用消费品	107.3	98.9	99.7	99.6	99.6
3. 音像器材	100.0	100.0	100.0	100.0	100.0
六、文化办公用品	**106.1**	**100.0**	**99.7**	**100.0**	**99.7**
七、日 用 品	**101.9**	**100.0**	**100.0**	**100.0**	**99.8**
1. 日用百货	103.0	100.0	100.0	99.5	99.6

6月	7月	8月	9月	10月	11月	12月
71.9	93.0	96.3	135.4	97.2	104.1	103.2
100.0	100.0	97.8	99.9	100.0	100.0	102.2
100.0	100.0	100.0	97.0	102.0	100.0	100.0
100.0	100.0	100.0	100.0	99.8	100.0	100.7
100.0	102.9	100.0	100.2	100.0	100.0	100.0
100.0	**100.1**	**100.0**	**100.0**	**100.1**	**100.0**	**100.5**
100.0	100.0	100.0	100.0	100.5	100.0	100.0
100.0	100.0	100.0	100.0	100.0	100.0	100.0
100.0	100.0	100.0	100.0	100.6	100.0	100.0
100.0	99.9	100.0	100.0	100.0	100.0	100.0
100.0	100.4	100.0	100.0	100.1	100.0	101.1
99.9	**99.0**	**99.4**	**99.9**	**103.5**	**102.2**	**100.9**
99.8	99.9	99.1	99.8	105.9	102.5	101.3
100.0	99.4	100.0	100.0	102.2	103.4	100.4
99.6	100.1	98.5	99.7	108.1	102.8	101.5
100.0	100.0	98.6	100.0	107.2	100.0	102.4
100.0	96.9	100.0	100.0	100.0	100.6	100.0
100.0	96.4	100.0	100.0	100.2	100.2	100.0
100.0	100.0	100.0	100.0	98.7	103.9	100.0
100.0	100.0	100.0	100.0	100.0	100.0	100.0
100.0	100.0	100.0	100.0	94.4	106.0	100.0
100.0	**100.0**	**100.0**	**100.0**	**102.4**	**100.0**	**100.1**
100.0	100.0	100.0	100.0	101.3	100.0	100.0
100.0	100.0	100.0	100.0	103.6	100.0	100.3
99.9	**99.2**	**99.7**	**99.8**	**98.8**	**99.3**	**100.0**
99.9	99.1	100.0	100.0	98.7	99.5	100.0
99.9	99.0	99.1	99.5	98.9	98.9	100.0
100.0	100.0	100.0	100.0	100.0	100.0	100.0
100.0	**98.2**	**99.4**	**100.0**	**98.1**	**99.3**	**99.8**
99.9	**99.6**	**99.4**	**100.0**	**100.0**	**99.7**	**99.7**
100.0	99.2	100.0	100.0	99.9	99.7	99.1

2002年广西农村商品零售价格各月环比指数（续表2）

以上月价格为100

类　别	1月	2月	3月	4月	5月
2. 日用杂品	100.8	100.0	100.0	100.0	100.0
3. 洗涤用品	101.7	99.9	100.0	100.0	100.0
4. 其它日用品	101.0	100.3	99.9	101.1	100.0
八、体育娱乐用品	**100.5**	**100.0**	**100.0**	**100.0**	**100.0**
1. 体育用品	100.0	100.0	100.0	100.0	100.0
2. 娱乐用品	101.1	100.0	100.0	100.0	100.0
九、交通、通信用品	**111.3**	**100.6**	**99.3**	**98.0**	**98.7**
1. 交通运输机械	106.0	100.0	100.0	97.9	98.0
2. 通讯器材	119.4	101.4	98.4	98.2	99.7
十、家　　具	**98.9**	**100.0**	**100.1**	**99.8**	**98.9**
十一、化妆品类	**100.9**	**100.0**	**100.0**	**99.9**	**99.4**
十二、金银珠宝类	**98.6**	**100.0**	**100.0**	**100.3**	**100.5**
十三、中西药品及医疗保健用品类	**106.4**	**100.2**	**99.7**	**99.5**	**98.0**
1. 医疗器具及用品	100.5	100.0	100.0	99.5	100.0
2. 中药材及中成药	110.9	100.5	100.0	99.5	97.7
3. 西　　药	104.5	100.0	99.3	99.5	97.8
4. 保健器具及用品	102.7	100.1	100.0	99.8	99.4
十四、书报杂志及电子出版物类	**104.2**	**100.0**	**100.0**	**100.0**	**100.0**
1. 教材及参考书	109.6	100.0	100.0	100.0	100.0
2. 书报杂志	99.7	100.0	100.0	100.0	100.0
3. 电子音像制品	100.0	100.0	100.0	100.0	100.0
十五、燃 料 类	**87.1**	**97.1**	**98.6**	**104.0**	**102.1**
1. 煤炭及制品类	100.0	100.0	100.0	100.0	100.0
2. 石油及制品类	85.4	96.6	98.3	104.6	102.4
液化石油气	88.9	92.9	92.8	102.3	98.4
管道燃气	100.0	100.0	100.0	100.0	100.0
汽　　油	82.8	99.4	102.9	106.5	105.7
柴　　油	81.3	100.6	102.9	106.8	104.9
十六、建筑材料及五金电料	**103.0**	**99.5**	**99.7**	**99.9**	**98.4**
1. 建筑装潢材料	103.5	99.4	99.7	99.9	98.2
2. 五金电料	101.1	100.0	100.0	100.0	99.5

6月	7月	8月	9月	10月	11月	12月
100.0	99.3	100.0	100.0	100.0	100.0	100.0
100.0	100.0	98.4	100.0	100.0	100.0	100.0
99.6	100.1	98.9	99.7	100.4	99.0	100.0
99.9	**100.0**	**100.1**	**100.0**	**99.5**	**100.0**	**100.0**
100.0	100.0	100.0	100.0	100.0	100.0	100.0
99.7	100.0	100.2	100.0	99.0	100.0	100.0
98.5	**99.5**	**98.2**	**99.1**	**99.7**	**97.8**	**100.0**
100.0	100.0	100.0	98.8	100.0	99.6	100.0
96.6	98.8	95.7	99.5	99.3	95.1	99.9
100.0	**100.0**	**99.7**	**100.0**	**100.0**	**102.8**	**100.0**
100.0	**100.0**	**100.0**	**99.7**	**100.0**	**100.0**	**100.0**
100.6	**100.0**	**100.0**	**100.0**	**100.0**	**100.0**	**100.0**
100.0	**98.7**	**99.8**	**98.7**	**99.9**	**99.3**	**100.0**
100.0	100.0	100.0	100.0	100.0	100.0	100.0
100.0	97.5	99.9	96.7	100.0	97.9	100.0
100.0	99.4	99.7	99.9	99.8	100.2	100.0
100.0	98.0	100.1	100.1	100.0	100.0	100.0
100.0	**100.1**	**99.7**	**96.1**	**100.0**	**100.0**	**100.0**
100.0	100.0	99.5	91.8	100.0	100.0	100.0
100.0	100.3	100.0	100.0	100.0	100.0	100.0
100.0	100.0	100.0	100.0	100.0	100.0	100.0
99.7	**100.6**	**101.1**	**104.0**	**104.5**	**102.0**	**100.6**
100.0	100.0	100.0	100.0	100.0	100.0	100.0
99.7	100.6	101.2	104.5	105.1	102.3	100.7
98.5	103.2	103.2	111.1	106.6	103.6	100.7
100.0	100.0	100.0	100.0	100.0	100.0	100.0
100.8	100.0	100.0	100.0	103.6	100.5	100.0
100.2	97.2	99.9	100.2	105.2	101.2	102.1
99.5	**99.9**	**100.3**	**100.2**	**99.4**	**100.1**	**100.1**
99.5	99.9	100.4	100.2	99.2	100.1	100.1
99.4	100.0	100.0	100.0	100.0	100.1	100.0

2003年广西农村商品零售价格各月环比指数

以上月价格为100

类　别	1月	2月	3月	4月	5月
商品零售价格总指数	**101.1**	**99.6**	**99.7**	**100.4**	**99.1**
一、食 品 类	**101.7**	**99.7**	**100.1**	**101.7**	**98.2**
1. 粮　　食	102.7	98.9	101.9	100.7	100.2
大　　米	103.9	97.9	102.8	100.9	100.3
2. 淀粉及薯类	104.5	100.7	103.3	103.2	95.2
3. 干豆类及豆制品	105.7	101.3	97.2	99.7	100.0
4. 油　　脂	104.5	98.6	98.0	104.2	98.3
5. 肉禽及其制品	100.7	101.5	96.6	100.4	98.5
(1) 食用畜肉及副产品	101.8	100.5	95.5	99.9	98.9
猪　　肉	101.5	101.8	95.5	101.0	99.4
牛　　肉	109.3	98.0	95.9	99.6	100.2
羊　　肉	97.4	97.5	94.0	92.2	98.6
(2) 禽	99.2	103.3	98.5	101.1	97.6
鸡	99.0	101.6	97.4	101.6	99.1
鸭	100.8	108.3	100.6	99.3	94.5
(3) 肉禽加工制品	99.2	102.4	97.3	100.8	98.3
6. 蛋	97.1	98.2	97.2	99.4	99.3
鲜　　蛋	96.8	98.1	97.0	99.3	99.3
7. 水 产 品	95.6	102.5	99.9	102.0	100.6
(1) 鱼	96.8	101.8	100.6	102.5	100.7
淡 水 鱼	96.0	101.9	100.6	103.1	101.0
海 水 鱼	100.1	101.6	100.8	99.7	99.2
(2) 其它水产品	90.1	105.7	96.4	99.5	100.5
8. 菜	113.4	87.0	117.8	108.8	87.5
鲜　　菜	116.6	84.8	122.3	109.9	85.8
9. 调 味 品	100.0	100.2	99.5	100.1	99.9
盐	100.0	100.0	100.0	100.0	100.0
酱　　油	100.0	99.8	98.4	100.0	100.0
10. 糖	99.6	99.5	98.8	99.8	99.6
食　　糖	99.6	98.5	99.6	100.0	99.0
11. 干鲜瓜果	101.5	106.6	100.0	105.4	101.1
鲜　　果	102.0	107.8	99.8	106.2	101.3

6月	7月	8月	9月	10月	11月	12月
99.4	**99.6**	**99.9**	**100.8**	**100.9**	**101.2**	**100.9**
98.7	**100.2**	**101.5**	**102.1**	**101.0**	**102.4**	**101.3**
99.6	100.1	99.2	100.1	100.8	104.4	101.5
99.7	100.1	98.9	100.1	101.2	103.6	101.6
101.6	101.3	100.8	100.0	98.6	99.4	96.1
99.2	99.7	103.3	99.0	103.1	105.8	104.0
100.1	100.4	99.7	99.8	106.4	109.4	105.7
100.4	101.6	102.3	102.7	101.9	102.5	100.3
100.8	101.0	102.0	102.4	105.5	104.4	97.9
100.9	102.7	101.5	102.3	105.9	106.7	96.9
101.3	99.0	104.8	100.3	101.3	101.6	103.5
97.9	95.8	100.9	102.9	107.5	111.0	95.6
100.2	102.7	103.4	104.5	95.9	98.9	106.8
99.5	100.2	103.0	106.7	99.1	98.0	105.2
99.4	108.1	107.2	101.3	88.4	99.4	108.1
99.8	101.7	101.5	100.7	99.6	100.9	98.7
99.2	101.6	105.9	110.1	97.5	104.6	101.4
99.3	101.7	106.4	110.7	97.1	104.7	101.0
99.1	99.0	100.4	98.9	99.7	100.3	98.0
98.4	99.7	100.4	98.7	99.8	100.7	98.5
97.9	99.8	100.1	98.7	99.5	101.0	99.1
101.0	99.2	101.7	98.5	100.9	99.7	95.7
102.3	95.3	100.4	100.2	99.6	98.1	95.8
88.2	104.6	107.2	103.7	102.8	100.3	98.0
85.7	105.1	109.3	105.0	102.6	100.3	96.3
100.0	100.0	100.0	100.0	99.8	101.3	99.0
100.0	100.0	100.0	100.0	100.0	100.0	100.0
100.0	100.0	100.0	100.0	100.0	100.0	98.4
98.6	100.0	99.2	100.2	100.6	103.1	103.1
96.5	100.0	98.1	100.5	100.5	105.8	105.7
96.1	90.3	99.9	108.5	96.7	98.4	109.3
95.5	88.8	99.4	110.2	95.9	97.7	110.9

2003年广西农村商品零售价格各月环比指数（续表1）

以上月价格为100

类 别	1月	2月	3月	4月	5月
12. 糕点饼干面包	98.4	101.7	99.7	100.0	100.1
13. 奶及奶制品	101.7	101.5	100.0	100.9	98.7
14. 在外用膳食品	100.0	99.7	100.0	100.0	100.0
15. 其它食品	101.0	100.0	101.3	100.0	98.3
二、饮料、烟酒	**99.8**	**100.1**	**100.1**	**100.0**	**99.5**
1. 茶及饮料	100.0	99.9	100.1	99.5	100.0
(1) 茶　叶	100.0	100.0	100.3	100.0	100.0
(2) 饮　料	100.0	99.9	100.0	99.3	100.0
2. 烟　草	100.0	100.0	99.8	100.3	98.7
3. 酒	99.4	100.2	100.3	100.1	100.0
三、服装、鞋帽类	**100.5**	**94.4**	**99.4**	**101.5**	**100.2**
1. 服　装	100.7	91.9	98.0	102.0	100.4
(1) 男式服装	100.1	92.3	96.8	100.6	101.1
(2) 女式服装	101.5	90.3	98.3	103.2	100.0
(3) 儿童服装	100.0	96.0	99.5	101.7	100.0
2. 鞋 袜 帽	100.0	99.7	102.9	100.4	99.7
(1) 鞋	100.0	99.6	103.4	100.2	99.7
(2) 袜　子	100.0	100.6	100.6	100.0	100.0
(3) 帽　子	100.0	100.0	100.0	109.9	100.0
3. 其　它	100.0	100.0	100.0	100.0	100.0
四、纺织品类	**100.1**	**99.5**	**99.3**	**100.0**	**100.0**
1. 衣着材料	99.8	99.6	99.2	100.0	100.0
2. 床上用品	100.5	99.4	99.3	100.0	100.0
五、家用电器及音像器材	**99.2**	**99.8**	**99.6**	**98.6**	**99.4**
1. 家庭设备	99.7	100.0	100.0	98.6	99.4
2. 文娱用耐用消费品	98.5	99.6	99.0	98.7	99.2
3. 音像器材	100.0	100.0	100.0	98.3	100.0
六、文化办公用品	**99.6**	**100.7**	**99.0**	**98.6**	**99.0**
七、日 用 品	**99.9**	**100.2**	**99.5**	**100.1**	**99.6**
1. 日用百货	99.5	100.1	100.0	99.4	99.5
2. 日用杂品	100.0	100.0	100.0	102.2	99.4
3. 洗涤用品	100.7	100.5	98.3	99.6	100.1

6月	7月	8月	9月	10月	11月	12月
99.5	100.0	100.0	100.4	100.0	100.6	101.1
100.8	100.2	97.9	98.8	98.8	103.3	99.9
100.0	100.2	100.0	100.0	100.0	100.6	100.6
97.6	100.0	100.0	102.6	100.5	100.6	101.2
99.9	**98.9**	**101.8**	**100.2**	**100.1**	**100.1**	**100.0**
99.4	100.4	100.0	100.0	100.0	99.9	99.5
100.0	100.0	100.0	100.0	100.0	100.0	98.2
99.1	100.5	100.0	100.0	100.0	99.9	100.0
100.0	100.0	101.0	100.0	99.9	100.0	100.0
100.0	97.4	103.4	100.4	100.3	100.3	100.2
99.6	**99.6**	**95.7**	**100.0**	**103.4**	**100.6**	**103.3**
99.4	99.5	97.6	100.0	103.8	100.8	103.8
100.0	99.8	98.5	100.0	105.0	102.1	102.8
98.6	99.5	97.4	100.0	105.1	100.2	104.0
100.2	98.6	96.3	100.0	97.2	100.0	105.3
100.0	99.9	93.0	100.0	103.1	100.0	100.1
100.0	99.9	91.8	100.0	104.5	100.0	100.0
100.0	100.0	100.0	99.9	97.0	100.2	100.3
100.0	100.0	100.0	99.9	91.5	100.0	100.0
100.0	100.0	88.7	100.0	100.0	100.0	112.8
100.0	**98.2**	**100.0**	**100.1**	**101.7**	**100.3**	**101.5**
100.0	97.1	100.0	100.0	102.0	100.6	99.2
100.0	99.4	100.0	100.2	101.4	99.9	103.9
99.7	**99.5**	**98.1**	**98.5**	**99.7**	**100.6**	**99.1**
99.3	99.8	98.9	99.3	100.0	99.6	100.0
100.2	99.1	96.9	97.2	99.1	102.2	97.6
100.0	100.0	100.0	100.0	100.0	100.0	100.0
99.8	**99.1**	**100.0**	**99.4**	**99.5**	**100.1**	**99.5**
99.7	**100.1**	**99.8**	**99.6**	**100.5**	**100.3**	**99.7**
99.7	99.7	100.0	100.7	100.5	99.8	99.6
100.0	100.0	99.2	98.9	99.5	100.1	100.0
99.4	100.7	100.0	98.4	101.7	101.1	99.8

2003年广西农村商品零售价格各月环比指数（续表2）

以上月价格为100

类　别	1月	2月	3月	4月	5月
4. 其它日用品	99.4	100.0	100.0	99.7	99.3
八、体育娱乐用品	**99.7**	**100.0**	**100.0**	**99.7**	**99.6**
1. 体育用品	100.0	100.0	99.9	99.5	99.4
2. 娱乐用品	99.4	100.0	100.0	100.0	99.7
九、交通、通信用品	**99.7**	**99.5**	**99.1**	**97.4**	**99.0**
1. 交通运输机械	99.9	100.0	98.6	99.1	99.9
2. 通讯器材	99.4	98.8	99.9	95.1	97.5
十、家　　具	**99.8**	**99.9**	**100.0**	**99.6**	**100.8**
十一、化妆品类	**99.9**	**100.4**	**100.0**	**100.0**	**100.0**
十二、金银珠宝类	**102.6**	**99.6**	**100.2**	**100.0**	**101.2**
十三、中西药品及医疗保健用品类	**100.0**	**102.7**	**98.6**	**103.0**	**103.9**
1. 医疗器具及用品	100.0	100.0	99.7	100.6	101.7
2. 中药材及中成药	100.0	107.5	96.6	108.1	110.1
3. 西　　药	100.0	100.0	99.6	100.0	99.8
4. 保健器具及用品	100.2	100.3	101.3	100.0	100.0
十四、书报杂志及电子出版物类	**101.0**	**101.1**	**100.0**	**100.0**	**100.0**
1. 教材及参考书	100.0	101.6	100.0	100.0	100.0
2. 书报杂志	103.0	100.4	100.0	100.0	100.0
3. 电子音像制品	100.0	101.4	100.0	100.1	100.0
十五、燃 料 类	**107.5**	**100.3**	**98.9**	**97.0**	**94.9**
1. 煤炭及制品类	107.0	98.0	100.0	100.0	100.0
2. 石油及制品类	107.6	100.6	98.8	96.6	94.2
液化石油气	117.0	96.7	96.0	92.8	90.8
管道燃气					
汽　　油	100.0	104.2	101.7	99.7	96.0
柴　　油	100.3	104.1	100.8	100.0	96.4
十六、建筑材料及五金电料	**99.9**	**99.7**	**100.1**	**100.4**	**100.0**
1. 建筑装潢材料	100.1	99.6	100.2	100.5	100.0
2. 五金电料	99.0	100.2	100.0	100.0	100.0

6月	7月	8月	9月	10月	11月	12月
99.9	99.8	100.0	100.0	99.6	100.0	99.5
100.0	99.3	100.0	99.6	100.0	100.1	100.0
100.0	99.0	100.0	99.3	100.0	100.7	100.0
99.9	99.7	99.9	100.0	100.0	99.5	100.0
99.8	97.3	94.8	99.7	98.7	98.0	99.3
100.0	97.7	96.7	99.7	100.0	99.8	99.0
99.5	96.6	91.9	99.6	96.7	94.9	99.7
100.1	98.6	100.0	102.3	102.1	99.5	97.6
100.0	99.8	100.0	100.1	100.0	100.0	100.2
100.0	100.0	100.0	100.0	100.5	100.4	107.4
100.2	99.4	100.1	100.0	98.9	99.8	102.8
98.4	104.4	100.0	100.1	100.6	99.7	105.8
99.9	97.6	99.6	99.5	98.9	100.1	102.2
100.8	100.3	100.5	100.4	98.6	99.6	103.2
100.0	99.3	100.0	100.4	100.0	100.0	100.7
100.0	100.0	99.9	100.2	100.0	100.2	100.0
100.0	100.0	101.7	100.4	100.0	100.3	100.0
100.0	100.0	99.7	100.0	100.0	100.0	100.0
100.0	100.0	96.5	100.0	100.0	100.0	100.0
99.2	99.3	99.9	101.9	100.8	103.4	103.2
99.0	100.0	102.6	100.0	100.0	101.2	100.0
99.2	99.2	99.6	102.2	100.9	103.7	103.7
103.8	96.4	98.7	104.7	102.0	108.1	103.1
95.9	102.1	100.3	100.0	100.0	100.0	104.5
95.3	99.5	100.9	101.1	100.2	100.7	104.1
99.5	100.0	100.2	100.2	104.3	101.6	99.0
99.4	100.0	99.9	100.3	105.3	101.5	99.3
99.9	100.0	101.4	100.0	100.0	101.9	97.5

2004年广西农村商品零售价格各月环比指数

以上月价格为100

类别	1月	2月	3月	4月	5月
商品零售价格总指数	**100.5**	**99.3**	**101.2**	**101.7**	**99.6**
一、食品类	**101.2**	**100.7**	**103.8**	**103.5**	**99.0**
1. 粮食	101.3	101.0	113.0	103.2	96.6
大米	101.1	101.2	116.0	102.9	95.8
2. 淀粉及薯类	101.7	103.6	102.5	109.8	93.4
3. 干豆类及豆制品	106.9	101.9	98.4	103.8	102.0
4. 油脂	100.5	96.5	104.3	101.0	98.0
5. 肉禽及其制品	102.9	100.6	101.2	100.6	100.3
(1) 食用畜肉及副产品	101.4	105.0	100.8	99.3	97.8
猪肉	99.3	103.7	104.5	101.5	97.3
牛肉	108.1	104.5	97.7	97.4	96.3
羊肉	102.5	98.7	99.5	97.2	95.1
(2) 禽	103.2	90.8	103.4	104.0	106.0
鸡	102.9	91.6	99.8	104.5	106.7
鸭	103.1	87.9	113.6	103.8	107.0
(3) 肉禽加工制品	108.5	101.3	99.4	100.3	100.1
6. 蛋	100.8	99.5	98.7	100.2	100.2
鲜蛋	100.5	99.5	98.9	100.2	100.3
7. 水产品	103.4	104.7	107.7	104.6	102.2
(1) 鱼	102.9	105.6	106.7	105.6	103.0
淡水鱼	103.4	106.8	108.0	106.6	103.0
海水鱼	100.6	99.8	99.7	99.6	103.1
(2) 其它水产品	105.9	100.4	112.9	100.1	98.2
8. 菜	92.7	95.8	108.1	118.8	89.8
鲜菜	91.0	95.5	109.9	123.2	87.9
9. 调味品	100.0	100.6	100.6	98.9	100.0
盐	100.0	100.0	100.0	100.0	100.0
酱油	99.7	102.7	102.5	100.0	100.1
10. 糖	100.0	99.9	100.7	97.5	101.5
食糖	100.0	99.7	100.3	97.8	103.3
11. 干鲜瓜果	103.8	105.5	104.4	114.0	101.5
鲜果	104.5	106.9	104.7	116.0	101.8

6月	7月	8月	9月	10月	11月	12月
99.1	100.2	100.4	101.8	100.4	99.6	99.2
97.6	101.9	101.0	104.1	99.5	98.2	99.0
100.0	99.7	100.7	100.6	100.0	99.7	99.1
100.2	99.8	100.9	100.9	100.0	99.5	98.4
96.3	104.8	102.4	97.1	97.9	100.3	97.0
100.9	101.0	101.1	99.2	100.1	100.2	101.6
100.1	103.6	100.2	101.2	97.5	98.2	99.7
104.9	103.7	100.3	104.1	100.4	97.5	101.2
105.0	104.5	100.1	106.6	101.4	95.1	100.2
106.5	104.5	100.8	110.2	100.5	93.1	99.8
100.4	102.5	99.5	100.9	102.9	100.4	100.3
99.9	100.5	99.4	99.8	113.2	98.5	97.7
106.2	103.4	100.0	100.3	98.1	101.4	104.1
107.9	102.7	101.5	100.4	99.7	102.7	102.2
105.4	104.8	95.1	97.5	93.9	98.7	110.0
102.1	101.3	101.5	101.6	100.0	100.5	100.2
105.7	102.1	104.1	105.9	99.9	95.1	99.2
106.2	102.3	104.2	105.4	99.8	95.0	99.2
101.2	100.4	98.0	98.1	98.7	96.6	101.9
101.4	99.9	97.8	97.7	97.9	96.2	102.2
100.5	99.9	97.4	96.8	97.0	95.6	102.6
106.9	99.9	99.8	102.8	102.4	99.4	100.3
99.9	103.1	99.2	100.2	103.0	98.1	100.7
84.1	117.4	99.6	106.6	93.5	96.0	99.8
80.7	121.9	99.0	108.1	92.7	95.3	99.7
98.9	99.9	99.5	101.2	100.0	99.9	99.8
100.0	100.0	100.0	100.0	100.0	100.0	100.0
95.0	99.7	100.0	104.0	100.0	99.7	102.3
100.7	100.2	101.1	100.8	99.9	100.9	96.2
101.6	100.2	102.3	101.7	99.8	94.1	96.0
66.3	85.7	113.4	119.4	101.0	97.3	92.2
62.2	82.9	116.6	123.5	101.6	96.5	90.9

2004年广西农村商品零售价格各月环比指数（续表1）

以上月价格为100

类　别	1月	2月	3月	4月	5月
12. 糕点饼干面包	100.3	107.2	101.0	99.3	100.1
13. 奶及奶制品	101.9	100.6	99.6	100.5	98.2
14. 在外用膳食品	99.9	100.5	103.9	100.0	100.4
15. 其它食品	99.6	100.0	100.0	101.6	100.0
二、饮料、烟酒	**99.8**	**99.9**	**100.0**	**100.0**	**99.9**
1. 茶及饮料	99.9	100.0	100.4	100.0	100.7
(1) 茶　　叶	99.4	100.0	100.0	100.0	100.0
(2) 饮　　料	100.0	100.0	100.5	100.0	100.9
2. 烟　　草	100.0	99.5	100.0	100.0	100.0
3. 酒	99.5	100.2	99.9	100.0	99.4
三、服装、鞋帽类	**100.4**	**89.1**	**98.4**	**103.4**	**101.7**
1. 服　　装	100.6	86.1	98.7	102.7	102.5
(1) 男式服装	99.7	89.2	96.2	101.8	100.1
(2) 女式服装	101.3	83.6	100.1	100.7	103.2
(3) 儿童服装	100.5	87.3	100.5	110.5	105.6
2. 鞋 袜 帽	99.8	94.1	98.2	104.8	100.0
(1) 鞋	99.8	93.2	97.9	105.6	100.0
(2) 袜　　子	100.0	100.0	100.0	100.0	100.0
(3) 帽　　子	100.0	100.0	100.0	100.0	100.0
3. 其　　它	100.0	100.0	95.3	104.9	100.0
四、纺织品类	**99.1**	**94.3**	**100.4**	**99.7**	**100.0**
1. 衣着材料	99.9	95.0	100.1	99.7	100.0
2. 床上用品	98.1	93.6	100.8	99.6	99.9
五、家用电器及音像器材	**100.1**	**99.4**	**99.7**	**99.6**	**99.2**
1. 家庭设备	99.7	100.3	99.5	99.6	99.8
2. 文娱用耐用消费品	100.7	98.0	100.1	99.6	98.3
3. 音像器材	100.0	100.0	100.0	100.0	100.1
六、文化办公用品	**100.1**	**98.7**	**100.5**	**100.8**	**100.4**
七、日 用 品	**100.0**	**99.8**	**100.4**	**101.5**	**100.3**
1. 日用百货	99.8	99.9	100.2	103.6	100.0
2. 日用杂品	100.8	100.2	100.0	100.6	100.0
3. 洗涤用品	99.8	99.6	101.2	100.1	100.5

6月	7月	8月	9月	10月	11月	12月
100.0	99.9	100.0	103.7	100.9	102.5	97.9
99.7	99.3	99.5	98.9	105.4	98.7	97.0
99.6	100.0	100.1	105.9	100.0	100.0	95.3
100.4	99.7	100.4	101.6	100.0	100.0	96.0
100.0	**99.8**	**100.0**	**100.6**	**100.0**	**100.0**	**98.4**
100.0	99.4	99.8	102.9	100.0	100.4	97.3
100.0	95.4	100.0	100.6	100.0	100.0	98.1
100.0	100.6	99.7	103.5	100.0	100.5	97.1
100.0	100.0	100.0	100.0	100.0	100.0	100.0
100.0	99.8	100.1	100.2	100.0	99.7	97.3
100.1	**98.3**	**96.6**	**100.5**	**106.6**	**102.9**	**101.2**
100.2	98.1	95.9	100.7	109.8	104.2	102.3
99.3	96.8	99.2	101.4	105.4	102.4	102.6
100.9	99.4	94.5	101.8	112.7	105.6	102.5
100.3	97.0	93.5	95.9	110.5	103.3	100.8
99.8	99.4	97.5	100.1	100.7	100.2	98.6
100.0	99.1	97.1	100.1	100.8	100.4	98.9
98.2	101.7	99.9	100.0	100.0	98.2	95.4
100.0	100.0	100.0	100.0	100.0	100.0	100.0
100.0	95.3	99.3	100.0	100.0	100.0	100.5
100.0	**99.7**	**99.0**	**100.5**	**102.7**	**101.1**	**100.1**
100.0	100.0	98.0	100.0	100.4	102.2	101.2
100.0	99.4	100.0	101.0	105.0	100.0	99.1
100.0	**99.6**	**99.9**	**99.0**	**99.5**	**99.9**	**100.0**
99.9	99.4	100.3	99.6	99.9	99.6	99.5
100.2	100.0	99.3	97.9	98.9	100.2	100.8
100.0	100.0	100.0	100.0	100.0	100.0	100.0
98.3	**100.4**	**99.4**	**100.3**	**99.0**	**99.4**	**99.0**
99.4	**99.5**	**99.7**	**100.3**	**100.2**	**100.5**	**97.8**
100.0	98.4	98.9	101.3	100.0	100.2	98.5
100.0	99.9	100.0	100.0	100.0	101.6	96.4
97.7	100.7	100.0	99.4	100.6	99.9	97.4

2004年广西农村商品零售价格各月环比指数（续表2）

以上月价格为100

类 别	1月	2月	3月	4月	5月
4. 其它日用品	100.2	99.7	99.7	100.1	101.1
八、体育娱乐用品	**99.4**	**100.0**	**100.0**	**100.2**	**100.0**
1. 体育用品	100.4	100.0	100.0	100.0	100.0
2. 娱乐用品	98.2	99.9	100.0	100.4	100.0
九、交通、通信用品	**98.7**	**100.2**	**99.5**	**99.2**	**97.8**
1. 交通运输机械	99.7	100.5	99.3	99.5	100.1
2. 通讯器材	97.2	99.7	99.9	98.6	94.1
十、家　　具	**99.6**	**100.0**	**100.1**	**99.5**	**99.8**
十一、化妆品类	**99.9**	**100.2**	**100.0**	**100.4**	**99.0**
十二、金银珠宝类	**103.7**	**99.2**	**100.2**	**100.7**	**99.5**
十三、中西药品及医疗保健用品类	**100.2**	**100.2**	**99.8**	**98.6**	**99.6**
1. 医疗器具及用品	98.7	101.4	100.0	100.0	98.7
2. 中药材及中成药	101.1	100.1	99.9	96.8	100.0
3. 西　　药	99.8	100.2	99.7	99.6	99.5
4. 保健器具及用品	100.0	100.0	100.2	99.9	99.4
十四、书报杂志及电子出版物类	**100.9**	**102.4**	**100.0**	**100.0**	**100.0**
1. 教材及参考书	100.0	105.1	100.0	100.0	100.0
2. 书报杂志	102.7	100.0	100.0	100.0	100.0
3. 电子音像制品	100.1	100.2	100.0	100.0	100.0
十五、燃 料 类	**101.0**	**99.4**	**99.9**	**103.7**	**101.0**
1. 煤炭及制品类	100.0	100.0	100.0	100.0	100.6
2. 石油及制品类	101.2	99.4	99.9	104.2	101.0
液化石油气	101.2	98.5	99.8	104.4	100.3
管道燃气					
汽　　油	101.1	100.0	100.0	106.4	100.7
柴　　油	100.9	100.0	99.4	100.6	103.3
十六、建筑材料及五金电料	**100.3**	**101.1**	**99.0**	**99.7**	**98.7**
1. 建筑装潢材料	100.5	100.1	98.8	99.6	98.5
2. 五金电料	99.5	105.7	100.2	100.1	99.5

6月	7月	8月	9月	10月	11月	12月
100.0	99.5	100.5	99.7	100.0	101.0	98.1
100.0	**99.4**	**100.0**	**99.9**	**100.2**	**99.2**	**99.8**
100.0	100.0	100.0	100.0	100.0	100.0	99.4
100.0	98.8	100.0	99.9	100.3	98.2	100.1
99.2	**98.5**	**99.1**	**98.3**	**99.9**	**99.5**	**99.4**
99.0	97.7	99.0	97.6	100.0	100.0	99.9
99.6	100.0	99.1	99.6	99.7	98.8	98.6
99.6	**98.7**	**100.0**	**103.3**	**100.1**	**100.8**	**100.7**
100.0	**99.8**	**99.9**	**100.2**	**100.0**	**101.3**	**95.8**
99.8	**99.9**	**101.2**	**101.2**	**99.9**	**102.6**	**102.2**
99.7	**97.8**	**100.4**	**99.6**	**100.1**	**99.5**	**100.7**
96.6	100.0	100.0	99.7	100.0	100.0	100.0
99.9	95.9	99.6	100.3	100.2	100.0	103.0
100.0	98.5	101.0	99.0	100.0	99.1	99.7
99.9	100.0	100.0	100.1	100.0	99.9	96.5
100.0	**100.0**	**98.8**	**98.2**	**99.9**	**99.9**	**100.0**
100.0	100.0	98.2	95.9	100.0	100.0	100.0
100.0	100.0	99.2	100.0	99.7	100.0	100.0
100.0	100.0	99.4	101.1	100.0	99.7	100.0
100.7	**99.3**	**106.1**	**102.5**	**100.6**	**100.4**	**98.4**
101.3	101.5	107.9	100.0	103.5	103.9	100.0
100.6	99.0	105.9	102.9	100.2	99.9	98.2
99.3	97.7	113.1	99.9	100.3	100.2	95.9
100.0	100.0	100.9	105.5	100.0	100.0	100.0
104.6	100.0	100.7	105.2	100.0	100.0	100.0
101.4	**99.5**	**100.3**	**101.6**	**102.1**	**100.0**	**98.8**
101.7	99.4	100.4	102.0	101.5	100.2	99.0
100.0	99.9	100.0	100.0	105.1	99.3	98.2

2005 年广西农村商品零售价格各月环比指数

以上月价格为 100

类　别	1 月	2 月	3 月	4 月	5 月
商品零售价格总指数	**100.5**	**100.4**	**99.6**	**100.1**	**99.3**
一、食 品 类	**100.0**	**101.8**	**100.2**	**100.9**	**99.2**
1. 粮　　食	100.2	100.2	100.7	99.9	99.1
大　　米	99.9	100.1	100.9	99.9	99.1
2. 淀粉及薯类	104.5	100.9	105.7	98.0	95.4
3. 干豆类及豆制品	100.5	104.4	96.3	100.1	98.5
4. 油　　脂	101.1	96.2	101.5	99.3	97.0
5. 肉禽及其制品	101.5	103.1	99.8	98.4	97.3
(1) 食用畜肉及副产品	101.5	104.1	96.7	97.7	96.2
猪　　肉	97.4	100.7	98.0	99.5	96.1
牛　　肉	111.5	104.1	98.8	97.0	100.2
羊　　肉	102.8	111.6	99.0	98.1	93.3
(2) 禽	99.4	101.6	107.4	98.6	98.6
鸡	102.5	102.9	103.7	97.6	98.8
鸭	91.8	98.5	119.4	103.7	98.0
(3) 肉禽加工制品	105.6	102.6	97.7	100.5	98.5
6. 蛋	100.1	100.3	98.7	97.6	99.2
鲜　　蛋	100.2	100.2	98.6	97.4	99.3
7. 水 产 品	102.8	108.0	101.1	97.4	102.4
(1) 鱼	101.9	109.6	100.7	97.2	103.4
淡 水 鱼	104.6	111.5	100.8	96.7	104.2
海 水 鱼	90.6	100.9	99.9	100.3	99.4
(2) 其它水产品	106.7	100.9	103.2	98.1	97.9
8. 菜	95.9	98.8	103.4	118.9	91.8
鲜　　菜	94.2	98.6	104.2	123.3	90.6
9. 调 味 品	101.7	100.7	100.4	99.4	101.9
盐	98.7	101.4	100.0	100.0	103.0
酱　　油	107.1	100.5	101.4	100.0	101.2
10. 糖	101.7	99.9	97.2	99.3	100.8
食　　糖	98.5	99.8	101.1	100.9	98.7
11. 干鲜瓜果	88.5	107.2	98.5	107.7	112.4

6月	7月	8月	9月	10月	11月	12月
100.1	**100.2**	**99.1**	**100.6**	**100.5**	**99.7**	**100.2**
99.1	**100.8**	**96.9**	**101.0**	**100.5**	**98.9**	**99.8**
100.1	100.0	100.0	100.0	99.3	99.3	100.3
100.1	100.0	100.0	100.0	99.1	99.0	100.4
107.6	100.6	101.7	98.3	99.7	99.3	99.9
101.4	101.4	101.5	99.8	97.8	99.4	100.7
100.6	100.2	99.4	100.6	99.7	100.3	98.5
99.4	98.6	99.2	97.9	99.6	98.0	99.4
99.5	100.3	99.2	98.7	101.6	97.0	101.7
100.3	100.1	100.3	99.1	99.9	98.3	98.2
98.9	98.8	94.4	98.8	99.8	100.0	100.0
98.9	100.4	100.5	100.3	100.1	98.7	102.9
98.0	94.8	97.4	95.4	94.4	99.0	94.3
99.0	94.7	97.0	95.9	95.0	99.9	95.1
94.6	90.7	99.4	93.1	91.6	98.2	90.7
101.7	99.6	102.1	99.5	101.4	99.6	99.7
103.7	99.6	100.3	103.1	96.9	98.5	95.0
103.8	99.6	100.3	103.3	96.6	98.3	94.5
100.4	98.3	97.9	99.2	93.6	98.4	101.6
99.6	97.5	97.4	99.2	92.5	98.5	101.9
99.1	97.4	97.0	99.0	91.2	99.1	101.4
102.8	98.1	99.3	100.5	99.1	96.0	104.7
104.0	102.3	100.3	98.8	98.2	97.8	100.4
99.8	118.2	80.8	96.7	113.5	97.6	108.8
99.6	121.4	77.9	96.2	115.1	96.8	110.2
99.4	100.4	100.0	100.0	100.0	100.0	99.7
100.0	100.0	100.0	100.0	100.0	100.0	100.0
97.7	101.1	100.0	100.0	100.0	100.0	98.7
104.1	100.0	103.4	101.2	100.5	99.8	102.6
101.4	102.5	107.8	102.7	103.0	99.5	105.5
84.3	96.4	84.6	133.7	104.9	98.9	89.2

2005年广西农村商品零售价格各月环比指数（续表1）

以上月价格为100

类　别	1月	2月	3月	4月	5月
鲜　　果	86.1	108.6	98.8	109.5	114.3
12. 糕点饼干面包	102.8	100.0	100.0	98.6	100.9
13. 奶及奶制品	104.4	100.0	103.1	97.6	100.6
14. 在外用膳食品	100.0	100.2	99.8	100.0	100.1
15. 其它食品	105.9	99.4	98.9	94.2	104.3
二、饮料、烟酒	**103.0**	**100.3**	**99.9**	**98.9**	**98.3**
1. 茶及饮料	102.7	100.0	98.3	96.9	102.0
(1) 茶　　叶	103.3	100.0	100.0	92.9	102.4
(2) 饮　　料	102.6	100.0	97.9	98.0	101.8
2. 烟　　草	99.7	100.4	100.4	98.6	98.3
3. 酒	106.6	100.4	100.1	100.1	96.6
三、服装、鞋帽类	**99.0**	**97.5**	**95.2**	**101.0**	**99.1**
1. 服　　装	99.3	96.7	95.2	101.6	100.1
(1) 男式服装	101.7	95.5	95.6	99.9	99.8
(2) 女式服装	97.6	97.0	96.6	99.9	99.7
(3) 儿童服装	100.0	98.3	90.1	110.7	101.6
2. 鞋 袜 帽	96.3	99.4	93.9	100.1	96.0
(1) 鞋	95.6	99.3	93.0	100.2	95.3
(2) 袜　　子	100.7	100.0	99.0	100.0	100.0
(3) 帽　　子	100.0	100.0	100.0	100.0	100.0
3. 其　　它	107.0	100.0	100.0	97.5	100.0
四、纺织品类	**100.3**	**99.4**	**98.4**	**99.3**	**99.2**
1. 衣着材料	100.0	98.6	99.5	99.7	100.0
2. 床上用品	100.7	100.3	97.2	98.8	98.3
五、家用电器及音像器材	**99.7**	**100.0**	**100.5**	**100.3**	**98.1**
1. 家庭设备	99.6	99.8	101.1	100.2	100.3
2. 文娱用耐用消费品	99.9	100.1	99.8	100.5	94.6
3. 音像器材	100.0	100.0	99.1	99.5	99.3
六、文化办公用品	**100.5**	**99.9**	**99.9**	**98.3**	**98.2**
七、日 用 品	**102.4**	**100.5**	**100.5**	**98.3**	**100.5**
1. 日用百货	101.2	100.0	100.0	98.5	100.9

6月	7月	8月	9月	10月	11月	12月
81.4	95.7	81.3	142.5	106.1	98.6	87.3
100.5	100.0	100.0	100.0	99.2	100.9	100.0
100.9	102.4	100.1	100.0	97.6	102.3	99.6
100.0	100.0	100.5	100.0	98.8	99.8	100.9
104.8	99.5	100.0	100.0	100.4	100.0	100.9
101.9	**100.2**	**100.0**	**100.0**	**100.1**	**100.0**	**100.0**
103.0	100.3	100.1	100.0	100.3	100.0	100.0
105.1	100.8	100.0	100.0	100.0	100.0	100.0
102.4	100.1	100.1	100.0	100.4	100.0	100.0
100.0	100.0	100.0	100.0	100.0	100.0	100.0
103.4	100.3	100.1	100.0	100.0	100.0	100.0
100.6	**99.2**	**98.8**	**103.1**	**100.4**	**99.8**	**101.1**
100.7	99.6	99.0	102.3	100.5	99.7	101.5
101.9	98.9	99.7	104.2	100.6	99.5	101.2
100.0	99.8	99.3	101.1	100.2	99.6	101.2
100.6	100.6	96.7	102.0	101.5	100.3	103.1
102.4	97.9	97.7	106.6	100.0	100.2	100.0
102.8	97.6	97.3	107.9	100.0	100.3	100.0
100.0	100.0	100.0	100.0	100.0	100.0	100.0
100.0	100.0	100.0	100.0	100.0	100.0	101.3
93.5	100.0	100.0	100.0	100.0	100.0	100.0
100.0	**100.0**	**100.9**	**99.9**	**102.6**	**99.5**	**100.0**
99.3	100.0	100.0	100.0	105.0	100.0	100.0
100.7	99.9	101.9	99.8	100.0	98.9	100.0
99.5	**99.7**	**99.3**	**98.9**	**100.0**	**101.0**	**98.8**
100.3	100.2	100.0	99.3	99.6	100.4	99.2
98.3	98.9	98.2	98.2	100.6	102.1	98.1
100.0	102.0	97.6	100.0	100.0	100.0	100.0
100.0	**97.9**	**102.0**	**100.0**	**100.0**	**99.8**	**99.8**
102.5	**100.1**	**100.3**	**100.0**	**99.9**	**100.1**	**100.0**
102.4	99.2	100.5	100.1	99.7	100.3	100.0

2005 年广西农村商品零售价格各月环比指数（续表 2）

以上月价格为 100

类　别	1月	2月	3月	4月	5月
2. 日用杂品	106.3	100.0	100.0	96.0	101.9
3. 洗涤用品	102.6	101.7	101.2	98.8	99.6
4. 其它日用品	100.4	100.0	101.4	99.9	99.7
八、体育娱乐用品	**100.4**	**100.3**	**100.0**	**100.7**	**100.7**
1. 体育用品	102.5	100.0	100.0	101.4	101.4
2. 娱乐用品	98.1	100.7	100.0	100.0	100.0
九、交通、通信用品	**99.6**	**99.7**	**98.7**	**100.3**	**98.9**
1. 交通运输机械	99.3	100.2	99.9	100.1	100.6
2. 通讯器材	100.0	98.9	96.9	100.7	96.4
十、家　　具	**101.3**	**99.8**	**99.7**	**98.3**	**100.8**
十一、化妆品类	**103.1**	**100.0**	**100.1**	**95.0**	**99.5**
十二、金银珠宝类	**100.0**	**101.6**	**103.0**	**100.0**	**100.0**
十三、中西药品及医疗保健用品类	**98.9**	**99.9**	**99.2**	**99.9**	**98.8**
1. 医疗器具及用品	98.3	100.0	98.7	100.0	100.0
2. 中药材及中成药	97.4	98.7	100.0	99.9	97.7
3. 西　　药	100.0	100.6	98.9	99.9	99.1
4. 保健器具及用品	100.3	100.9	97.5	99.5	100.8
十四、书报杂志及电子出版物类	**100.7**	**102.8**	**100.4**	**100.0**	**100.0**
1. 教材及参考书	100.5	105.6	100.9	100.0	100.0
2. 书报杂志	100.8	100.7	100.0	100.0	100.0
3. 电子音像制品	100.7	100.0	100.0	100.0	100.0
十五、燃 料 类	**102.4**	**98.7**	**99.5**	**102.5**	**100.8**
1. 煤炭及制品类	104.1	101.4	100.0	100.0	101.4
2. 石油及制品类	102.1	98.3	99.4	102.9	100.7
液化石油气	104.8	96.2	97.1	102.7	101.0
管道燃气					
汽　　油	100.0	100.0	101.8	105.0	99.0
柴　　油	100.0	100.0	100.0	100.0	103.2
十六、建筑材料及五金电料	**100.7**	**100.0**	**99.4**	**99.4**	**99.6**
1. 建筑装潢材料	100.5	100.2	99.2	99.5	99.4
2. 五金电料	101.6	99.0	100.0	99.3	100.4

6月	7月	8月	9月	10月	11月	12月
103.1	100.0	100.0	100.0	100.0	100.0	100.0
103.4	101.6	100.5	100.0	100.1	99.9	100.0
100.4	99.5	100.0	99.8	100.0	100.4	100.0
100.1	**97.2**	**103.3**	**100.0**	**100.0**	**100.0**	**100.0**
100.2	95.9	105.0	100.0	100.0	100.0	100.0
100.0	98.8	101.2	100.0	100.0	100.0	100.0
99.1	**99.2**	**98.7**	**99.0**	**99.3**	**100.0**	**100.0**
99.2	98.9	100.2	100.0	99.9	100.0	100.0
99.1	99.6	96.4	97.4	98.5	100.0	99.9
99.0	**99.0**	**100.0**	**100.0**	**100.0**	**100.0**	**100.0**
105.6	**95.1**	**105.3**	**100.0**	**100.1**	**99.8**	**100.6**
99.7	**99.2**	**100.0**	**99.5**	**100.0**	**100.7**	**100.5**
100.4	**99.8**	**98.5**	**99.8**	**99.5**	**100.1**	**99.9**
100.0	100.0	95.2	99.0	99.1	100.0	100.0
102.8	99.6	96.9	98.3	101.4	100.0	100.0
98.8	99.9	100.0	101.1	98.2	100.3	99.7
100.0	100.0	100.0	100.0	100.0	100.0	100.0
99.9	**99.5**	**100.0**	**97.4**	**100.0**	**100.0**	**100.1**
100.0	99.1	100.0	94.6	100.0	100.0	100.2
99.9	99.5	100.0	100.0	100.0	100.0	100.0
99.7	100.3	100.0	100.0	99.8	100.0	100.0
99.7	**102.3**	**103.4**	**102.0**	**104.2**	**100.8**	**101.0**
100.0	100.0	100.0	100.0	100.0	100.0	101.8
99.7	102.7	103.9	102.2	104.8	100.9	100.9
100.0	99.7	102.2	104.2	111.5	102.1	101.9
97.9	105.3	105.5	100.9	100.0	100.0	100.0
102.0	104.7	105.0	100.9	100.0	100.0	100.0
100.4	**101.9**	**99.8**	**101.4**	**100.5**	**99.8**	**102.0**
100.2	102.3	99.8	101.7	100.6	99.4	102.1
101.3	100.0	100.0	100.0	100.0	101.2	101.4

2006 年广西农村商品零售价格各月环比指数

以上月价格为 100

类别	1 月	2 月	3 月	4 月	5 月
商品零售价格总指数	**100.6**	**99.8**	**99.8**	**100.1**	**99.7**
一、食　　品	**101.2**	**101.6**	**100.8**	**99.8**	**99.2**
1. 粮　　食	100.4	100.2	99.9	100.2	99.2
大　　米	100.7	100.0	100.0	100.0	98.6
2. 淀　　粉	100.4	93.0	107.6	100.0	99.7
3. 干豆类及豆制品	98.2	100.8	98.7	101.2	99.5
4. 油　　脂	100.7	98.4	101.2	99.3	104.1
食用植物油	100.7	97.9	102.4	99.0	106.9
5. 肉禽及其制品	101.5	103.0	97.6	93.6	99.4
(1) 食用畜肉及副产品	101.4	102.7	96.8	91.7	101.2
猪　　肉	101.4	101.7	97.0	91.8	101.3
牛　　肉	102.8	103.2	98.6	101.6	102.9
羊　　肉	105.2	107.4	111.5	85.1	92.0
(2) 禽	104.9	104.9	98.3	93.4	95.7
鸡	101.6	104.0	97.6	89.9	98.1
鸭	114.0	107.0	100.9	100.1	91.1
(3) 肉禽加工制品	96.1	101.1	99.7	101.6	99.4
6. 蛋	103.4	97.3	96.1	97.9	100.0
鲜　　蛋	104.0	97.1	95.9	97.6	100.0
7. 水 产 品	105.3	105.1	97.8	99.8	98.9
(1) 鱼	105.1	101.9	98.9	98.0	97.5
淡 水 鱼	105.1	103.0	99.4	98.6	96.9
海 水 鱼	104.7	97.2	96.9	95.1	100.3
(2) 其他水产品	105.9	114.1	95.0	104.5	102.6
虾 蟹 类	110.4	114.4	93.4	105.9	103.0
8. 菜	96.5	99.0	112.1	102.8	93.5
鲜　　菜	94.7	97.2	115.7	104.2	92.2
9. 调 味 品	100.0	97.9	100.1	103.2	99.2
盐	100.0	100.0	100.0	100.0	100.0
酱　　油	100.4	97.8	100.0	105.5	97.3
10. 糖	103.3	100.1	103.3	106.6	99.7
食　　糖	107.0	104.1	109.1	107.6	97.4
11. 干鲜瓜果	106.3	110.4	105.7	111.4	98.9
鲜 瓜 果	107.6	112.4	106.7	113.5	98.4

6 月	7 月	8 月	9 月	10 月	11 月	12 月
100.0	**99.8**	**100.5**	**100.1**	**100.2**	**100.7**	**101.2**
99.7	**100.3**	**101.7**	**99.8**	**99.6**	**100.6**	**102.1**
100.5	101.1	101.3	100.6	100.0	98.2	100.2
100.9	101.6	101.9	101.0	99.9	96.9	98.8
100.0	100.0	105.9	94.4	100.0	100.0	100.0
100.5	97.9	102.5	99.0	100.0	99.5	101.6
98.4	101.1	100.4	100.4	96.5	102.3	108.3
101.1	101.2	101.0	99.5	94.8	101.3	108.7
101.6	99.5	100.8	105.8	101.9	100.1	104.3
101.8	98.9	99.6	106.6	102.9	100.1	104.6
101.8	99.2	100.2	109.0	102.5	99.1	104.2
99.3	100.1	100.4	100.3	100.3	100.4	100.1
96.3	98.1	100.1	96.6	111.3	113.9	117.9
101.2	100.9	104.2	106.3	100.1	99.8	105.7
101.0	96.3	104.0	108.9	100.1	100.6	108.3
101.2	110.6	105.4	102.6	99.8	98.9	101.1
101.6	99.2	99.7	101.8	101.3	100.1	100.5
100.7	100.2	110.1	103.3	101.1	101.1	105.5
100.7	100.2	110.6	103.4	101.7	100.6	105.9
98.7	100.0	99.9	96.0	101.7	100.2	103.1
103.9	101.6	100.6	94.7	100.9	99.8	101.6
104.8	101.4	100.8	93.5	101.1	99.8	101.9
99.6	102.2	99.7	100.8	99.9	100.0	100.0
86.4	95.6	97.8	100.1	104.1	101.2	107.2
87.6	95.1	97.7	96.0	105.9	100.5	108.0
102.4	104.8	110.5	87.8	86.8	108.1	100.0
102.4	105.9	112.2	85.6	84.1	111.0	99.9
99.9	100.2	102.5	105.2	100.0	100.0	100.0
100.0	102.8	108.2	116.8	100.0	100.0	100.0
99.6	101.9	100.0	100.0	100.0	100.0	100.0
100.0	96.8	98.7	99.8	102.0	98.6	100.0
102.1	94.1	97.6	99.5	103.7	97.3	99.7
90.6	98.9	94.5	94.5	103.1	98.3	99.6
88.5	97.9	92.9	93.2	104.8	98.3	99.0

2006 年广西农村商品零售价格各月环比指数（续表 1）

以上月价格为 100

类　别	1 月	2 月	3 月	4 月	5 月
12. 糕点饼干面包	102.8	96.3	101.3	102.5	100.0
13. 液体乳及乳制品	99.7	99.5	98.2	108.9	98.0
14. 在外用膳食品	100.0	100.0	100.3	100.0	100.8
15. 其他食品	100.0	98.7	100.0	101.3	100.5
二、饮料、烟酒	**99.8**	**98.4**	**100.3**	**101.4**	**98.5**
1. 茶及饮料	99.4	96.0	102.3	101.6	101.6
(1) 茶　叶	100.0	91.7	103.4	102.2	106.1
(2) 饮　料	99.2	97.9	101.9	101.4	99.8
2. 烟　草	100.0	100.0	99.6	100.4	97.2
3. 酒	99.9	98.1	99.8	102.5	98.0
三、服装、鞋帽	**99.4**	**97.8**	**97.3**	**100.1**	**99.3**
1. 服　装	99.3	96.2	95.8	101.1	99.3
(1) 男式服装	100.1	95.8	98.2	100.3	99.8
(2) 女式服装	98.4	96.0	93.4	100.3	100.0
(3) 儿童服装	100.0	97.6	97.2	105.0	96.6
2. 鞋 袜 帽	99.4	100.7	100.0	97.7	99.6
(1) 鞋	99.3	100.1	100.4	96.9	99.5
(2) 袜　子	100.0	105.5	97.2	103.0	100.0
(3) 帽　子	101.0	100.0	100.0	100.0	99.4
3. 其　他	102.1	102.3	102.6	100.0	97.5
四、纺 织 品	**102.0**	**98.0**	**92.6**	**105.6**	**99.4**
1. 衣着材料	100.0	97.6	95.8	99.1	98.5
2. 床上用品	103.3	98.2	90.5	110.1	100.0
五、家用电器及音像器材	**99.5**	**100.1**	**100.5**	**98.8**	**100.7**
1. 家庭设备	100.1	100.2	100.1	99.9	101.5
2. 文娱用耐用消费品	98.8	100.0	101.2	97.2	99.6
3. 音像器材	100.0	100.0	100.0	100.0	100.0
六、文化办公用品	**99.6**	**99.6**	**99.4**	**99.2**	**99.8**
七、日 用 品	**98.8**	**98.6**	**100.7**	**103.3**	**98.7**
1. 日用百货	98.5	99.3	100.5	103.7	100.0
2. 日用杂品	100.0	98.0	97.6	104.9	96.8
3. 洗涤用品	97.8	97.7	103.3	104.5	97.1
4. 其他日用品	99.7	99.3	100.5	99.1	101.1

6 月	7 月	8 月	9 月	10 月	11 月	12 月
100.0	100.0	100.4	100.0	100.0	100.4	100.0
101.7	102.4	99.9	99.9	100.3	99.7	100.2
100.0	100.0	102.1	100.0	100.3	100.6	100.0
100.0	100.0	100.9	101.7	102.7	100.0	100.0
100.5	**99.3**	**99.9**	**99.8**	**100.3**	**100.0**	**100.1**
102.0	98.6	100.0	100.0	100.0	100.1	100.4
102.5	95.0	100.0	100.0	100.0	100.0	100.0
101.8	100.2	100.0	99.9	100.0	100.1	100.6
100.0	100.0	100.0	100.0	100.0	100.0	100.0
100.0	99.1	99.7	99.5	100.8	100.0	100.0
98.8	**98.4**	**100.3**	**102.5**	**104.2**	**103.2**	**103.0**
99.4	97.5	100.7	102.7	104.9	103.1	103.2
100.1	97.9	100.7	103.1	102.9	102.0	102.7
100.5	98.4	101.3	101.6	105.4	105.3	104.4
95.0	94.5	99.2	105.2	107.8	99.7	101.1
97.9	100.2	99.3	102.4	103.5	103.8	102.7
97.9	99.9	99.3	102.9	104.3	103.7	103.1
97.4	102.0	99.0	100.0	99.2	105.3	100.1
100.0	100.0	102.7	97.0	100.0	100.0	100.0
97.5	100.3	100.0	100.0	98.7	100.0	101.3
100.1	**99.9**	**99.3**	**100.0**	**101.9**	**101.3**	**100.1**
100.2	99.7	100.0	100.0	100.3	103.4	102.5
100.0	100.0	98.9	100.0	102.8	100.0	98.6
99.3	**98.2**	**100.1**	**100.1**	**99.8**	**100.0**	**100.2**
98.7	98.4	100.0	100.3	100.1	99.9	100.3
100.0	98.0	100.2	99.8	99.2	100.0	100.1
100.0	100.0	100.0	100.0	100.0	100.0	100.0
100.0	**99.7**	**100.1**	**99.0**	**99.2**	**100.0**	**100.0**
100.6	**100.3**	**101.9**	**99.7**	**98.7**	**100.5**	**100.0**
98.7	101.2	100.6	99.4	98.3	99.2	99.7
103.3	100.4	100.5	100.0	96.3	103.7	100.4
101.0	100.0	104.8	99.7	100.0	100.2	100.0
100.9	98.6	101.1	100.0	100.0	100.0	100.1

2006年广西农村商品零售价格各月环比指数（续表2）

以上月价格为100

类　别	1月	2月	3月	4月	5月
八、体育娱乐用品	**98.7**	**100.1**	**99.2**	**97.4**	**100.0**
1. 体育用品	98.5	102.2	98.5	94.1	100.0
2. 娱乐用品	98.9	98.0	100.0	100.8	100.0
九、交通、通信用品	**99.8**	**99.9**	**99.3**	**98.7**	**99.8**
1. 交通运输机械	100.0	100.0	99.7	99.0	100.0
2. 通信器材	99.5	99.7	98.6	98.0	99.5
十、家　　具	**101.7**	**100.0**	**100.0**	**99.6**	**100.0**
十一、化 妆 品	**99.1**	**99.6**	**100.0**	**100.8**	**100.1**
十二、金银珠宝	**105.6**	**100.2**	**105.9**	**99.9**	**103.5**
十三、中西药品及医疗保健用品	**100.0**	**100.0**	**101.5**	**99.2**	**100.6**
1. 医疗器具及用品	100.0	100.0	100.0	99.0	100.0
2. 中药材及中成药	100.0	100.0	102.6	98.2	100.4
3. 西　　药	100.1	100.0	100.4	99.8	101.0
4. 保健品及器具	99.8	100.0	103.9	100.0	99.7
十四、书报杂志及电子出版物	**100.2**	**100.8**	**100.0**	**100.2**	**100.0**
1. 教材及参考书	100.4	101.8	100.0	100.4	100.0
2. 书报杂志	100.1	100.0	100.0	100.0	100.0
3. 电子音像制品	100.0	100.0	100.0	100.3	100.0
十五、燃　　料	**104.5**	**98.0**	**96.4**	**100.8**	**100.8**
1. 煤炭及制品	101.7	100.0	100.0	100.0	100.0
2. 石油及制品	104.9	97.7	95.8	100.9	100.9
液化石油气	111.7	94.9	89.0	98.5	98.2
管道燃气					
汽　　油	100.0	100.0	101.0	102.9	102.5
柴　　油	100.0	100.0	100.7	101.7	103.0
十六、建筑材料及五金电料	**100.2**	**97.4**	**99.6**	**99.7**	**100.9**
1. 建筑装潢材料	100.3	97.0	99.4	99.4	100.7
2. 五金电料	100.0	99.0	100.2	100.9	101.5

6 月	7 月	8 月	9 月	10 月	11 月	12 月
98.4	**100.0**	**100.0**	**100.0**	**99.9**	**100.8**	**100.0**
96.7	100.0	100.0	100.0	99.8	101.6	100.0
100.0	100.0	100.0	100.0	100.0	100.0	100.0
99.6	**99.1**	**98.4**	**100.1**	**100.2**	**99.8**	**99.0**
100.0	100.0	98.9	100.4	100.0	99.8	100.2
98.8	97.3	97.4	99.4	100.5	100.0	96.7
96.9	**101.0**	**100.0**	**101.7**	**100.4**	**100.5**	**100.3**
100.5	**100.8**	**98.8**	**100.0**	**100.3**	**101.2**	**100.0**
102.9	**100.1**	**99.7**	**99.2**	**100.4**	**100.6**	**100.0**
100.7	**99.8**	**99.6**	**99.5**	**99.9**	**100.3**	**100.3**
100.0	98.3	100.0	100.0	100.0	100.0	100.0
101.9	99.9	100.4	100.0	100.4	100.0	102.0
100.1	99.8	99.0	99.1	99.8	100.6	99.0
100.0	100.0	100.0	100.0	98.5	100.0	101.2
100.0	**100.5**	**100.0**	**99.1**	**100.0**	**100.0**	**100.0**
100.0	100.0	100.0	98.0	100.0	100.0	100.0
100.0	100.0	100.0	100.0	100.0	100.0	100.0
100.0	102.4	100.0	100.0	100.0	100.0	100.0
102.6	**100.0**	**100.2**	**100.5**	**99.7**	**100.3**	**103.0**
98.3	100.0	100.0	100.0	100.0	100.0	100.0
103.3	100.0	100.2	100.6	99.6	100.3	103.5
97.4	99.9	100.6	101.7	99.4	100.8	109.6
106.9	100.0	100.0	100.0	99.8	100.0	100.0
107.4	100.0	100.0	100.0	99.8	100.0	100.0
101.2	**99.8**	**99.8**	**99.9**	**100.1**	**101.2**	**100.7**
101.4	99.8	99.8	99.9	100.3	101.4	100.9
100.6	99.5	100.0	100.0	99.7	100.3	100.0

2007年广西农村商品零售价格各月环比指数

以上月价格为100

类　别	1月	2月	3月	4月	5月
商品零售价格总指数	**100.1**	**100.6**	**100.1**	**100.7**	**100.3**
一、食　　品	**100.9**	**103.0**	**101.8**	**100.8**	**100.1**
1. 粮　　食	101.8	100.7	100.2	100.1	100.1
大　　米	101.9	100.3	100.0	100.0	100.1
2. 淀　　粉	103.4	99.7	103.0	94.0	100.1
3. 干豆类及豆制品	101.2	105.0	99.9	101.0	102.5
4. 油　　脂	102.1	100.2	100.4	104.4	105.4
食用植物油	101.9	100.4	100.4	104.9	103.8
5. 肉禽及其制品	103.6	105.8	97.5	98.5	107.3
(1) 食用畜肉及副产品	105.5	107.4	96.1	96.6	103.7
猪　　肉	105.2	107.2	95.7	98.4	106.5
牛　　肉	104.7	102.1	101.2	95.1	96.7
羊　　肉	112.1	101.8	90.6	90.8	84.2
(2) 禽	101.1	103.6	99.1	101.3	115.1
鸡	102.9	103.0	98.9	101.3	115.9
鸭	96.1	105.5	99.7	101.3	113.1
(3) 肉禽加工制品	101.1	102.9	101.0	101.1	106.1
6. 蛋	100.6	100.1	100.0	101.7	104.5
鲜　　蛋	100.7	100.1	99.9	101.6	104.5
7. 水 产 品	100.6	105.9	100.3	98.8	99.3
(1) 鱼	98.9	101.8	102.2	99.0	101.0
淡 水 鱼	98.6	102.2	102.6	98.8	100.4
海 水 鱼	99.9	99.8	100.1	100.0	103.9
(2) 其他水产品	105.6	116.8	96.1	98.3	95.0
虾 蟹 类	105.6	116.9	96.1	98.3	95.0
8. 菜	91.8	97.3	128.2	113.3	76.6
鲜　　菜	89.4	95.6	135.3	116.3	73.2
9. 调 味 品	100.1	100.5	100.0	100.1	100.0
盐	100.0	100.0	100.0	100.0	100.0
酱　　油	100.0	100.0	100.0	100.0	100.0
10. 糖	99.4	98.7	100.3	99.9	99.4
食　　糖	98.7	96.5	100.7	99.6	98.7
11. 干鲜瓜果	100.6	109.2	103.6	95.2	98.1

6 月	7 月	8 月	9 月	10 月	11 月	12 月
100.6	**102.6**	**100.4**	**99.8**	**99.7**	**100.4**	**101.5**
102.1	**107.0**	**102.2**	**99.5**	**98.8**	**100.1**	**103.4**
100.0	100.0	101.5	102.6	100.2	100.8	99.4
100.0	100.0	101.4	102.7	100.2	101.0	98.9
100.1	100.0	100.3	105.2	103.7	103.9	110.2
100.0	99.6	103.1	102.1	100.8	104.7	107.0
102.5	100.8	102.1	99.4	100.9	104.5	107.8
103.1	101.2	103.0	100.2	101.5	103.9	106.0
105.4	116.6	100.8	96.6	98.4	100.3	106.9
106.8	124.1	101.6	94.7	97.1	101.9	111.0
107.4	129.2	102.5	93.5	95.8	101.1	112.1
113.4	111.3	98.2	101.1	97.1	100.7	110.3
110.6	102.3	96.3	101.0	110.8	113.8	99.5
103.7	105.1	98.0	99.4	100.2	97.4	100.2
103.7	105.4	99.8	100.1	99.6	96.0	99.9
103.7	104.2	92.9	97.5	102.3	101.6	100.9
103.6	110.8	102.9	99.6	100.6	99.7	101.5
105.7	104.6	101.7	97.5	98.1	94.8	98.3
105.8	104.5	101.5	97.3	97.9	94.4	98.2
101.6	101.0	101.7	98.5	97.3	96.5	102.9
103.5	105.5	103.2	98.8	96.6	96.4	101.7
104.0	107.0	103.3	98.4	96.5	95.5	101.0
101.3	97.9	102.2	100.8	97.6	101.0	105.2
96.3	88.1	96.7	97.5	99.8	97.2	107.4
96.3	88.1	96.7	97.5	99.8	97.2	107.4
101.5	102.8	112.0	106.1	95.2	95.5	92.3
101.9	103.5	113.3	106.4	93.4	93.6	90.6
100.2	100.0	101.2	100.0	99.8	101.3	102.3
100.0	100.0	100.0	100.0	100.0	100.0	100.0
100.0	100.0	103.2	100.0	99.5	103.6	100.0
99.6	99.9	101.0	99.8	99.6	101.8	103.7
99.1	99.8	101.9	99.6	99.2	100.5	99.5
93.6	100.1	105.8	100.6	100.2	98.6	99.2

2007年广西农村商品零售价格各月环比指数（续表1）

以上月价格为100

类　别	1 月	2 月	3 月	4 月	5 月
鲜 瓜 果	100.1	111.5	104.5	94.2	98.1
12. 糕点饼干面包	100.0	101.9	100.5	99.7	100.4
13. 液体乳及乳制品	98.2	99.7	101.1	99.8	100.6
14. 在外用膳食品	100.3	100.0	100.2	100.9	99.9
15. 其他食品	100.0	100.0	100.0	100.0	100.0
二、饮料、烟酒	**100.4**	**99.7**	**99.7**	**101.4**	**100.1**
1. 茶及饮料	99.7	100.3	99.1	101.7	100.3
(1) 茶　叶	100.8	100.0	100.0	100.0	100.7
(2) 饮　料	99.3	100.4	98.8	102.3	100.2
2. 烟　草	100.0	100.0	100.0	100.0	100.0
3. 酒	101.2	99.1	99.7	102.7	100.0
三、服装、鞋帽	**98.4**	**98.7**	**97.2**	**104.3**	**99.0**
1. 服　装	98.8	97.5	96.1	104.7	98.6
(1) 男式服装	98.4	97.4	99.4	100.3	98.2
(2) 女式服装	98.7	96.8	94.6	109.1	98.7
(3) 儿童服装	100.0	100.0	93.6	101.6	99.3
2. 鞋 袜 帽	97.2	101.5	99.3	104.0	99.7
(1) 鞋	97.0	101.7	98.7	104.7	99.7
(2) 袜　子	98.0	100.8	104.2	100.0	100.0
(3) 帽　子	100.0	100.0	95.9	100.0	100.0
3. 其　他	100.0	100.0	100.0	100.0	100.0
四、纺织品	**98.8**	**99.3**	**96.5**	**96.4**	**104.1**
1. 衣着材料	100.4	96.5	100.3	97.6	99.9
2. 床上用品	97.8	101.2	93.9	95.6	107.1
五、家用电器及音像器材	**99.8**	**98.7**	**100.0**	**97.8**	**100.6**
1. 家庭设备	100.0	99.8	100.0	100.2	100.2
2. 文娱用耐用消费品	99.6	97.2	100.0	94.6	101.2
3. 音像器材	100.0	100.0	100.0	100.0	100.0
六、文化办公用品	**100.1**	**99.8**	**100.2**	**100.5**	**99.8**
七、日 用 品	**99.1**	**99.9**	**100.5**	**100.6**	**99.9**
1. 日用百货	99.7	100.6	98.3	101.8	100.4
2. 日用杂品	95.1	102.0	102.4	100.6	100.3

6 月	7 月	8 月	9 月	10 月	11 月	12 月
92.1	99.9	107.1	100.5	99.5	97.6	98.7
102.0	100.0	100.0	100.0	100.4	100.6	110.8
100.2	99.7	99.8	100.6	100.0	105.0	101.2
100.6	103.1	100.3	101.2	100.0	102.0	104.3
100.0	100.6	102.7	100.0	100.0	100.0	98.2
100.1	**99.4**	**100.2**	**100.0**	**100.0**	**100.0**	**101.5**
100.3	99.7	100.9	99.9	100.1	100.0	101.0
100.0	100.0	100.0	100.7	100.0	100.0	100.0
100.4	99.5	101.3	99.6	100.1	100.0	101.4
100.0	98.8	100.0	100.0	100.0	100.0	100.0
100.0	100.0	100.0	100.0	100.0	100.0	103.3
99.2	**98.8**	**98.0**	**100.8**	**100.5**	**100.4**	**101.0**
99.6	98.4	97.0	102.4	100.2	100.2	102.3
99.4	98.5	98.9	102.4	100.5	100.1	100.8
99.4	98.5	97.5	99.4	100.0	98.7	101.0
100.6	97.8	91.3	112.7	100.0	105.0	109.2
98.5	99.7	100.4	97.5	101.2	99.9	98.3
98.3	99.6	100.5	97.1	101.4	99.9	98.6
99.7	100.0	100.0	100.0	100.0	100.0	96.1
100.0	100.0	99.6	100.0	100.0	100.0	100.0
98.8	100.0	96.1	100.0	100.0	106.4	100.0
100.0	**99.0**	**98.9**	**102.8**	**100.5**	**98.5**	**95.7**
100.0	96.4	98.5	103.3	102.4	100.9	100.0
100.0	100.8	99.2	102.4	99.3	96.9	92.7
99.4	**99.9**	**99.8**	**99.6**	**97.1**	**99.9**	**98.6**
99.5	100.1	99.9	99.9	99.7	100.1	99.8
99.3	99.0	99.7	99.2	93.3	99.8	96.6
100.0	100.0	100.0	100.0	100.0	100.0	100.0
99.5	**98.9**	**99.5**	**100.1**	**100.0**	**98.0**	**98.7**
100.1	**100.1**	**100.6**	**100.2**	**100.0**	**99.6**	**100.7**
100.0	99.5	99.7	100.6	100.2	98.9	100.6
100.5	100.0	100.0	100.0	100.0	100.0	102.1

2007年广西农村商品零售价格各月环比指数（续表2）

以上月价格为100

类 别	1月	2月	3月	4月	5月
3. 洗涤用品	100.7	99.2	101.0	99.9	99.0
4. 其他日用品	99.6	97.5	101.7	99.6	99.6
八、体育娱乐用品	**100.0**	**101.0**	**98.8**	**100.0**	**100.0**
1. 体育用品	100.0	102.1	97.6	100.1	100.0
2. 娱乐用品	100.0	100.0	100.0	100.0	100.0
九、交通、通信用品	**99.8**	**99.8**	**99.6**	**98.4**	**98.9**
1. 交通运输机械	99.9	100.0	100.0	99.6	99.8
2. 通信器材	99.6	99.6	98.8	96.2	97.2
十、家　　具	**100.6**	**100.9**	**100.0**	**99.4**	**99.4**
十一、化 妆 品	**99.9**	**100.0**	**100.0**	**100.0**	**100.0**
十二、金银珠宝	**101.0**	**98.9**	**101.6**	**100.6**	**100.2**
十三、中西药品及医疗保健用品	**100.0**	**100.0**	**100.1**	**103.6**	**102.5**
1. 医疗器具及用品	100.0	100.0	100.4	99.7	100.0
2. 中药材及中成药	100.0	100.0	101.1	108.5	107.7
3. 西　　药	100.0	100.0	99.4	100.7	99.0
4. 保健品及器具	100.0	100.0	98.9	100.3	100.0
十四、书报杂志及电子出版物	**100.1**	**100.0**	**99.8**	**100.0**	**100.1**
1. 教材及参考书	100.0	100.0	99.6	100.0	100.4
2. 书报杂志	100.4	100.0	100.0	100.0	99.9
3. 电子音像制品	100.0	100.0	100.0	100.0	100.0
十五、燃　　料	**99.7**	**98.2**	**98.0**	**101.0**	**100.6**
1. 煤炭及制品	100.0	102.4	100.0	107.5	100.0
2. 石油及制品	99.7	97.7	97.8	100.2	100.7
液化石油气	101.1	95.7	94.5	100.6	101.8
管道燃气					
汽　　油	97.8	98.4	100.0	100.0	100.0
柴　　油	100.0	100.0	100.0	100.0	100.0
十六、建筑材料及五金电料	**101.0**	**99.3**	**99.7**	**100.0**	**101.1**
1. 建筑装潢材料	101.2	99.1	99.6	100.1	101.4
2. 五金电料	100.0	100.0	100.0	100.0	100.0

6 月	7 月	8 月	9 月	10 月	11 月	12 月
100.0	101.1	102.1	100.0	100.0	100.0	100.3
100.3	99.6	100.4	100.0	99.4	100.0	100.0
99.9	**100.2**	**100.0**	**100.0**	**99.8**	**98.3**	**99.6**
100.0	100.0	100.0	100.0	100.0	100.0	99.0
99.8	100.4	100.0	100.0	99.6	96.7	100.2
98.8	**98.9**	**99.0**	**98.9**	**97.4**	**99.4**	**99.7**
99.8	100.0	99.0	98.9	97.6	100.0	100.0
96.8	96.6	98.9	98.9	97.0	98.2	99.0
99.0	**98.8**	**100.1**	**100.7**	**101.4**	**100.2**	**100.0**
100.0	**99.6**	**99.8**	**100.3**	**99.6**	**99.3**	**99.7**
100.0	**100.0**	**100.0**	**103.0**	**100.5**	**103.1**	**99.3**
100.6	**104.8**	**96.2**	**98.3**	**100.8**	**99.8**	**99.8**
100.0	100.0	100.0	100.0	100.0	100.2	100.0
101.6	109.7	91.4	95.7	101.1	99.1	99.5
99.9	101.4	99.9	100.0	100.7	100.0	100.0
100.0	101.5	100.0	100.0	100.0	101.4	100.0
99.7	**100.0**	**99.7**	**97.1**	**100.0**	**100.0**	**100.0**
99.3	100.0	99.4	93.3	100.0	99.9	100.0
100.0	100.0	100.0	100.0	100.0	100.0	100.0
100.0	100.0	100.0	100.0	100.0	100.0	100.0
100.5	**101.3**	**100.6**	**100.1**	**103.9**	**109.6**	**101.5**
100.0	103.0	97.8	100.0	104.2	100.0	100.0
100.6	101.0	100.9	100.1	103.9	110.8	101.7
101.5	102.6	102.3	100.2	109.5	114.0	102.5
100.0	100.0	100.0	100.0	100.0	107.9	101.0
100.0	100.0	100.0	100.0	100.0	109.0	100.9
99.6	**100.9**	**101.1**	**101.7**	**101.8**	**100.1**	**104.5**
99.8	101.0	101.4	102.1	102.1	100.1	105.1
98.6	100.4	100.0	100.1	100.7	100.0	101.9

2008年广西农村商品零售价格各月环比指数

以上月价格为100

类　别	1月	2月	3月	4月	5月
商品零售价格总指数	**101.9**	**103.6**	**99.4**	**100.6**	**99.6**
一、食　　品	**104.8**	**110.7**	**98.0**	**101.2**	**98.7**
1. 粮　　食	100.4	101.5	101.8	101.3	104.2
大　　米	100.3	101.6	101.9	101.5	105.4
2. 淀　　粉	98.9	95.0	110.6	95.2	90.0
3. 干豆类及豆制品	103.1	119.0	102.6	100.1	99.3
4. 油　　脂	109.7	103.0	101.8	98.7	98.3
食用植物油	113.2	102.6	102.9	98.1	97.4
5. 肉禽及其制品	104.2	106.4	97.3	100.9	99.6
(1) 食用畜肉及副产品	104.7	107.0	97.6	100.0	98.4
猪　　肉	101.8	103.6	98.2	100.9	98.3
牛　　肉	109.9	118.1	94.9	97.3	102.3
羊　　肉	110.3	113.8	91.5	93.8	95.8
(2) 禽	103.4	107.4	95.2	101.5	101.4
鸡	102.6	108.5	92.8	102.1	102.2
鸭	105.6	104.4	101.4	100.2	99.6
(3) 肉禽加工制品	103.5	102.0	99.8	103.6	101.6
6. 蛋	108.2	109.6	96.8	97.5	99.7
鲜　　蛋	108.7	110.4	96.6	97.3	99.7
7. 水 产 品	105.2	118.4	105.1	99.5	99.4
(1) 鱼	104.5	117.7	103.5	102.2	102.0
淡 水 鱼	103.7	120.5	105.4	102.4	101.8
海 水 鱼	107.8	105.2	94.0	101.0	102.8
(2) 其他水产品	107.8	120.5	110.1	91.7	91.1
虾 蟹 类	107.8	120.5	110.1	91.7	91.1
8. 菜	115.5	146.8	88.4	103.4	88.7
鲜　　菜	118.4	155.1	86.8	104.0	86.6
9. 调 味 品	98.5	100.2	101.8	102.7	100.1
盐	100.0	100.6	100.0	100.0	100.0
酱　　油	102.0	100.0	104.5	100.8	100.0
10. 糖	100.4	101.1	98.9	99.8	99.3
食　　糖	99.3	101.0	99.4	99.5	98.0

6 月	7 月	8 月	9 月	10 月	11 月	12 月
100.0	100.6	99.8	100.0	99.6	98.9	98.9
98.8	100.3	99.5	100.1	99.1	98.6	98.4
100.4	100.6	100.6	99.6	99.8	99.6	98.6
100.1	100.8	100.7	99.1	99.7	99.4	98.0
100.2	100.2	100.0	100.2	104.9	100.0	99.8
98.0	101.6	100.0	99.5	98.2	95.6	99.0
99.6	100.0	97.4	97.6	94.7	96.1	93.9
99.4	99.8	98.0	97.7	95.3	95.4	92.6
98.6	98.5	99.9	99.8	96.4	95.9	101.0
99.3	98.8	100.1	98.9	94.1	94.5	101.7
99.2	97.8	99.7	98.5	91.7	92.5	102.7
100.4	103.2	102.8	100.7	100.4	100.9	99.0
99.5	100.0	101.1	99.2	111.9	105.2	100.6
96.0	96.9	99.4	102.0	99.9	97.7	100.4
96.9	97.4	98.2	100.6	100.0	98.5	101.4
94.0	95.5	102.5	105.5	99.6	95.6	97.9
100.1	100.0	99.7	100.0	100.1	98.4	99.1
101.2	100.5	102.6	100.7	99.5	97.1	98.8
101.3	100.5	102.8	100.8	99.5	96.9	98.7
95.9	99.1	101.9	99.2	97.6	94.6	99.4
99.4	99.4	101.1	97.7	96.8	94.4	98.8
98.8	98.9	102.2	96.8	96.1	93.9	98.6
103.0	102.3	95.2	103.1	100.5	97.1	99.8
83.1	98.0	105.7	105.6	100.7	95.5	101.9
83.1	98.0	105.7	105.6	100.7	95.5	101.9
97.3	110.7	95.7	102.1	107.2	103.1	91.4
96.7	112.7	94.7	102.3	108.2	103.9	89.5
100.8	100.1	99.6	98.3	101.7	100.0	99.7
100.0	100.0	100.0	99.5	100.0	100.0	100.0
100.6	100.0	97.2	100.0	100.0	100.0	100.0
101.0	101.2	100.0	100.4	103.3	100.9	100.3
99.0	99.0	100.0	100.0	100.0	100.0	100.0

2008 年广西农村商品零售价格各月环比指数（续表 1）

以上月价格为 100

类　别	1 月	2 月	3 月	4 月	5 月
11. 干鲜瓜果	106.6	119.5	94.0	105.5	100.1
鲜 瓜 果	106.6	123.9	92.6	106.3	99.9
12. 糕点饼干面包	100.0	104.5	101.5	99.4	99.8
13. 液体乳及乳制品	109.2	101.8	100.3	100.8	101.3
14. 在外用膳食品	100.9	101.0	102.4	100.9	100.4
15. 其他食品	102.2	106.3	97.4	104.1	101.1
二、饮料、烟酒	**101.2**	**99.0**	**100.6**	**101.4**	**100.4**
1. 茶及饮料	102.6	97.6	99.6	102.8	101.2
(1) 茶　　叶	106.6	90.3	99.0	105.1	100.0
(2) 饮　　料	101.0	100.6	99.8	102.0	101.7
2. 烟　　草	100.0	100.0	100.0	100.0	100.0
3. 酒	101.5	98.8	102.0	102.1	100.3
三、服装、鞋帽	**97.4**	**98.4**	**100.6**	**100.9**	**100.0**
1. 服　　装	96.8	98.5	100.7	99.5	101.6
(1) 男式服装	98.2	96.6	100.5	99.1	100.0
(2) 女式服装	95.2	99.8	102.4	98.8	102.3
(3) 儿童服装	98.0	98.8	97.1	102.0	103.1
2. 鞋 袜 帽	98.5	98.4	101.5	104.6	96.3
(1) 鞋	97.9	98.2	101.8	105.4	95.8
(2) 袜　　子	101.4	99.6	100.0	99.8	99.0
(3) 帽　　子	105.3	100.0	100.0	100.0	100.0
3. 其　　他	100.0	98.1	95.0	100.0	100.0
四、纺 织 品	**108.4**	**99.2**	**101.3**	**102.8**	**104.8**
1. 衣着材料	100.0	99.8	100.2	100.8	100.0
2. 床上用品	114.5	98.8	102.1	104.1	107.8
五、家用电器及音像器材	**98.9**	**100.4**	**100.2**	**99.3**	**97.6**
1. 家庭设备	100.1	100.0	100.8	99.0	100.4
2. 文娱用耐用消费品	97.2	101.0	99.3	99.7	93.4
3. 音像器材	100.0	100.0	100.0	100.0	100.0
六、文化办公用品	**99.3**	**99.7**	**100.3**	**100.6**	**99.0**
七、日 用 品	**102.8**	**101.3**	**99.4**	**100.5**	**100.3**
1. 日用百货	100.9	101.3	97.8	101.4	100.5

6 月	7 月	8 月	9 月	10 月	11 月	12 月
96.1	95.1	100.4	102.1	98.6	99.5	96.7
95.0	93.8	100.3	103.1	97.7	99.5	96.6
100.0	100.0	98.8	100.6	100.5	100.0	99.0
102.2	99.8	99.9	94.5	92.9	104.0	100.2
100.5	100.0	100.1	100.0	100.5	100.0	100.1
100.0	101.1	95.3	106.8	97.2	119.6	100.0
100.8	**100.2**	**100.2**	**100.0**	**99.7**	**100.2**	**100.1**
100.2	101.1	100.8	99.3	99.0	100.0	100.2
100.0	107.2	100.0	100.0	100.0	100.0	100.0
100.2	98.8	101.2	99.1	98.6	100.0	100.3
100.0	99.2	100.0	100.2	100.0	100.0	100.0
102.1	100.7	100.1	100.1	99.8	100.6	100.0
99.4	**98.9**	**99.2**	**100.9**	**102.6**	**100.1**	**97.2**
99.9	99.5	99.4	99.9	102.3	100.4	96.3
100.2	99.6	99.3	101.0	102.2	100.2	94.0
99.7	99.8	100.4	99.1	101.3	101.0	96.6
99.6	98.7	97.3	100.0	105.2	99.0	99.7
98.2	97.3	98.7	103.5	103.1	99.4	99.3
97.9	96.4	98.5	104.2	103.8	99.3	99.5
100.0	103.1	100.0	100.0	98.2	100.0	97.9
100.0	100.0	100.0	100.0	106.7	100.1	97.6
100.0	100.0	98.0	100.2	104.2	100.0	98.6
101.8	**100.5**	**96.6**	**103.6**	**101.3**	**97.9**	**98.9**
100.0	101.3	100.5	100.2	100.9	94.6	97.9
102.8	100.0	94.5	105.6	101.5	99.8	99.5
98.4	**100.0**	**101.2**	**98.9**	**97.4**	**97.4**	**98.8**
99.4	99.7	99.5	99.1	98.9	97.5	99.5
96.8	100.5	104.0	98.5	95.0	97.0	97.6
100.0	100.0	99.4	100.0	100.5	100.0	100.0
100.2	**100.7**	**98.5**	**99.4**	**100.6**	**98.8**	**99.7**
101.1	**100.6**	**101.4**	**102.2**	**100.4**	**100.1**	**99.6**
101.8	101.3	102.0	99.8	101.1	100.0	99.8

2008年广西农村商品零售价格各月环比指数（续表2）

以上月价格为100

类　别	1月	2月	3月	4月	5月
2. 日用杂品	100.3	100.4	100.0	100.3	100.9
3. 洗涤用品	107.8	101.5	100.3	100.0	99.5
4. 其他日用品	100.9	101.8	100.2	99.8	100.7
八、体育娱乐用品	**96.9**	**98.3**	**99.8**	**101.2**	**101.3**
1. 体育用品	99.0	96.8	100.6	101.4	101.2
2. 娱乐用品	94.7	100.0	99.1	100.9	101.4
九、交通、通信用品	**100.1**	**99.6**	**98.0**	**99.8**	**99.7**
1. 交通运输机械	99.6	100.0	100.0	100.2	100.9
2. 通信器材	101.0	98.8	94.4	98.9	97.6
十、家　　具	**101.7**	**99.6**	**100.2**	**100.0**	**100.0**
十一、化 妆 品	**101.8**	**99.8**	**99.5**	**100.0**	**100.8**
十二、金银珠宝	**110.8**	**105.9**	**104.9**	**99.6**	**96.0**
十三、中西药品及医疗保健用品	**100.8**	**100.0**	**100.6**	**100.6**	**100.8**
1. 医疗器具及用品	100.0	100.0	100.0	100.0	100.0
2. 中药材及中成药	100.3	100.0	100.0	101.8	102.2
3. 西　　药	101.4	99.9	101.2	100.0	100.1
4. 保健品及器具	100.0	100.3	99.1	99.7	99.9
十四、书报杂志及电子出版物	**100.4**	**100.1**	**102.7**	**99.7**	**99.8**
1. 教材及参考书	100.3	100.3	106.3	99.4	100.0
2. 书报杂志	100.8	100.0	100.0	100.0	99.6
3. 电子音像制品	100.0	100.0	100.0	100.0	99.6
十五、燃　　料	**100.6**	**100.5**	**99.4**	**99.9**	**99.5**
1. 煤炭及制品	103.6	103.6	100.0	106.7	100.0
2. 石油及制品	100.2	100.1	99.3	99.1	99.5
液化石油气	100.6	100.3	98.5	97.9	98.7
管道燃气					
汽　　油	100.0	100.0	100.0	100.0	100.0
柴　　油	100.0	100.0	100.0	100.0	100.0
十六、建筑材料及五金电料	**99.1**	**101.6**	**100.3**	**99.7**	**101.2**
1. 建筑装潢材料	98.8	101.1	100.0	99.6	101.5
2. 五金电料	100.5	103.7	101.4	100.1	100.1

6 月	7 月	8 月	9 月	10 月	11 月	12 月
100.3	100.0	102.0	100.8	99.7	100.0	99.7
101.6	99.9	101.2	107.0	100.6	100.3	99.1
100.0	100.8	100.0	100.4	99.5	100.0	99.9
99.9	**100.6**	**99.8**	**101.1**	**99.8**	**98.4**	**99.7**
100.9	100.1	99.6	102.1	100.0	100.1	100.0
99.0	101.1	100.0	100.0	99.6	96.6	99.3
99.9	**101.1**	**101.1**	**99.3**	**100.4**	**100.7**	**99.3**
100.3	101.1	101.0	99.2	100.5	99.8	100.4
99.0	101.0	101.3	99.3	100.4	102.7	97.1
100.2	**100.3**	**100.1**	**98.2**	**99.7**	**100.0**	**100.5**
99.9	**99.7**	**100.6**	**99.3**	**99.6**	**98.6**	**101.1**
97.5	**102.2**	**95.0**	**98.2**	**99.4**	**94.2**	**101.6**
100.3	**100.1**	**101.6**	**99.8**	**99.7**	**100.8**	**100.0**
100.0	100.0	99.9	100.0	100.1	100.0	100.0
100.7	100.0	100.0	99.8	99.2	100.1	100.0
99.7	100.0	100.2	100.0	100.1	100.0	100.0
103.3	100.5	120.7	99.2	99.0	108.5	99.6
99.8	**100.0**	**100.3**	**97.5**	**100.5**	**99.1**	**100.2**
99.9	100.0	101.0	94.9	100.0	100.0	100.3
100.0	100.0	100.0	100.0	102.3	100.0	100.0
99.3	100.0	99.3	99.1	98.7	95.8	100.3
105.8	**103.7**	**97.9**	**100.7**	**99.5**	**96.8**	**95.4**
103.1	96.9	100.0	100.0	100.0	109.0	109.8
106.1	104.6	97.6	100.7	99.5	95.4	93.5
103.0	100.0	94.0	102.0	98.7	87.8	93.3
108.1	107.5	100.0	100.0	100.0	100.0	94.1
108.8	108.1	100.0	100.0	100.0	100.0	93.1
101.6	**101.8**	**99.5**	**98.7**	**97.9**	**98.4**	**101.4**
102.4	102.3	99.3	98.5	97.8	98.3	101.8
98.9	100.1	100.5	99.7	98.4	98.8	99.7

2009年广西农村商品零售价格各月环比指数

以上月价格为100

类　别	1月	2月	3月	4月	5月
商品零售价格总指数	**99.3**	**99.1**	**100.0**	**100.1**	**99.4**
一、食　　品	**100.3**	**99.3**	**100.8**	**100.2**	**98.5**
1. 粮　　食	99.9	100.2	101.2	100.7	100.0
大　　米	99.8	100.3	101.3	100.6	100.2
2. 淀　　粉	100.6	99.9	99.7	100.0	102.8
3. 干豆类及豆制品	101.9	99.6	96.5	99.9	98.5
4. 油　　脂	93.0	97.1	96.7	97.7	100.5
食用植物油	91.2	96.8	95.6	98.8	101.3
5. 肉禽及其制品	102.2	99.9	96.5	97.8	96.0
(1) 食用畜肉及副产品	102.5	98.3	95.5	97.0	93.1
猪　　肉	102.7	97.6	94.9	96.7	91.4
牛　　肉	100.2	99.5	97.8	98.5	98.8
羊　　肉	100.2	100.3	96.7	100.7	99.7
(2) 禽	102.2	102.9	97.3	98.6	99.4
鸡	102.9	102.0	96.8	99.9	99.0
鸭	100.5	105.0	98.5	95.3	100.6
(3) 肉禽加工制品	101.0	99.8	98.8	98.9	99.0
6. 蛋	99.9	97.7	100.6	101.4	100.6
鲜　　蛋	99.9	97.5	100.7	101.5	100.7
7. 水 产 品	105.5	103.0	96.8	99.6	99.1
(1) 鱼	102.7	100.7	97.9	100.0	99.4
淡 水 鱼	102.8	100.5	97.2	99.4	98.8
海 水 鱼	102.3	101.0	99.7	101.3	101.1
(2) 其他水产品	113.2	108.8	94.4	98.6	98.2
虾 蟹 类	113.2	108.8	94.4	98.6	98.2
8. 菜	97.2	91.2	121.4	102.5	91.7
鲜　　菜	96.6	89.4	126.8	102.9	90.2
9. 调 味 品	100.4	100.0	100.6	100.3	100.2
盐	99.6	100.0	100.0	100.0	100.0
酱　　油	101.0	100.1	99.7	100.4	99.6
10. 糖	99.7	99.5	99.3	99.8	104.4
食　　糖	99.3	100.4	100.9	104.6	102.5
11. 干鲜瓜果	97.5	101.2	103.9	106.2	105.2

6 月	7 月	8 月	9 月	10 月	11 月	12 月
100.1	**100.1**	**100.5**	**100.4**	**100.2**	**100.5**	**100.6**
99.9	**100.0**	**101.6**	**100.3**	**99.8**	**99.5**	**100.8**
100.3	100.3	100.1	101.0	100.2	99.5	100.6
100.4	100.5	99.7	101.3	100.2	99.6	100.5
99.3	99.5	100.4	100.5	100.4	100.0	102.0
99.4	99.7	100.1	101.8	101.0	101.4	102.8
102.5	100.8	98.9	98.8	100.6	103.6	102.8
100.7	101.4	98.7	99.4	100.7	106.6	103.5
98.4	98.3	103.8	102.5	100.0	99.4	100.5
97.8	97.8	105.3	102.8	100.1	100.1	101.3
97.3	97.4	107.2	103.5	100.2	99.6	101.2
98.8	99.1	100.3	100.1	100.0	103.0	101.1
99.9	100.4	100.4	100.5	100.1	100.0	102.3
99.0	98.7	102.9	102.6	99.6	98.1	99.5
99.5	98.5	102.8	101.7	99.9	98.4	99.7
97.8	99.4	103.3	105.0	99.1	97.3	99.2
99.3	99.2	100.6	101.1	100.2	99.7	99.8
99.0	99.7	102.4	102.8	100.2	99.1	100.3
98.9	99.6	102.5	102.9	100.1	99.0	100.3
99.6	99.1	96.8	99.0	100.1	99.2	103.0
100.8	98.3	98.3	99.0	98.4	99.3	101.2
100.2	97.1	99.3	99.4	98.3	99.7	99.9
102.3	101.4	95.9	97.9	98.8	98.5	104.3
96.7	100.9	93.2	98.9	104.6	98.9	107.5
96.7	100.9	93.2	98.9	104.6	98.9	107.5
98.7	102.5	107.9	99.6	100.5	100.5	100.6
98.4	102.9	109.3	99.5	100.5	100.5	99.9
100.0	100.0	100.0	100.5	100.3	100.0	100.5
100.0	100.0	100.0	100.0	100.0	100.0	100.0
99.6	100.1	100.0	100.1	100.0	100.2	100.0
100.5	100.2	99.9	100.9	100.7	99.7	101.5
101.3	100.5	101.6	100.5	101.1	99.3	103.6
104.7	102.8	99.1	94.8	95.7	95.4	99.2

2009年广西农村商品零售价格各月环比指数（续表1）

以上月价格为100

类　别	1月	2月	3月	4月	5月
鲜瓜果	97.3	101.7	104.5	107.4	105.9
12. 糕点饼干面包	98.7	99.3	98.7	100.3	101.5
13. 液体乳及乳制品	97.2	100.2	103.1	101.1	98.9
14. 在外用膳食品	100.8	100.3	100.3	100.1	99.9
15. 其他食品	100.0	100.0	98.2	101.5	101.8
二、饮料、烟酒	**100.0**	**100.0**	**99.8**	**100.2**	**100.1**
1. 茶及饮料	100.3	99.1	99.8	100.4	100.2
(1) 茶　叶	99.6	99.3	100.0	100.0	100.3
(2) 饮　料	100.7	99.1	99.7	100.6	100.2
2. 烟　草	100.0	99.9	99.6	100.1	100.0
3. 酒	99.8	100.8	100.0	100.2	100.1
三、服装、鞋帽	**98.3**	**96.6**	**99.3**	**100.5**	**100.5**
1. 服　装	98.1	96.3	99.3	101.0	100.3
(1) 男式服装	99.1	95.4	99.3	101.0	101.7
(2) 女式服装	97.6	98.2	99.1	100.9	99.5
(3) 儿童服装	97.2	92.8	99.8	101.2	99.9
2. 鞋袜帽	99.4	96.8	99.2	99.3	101.2
(1) 鞋	99.2	96.3	99.1	99.3	101.2
(2) 袜　子	101.0	99.6	100.1	98.6	101.1
(3) 帽　子	96.8	101.1	98.6	101.3	100.1
3. 其　他	94.7	98.6	100.0	100.0	98.9
四、纺织品	**99.0**	**100.5**	**99.4**	**100.0**	**99.8**
1. 衣着材料	99.7	98.9	98.6	99.7	100.9
2. 床上用品	98.6	101.5	99.9	100.1	99.1
五、家用电器及音像器材	**98.4**	**100.2**	**100.0**	**99.1**	**99.3**
1. 家庭设备	98.1	100.9	99.5	99.7	99.4
2. 文娱用耐用消费品	98.8	99.2	100.6	98.4	99.1
3. 音像器材	100.0	100.0	97.9	101.5	100.0
六、文化办公用品	**100.0**	**99.7**	**99.2**	**98.7**	**99.8**
七、日用品	**99.8**	**98.5**	**100.4**	**99.9**	**100.1**
1. 日用百货	99.5	99.9	99.8	100.1	100.1

6 月	7 月	8 月	9 月	10 月	11 月	12 月
105.5	103.1	98.9	93.9	94.6	93.7	98.3
100.3	100.1	100.0	99.7	99.8	99.8	100.2
100.9	98.7	100.7	100.1	101.0	96.8	102.9
100.0	100.0	100.1	100.3	100.0	100.6	100.3
99.6	99.6	100.5	99.9	99.9	99.9	100.6
100.1	**99.5**	**100.1**	**100.3**	**100.6**	**100.0**	**100.1**
100.0	99.5	100.3	99.2	100.0	100.2	100.0
100.0	100.0	100.0	99.9	99.6	100.5	99.7
100.0	99.3	100.4	99.0	100.2	100.0	100.2
100.1	99.7	100.0	100.4	100.0	100.0	100.0
100.2	99.3	100.2	100.8	101.7	100.0	100.2
98.6	**98.7**	**99.2**	**100.7**	**103.4**	**102.8**	**100.6**
98.3	98.6	98.6	101.3	104.9	102.4	100.9
98.7	98.2	98.6	101.6	103.6	103.4	100.7
98.1	98.1	97.7	101.7	106.5	101.9	101.1
98.3	101.0	101.1	99.3	102.8	101.8	100.4
98.7	98.8	100.4	99.3	100.7	104.0	99.9
98.5	98.5	100.5	99.2	100.8	104.6	99.9
99.9	100.2	100.0	100.0	99.8	101.2	100.0
100.0	100.0	99.8	99.0	102.1	101.3	100.0
101.4	100.2	99.9	100.0	99.4	101.7	100.0
101.1	**100.0**	**99.4**	**101.3**	**100.8**	**100.2**	**100.3**
100.7	100.0	100.4	100.1	100.6	101.0	100.7
101.4	100.0	98.8	102.0	100.9	99.7	100.0
99.7	**99.9**	**99.6**	**99.8**	**99.8**	**100.0**	**99.8**
99.9	100.0	99.4	99.7	99.7	100.0	99.9
99.5	99.9	99.7	100.0	99.9	99.9	99.7
100.0	100.1	100.0	100.0	100.0	100.0	100.1
99.9	**100.0**	**100.0**	**99.9**	**100.0**	**100.0**	**99.8**
99.8	**99.7**	**99.8**	**99.9**	**100.0**	**100.3**	**99.9**
100.3	99.9	99.4	100.0	99.5	100.4	99.9

2009年广西农村商品零售价格各月环比指数（续表2）

以上月价格为100

类别	1月	2月	3月	4月	5月
2. 日用杂品	100.2	99.6	100.2	98.8	101.3
3. 洗涤用品	100.9	95.9	101.0	100.1	99.2
4. 其他日用品	98.0	98.7	100.8	100.1	100.3
八、体育娱乐用品	**99.4**	**99.0**	**98.8**	**99.9**	**100.5**
1. 体育用品	99.9	100.1	99.8	99.9	100.8
2. 娱乐用品	98.9	97.8	97.7	99.8	100.3
九、交通、通信用品	**99.1**	**100.4**	**99.2**	**100.0**	**99.0**
1. 交通运输机械	99.6	100.3	99.8	99.7	99.8
2. 通信器材	98.3	100.8	98.2	100.4	97.7
十、家　　具	**98.9**	**99.8**	**99.5**	**99.0**	**98.4**
十一、化 妆 品	**100.7**	**100.0**	**100.3**	**99.9**	**99.7**
十二、金银珠宝	**100.7**	**103.7**	**100.8**	**97.7**	**100.4**
十三、中西药品及医疗保健用品	**99.7**	**100.2**	**100.2**	**100.2**	**99.9**
1. 医疗器具及用品	101.4	99.9	100.0	100.1	99.3
2. 中药材及中成药	99.7	100.1	100.4	100.0	100.2
3. 西　　药	99.4	100.3	100.2	100.3	99.8
4. 保健品及器具	100.6	100.0	100.0	100.3	99.9
十四、书报杂志及电子出版物	**103.0**	**100.3**	**101.1**	**100.0**	**100.0**
1. 教材及参考书	100.1	100.6	103.1	100.1	100.1
2. 书报杂志	107.4	100.1	100.0	100.0	99.9
3. 电子音像制品	101.4	100.2	99.6	99.7	100.1
十五、燃　　料	**92.3**	**94.9**	**99.5**	**101.6**	**99.3**
1. 煤炭及制品	95.8	95.5	95.0	99.0	96.9
2. 石油及制品	91.9	94.8	100.0	101.9	99.6
液化石油气	95.1	89.1	97.1	100.6	98.4
管道燃气					
汽　　油	90.6	98.4	102.1	102.8	100.0
柴　　油	89.1	98.2	101.0	102.3	100.4
十六、建筑材料及五金电料	**99.1**	**98.4**	**96.8**	**100.7**	**100.6**
1. 建筑装潢材料	98.8	98.3	96.1	100.8	100.6
2. 五金电料	100.3	98.7	99.6	100.5	100.3

6 月	7 月	8 月	9 月	10 月	11 月	12 月
100.0	100.0	100.0	99.6	100.0	100.6	100.1
98.8	99.5	99.8	99.8	100.6	100.1	99.8
100.2	99.4	100.0	100.2	100.0	100.0	99.8
99.2	**100.1**	**99.8**	**100.0**	**100.0**	**99.8**	**100.0**
99.2	100.2	99.3	100.0	100.0	99.9	99.9
99.2	100.0	100.3	99.9	100.0	99.7	100.0
99.1	**99.8**	**99.3**	**99.8**	**99.7**	**99.9**	**99.9**
99.8	99.8	99.1	100.0	99.9	100.1	99.8
97.7	99.7	99.5	99.5	99.2	99.6	99.9
100.0	**98.8**	**101.0**	**99.3**	**99.8**	**100.9**	**100.3**
100.2	**99.9**	**99.8**	**100.7**	**100.4**	**100.0**	**100.0**
101.9	**99.5**	**100.6**	**102.4**	**102.7**	**102.9**	**101.3**
100.4	**100.0**	**100.1**	**99.6**	**100.2**	**99.9**	**100.6**
100.1	100.2	100.0	98.4	100.0	100.7	102.6
100.3	99.9	100.1	100.0	100.4	100.2	101.3
100.5	100.1	100.1	99.4	100.2	99.5	100.0
99.8	100.0	100.3	100.2	99.3	100.1	100.0
100.0	**100.0**	**100.2**	**98.7**	**100.3**	**100.0**	**100.0**
100.0	100.0	100.5	96.8	100.3	100.0	100.0
100.0	100.0	100.0	100.0	100.0	100.0	100.0
100.0	100.0	100.0	100.0	100.9	100.0	100.0
103.0	**105.7**	**100.8**	**104.5**	**99.2**	**106.2**	**103.3**
96.2	100.4	99.5	100.6	99.1	100.5	100.3
103.7	106.2	100.9	104.8	99.2	106.7	103.5
99.5	100.1	109.4	106.5	102.3	110.1	106.8
105.7	109.0	97.1	103.7	97.7	104.7	101.5
106.4	109.6	97.1	104.3	97.4	105.1	101.8
100.8	**100.0**	**101.3**	**99.8**	**100.7**	**100.1**	**101.0**
101.3	99.9	101.6	99.7	100.8	100.2	101.3
99.0	100.5	100.1	100.0	100.0	99.9	100.0

2010年广西农村商品零售价格各月环比指数

以上月价格为100

类别	1月	2月	3月	4月	5月
商品零售价格总指数	**100.3**	**100.9**	**99.1**	**100.6**	**99.8**
一、食品	**100.8**	**103.9**	**97.9**	**101.4**	**99.1**
1. 粮食	100.9	101.3	100.5	101.3	100.8
大米	101.0	101.5	100.7	101.4	101.2
2. 淀粉	102.3	102.1	99.9	101.6	100.1
3. 干豆类及豆制品	101.9	103.4	97.2	101.7	104.1
4. 油脂	102.1	100.3	100.3	99.1	99.4
食用植物油	103.2	100.3	100.8	99.2	99.1
5. 肉禽及其制品	100.6	102.7	94.3	99.4	97.5
(1) 食用畜肉及副产品	100.8	102.1	92.7	98.6	95.4
猪肉	100.9	101.6	91.9	98.3	94.8
牛肉	101.5	101.1	96.5	99.6	97.9
羊肉	99.9	104.4	95.5	101.0	98.4
(2) 禽	100.5	104.6	95.3	100.7	100.2
鸡	99.8	102.7	95.5	101.0	99.9
鸭	102.4	109.3	95.1	100.1	101.0
(3) 肉禽加工制品	100.1	101.3	98.9	99.6	99.8
6. 蛋	101.3	100.1	98.5	99.5	99.1
鲜蛋	101.4	100.1	98.4	99.4	99.1
7. 水产品	103.7	110.0	95.6	100.2	98.7
(1) 鱼	100.4	109.5	96.5	101.4	100.0
淡水鱼	100.4	111.3	95.9	101.3	99.8
海水鱼	100.5	104.4	98.1	102.0	100.5
(2) 其他水产品	112.0	111.0	93.7	97.4	95.8
虾蟹类	112.0	111.0	93.7	97.4	95.8
8. 菜	100.8	109.6	99.6	107.4	98.2
鲜菜	100.1	111.1	99.8	108.2	97.5
9. 调味品	101.0	100.1	101.0	100.1	99.5
盐	101.6	100.2	103.3	99.6	98.7
酱油	100.5	99.6	99.9	100.1	100.2
10. 糖	102.1	102.5	100.3	100.9	100.0
食糖	103.7	104.7	101.3	101.0	100.3

6 月	7 月	8 月	9 月	10 月	11 月	12 月
99.6	100.5	100.4	100.4	101.3	101.5	100.7
99.2	102.5	101.7	100.6	102.2	100.8	101.1
100.0	99.8	100.1	100.6	101.0	102.0	104.6
99.8	99.7	100.0	100.8	100.9	102.3	105.0
101.1	100.6	98.8	100.6	101.0	104.3	102.9
99.0	101.0	99.6	99.0	99.8	101.1	101.4
100.4	100.0	100.5	101.8	100.6	105.5	102.8
100.6	99.9	101.0	102.8	101.0	104.8	103.4
99.8	106.0	106.4	101.0	102.4	102.8	101.7
98.0	107.6	108.9	101.4	104.2	104.5	101.5
98.0	109.8	111.4	101.5	104.5	104.9	101.1
98.5	100.2	100.1	100.8	100.8	102.2	100.7
100.0	100.0	100.2	100.2	101.6	102.1	105.8
102.9	105.2	103.9	100.3	100.0	100.3	102.2
103.1	104.7	104.5	101.9	101.4	99.2	101.4
102.6	106.4	102.4	96.5	96.7	103.0	104.3
99.8	101.7	102.5	100.7	100.6	100.9	101.2
99.6	101.8	108.4	101.2	99.6	102.1	101.8
99.6	102.0	108.9	101.1	99.6	102.0	101.7
101.7	102.0	99.9	100.0	100.9	99.3	102.2
103.4	102.8	99.9	99.1	99.2	99.1	100.7
103.7	103.2	100.8	99.0	98.8	98.5	100.3
102.3	101.6	97.3	99.4	100.4	101.0	102.0
97.5	99.7	100.0	102.3	105.6	99.6	105.8
97.5	99.7	100.0	102.3	105.6	99.6	105.8
94.8	109.3	97.3	99.6	111.5	89.4	89.1
93.6	111.2	96.0	99.6	113.4	87.6	86.9
99.8	100.2	100.4	100.0	100.1	100.4	100.6
100.0	100.0	101.2	100.0	100.0	100.0	100.0
99.9	99.9	99.9	100.0	100.2	100.2	100.8
100.6	100.5	101.0	101.0	102.8	107.5	100.8
101.5	100.7	100.9	102.2	105.9	111.2	100.2

2010 年广西农村商品零售价格各月环比指数（续表 1）

以上月价格为 100

类　别	1 月	2 月	3 月	4 月	5 月
11. 干鲜瓜果	98.4	115.7	99.9	107.7	100.5
鲜 瓜 果	97.4	119.5	100.0	109.5	100.6
12. 糕点饼干面包	99.9	100.0	100.1	100.1	100.2
13. 液体乳及乳制品	101.4	99.9	100.2	99.3	99.8
14. 在外用膳食品	99.9	100.2	100.2	100.4	100.1
15. 其他食品	99.2	100.1	99.8	100.0	99.0
二、饮料、烟酒	**100.4**	**99.9**	**100.2**	**100.1**	**100.3**
1. 茶及饮料	100.1	99.7	100.3	100.6	100.6
(1) 茶　　叶	100.3	100.3	100.0	99.7	100.8
(2) 饮　　料	100.1	99.4	100.4	101.0	100.5
2. 烟　　草	100.0	100.0	100.0	100.0	100.0
3. 酒	101.1	100.0	100.3	99.8	100.6
三、服装、鞋帽	**99.1**	**97.0**	**98.3**	**100.5**	**99.9**
1. 服　　装	99.3	95.8	99.5	100.9	100.2
(1) 男式服装	98.5	95.1	99.5	101.9	100.2
(2) 女式服装	99.6	96.4	99.0	100.2	100.5
(3) 儿童服装	100.1	95.5	101.1	100.6	99.7
2. 鞋 袜 帽	98.4	99.4	95.4	99.7	98.9
(1) 鞋	98.1	99.3	94.5	99.7	98.8
(2) 袜　　子	100.2	100.0	100.7	100.0	99.7
(3) 帽　　子	100.1	98.0	99.7	100.0	100.0
3. 其　　他	100.0	99.2	98.4	99.7	100.0
四、纺 织 品	**100.8**	**99.0**	**98.4**	**99.3**	**100.2**
1. 衣着材料	100.4	99.8	99.5	99.5	100.5
2. 床上用品	101.0	98.5	97.7	99.2	100.0
五、家用电器及音像器材	**99.4**	**99.3**	**99.7**	**99.4**	**99.8**
1. 家庭设备	99.5	99.3	100.1	99.7	99.7
2. 文娱用耐用消费品	99.4	99.2	99.3	99.1	99.8
3. 音像器材	99.5	99.7	100.0	100.1	99.5
六、文化办公用品	**99.8**	**100.1**	**100.0**	**100.1**	**99.9**
七、日 用 品	**100.0**	**100.0**	**100.2**	**99.9**	**100.2**
1. 日用百货	100.1	100.1	100.0	100.0	100.1

6 月	7 月	8 月	9 月	10 月	11 月	12 月
96.6	94.8	97.9	101.1	99.5	104.4	108.2
95.9	93.4	97.2	101.0	99.4	105.0	109.8
100.1	100.5	100.1	100.0	100.7	100.4	101.5
99.2	100.6	101.3	100.6	99.5	101.0	100.4
100.1	100.2	100.2	100.1	100.3	101.0	101.1
100.9	99.9	101.0	100.1	100.0	100.1	101.6
100.0	**100.0**	**100.0**	**100.2**	**100.1**	**100.2**	**100.2**
100.3	100.1	99.7	100.0	100.4	100.2	100.4
101.2	99.8	99.8	100.1	101.3	100.4	100.4
99.9	100.2	99.7	99.9	100.0	100.2	100.5
99.9	100.0	100.0	100.0	99.9	100.2	99.8
100.0	100.0	100.1	100.6	100.3	100.2	100.6
99.8	**99.2**	**98.4**	**99.9**	**103.0**	**104.0**	**100.7**
100.5	99.4	98.7	99.5	103.3	104.9	101.1
100.4	99.7	98.6	100.9	102.4	104.3	100.5
100.7	99.7	98.9	99.6	101.9	104.7	101.2
100.4	97.6	98.6	95.9	110.3	107.3	102.1
98.1	98.7	97.3	101.0	102.8	102.2	99.7
97.8	98.4	96.8	101.2	103.3	102.6	99.6
99.5	100.0	100.0	100.0	100.4	100.0	100.0
100.0	100.0	100.0	100.0	100.0	100.0	100.0
100.0	99.9	100.0	100.0	100.0	100.0	100.0
100.7	**101.1**	**100.1**	**100.2**	**102.6**	**103.8**	**101.9**
100.8	100.7	100.3	102.9	102.9	105.9	101.6
100.6	101.3	100.0	98.5	102.4	102.4	102.1
99.7	**99.8**	**100.1**	**99.9**	**99.9**	**100.3**	**99.9**
99.6	99.8	100.1	99.8	99.8	100.3	99.9
99.8	99.8	100.0	99.9	100.0	100.4	99.8
99.9	99.6	99.0	100.0	99.2	100.7	100.5
100.2	**100.0**	**100.0**	**100.0**	**100.0**	**99.9**	**100.2**
99.9	**100.0**	**100.0**	**100.2**	**100.1**	**100.2**	**100.2**
99.9	100.1	99.9	100.4	99.9	100.2	100.2

2010年广西农村商品零售价格各月环比指数（续表2）

以上月价格为100

类　别	1月	2月	3月	4月	5月
2. 日用杂品	100.1	99.9	100.1	99.9	100.2
3. 洗涤用品	99.9	99.8	100.8	99.7	100.1
4. 其他日用品	100.1	100.1	99.9	99.8	100.3
八、体育娱乐用品	**99.9**	**99.9**	**100.0**	**99.4**	**99.9**
1. 体育用品	99.7	100.0	100.1	100.0	99.9
2. 娱乐用品	100.1	99.7	99.9	98.8	99.8
九、交通、通信用品	**99.7**	**99.8**	**100.2**	**99.7**	**99.5**
1. 交通运输机械	100.2	100.1	100.6	100.4	99.6
2. 通信器材	98.9	99.4	99.7	98.5	99.3
十、家　　具	**100.4**	**100.4**	**99.8**	**99.9**	**99.4**
十一、化 妆 品	**100.6**	**99.4**	**100.3**	**99.9**	**100.3**
十二、金银珠宝	**100.3**	**99.0**	**100.5**	**101.4**	**102.8**
十三、中西药品及医疗保健用品	**100.5**	**100.5**	**100.3**	**100.1**	**99.9**
1. 医疗器具及用品	102.9	100.1	100.0	100.2	101.1
2. 中药材及中成药	100.3	101.3	100.7	100.5	99.8
3. 西　　药	100.5	100.0	100.1	99.7	99.9
4. 保健品及器具	99.7	99.9	99.8	99.9	100.2
十四、书报杂志及电子出版物	**99.9**	**100.1**	**101.1**	**99.2**	**100.0**
1. 教材及参考书	99.6	99.9	102.8	99.8	100.1
2. 书报杂志	100.0	100.0	100.0	100.0	100.0
3. 电子音像制品	100.1	100.7	99.8	97.2	100.0
十五、燃　　料	**101.3**	**100.5**	**98.2**	**102.1**	**100.8**
1. 煤炭及制品	106.4	103.2	98.9	99.8	99.8
2. 石油及制品	101.0	100.3	98.2	102.3	100.9
液化石油气	102.6	100.3	96.0	101.9	100.4
管道燃气					
汽　　油	100.0	100.0	100.0	102.4	101.4
柴　　油	99.1	100.7	100.1	102.8	100.8
十六、建筑材料及五金电料	**100.8**	**99.8**	**100.1**	**101.3**	**100.3**
1. 建筑装潢材料	100.5	99.6	100.1	101.7	100.5
2. 五金电料	101.9	100.7	100.1	99.5	99.7

6 月	7 月	8 月	9 月	10 月	11 月	12 月
99.9	99.9	100.0	100.3	100.2	100.2	100.1
99.8	100.0	100.1	100.2	100.3	100.3	100.3
100.3	100.1	100.0	99.8	100.1	100.1	99.9
100.0	**100.0**	**99.7**	**99.6**	**99.4**	**100.1**	**100.1**
100.0	100.0	99.3	100.2	98.9	100.1	100.1
100.0	100.0	100.0	99.0	100.0	100.1	100.1
99.6	**100.0**	**99.7**	**99.8**	**100.1**	**99.9**	**99.9**
100.0	100.3	100.0	100.0	100.5	100.0	100.0
98.9	99.5	99.0	99.4	99.3	99.8	99.9
100.2	**99.5**	**98.9**	**99.1**	**100.9**	**101.0**	**101.7**
100.1	**100.6**	**99.7**	**100.2**	**100.0**	**99.9**	**100.3**
101.7	**99.7**	**99.9**	**102.2**	**102.8**	**102.4**	**101.0**
100.6	**99.8**	**100.6**	**101.4**	**100.6**	**101.7**	**100.7**
98.3	98.4	101.2	98.8	99.2	100.0	99.1
101.7	99.9	101.3	103.5	101.4	104.3	101.5
100.0	99.7	100.2	100.1	100.2	100.0	100.4
99.9	100.0	99.9	100.4	99.6	99.9	100.1
99.8	**100.0**	**100.0**	**99.1**	**100.0**	**100.0**	**100.0**
100.0	100.0	100.0	97.8	100.0	100.0	100.0
100.0	100.0	100.0	99.9	100.0	100.0	100.0
99.3	100.0	100.0	100.0	100.0	100.0	99.9
97.9	**97.8**	**98.9**	**99.4**	**102.1**	**106.8**	**101.9**
101.1	100.0	100.0	99.7	100.1	101.0	100.6
97.6	97.6	98.8	99.4	102.3	107.2	102.0
97.6	94.7	97.1	98.5	103.0	115.5	101.2
97.5	99.8	100.0	100.0	101.8	101.0	102.7
97.8	100.1	100.2	100.0	101.7	101.3	102.7
99.3	**99.6**	**100.6**	**103.2**	**100.8**	**101.9**	**100.7**
99.0	99.4	100.8	104.0	100.9	101.8	100.8
100.3	100.1	100.0	100.0	100.1	102.1	100.3

2011年广西农村商品零售价格各月环比指数

以上月价格为100

类　别	1月	2月	3月	4月	5月
商品零售价格总指数	**101.2**	**101.6**	**99.8**	**101.2**	**100.0**
一、食　　品	**103.6**	**105.0**	**99.5**	**102.1**	**99.4**
1. 粮　　食	102.2	101.7	103.0	101.7	101.2
大　　米	102.3	101.6	103.8	101.9	101.0
2. 淀粉及制品	100.1	100.3	100.3	99.3	100.7
3. 干豆类及豆制品	103.0	106.2	97.2	102.0	98.4
4. 油　　脂	100.7	100.2	100.0	100.3	101.3
食用植物油	100.9	100.3	100.2	100.7	101.7
5. 肉禽及其制品	101.2	106.3	97.9	101.5	100.7
(1) 食用畜肉及副产品	101.1	108.8	98.1	100.8	100.2
猪　　肉	100.6	109.4	98.8	101.2	100.6
牛　　肉	103.0	101.6	96.1	99.1	99.4
羊　　肉	105.9	109.3	97.0	98.9	98.1
(2) 禽	101.5	102.9	96.7	102.9	101.9
鸡	100.9	103.4	95.5	101.9	101.8
鸭	102.9	101.7	99.5	105.5	102.2
(3) 加工肉禽	101.3	101.6	99.7	101.5	100.7
6. 蛋	102.4	100.2	97.8	99.5	100.6
鲜　　蛋	102.6	100.0	97.6	99.4	100.6
7. 水 产 品	103.8	111.9	101.7	101.2	99.3
(1) 鱼	103.7	110.2	101.8	103.5	101.9
淡 水 鱼	103.5	111.5	101.4	103.6	101.3
海 水 鱼	104.4	105.6	103.3	103.0	104.2
(2) 其他水产品	104.0	117.2	101.5	94.7	91.1
虾 蟹 类	103.9	117.6	101.6	94.6	90.9
8. 菜	121.2	104.2	98.3	104.2	90.5
鲜　　菜	125.2	104.2	98.1	104.9	88.9
9. 调 味 品	100.6	100.8	99.8	100.8	100.1
食 用 盐	100.2	100.0	100.1	100.0	100.0
酱　　油	101.6	102.2	99.4	101.8	100.3
10. 糖	100.7	101.2	100.3	100.5	101.3
食　　糖	100.1	102.5	100.8	100.9	101.8

6 月	7 月	8 月	9 月	10 月	11 月	12 月
99.8	**100.7**	**99.6**	**99.6**	**100.2**	**99.2**	**99.8**
100.2	**102.2**	**99.3**	**98.6**	**100.4**	**97.4**	**99.9**
100.2	100.2	98.4	98.8	99.0	98.9	100.9
100.1	100.2	97.9	98.4	98.6	98.4	101.1
100.0	100.4	100.4	101.2	100.0	99.6	100.0
99.2	99.6	97.6	98.7	101.0	100.1	100.4
102.2	102.6	99.5	96.9	99.9	98.4	99.2
102.9	103.4	99.2	95.7	99.8	98.1	99.2
104.4	105.5	99.7	96.3	98.7	95.2	97.5
105.9	107.9	99.4	94.1	97.8	93.0	96.1
106.9	109.2	99.2	93.6	97.0	91.7	94.1
101.4	103.7	104.6	100.3	103.0	100.2	101.7
100.0	100.2	100.2	101.1	103.9	103.1	105.6
102.0	100.2	99.6	99.7	99.7	98.3	98.8
103.2	100.9	99.8	100.0	99.4	98.2	98.1
99.4	98.6	99.1	99.0	100.3	98.5	100.6
102.0	104.7	101.9	100.7	101.2	99.5	100.9
103.6	101.9	101.3	100.3	100.1	96.9	97.1
103.8	101.9	101.1	100.2	100.1	96.7	97.0
101.2	100.0	98.9	98.9	100.4	98.5	100.5
101.0	101.4	99.2	98.6	99.5	97.7	99.2
100.0	100.5	98.7	98.6	98.3	96.8	98.9
104.6	104.4	100.8	98.6	103.4	100.5	100.0
101.7	95.1	97.8	99.9	103.8	101.4	104.9
101.8	94.9	97.8	99.9	103.9	101.5	105.0
92.6	104.7	97.5	102.9	107.9	90.8	103.5
91.3	105.8	97.2	103.5	109.3	89.6	104.5
100.2	100.1	100.1	100.0	99.8	100.2	100.3
100.0	100.0	100.0	100.0	100.0	100.0	100.0
100.3	100.3	100.3	100.0	99.4	100.6	100.0
101.0	100.1	101.4	101.5	101.2	99.4	100.0
101.1	99.7	102.7	102.8	100.3	98.8	99.8

2011年广西农村商品零售价格各月环比指数（续表1）

以上月价格为100

类　别	1月	2月	3月	4月	5月
11. 干鲜瓜果	108.0	110.9	97.6	106.6	96.5
鲜瓜果	109.6	112.8	97.2	107.3	95.5
12. 糕点饼干面包	101.2	100.6	100.7	100.4	99.8
13. 液体乳及乳制品	100.3	101.1	100.7	100.2	99.6
14. 在外用膳食品	100.5	102.9	101.7	101.9	102.0
15. 其他食品	101.3	100.5	100.8	100.0	100.3
二、饮料、烟酒	**100.4**	**100.4**	**100.0**	**100.2**	**100.4**
1. 茶及饮料	100.4	101.4	100.0	100.0	100.5
(1) 茶　叶	100.5	99.8	100.1	99.6	100.3
(2) 饮　料	100.3	102.0	99.9	100.2	100.6
2. 烟　草	100.0	100.0	99.8	100.3	100.0
3. 酒	101.0	100.3	100.4	100.3	100.8
三、服装、鞋帽	**98.8**	**97.4**	**98.2**	**100.5**	**100.3**
1. 服　装	98.2	97.0	98.1	100.6	100.6
(1) 男式服装	98.4	95.9	97.1	100.6	100.2
(2) 女式服装	98.7	97.9	98.0	100.4	100.9
(3) 儿童服装	96.6	97.3	100.2	101.0	100.2
2. 鞋袜帽	100.3	98.4	98.7	100.3	99.7
(1) 鞋	100.3	98.2	98.4	100.4	99.7
(2) 袜　子	100.7	100.0	100.4	99.4	99.5
(3) 帽　子	100.5	98.6	100.7	100.0	100.1
3. 其　他	99.2	97.4	98.3	100.6	100.5
四、纺织品	**100.4**	**100.0**	**100.7**	**100.6**	**100.6**
1. 衣着材料	100.2	100.1	100.0	100.7	101.5
2. 床上用品	100.6	99.9	101.2	100.6	100.0
五、家用电器及音像器材	**99.9**	**99.6**	**99.6**	**99.8**	**99.7**
1. 家庭设备	99.8	99.6	99.8	99.9	99.8
2. 文娱用耐用消费品	100.0	99.7	99.3	99.7	99.5
3. 专业音像器材	100.0	100.0	100.0	100.0	100.0
六、文化办公用品	**100.0**	**100.0**	**100.2**	**100.1**	**100.3**
七、日用品	**100.2**	**100.2**	**100.7**	**100.6**	**100.4**
1. 日用百货	100.4	100.6	101.3	100.1	100.7

6 月	7 月	8 月	9 月	10 月	11 月	12 月
87.2	93.6	93.8	96.4	101.7	102.8	105.4
83.9	91.8	92.8	96.2	102.5	104.0	107.0
101.0	100.1	100.3	100.0	100.2	100.6	100.0
100.8	100.4	99.4	100.4	100.8	100.7	99.4
101.5	101.5	102.1	101.2	100.2	100.2	100.5
102.1	100.1	100.0	100.0	100.4	100.0	99.6
100.3	**100.3**	**100.1**	**100.1**	**100.8**	**100.4**	**100.2**
100.5	100.9	99.6	100.1	99.7	100.1	100.3
100.2	100.6	100.0	101.1	99.3	100.7	100.0
100.6	101.1	99.4	99.7	99.9	99.9	100.4
100.0	100.0	100.2	100.0	100.0	100.0	100.0
100.6	100.4	100.2	100.3	102.5	101.0	100.5
98.7	**99.2**	**97.6**	**99.6**	**103.3**	**102.2**	**99.7**
98.8	98.9	97.5	99.3	103.9	102.0	99.7
99.3	99.1	98.3	98.6	104.5	103.1	99.7
99.2	98.3	97.1	99.2	103.9	101.6	99.7
96.5	99.9	96.7	101.5	102.3	100.3	99.3
98.1	99.9	97.6	100.4	102.4	103.1	100.0
97.8	99.8	97.3	100.5	102.8	103.6	100.0
100.1	100.1	100.0	100.0	100.0	100.0	100.0
99.7	100.0	97.8	100.0	101.2	100.4	99.2
100.0	99.7	99.1	99.6	101.6	99.7	99.7
101.1	**100.4**	**100.2**	**100.5**	**101.1**	**99.7**	**98.5**
101.6	100.9	100.5	101.1	102.7	100.4	100.0
100.7	100.0	100.1	100.0	100.0	99.3	97.4
100.1	**99.6**	**99.8**	**99.7**	**99.7**	**100.1**	**99.8**
100.2	99.9	100.0	100.0	99.7	100.2	99.7
100.0	99.1	99.5	99.3	99.8	100.0	100.0
100.0	100.0	100.0	100.0	100.0	100.0	100.0
100.0	**99.7**	**99.5**	**100.1**	**99.9**	**100.0**	**100.0**
100.0	**100.4**	**100.2**	**100.2**	**100.0**	**100.0**	**100.1**
100.6	100.4	100.4	100.5	100.3	99.8	99.6

2011年广西农村商品零售价格各月环比指数（续表2）

以上月价格为100

类　别	1月	2月	3月	4月	5月
2. 日用杂品	99.9	100.3	99.9	100.1	100.6
3. 洗涤用品	100.2	100.0	100.7	101.4	100.2
4. 其他日用品	100.0	100.0	100.5	100.7	100.2
八、体育娱乐用品	**100.1**	**101.3**	**100.0**	**99.9**	**100.0**
1. 体育用品	100.1	100.8	99.8	99.8	100.0
2. 娱乐用品	100.1	101.7	100.2	99.9	99.9
九、交通、通信用品	**99.9**	**100.1**	**99.7**	**99.7**	**99.7**
1. 交通运输机械	100.0	100.4	100.0	100.2	99.8
2. 通信器材	99.7	99.6	99.1	98.9	99.4
十、家　　具	**100.4**	**100.2**	**99.7**	**100.8**	**100.0**
十一、化 妆 品	**99.8**	**99.9**	**100.0**	**99.9**	**100.1**
十二、金银珠宝	**99.9**	**100.6**	**101.6**	**102.0**	**104.5**
十三、中西药品及医疗保健用品	**99.9**	**100.3**	**100.5**	**100.5**	**101.2**
1. 医疗器具及用品	100.7	100.0	100.0	99.5	100.2
2. 中药材及中成药	100.0	101.1	101.1	102.3	102.5
3. 西　　药	99.8	99.7	100.3	99.2	100.2
4. 保健器具及用品	99.4	100.0	99.5	100.5	100.5
十四、书报杂志及电子出版物	**100.4**	**100.8**	**100.1**	**100.0**	**100.2**
1. 教材及参考书	100.0	101.8	100.1	100.1	100.4
2. 书报杂志	100.8	100.0	100.0	100.0	100.0
3. 电子音像制品	100.5	100.1	100.4	99.9	100.0
十五、燃　　料	**101.1**	**101.7**	**100.1**	**104.9**	**100.4**
1. 煤炭及制品	101.7	100.3	102.3	100.2	100.6
2. 石油及制品	101.0	101.9	99.8	105.5	100.4
液化石油气	102.2	98.8	99.5	105.9	101.0
管道燃气	100.0	100.0	100.0	100.0	100.0
汽　　油	100.1	104.0	100.0	105.6	100.0
柴　　油	100.1	104.5	100.0	104.8	100.0
十六、建筑材料及五金电料	**100.6**	**100.0**	**99.4**	**100.9**	**100.7**
1. 建筑装潢材料	100.6	99.9	99.0	100.9	101.0
2. 五金电料	100.5	100.1	101.0	100.8	99.9

6 月	7 月	8 月	9 月	10 月	11 月	12 月
100.2	100.4	100.0	100.0	99.3	100.1	100.0
99.3	100.4	100.2	100.0	100.0	100.3	100.7
99.8	100.3	100.0	100.0	100.0	100.0	100.0
100.8	**99.9**	**99.6**	**100.0**	**100.0**	**100.0**	**100.0**
101.6	100.1	100.0	100.0	100.0	100.0	100.0
100.0	99.7	99.2	100.0	100.0	100.0	100.0
99.5	**99.6**	**99.6**	**99.8**	**99.6**	**99.5**	**99.8**
100.1	100.0	99.8	99.9	100.0	100.0	100.0
98.6	98.9	99.2	99.6	98.8	98.6	99.3
100.1	**99.7**	**100.5**	**100.4**	**100.4**	**99.9**	**99.9**
100.0	**100.0**	**100.2**	**100.1**	**100.6**	**100.3**	**99.8**
100.6	**100.3**	**105.2**	**101.0**	**96.7**	**101.6**	**97.3**
100.6	**100.8**	**100.1**	**100.6**	**100.0**	**100.0**	**100.1**
99.8	99.9	102.0	100.0	100.0	99.1	100.0
101.7	101.8	99.9	101.5	100.1	99.8	99.8
99.8	100.1	100.0	99.9	100.0	100.2	100.3
99.9	100.4	100.0	100.2	100.0	99.8	100.0
99.9	**100.0**	**100.1**	**99.5**	**99.6**	**100.0**	**100.0**
100.0	100.0	100.2	98.9	99.2	100.0	100.0
100.0	100.0	100.0	100.0	100.0	100.0	100.0
99.5	99.8	100.0	100.0	100.0	100.0	100.0
96.3	**99.7**	**98.5**	**100.2**	**98.6**	**98.0**	**99.1**
99.9	100.0	89.6	100.0	100.0	100.0	100.0
95.8	99.6	99.6	100.2	98.4	97.8	99.0
89.9	99.0	99.0	100.5	101.1	94.4	97.3
95.0	100.0	100.0	100.0	100.0	100.0	100.0
100.0	100.0	100.0	100.0	96.8	100.0	100.0
100.0	100.0	100.0	100.0	96.6	100.0	100.0
99.8	**100.3**	**100.8**	**100.8**	**98.4**	**100.1**	**99.9**
99.7	100.3	100.9	101.1	98.0	100.1	99.9
100.4	100.2	100.7	100.0	100.0	99.8	99.9

2012年广西农村商品零售价格各月环比指数

以上月价格为100

类　　别	1月	2月	3月	4月	5月
商品零售价格总指数	**102.4**	**100.5**	**100.7**	**100.2**	**99.4**
一、食　　品	**106.7**	**100.6**	**100.5**	**100.2**	**98.6**
1. 粮　　食	103.0	100.6	100.2	101.0	99.8
大　　米	103.9	100.9	100.3	101.2	99.7
2. 淀粉及制品	100.0	100.0	101.0	100.5	100.3
3. 干豆类及豆制品	106.6	97.5	98.0	100.3	99.9
4. 油　　脂	103.4	101.2	100.0	101.1	102.7
食用植物油	103.1	101.0	100.1	101.6	103.6
5. 肉禽及其制品	111.3	102.0	97.4	97.5	98.0
(1) 食用畜肉及副产品	116.6	103.8	95.7	95.9	97.2
猪　　肉	115.3	102.9	95.5	95.4	96.5
牛　　肉	117.7	104.5	98.6	100.1	99.7
羊　　肉	110.1	106.6	98.8	98.0	99.4
(2) 禽	104.4	98.9	100.4	100.5	99.1
鸡	105.8	98.7	99.8	99.5	100.1
鸭	100.9	99.5	101.8	102.9	96.9
(3) 加工肉禽	102.3	99.7	100.3	99.6	99.6
6. 蛋	100.2	96.6	99.3	99.4	98.8
鲜　　蛋	100.3	96.3	99.2	99.3	98.7
7. 水 产 品	107.0	102.0	100.8	98.0	97.5
(1) 鱼	103.3	102.7	101.5	100.2	97.9
淡 水 鱼	103.9	102.2	103.2	100.6	97.3
海 水 鱼	101.5	103.9	96.7	98.9	99.6
(2) 其他水产品	119.2	99.9	98.8	91.4	96.3
虾 蟹 类	119.6	99.9	98.8	91.2	96.2
8. 菜	118.2	93.5	111.3	104.3	96.1
鲜　　菜	120.9	92.5	113.1	105.0	95.0
9. 调 味 品	100.0	99.9	100.1	99.9	100.6
食 用 盐	100.0	100.0	100.0	100.0	100.0
酱　　油	100.0	99.7	100.3	100.1	100.1
10. 糖	98.5	99.0	99.3	99.4	100.7
食　　糖	96.6	99.0	99.6	99.7	100.0

6 月	7 月	8 月	9 月	10 月	11 月	12 月
99.5	99.8	100.5	100.4	99.8	100.0	99.8
99.7	100.2	100.9	100.0	99.1	100.3	100.3
100.2	100.1	100.1	100.1	100.1	100.0	100.0
100.3	100.1	100.0	100.1	100.0	100.0	100.0
100.1	103.0	100.0	100.0	100.0	100.0	100.0
99.9	100.0	101.0	101.2	100.6	99.6	101.1
100.0	100.2	102.3	101.0	100.6	100.4	99.4
100.0	100.5	103.1	100.8	100.8	100.7	99.1
100.3	100.5	100.2	101.1	100.2	99.6	100.9
100.9	100.4	99.8	101.1	101.1	99.5	101.1
101.2	100.4	99.6	101.0	99.9	98.9	101.0
102.2	100.4	101.0	101.5	105.9	100.6	102.4
99.7	100.3	99.3	99.9	100.8	101.4	100.7
99.5	101.1	100.9	101.6	98.8	99.5	100.7
99.6	101.1	100.7	102.1	98.8	99.0	100.8
99.3	101.2	101.1	100.4	98.6	100.8	100.6
99.2	100.2	100.2	100.1	99.3	100.0	100.2
104.2	99.5	102.9	104.3	99.1	100.0	101.4
104.6	99.4	103.2	104.8	99.1	100.0	101.6
98.9	99.5	100.5	101.1	98.0	99.9	100.2
100.4	99.8	99.9	100.5	97.6	99.4	99.6
100.8	99.9	100.0	100.3	96.8	98.9	99.1
99.0	99.6	99.6	101.1	100.2	101.1	101.0
94.1	98.4	102.7	103.1	99.4	101.5	102.4
93.9	98.4	102.7	103.2	99.4	101.5	102.4
93.6	103.0	107.0	94.1	92.7	102.7	100.9
92.4	103.2	100.2	93.2	91.6	103.2	101.2
100.9	99.6	100.0	100.1	99.7	100.0	100.0
100.0	100.0	100.0	100.0	100.0	100.0	100.0
101.8	99.5	100.1	100.4	100.4	100.0	100.0
100.0	99.4	99.8	100.5	101.1	99.5	99.6
99.9	99.7	98.8	98.9	100.2	100.2	99.8

2012年广西农村商品零售价格各月环比指数（续表1）

以上月价格为100

类　　别	1月	2月	3月	4月	5月
11. 干鲜瓜果	103.5	102.6	103.5	105.1	94.4
鲜 瓜 果	104.0	103.0	104.1	106.2	93.2
12. 糕点饼干面包	100.0	100.2	100.2	100.0	100.0
13. 液体乳及乳制品	100.5	100.6	100.3	100.5	100.1
14. 在外用膳食品	100.8	101.4	100.0	100.9	101.4
15. 其他食品	100.0	101.6	100.9	104.1	100.0
二、饮料、烟酒	**99.9**	**99.9**	**100.1**	**99.8**	**100.1**
1. 茶及饮料	100.0	99.7	100.0	100.2	100.2
(1) 茶　　叶	100.0	100.0	100.0	100.0	100.0
(2) 饮　　料	100.1	99.5	100.0	100.3	100.2
2. 烟　　草	100.1	99.8	100.0	100.0	100.1
3. 酒	99.7	100.3	100.2	99.2	100.0
三、服装、鞋帽	**100.8**	**100.0**	**100.9**	**102.1**	**100.9**
1. 服　　装	101.9	100.0	100.7	103.5	100.9
(1) 男式服装	101.1	99.9	101.3	103.6	100.3
(2) 女式服装	102.2	100.2	100.1	103.9	101.1
(3) 儿童服装	102.8	99.4	100.7	102.1	101.8
2. 鞋 袜 帽	98.4	100.2	100.9	99.7	100.7
(1) 鞋	98.2	100.2	101.1	99.7	100.7
(2) 袜　　子	100.0	100.0	100.0	100.0	100.0
(3) 帽　　子	100.0	100.6	100.0	99.5	103.0
3. 其　　他	99.7	99.4	103.6	96.3	101.4
四、纺 织 品	**100.1**	**100.8**	**100.8**	**99.5**	**99.7**
1. 衣着材料	100.1	101.6	100.0	100.0	100.0
2. 床上用品	100.0	100.2	101.4	99.1	99.5
五、家用电器及音像器材	**99.3**	**99.5**	**99.8**	**99.9**	**100.0**
1. 家庭设备	99.6	99.8	100.0	100.2	99.9
2. 文娱用耐用消费品	98.8	99.1	99.5	99.7	100.2
3. 专业音像器材	98.7	100.0	100.0	100.0	98.8
六、文化办公用品	**99.9**	**100.1**	**99.9**	**100.1**	**99.9**
七、日 用 品	**100.1**	**99.9**	**100.1**	**100.0**	**100.0**
1. 日用百货	99.8	100.0	100.2	99.7	100.0

6 月	7 月	8 月	9 月	10 月	11 月	12 月
100.0	92.8	97.8	100.0	97.8	101.7	98.7
99.8	91.2	97.3	100.0	97.4	101.9	98.3
100.1	99.7	100.2	99.4	100.3	99.9	100.1
100.1	100.8	97.4	100.5	101.9	100.3	101.3
101.0	102.1	100.7	100.2	99.5	100.0	100.0
100.1	100.1	100.0	100.0	99.0	102.6	99.8
100.1	**100.3**	**100.3**	**99.7**	**100.1**	**100.2**	**100.0**
100.3	100.5	99.8	99.5	99.8	100.9	99.8
100.5	100.5	100.0	100.0	100.0	100.5	100.0
100.3	100.5	99.7	99.3	99.7	101.0	99.7
100.0	100.0	100.0	100.0	100.0	100.0	100.0
100.0	100.6	101.0	99.6	100.4	100.1	100.1
99.9	**99.3**	**99.2**	**100.1**	**100.8**	**100.2**	**98.6**
99.9	99.6	99.1	100.1	101.9	99.8	98.3
99.7	99.7	99.1	100.1	102.9	100.0	98.0
100.0	99.4	99.0	99.7	101.4	99.7	98.4
100.0	99.7	99.6	101.2	101.1	99.8	98.7
100.1	98.7	99.3	100.4	97.9	101.6	99.0
100.2	98.5	99.2	100.5	97.6	101.9	98.9
100.0	100.0	99.9	100.0	100.0	100.0	100.0
100.0	98.3	98.2	99.1	100.0	100.0	99.9
98.5	98.6	100.4	98.4	101.3	97.4	100.0
100.1	**100.1**	**100.0**	**99.5**	**100.6**	**100.0**	**99.9**
100.3	100.0	100.0	100.2	100.2	100.3	100.0
100.0	100.3	100.0	98.9	100.8	99.7	99.7
100.0	**99.6**	**99.7**	**100.3**	**98.9**	**100.4**	**99.0**
100.1	100.5	99.3	99.9	99.2	100.8	99.2
99.9	98.4	100.1	100.9	98.3	99.9	98.8
100.0	101.4	100.0	100.0	100.0	100.0	100.0
100.5	**99.8**	**100.0**	**100.1**	**99.6**	**99.9**	**99.9**
100.2	**100.2**	**100.2**	**100.2**	**100.0**	**100.4**	**99.9**
100.1	100.1	100.1	99.8	100.0	100.1	99.9

2012年广西农村商品零售价格各月环比指数（续表2）

以上月价格为100

类　　别	1 月	2 月	3 月	4 月	5 月
2. 日用杂品	100.0	99.6	100.1	100.1	100.0
3. 洗涤用品	100.6	99.7	100.0	100.2	100.1
4. 其他日用品	100.1	100.1	100.2	100.2	100.0
八、体育娱乐用品	**99.9**	**100.0**	**100.0**	**100.0**	**99.9**
1. 体育用品	99.9	100.0	100.0	100.0	99.8
2. 娱乐用品	100.0	100.0	100.0	100.0	100.0
九、交通、通信用品	**99.6**	**100.3**	**100.0**	**100.0**	**99.4**
1. 交通运输机械	100.0	100.0	100.0	100.0	100.0
2. 通信器材	98.7	101.0	100.1	100.0	98.3
十、家　　具	**100.0**	**100.1**	**100.4**	**100.6**	**100.7**
十一、化 妆 品	**100.2**	**100.0**	**99.8**	**100.2**	**100.3**
十二、金银珠宝	**98.3**	**102.9**	**99.1**	**101.3**	**98.1**
十三、中西药品及医疗保健用品	**100.0**	**100.1**	**100.0**	**100.1**	**100.3**
1. 医疗器具及用品	99.2	100.0	100.0	100.0	100.0
2. 中药材及中成药	100.0	99.6	100.0	100.0	100.8
3. 西　　药	100.1	100.5	100.1	100.2	99.9
4. 保健器具及用品	100.0	99.8	100.0	100.0	100.0
十四、书报杂志及电子出版物	**100.0**	**100.5**	**100.6**	**100.0**	**100.0**
1. 教材及参考书	100.0	101.1	100.7	100.0	100.0
2. 书报杂志	100.0	100.0	100.0	100.0	100.0
3. 电子音像制品	100.0	100.0	101.4	100.0	100.0
十五、燃　　料	**104.0**	**104.1**	**106.4**	**100.3**	**97.2**
1. 煤炭及制品	100.0	100.0	100.0	100.0	100.0
2. 石油及制品	104.5	104.5	107.0	100.3	96.9
液化石油气	112.1	106.2	107.8	100.7	97.2
管道燃气	105.3	100.0	100.0	100.0	100.0
汽　　油	100.0	103.3	106.3	100.0	96.7
柴　　油	100.0	103.5	107.1	100.0	96.6
十六、建筑材料及五金电料	**99.7**	**99.6**	**99.8**	**100.0**	**99.9**
1. 建筑装潢材料	99.7	99.5	99.7	100.0	99.9
2. 五金电料	100.0	100.2	100.0	100.0	100.0

6月	7月	8月	9月	10月	11月	12月
100.0	100.2	100.0	100.9	100.0	100.0	100.0
100.7	100.2	100.0	100.6	99.9	101.2	100.0
100.0	100.2	101.0	99.4	100.2	100.1	100.0
100.0	**99.8**	**100.0**	**100.2**	**99.8**	**100.0**	**99.6**
100.0	100.1	100.0	100.2	100.0	100.0	100.0
100.0	99.6	100.0	100.1	99.5	100.0	99.2
99.9	**100.1**	**100.1**	**99.8**	**100.2**	**99.6**	**99.8**
100.0	100.0	100.0	100.2	100.1	99.4	100.0
99.8	100.3	100.2	99.0	100.5	100.0	99.4
100.1	**99.8**	**100.0**	**100.5**	**100.1**	**100.1**	**98.9**
99.9	**100.8**	**99.7**	**100.3**	**100.4**	**100.1**	**100.1**
98.7	**100.3**	**100.9**	**103.2**	**101.0**	**99.6**	**98.9**
100.4	**99.8**	**100.0**	**100.1**	**99.2**	**100.0**	**99.9**
100.5	100.0	100.0	100.0	100.0	100.0	100.0
99.7	99.2	100.2	100.2	98.5	100.0	99.8
100.9	100.2	99.9	100.0	99.5	99.9	99.8
100.3	100.1	100.0	100.0	100.4	100.4	100.3
100.0	**99.8**	**100.0**	**99.9**	**100.0**	**100.0**	**100.0**
100.0	100.0	100.1	99.5	100.0	100.0	100.0
100.0	100.0	100.0	100.3	100.0	100.0	100.0
100.0	98.9	100.0	100.0	100.0	100.0	100.0
93.8	**96.6**	**103.5**	**105.2**	**100.7**	**98.1**	**99.7**
100.0	100.0	100.0	100.0	100.0	100.0	100.0
93.2	96.2	103.9	105.8	100.8	97.9	99.7
91.4	97.1	103.2	105.3	102.0	99.6	99.2
100.0	100.0	100.0	100.0	100.0	100.0	100.0
94.5	95.6	104.4	106.0	100.0	96.7	100.0
94.1	95.4	104.7	106.4	100.0	96.7	100.0
99.8	**99.5**	**99.2**	**100.0**	**101.5**	**100.6**	**99.6**
99.8	99.5	99.1	100.0	101.8	100.8	99.5
99.9	99.7	99.7	100.1	100.2	99.9	99.9

2013年广西农村商品零售价格各月环比指数

以上月价格为100

类别	1月	2月	3月	4月	5月
商品零售价格总指数	**100.9**	**100.6**	**99.7**	**100.0**	**99.2**
一、食　　品	**102.5**	**101.7**	**98.5**	**100.2**	**97.8**
1. 粮　　食	100.4	100.7	100.0	100.2	100.5
大　　米	100.0	100.1	99.9	100.0	100.5
2. 淀粉及制品	100.0	100.0	97.4	101.1	100.0
3. 干豆类及豆制品	103.7	101.7	96.4	99.8	99.4
4. 油　　脂	100.6	100.0	100.1	99.4	98.6
食用植物油	100.8	100.4	100.3	99.4	99.2
5. 肉禽及其制品	104.4	102.6	95.1	96.0	97.2
(1) 食用畜肉及副产品	106.2	103.4	92.7	96.5	97.8
猪　　肉	107.2	102.0	91.5	95.7	96.9
牛　　肉	102.9	106.4	96.2	98.3	100.6
羊　　肉	103.7	108.4	96.0	102.2	100.0
(2) 禽	102.0	101.1	98.6	93.3	94.5
鸡	102.6	100.6	97.7	93.0	94.3
鸭	100.6	102.4	101.0	94.1	95.0
(3) 加工肉禽	100.6	101.7	99.7	99.5	99.3
6. 蛋	102.1	99.8	97.9	99.0	99.8
鲜　　蛋	102.3	99.8	97.6	98.9	99.7
7. 水 产 品	101.6	105.6	96.0	100.2	99.8
(1) 鱼	100.2	104.6	98.0	100.0	99.8
淡 水 鱼	100.4	105.7	98.3	100.0	99.8
海 水 鱼	99.8	101.6	97.3	99.9	100.0
(2) 其他水产品	106.1	108.6	90.0	100.8	99.6
虾 蟹 类	106.3	108.8	89.8	100.8	99.6
8. 菜	105.8	93.8	102.3	117.6	90.1
鲜　　菜	106.7	92.7	102.7	120.3	88.6
9. 调 味 品	101.1	100.9	99.7	100.2	99.3
食 用 盐	100.0	100.0	100.0	100.0	100.0
酱　　油	101.5	101.5	99.8	100.3	99.1
10. 糖	99.3	98.0	101.4	99.3	100.1
食　　糖	97.5	98.2	100.7	99.8	99.6

6 月	7 月	8 月	9 月	10 月	11 月	12 月
100.3	100.0	101.0	100.8	99.6	99.8	100.2
100.5	100.2	102.7	101.9	98.9	99.2	100.3
100.4	99.9	99.2	100.0	99.8	100.4	100.2
100.4	99.9	99.0	99.6	99.7	100.6	100.3
100.0	101.6	100.0	100.0	100.0	100.0	100.3
100.2	100.0	101.0	99.7	101.1	100.5	100.7
99.2	99.3	99.6	99.0	99.5	98.4	99.1
98.8	99.3	99.5	98.1	99.6	98.5	98.0
101.4	101.8	103.9	100.8	100.7	100.1	100.2
100.6	101.2	104.6	101.3	101.2	99.9	100.2
101.1	101.7	106.5	101.4	100.7	99.9	99.8
100.9	100.2	100.9	101.4	102.1	100.6	101.0
99.5	100.1	100.4	100.5	101.7	99.6	100.6
104.1	104.2	103.8	100.0	99.8	100.7	100.4
103.9	103.7	104.3	100.5	99.7	100.7	100.2
104.4	105.3	102.8	98.9	99.9	100.6	100.8
99.8	100.1	100.3	99.6	100.2	100.1	100.2
99.4	99.9	102.2	101.9	99.8	99.9	100.0
99.4	99.9	102.3	102.1	99.8	99.9	100.0
100.0	99.6	101.1	100.8	99.6	100.0	100.6
99.9	99.9	100.3	99.4	99.5	99.3	100.3
99.7	100.1	100.5	99.2	99.0	99.2	100.3
100.8	99.3	99.8	100.2	101.2	99.6	100.0
100.3	98.5	103.7	105.1	99.9	101.8	101.7
100.3	98.5	103.8	105.2	99.8	101.8	101.7
95.8	99.0	114.2	112.4	91.2	93.9	99.8
95.2	98.9	116.6	114.0	89.9	93.1	99.7
100.5	99.8	99.4	100.7	100.0	99.8	99.9
100.0	100.0	100.0	100.0	100.0	100.0	100.0
100.5	99.7	98.5	101.8	100.0	99.7	99.7
99.9	99.9	99.6	99.9	99.0	99.6	100.5
99.6	99.7	99.5	99.2	99.1	98.6	100.2

2013年广西农村商品零售价格各月环比指数（续表1）

以上月价格为100

类　别	1月	2月	3月	4月	5月
11. 干鲜瓜果	103.4	110.0	103.9	98.0	94.1
鲜 瓜 果	104.3	112.5	104.9	97.6	92.8
12. 糕点饼干面包	100.1	99.4	100.8	100.0	100.1
13. 液体乳及乳制品	98.0	100.9	100.4	101.5	102.7
14. 在外用膳食品	100.2	102.2	99.8	99.9	101.1
15. 其他食品	100.2	100.0	104.0	99.3	100.4
二、饮料、烟酒	**100.0**	**99.9**	**100.4**	**100.0**	**100.0**
1. 茶及饮料	99.8	100.2	100.3	100.3	100.1
(1) 茶　　叶	100.0	100.2	100.2	100.8	101.0
(2) 饮　　料	99.7	100.1	100.3	100.1	99.8
2. 烟　　草	100.0	100.0	100.0	100.0	99.7
3. 酒	100.1	99.7	100.8	99.9	100.1
三、服装、鞋帽	**98.9**	**99.2**	**100.9**	**101.9**	**100.9**
1. 服　　装	98.5	99.0	101.3	101.8	101.1
(1) 男式服装	99.0	99.2	100.5	102.0	100.8
(2) 女式服装	98.2	99.1	101.9	101.6	100.9
(3) 儿童服装	97.8	98.4	101.2	101.8	102.6
2. 鞋 袜 帽	100.0	99.6	100.0	102.4	100.0
(1) 鞋	100.0	99.6	100.2	102.6	100.0
(2) 袜　　子	100.0	100.0	99.2	100.8	100.0
(3) 帽　　子	99.5	99.4	99.1	100.2	101.7
3. 其　　他	100.3	100.3	100.6	100.5	101.5
四、纺 织 品	**101.0**	**101.4**	**100.8**	**100.2**	**100.0**
1. 衣着材料	100.2	99.8	101.8	100.6	100.0
2. 床上用品	101.6	102.6	100.0	100.0	100.0
五、家用电器及音像器材	**99.8**	**99.8**	**100.3**	**99.4**	**100.5**
1. 家庭设备	100.1	99.7	100.9	99.7	100.4
2. 文娱用耐用消费品	99.5	99.9	99.6	98.9	100.8
3. 专业音像器材	100.0	100.0	98.1	100.0	97.9
六、文化办公用品	**99.9**	**99.9**	**100.1**	**99.9**	**100.1**
七、日 用 品	**99.9**	**99.8**	**100.1**	**100.2**	**100.1**
1. 日用百货	99.9	99.6	100.4	100.1	99.9

6 月	7 月	8 月	9 月	10 月	11 月	12 月
105.4	96.7	99.1	103.2	97.6	97.5	103.0
106.8	96.2	99.1	103.9	97.3	96.8	103.7
99.6	99.7	100.0	101.5	100.2	100.1	99.7
101.2	101.1	100.1	101.5	100.8	100.6	100.1
100.5	100.5	100.6	99.9	99.7	100.1	100.1
100.4	100.0	99.7	99.8	100.5	100.6	100.6
99.8	**100.2**	**99.9**	**99.9**	**99.7**	**100.3**	**100.0**
100.2	100.6	100.5	99.9	100.0	99.9	100.1
100.0	100.0	100.0	100.0	100.0	99.8	100.0
100.2	100.8	100.7	99.9	100.0	99.9	100.1
100.0	100.0	100.0	100.0	100.0	100.0	100.0
99.3	100.1	99.5	99.7	99.3	100.9	100.0
101.3	**100.3**	**99.5**	**100.7**	**101.0**	**100.6**	**99.5**
101.4	100.0	99.3	100.6	101.3	100.9	99.4
100.9	99.7	99.3	100.2	101.6	101.0	99.3
101.7	99.9	99.6	100.9	101.1	101.0	99.6
101.6	101.3	98.4	100.8	101.4	100.3	99.2
101.1	101.2	99.8	101.0	99.9	100.1	99.6
101.2	101.3	99.8	101.2	99.9	100.1	99.5
100.0	100.0	100.0	100.0	100.0	100.4	100.0
102.8	100.7	100.0	100.0	100.0	100.0	100.0
100.0	99.2	99.7	99.3	101.2	99.9	99.7
100.0	**100.0**	**99.9**	**99.9**	**100.5**	**100.1**	**100.0**
100.0	100.0	100.0	100.0	100.3	100.3	100.0
100.0	100.0	99.8	99.8	100.7	100.0	100.0
101.5	**99.6**	**99.8**	**99.0**	**100.3**	**100.2**	**99.7**
102.2	99.7	99.9	99.0	100.6	100.2	99.9
100.5	99.6	99.6	99.0	99.9	100.3	99.5
100.0	99.8	100.2	101.8	99.0	99.0	100.0
100.0	**99.9**	**99.9**	**100.0**	**99.9**	**100.0**	**100.0**
100.0	**100.1**	**100.0**	**100.0**	**99.9**	**100.1**	**99.9**
100.0	100.1	100.1	100.2	99.7	100.2	99.8

2013年广西农村商品零售价格各月环比指数（续表2）

以上月价格为100

类　别	1月	2月	3月	4月	5月
2. 日用杂品	100.2	100.2	99.7	100.3	100.9
3. 洗涤用品	100.0	99.8	99.9	100.2	100.0
4. 其他日用品	99.8	99.8	100.0	100.4	100.0
八、体育娱乐用品	**100.5**	**100.0**	**100.0**	**99.9**	**100.0**
1. 体育用品	101.0	100.0	100.0	100.0	100.0
2. 娱乐用品	100.0	100.0	100.0	99.9	100.0
九、交通、通信用品	**99.6**	**100.3**	**100.4**	**99.8**	**100.1**
1. 交通运输机械	100.0	100.0	100.4	100.0	100.2
2. 通信器材	98.7	100.9	100.5	99.5	100.0
十、家　　具	**99.6**	**100.0**	**101.2**	**100.3**	**100.0**
十一、化 妆 品	**100.1**	**100.1**	**100.0**	**100.2**	**100.1**
十二、金银珠宝	**100.4**	**98.7**	**99.0**	**95.8**	**96.7**
十三、中西药品及医疗保健用品	**100.1**	**100.3**	**99.7**	**101.0**	**101.0**
1. 医疗器具及用品	100.0	100.0	99.8	100.0	100.0
2. 中药材及中成药	100.2	100.4	99.5	102.4	102.0
3. 西　　药	100.0	100.3	99.7	100.0	100.4
4. 保健器具及用品	100.0	100.0	100.7	100.0	100.0
十四、书报杂志及电子出版物	**100.0**	**100.0**	**100.1**	**100.0**	**100.0**
1. 教材及参考书	100.0	100.0	100.2	100.0	100.0
2. 书报杂志	100.0	100.0	100.0	100.0	100.0
3. 电子音像制品	100.0	100.0	100.0	100.0	100.0
十五、燃　　料	**101.3**	**100.7**	**101.2**	**97.4**	**98.2**
1. 煤炭及制品	100.0	100.0	100.0	100.0	100.0
2. 石油及制品	101.4	100.7	101.3	97.1	98.0
液化石油气	103.5	101.0	100.0	98.0	98.9
管道燃气	100.0	100.0	100.0	100.0	100.0
汽　　油	100.0	100.5	102.3	96.4	97.4
柴　　油	100.0	100.5	102.2	96.4	97.1
十六、建筑材料及五金电料	**100.5**	**99.7**	**99.4**	**100.0**	**99.2**
1. 建筑装潢材料	100.5	99.7	99.3	100.0	99.0
2. 五金电料	100.6	99.8	100.0	99.9	100.0

6 月	7 月	8 月	9 月	10 月	11 月	12 月
99.5	100.5	100.0	99.7	100.0	100.3	100.1
100.0	100.0	99.9	100.2	100.0	99.8	99.8
100.4	99.9	100.0	99.8	100.2	100.0	100.0
100.0	**100.0**	**100.0**	**100.0**	**100.2**	**100.0**	**100.0**
100.0	100.0	100.0	100.0	100.0	100.0	100.0
100.0	100.0	100.0	100.0	100.4	100.0	100.0
101.1	**100.3**	**99.9**	**99.7**	**99.8**	**99.9**	**99.7**
100.0	100.0	100.0	99.7	100.0	100.0	99.8
103.2	100.7	99.6	99.7	99.3	99.7	99.5
100.0	**99.9**	**100.0**	**99.2**	**101.0**	**100.0**	**100.5**
100.0	**100.0**	**99.7**	**100.2**	**99.9**	**100.2**	**100.1**
98.8	**95.2**	**100.2**	**100.4**	**97.6**	**98.7**	**97.7**
100.1	**100.3**	**100.1**	**100.3**	**99.7**	**100.2**	**100.0**
100.9	100.0	100.4	100.0	100.0	100.0	100.0
100.4	100.7	100.0	100.7	100.0	100.7	100.0
99.7	99.9	100.2	100.0	99.2	99.8	100.0
99.8	100.1	99.7	99.8	99.9	100.1	99.8
100.1	**100.0**	**100.0**	**100.0**	**100.0**	**100.0**	**100.0**
100.2	100.0	100.0	100.0	100.0	100.0	100.0
100.0	100.0	100.0	100.0	100.0	100.0	100.0
100.0	100.0	100.0	100.0	100.0	100.0	100.0
98.4	**99.5**	**101.6**	**101.9**	**99.0**	**100.1**	**103.2**
100.0	100.0	100.0	100.0	100.0	100.0	100.0
98.2	99.5	101.8	102.1	98.9	100.1	103.6
96.3	97.0	101.6	100.6	100.2	102.2	105.7
86.1	100.0	100.0	100.0	100.0	100.0	100.0
99.9	101.1	101.9	103.1	98.0	99.0	102.7
99.7	101.5	102.0	103.1	97.9	98.2	101.2
99.9	**100.1**	**100.4**	**100.4**	**100.4**	**101.0**	**100.3**
99.8	100.2	100.5	100.4	100.5	101.2	100.5
100.2	99.8	99.8	100.1	100.0	100.0	99.7

1996 年广西全区农业生产资料价格各月环比指数

以上月价格为 100

类 别	1 月	2 月	3 月	4 月	5 月
农业生产资料价格指数	**101.8**	**99.9**	**102.0**	**99.8**	**99.3**
1. 小 农 具	101.0	100.0	98.5	100.6	100.4
2. 饲 料	101.7	101.1	100.4	100.0	98.0
3. 幼禽家畜	102.3	96.4	108.9	97.1	100.0
4. 大 牲 畜	100.1	100.0	107.9	100.4	99.6
5. 半机械化农具	101.0	100.0	100.6	99.5	100.1
6. 机械化农具	99.7	100.0	99.6	100.3	99.3
7. 化学肥料	102.7	100.7	101.1	100.3	98.5
8、农药及农药械	101.4	100.6	104.3	100.0	100.8
(1) 化学农药	101.6	100.7	104.6	100.0	100.7
(2) 农 药 械	100.0	100.0	102.1	99.7	101.2
9. 农用机油	101.6	100.0	100.0	99.8	99.5
10. 其 他	102.8	98.8	100.7	99.0	99.9

1997 年广西全区农业生产资料价格各月环比指数

以上月价格为 100

类 别	1 月	2 月	3 月	4 月	5 月
农业生产资料价格指数	**101.7**	**101.3**	**98.9**	**97.9**	**99.2**
1. 小 农 具	100.1	99.8	100.0	100.6	99.0
2. 饲 料	100.4	99.8	99.7	98.2	100.8
3. 幼禽家畜	101.9	106.4	101.6	101.5	99.5
4. 大 牲 畜	82.1	97.4	97.1	100.4	99.5
5. 半机械化农具	100.0	98.2	100.0	99.7	100.8
6. 机械化农具	99.9	100.5	99.5	99.6	99.6
7. 化学肥料	105.7	101.5	97.8	95.0	98.7
8. 农药及农药械	100.2	98.7	99.0	99.7	99.1
(1) 化学农药	100.0	98.5	98.9	99.8	99.0
(2) 农 药 械	101.9	100.3	100.0	98.8	100.0
9. 农用机油	98.1	100.3	97.3	97.5	99.3
10. 其 他	100.1	103.3	100.7	99.9	99.7

6月	7月	8月	9月	10月	11月	12月
100.1	**100.6**	**99.6**	**98.7**	**100.7**	**101.2**	**101.9**
99.9	100.9	101.7	100.1	100.0	100.1	100.1
99.9	99.8	100.4	95.4	105.3	100.7	102.1
102.3	106.0	102.6	105.6	103.1	100.6	98.6
99.2	99.4	101.3	99.3	100.0	100.9	101.8
100.2	101.6	100.1	100.0	99.7	100.4	100.0
100.3	99.3	100.0	100.1	100.1	100.0	99.9
99.1	99.7	98.1	95.2	100.4	100.8	100.7
100.2	100.2	99.6	100.0	100.0	100.0	100.0
100.2	100.2	99.5	100.0	100.0	100.0	100.0
100.0	100.0	100.8	100.0	100.0	100.3	100.0
101.0	99.7	99.5	100.4	100.3	107.7	117.6
101.1	101.2	98.6	99.9	99.6	99.7	100.6

6月	7月	8月	9月	10月	11月	12月
99.9	**98.7**	**100.1**	**99.5**	**99.7**	**99.6**	**99.2**
99.8	99.9	100.0	99.6	100.0	100.0	100.0
99.0	100.1	99.1	98.9	98.2	100.1	100.5
101.7	99.6	100.8	98.3	101.0	93.8	94.7
99.1	100.0	100.0	91.7	98.6	99.7	96.8
99.3	100.0	100.0	99.9	99.8	100.2	100.0
99.9	100.1	100.0	100.1	100.0	100.1	100.2
100.3	96.9	99.6	100.3	99.8	100.5	99.8
98.3	100.0	99.7	100.0	100.0	100.0	100.0
98.1	100.0	99.7	100.0	100.0	100.0	100.0
100.0	100.0	100.0	100.0	100.0	100.0	100.0
98.7	99.3	99.6	99.7	97.7	101.4	99.9
99.5	99.7	104.9	99.2	100.1	99.9	98.8

1998年广西全区农业生产资料价格各月环比指数

以上月价格为100

类 别	1月	2月	3月	4月	5月
农业生产资料价格指数	**99.4**	**98.6**	**99.0**	**98.4**	**98.8**
1. 小 农 具	98.6	99.8	97.5	100.1	100.8
2. 饲 料	98.8	104.4	101.3	100.1	98.4
3. 幼禽家畜	99.3	98.9	96.7	87.1	90.2
4. 大 牲 畜	96.9	99.0	101.6	99.9	95.2
5. 半机械化农具	99.5	98.1	99.6	100.0	100.4
6. 机械化农具	99.9	100.0	100.5	99.5	99.9
7. 化学肥料	100.0	97.1	98.9	100.9	100.6
8. 农药及农药械	99.5	100.6	99.4	99.0	98.6
(1) 化学农药	99.5	100.6	99.4	98.9	98.5
(2) 农 药 械	99.2	101.0	99.9	100.2	100.0
9. 农用机油	97.2	98.9	98.6	96.8	100.1
10. 其 他	98.8	99.1	98.3	99.8	100.0

1999年广西全区农业生产资料价格各月环比指数

以上月价格为100

类 别	1月	2月	3月	4月	5月
农业生产资料价格指数	**99.0**	**99.0**	**101.7**	**98.4**	**98.4**
1. 小 农 具	100.4	99.9	99.0	98.1	100.4
2. 饲 料	98.3	100.5	100.6	100.4	99.1
3. 幼禽家畜	98.3	99.8	102.0	93.0	94.9
4. 大 牲 畜	100.6	100.0	105.0	103.0	93.6
5. 半机械化农具	99.0	99.9	99.8	99.8	100.0
6. 机械化农具	98.7	100.0	99.8	99.7	100.2
7. 化学肥料	99.0	98.2	103.5	98.5	98.0
8. 农药及农药械	98.8	97.9	99.1	99.0	100.4
(1) 化学农药	98.7	97.7	99.0	98.9	100.5
(2) 农 药 械	99.9	100.0	100.0	100.7	99.4
9. 农用机油	99.4	98.0	100.5	99.0	100.1
10. 其 他	100.0	100.4	99.0	100.0	99.7

6月	7月	8月	9月	10月	11月	12月
100.0	**100.3**	**99.0**	**99.6**	**100.7**	**100.1**	**99.8**
100.0	98.9	99.5	100.0	99.6	99.8	100.4
100.3	100.5	96.9	99.9	99.5	102.4	99.9
102.2	100.9	94.9	103.9	102.2	97.8	99.7
98.3	95.0	107.7	99.2	100.0	99.6	99.0
100.0	100.0	99.6	100.0	99.8	100.0	100.0
100.1	99.9	100.1	100.0	100.0	99.9	100.0
98.9	101.0	98.3	97.9	101.0	99.8	99.5
100.0	101.5	100.1	99.8	100.0	100.0	99.6
100.0	101.6	100.0	99.8	100.0	100.0	99.8
100.0	99.9	101.1	100.2	100.0	100.0	98.0
102.7	99.1	102.0	100.7	101.1	105.4	101.1
99.9	99.9	99.4	100.0	99.9	99.1	99.8

6月	7月	8月	9月	10月	11月	12月
100.9	**99.4**	**99.9**	**102.7**	**100.4**	**99.9**	**100.0**
99.1	99.0	99.9	100.0	97.8	99.5	100.1
99.2	99.9	98.6	98.0	100.3	100.1	100.5
109.7	98.1	100.2	119.5	102.6	98.2	102.0
100.3	98.3	100.0	100.8	100.1	100.0	99.2
99.9	99.9	99.4	100.0	99.3	100.0	99.7
99.7	100.4	100.0	99.9	100.0	100.1	99.8
100.5	99.8	99.7	100.7	99.1	99.3	98.9
98.2	99.8	99.0	99.7	99.8	100.6	99.0
98.1	99.8	98.9	99.7	99.8	100.6	98.9
99.0	100.0	100.0	100.0	99.7	100.0	100.0
97.8	99.5	101.6	101.9	104.8	103.0	103.2
98.9	97.2	99.9	100.1	100.0	100.5	99.7

2000年广西全区农业生产资料价格各月环比指数

以上月价格为100

类 别	1月	2月	3月	4月	5月
农业生产资料价格指数	**100.4**	**99.3**	**100.1**	**99.2**	**99.5**
1. 小 农 具	100.7	100.1	98.8	101.0	99.4
2. 饲 料	95.6	100.8	102.9	100.1	98.1
3. 幼禽家畜	99.8	101.2	98.0	102.5	98.0
4. 大 牲 畜	98.5	100.0	104.7	100.9	100.0
5. 半机械化农具	99.6	100.0	99.6	100.0	99.7
6. 机械化农具	99.6	99.4	98.1	100.1	100.2
7. 化学肥料	101.5	97.9	100.2	97.5	99.1
8. 农药及农药械	97.2	99.5	101.6	98.3	100.2
(1) 化学农药	96.9	99.4	101.7	98.6	100.2
(2) 农 药 械	100.3	100.0	100.0	95.2	100.0
9. 农用机油	104.2	97.6	101.8	99.8	104.0
10. 其 他	99.9	104.6	99.0	99.9	96.6

2001年广西全区农业生产资料价格各月环比指数

以上月价格为100

类 别	1月	2月	3月	4月	5月
农业生产资料价格指数	**99.3**	**98.0**			**101.4**
一、小 农 具	100.5	99.1			100.0
二、饲 料	100.0	100.3			100.1
三、幼禽家畜	100.9	101.3			100.3
四、大 牲 畜	100.0	100.0			106.4
五、半机械化农具	100.0	97.3			100.0
六、机械化农具	99.7	93.2			99.2
七、化学肥料	100.0	98.9			101.7
八、农药及农药械	99.8	99.3			99.0
（一）化学农药	100.0	99.4			98.9
（二）农药器械	97.9	98.2			100.0
九、农用机油	91.9	93.7			106.6
十、其 他	100.0	97.9			100.2

注：3、4、12月数据缺失

6月	7月	8月	9月	10月	11月	12月
101.2	100.0	99.7	100.0	99.8	99.4	99.4
100.6	100.1	100.4	99.5	99.9	99.6	100.0
100.6	100.7	99.9	100.1	97.8	99.7	99.5
105.6	100.1	100.4	101.4	98.0	95.1	98.9
100.1	101.3	98.8	98.7	100.7	98.0	100.0
100.0	98.8	100.3	100.0	99.9	100.2	100.0
99.6	99.7	100.0	100.0	100.0	100.5	100.0
100.0	99.0	97.8	98.3	98.6	99.4	100.1
100.0	100.0	100.0	100.1	99.5	99.6	100.0
100.0	100.0	100.0	100.1	99.4	99.6	100.0
100.0	100.0	100.0	100.0	100.0	99.8	100.0
107.3	104.6	105.6	106.3	108.5	102.7	94.5
98.1	100.0	100.0	100.0	100.0	99.8	100.0

6月	7月	8月	9月	10月	11月	12月
100.5	100.0	99.9	98.8	100.0	100.0	
100.0	98.3	100.0	100.0	100.0	100.0	
99.4	99.5	99.9	99.7	100.1	100.0	
101.4	101.4	99.9	101.0	97.8	98.4	
101.7	100.0	100.0	100.0	99.1	97.1	
99.5	99.8	100.0	100.0	100.0	100.0	
99.4	99.9	100.0	99.8	99.7	100.0	
100.9	100.7	99.0	96.9	100.4	100.8	
99.6	100.2	100.2	99.1	100.0	100.0	
99.6	100.4	100.0	99.4	100.0	100.0	
100.0	97.4	102.0	95.4	100.0	100.0	
100.8	96.3	103.7	101.0	101.5	99.4	
99.8	100.6	100.0	99.0	99.7	100.0	

2002 年广西全区农业生产资料价格各月环比指数

以上月价格为 100

类　别	1月	2月	3月	4月	5月
农业生产资料价格指数	**98.0**	**101.5**	**101.2**	**100.3**	**100.2**
一、小 农 具	99.6	100.0	100.0	100.0	99.7
二、饲　　料	97.6	102.3	99.8	100.2	100.0
三、产 品 畜	104.2	100.7	109.5	98.0	93.8
四、役　　畜	92.4	100.2	112.2	100.0	98.4
五、半机械化农具	100.3	100.0	100.0	100.0	100.0
六、机械化农具	99.0	100.0	100.0	100.0	100.0
七、化学肥料	100.5	103.3	100.0	99.0	100.0
八、农药及农药械	100.2	100.0	100.0	100.6	99.9
（一）化学农药	100.2	100.0	100.0	100.7	99.9
（二）农药器械	100.0	100.0	100.0	100.0	100.0
九、农用机油	77.1	100.2	102.9	109.2	107.8
十、其他农业生产资料	108.1	100.0	100.1	100.3	100.1
（一）农用种子	114.8	100.0	100.2	100.0	100.0
（二）其　　它	100.2	100.0	100.0	100.7	100.3

2003 年广西全区农业生产资料价格各月环比指数

以上月价格为 100

类　别	1月	2月	3月	4月	5月
农业生产资料价格指数	**100.1**	**102.3**	**101.3**	**99.2**	**99.2**
一、小 农 具	100.0	100.0	100.0	100.0	100.0
二、饲　　料	97.9	100.1	99.6	100.5	100.0
三、产 品 畜	97.3	105.7	105.9	97.6	103.2
四、役　　畜	96.5	103.6	102.4	79.4	99.5
五、半机械化农具	100.0	100.0	100.2	100.0	100.2
六、机械化农具	100.0	99.8	97.4	100.0	100.0
七、化学肥料	102.2	101.2	103.3	98.9	98.3
八、农药及农药械	100.0	99.9	102.5	108.8	100.5
（一）化学农药	100.0	99.9	100.4	100.7	100.6
（二）农药器械	100.0	99.7	116.4	155.7	100.0
九、农用机油	100.0	104.5	100.7	100.0	95.5
十、其他农业生产资料	100.0	115.2	99.9	100.0	99.9
（一）农用种子	100.0	128.2	100.0	100.0	99.8
（二）其　　它	100.0	99.7	99.8	100.0	100.0

6月	7月	8月	9月	10月	11月	12月
100.3	**99.8**	**99.5**	**98.9**	**100.3**	**99.8**	**100.3**
100.0	100.7	100.0	100.0	100.0	100.0	100.0
100.0	100.0	100.0	100.1	100.0	100.0	100.0
102.9	103.4	100.7	100.7	95.7	92.4	99.2
101.0	97.3	100.0	97.6	101.8	99.3	100.9
100.0	100.0	100.1	99.9	99.7	100.0	100.0
99.9	100.0	100.0	100.0	100.0	100.7	100.5
100.5	100.1	100.0	97.0	99.6	100.0	100.1
99.3	100.0	100.0	100.0	100.1	100.0	100.0
99.2	100.0	100.0	100.0	100.1	100.0	100.0
100.0	100.0	100.0	100.0	100.0	100.0	100.0
100.8	96.9	99.7	99.8	106.4	101.0	102.4
100.0	100.0	92.5	100.0	100.0	99.4	100.0
100.0	100.0	86.9	100.0	100.0	100.0	100.0
100.0	100.0	100.0	100.0	100.0	98.8	100.0

6月	7月	8月	9月	10月	11月	12月
99.4	**100.1**	**99.6**	**100.1**	**101.9**	**102.7**	**100.5**
97.6	102.3	100.0	100.0	100.7	100.0	102.4
100.0	100.1	97.8	100.1	101.4	106.4	99.8
99.5	101.8	101.6	102.9	105.7	97.8	98.0
112.7	113.1	100.0	100.0	121.2	100.0	100.0
100.0	99.6	100.0	100.0	100.0	100.0	100.0
100.0	100.0	100.0	100.1	99.0	100.0	100.0
97.6	98.7	99.7	99.8	101.2	105.6	100.7
101.4	100.0	100.0	100.0	100.0	100.0	100.0
101.7	100.0	100.0	100.0	100.0	100.0	100.0
100.0	100.0	100.0	100.0	100.0	100.0	100.0
95.9	100.8	100.5	100.3	100.5	100.2	103.6
100.2	95.7	100.0	100.0	98.5	100.0	100.0
100.0	93.2	100.0	100.0	100.0	100.0	100.0
100.4	99.5	100.0	100.0	96.3	100.0	100.0

2004年广西全区农业生产资料价格各月环比指数

以上月价格为100

类　别	1月	2月	3月	4月	5月
农业生产资料价格指数	**101.3**	**101.2**	**103.1**	**101.6**	**100.5**
一、小农具	105.4	106.6	104.5	101.2	100.0
二、饲　料	101.0	104.0	100.5	101.8	101.8
三、产品畜	100.7	82.8	117.2	106.8	104.9
四、役　畜	102.1	125.0	111.6	96.1	95.8
五、半机械化农具	102.3	101.4	100.6	100.0	100.0
六、机械化农具	100.0	104.9	102.6	103.0	99.1
七、化学肥料	102.3	103.4	100.9	100.3	99.7
八、农药及农药械	100.0	101.6	104.4	101.6	100.0
（一）化学农药	100.0	101.3	105.0	101.7	100.0
（二）农药器械	100.0	103.5	100.0	100.9	100.0
九、农用机油	100.7	100.0	99.9	101.7	101.9
十、其他农业生产资料	99.2	99.9	102.8	101.7	99.8
（一）农用种子	100.0	95.1	106.6	102.8	100.0
（二）其　它	98.3	106.1	98.4	100.3	99.7

2005年广西全区农业生产资料价格各月环比指数

以上月价格为100

类　别	1月	2月	3月	4月	5月
农业生产资料价格指数	**100.3**	**100.8**	**102.9**	**101.0**	**99.2**
一、小农具	100.6	99.0	100.0	103.6	100.0
二、饲　料	104.8	101.4	100.5	99.9	99.5
三、产品畜	95.8	103.3	110.1	104.3	89.9
四、役　畜	100.0	100.0	103.8	101.2	100.0
五、半机械化农具	100.0	100.0	102.1	100.0	101.0
六、机械化农具	100.2	100.5	101.6	100.2	100.0
七、化学肥料	100.9	99.0	102.7	100.0	100.7
八、农药及农药械	99.8	99.9	104.9	100.7	100.0
（一）化学农药	99.8	99.9	104.5	100.4	100.0
（二）农药器械	100.0	100.0	107.8	102.7	100.0
九、农用机油	100.0	100.0	100.3	103.2	101.2
十、其他农业生产资料	101.0	111.8	100.5	100.0	100.0
（一）农用种子	100.0	120.1	100.0	100.0	100.0
（二）其　它	102.3	102.0	101.3	100.0	100.0

6月	7月	8月	9月	10月	11月	12月
102.7	**100.8**	**102.1**	**102.0**	**101.2**	**101.0**	**99.8**
100.0	100.0	100.0	100.0	101.7	100.0	100.0
100.9	98.4	100.9	100.5	100.7	100.0	100.4
121.6	99.3	99.7	109.6	105.9	101.8	86.0
109.6	109.6	105.8	106.9	105.1	100.0	100.0
100.0	101.3	104.5	100.0	100.0	100.4	100.0
100.0	99.6	100.1	99.3	99.0	101.4	100.0
99.5	101.7	104.3	100.7	100.6	101.8	104.2
99.7	100.0	100.0	99.7	100.0	99.0	101.5
99.6	100.0	100.0	100.0	100.0	98.8	101.4
100.0	100.0	100.0	97.8	100.0	100.0	102.2
102.2	100.0	101.1	104.0	100.0	100.0	100.0
100.0	104.9	101.2	100.2	100.7	99.9	103.3
100.0	108.7	101.4	100.0	100.0	100.0	104.7
100.0	100.0	100.8	100.4	101.6	99.7	101.2

6月	7月	8月	9月	10月	11月	12月
99.9	**101.0**	**99.7**	**99.1**	**99.3**	**99.4**	**99.4**
100.0	101.6	100.0	100.0	100.0	100.0	100.0
100.2	99.4	99.0	99.8	100.2	102.1	100.8
97.6	99.3	95.5	92.7	94.3	93.1	94.0
97.6	97.5	100.0	100.0	100.0	100.0	100.0
99.5	102.8	100.0	100.0	100.0	100.0	100.0
100.9	101.1	99.6	100.1	98.5	99.3	99.9
100.2	100.5	99.3	99.3	100.1	99.8	99.5
100.3	100.1	100.0	99.9	99.9	100.0	99.9
100.4	100.2	100.0	99.9	99.9	100.0	99.9
100.0	99.1	100.0	100.0	100.0	100.0	100.0
100.2	104.6	104.9	100.8	100.0	100.0	100.0
100.0	102.6	100.0	100.0	100.0	100.0	99.7
100.0	103.3	100.0	100.0	100.0	100.0	99.5
100.0	101.8	100.0	100.0	100.0	100.0	100.0

2006 年广西全区农业生产资料价格各月环比指数

以上月价格为 100

类　别	1 月	2 月	3 月	4 月	5 月
农业生产资料价格指数	**100.3**	**100.0**	**101.1**	**98.6**	**100.2**
一、农用手工工具	101.1	100.0	98.9	100.0	100.0
二、饲　　料	100.0	100.3	100.0	100.1	100.0
三、产 品 畜	105.0	108.5	104.6	88.7	100.0
四、半机械化农具	100.0	100.0	105.8	100.3	100.0
五、机械化农具	102.7	100.0	100.0	100.0	101.6
六、化学肥料	99.1	97.3	101.6	100.1	100.0
七、农药及农药械	100.0	99.4	99.3	99.8	98.5
1. 化学农药	100.0	99.4	99.2	100.0	98.5
2. 农药器械	100.0	100.0	100.0	98.8	98.8
八、农用机油	100.0	100.0	100.5	102.5	102.5
九、其他农业生产资料	97.0	98.5	98.9	100.0	100.9
1. 农用种子	94.5	97.4	97.9	100.0	100.0
2. 其　　他	100.4	100.0	100.1	100.0	102.0
十、农业生产服务	100.0	100.0	100.0	100.0	100.0

2007 年广西全区农业生产资料价格各月环比指数

以上月价格为 100

类　别	1 月	2 月	3 月	4 月	5 月
农业生产资料价格指数	**100.2**	**100.3**	**100.5**	**102.3**	**99.3**
一、农用手工工具	100.0	100.0	103.1	100.0	105.3
二、饲　　料	100.2	101.2	100.0	98.4	98.6
三、产 品 畜	100.5	101.4	96.3	115.3	94.7
四、半机械化农具	100.0	100.0	100.0	100.0	100.0
五、机械化农具	100.0	99.8	100.0	100.1	100.0
六、化学肥料	100.5	100.4	102.4	101.1	100.2
七、农药及农药械	100.0	99.9	99.6	100.1	100.0
1. 化学农药	100.0	99.8	99.6	100.2	100.0
2. 农药器械	100.0	100.0	100.0	100.0	100.0
八、农用机油	99.0	99.2	99.9	99.9	100.0
九、其他农业生产资料	99.8	98.1	102.3	97.8	100.0
1. 农用种子	99.4	96.7	104.1	96.1	100.0
2. 其　　他	100.4	100.0	100.0	100.1	100.0
十、农业生产服务	100.0	100.0	100.8	100.0	103.6

6 月	7 月	8 月	9 月	10 月	11 月	12 月
101.1	**99.4**	**99.9**	**101.6**	**102.1**	**99.7**	**100.9**
100.0	99.4	100.0	103.0	100.0	100.0	100.0
100.2	97.9	100.0	101.3	98.3	102.1	100.2
103.2	99.2	102.4	110.7	116.8	96.4	104.4
103.2	100.0	100.0	100.0	100.0	100.0	100.3
100.0	100.0	101.4	100.6	99.6	100.0	100.5
100.1	99.7	98.2	99.6	99.6	100.4	100.6
99.4	100.0	100.1	100.1	100.0	100.1	100.0
99.3	100.0	100.1	100.1	100.0	100.1	100.0
100.0	100.0	100.0	100.0	100.0	100.0	100.0
107.2	100.0	100.0	100.0	99.8	100.0	100.0
100.3	98.1	100.8	100.3	100.8	100.0	100.0
100.0	96.6	100.0	100.0	100.0	100.0	100.0
100.6	100.0	101.8	100.6	101.8	100.0	100.0
101.8	100.0	100.0	100.0	100.0	100.0	100.0

6 月	7 月	8 月	9 月	10 月	11 月	12 月
101.9	**111.5**	**101.4**	**100.9**	**99.0**	**103.2**	**101.8**
100.5	100.0	100.0	101.5	100.0	100.0	107.2
96.8	99.9	100.2	110.8	97.1	105.7	101.1
110.7	162.2	106.5	99.6	96.6	92.7	98.3
104.4	100.0	96.9	100.0	100.0	100.0	100.0
100.0	100.0	100.0	100.0	100.1	100.0	100.2
101.0	102.2	99.0	99.7	100.7	113.4	105.3
100.0	100.0	100.0	100.0	100.0	100.0	100.0
100.0	100.0	100.0	100.0	100.0	100.0	100.0
100.0	100.0	100.0	100.0	100.0	100.0	100.0
100.1	100.1	100.0	100.0	100.0	108.4	101.1
101.1	100.0	100.0	100.0	100.0	100.0	100.1
101.9	100.0	100.0	100.0	100.0	100.0	100.0
100.0	100.0	100.0	100.0	100.0	100.0	100.3
100.0	100.0	101.6	100.5	100.0	100.0	100.0

2008 年广西全区农业生产资料价格各月环比指数

以上月价格为 100

类 别	1 月	2 月	3 月	4 月	5 月
农业生产资料价格指数	**100.5**	**103.6**	**104.0**	**103.8**	**101.2**
一、农用手工工具	100.0	102.1	105.3	101.1	103.8
二、饲　　料	100.1	99.8	104.2	99.7	101.1
三、产 品 畜	100.2	104.1	108.3	102.1	97.9
四、半机械化农具	100.0	99.3	100.0	100.0	101.2
五、机械化农具	102.2	104.7	106.4	103.5	101.0
六、化学肥料	100.9	105.4	103.0	108.2	102.7
七、农药及农药械	100.0	100.0	102.7	102.4	101.0
1. 化学农药	100.0	100.0	103.2	102.7	100.2
2. 农药器械	100.0	100.0	100.0	100.0	106.4
八、农用机油	100.0	100.0	100.0	100.0	100.0
九、其他农业生产资料	100.0	108.5	104.8	100.3	100.1
1. 农用种子	100.0	109.6	105.1	100.0	98.7
2. 其　　他	100.0	107.0	104.5	100.9	102.2
十、农业生产服务	100.0	105.6	100.0	101.5	101.3

2009 年广西全区农业生产资料价格各月环比指数

以上月价格为 100

类 别	1 月	2 月	3 月	4 月	5 月
农业生产资料价格指数	**98.2**	**100.3**	**100.0**	**98.8**	**98.1**
一、农用手工工具	100.3	99.7	100.6	100.4	99.1
二、饲　　料	98.9	99.6	98.0	100.7	100.0
三、产 品 畜	108.1	103.7	98.1	100.2	95.1
四、半机械化农具	100.0	98.7	99.0	99.6	99.7
五、机械化农具	100.0	99.1	99.0	99.6	98.9
六、化学肥料	94.7	100.0	101.5	96.1	97.0
七、农药及农药械	99.8	99.8	100.2	99.7	99.6
1. 化学农药	99.7	99.7	100.9	99.7	99.6
2. 农药器械	100.0	100.0	96.6	100.0	99.6
八、农用机油	90.4	98.4	101.0	102.4	99.8
九、其他农业生产资料	100.1	101.8	99.5	98.9	97.5
1. 农用种子	100.8	104.8	100.6	98.3	97.3
2. 其　　他	99.3	97.6	97.7	99.8	97.8
十、农业生产服务	100.6	100.6	100.2	100.2	100.0

6 月	7 月	8 月	9 月	10 月	11 月	12 月
101.3	**99.9**	**99.9**	**99.1**	**99.1**	**97.4**	**98.3**
98.0	100.0	104.4	101.2	98.9	101.7	100.0
100.2	101.5	100.6	97.4	98.3	99.6	98.5
81.3	88.0	100.6	96.6	94.7	88.1	99.8
100.1	99.6	100.0	100.0	100.3	100.0	100.0
101.2	100.0	101.0	100.3	100.4	100.0	99.4
106.8	100.4	99.5	98.9	99.4	96.2	97.9
104.0	100.0	97.6	100.7	100.4	100.0	98.7
104.7	100.0	97.3	100.8	100.4	100.0	98.5
100.0	100.3	100.0	100.0	100.0	100.0	100.0
108.4	107.8	100.0	100.0	100.0	100.0	93.6
104.4	104.3	99.7	100.8	100.7	100.0	100.0
107.0	107.0	99.5	101.3	101.1	100.0	100.0
100.7	100.3	100.1	100.0	100.0	100.0	100.0
100.0	100.0	101.0	100.0	100.0	100.0	99.3

6 月	7 月	8 月	9 月	10 月	11 月	12 月
98.6	**99.8**	**99.8**	**100.5**	**99.5**	**100.9**	**101.5**
100.1	99.4	100.4	99.2	99.6	100.0	101.3
100.7	101.7	100.6	100.5	100.8	100.9	102.1
95.2	96.9	105.9	104.8	97.3	99.5	100.1
100.6	98.2	100.4	99.8	99.9	100.0	100.0
100.5	99.8	99.9	99.9	100.0	100.2	100.0
95.6	98.0	98.0	98.9	99.8	101.4	103.3
99.4	100.6	99.6	100.0	100.0	100.0	100.0
99.3	100.6	99.8	100.0	100.0	100.0	100.0
100.0	100.4	98.9	100.0	100.0	99.9	100.0
105.3	108.1	97.3	103.6	97.7	105.1	101.4
100.1	98.8	99.6	99.8	99.8	100.3	100.0
99.5	98.2	99.2	100.0	99.8	100.0	99.9
101.0	99.7	100.0	99.5	99.8	100.7	100.2
100.0	100.1	99.6	100.0	99.6	100.0	100.0

2010年广西全区农业生产资料价格各月环比指数

以上月价格为100

类　别	1月	2月	3月	4月	5月
农业生产资料价格指数	**100.2**	**100.3**	**100.3**	**98.8**	**99.6**
一、农用手工工具	100.9	100.4	101.0	100.0	100.3
二、饲　　料	101.0	99.9	99.9	100.8	99.7
三、产 品 畜	97.5	97.8	99.1	94.0	98.4
四、半机械化农具	100.0	100.1	101.0	100.8	100.5
五、机械化农具	99.7	100.4	100.7	101.3	100.9
六、化学肥料	101.1	100.7	99.8	96.6	98.9
七、农药及农药械	100.0	100.2	100.4	101.0	100.0
1. 化学农药	100.0	100.2	100.4	101.1	100.0
2. 农药器械	100.0	100.0	100.0	100.1	100.0
八、农用机油	99.3	100.5	100.1	102.2	101.1
九、其他农业生产资料	100.0	103.0	103.8	100.2	100.2
1. 农用种子	100.4	103.2	106.1	100.2	100.2
2. 其　　他	99.6	102.6	100.8	100.1	100.2
十、农业生产服务	100.0	100.2	100.3	100.0	100.0

2011年广西全区农业生产资料价格各月环比指数

以上月价格为100

类　别	1月	2月	3月	4月	5月
农业生产资料价格指数	**100.3**	**101.7**	**102.3**	**101.4**	**101.8**
一、农用手工工具	100.0	100.1	101.2	101.1	100.3
二、饲　　料	100.4	99.6	100.4	100.5	100.1
三、产 品 畜	96.4	106.8	109.8	106.7	109.5
四、半机械化农具	100.0	100.6	100.8	101.3	100.7
五、机械化农具	100.0	100.5	101.8	99.9	101.1
六、化学肥料	101.9	102.3	100.8	99.6	101.7
七、农药及农药器械	99.7	99.8	101.8	101.7	100.6
1. 化学农药	99.6	99.7	101.8	101.3	100.8
2. 农药器械	100.0	100.0	101.6	103.9	100.0
八、农用机油	100.4	102.4	100.3	102.8	100.0
九、其他农业生产资料	101.2	101.8	102.4	100.0	100.0
1. 农用种子	101.4	102.5	103.3	99.6	100.0
2. 其　　他	100.7	100.7	100.9	100.7	100.0
十、农业生产服务	100.0	100.0	102.5	102.8	100.4

6 月	7 月	8 月	9 月	10 月	11 月	12 月
99.8	**101.1**	**101.2**	**100.9**	**102.2**	**101.6**	**100.4**
100.0	100.5	100.0	100.2	100.8	100.2	100.9
99.6	99.1	100.4	99.6	100.0	101.9	101.9
101.0	112.7	109.8	104.2	106.1	99.8	96.5
100.0	100.4	99.9	100.2	100.2	100.3	100.0
100.0	100.1	100.3	99.5	100.0	100.7	100.4
99.7	99.0	99.8	101.6	104.4	103.8	101.0
100.0	99.9	100.1	100.0	99.8	100.0	100.3
100.0	99.9	100.2	100.0	99.7	100.0	100.4
100.0	100.0	100.0	100.0	100.0	100.1	100.1
98.6	100.1	100.2	100.0	101.3	101.0	101.9
99.9	101.1	100.2	100.0	100.0	100.1	100.5
99.8	101.3	100.0	99.7	100.0	100.0	100.3
100.0	100.9	100.5	100.4	99.9	100.3	100.7
100.0	100.1	100.7	100.0	100.0	100.1	100.2

6 月	7 月	8 月	9 月	10 月	11 月	12 月
101.4	**101.0**	**100.8**	**100.6**	**99.1**	**99.2**	**99.4**
100.8	100.2	100.0	100.0	100.0	101.1	100.0
100.6	101.1	102.3	102.3	99.7	106.3	99.3
105.2	102.2	101.3	101.2	94.3	88.0	96.1
99.9	100.3	100.4	100.0	100.0	100.0	100.2
100.6	100.3	100.3	100.0	100.0	100.3	100.0
102.5	100.8	101.0	100.6	100.4	100.2	100.0
100.1	100.0	100.0	100.0	100.0	100.0	99.9
100.1	100.0	100.0	100.0	100.0	100.0	100.0
100.3	100.0	100.0	100.0	100.0	100.0	99.1
100.3	100.0	100.0	100.0	98.3	100.0	100.0
100.0	101.1	100.0	100.1	99.9	100.0	99.9
100.0	101.5	100.0	100.0	100.0	100.0	100.0
100.1	100.3	100.0	100.2	99.8	100.0	99.8
100.0	101.6	100.7	100.0	100.0	100.0	100.0

2012 年广西全区农业生产资料价格各月环比指数

以上月价格为 100

类　别	1 月	2 月	3 月	4 月	5 月
农业生产资料价格指数	**100.5**	**102.4**	**100.9**	**100.1**	**99.1**
一、农用手工工具	100.0	101.1	100.0	100.0	100.3
二、饲　　料	100.1	99.6	100.9	100.8	100.6
三、产 品 畜	103.0	109.0	100.8	94.6	91.6
四、半机械化农具	100.0	100.0	100.0	100.0	100.0
五、机械化农具	99.7	100.0	100.0	100.0	100.0
六、化学肥料	100.0	100.4	100.6	102.8	100.2
七、农药及农药器械	100.6	100.2	101.1	100.4	100.8
1. 化学农药	100.7	100.2	101.4	100.4	100.9
2. 农药器械	100.0	100.0	100.0	100.0	100.0
八、农用机油	100.0	106.6	103.4	100.0	98.3
九、其他农业生产资料	99.9	104.7	100.0	100.0	100.0
1. 农用种子	99.8	107.5	100.0	100.0	100.0
2. 其　　他	100.0	100.0	100.0	100.0	100.0
十、农业生产服务	100.8	100.0	101.8	100.5	100.0

2013 年广西全区农业生产资料价格各月环比指数

以上月价格为 100

类　别	1 月	2 月	3 月	4 月	5 月
农业生产资料价格指数	**100.7**	**101.0**	**101.0**	**98.7**	**99.3**
一、农用手工工具	100.4	100.2	100.5	100.5	100.0
二、饲　　料	100.5	100.7	100.7	100.4	99.6
三、产 品 畜	100.3	103.5	100.4	90.7	98.0
四、半机械化农具	100.0	100.0	100.0	100.0	100.0
五、机械化农具	100.0	100.0	100.0	100.6	100.0
六、化学肥料	101.9	100.6	100.4	98.3	97.7
七、农药及农药器械	101.1	100.1	100.0	100.1	100.0
1. 化学农药	101.2	100.1	100.0	100.1	100.1
2. 农药器械	100.2	99.9	100.2	100.0	99.9
八、农用机油	100.0	100.2	101.0	98.4	98.7
九、其他农业生产资料	100.0	102.3	103.7	100.1	100.7
1. 农用种子	100.0	103.6	105.6	100.4	101.0
2. 其　　他	100.0	100.0	100.3	99.6	100.0
十、农业生产服务	100.0	100.0	100.3	101.2	100.0

6 月	7 月	8 月	9 月	10 月	11 月	12 月
99.9	**99.3**	**100.1**	**100.6**	**99.6**	**99.5**	**99.5**
100.0	100.0	100.2	100.3	100.7	100.6	101.2
100.5	100.6	100.8	100.3	100.9	99.6	99.9
98.1	97.9	100.5	102.5	95.8	98.9	96.5
100.0	100.0	100.0	100.0	100.0	100.0	100.0
100.5	100.5	100.0	99.9	99.3	99.6	99.5
100.8	97.6	98.6	99.4	99.7	98.6	99.5
99.9	100.0	100.4	100.6	100.0	100.0	100.0
100.0	100.0	100.0	100.6	100.0	100.0	100.0
99.3	100.0	102.3	100.0	100.0	100.0	100.0
98.0	96.8	102.3	103.1	100.0	98.4	100.0
100.0	100.9	99.6	100.4	100.3	100.0	100.1
100.0	100.5	99.4	100.0	100.0	100.0	100.0
100.0	101.5	100.0	101.2	100.7	100.0	100.1
100.0	100.8	101.8	100.4	100.0	101.4	100.0

6 月	7 月	8 月	9 月	10 月	11 月	12 月
99.7	**100.1**	**100.1**	**100.5**	**99.9**	**99.6**	**100.0**
100.0	100.5	100.0	100.0	100.0	100.0	100.3
99.9	99.7	100.0	100.5	100.6	100.1	99.5
100.8	107.8	103.5	103.8	99.3	94.2	98.7
100.0	100.0	100.0	99.2	100.0	100.0	100.0
100.0	100.0	100.2	100.0	100.0	100.0	99.9
98.6	96.0	98.1	99.6	99.3	100.7	100.6
100.0	100.0	99.9	100.0	100.6	100.1	100.1
100.0	100.0	99.9	100.0	100.7	100.1	100.1
100.0	99.7	100.0	100.0	100.0	100.0	100.0
99.9	100.7	100.9	101.3	99.1	99.2	100.5
100.0	100.5	100.0	100.0	100.0	100.2	100.1
100.0	100.8	100.0	100.0	100.0	100.0	100.0
100.0	100.0	100.0	100.0	100.0	100.5	100.2
100.0	100.9	100.8	100.0	100.0	100.8	100.0

1984—2013年广西主要城市居民消费价格总指数

以上年价格为100

年份	南宁市	柳州市	桂林市	梧州市	北海市	贵港市	贺州市	百色市
1984	104.4	104.1	104.0	105.3	105.5	104.4	104.6	104.6
1985	118.3	115.7	114.4	117.4	116.5	114.4	115.1	117.9
1986	105.2	105.3	105.6	105.8	105.1	104.4	105.8	110.4
1987	111.1	109.1	113.2	112.7	112.1	107.7	114.8	109.1
1988	121.6	127.8	124.5	123.4	128.4	123.9	123.3	120.5
1989	119.4	119.1	119.8	116.2	120.8	125.0	121.3	123.7
1990	98.0	99.7	99.0	98.7	96.9	95.8	96.7	95.4
1991	104.1	102.3	101.6	104.8	104.5	103.2	101.6	102.5
1992	106.7	106.1	109.5	110.2	107.2	104.6	108.5	109.5
1993	125.1	124.6	120.3	122.2	134.8	123.1	120.2	119.9
1994	124.8	126.0	128.9	125.8	123.1	127.5	125.1	128.0
1995	118.6	120.0	119.3	116.1	114.8	119.9	119.5	121.4
1996	103.3	106.1	108.2	106.8	105.4	107.6	107.7	106.8
1997	100.2	100.3	101.5	102.1	100.7	100.2	102.5	103.0
1998	96.7	95.3	98.2	99.9	99.1	93.8	97.3	99.3
1999	95.9	96.8	98.6	100.1	97.0	98.1	97.4	99.1
2000	100.0	99.8	99.5	100.5	100.4	98.9	99.2	100.0
2001	102.8	99.7	102.2	100.3	100.5	98.1	100.3	102.2
2002	99.4	100.6	100.0	97.8	99.9	100.7	98.2	97.6
2003	100.8	100.6	100.6	101.3	99.9	102.5	101.2	101.4
2004	104.2	105.4	104.0	104.3	104.7	104.6	104.6	104.2
2005	101.1	103.3	104.0	102.8	101.6	102.0	101.8	103.4
2006	102.5	101.0	100.7	101.4	101.6	100.8	102.6	102.9
2007	104.4	106.1	106.6	105.8	105.0	106.5	106.9	105.7
2008	108.4	107.9	105.9	107.5	107.3	108.0	108.6	109.8
2009	98.2	97.8	99.2	97.6	97.4	97.2	97.9	98.5
2010	102.5	103.5	102.2	103.5	103.1	103.8	104.4	103.7
2011	105.7	105.4	105.8	105.4	105.5	105.9	106.8	106.5
2012	102.9	104.0	103.5	102.9	102.6	103.5	102.8	103.0
2013	102.1	101.9	102.5	102.3	102.0	102.7	102.0	102.5

1994年广西主要城市居民消费价格大类指数

以上年价格为100

类别	南宁市	柳州市	桂林市	梧州市	北海市	贵港市	贺州市	百色市
居民消费价格总指数	**124.8**	**126.0**	**128.9**	**125.8**	**123.1**	**127.5**	**125.1**	**128.0**
一、食　　品	132.2	129.2	130.0	134.4	125.5	132.5	128.6	135.8
二、衣 着 类	119.7	135.5	161.1	111.8	140.9	114.9	111.1	110.9
三、家庭设备及用品	112.6	111.6	113.5	113.6	109.9	117.9	112.1	113.8
四、医疗保健	105.2	107.9	108.6	107.0	113.5	114.8	109.9	116.9
五、交通和通讯工具	105.0	109.5	109.0	105.6	103.8	105.8	114.4	99.7
六、娱乐、教育、文化用品	118.6	114.7	112.4	108.9	109.1	115.9	118.7	123.0
七、居　　住	115.3	128.5	117.1	113.2	119.6	122.8	119.0	143.6
八、服务项目	117.9	128.3	118.2	128.7	153.0	143.9	167.5	123.9

1995年广西主要城市居民消费价格分类指数

以上年价格为100

类别	南宁市	柳州市	桂林市	梧州市	北海市	贵港市	贺州市	百色市
居民消费价格总指数	**118.6**	**120.0**	**119.3**	**116.1**	**114.8**	**114.8**	**119.9**	**121.4**
一、食　　品	128.6	126.3	125.4	121.1	117.6	117.6	128.7	128.3
二、衣 着 类	113.6	121.8	118.0	110.2	108.1	108.1	120.9	112.4
三、家庭设备及用品	104.5	109.9	108.6	108.0	106.7	106.7	108.4	105.1
四、医疗保健	113.5	117.1	108.2	121.4	128.9	128.9	120.8	118.9
五、交通和通讯工具	95.2	86.0	96.2	97.6	102.2	102.2	96.6	98.2
六、娱乐、教育、文化用品	100.6	98.3	104.2	108.6	105.2	105.2	104.6	110.5
七、居　　住	119.4	105.8	122.4	112.3	119.9	119.9	103.2	109.3
八、服务项目	110.5	139.2	122.9	114.3	120.5	120.5	116.5	138.7

1996年广西主要城市居民消费价格大类指数

以上年价格为100

类别	南宁市	柳州市	桂林市	梧州市	北海市	贵港市	贺州市	百色市
居民消费价格总指数	**103.3**	**106.1**	**108.2**	**106.8**	**105.4**	**119.9**	**107.7**	**106.8**
一、食　　品	102.3	106.7	105.6	106.6	102.6	128.7	106.7	106.4
二、衣 着 类	101.7	105.4	107.7	107.5	103.3	120.9	107.8	105.7
三、家庭设备及用品	100.9	103.4	104.0	102.8	102.7	108.4	103.9	101.3
四、医疗保健	111.2	111.1	112.0	102.8	112.2	120.8	107.4	109.6
五、交通和通讯工具	90.2	89.3	102.0	100.2	100.0	96.6	98.6	98.1
六、娱乐、教育、文化用品	115.2	104.8	115.5	113.3	112.2	104.6	114.2	113.9
七、居　　住	110.3	111.0	118.8	105.8	112.7	103.2	108.7	103.9
八、服务项目	104.4	109.9	109.7	111.2	115.2	116.5	115.2	106.6

1997年广西主要城市居民消费价格分类指数

以上年价格为100

类　别	南宁市	柳州市	桂林市	梧州市	北海市	贵港市	贺州市	百色市
居民消费价格总指数	**100.2**	**100.3**	**101.5**	**102.1**	**100.7**	**100.2**	**102.5**	**103.0**
一、食　　品	98.1	97.4	98.5	98.5	98.3	99.8	100.6	99.6
二、衣 着 类	93.0	105.2	102.5	110.1	102.7	92.1	100.5	103.9
三、家庭设备及用品	99.5	101.0	100.8	102.0	101.8	99.6	100.1	99.9
四、医疗保健	118.3	105.0	110.6	103.2	101.1	103.7	117.7	102.9
五、交通和通讯工具	92.5	96.0	94.8	98.6	95.7	93.1	98.3	98.8
六、娱乐、教育、文化用品	105.1	97.6	100.6	105.7	103.2	105.6	100.4	102.0
七、居　　住	116.5	110.2	105.6	110.7	105.2	99.5	105.2	111.7
八、服务项目	103.4	105.6	110.3	108.0	109.6	102.7	110.7	115.4

1998年广西主要城市居民消费价格分类指数

以上年价格为100

类　别	南宁市	柳州市	桂林市	梧州市	北海市	贵港市	贺州市	百色市
居民消费价格总指数	**96.7**	**95.3**	**98.2**	**99.9**	**99.1**	**93.8**	**97.3**	**99.3**
一、食　　品	93.5	92.0	96.5	94.4	98.3	91.9	95.4	95.3
二、衣 着 类	103.8	93.7	102.4	107.0	96.8	101.1	99.7	99.3
三、家庭设备及用品	97.1	98.4	100.0	102.4	99.0	94.1	97.5	99.8
四、医疗保健	102.5	100.4	106.4	115.0	100.7	101.3	104.8	105.9
五、交通和通讯工具	89.1	94.7	95.5	97.0	93.8	88.7	98.5	102.1
六、娱乐、教育、文化用品	97.6	99.9	92.7	101.0	99.0	87.1	98.6	100.5
七、居　　住	103.7	101.7	99.1	111.6	101.9	94.1	94.7	100.2
八、服务项目	104.3	102.0	102.7	108.1	104.3	101.2	102.9	109.6

1999年广西主要城市居民消费价格大类指数

以上年价格为100

类　别	南宁市	柳州市	桂林市	梧州市	北海市	贵港市	贺州市	百色市
居民消费价格总指数	**95.9**	**96.8**	**98.6**	**100.1**	**97.0**	**98.1**	**97.4**	**99.1**
一、食　　品	95.8	95.4	96.9	97.1	94.5	93.3	95.6	97.4
二、衣 着 类	94.0	97.3	100.7	104.8	98.5	114.3	99.9	100.7
三、家庭设备及用品	97.0	99.1	100.1	101.7	100.3	94.9	96.1	98.6
四、医疗保健	100.8	96.2	96.0	113.6	98.3	99.5	100.2	101.6
五、交通和通讯工具	83.2	89.2	91.5	99.8	81.4	93.3	89.6	92.7
六、娱乐、教育、文化用品	96.5	97.4	99.3	100.4	100.2	94.2	96.7	100.4
七、居　　住	99.3	100.3	103.4	100.8	104.1	97.3	99.3	99.8
八、服务项目	101.4	102.1	101.6	103.8	102.3	111.3	104.9	104.2

2000 年广西主要城市居民消费价格大类指数

以上年价格为 100

类　别	南宁市	柳州市	桂林市	梧州市	北海市	贵港市	贺州市	百色市
居民消费价格总指数	**100.0**	**99.8**	**99.5**	**100.5**	**100.4**	**98.9**	**99.2**	**100.0**
一、食　　品	96.6	96.0	98.2	97.2	97.4	97.1	98.1	93.1
二、烟酒及用品								
三、衣　　着	105.4	98.7	98.5	99.6	101.0	97.4	91.3	104.6
四、家庭设备用品及维修服务								
五、医疗保健和个人用品								
六、交通和通讯								
七、娱乐教育文化用品及服务								
八、居　　住	107.9	106.6	106.8	106.3	104.1	105.2	105.7	105.0

2001 年广西主要城市居民消费价格大类指数

以上年价格为 100

类　别	南宁市	柳州市	桂林市	梧州市	北海市	贵港市	贺州市	百色市
居民消费价格总指数	**102.8**	**99.7**	**102.2**	**100.3**	**100.5**	**98.1**	**100.3**	**102.2**
一、食　　品	99.1	98.8	99.9	99.2	97.7	98.4	98.7	98.4
二、烟酒及用品	96.9	101.5	100.4	99.7	96.6	100.1	100.2	99.9
三、衣　　着	95.3	96.7	97.5	97.7	95.5	98.1	98.4	93.6
四、家庭设备用品及维修服务	97.3	94.4	96.0	95.5	99.2	96.5	96.0	98.0
五、医疗保健和个人用品	99.2	93.7	96.4	97.1	95.5	100.2	99.3	98.4
六、交通和通讯	100.1	98.6	101.2	94.6	98.5	97.2	98.1	97.1
七、娱乐教育文化用品及服务	125.4	111.6	115.4	111.8	112.1	97.2	107.3	123.5
八、居　　住	100.6	98.4	102.6	99.7	105.6	98.2	97.6	97.5

2002 年广西主要城市居民消费价格大类指数

以上年价格为 100

类　别	南宁市	柳州市	桂林市	梧州市	北海市	贵港市	贺州市	百色市
居民消费价格总指数	**99.4**	**100.6**	**100.0**	**97.8**	**99.9**	**100.7**	**98.2**	**97.6**
一、食　　品	99.3	100.9	102.6	97.1	100.2	101.4	100.0	96.2
二、烟酒及用品	103.1	94.4	103.1	101.2	96.1	103.6	97.8	100.0
三、衣　　着	95.0	101.3	96.5	100.9	93.8	106.2	94.3	95.3
四、家庭设备用品及维修服务	95.8	95.7	95.2	96.2	96.3	98.7	96.4	96.4
五、医疗保健和个人用品	101.2	101.1	96.3	97.3	98.8	101.6	91.7	98.7
六、交通和通讯	96.7	96.3	97.5	92.2	94.8	96.4	92.9	97.4
七、娱乐教育文化用品及服务	102.2	105.0	102.4	101.4	109.4	101.9	100.2	100.5
八、居　　住	100.2	101.2	97.4	97.7	98.5	96.3	98.9	97.4

2003 年广西主要城市居民消费价格大类指数

以上年价格为 100

类 别	南宁市	柳州市	桂林市	梧州市	北海市	贵港市	贺州市	百色市
居民消费价格总指数	**100.8**	**100.6**	**100.6**	**101.3**	**99.9**	**102.5**	**101.2**	**101.4**
一、食　　品	100.6	102.9	102.0	102.5	101.1	105.4	104.2	101.3
二、烟酒及用品	98.3	100.1	100.8	99.7	97.5	112.4	101.1	101.9
三、衣　　着	99.8	103.6	98.1	100.8	95.6	104.5	98.5	94.3
四、家庭设备用品及维修服务	97.0	92.4	95.2	96.5	98.6	95.8	97.2	101.6
五、医疗保健和个人用品	102.6	105.0	99.3	105.0	98.1	103.9	102.1	106.1
六、交通和通讯	95.4	93.9	96.9	97.7	98.8	96.6	96.3	93.0
七、娱乐教育文化用品及服务	102.7	98.9	101.4	100.9	99.6	99.9	98.4	107.4
八、居　　住	105.2	102.3	103.0	101.8	102.3	101.2	103.0	98.9

2004 年广西主要城市居民消费价格大类指数

以上年价格为 100

类 别	南宁市	柳州市	桂林市	梧州市	北海市	贵港市	贺州市	百色市
居民消费价格总指数	**104.2**	**105.4**	**104.0**	**104.3**	**104.7**	**104.6**	**104.6**	**104.2**
一、食　　品	110.1	113.8	110.9	111.0	111.7	114.3	112.3	113.4
二、烟酒及用品	100.6	103.2	95.9	101.7	98.1	100.3	99.8	100.7
三、衣　　着	98.1	103.3	94.6	98.4	101.4	92.8	97.4	93.6
四、家庭设备用品及维修服务	100.2	100.1	97.1	97.3	98.3	99.4	99.5	99.6
五、医疗保健和个人用品	101.4	104.7	98.6	99.8	99.8	102.9	102.4	99.2
六、交通和通讯	97.8	93.2	97.0	99.4	98.7	96.8	98.8	95.4
七、娱乐教育文化用品及服务	97.8	97.8	99.7	100.7	98.8	96.1	99.4	101.6
八、居　　住	107.0	103.7	106.2	103.9	105.8	106.0	103.6	101.6

2005 年广西主要城市居民消费价格大类指数

以上年价格为 100

类 别	南宁市	柳州市	桂林市	梧州市	北海市	贵港市	贺州市	百色市
居民消费价格总指数	**101.1**	**103.3**	**104.0**	**102.8**	**101.6**	**102.0**	**101.8**	**103.4**
一、食　　品	103.6	102.1	104.6	105.1	104.2	102.0	102.4	104.0
二、烟酒及用品	100.5	100.7	99.6	105.8	101.2	99.8	101.0	117.4
三、衣　　着	94.0	99.0	94.0	97.0	100.1	103.1	94.3	97.0
四、家庭设备用品及维修服务	101.2	101.3	99.7	100.1	99.9	103.4	98.9	102.4
五、医疗保健和个人用品	99.3	103.0	102.6	98.8	99.9	100.1	95.7	103.8
六、交通和通讯	97.0	101.5	97.7	100.6	97.4	98.9	105.4	105.2
七、娱乐教育文化用品及服务	97.3	110.4	112.3	102.5	95.4	101.0	106.2	101.2
八、居　　住	105.8	104.9	105.7	105.8	107.3	104.9	100.6	102.7

2006 年广西主要城市居民消费价格大类指数

以上年价格为 100

类别	南宁市	柳州市	桂林市	梧州市	北海市	贵港市	贺州市	百色市
居民消费价格总指数	**102.5**	**101.0**	**100.7**	**101.4**	**101.6**	**100.8**	**102.6**	**102.9**
一、食　　品	103.2	101.6	102.0	102.5	102.5	100.3	102.2	103.2
二、烟酒及用品	99.7	100.7	98.3	100.0	100.8	96.5	101.0	101.4
三、衣　　着	94.4	105.8	92.1	91.0	101.4	97.7	98.9	98.5
四、家庭设备用品及维修服务	102.7	99.0	96.1	102.0	100.7	103.0	100.2	101.2
五、医疗保健和个人用品	113.6	101.5	101.0	103.0	100.9	104.2	107.5	106.5
六、交通和通讯	100.3	98.2	100.5	99.1	101.2	100.6	101.9	102.0
七、娱乐教育文化用品及服务	97.3	97.8	100.8	100.4	99.6	100.1	102.3	103.3
八、居　　住	106.1	103.6	106.0	106.4	103.6	102.8	105.5	103.7

2007 年广西主要城市居民消费价格大类指数

以上年价格为 100

类别	南宁市	柳州市	桂林市	梧州市	北海市	贵港市	贺州市	百色市
居民消费价格总指数	**104.4**	**106.1**	**106.6**	**105.8**	**105.0**	**106.5**	**106.9**	**105.7**
一、食　　品	111.1	115.4	114.3	112.5	111.6	115.1	115.4	115.2
二、烟酒及用品	100.5	100.4	103.3	106.0	100.5	100.1	99.6	100.8
三、衣　　着	100.5	102.7	98.4	103.4	100.2	107.6	99.4	100.7
四、家庭设备用品及维修服务	102.3	101.2	101.1	102.0	101.4	101.0	101.1	100.8
五、医疗保健和个人用品	99.8	102.6	101.8	103.6	102.5	104.5	102.3	103.3
六、交通和通讯	98.7	100.8	99.6	99.0	100.4	100.4	99.6	101.6
七、娱乐教育文化用品及服务	99.2	98.6	106.0	100.9	100.2	98.1	103.4	96.8
八、居　　住	104.7	102.4	104.6	104.9	104.1	105.1	108.2	103.2

2008 年广西主要城市居民消费价格大类指数

以上年价格为 100

类别	南宁市	柳州市	桂林市	梧州市	北海市	贵港市	贺州市	百色市
居民消费价格总指数	**108.4**	**107.9**	**105.9**	**107.5**	**107.3**	**108.0**	**108.6**	**109.8**
一、食　　品	121.7	120.0	116.5	117.6	117.8	118.3	121.3	127.5
二、烟酒及用品	101.9	104.7	99.1	107.6	102.0	104.0	102.9	101.3
三、衣　　着	101.2	104.0	101.0	96.3	101.3	100.9	95.5	92.7
四、家庭设备用品及维修服务	102.3	101.7	100.3	103.7	102.6	106.0	103.9	104.3
五、医疗保健和个人用品	102.9	101.9	100.7	103.8	104.2	106.0	101.2	103.6
六、交通和通信	98.9	97.3	96.9	99.8	101.8	101.4	100.3	100.1
七、娱乐教育文化用品及服务	98.8	98.8	99.3	101.7	97.9	97.5	100.9	96.2
八、居　　住	106.3	104.6	105.5	106.0	105.7	106.9	107.5	105.8

2009年广西主要城市居民消费价格大类指数

以上年价格为100

类别	南宁市	柳州市	桂林市	梧州市	北海市	贵港市	贺州市	百色市
居民消费价格总指数	**98.2**	**97.8**	**99.2**	**97.6**	**97.4**	**97.2**	**97.9**	**98.5**
一、食　　品	98.6	97.5	100.2	98.5	98.6	96.0	96.2	97.3
二、烟酒及用品	103.0	101.5	98.9	101.1	100.5	100.1	102.0	100.0
三、衣　　着	103.9	101.0	96.7	99.4	99.5	101.2	94.2	92.3
四、家庭设备用品及维修服务	98.6	99.8	98.4	99.8	98.1	100.1	100.6	100.9
五、医疗保健和个人用品	101.7	99.8	99.3	98.6	104.0	102.5	99.5	103.4
六、交通和通信	98.1	96.8	98.9	97.5	97.9	100.6	99.0	98.8
七、娱乐教育文化用品及服务	99.9	99.3	100.7	98.9	98.2	101.8	100.8	98.3
八、居　　住	90.5	93.7	97.7	91.5	89.1	86.1	96.5	99.8

2010年广西主要城市居民消费价格大类指数

以上年价格为100

类别	南宁市	柳州市	桂林市	梧州市	北海市	贵港市	贺州市	百色市
居民消费价格总指数	**102.5**	**103.5**	**102.2**	**103.5**	**103.1**	**103.8**	**104.4**	**103.7**
一、食　　品	106.6	108.3	106.1	108.6	107.7	105.2	108.8	108.1
二、烟酒及用品	100.3	102.2	100.1	103.9	101.7	102.3	102.5	100.8
三、衣　　着	97.0	104.3	96.7	102.8	99.7	110.0	99.6	99.2
四、家庭设备用品及维修服务	97.9	99.6	97.2	97.8	98.5	100.3	101.3	101.6
五、医疗保健和个人用品	100.8	101.6	101.8	102.9	101.4	103.2	102.1	102.5
六、交通和通信	100.8	100.5	98.9	99.6	101.1	100.9	100.2	101.0
七娱乐教育文化用品及服务	97.3	96.7	100.9	97.1	98.4	100.0	102.4	98.3
八、居　　住	107.1	105.3	104.2	105.7	104.1	106.5	105.7	105.8

2011年广西主要市县居民消费价格大类指数

以上年价格为100

地区	居民消费价格总指数	一、食品	二、烟酒	三、衣着	四、家庭设备用品及维修服务	五、医疗保健和个人用品	六、交通和通信	七、娱乐教育文化用品及服务	八、居住
南宁市	**105.7**	112.5	104.6	108.8	101.4	102.7	101.7	99.8	101.8
柳州市	**105.4**	114.4	102.3	103.1	101.2	102.7	101.7	98.6	101.5
鹿寨县	**107.8**	118.8	103.5	102.3	98.9	102.5	100.9	99.9	106.9
桂林市	**105.8**	115.0	103.0	100.2	102.2	104.2	102.9	100.5	100.2
全州县	**107.7**	119.1	101.8	96.2	97.1	105.4	103.3	103.5	103.4
梧州市	**105.4**	113.7	105.2	99.8	103.0	102.9	102.2	99.4	102.0
北海市	**105.5**	112.6	103.3	102.7	101.7	107.0	101.4	98.0	103.0
合浦县	**106.3**	116.2	102.9	100.1	100.6	102.8	102.8	101.4	101.2
防城港市	**106.0**	113.6	103.9	103.4	101.5	104.7	101.8	102.0	101.8
钦州市	**105.4**	114.0	104.5	103.3	102.4	102.5	102.3	99.7	99.8
贵港市	**105.9**	113.4	104.1	102.8	102.1	103.5	103.0	102.1	101.1
玉林市	**105.5**	112.7	103.6	102.0	101.2	105.1	102.9	101.0	101.5
博白县	**108.1**	118.9	103.9	93.8	106.4	104.3	103.4	103.2	104.8
百色市	**106.5**	114.9	100.4	100.6	102.0	104.5	101.4	101.4	103.8
田阳县	**106.1**	118.9	101.3	96.8	103.5	102.9	99.4	95.8	102.2
贺州市	**106.8**	115.5	104.9	96.4	103.6	105.5	102.3	103.3	103.4
河池市	**105.6**	113.3	109.7	99.2	100.6	103.3	101.4	99.4	104.8
宜州市	**107.4**	118.1	102.0	98.4	102.8	105.3	102.1	97.9	105.4
来宾市	**105.5**	115.6	106.6	99.2	102.2	103.1	99.9	97.7	101.7
崇左市	**105.5**	113.0	102.1	98.1	101.8	102.4	101.8	100.8	104.1
扶绥县	**107.3**	117.2	103.7	95.6	102.9	103.9	102.8	99.9	106.8

2012 年广西主要市县居民消费价格大类指数

以上年价格为 100

地区 \ 类别 指数	居民消费价格总指数	一、食品	二、烟酒	三、衣着	四、家庭设备用品及维修服务	五、医疗保健和个人用品	六、交通和通信	七、娱乐教育文化用品及服务	八、居住
南宁市	**102.9**	105.0	106.3	102.5	101.5	101.2	99.9	101.2	102.8
柳州市	**104.0**	107.3	101.5	104.1	101.8	101.4	100.1	99.5	105.5
鹿寨县	**103.5**	101.8	104.0	103.3	104.2	101.4	102.1	100.9	110.6
桂林市	**103.5**	103.8	102.1	101.3	101.9	102.5	100.6	103.2	107.0
全州县	**102.2**	102.0	104.0	101.1	99.6	103.2	101.7	104.4	101.9
梧州市	**102.9**	104.5	104.0	103.3	102.1	103.3	100.3	100.7	102.8
北海市	**102.6**	105.5	104.6	102.3	104.8	99.9	99.7	100.1	100.8
合浦县	**102.3**	103.2	103.0	105.6	102.3	103.1	100.4	100.9	100.7
防城港市	**102.6**	104.7	102.3	101.3	98.1	102.9	99.5	101.9	102.9
钦州市	**103.1**	105.3	104.0	102.2	99.2	102.7	101.4	103.4	101.7
贵港市	**103.5**	104.4	103.8	104.3	100.0	104.0	100.9	102.4	104.4
玉林市	**103.4**	107.0	101.7	100.5	99.0	102.1	100.2	101.2	103.8
博白县	**102.2**	103.6	103.5	99.8	102.8	101.9	100.0	100.8	102.6
百色市	**103.0**	105.5	100.4	106.1	101.3	102.3	99.4	100.5	102.1
田阳县	**103.3**	103.3	103.1	104.0	105.4	100.5	100.0	99.7	108.2
贺州市	**102.8**	103.5	103.4	103.5	100.6	103.8	99.4	102.5	103.9
河池市	**103.2**	104.5	105.1	103.3	101.5	100.8	101.5	103.5	102.8
宜州市	**102.1**	102.3	102.9	100.5	101.8	103.4	101.3	102.3	101.7
来宾市	**102.6**	103.0	100.7	105.8	101.7	101.9	100.9	103.4	102.1
崇左市	**103.1**	104.0	100.0	101.0	101.3	101.9	99.4	101.5	107.3
扶绥县	**102.0**	102.0	100.9	104.1	100.3	100.6	100.6	100.9	104.3

2013 年广西主要市县居民消费价格大类指数

以上年价格为 100

地区	居民消费价格总指数	一、食品	二、烟酒	三、衣着	四、家庭设备用品及维修服务	五、医疗保健和个人用品	六、交通和通信	七、娱乐教育文化用品及服务	八、居住
南宁市	**102.1**	103.9	98.9	104.7	101.3	99.7	98.7	100.5	102.3
柳州市	**101.9**	103.9	99.2	100.8	100.3	100.0	99.6	99.8	102.9
鹿寨县	**102.1**	102.3	100.9	98.5	100.7	101.5	100.2	104.8	103.5
桂林市	**102.5**	104.8	99.1	102.6	101.2	100.2	100.2	99.0	103.6
全州县	**102.8**	104.8	99.8	102.0	100.2	104.9	99.9	100.6	102.8
梧州市	**102.3**	104.2	101.3	101.2	101.1	101.4	100.9	100.8	102.3
北海市	**102.0**	104.1	101.8	101.3	100.2	99.6	100.5	100.4	102.0
合浦县	**101.5**	102.9	100.1	98.8	101.3	102.1	100.4	101.0	101.3
防城港市	**102.6**	104.8	100.0	101.4	99.8	101.3	98.8	101.6	101.3
钦州市	**102.1**	103.5	100.3	104.1	101.9	101.8	99.2	102.7	100.2
贵港市	**102.7**	103.3	100.4	103.8	102.3	101.8	100.4	101.7	104.2
玉林市	**101.6**	105.2	100.3	96.3	100.0	99.7	98.7	100.7	100.8
博白县	**101.7**	102.7	100.0	99.2	102.5	100.4	99.6	103.9	100.9
百色市	**102.5**	104.2	99.5	103.1	101.6	100.6	99.3	101.3	103.2
田阳县	**102.4**	102.4	99.1	102.7	101.8	101.3	101.8	101.4	104.5
贺州市	**102.0**	102.8	100.4	99.4	100.3	101.8	100.1	103.1	102.9
河池市	**101.9**	104.4	100.6	103.2	99.5	102.0	99.7	100.2	100.2
宜州市	**102.5**	103.7	99.7	106.6	102.0	102.7	100.8	98.0	102.7
来宾市	**102.0**	102.7	100.1	98.7	102.6	99.4	103.3	100.0	103.9
崇左市	**102.5**	103.3	98.2	101.5	100.9	102.7	99.8	103.4	103.5
扶绥县	**101.6**	102.7	100.1	102.9	99.7	101.4	99.4	101.0	101.3

广西壮族自治区工业品出厂价格主要分组指数表（1990—2001 年）

（上年 =100）

项目名称	1990 年	1991 年	1992 年	1993 年	1994 年
全部工业品	101.5	103.3	111.3	121.1	118.8
其中：轻工业	101.0	105.8	106.0	110.9	122.1
以农产品为原料	102.6	108.4	106.9	110.4	123.0
以非农产品为原料	97.4	98.6	101.9	113.0	118.0
重　工　业	102.0	100.9	117.3	132.0	115.5
采　　掘	90.1	104.4	109.5	113.3	118.5
原　　料	97.0	98.6	124.4	143.1	115.4
加　　工	108.6	102.1	110.9	127.6	114.1
其中：生产资料	102.0	100.8	116.1	130.1	116.1
(1) 采　　掘	90.1	104.4	109.5	113.5	118.5
(2) 原　　料	97.3	98.5	121.4	138.0	116.8
(3) 加　　工	108.0	101.9	110.9	126.5	114.4
生活资料	100.8	106.5	106.1	110.5	122.2
(1) 食　　品	99.4	117.5	107.3	108.3	117.9
(2) 衣　　着	103.9	102.9	105.5	113.3	148.4
(3) 一般日用品	104.1	101.1	105.9	116.1	123.1
(4) 耐用消费品	91.6	95.1	96.8	110.5	111.1
按工业部门 分：					
1 冶金工业	97.4	103.1	121.8	140.8	104.2
2 电力工业	90.2	93.9	101.9	89.9	138.0
3 煤炭及炼焦工业	98.7	100.2	114.8	111.3	126.1
4 石油工业					
5 化学工业	100.2	97.5	103.2	113.2	112.0
6 机械工业	106.8	102.0	111.6	131.6	113.6
7 建筑材料工业	97.2	101.1	154.2	162.9	110.5
8 森林工业	89.0	99.0	104.7	116.0	112.9
9 食品工业	99.3	117.1	107.3	110.8	117.9
10 纺织工业	104.6	103.5	105.8	114.3	150.7
11 缝纫工业	92.6	96.9	89.5		
12 皮革工业	101.5	93.2	114.5		
13 造纸工业	105.8	101.5	106.7	113.3	114.5
14 文教艺术用品工业	121.5	89.0	97.9	106.0	115.1
15 其它工业	102.4	108.1	104.7	135.7	126.0

注：部分工业部门当年无产品，故无指数

1995 年	1996 年	1997 年	1998 年	1999 年	2000 年	2001 年
117.2	102.6	97.6	95.4	95.6	105.5	106.3
123.8	103.1	97.1	95.2	94.1	109.0	109.2
126.6	104.4	97.9	94.9	92.9	109.9	110.2
113.1	98.1	95.5	95.8	98.3	100.4	100.1
111.2	102.0	98.1	95.6	96.6	103.1	104.3
125.9	98.8	99.7	93.5	96.7	106.1	104.7
105.3	102.6	99.7	96.0	97.4	106.1	106.9
115.8	102.0	94.8	95.8	95.3	96.0	97.8
114.2	102.2	97.2	95.2	96.5	103.2	103.5
125.9	98.8	99.7	93.5	96.7	106.1	104.7
110.7	102.6	97.8	94.9	97.2	106.2	106.7
116.7	102.4	95.2	96.2	95.2	97.4	97.8
121.4	103.1	98.4	96.0	93.9	110.4	112.3
124.4	105.6	99.1	98.0	94.0	113.4	115.3
123.7	92.6	99.9	83.7	98.2	100.0	91.7
116.0	103.2	99.6	95.5	94.6	99.2	101.2
103.5	95.4	87.4	92.2	94.6	93.7	99.5
111.0	98.1	96.7	92.4	97.4	108.5	96.9
107.8	107.5	106.3	102.7	100.5	112.5	129.6
109.4	106.4	109.2	95.3	96.0	104.1	104.7
129.2	104.6	95.4	93.0	95.2	95.6	100.5
106.3	101.2	98.2	94.8	94.4	95.7	97.7
95.2	94.6	90.0	99.0	96.4	100.6	101.6
99.8	92.2	93.3	90.0	95.9	101.4	103.5
124.4	105.6	98.9	96.2	92.7	111.1	112.8
126.1	85.8	93.4	83.8	103.4	115.5	89.1
146.6	113.4	87.3	92.4	90.8	111.2	100.5
121.8	105.8	91.0	98.9	102.7	97.9	122.4
126.0	106.0	100.0	104.5	100.6	98.4	104.0

广西壮族自治区工业品出厂价格主要分组指数表（2002—2010 年）

（上年 =100）

项目名称	2002 年	2003 年	2004 年
总指数	95.6	102.8	109.7
按轻重工业分			
(1) 轻工业	90.6	98.8	110.0
1. 以农产品为原料	89.8	98.4	112.6
2. 以非农产品为原料	97.0	99.8	104.6
(2) 重工业	98.4	105.7	109.5
1. 采掘	102.5	107.5	121.3
2. 原料	98.3	107.9	110.3
3. 加工	98.3	103.1	107.9
按生产生活资料分			
(1) 生产资料	98.2	105.3	110.5
1. 采掘	102.5	107.5	121.3
2. 原料	98.2	107.6	110.2
3. 加工	98.0	103.4	110.0
(2) 生活资料	88.5	96.3	108.1
1. 食品	85.4	96.5	112.2
2. 衣着	100.2	101.5	107.0
3. 一般日用品	98.9	100.5	98.3
4. 耐用消费品	93.3	91.7	94.0
按工业部门分			
(1) 冶金工业	94.3	115.9	128.9
(2) 电力工业	101.8	100.0	102.2
(3) 煤炭及炼焦工业	113.0	100.9	109.2
(4) 石油工业	104.9	114.0	112.2
(5) 化学工业	98.2	102.4	107.3
(6) 机械工业	98.4	96.8	99.7
(7) 建筑材料工业	99.3	100.9	107.7
(8) 森林工业	94.9	97.1	103.1
(9) 食品工业	88.1	96.9	114.6
(10) 纺织工业	88.5	108.9	115.4
(11) 缝纫工业	102.1	102.9	106.9
(12) 皮革工业	85.8	102.9	102.1
(13) 造纸工业	96.8	102.1	103.7
(14) 文教艺术用品工业	98.2	97.9	99.7
(15) 其它工业	101.8	102.2	99.9

2005 年	2006 年	2007 年	2008 年	2009 年	2010 年
104.9	109.6	104.5	109.0	93.5	112.0
105.8	113.3	97.7	104.4	99.4	115.0
107.5	119.1	95.6	102.4	100.0	118.9
101.8	100.3	102.9	109.6	97.8	105.6
104.2	106.7	108.3	111.7	90.5	110.3
126.5	137.4	117.8	113.0	92.0	129.1
105.2	111.8	106.9	104.3	93.1	113.0
101.5	99.5	109.1	119.6	88.6	106.3
104.0	105.5	107.3	111.3	91.4	110.3
126.5	137.4	117.8	113.0	92.0	129.1
105.4	112.0	106.6	104.1	92.9	113.9
101.9	99.9	107.3	116.4	90.5	107.0
106.8	119.9	94.5	100.9	101.7	118.2
109.6	124.3	93.6	100.4	102.5	121.3
105.0	100.4	100.7	102.8	95.1	108.5
102.9	97.8	98.8	103.2	98.6	104.5
94.2	102.7	100.7	102.9	98.3	100.5
106.4	117.2	116.5	117.7	78.3	118.1
100.9	102.7	102.7	102.0	102.5	102.0
133.1	106.1	99.9	137.3	95.1	111.0
120.6	116.4	104.4	120.4	84.4	124.1
108.0	101.4	102.6	114.8	92.2	114.7
100.6	101.3	101.5	101.9	100.1	102.3
98.3	100.2	105.1	113.9	97.7	106.6
100.5	103.2	108.5	104.1	98.3	106.4
109.4	124.5	94.3	102.5	101.3	120.3
99.9	104.0	91.3	96.9	103.7	126.8
104.0	101.4	100.2	104.8	100.8	109.8
104.1	98.6	103.7	108.3	88.1	101.3
102.0	99.7	102.2	107.0	91.4	113.5
101.9	98.0	98.3	95.6	102.1	101.2
103.8	103.5	100.3	92.9	101.5	117.0

广西壮族自治区工业生产者出厂价格主要分组指数表（2011—2013 年）

（上年 =100）

项目名称	2011 年	2012 年	2013 年
总指数	108.5	97.8	98.2
按轻重工业分			
(1) 轻工业	114.7	98.6	97.7
1. 以农产品为原料	116.1	98.0	97.1
2. 以非农产品为原料	106.2	102.6	100.9
(2) 重工业	106.3	97.5	98.4
1. 采掘	121.2	101.7	96.3
2. 原料	106.3	98.5	98.9
3. 加工	105.2	96.6	98.2
按生产生活资料分			
(1) 生产资料	107.2	97.4	98.4
1. 采掘	121.2	101.7	96.3
2. 原料	106.5	98.2	98.8
3. 加工	106.6	96.6	98.4
(2) 生活资料	112.0	99.0	97.5
1. 食品	118.5	97.0	95.3
2. 衣着	115.9	105.0	100.2
3. 一般日用品	104.5	103.4	102.0
4. 耐用消费品	99.8	100.7	100.2
按工业部门分			
(1) 冶金工业	110.1	90.9	94.3
(2) 电力工业	99.3	106.3	100.5

项目名称	2011 年	2012 年	2013 年
(3) 煤炭及炼焦工业	130.5	113.6	99.0
(4) 石油工业	117.1	101.6	98.5
(5) 化学工业	113.4	95.8	99.9
(6) 机械工业	101.4	100.0	99.7
(7) 建筑材料工业	110.7	98.1	100.4
(8) 森林工业	105.7	105.4	102.8
(9) 食品工业	118.2	97.5	96.0
(10) 纺织工业	118.0	95.2	103.1
(11) 缝纫工业	116.3	100.8	98.4
(12) 皮革工业	112.8	108.1	104.1
(13) 造纸工业	102.7	96.1	96.2
(14) 文教艺术用品工业	104.0	100.3	100.6
(15) 其它工业	108.9	102.4	103.6

广西壮族自治区工业品出厂价格主要分组同比指数表（1993 年）

（上年 =100）

项目名称	1 月	2 月	3 月	4 月	5 月
全部工业品			121.0		125.1
其中：轻 工 业			109.3		107.0
以农产品为原料			109.5		106.8
以非农产品为原料			108.3		107.9
重 工 业			133.5		145.5
采 掘			113.5		114.5
原 料			141.4		180.4
加 工			128.7		129.1
其中：生产资料			130.9		141.1
(1) 采 掘			113.5		114.5
(2) 原 料			136.5		165.9
(3) 加 工			127.3		126.7
生活资料			109.6		107.3
(1) 食 品			109.2		105.4
(2) 衣 着			111.9		110.2
(3) 一般日用品			110.4		112.3
(4) 耐用消费品			105.8		107.8
按工业部门分：					
1 冶金工业			147.9		160.7
2 电力工业			111.2		
3 煤炭及炼焦工业			118.4		112.2
4 石油工业					114.0
5 化学工业			107.5		111.9
6 机械工业			127.5		131.9
7 建筑材料工业			167.7		204.4
8 森林工业			112.0		119.6
9 食品工业			109.2		105.4
10 纺织工业			110.1		103.3
11 缝纫工业					
12 皮革工业			118.6		129.0
13 造纸工业			103.7		107.3
14 文教艺术用品工业			103.4		90.4
15 其它工业			119.1		121.8

6 月	7 月	8 月	9 月	10 月	11 月	12 月
120.3	128.1	123.1	115.9	116.9	115.4	122.3
108.3	116.4	113.8	108.6	109.5	113.4	128.4
107.5	116.0	112.8	107.2	107.5	112.3	129.8
112.2	118.4	117.9	117.3	120.8	117.7	120.6
131.4	136.9	131.8	122.3	123.4	117.3	116.8
116.4	120.9	117.9	116.7	115.1	107.2	105.8
129.8	142.3	135.8	122.0	122.1	114.7	114.5
139.8	131.2	130.3	123.8	127.1	122.4	124.5
129.9	136.2	131.0	122.8	123.7	117.5	117.4
116.4	120.9	117.9	116.7	115.1	107.2	105.8
128.1	140.6	134.4	122.5	122.5	115.3	115.6
138.4	131.4	129.6	124.8	127.6	122.4	124.1
107.1	115.2	112.8	106.8	108.2	112.6	128.6
105.0	114.9	110.4	106.0	105.7	108.4	131.9
112.9	114.7	112.8	95.5	116.8	118.5	101.3
121.8	122.2	120.1	118.8	122.0	121.4	123.1
93.0	100.2	117.1	96.0	105.8	111.4	116.7
143.7	153.5	143.5	140.7	135.5	121.2	120.4
96.9	99.8	104.4	95.4	102.3	101.0	98.3
		111.7			96.3	117.8
		113.8			95.0	
117.6	115.6	114.7	112.3	114.9	112.6	111.7
138.6	138.7	132.4	130.5	133.1	123.2	128.7
191.0	196.1	172.0	139.3	136.8	132.4	126.2
109.6	130.9	133.6	101.0	98.0	121.3	117.8
105.0	114.9	110.4	106.0	105.7	108.4	131.9
122.6	117.5	113.0	108.9	122.8	118.7	112.2
130.6	124.6	125.7	109.5	81.2	119.6	110.0
113.6	116.3	115.6	114.8	117.1	112.2	119.3
87.3	111.5	105.5	100.0	119.5	116.7	119.8
135.3	147.6	141.6	140.9	135.3	138.4	141.8

广西壮族自治区工业品出厂价格主要分组同比指数表（1994 年）

（上年 =100）

项目名称	1 月	2 月	3 月	4 月	5 月
全部工业品	115.6	120.3	123.0	114.0	112.5
其中：轻工业	118.2	120.8	119.2	121.9	125.1
以农产品为原料	117.4	120.0	119.5	122.5	126.4
以非农产品为原料	121.7	124.5	117.6	119.0	118.7
重　工　业	112.8	119.7	126.5	106.0	99.4
采　　掘	98.9	105.0	138.1	123.0	108.0
原　　料	113.0	122.9	127.1	102.4	92.2
加　　工	116.8	118.1	122.3	107.3	108.8
其中：生产资料	114.2	119.9	125.5	107.8	102.0
(1) 采　　掘	98.9	105.0	138.1	123.0	108.0
(2) 原　　料	114.7	122.9	125.4	105.1	96.9
(3) 加　　工	117.7	118.2	122.6	108.8	109.3
生活资料	117.1	120.7	119.4	121.8	125.6
(1) 食　　品	117.4	121.0	116.3	119.0	118.9
(2) 衣　　着	110.6	120.6	133.3	139.1	167.9
(3) 一般日用品	117.9	123.5	122.7	120.5	124.7
(4) 耐用消费品	123.0	113.3	111.2	112.5	108.2
按工业部门分：					
1 冶金工业	110.0	103.7	117.4	99.1	100.7
2 电力工业	100.0	127.2	152.0	110.0	85.5
3 煤炭及炼焦工业	101.1	111.5	126.4	153.6	115.4
4 石油工业					
5 化学工业	113.5	113.0	110.9	111.3	106.7
6 机械工业	125.2	122.5	114.6	111.1	108.7
7 建筑材料工业	126.4	133.6	138.8	95.1	103.3
8 森林工业	124.0	114.1	135.1	99.7	112.3
9 食品工业	117.4	121.0	116.3	119.0	118.9
10 纺织工业	115.2	122.4	138.4	143.0	169.9
11 缝纫工业					
12 皮革工业	150.3	122.3	93.8	107.9	115.6
13 造纸工业	117.1	111.5	107.2	112.1	116.1
14 文教艺术用品工业		105.8	106.9	109.1	140.6
15 其它工业	131.7	129.4	131.4	130.7	128.5

6月	7月	8月	9月	10月	11月	12月
119.1	117.5	118.3	118.8	122.2	122.9	121.3
124.2	120.2	123.2	122.8	122.9	123.3	122.9
126.4	121.9	124.6	123.2	125.1	125.0	123.4
113.8	111.9	117.6	121.4	113.3	116.2	120.5
114.1	115.3	113.8	114.8	121.6	122.6	119.9
113.3	109.3	119.1	124.3	127.6	122.7	132.3
114.7	110.5	115.3	116.0	119.5	128.4	122.7
113.4	111.4	110.5	110.4	123.5	114.1	112.6
114.6	115.4	114.1	115.0	121.4	122.6	120.7
113.3	109.3	119.1	124.3	127.6	122.7	132.3
115.4	118.3	115.9	116.5	120.1	127.9	123.2
113.5	111.8	110.3	110.2	122.3	114.4	113.8
125.1	120.6	124.2	123.6	123.2	123.3	122.3
119.1	114.0	117.7	115.5	116.0	120.9	118.5
158.1	163.7	159.7	161.5	170.3	150.0	146.6
126.6	116.1	124.8	131.6	121.4	120.8	126.2
109.4	106.7	109.2	107.7	106.5	112.3	113.9
99.2	98.8	99.6	102.9	100.1	105.9	112.9
146.3	157.8	150.9	144.9	155.6	167.1	158.7
127.4	112.1	122.8	139.2	144.8	129.2	129.2
113.2	109.8	110.2	111.1	112.3	114.7	117.7
108.1	110.3	111.3	109.3	110.9	118.2	112.8
99.4	97.4	99.8	109.1	123.1	104.3	96.2
172.1	97.8	87.5	115.2	110.4	98.9	88.0
119.1	114.0	117.7	115.5	116.0	120.9	118.5
159.9	168.7	158.8	163.3	170.0	149.6	149.8
107.86.113.62	96.0	124.3	137.8	133.1	154.6	155.1
113.6	111.9	117.9	114.6	116.9	118.4	116.3
89.0	122.2	118.0	120.5	114.1	111.5	128.1
121.9	117.7	116.9	118.5	122.8	127.3	135.1

广西壮族自治区工业品出厂价格主要分组同比指数表（1995 年）

（上年 =100）

项目名称	1 月	2 月	3 月	4 月	5 月
全部工业品	125.0	122.3	120.1	118.7	118.8
其中：轻工业	131.1	130.6	131.5	130.3	125.0
以农产品为原料	134.0	134.7	134.0	132.7	127.0
以非农产品为原料	119.0	116.1	119.7	121.0	117.1
重　工　业	118.8	114.4	109.1	108.8	113.2
采　　掘	133.6	129.4	130.5	113.6	135.6
原　　料	121.2	115.2	100.3	99.3	108.2
加　　工	111.1	109.3	115.2	121.7	116.7
其中：生产资料	119.8	116.7	112.9	112.1	116.6
(1) 采　　掘	133.6	129.4	130.5	113.6	135.6
(2) 原　　料	122.5	118.4	106.9	105.5	114.0
(3) 加　　工	112.2	111.1	117.3	122.2	117.6
生活资料	131.3	129.7	129.5	128.4	121.9
(1) 食　　品	132.2	133.9	132.2	128.0	125.7
(2) 衣　　着	145.2	141.7	131.9	153.6	118.5
(3) 一般日用品	126.6	115.8	123.8	120.3	116.7
(4) 耐用消费品	105.7	105.8	109.1	108.6	105.7
按工业部门分：					
1 冶金工业	115.1	114.2	111.2	107.3	109.2
2 电力工业	150.8	120.8	99.7	98.3	112.3
3 煤炭及炼焦工业	129.2	136.9	138.5	81.3	102.4
4 石油工业					
5 化学工业	123.6	123.0	127.1	133.7	133.3
6 机械工业	107.2	103.7	105.6	108.6	105.9
7 建筑材料工业	94.4	105.3	87.9	92.2	96.7
8 森林工业	91.1	98.1	120.6	103.7	105.0
9 食品工业	132.2	133.9	132.2	128.0	125.7
10 纺织工业	145.7	148.6	136.5	162.6	123.3
11 缝纫工业	186.5	127.8	122.4	127.0	
12 皮革工业	143.6	156.9	170.8	169.6	128.0
13 造纸工业	118.8	130.6	141.6	142.2	149.0
14 文教艺术用品工业	118.5	96.3	103.1	155.0	114.3
15 其它工业	132.7	131.9	138.4	132.9	131.0

6月	7月	8月	9月	10月	11月	12月
115.9	119.3	117.5	117.0	111.5	110.7	109.9
123.5	126.2	123.8	121.9	114.2	114.0	113.1
125.8	130.0	127.3	125.0	116.5	116.1	116.0
115.2	113.0	111.7	109.6	104.9	106.4	103.1
109.1	113.6	112.0	112.4	108.9	107.4	106.6
127.2	129.2	122.9	135.0	122.1	120.4	112.1
101.8	105.0	107.0	105.7	100.2	97.9	101.3
114.8	121.2	116.3	115.8	117.5	116.4	113.3
112.8	117.1	115.3	115.6	112.1	109.9	109.0
127.2	129.2	122.9	135.0	122.1	120.4	112.1
108.6	112.0	113.1	111.7	106.6	103.3	105.8
115.7	121.6	117.0	116.7	118.0	116.7	113.8
120.3	122.8	120.6	118.8	110.8	111.8	111.0
125.1	127.4	125.6	122.2	113.8	112.4	114.2
114.5	113.3	116.4	117.1	104.4	118.3	109.6
118.2	118.3	114.9	112.9	108.9	108.8	106.7
101.4	103.0	102.6	103.9	99.9	99.9	96.0
110.3	112.9	109.7	116.6	111.0	108.6	105.5
96.7	104.9	107.2	106.3	100.0	98.0	99.1
102.2	105.9	108.0	103.8	106.3	102.2	96.3
130.2	135.5	131.0	129.8	130.8	129.8	122.1
104.9	107.4	105.7	106.5	107.7	105.4	106.6
97.1	97.5	101.5	98.1	89.1	87.2	95.9
96.3	95.3	92.8	93.3	95.0	97.3	109.2
125.1	127.4	125.6	122.2	113.8	112.4	114.2
117.6	123.3	117.5	113.2	106.0	114.7	104.8
		199.1			82.5	74.8
110.2	115.7	100.8	129.3	98.3	131.2	125.3
155.5	161.7	157.3	157.9	155.7	146.9	142.2
151.0	130.0	109.5	123.1	110.3	115.6	135.3
129.2	127.2	121.6	126.5	116.6	112.3	112.2

广西壮族自治区工业品出厂价格主要分组同比指数表（1996 年）

（上年 =100）

项目名称	1月	2月	3月	4月	5月
全部工业品	109.0	108.4	106.2	104.5	104.2
其中：轻工业	113.0	108.3	104.6	104.0	103.6
以农产品为原料	115.8	109.9	105.6	104.8	105.3
以非农产品为原料	100.3	102.1	100.3	100.9	97.7
重　工　业	104.9	108.5	107.8	105.1	104.6
采　　掘	102.4	109.4	100.0	107.8	101.9
原　　料	100.7	106.9	110.3	105.3	104.8
加　　工	110.8	110.3	106.5	104.3	104.9
其中：生产资料	107.8	110.7	108.5	105.7	104.8
(1) 采　　掘	102.4	109.4	100.0	107.8	101.9
(2) 原　　料	105.9	110.9	111.1	106.4	105.0
(3) 加　　工	111.1	110.7	107.0	104.4	104.9
生活资料	110.5	105.4	103.2	103.0	103.3
(1) 食　　品	114.3	106.1	104.1	104.4	105.4
(2) 衣　　着	107.5	101.4	100.5	93.5	92.6
(3) 一般日用品	101.8	106.0	103.6	104.9	104.1
(4) 耐用消费品	99.6	100.1	98.8	100.1	94.9
按工业部门分：					
1 冶金工业	99.3	112.9	103.2	100.4	101.2
2 电力工业	97.2	99.3	117.5	110.8	108.6
3 煤炭及炼焦工业	82.5	99.6	99.7	118.5	110.9
4 石油工业					
5 化学工业	115.1	114.9	112.5	110.4	110.0
6 机械工业	105.9	106.3	103.4	102.0	103.2
7 建筑材料工业	100.8	104.8	99.2	98.1	95.0
8 森林工业	101.0	99.3	110.2	94.4	78.9
9 食品工业	114.3	106.1	104.1	104.4	105.4
10 纺织工业	97.9	95.2	92.2	89.4	84.3
11 缝纫工业	77.5	72.8	87.7	89.3	
12 皮革工业	154.0	113.0	124.2		
13 造纸工业	154.5	154.5	132.0	129.6	121.9
14 文教艺术用品工业	124.4	135.3	104.3	105.3	96.4
15 其它工业	110.6	112.1	101.3	101.8	105.5

6月	7月	8月	9月	10月	11月	12月
99.5	99.1	101.3	98.8	100.5	99.5	100.3
98.5	97.6	104.1	99.2	102.2	98.6	104.2
98.7	97.5	106.3	99.9	103.2	99.4	106.9
98.1	98.0	95.2	96.1	98.4	95.6	94.7
100.4	100.4	98.8	98.4	98.8	100.2	96.8
96.0	96.5	92.6	97.0	96.4	94.0	92.0
101.2	102.8	100.5	99.6	100.7	100.6	98.3
100.3	98.1	98.0	97.2	96.6	101.2	96.0
99.8	99.6	98.1	97.9	97.9	99.5	96.6
96.0	96.5	92.6	97.0	96.4	94.0	92.0
99.9	100.7	98.6	98.3	98.6	98.9	96.9
100.5	98.7	98.7	97.5	97.2	101.4	97.1
99.1	98.4	105.8	100.0	103.8	99.4	105.6
100.1	99.5	109.3	102.7	106.7	102.1	113.0
90.2	88.0	96.4	89.7	94.4	80.1	76.5
102.8	103.2	105.4	99.5	104.0	102.3	100.9
97.3	98.3	92.3	96.7	91.7	87.3	88.0
96.1	98.7	93.9	93.3	93.0	94.4	90.2
107.0	110.3	107.8	110.1	107.5	107.2	107.3
107.0	109.1	105.9	111.7	117.3	108.8	105.8
102.5	98.9	102.1	97.8	96.8	97.2	96.8
99.8	100.2	98.4	98.4	98.5	102.9	95.2
92.5	91.2	89.5	87.9	94.6	92.3	89.8
98.6	104.5	91.2	86.4	81.8	87.5	73.1
100.1	99.5	109.3	102.7	106.7	102.1	113.0
84.5	83.3	82.4	84.3	88.9	74.1	73.5
	57.0			70.7	74.4	75.3
		134.2	98.1	107.5	83.4	65.4
101.0	95.2	95.4	97.8	89.8	93.6	95.4
104.7	93.3	86.8	95.5	118.7	107.8	97.6
104.3	106.0	106.2	102.1	105.8	107.1	109.1

广西壮族自治区工业品出厂价格主要分组同比指数表（1997 年）

（上年 =100）

项目名称	1 月	2 月	3 月	4 月	5 月
全部工业品	96.0	97.4	98.8	98.0	97.8
其中：轻工业	94.6	95.3	100.2	99.4	96.2
以农产品为原料	95.4	96.6	101.5	98.8	95.2
以非农产品为原料	89.9	90.6	95.6	102.7	100.2
重　工　业	97.4	99.3	97.4	97.0	99.0
采　　掘	98.5	108.4	96.0	99.5	93.3
原　　料	98.4	100.0	97.8	99.8	101.9
加　　工	95.2	95.8	97.3	92.1	96.2
其中：生产资料	96.2	98.2	96.4	96.3	98.2
(1) 采　　掘	98.5	108.4	96.0	99.5	93.3
(2) 原　　料	96.0	97.5	95.7	98.2	99.9
(3) 加　　工	95.9	96.6	97.5	92.6	96.7
生活资料	95.7	96.3	101.9	101.1	97.0
(1) 食　　品	97.4	97.7	105.0	101.1	95.8
(2) 衣　　着	87.7	89.9	91.7	95.6	94.9
(3) 一般日用品	99.2	99.1	101.8	107.5	106.1
(4) 耐用消费品	80.1	81.0	89.2	83.5	87.8
按工业部门分：					
1 冶金工业	94.4	98.9	90.9	101.3	99.3
2 电力工业	106.5	110.0	104.4	99.7	104.4
3 煤炭及炼焦工业	120.3	124.6	121.6	109.5	104.8
4 石油工业					
5 化学工业	94.6	96.2	95.4	104.2	101.1
6 机械工业	97.1	97.6	99.9	98.7	100.8
7 建筑材料工业	82.1	82.6	89.6	83.5	90.3
8 森林工业	101.7	98.0	82.4	91.4	95.3
9 食品工业	97.4	97.7	105.0	100.8	95.7
10 纺织工业	85.7	86.2	88.8	94.7	91.7
11 缝纫工业	78.5	117.2	86.9		92.8
12 皮革工业	72.5	75.3	82.1		
13 造纸工业	87.0	88.3	89.0	88.4	88.1
14 文教艺术用品工业	98.4	93.4	93.0	84.6	78.0
15 其它工业	103.7	101.0	104.6	99.5	97.2

6月	7月	8月	9月	10月	11月	12月
98.8	98.1	97.8	98.3	95.2	96.6	99.1
98.3	98.9	98.5	97.1	93.3	95.8	98.2
98.8	99.5	99.3	98.3	94.5	97.0	99.4
96.7	97.8	96.8	95.0	91.0	93.5	95.5
99.2	97.6	97.2	99.1	96.6	97.3	99.9
101.3	101.0	102.6	104.2	95.9	93.4	102.8
100.2	98.9	98.4	99.6	99.2	100.3	101.5
96.9	94.2	93.2	95.4	92.7	92.6	96.5
98.4	97.2	96.9	98.5	95.2	96.2	98.7
101.3	101.0	102.6	104.2	95.9	93.4	102.8
98.7	98.1	97.7	98.3	96.6	98.3	99.2
96.9	94.7	93.5	96.4	92.4	92.8	96.5
99.8	99.0	99.4	97.8	95.3	97.3	99.7
99.1	102.4	100.8	97.4	96.3	95.6	100.3
108.5	99.8	105.0	112.5	95.8	110.3	107.3
94.3	99.3	97.6	96.4	97.9	99.9	96.6
95.2	90.3	89.3	87.3	88.1	87.7	90.1
95.5	94.5	95.6	98.1	95.9	97.1	98.5
108.0	107.0	105.5	104.5	107.4	111.0	107.0
106.8	107.5	108.2	107.5	98.4	92.4	108.9
94.8	93.9	92.2	95.9	91.2	94.6	91.0
100.9	96.7	97.8	96.5	97.1	94.7	100.0
92.3	94.9	89.5	92.1	90.2	92.1	100.6
91.5	95.1	94.4	98.4	90.9	86.3	94.5
99.0	102.6	100.8	97.1	96.0	94.9	99.7
98.0	102.1	106.3	102.4	85.5	89.1	90.4
117.0		110.3	115.3	99.9	116.7	107.2
		88.5		84.2	104.2	111.5
87.1	85.5	85.5	84.0	86.3	88.4	90.3
90.6	91.1	101.5	89.0	77.8	95.9	99.4
98.9	98.7	97.4	102.3	96.8	98.6	100.9

广西壮族自治区工业品出厂价格主要分组同比指数表（1998 年）

（上年 =100）

项目名称	1 月	2 月	3 月	4 月	5 月
全部工业品	98.5	96.5	96.1	96.0	95.2
其中：轻工业	96.7	95.3	96.5	95.7	94.8
以农产品为原料	97.9	94.9	95.5	96.9	94.8
以非农产品为原料	95.2	96.1	98.2	93.5	94.7
重　工　业	99.7	97.4	95.8	96.3	95.4
采　　掘	106.5	97.2	95.9	93.9	93.3
原　　料	98.6	99.8	96.9	98.5	96.5
加　　工	99.2	93.2	93.5	93.6	94.4
其中：生产资料	98.3	96.8	96.6	95.7	94.8
(1) 采　　掘	106.5	97.2	95.9	93.9	93.3
(2) 原　　料	97.2	98.2	97.1	96.8	95.0
(3) 加　　工	97.9	93.9	95.7	94.4	94.9
生活资料	98.8	96.0	95.2	96.6	95.9
(1) 食　　品	100.1	95.8	99.0	98.3	96.4
(2) 衣　　着	112.3	95.2	80.5	76.9	82.9
(3) 一般日用品	94.6	100.9	99.8	95.6	98.0
(4) 耐用消费品	96.2	89.3	82.0	91.9	92.9
按工业部门分：					
1 冶金工业	95.8	97.1	91.5	95.4	94.3
2 电力工业	108.6	107.2	107.5	107.1	102.8
3 煤炭及炼焦工业	113.7	101.4	97.7	93.8	93.5
4 石油工业					
5 化学工业	96.8	94.0	99.0	90.0	90.7
6 机械工业	99.7	95.7	91.3	95.1	95.4
7 建筑材料工业	89.3	94.8	96.7	97.9	101.8
8 森林工业	86.5	91.4	92.0	94.3	85.0
9 食品工业	99.3	94.6	98.2	97.7	95.4
10 纺织工业	90.0	91.7	86.6	85.0	79.4
11 缝纫工业					
12 皮革工业	118.9	82.1	76.1		
13 造纸工业	85.8	92.3	94.5	91.3	95.4
14 文教艺术用品工业	101.0	99.4	105.2		107.3
15 其它工业	99.4	104.0	100.6	100.9	100.9

6月	7月	8月	9月	10月	11月	12月
94.5	95.4	94.2	95.2	93.9	95.1	94.9
95.0	97.4	94.3	93.4	91.7	95.7	95.7
95.6	98.3	94.5	90.1	89.9	94.8	96.1
93.4	95.1	94.0	97.8	99.6	97.0	94.7
94.1	93.9	94.1	96.6	95.2	94.8	94.4
91.4	88.3	91.1	93.1	88.1	92.7	90.2
93.3	93.7	92.9	96.8	94.9	94.4	95.4
96.9	95.0	98.3	97.5	97.9	96.3	94.1
93.1	93.8	93.4	95.6	95.0	94.0	95.2
91.4	88.3	91.1	93.1	88.1	92.7	90.2
91.6	93.0	91.8	94.8	94.3	93.4	96.3
97.0	96.1	98.2	97.6	97.9	95.6	94.7
97.5	98.2	95.7	94.2	91.5	97.6	94.2
98.9	101.1	99.8	97.0	91.3	99.3	98.9
77.5	76.4	62.8	80.1	86.5	92.2	80.8
96.7	96.1	93.0	95.0	91.3	93.6	91.6
92.5	92.6	90.9	96.3	95.7	100.3	86.5
89.0	92.7	89.5	89.8	90.4	91.4	91.7
101.1	98.9	98.1	101.7	99.9	100.2	99.3
93.0	86.5	92.0	93.6	93.4	92.8	91.8
92.5	91.6	91.0	92.8	92.4	92.7	92.6
95.6	93.9	94.2	96.2	95.1	96.1	89.6
99.4	98.8	105.5	101.7	100.0	100.4	101.5
89.0	86.9	82.4	97.0	89.4	91.7	93.9
97.9	100.4	97.1	91.6	89.8	96.7	96.3
76.8	75.3	68.6	84.1	94.0	85.2	88.5
			75.9			
				66.3		76.1
89.8	93.6	86.7	91.0	83.7	92.0	112.8
101.3	94.1	100.9	88.7	92.0	102.7	95.0
99.9	105.4	109.9	113.1	108.0	104.8	107.4

广西壮族自治区工业品出厂价格主要分组同比指数表（1999 年）

（上年 =100）

项目名称	1 月	2 月	3 月	4 月	5 月
全部工业品	94.7	96.2	95.8	95.3	96.0
其中：轻工业	93.5	96.7	95.9	97.0	97.8
以农产品为原料	92.0	96.0	95.1	98.6	95.3
以非农产品为原料	96.1	97.9	97.2	94.1	102.1
重　工　业	95.5	95.9	95.8	94.1	94.7
采　　掘	91.3	91.9	93.0	94.7	95.9
原　　料	95.8	95.3	95.9	94.4	94.5
加　　工	96.8	97.8	96.8	93.3	94.5
其中：生产资料	94.4	95.4	95.2	94.3	94.7
(1) 采　　掘	91.3	91.9	93.0	94.7	95.9
(2) 原　　料	93.9	94.0	95.5	94.8	94.9
(3) 加　　工	96.8	99.1	95.6	93.3	93.9
生活资料	95.2	97.6	96.8	97.2	98.5
(1) 食　　品	97.4	98.5	100.0	100.1	99.6
(2) 衣　　着	93.2	95.6	90.3	105.2	91.9
(3) 一般日用品	95.8	93.5	93.7	90.8	95.4
(4) 耐用消费品	95.1	102.7	92.8	84.9	104.3
按工业部门分：					
1 冶金工业	92.0	92.7	92.8	91.1	91.1
2 电力工业	99.4	99.8	98.9	99.5	100.3
3 煤炭及炼焦工业	92.8	89.7	93.7	95.7	96.8
4 石油工业					
5 化学工业	99.2	94.7	93.8	91.1	94.9
6 机械工业	91.3	96.0	94.6	90.7	95.2
7 建筑材料工业	102.6	102.1	99.7	95.8	97.9
8 森林工业	82.4	93.3	94.5	95.6	96.1
9 食品工业	94.9	96.4	97.9	97.9	98.0
10 纺织工业	81.0	84.7	94.1	94.1	96.3
11 缝纫工业		109.3		122.4	
12 皮革工业	84.6	86.1	94.6		109.7
13 造纸工业	81.9	83.2	88.0	93.4	87.5
14 文教艺术用品工业	100.3	108.5	90.7	102.4	100.0
15 其它工业	109.2	116.4	102.4	106.6	100.3

6月	7月	8月	9月	10月	11月	12月
95.3	96.4	96.1	94.3	96.0	96.2	95.0
95.2	94.9	91.5	90.9	93.3	92.7	90.3
93.7	93.1	90.5	89.9	91.6	91.1	87.9
97.8	103.3	95.9	95.7	101.2	99.3	98.7
95.4	97.5	99.7	96.5	97.8	98.8	98.1
92.7	95.5	98.3	102.9	100.6	103.9	100.2
95.2	99.2	100.7	99.0	99.4	98.5	101.0
97.1	94.3	97.7	90.0	94.4	97.9	92.8
95.6	97.7	99.4	96.4	97.7	98.8	98.1
92.7	95.5	98.3	102.9	100.6	103.9	100.2
96.1	98.9	100.5	98.9	99.3	98.7	100.8
95.6	95.4	97.2	89.9	94.4	97.5	93.2
91.8	93.9	90.2	90.1	92.5	91.5	88.7
97.1	92.2	89.0	88.9	89.2	90.3	85.9
91.8	104.8	95.0	92.0	117.2	102.8	99.1
94.0	97.8	91.8	94.3	96.0	95.8	96.6
87.8	95.5	94.7	97.0	100.9	85.3	94.5
91.8	97.6	102.3	102.5	104.5	105.8	104.7
100.1	100.3	99.9	99.7	99.7	101.4	107.0
91.3	97.0	99.4	95.3	102.7	98.1	99.1
93.8	100.6	98.1	95.5	97.0	91.0	92.9
91.5	97.3	101.0	89.7	94.8	98.5	92.1
102.1	93.0	92.3	91.6	90.9	93.9	95.0
92.9	97.1	98.5	99.2	100.1	102.4	99.0
95.3	91.1	88.4	88.5	88.8	90.0	85.4
109.1	109.1	105.7	107.3	116.5	126.6	116.4
				138.2		
89.1	114.5	93.7				131.9
89.6	89.0	94.8	94.1	94.0	97.0	97.0
105.0	116.3	97.4	127.5	110.8	81.7	92.1
99.5	105.0	94.7	95.3	94.2	91.4	92.7

广西壮族自治区工业品出厂价格主要分组同比指数表（2000 年）

（上年 =100）

项目名称	1月	2月	3月	4月	5月
全部工业品	96.1	97.6	99.2	100.8	102.4
其中：轻工业	92.1	97.3	99.5	103.9	107.7
以农产品为原料	90.3	95.8	98.8	104.3	109.1
以非农产品为原料	101.7	102.8	102.4	101.8	101.6
重 工 业	98.2	97.8	99.1	99.0	98.9
采 掘	104.1	105.7	99.2	105.7	105.5
原 料	99.5	100.9	101.2	100.9	102.4
加 工	94.8	90.6	96.0	94.6	90.3
其中：生产资料	98.7	98.1	99.2	100.7	100.0
(1) 采 掘	104.1	105.7	99.2	105.7	105.5
(2) 原 料	99.6	101.1	101.4	102.6	103.8
(3) 加 工	96.0	91.5	96.1	96.1	91.4
生活资料	89.9	96.4	99.2	101.1	107.3
(1) 食 品	89.3	94.5	98.6	103.3	109.6
(2) 衣 着	97.8	112.7	106.7	106.9	99.3
(3) 一般日用品	94.3	99.1	99.8	100.0	98.9
(4) 耐用消费品	84.9	98.6	99.6	76.8	98.5
按工业部门分：					
1 冶金工业	107.2	108.3	108.2	108.5	111.0
2 电力工业	99.2	98.4	99.2	100.0	99.7
3 煤炭及炼焦工业	104.6	101.6	102.9	100.0	106.8
4 石油工业					
5 化学工业	92.1	95.0	95.3	93.7	95.6
6 机械工业	91.6	88.0	95.5	91.0	91.3
7 建筑材料工业	97.2	97.2	96.5	101.3	93.0
8 森林工业	109.2	108.5	97.8	100.7	101.4
9 食品工业	88.8	94.3	98.2	103.1	109.6
10 纺织工业	109.9	128.0	125.8	136.8	114.6
11 缝纫工业					
12 皮革工业		175.2	155.3		93.9
13 造纸工业	96.9	102.5	102.9	121.7	123.5
14 文教艺术用品工业	78.4	87.8		115.4	84.1
15 其它工业	92.6	93.5	94.8	94.0	94.9

6月	7月	8月	9月	10月	11月	12月
102.8	105.0	108.3	111.6	114.7	114.4	113.0
104.3	108.4	118.1	121.8	120.4	118.2	116.5
104.6	110.0	120.4	124.4	122.5	120.2	118.6
102.5	101.5	97.5	97.7	100.9	97.4	97.2
101.9	103.0	101.6	104.5	110.6	111.7	110.6
107.3	103.3	107.3	106.4	110.9	108.6	109.8
105.9	107.2	102.4	106.0	114.4	116.4	115.7
95.3	97.4	96.9	99.3	100.3	98.5	97.6
102.9	103.3	101.8	103.8	109.7	110.3	110.3
107.3	103.3	107.3	106.4	110.9	108.6	109.8
106.1	107.3	102.5	105.7	113.9	115.8	115.1
97.1	97.6	99.1	99.8	102.0	100.2	102.0
102.6	108.5	123.0	129.7	125.0	122.8	118.7
104.9	111.6	127.5	135.5	131.9	129.1	124.5
98.4	107.0	91.8	91.8	95.9	94.5	97.0
102.1	99.2	98.8	98.7	101.4	99.2	98.5
77.8	97.6	98.0	98.2	98.3	98.2	97.9
116.4	112.9	108.1	108.0	104.0	107.3	101.7
100.1	98.4	95.9	113.1	144.4	147.3	154.9
107.9	104.9	108.5	99.9	108.5	102.3	101.5
101.8	99.0	95.1	95.8	93.1	95.4	95.0
95.5	95.6	96.8	99.0	102.9	101.8	99.3
94.1	109.0	102.9	99.4	106.5	102.8	107.1
100.5	99.8	100.0	99.9	103.0	96.6	99.8
104.7	111.7	122.4	128.3	126.5	123.6	122.3
101.6	113.6	119.7	113.1	112.1	106.7	104.7
103.3	80.2					
113.3	113.6	119.0	111.0	112.1	110.5	107.6
98.8	96.9		106.9		113.0	100.0
95.1	93.7	100.5	103.8	105.5	104.6	107.5

广西壮族自治区工业品出厂价格主要分组同比指数表（2001 年）

（上年 =100）

项目名称	1 月	2 月	3 月	4 月	5 月
全部工业品	114.2	111.1	110.7	112.4	112.5
其中：轻工业	115.6	116.3	116.6	114.3	116.3
以农产品为原料	117.1	118.1	118.4	115.8	117.9
以非农产品为原料	99.4	99.9	97.7	100.7	101.8
重　工　业	113.2	107.5	106.6	111.2	109.8
采　　掘	113.5	112.9	108.9	111.0	106.9
原　　料	117.3	108.1	109.9	117.4	116.0
加　　工	101.1	103.0	97.4	95.8	96.4
其中：生产资料	111.3	106.3	106.7	109.6	108.3
(1) 采　　掘	113.5	112.9	108.9	111.0	106.9
(2) 原　　料	117.0	108.0	109.7	117.0	116.1
(3) 加　　工	101.3	100.9	101.0	95.7	96.2
生活资料	120.7	121.9	119.0	118.4	121.3
(1) 食　　品	124.9	126.1	123.9	123.6	126.8
(2) 衣　　着	98.6	85.7	83.9	95.2	91.2
(3) 一般日用品	99.3	101.0	98.7	100.8	103.2
(4) 耐用消费品	99.4	99.5	100.0	100.1	100.1
按工业部门分：					
1 冶金工业	103.9	102.7	101.3	103.7	98.7
2 电力工业	156.4	125.7	132.7	158.9	158.0
3 煤炭及炼焦工业	104.6	106.1	100.0	97.2	101.4
4 石油工业					
5 化学工业	97.9	99.5	100.7	101.5	101.3
6 机械工业	103.4	104.6	96.8	95.2	96.3
7 建筑材料工业	101.3	105.0	101.7	102.3	102.2
8 森林工业	103.6	103.5	104.9	103.1	102.4
9 食品工业	120.5	120.5	121.3	119.6	122.3
10 纺织工业	101.2	94.7	103.4	88.8	91.8
11 缝纫工业					
12 皮革工业					
13 造纸工业	108.2	113.2	104.7	94.3	100.2
14 文教艺术用品工业			95.1		
15 其它工业	108.6	110.2	107.6	104.8	101.7

6月	7月	8月	9月	10月	11月	12月
106.5	106.0	104.3	100.4	102.5	97.6	97.2
110.5	109.5	100.9	106.4	108.9	96.9	98.5
111.5	110.4	100.8	107.0	110.1	96.7	98.4
101.1	101.2	101.8	100.9	97.4	99.0	99.8
103.8	103.7	106.4	96.6	98.4	98.1	96.4
105.4	102.4	102.5	100.2	98.2	97.9	96.6
107.5	107.7	110.1	95.6	98.9	98.3	96.2
96.2	95.1	99.4	97.6	97.4	97.7	96.5
102.5	103.2	105.0	96.9	98.7	97.6	95.9
105.4	102.4	102.5	100.2	98.2	97.9	96.6
107.2	107.4	109.8	95.6	98.9	98.1	96.1
95.4	96.5	98.0	98.2	98.5	96.8	95.4
115.0	112.4	102.5	108.2	111.1	97.6	100.0
118.9	115.5	103.0	109.9	114.5	97.1	99.6
90.5	90.1	90.5	101.3	90.5	90.8	92.1
102.0	102.7	103.0	102.9	98.8	99.9	102.8
100.1	98.4	97.6	99.2	99.9	99.4	99.9
97.1	95.3	94.3	91.1	92.0	92.0	90.6
133.5	136.0	148.2	98.0	109.4	100.8	97.8
93.2	97.9	97.8	105.6	110.1	121.2	121.5
98.8	99.3	101.2	102.4	102.5	100.9	100.5
96.2	94.9	98.8	96.9	96.5	97.0	95.8
100.8	102.9	102.1	100.6	94.2	103.1	102.4
99.8	108.4	102.4	104.8	101.6	107.3	100.7
115.2	113.4	101.7	109.1	112.9	97.7	99.4
83.9	90.2	87.4	85.7	83.4	80.9	78.4
100.4	96.7	98.6	100.6	104.7	86.8	98.2
147.2	147.2			100.0		
100.8	101.5	101.3	102.4	102.8	104.5	102.4

广西壮族自治区工业品出厂价格主要分组同比指数表（2002 年）

（上年 =100）

项目名称	1 月	2 月	3 月	4 月	5 月
总指数	96.0	94.6	93.4	94.2	94.7
按轻重工业分					
(1) 轻工业	94.5	90.1	89.0	88.8	87.8
1. 以农产品为原料	94.1	89.1	88.0	88.4	86.9
2. 以非农产品为原料	98.8	100.7	99.4	92.2	94.8
(2) 重工业	97.0	97.4	96.2	96.8	97.8
1. 采掘	94.8	94.8	91.9	103.0	104.9
2. 原料	96.3	96.8	94.6	95.1	97.0
3. 加工	98.7	99.5	100.5	98.5	98.4
按生产生活资料分					
(1) 生产资料	96.7	96.7	95.4	96.4	97.5
1. 采掘	94.8	94.8	91.9	103.0	104.9
2. 原料	96.2	96.7	94.6	94.6	96.8
3. 加工	97.8	97.0	97.2	97.9	97.7
(2) 生活资料	94.3	89.9	89.0	87.3	85.3
1. 食品	93.1	87.2	85.9	84.0	81.2
2. 衣着	99.5	97.9	96.4	98.7	103.8
3. 一般日用品	100.3	100.4	101.1	96.6	96.5
4. 耐用消费品	97.2	100.0	100.7	94.7	94.3
按工业部门分					
(1) 冶金工业	89.5	89.6	89.4	90.1	91.3
(2) 电力工业	99.7	101.7	97.8	101.7	105.1
(3) 煤炭及炼焦工业	118.9	120.5		125.6	127.8
(4) 石油工业				96.5	97.5
(5) 化学工业	99.5	100.9	98.3	95.5	97.8
(6) 机械工业	98.1	99.4	101.3	99.0	98.5
(7) 建筑材料工业	100.9	102.9	99.2	97.9	98.3
(8) 森林工业	101.8	100.8	106.2	86.1	86.4
(9) 食品工业	94.7	88.0	87.4	87.6	85.1
(10) 纺织工业	77.5	76.5	78.2	85.5	86.4
(11) 缝纫工业				95.9	103.2
(12) 皮革工业				76.9	101.9
(13) 造纸工业	96.9	94.1	94.8	93.8	96.2
(14) 文教艺术用品工业		100.0	100.0	83.6	101.4
(15) 其它工业	102.3	101.1	103.2	101.4	101.2

6月	7月	8月	9月	10月	11月	12月
95.4	95.5	95.6	95.5	96.0	98.0	98.6
90.5	89.7	89.7	90.3	90.4	92.8	93.3
90.1	88.8	88.7	89.4	89.4	92.1	92.5
93.3	95.3	97.0	97.2	98.7	97.8	98.7
98.0	98.5	99.0	98.5	99.2	100.9	101.6
105.3	105.9	104.9	106.8	104.5	105.9	107.2
96.8	98.2	99.7	98.7	100.2	102.8	103.7
98.9	98.3	97.2	97.2	96.9	97.5	97.8
97.8	98.4	98.8	98.6	99.2	101.2	102.1
105.3	105.9	104.9	106.8	104.5	105.9	107.2
96.8	98.0	99.6	98.5	100.1	102.5	103.4
98.2	98.3	97.4	98.0	97.6	99.1	99.9
88.6	87.0	87.1	87.3	87.5	89.4	89.3
85.0	84.1	83.0	83.8	83.2	87.1	87.3
101.5	100.8	100.4	97.8	99.1	102.6	103.6
97.3	96.3	98.6	99.0	100.9	99.7	100.6
94.1	90.9	92.1	90.3	92.1	87.3	85.7
92.3	93.3	96.6	96.7	98.2	102.8	102.4
101.3	107.5	104.9	98.6	101.2	101.6	100.0
112.4	106.9	107.3	107.2	103.2	106.3	106.4
103.8	97.7	101.2	104.4	110.5	109.7	122.9
96.7	96.7	97.3	99.1	98.1	99.0	99.4
98.9	98.6	97.3	97.5	96.8	97.6	97.9
99.5	100.0	100.4	99.0	98.6	97.1	97.3
95.3	96.1	93.0	92.5	94.6	89.9	95.5
87.9	87.3	86.2	87.0	86.5	89.9	90.2
89.4	90.0	90.7	93.5	95.0	98.3	101.4
98.4	98.8	101.6	101.6	106.4	105.6	107.5
86.9	82.8	80.9	76.5	77.5	91.8	96.6
98.3	94.9	98.2	97.5	99.1	98.9	99.0
95.5	94.4	103.3	103.5	98.5	100.1	99.3
100.7	100.5	101.3	102.0	102.0	103.3	102.5

广西壮族自治区工业品出厂价格主要分组同比指数表（2003 年）

（上年 =100）

项目名称	1月	2月	3月	4月	5月
总指数	100.2	102.0	104.3	103.2	102.3
按轻重工业分					
（1）轻工业	97.0	97.1	100.0	99.6	97.4
1. 以农产品为原料	96.6	97.2	100.4	99.8	96.8
2. 以非农产品为原料	98.1	96.8	98.8	99.0	99.1
（2）重工业	102.5	105.6	107.5	105.9	106.0
1. 采掘	108.5	105.8	108.6	108.3	106.0
2. 原料	103.2	109.1	110.9	108.3	108.3
3. 加工	101.2	101.6	103.6	102.8	103.4
按生产生活资料分					
（1）生产资料	102.1	104.7	106.8	105.5	105.5
1. 采掘	108.5	105.8	108.6	108.3	106.0
2. 原料	103.1	108.8	111.2	108.9	108.2
3. 加工	101.0	101.4	103.2	102.7	103.3
（2）生活资料	95.4	94.9	98.1	97.2	94.4
1. 食品	95.4	95.2	98.8	96.9	94.8
2. 衣着	104.7	98.4	102.5	104.5	102.0
3. 一般日用品	101.3	99.6	101.2	100.5	101.3
4. 耐用消费品	90.5	90.1	91.9	95.7	86.4
按工业部门分					
（1）冶金工业	106.3	109.8	113.6	112.7	115.2
（2）电力工业	100.0	100.0	100.0	100.0	100.0
（3）煤炭及炼焦工业	113.6	107.7	107.0	100.1	98.9
（4）石油工业	113.1	139.5	138.5	128.6	120.0
（5）化学工业	101.0	103.1	104.7	101.3	100.4
（6）机械工业	97.2	95.7	97.2	97.2	98.3
（7）建筑材料工业	94.2	94.3	97.4	98.7	98.0
（8）森林工业	95.0	94.0	93.6	96.5	95.6
（9）食品工业	95.8	95.6	98.7	97.1	94.7
（10）纺织工业	102.2	108.3	112.8	115.6	103.9
（11）缝纫工业	108.6	101.1	104.6	108.6	103.9
（12）皮革工业	98.6	105.8	99.6	96.8	108.3
（13）造纸工业	97.8	101.1	105.9	109.5	105.5
（14）文教艺术用品工业	97.5	99.2	96.4	100.5	99.0
（15）其它工业	102.7	101.8	105.1	104.4	102.3

6月	7月	8月	9月	10月	11月	12月
101.6	101.4	101.7	101.9	101.9	105.4	107.5
97.6	97.0	96.9	96.8	97.6	102.4	106.1
96.8	95.8	96.0	96.3	96.8	102.3	106.5
99.9	100.5	99.6	98.5	100.0	102.7	105.0
104.7	104.6	105.1	105.7	105.0	107.6	108.5
103.4	105.2	104.8	111.4	110.0	109.7	108.3
107.8	106.7	106.6	107.2	106.1	109.6	110.7
101.2	102.3	103.5	103.5	103.4	105.2	105.9
103.9	103.9	104.3	104.7	104.8	108.3	109.3
103.4	105.2	104.8	111.4	110.0	109.7	108.3
107.1	106.0	106.1	106.6	105.7	109.1	110.3
101.4	102.3	102.9	102.8	103.8	107.5	108.6
95.9	94.9	94.8	94.8	94.4	97.9	102.6
95.4	94.2	93.9	95.0	94.3	99.0	105.0
97.3	101.4	103.0	93.6	105.2	101.6	103.7
103.4	105.0	102.2	99.6	100.6	95.8	96.0
93.1	90.6	93.7	90.5	89.9	93.1	94.3
114.7	115.9	117.4	119.0	118.1	124.5	124.0
100.0	100.0	100.0	100.0	100.0	100.0	100.0
91.7	102.0	91.6	104.0	99.1	100.6	94.6
115.1	104.7	104.6	105.6	98.2	98.7	100.9
100.0	102.4	101.7	102.0	103.1	103.1	105.7
96.7	96.4	96.5	95.0	95.7	96.9	98.8
97.2	96.9	99.3	100.9	103.2	112.8	118.0
95.8	96.7	99.4	99.4	97.8	101.9	100.0
95.4	94.4	93.9	94.4	94.6	101.3	106.4
104.3	104.3	107.8	107.0	108.8	116.1	115.9
97.4	102.8	104.6	89.3	106.3	102.3	105.8
100.4	103.3	115.4	107.2	102.6	105.0	92.3
100.5	98.5	100.4	99.0	101.1	102.1	104.1
98.9	100.5	97.6	99.2	95.8	99.2	91.5
103.6	102.2	100.7	100.6	100.6	100.9	101.2

广西壮族自治区工业品出厂价格主要分组同比指数表（2004 年）

（上年 =100）

项目名称	1 月	2 月	3 月	4 月	5 月
总指数	107.7	107.8	108.4	110.4	109.9
按轻重工业分					
(1) 轻工业	106.9	106.5	107.2	110.3	110.3
1. 以农产品为原料	107.9	107.9	108.7	113.2	113.4
2. 以非农产品为原料	104.9	103.5	104.0	104.2	103.9
(2) 重工业	108.3	108.8	109.3	110.4	109.6
1. 采掘	110.8	113.3	117.7	124.6	121.9
2. 原料	107.2	109.4	110.8	111.0	110.5
3. 加工	109.0	108.0	107.5	108.8	107.9
按生产生活资料分					
(1) 生产资料	109.6	109.9	110.5	112.2	111.0
1. 采掘	110.8	113.3	117.7	124.6	121.9
2. 原料	106.9	109.2	110.3	110.7	110.2
3. 加工	111.0	110.1	110.2	112.2	110.7
(2) 生活资料	103.3	102.8	103.6	106.3	107.4
1. 食品	105.7	105.3	106.1	109.4	111.6
2. 衣着	105.4	102.7	98.8	103.3	104.8
3. 一般日用品	98.5	96.6	98.0	98.3	97.4
4. 耐用消费品	94.9	94.8	95.4	96.1	94.1
按工业部门分					
(1) 冶金工业	129.8	132.1	133.6	135.7	131.8
(2) 电力工业	100.6	102.1	102.8	102.4	101.6
(3) 煤炭及炼焦工业	97.0	96.7	99.2	113.2	111.3
(4) 石油工业	109.0	100.8	99.9	104.3	107.9
(5) 化学工业	105.4	103.6	104.1	104.3	104.8
(6) 机械工业	97.7	98.3	98.6	99.6	99.6
(7) 建筑材料工业	110.8	109.7	108.4	109.0	108.6
(8) 森林工业	102.3	108.7	107.0	105.5	106.0
(9) 食品工业	107.8	108.0	109.7	115.1	115.0
(10) 纺织工业	123.0	122.6	115.1	118.1	121.0
(11) 缝纫工业	113.3	105.1	97.6	99.0	102.0
(12) 皮革工业	99.4	99.0	98.8	103.6	102.8
(13) 造纸工业	101.4	102.9	103.4	103.1	103.2
(14) 文教艺术用品工业	103.6	97.5	101.7	98.8	99.5
(15) 其它工业	98.5	95.7	97.0	97.3	98.4

6月	7月	8月	9月	10月	11月	12月
109.8	110.7	111.4	112.6	112.4	108.8	107.0
111.2	113.6	114.9	115.3	114.6	106.1	103.5
115.1	118.2	119.3	119.7	118.6	106.8	102.9
103.3	104.1	105.6	106.0	106.1	104.8	104.9
108.7	108.4	108.7	110.4	110.7	111.0	109.8
123.6	121.7	125.0	129.0	120.5	125.1	122.7
110.2	110.0	110.1	110.9	111.3	112.0	110.4
106.3	106.0	106.3	108.3	109.5	109.0	108.1
109.8	110.0	110.3	111.4	111.4	110.3	109.5
123.6	121.7	125.0	129.0	120.5	125.1	122.7
110.0	110.0	110.2	111.1	110.7	112.1	110.7
108.8	109.2	109.4	110.5	111.2	108.4	108.0
109.8	112.5	114.0	115.2	114.7	105.5	101.4
114.9	118.3	120.5	121.2	121.6	109.1	103.3
107.8	106.4	114.2	124.4	102.4	102.9	110.4
97.8	97.2	98.4	99.3	99.0	98.8	99.9
93.8	95.5	93.6	95.8	91.6	91.6	91.4
125.7	124.9	126.4	127.7	129.8	127.6	122.0
102.7	101.5	101.7	102.4	101.4	104.1	103.8
116.3	110.4	115.2	113.6	111.0	111.6	115.1
112.2	113.4	111.9	117.9	121.1	125.2	123.3
105.7	106.6	108.7	110.6	110.0	111.7	112.7
99.9	99.7	99.3	100.6	100.5	101.1	101.3
106.8	107.5	109.0	107.8	108.8	103.5	102.4
98.7	99.1	99.7	104.9	102.6	101.7	101.2
117.3	121.1	122.9	124.1	123.0	108.4	103.2
121.7	120.8	117.4	115.8	112.1	97.3	99.7
103.5	100.8	110.2	128.4	103.2	104.0	115.7
103.4	104.5	106.4	106.5	99.3	99.1	101.8
104.4	105.5	104.1	103.5	104.2	104.6	103.6
101.2	98.4	99.3	98.3	99.2	98.6	99.6
99.0	100.7	101.2	101.8	103.4	100.7	105.0

广西壮族自治区工业品出厂价格主要分组同比指数表（2005年）

（上年=100）

项目名称	1月	2月	3月	4月	5月
总指数	105.1	105.1	104.7	104.0	104.9
按轻重工业分					
(1) 轻工业	102.3	103.9	104.8	103.9	105.0
1. 以农产品为原料	101.7	104.4	106.1	105.2	106.2
2. 以非农产品为原料	103.5	103.0	101.8	101.0	102.3
(2) 重工业	107.3	106.1	104.6	104.0	104.8
1. 采掘	125.0	131.9	131.2	124.2	128.7
2. 原料	108.3	106.9	103.5	104.0	104.4
3. 加工	105.2	103.3	103.0	102.2	103.0
按生产生活资料分					
(1) 生产资料	107.0	105.8	104.4	103.6	104.4
1. 采掘	125.0	131.9	131.2	124.2	128.7
2. 原料	108.8	107.2	103.9	104.1	104.6
3. 加工	104.9	103.6	103.0	102.0	102.8
(2) 生活资料	100.9	103.6	105.2	104.9	106.1
1. 食品	102.3	105.8	108.3	107.4	108.6
2. 衣着	103.9	108.6	104.7	105.4	101.8
3. 一般日用品	102.8	103.8	102.3	104.8	104.1
4. 耐用消费品	91.6	90.2	90.3	90.5	93.7
按工业部门分					
(1) 冶金工业	115.4	110.9	105.6	106.3	109.1
(2) 电力工业	101.7	102.2	100.2	100.7	99.7
(3) 煤炭及炼焦工业	101.8	124.9	135.9	140.2	141.8
(4) 石油工业	120.4	120.2	120.2	120.2	119.1
(5) 化学工业	111.5	111.4	109.8	109.1	109.0
(6) 机械工业	101.8	100.6	101.6	100.0	100.6
(7) 建筑材料工业	98.6	98.1	97.9	96.5	99.0
(8) 森林工业	102.2	99.9	95.9	95.2	100.9
(9) 食品工业	102.0	105.4	107.8	106.7	107.8
(10) 纺织工业	94.4	95.9	97.1	95.6	96.7
(11) 缝纫工业	105.0	112.5	107.8	99.8	102.3
(12) 皮革工业	102.0	105.8	102.5	105.7	102.5
(13) 造纸工业	103.9	102.8	100.7	102.4	102.4
(14) 文教艺术用品工业	100.7	102.0	108.1	105.1	98.6
(15) 其它工业	106.0	105.4	104.7	103.0	105.1

6月	7月	8月	9月	10月	11月	12月
104.3	104.9	104.8	103.9	104.7	104.9	107.1
103.6	104.4	105.7	104.9	106.7	108.7	115.3
104.4	105.3	107.5	106.2	108.9	112.6	121.5
101.7	102.3	101.5	101.9	101.9	99.9	101.1
104.9	105.3	104.1	103.2	103.1	101.9	100.8
127.6	130.2	124.8	120.5	123.4	123.2	126.9
103.8	105.3	105.5	105.1	105.4	104.6	105.1
103.8	103.1	101.2	100.3	99.5	98.1	95.3
104.4	104.8	103.9	103.3	103.0	101.8	101.8
127.6	130.2	124.8	120.5	123.4	123.2	126.9
103.8	105.6	105.5	105.1	105.8	104.8	105.5
103.3	102.8	101.7	101.2	100.1	98.9	98.2
104.2	105.0	106.8	105.4	108.5	111.7	119.0
105.3	106.9	109.5	107.7	111.1	115.7	126.9
105.1	101.0	105.7	100.3	100.7	109.4	113.2
104.2	105.1	103.4	103.7	102.4	99.7	98.8
97.4	94.4	94.4	94.5	100.2	100.2	93.3
108.7	109.6	105.7	103.5	102.4	100.3	99.7
99.3	99.8	101.4	101.3	101.6	101.6	101.4
141.1	139.5	139.2	128.4	126.8	132.8	144.9
119.7	121.3	124.8	124.3	120.8	118.7	117.1
108.5	109.7	107.3	106.4	106.8	104.8	102.1
101.2	101.4	100.8	100.7	100.5	99.5	98.2
98.0	96.8	96.9	98.6	100.4	98.1	100.5
104.1	100.6	102.3	100.9	102.6	98.3	103.1
105.4	106.5	109.2	107.6	111.1	115.9	127.2
96.8	99.5	101.3	101.6	102.3	107.1	110.0
108.0	97.6	96.7	95.7	100.8	111.0	110.5
103.5	102.7	107.6	103.1	101.4	105.1	107.5
100.8	102.0	102.2	102.7	102.6	99.8	101.5
114.9	103.9	97.1	97.9	98.4	99.3	96.5
102.7	104.0	103.7	103.3	101.8	102.1	104.3

广西壮族自治区工业品出厂价格主要分组同比指数表（2006 年）

（上年 =100）

项目名称	1月	2月	3月	4月	5月
总指数	111.8	112.3	112.0	110.6	111.0
按轻重工业分					
（1）轻工业	120.7	123.2	122.2	118.4	116.3
1. 以农产品为原料	129.5	132.8	131.2	126.2	123.8
2. 以非农产品为原料	101.4	101.5	102.1	101.0	99.8
（2）重工业	104.5	103.6	103.8	104.2	106.7
1. 采掘	132.0	124.4	127.6	132.7	133.7
2. 原料	108.6	109.1	109.7	109.3	112.5
3. 加工	97.9	97.1	96.5	96.6	98.5
按生产生活资料分					
（1）生产资料	103.8	103.3	103.5	103.6	105.2
1. 采掘	132.0	124.4	127.6	132.7	133.7
2. 原料	108.8	109.4	110.0	109.7	112.8
3. 加工	99.0	98.6	98.4	98.1	99.0
（2）生活资料	131.3	134.6	132.9	127.8	125.2
1. 食品	137.2	141.1	139.1	133.2	130.6
2. 衣着	106.8	99.5	101.8	96.6	106.6
3. 一般日用品	102.1	101.6	101.5	100.5	96.9
4. 耐用消费品	108.6	104.2	102.7	103.0	100.8
按工业部门分					
（1）冶金工业	106.4	106.3	107.5	109.2	118.2
（2）电力工业	101.8	101.4	101.9	100.6	100.3
（3）煤炭及炼焦工业	144.1	121.7	108.6	108.4	100.5
（4）石油工业	120.9	119.3	121.0	117.5	118.1
（5）化学工业	104.7	104.3	103.8	103.8	102.0
（6）机械工业	101.4	100.4	100.1	100.4	100.8
（7）建筑材料工业	99.7	100.0	101.7	99.3	98.8
（8）森林工业	99.9	100.5	99.9	102.7	103.1
（9）食品工业	136.8	142.2	140.0	133.5	130.9
（10）纺织工业	107.5	110.3	109.0	107.9	102.2
（11）缝纫工业	104.6	106.3	103.5	100.0	101.7
（12）皮革工业	106.9	95.4	100.0	94.1	107.2
（13）造纸工业	101.6	100.2	101.4	101.1	99.4
（14）文教艺术用品工业	106.0	100.9	104.3	97.1	94.6
（15）其它工业	103.2	103.2	102.6	105.1	105.1

6月	7月	8月	9月	10月	11月	12月
111.4	110.3	109.6	108.4	106.7	107.7	104.8
116.5	112.8	110.6	107.8	104.9	105.2	100.3
123.8	118.9	115.1	111.6	107.9	107.5	100.9
100.5	99.5	100.6	99.5	98.3	100.2	99.0
107.6	108.4	108.8	108.9	108.1	109.6	108.3
145.5	136.7	144.9	153.1	139.9	148.0	129.8
114.3	114.0	115.2	115.0	112.5	114.0	112.0
99.5	100.9	99.9	99.4	101.4	102.2	103.6
106.3	106.8	107.2	107.0	106.3	107.7	106.5
145.5	136.7	144.9	153.1	139.9	148.0	129.8
114.6	114.2	115.4	115.2	112.8	114.0	111.9
99.8	100.9	100.3	99.5	100.8	101.8	102.5
125.0	119.3	115.5	112.0	107.5	107.5	100.3
130.8	124.0	119.4	114.7	109.9	109.8	101.2
103.6	102.9	100.7	102.3	96.1	93.9	93.9
95.5	95.0	95.3	98.2	95.4	95.7	96.0
101.0	102.8	103.7	101.3	100.2	101.7	102.6
126.7	123.5	124.5	124.9	120.9	125.8	120.9
99.9	104.0	104.6	104.6	104.0	104.7	104.2
99.0	98.3	98.8	101.3	102.4	99.7	90.9
121.1	120.8	117.2	112.8	110.8	108.9	108.8
101.1	98.9	99.9	100.6	98.5	99.1	99.5
99.6	101.1	101.1	101.1	103.0	103.1	104.0
101.7	101.0	103.3	99.5	97.2	101.3	99.0
104.9	102.8	99.7	103.7	108.6	106.7	105.5
130.4	123.8	119.6	114.9	110.2	109.8	101.6
101.6	102.3	103.8	103.2	104.1	99.4	97.1
96.9	102.8	103.0	102.0	96.6	99.6	99.6
106.0	101.6	98.0	101.2	91.2	89.4	91.6
99.4	99.4	98.3	98.4	98.4	98.9	99.3
84.8	95.6	94.7	98.3	99.8	101.9	98.0
103.8	104.7	102.4	102.7	104.4	103.1	101.7

广西壮族自治区工业品出厂价格主要分组同比指数表（2007 年）

（上年 =100）

项目名称	1 月	2 月	3 月	4 月	5 月
总指数	104.4	103.5	103.1	103.1	103.2
按轻重工业分					
(1) 轻工业	97.3	94.9	94.4	95.6	96.3
1. 以农产品为原料	96.8	92.5	91.6	93.7	94.4
2. 以非农产品为原料	98.8	100.8	101.4	100.3	101.1
(2) 重工业	108.3	108.1	107.9	107.3	107.0
1. 采掘	117.4	115.9	121.5	120.2	122.3
2. 原料	111.8	109.8	108.7	108.0	105.4
3. 加工	104.2	105.9	105.9	105.6	107.4
按生产生活资料分					
(1) 生产资料	106.9	106.8	106.6	106.1	106.1
1. 采掘	117.4	115.9	121.5	120.2	122.3
2. 原料	111.3	109.4	108.3	107.6	105.1
3. 加工	103.2	104.6	104.5	104.2	105.9
(2) 生活资料	95.6	91.1	90.6	92.6	92.8
1. 食品	95.4	89.6	88.8	91.5	91.3
2. 衣着	98.9	102.1	101.6	98.4	95.5
3. 一般日用品	96.6	98.2	99.0	97.8	100.3
4. 耐用消费品	100.5	100.7	99.2	100.3	101.9
按工业部门分					
(1) 冶金工业	115.4	115.4	115.1	112.8	112.2
(2) 电力工业	105.9	104.9	104.4	104.2	105.1
(3) 煤炭及炼焦工业	94.9	90.9	95.7	98.3	100.0
(4) 石油工业	106.9	105.9	106.0	105.3	102.7
(5) 化学工业	98.5	98.3	99.0	98.7	99.5
(6) 机械工业	102.4	103.3	103.0	104.2	103.0
(7) 建筑材料工业	98.2	101.3	101.5	100.5	102.4
(8) 森林工业	105.1	107.1	108.1	113.5	114.2
(9) 食品工业	96.1	90.7	89.1	92.2	91.7
(10) 纺织工业	92.4	90.4	87.7	87.5	91.7
(11) 缝纫工业	100.1	104.6	100.0	100.5	100.7
(12) 皮革工业	93.5	96.2	99.5	96.9	99.6
(13) 造纸工业	101.5	100.5	101.1	101.7	102.7
(14) 文教艺术用品工业	92.5	100.2	104.3	100.7	100.2
(15) 其它工业	109.2	104.6	102.9	103.3	108.2

6月	7月	8月	9月	10月	11月	12月
103.6	102.3	104.0	105.9	106.5	106.9	108.1
96.1	95.6	98.3	99.8	101.0	100.7	102.2
94.3	93.9	96.8	98.4	99.0	97.5	98.9
100.8	100.1	102.1	103.4	105.9	109.0	110.8
107.7	106.0	107.1	109.2	109.5	110.3	111.4
129.7	120.1	122.6	115.2	110.3	109.4	108.9
105.3	104.6	105.9	106.7	106.1	104.9	106.0
108.5	106.4	107.2	111.5	112.9	116.2	117.4
106.5	105.0	106.1	108.2	108.6	109.9	110.9
129.7	120.1	122.6	115.2	110.3	109.4	108.9
104.9	104.4	105.3	106.3	105.9	104.6	105.5
106.4	104.6	105.8	109.2	110.6	113.9	115.1
93.1	92.8	96.3	97.5	98.5	95.7	98.0
91.7	91.5	95.8	97.0	98.4	94.9	97.7
99.6	102.5	98.9	104.0	101.2	104.2	101.9
99.7	99.4	98.6	99.3	98.8	99.0	99.2
101.6	100.3	100.0	100.8	100.6	100.9	101.1
114.6	112.1	116.1	120.1	120.6	121.0	122.6
104.6	101.8	100.3	101.1	101.0	99.9	99.2
98.7	100.1	99.6	99.4	102.5	108.6	109.7
100.2	101.0	100.7	99.5	101.7	109.2	114.3
101.3	102.6	102.4	104.0	105.3	108.4	113.1
101.7	100.9	99.7	100.8	100.1	100.0	98.6
101.4	99.7	103.2	105.6	110.4	116.7	119.8
113.7	112.6	111.7	107.4	101.5	103.4	103.6
92.2	91.7	96.4	97.8	99.4	96.0	98.9
94.1	93.3	92.2	91.3	89.3	93.0	92.8
100.5	100.5	92.5	100.7	101.1	100.1	100.9
99.3	103.2	107.5	109.1	108.9	115.2	115.2
101.5	102.4	101.6	102.4	102.8	104.0	104.1
104.0	98.6	102.5	100.1	93.3	92.9	90.5
99.1	93.6	94.1	102.9	97.2	101.5	87.3

广西壮族自治区工业品出厂价格主要分组同比指数表（2008 年）

（上年 =100）

项目名称	1 月	2 月	3 月	4 月	5 月
总指数	111.5	111.8	112.6	112.5	113.3
按轻重工业分					
(1) 轻工业	107.7	107.9	108.3	106.2	106.7
1. 以农产品为原料	105.3	106.0	107.5	105.1	105.1
2. 以非农产品为原料	114.0	112.8	110.2	109.3	110.8
(2) 重工业	113.7	114.0	115.1	116.1	117.1
1. 采掘	111.9	116.9	118.5	119.3	122.2
2. 原料	107.0	108.2	107.5	107.4	106.6
3. 加工	120.8	120.1	122.8	125.3	128.2
按生产生活资料分					
(1) 生产资料	113.5	113.8	114.2	115.0	115.9
1. 采掘	111.9	116.9	118.5	119.3	122.2
2. 原料	106.9	107.9	107.3	107.3	106.3
3. 加工	118.5	118.0	119.0	120.5	122.7
(2) 生活资料	104.3	104.5	106.6	103.3	103.6
1. 食品	104.7	105.1	107.6	103.7	103.7
2. 衣着	104.1	102.6	105.0	103.7	102.7
3. 一般日用品	102.2	101.7	102.0	101.2	103.3
4. 耐用消费品	101.1	101.4	101.2	101.8	102.2
按工业部门分					
(1) 冶金工业	125.7	125.7	127.6	128.7	129.8
(2) 电力工业	101.6	101.5	101.1	100.9	100.2
(3) 煤炭及炼焦工业	124.9	126.0	126.2	124.4	128.8
(4) 石油工业	117.3	120.8	121.2	121.3	121.0
(5) 化学工业	108.5	109.0	110.0	114.9	118.1
(6) 机械工业	100.7	100.6	101.0	100.7	101.4
(7) 建筑材料工业	125.3	122.7	118.4	116.2	115.6
(8) 森林工业	107.0	107.3	108.5	104.4	103.2
(9) 食品工业	106.9	107.4	109.8	105.7	105.8
(10) 纺织工业	90.2	97.9	94.1	101.6	100.5
(11) 缝纫工业	103.9	103.9	108.7	104.6	103.9
(12) 皮革工业	114.3	109.9	107.1	108.3	104.7
(13) 造纸工业	102.9	103.9	104.9	105.7	108.9
(14) 文教艺术用品工业	92.5	99.3	94.6	91.6	98.3
(15) 其它工业	94.4	95.7	92.0	94.3	89.8

6月	7月	8月	9月	10月	11月	12月
112.1	113.1	112.6	110.0	107.2	100.7	90.7
106.3	106.9	104.8	102.8	101.0	99.3	95.4
105.0	105.1	102.6	100.2	98.1	96.2	92.9
109.6	111.5	110.4	109.3	108.2	107.0	101.7
115.5	116.6	117.1	114.2	110.8	101.5	88.2
117.4	113.8	114.4	116.0	115.4	105.1	85.0
106.2	108.3	107.4	105.5	102.9	96.3	87.6
125.5	126.1	128.1	123.3	118.8	106.8	89.0
114.7	116.0	116.2	113.5	110.3	102.0	89.8
117.4	113.8	114.4	116.0	115.4	105.1	85.0
106.0	108.0	107.4	105.4	102.6	96.1	87.6
121.0	122.2	122.9	119.3	115.5	106.0	91.6
102.6	102.4	99.5	97.2	96.0	96.1	94.0
102.2	102.2	98.5	95.8	94.3	94.4	92.5
105.5	103.7	102.1	105.4	103.6	99.6	95.2
104.8	103.5	104.5	103.9	104.2	104.6	102.0
102.4	102.6	104.5	104.9	104.4	104.4	103.6
125.1	125.5	124.7	118.4	111.5	94.7	75.2
101.0	101.6	102.1	104.7	105.1	105.2	99.6
133.1	133.1	135.9	153.2	162.0	156.2	143.6
122.2	133.0	138.0	132.0	127.7	108.7	81.6
120.6	121.4	122.5	120.8	115.9	111.2	104.7
101.5	103.6	105.6	105.0	106.0	103.8	92.6
113.3	115.8	113.3	109.7	109.6	106.0	100.6
105.6	102.9	102.4	102.7	102.8	102.8	100.0
105.0	105.5	101.8	98.5	96.5	95.0	91.7
99.3	98.9	98.3	97.9	97.3	94.1	92.7
106.6	106.5	106.7	110.5	106.1	100.4	95.3
108.1	108.7	113.4	112.7	107.0	102.5	102.5
110.4	110.7	112.6	112.2	110.0	103.7	97.7
93.2	92.5	96.2	96.2	96.7	98.7	97.7
89.9	92.6	92.9	93.9	92.4	96.6	90.2

广西壮族自治区工业品出厂价格主要分组同比指数表（2009 年）

（上年 =100）

项目名称	1 月	2 月	3 月	4 月	5 月
总指数	93.8	91.9	90.2	89.4	88.9
按轻重工业分					
(1) 轻工业	94.4	92.1	93.0	95.2	97.2
1. 以农产品为原料	91.7	89.2	90.7	93.6	96.5
2. 以非农产品为原料	101.1	99.5	98.8	99.1	98.9
(2) 重工业	93.5	91.7	88.8	86.6	84.8
1. 采掘	90.3	93.5	76.3	73.8	73.0
2. 原料	90.4	89.4	89.0	88.7	89.6
3. 加工	95.9	93.3	89.6	86.0	82.3
按生产生活资料分					
(1) 生产资料	94.0	92.3	89.7	87.9	86.5
1. 采掘	90.3	93.5	76.3	73.8	73.0
2. 原料	89.7	88.9	88.6	88.4	89.4
3. 加工	96.6	94.1	91.0	88.6	85.8
(2) 生活资料	92.7	90.1	92.2	95.3	98.5
1. 食品	90.9	87.5	90.4	94.3	98.2
2. 衣着	95.6	98.5	96.7	97.1	97.1
3. 一般日用品	101.6	102.0	100.3	100.3	100.3
4. 耐用消费品	103.8	102.5	98.4	98.3	99.0
按工业部门分					
(1) 冶金工业	79.7	78.1	71.4	68.3	65.0
(2) 电力工业	103.1	103.7	104.0	103.8	103.2
(3) 煤炭及炼焦工业	128.2	113.4	108.8	101.3	99.0
(4) 石油工业	77.7	79.3	75.6	73.9	82.5
(5) 化学工业	100.0	98.1	95.9	93.2	91.4
(6) 机械工业	105.3	102.1	102.0	100.3	99.3
(7) 建筑材料工业	99.2	95.4	98.7	99.2	98.7
(8) 森林工业	97.7	□98.4	99.4	97.8	98.2
(9) 食品工业	90.7	87.6	89.9	93.7	97.3
(10) 纺织工业	92.5	92.4	91.0	92.7	95.1
(11) 缝纫工业	95.8	101.2	98.3	99.8	99.2
(12) 皮革工业	96.0	95.2	95.1	88.0	91.7
(13) 造纸工业	96.1	94.7	91.8	91.0	89.5
(14) 文教艺术用品工业	98.4	103.3	102.9	104.8	106.9
(15) 其它工业	94.4	96.0	96.2	97.5	110.3

6月	7月	8月	9月	10月	11月	12月
88.5	89.0	91.1	92.6	95.2	101.5	109.4
96.4	96.7	98.8	101.6	104.2	108.1	115.2
96.3	96.7	100.1	103.9	107.6	112.3	121.8
96.7	96.7	95.4	95.7	95.5	97.4	98.3
84.5	85.2	87.4	88.2	90.8	98.3	106.5
75.8	79.4	83.3	87.4	102.9	119.2	149.2
90.4	90.2	90.6	92.8	95.0	102.8	108.0
81.0	82.2	85.4	85.0	86.8	93.4	101.9
85.9	86.5	88.3	89.2	91.6	98.7	106.1
75.8	79.4	83.3	87.4	102.9	119.2	149.2
90.0	90.1	90.4	92.8	95.2	103.1	108.9
84.3	85.0	87.5	87.3	89.0	95.0	101.9
98.7	99.0	102.3	106.5	109.5	113.0	122.4
98.9	99.5	103.8	109.1	112.8	116.6	127.9
92.6	91.1	88.9	91.0	91.9	97.3	103.4
98.4	97.5	96.8	95.7	95.4	97.1	97.2
98.7	98.7	95.4	95.1	96.5	96.6	96.1
66.8	68.0	73.7	76.6	82.0	97.9	112.2
103.0	102.5	102.1	100.8	101.1	100.6	102.2
90.9	89.5	90.2	84.9	76.5	79.3	79.5
86.8	82.4	79.1	83.9	86.1	95.5	109.6
89.5	87.5	86.1	86.1	87.3	93.4	98.2
96.2	98.1	98.3	98.1	98.6	99.2	104.1
96.4	97.0	96.1	97.1	97.0	99.0	99.0
96.3	97.8	97.5	97.9	98.1	100.0	100.2
97.4	97.9	102.1	107.3	111.0	114.9	126.2
99.4	102.7	103.6	105.1	110.4	131.1	128.1
97.6	97.2	98.8	97.5	98.9	108.4	116.8
87.4	83.8	79.5	84.5	84.3	85.4	86.7
87.8	87.2	88.8	84.5	88.3	95.1	101.4
102.6	101.5	98.4	96.7	98.9	108.9	102.0
97.1	99.2	102.4	102.1	106.5	107.0	109.0

广西壮族自治区工业品出厂价格主要分组同比指数表（2010 年）

（上年 =100）

项目名称	1 月	2 月	3 月	4 月	5 月
总指数	111.7	112.4	112.7	113.9	113.7
按轻重工业分					
(1) 轻工业	116.1	115.5	114.5	114.4	112.9
1. 以农产品为原料	122.8	121.7	120.1	119.2	116.0
2. 以非农产品为原料	99.6	100.4	100.8	102.5	105.5
(2) 重工业	109.3	110.7	111.6	113.6	114.1
1. 采掘	134.7	139.0	144.7	142.3	140.9
2. 原料	115.3	115.8	116.4	116.4	115.1
3. 加工	102.1	104.0	104.7	108.6	110.9
按生产生活资料分					
(1) 生产资料	108.6	109.7	110.8	112.9	113.7
1. 采掘	134.7	139.0	144.7	142.3	140.9
2. 原料	116.4	116.7	117.4	117.6	116.2
3. 加工	102.4	103.8	104.8	108.3	110.5
(2) 生活资料	123.1	122.2	119.4	117.4	113.7
1. 食品	128.5	127.4	123.6	120.6	115.9
2. 衣着	110.2	103.9	108.1	109.1	110.2
3. 一般日用品	98.7	99.5	100.7	102.6	103.7
4. 耐用消费品	95.0	98.6	99.8	100.9	100.5
按工业部门分					
(1) 冶金工业	120.2	119.9	123.4	126.7	127.4
(2) 电力工业	101.7	102.1	101.7	101.6	101.9
(3) 煤炭及炼焦工业	89.7	103.9	101.5	108.2	113.7
(4) 石油工业	137.7	136.4	137.8	144.1	129.8
(5) 化学工业	103.1	105.8	108.1	110.8	115.8
(6) 机械工业	101.1	104.3	102.3	102.6	102.6
(7) 建筑材料工业	100.3	101.0	100.8	103.0	105.8
(8) 森林工业	103.3	105.3	103.2	106.7	107.4
(9) 食品工业	127.1	125.9	122.8	119.8	115.5
(10) 纺织工业	114.3	113.7	119.8	133.1	135.5
(11) 缝纫工业	110.3	108.8	109.8	110.2	110.7
(12) 皮革工业	97.4	91.8	96.6	102.6	103.6
(13) 造纸工业	105.2	105.2	110.0	118.9	117.3
(14) 文教艺术用品工业	101.6	100.9	101.0	100.7	100.2
(15) 其它工业	108.8	106.5	110.7	116.9	113.0

6月	7月	8月	9月	10月	11月	12月
112.0	110.6	108.4	109.5	112.2	114.0	112.7
112.3	112.8	113.2	114.2	117.0	120.0	117.5
115.0	115.8	116.4	116.5	119.1	123.7	120.1
105.9	105.5	105.4	108.3	111.8	110.9	111.1
111.8	109.4	105.7	106.9	109.5	110.7	110.0
123.2	125.4	123.4	119.2	120.0	119.3	117.1
113.2	110.9	109.4	109.0	109.9	112.7	111.9
109.6	106.8	101.0	104.0	108.3	108.2	107.7
111.7	109.5	106.4	107.8	110.5	111.4	110.6
123.2	125.4	123.4	119.2	120.0	119.3	117.1
114.4	111.7	110.1	109.7	110.4	113.4	112.1
109.3	107.2	103.2	106.0	109.9	109.7	109.3
113.2	114.9	115.5	115.5	118.6	123.8	120.5
115.0	116.7	117.5	117.8	121.3	127.7	123.0
110.8	110.1	110.0	106.0	106.1	108.7	108.9
105.3	106.5	106.3	106.0	107.2	107.1	110.5
102.8	102.3	102.9	101.0	100.2	100.8	101.4
121.4	116.2	107.3	109.4	115.4	115.2	114.3
103.0	102.7	102.3	102.4	102.1	102.8	99.3
119.5	119.9	118.3	115.4	117.9	113.1	111.0
120.4	114.4	113.0	111.3	112.4	118.3	113.5
116.5	114.6	113.6	115.7	118.0	125.7	128.4
102.5	102.6	101.9	101.8	102.3	102.0	102.1
105.7	105.0	104.6	109.9	115.8	114.5	112.7
107.7	106.9	106.3	108.0	107.1	108.3	107.2
114.5	115.8	116.7	117.0	120.2	126.1	122.1
127.2	124.1	123.6	128.7	133.4	132.9	134.8
111.7	111.0	108.5	106.8	107.1	110.9	111.3
104.3	103.6	105.1	100.8	101.3	103.6	104.6
116.9	113.7	114.1	115.3	117.3	114.6	113.8
100.3	102.6	102.3	101.6	100.2	100.1	102.5
113.0	124.0	124.6	121.5	122.7	121.0	121.8

广西壮族自治区工业生产者出厂价格主要分组同比指数表（2011 年）

（上年 =100）

项目名称	1 月	2 月	3 月	4 月	5 月
总指数	109.0	109.3	109.4	109.1	109.9
按轻重工业分					
（1）轻工业	115.5	117.0	116.9	117.4	117.6
1. 以农产品为原料	117.4	118.9	118.8	119.1	119.3
2. 以非农产品为原料	104.9	105.7	105.7	107.2	107.3
（2）重工业	106.7	106.6	106.8	106.3	107.1
1. 采掘	125.4	121.9	120.1	120.6	120.1
2. 原料	106.1	106.1	106.5	106.3	107.9
3. 加工	105.9	106.0	106.1	105.3	105.9
按生产生活资料分					
（1）生产资料	107.7	107.9	108.1	107.4	108.1
1. 采掘	125.4	121.9	120.1	120.6	120.1
2. 原料	106.5	106.3	106.8	106.4	108.1
3. 加工	107.3	107.9	108.1	107.0	107.3
（2）生活资料	112.7	113.2	113.1	114.1	114.8
1. 食品	119.0	121.0	120.9	122.0	122.8
2. 衣着	113.5	113.6	116.5	116.0	119.4
3. 一般日用品	103.2	103.5	103.6	104.9	105.1
4. 耐用消费品	102.3	99.9	99.3	100.1	100.4
按工业部门分					
（1）冶金工业	109.6	110.9	110.5	108.3	111.1
（2）电力工业	99.2	98.1	98.4	98.4	97.5
（3）煤炭及炼焦工业	121.9	115.8	124.7	128.4	129.1
（4）石油工业	117.4	117.8	119.7	120.4	121.6
（5）化学工业	115.2	115.1	115.2	116.3	117.1
（6）机械工业	101.4	101.0	101.4	102.1	102.0
（7）建筑材料工业	114.1	115.7	114.9	113.9	112.9
（8）森林工业	109.6	104.3	105.5	104.9	104.8
（9）食品工业	118.3	120.4	120.5	121.8	122.1
（10）纺织工业	133.3	136.0	136.4	133.0	128.6
（11）缝纫工业	109.5	110.6	121.1	122.0	127.4
（12）皮革工业	112.4	111.6	105.5	103.6	108.6
（13）造纸工业	110.1	108.5	105.3	99.9	99.8
（14）文教艺术用品工业	104.9	104.4	104.9	105.1	105.5
（15）其它工业	116.6	115.8	115.0	106.5	106.4

6月	7月	8月	9月	10月	11月	12月
110.2	111.3	111.7	110.0	107.1	103.6	101.9
118.0	118.1	117.4	115.7	112.3	107.4	105.1
119.7	120.0	119.1	117.3	113.3	107.9	105.3
107.6	106.9	107.0	106.3	106.3	104.7	104.4
107.5	108.9	109.6	108.0	105.2	102.2	100.7
126.5	126.2	124.7	123.6	119.9	114.5	112.1
109.0	110.7	109.9	108.6	106.0	101.1	99.0
105.4	106.9	108.4	106.6	103.8	102.0	100.7
108.5	110.0	110.6	108.9	106.0	102.8	101.1
126.5	126.2	124.7	123.6	119.9	114.5	112.1
109.1	110.9	110.2	108.7	106.1	101.0	99.1
106.9	108.4	109.8	107.9	105.0	102.9	101.3
115.0	114.9	114.6	113.2	110.0	106.0	104.1
123.4	123.5	122.8	120.8	115.1	108.6	105.6
118.1	118.6	113.8	115.3	116.6	114.0	115.8
106.1	104.8	104.9	104.5	104.7	104.0	104.1
99.8	99.8	100.0	99.1	99.0	98.9	98.6
112.4	114.6	116.3	113.9	108.2	104.2	101.8
99.2	100.1	100.0	100.4	100.5	99.1	100.8
126.0	127.4	129.2	136.0	143.7	140.3	140.8
119.0	118.0	117.3	118.9	115.9	111.7	109.3
117.2	119.8	119.5	115.5	111.7	102.8	98.1
101.2	101.9	101.8	101.1	101.1	100.8	100.3
113.0	113.9	117.6	112.6	104.7	101.4	98.1
104.7	105.8	104.8	105.8	106.7	105.5	105.6
122.9	123.1	122.3	120.3	115.2	109.0	105.8
123.0	120.3	114.6	108.1	104.7	99.6	95.0
123.8	123.9	114.5	110.8	112.6	108.3	111.5
109.6	111.0	113.0	118.6	119.2	120.1	120.2
100.9	103.4	103.5	102.1	101.5	100.5	98.6
105.4	103.4	102.9	104.0	103.7	102.7	101.6
106.3	106.9	108.8	107.9	107.6	105.5	106.1

广西壮族自治区工业生产者出厂价格主要分组同比指数表（2012 年）

（上年 =100）

项目名称	1 月	2 月	3 月	4 月	5 月
总指数	100.2	99.2	98.9	98.6	98.6
按轻重工业分					
(1) 轻工业	101.8	100.8	100.4	100.0	99.4
1. 以农产品为原料	101.4	100.4	100.0	99.6	99.0
2. 以非农产品为原料	104.2	103.3	103.3	102.4	101.8
(2) 重工业	99.6	98.7	98.3	98.1	98.3
1. 采掘	109.8	110.1	108.8	106.2	103.5
2. 原料	97.8	97.5	96.9	96.2	99.1
3. 加工	99.8	98.5	98.3	98.6	97.5
按生产生活资料分					
(1) 生产资料	99.7	98.7	98.3	98.0	98.2
1. 采掘	109.8	110.1	108.8	106.2	103.5
2. 原料	97.8	97.4	96.8	96.0	98.8
3. 加工	100.1	98.7	98.3	98.5	97.5
(2) 生活资料	101.5	100.6	100.6	100.3	99.8
1. 食品	100.9	99.6	99.8	99.4	98.7
2. 衣着	111.1	110.9	104.9	105.6	101.1
3. 一般日用品	103.6	103.3	103.2	103.4	103.1
4. 耐用消费品	100.3	100.3	100.4	100.4	100.4
按工业部门分					
(1) 冶金工业	97.8	94.7	94.4	94.0	92.5
(2) 电力工业	100.8	101.5	101.2	101.1	110.5
(3) 煤炭及炼焦工业	137.3	138.3	129.7	124.4	121.4
(4) 石油工业	105.1	106.1	106.6	105.2	100.8
(5) 化学工业	98.5	97.8	97.1	96.1	94.7
(6) 机械工业	100.8	100.9	100.1	100.1	99.9
(7) 建筑材料工业	99.0	97.4	98.8	99.8	98.0
(8) 森林工业	103.4	105.5	105.3	104.9	104.4
(9) 食品工业	101.4	100.1	100.0	99.5	99.1
(10) 纺织工业	94.0	92.5	92.0	92.6	92.7
(11) 缝纫工业	106.8	106.6	97.7	98.9	93.1
(12) 皮革工业	115.5	113.6	114.8	115.3	110.2
(13) 造纸工业	97.0	97.8	98.5	98.0	97.5
(14) 文教艺术用品工业	101.1	100.6	100.5	100.4	100.3
(15) 其它工业	103.9	105.3	104.4	103.9	103.8

6月	7月	8月	9月	10月	11月	12月
98.0	97.1	95.8	95.4	96.7	97.3	97.9
98.8	98.3	96.8	96.5	96.8	97.0	97.4
98.3	97.6	95.9	95.5	95.9	96.1	96.6
102.0	102.3	102.3	102.2	102.2	102.6	102.4
97.7	96.6	95.4	95.1	96.7	97.4	98.0
99.2	97.8	95.7	95.7	97.7	98.7	100.3
99.6	98.3	98.3	99.4	101.0	98.8	99.3
96.6	95.7	93.9	92.8	94.4	96.6	97.2
97.5	96.5	95.2	94.9	96.5	97.2	97.8
99.2	97.8	95.7	95.7	97.7	98.7	100.3
99.2	98.0	97.8	98.8	100.5	98.5	98.9
96.4	95.6	93.8	92.9	94.3	96.4	97.1
99.3	98.7	97.3	96.8	97.3	97.6	98.0
98.0	96.8	94.3	93.5	94.1	94.5	94.9
102.9	102.7	107.7	105.7	103.8	103.2	101.1
102.6	103.8	103.7	103.6	103.7	103.5	103.6
100.4	100.4	100.4	100.8	101.1	101.6	102.0
90.6	89.0	85.4	84.1	86.9	90.3	91.5
111.8	111.0	111.6	112.0	111.8	103.5	101.5
123.4	109.6	108.2	100.8	93.8	94.9	97.6
97.8	95.1	97.4	100.4	102.5	102.1	100.9
94.0	92.8	93.1	93.9	94.7	97.2	99.9
99.9	99.4	99.6	99.6	99.7	99.9	100.0
97.4	97.7	93.9	92.3	98.2	102.0	103.5
105.3	106.3	106.6	106.4	105.8	105.1	105.3
98.3	97.1	94.9	94.4	94.9	95.2	95.7
92.2	92.9	95.9	98.0	99.6	100.0	101.6
95.5	95.9	104.3	106.7	103.9	102.9	99.8
109.7	109.3	106.8	102.0	101.6	101.3	101.1
96.6	96.3	94.9	94.8	93.4	94.4	94.5
100.3	100.2	100.6	99.8	100.0	100.0	100.2
104.0	102.7	100.1	99.7	99.9	100.7	100.5

广西壮族自治区工业生产者出厂价格主要分组同比指数表（2013年）

（上年=100）

项目名称	1月	2月	3月	4月	5月
总指数	98.3	98.4	98.0	97.1	96.9
按轻重工业分					
(1) 轻工业	98.3	98.2	97.6	96.6	96.4
1. 以农产品为原料	97.6	97.5	96.9	95.8	95.6
2. 以非农产品为原料	102.5	102.2	101.9	101.6	100.9
(2) 重工业	98.3	98.4	98.2	97.3	97.0
1. 采掘	99.0	97.7	96.2	95.1	95.0
2. 原料	99.4	99.0	98.6	98.0	98.0
3. 加工	97.7	98.2	98.0	97.1	96.7
按生产生活资料分					
(1) 生产资料	98.3	98.4	98.2	97.3	97.0
1. 采掘	99.0	97.7	96.2	95.1	95.0
2. 原料	99.1	98.8	98.4	97.8	97.8
3. 加工	97.8	98.3	98.3	97.3	96.8
(2) 生活资料	98.2	98.2	97.4	96.5	96.4
1. 食品	95.9	95.8	94.8	93.5	93.4
2. 衣着	100.7	100.7	100.1	99.1	98.9
3. 一般日用品	104.2	104.0	103.6	102.5	102.2
4. 耐用消费品	100.1	100.1	100.1	100.1	100.1
按工业部门分					
(1) 冶金工业	93.8	94.5	94.1	92.3	91.5
(2) 电力工业	101.3	100.7	100.8	100.8	100.9
(3) 煤炭及炼焦工业	94.4	97.3	96.3	94.4	94.0
(4) 石油工业	100.9	99.9	98.4	94.0	93.7
(5) 化学工业	99.5	99.7	99.0	98.6	98.4
(6) 机械工业	99.3	99.2	99.6	99.4	99.6
(7) 建筑材料工业	102.1	102.2	100.1	98.3	97.8
(8) 森林工业	104.9	105.0	104.7	103.5	103.7
(9) 食品工业	96.7	96.6	95.8	94.6	94.2
(10) 纺织工业	103.1	103.3	102.9	101.1	102.0
(11) 缝纫工业	98.6	98.5	98.1	96.5	96.2
(12) 皮革工业	103.7	105.0	104.8	104.4	103.6
(13) 造纸工业	95.4	95.0	94.4	94.9	94.7
(14) 文教艺术用品工业	100.2	100.2	100.2	100.0	100.0
(15) 其它工业	102.0	100.9	102.3	103.3	103.4

6月	7月	8月	9月	10月	11月	12月
97.1	97.5	98.3	99.1	99.1	99.3	99.2
96.9	96.8	97.4	97.7	98.5	99.0	99.0
96.2	96.3	97.0	97.2	98.1	98.7	98.7
100.7	100.0	99.7	100.1	100.3	100.7	100.5
97.2	97.7	98.7	99.6	99.4	99.4	99.3
94.7	94.6	95.2	97.8	97.2	96.9	96.0
98.1	98.5	98.7	98.9	99.5	100.0	99.9
97.0	97.5	98.9	100.2	99.5	99.2	99.2
97.3	97.7	98.7	99.6	99.4	99.5	99.4
94.7	94.6	95.2	97.8	97.2	96.9	96.0
97.9	98.4	98.7	99.0	99.5	100.0	100.0
97.2	97.6	98.9	100.1	99.5	99.4	99.4
96.7	96.8	97.4	97.7	98.3	98.6	98.6
94.0	94.3	95.3	95.7	96.9	97.1	97.1
98.4	97.9	98.1	99.0	99.5	104.9	105.2
102.0	101.1	101.1	101.0	100.9	100.9	100.8
100.2	100.2	100.2	100.2	100.2	100.2	100.2
92.0	92.9	95.4	97.8	97.1	95.9	95.5
100.8	100.8	100.3	99.8	100.2	100.2	100.0
91.9	102.3	104.1	105.2	107.0	104.7	98.9
97.6	102.9	100.8	98.9	97.1	98.0	100.9
98.3	98.0	98.8	101.0	102.2	103.0	102.7
99.6	99.6	99.7	100.0	99.8	100.1	99.9
98.0	98.8	100.7	101.8	99.7	101.9	103.0
102.8	101.6	102.0	101.3	101.1	101.6	101.6
94.9	95.2	96.0	96.2	97.2	97.7	97.6
104.2	105.0	104.2	104.0	102.9	102.4	101.6
96.2	95.4	95.5	96.6	97.5	106.1	106.4
103.3	102.7	103.1	104.6	105.2	104.4	103.6
94.9	95.5	96.9	97.1	98.5	98.4	99.2
100.9	100.9	100.9	100.9	100.9	100.9	100.9
103.6	103.7	103.5	104.2	105.4	105.8	105.7

广西壮族自治区工业品出厂价格主要分组环比指数表（1993 年）

（上月 =100）

项目名称	1 月	2 月	3 月	4 月	5 月
全部工业品					
其中：轻工业					
以农产品为原料					
以非农产品为原料					
重　工　业					
采　　掘					
原　　料					
加　　工					
其中：生产资料					
(1) 采　　掘					
(2) 原　　料					
(3) 加　　工					
生活资料					
(1) 食　　品					
(2) 衣　　着					
(3) 一般日用品					
(4) 耐用消费品					
按工业部门分：					
1 冶金工业					
2 电力工业					
3 煤炭及炼焦工业					
4 石油工业					
5 化学工业					
6 机械工业					
7 建筑材料工业					
8 森林工业					
9 食品工业					
10 纺织工业					
11 缝纫工业					
12 皮革工业					
13 造纸工业					
14 文教艺术用品工业					
15 其它工业					

注 1：6 月份起编制月度环比指数
注 2：8 月未编制月度环比指数
注 3：当年无石油工业产品，故无指数

6月	7月	8月	9月	10月	11月	12月
101.2	103.0		99.8	101.9	102.7	109.6
98.5	104.9		100.1	101.5	102.5	119.3
98.2	104.6		100.0	101.4	103.3	125.1
100.0	106.3		101.0	102.3	99.6	94.5
103.6	101.3		99.5	102.3	102.9	100.7
109.6	101.5		96.7	101.6	99.5	97.4
105.5	99.6		99.9	103.8	99.8	100.9
98.6	103.6		99.7	100.3	107.4	101.3
103.7	101.7		99.9	102.4	100.4	100.7
109.6	101.5		96.7	101.6	96.5	97.4
105.3	100.7		100.3	103.8	99.8	101.1
98.7	103.4		100.1	100.2	101.9	100.9
97.9	104.6		99.7	101.4	105.8	121.0
97.3	104.7		100.3	101.2	103.7	130.6
96.2	105.0		90.0	103.8	103.2	99.0
102.0	103.8		104.3	101.1	100.9	94.2
96.9	103.9		94.3	101.3	138.5	96.3
121.9	102.7		99.8	101.6	96.8	98.0
100.7	97.6		100.3	102.6	100.7	102.9
103.7	100.0		96.3	100.8	98.1	107.2
					101.4	
101.7	100.8		98.8	100.4	98.9	99.6
96.3	104.8		100.2	101.0	107.8	100.8
99.9	100.5		100.8	110.2	106.5	92.5
111.2	102.2		104.0	100.5	96.0	106.8
97.3	104.7		100.3	101.2	103.7	130.6
94.2	106.0		88.7	100.1	103.5	98.2
127.8	105.9			101.3	116.2	105.3
103.0	102.3		105.7	104.8	100.6	112.1
103.7	104.6		106.1	109.0	100.6	103.0
99.1	108.5		106.1	106.0	109.5	107.1
113.5	108.1		100.3	95.3	101.2	99.6

广西壮族自治区工业品出厂价格主要分组环比指数表（1994年）

（上月 =100）

项目名称	1月	2月	3月	4月	5月
全部工业品	102.4	106.9	103.8	101.0	102.1
其中：轻工业	103.0	104.3	101.4	101.6	102.9
以农产品为原料	103.2	104.6	102.2	101.4	102.4
以非农产品为原料	102.2	103.0	98.3	102.7	105.0
重　工　业	101.8	109.5	106.1	100.4	101.3
采　　掘	101.3	109.0	113.5	110.0	108.4
原　　料	100.5	114.6	107.3	95.5	98.4
加　　工	104.4	103.1	102.4	104.7	108.5
其中：生产资料	101.8	108.8	105.4	100.8	101.4
(1) 采　　掘	101.3	109.0	113.5	110.0	108.4
(2) 原　　料	100.8	112.8	106.1	96.8	99.2
(3) 加　　工	103.9	103.1	102.4	104.4	103.0
生活资料	103.1	104.5	101.6	101.3	103.0
(1) 食　　品	103.1	104.6	99.6	100.5	99.7
(2) 衣　　着	103.7	106.9	111.3	101.6	115.8
(3) 一般日用品	101.9	104.2	101.6	104.8	107.1
(4) 耐用消费品	103.4	100.3	99.7	100.6	102.1
按工业部门分:					
1 冶金工业	99.5	109.7	105.2	99.9	109.1
2 电力工业	100.0	123.2	118.7	96.4	95.9
3 煤炭及炼焦工业	92.4	119.5	113.4	121.2	99.4
4 石油工业					
5 化学工业	104.3	102.4	101.0	105.6	100.5
6 机械工业	107.2	103.2	98.3	102.5	104.6
7 建筑材料工业	100.5	108.9	103.8	92.1	101.7
8 森林工业	103.9	97.4	101.0	106.5	104.1
9 食品工业	103.1	104.6	99.6	100.5	99.7
10 纺织工业	104.6	106.4	112.4	101.5	112.1
11 缝纫工业	92.4	128.3	95.2	103.1	151.7
12 皮革工业	103.1	96.3	102.7	110.3	118.8
13 造纸工业	103.7	104.2	102.0	103.0	102.8
14 文教艺术用品工业		108.3	94.7	99.7	96.5
15 其它工业	100.8	102.6	105.4	101.4	102.3

注 1：当年无石油工业产品，故无指数
注 2：文教艺术用品工业个别月份无产品，故无指数

6月	7月	8月	9月	10月	11月	12月
103.7	99.3	101.3	102.5	105.8	103.3	99.1
105.9	98.4	102.6	103.1	104.6	103.6	100.1
104.7	97.5	102.3	102.7	105.1	104.2	99.7
111.3	102.7	103.4	104.7	102.4	101.4	101.9
101.7	100.1	100.2	102.0	106.9	103.0	98.2
101.0	98.7	102.0	104.0	105.4	103.7	104.1
101.1	99.8	98.0	102.7	109.6	105.9	95.9
102.8	100.9	102.6	100.4	103.3	99.3	100.0
101.8	100.1	100.3	101.7	106.7	103.1	98.7
101.0	98.7	102.0	104.0	105.4	103.7	104.1
101.3	99.9	98.4	102.5	109.3	105.5	96.7
102.7	101.0	102.4	99.8	103.2	99.6	100.5
106.4	98.0	102.8	103.6	104.6	103.6	99.7
105.2	98.7	102.5	103.8	105.3	104.9	97.3
98.6	87.7	101.3	100.1	103.0	100.7	110.8
107.0	103.1	105.7	106.0	104.1	100.9	100.9
131.3	100.7	101.1	102.4	101.4	102.3	100.9
102.2	100.3	98.6	100.3	98.3	103.0	104.0
102.3	99.8	99.8	102.5	124.0	113.6	91.7
100.3	100.7	107.7	106.8	112.0	100.0	100.0
104.0	99.7	101.4	101.0	104.1	100.4	101.1
108.2	103.6	103.4	100.3	101.9	100.4	100.4
98.3	96.8	97.3	108.7	105.8	99.9	94.3
145.9	101.3	94.2	99.9	96.9	94.2	93.1
105.2	98.7	102.5	103.8	105.3	104.9	97.3
99.5	90.5	99.8	100.0	100.5	100.8	113.2
59.3	104.8	99.5	108.8	128.3	115.4	107.6
107.4	90.0	108.1	97.2	110.9	113.0	99.1
103.0	99.5	105.7	100.0	105.1	102.3	100.8
73.3	118.5	94.5	108.9	98.1	95.7	100.7
100.2	100.9	102.7	101.3	105.8	103.8	103.9

广西壮族自治区工业品出厂价格主要分组环比指数表（1995 年）

（上月 =100）

项目名称	1月	2月	3月	4月	5月
全部工业品	103.3	103.0	101.7	101.7	101.3
其中：轻工业	104.5	104.7	102.3	101.7	100.3
以农产品为原料	105.1	105.6	102.3	101.4	100.3
以非农产品为原料	102.4	101.2	102.3	103.1	100.1
重 工 业	102.0	101.5	101.1	101.7	102.2
采 掘	102.6	100.2	101.5	101.3	105.3
原 料	102.8	99.6	99.3	99.2	102.1
加 工	100.6	104.4	103.5	105.3	101.8
其中：生产资料	102.3	101.8	101.7	101.7	102.5
(1) 采 掘	102.6	100.2	101.5	101.3	105.3
(2) 原 料	103.1	100.3	100.2	99.6	102.8
(3) 加 工	100.8	104.6	104.0	105.1	101.6
生活资料	104.5	104.6	101.7	101.7	99.5
(1) 食 品	106.4	106.8	102.7	100.9	99.0
(2) 衣 着	101.5	101.2	95.6	105.3	99.8
(3) 一般日用品	102.2	99.4	106.6	101.7	102.1
(4) 耐用消费品	98.3	101.9	99.0	101.1	97.6
按工业部门分：					
1 冶金工业	100.8	98.2	100.7	99.7	102.4
2 电力工业	101.7	100.7	99.3	99.7	100.9
3 煤炭及炼焦工业	100.0	105.9	101.1	100.0	96.7
4 石油工业					
5 化学工业	105.2	106.2	104.3	107.3	104.2
6 机械工业	99.0	101.5	100.3	102.2	101.2
7 建筑材料工业	103.7	96.9	98.6	97.1	99.3
8 森林工业	115.3	98.0	111.8	98.3	111.0
9 食品工业	106.4	106.8	102.7	100.9	99.0
10 纺织工业	104.0	102.5	100.4	103.5	100.9
11 缝纫工业	100.0	88.0	91.2	104.6	
12 皮革工业	90.7	106.1	87.0	109.7	94.8
13 造纸工业	104.7	104.8	107.4	101.6	109.0
14 文教艺术用品工业	100.7	100.0	96.7	153.0	108.4
15 其它工业	101.7	101.2	107.3	100.2	100.6

注 1：当年无石油工业产品，故无指数
注 2：缝纫工业部分月份无产品，故无指数

6月	7月	8月	9月	10月	11月	12月
100.2	101.3	99.8	100.3	99.1	100.5	101.0
99.6	101.2	100.2	99.9	97.6	101.6	100.9
99.6	101.4	100.4	99.8	97.4	102.0	101.7
99.3	100.6	99.7	100.4	98.3	100.0	97.9
100.7	101.3	99.5	100.6	100.6	99.4	101.1
103.7	97.9	104.0	99.1	101.0	97.8	100.1
99.3	99.8	100.2	101.1	99.9	99.6	101.2
101.9	104.2	97.4	100.4	101.5	99.4	101.2
100.9	101.4	99.4	100.5	100.5	99.6	101.0
103.7	97.9	104.0	99.1	101.0	97.8	100.1
99.9	100.3	100.0	100.8	99.8	99.8	101.2
101.7	103.9	97.5	100.4	101.5	99.6	101.1
99.1	101.1	100.4	100.0	97.3	101.6	100.9
99.1	101.6	100.4	98.5	97.5	101.8	102.5
98.8	96.9	100.5	104.4	94.7	103.9	98.5
99.5	100.3	100.7	100.6	99.7	98.8	98.9
99.0	103.0	99.2	102.8	96.4	102.2	96.2
100.8	99.2	101.8	100.4	98.5	98.0	100.3
99.7	100.1	99.6	100.1	101.1	98.9	98.2
101.4	98.8	100.0	100.9	101.7	99.1	101.2
100.8	101.9	101.2	101.1	98.2	100.0	99.5
101.0	103.7	98.5	100.6	102.2	99.6	100.6
100.7	99.9	97.7	99.7	101.1	101.1	104.3
93.2	103.4	96.6	103.1	97.7	95.5	103.5
99.1	101.6	100.4	98.5	97.5	101.8	102.5
97.9	97.7	97.5	98.9	96.0	101.8	98.9
		104.3	134.3		85.5	100.1
95.4	93.1	107.9	127.9	84.7	115.8	97.9
106.9	106.1	99.8	99.8	101.0	102.3	99.9
97.1	102.1	100.0	95.5	95.7	98.5	104.1
100.9	98.6	99.9	103.3	98.7	100.0	100.3

广西壮族自治区工业品出厂价格主要分组环比指数表（1996 年）

（上月 =100）

项目名称	1 月	2 月	3 月	4 月	5 月
全部工业品	102.0	100.7	99.8	101.0	100.1
其中：轻工业	103.4	99.8	99.7	100.9	100.0
以农产品为原料	104.4	99.4	99.7	100.7	100.1
以非农产品为原料	99.0	101.3	99.5	101.6	99.7
重　工　业	100.5	101.7	99.9	101.1	100.1
采　　掘	101.0	99.3	100.4	109.1	96.9
原　　料	100.2	102.9	100.5	100.3	99.4
加　　工	100.8	100.6	99.1	100.2	101.6
其中：生产资料	100.7	101.8	99.9	100.8	100.0
(1) 采　　掘	101.0	99.3	100.4	109.1	96.9
(2) 原　　料	100.6	103.1	100.4	99.9	99.2
(3) 加　　工	100.8	100.5	99.2	100.2	101.6
生活资料	103.5	99.4	99.6	101.2	100.1
(1) 食　　品	105.6	99.2	99.3	101.3	99.9
(2) 衣　　着	100.8	96.5	100.2	99.8	99.8
(3) 一般日用品	99.3	99.9	100.3	102.0	102.6
(4) 耐用消费品	98.9	105.6	99.4	100.8	95.3
按工业部门分：					
1 冶金工业	98.7	104.8	101.1	100.9	100.3
2 电力工业	101.2	102.9	103.3	105.6	101.0
3 煤炭及炼焦工业	106.6	100.6	100.6	118.8	95.8
4 石油工业					
5 化学工业	98.5	100.0	100.6	100.5	100.4
6 机械工业	99.1	101.7	98.8	100.5	102.1
7 建筑材料工业	103.6	97.9	95.9	96.3	97.7
8 森林工业	101.7	99.4	105.8	85.5	95.0
9 食品工业	105.6	99.2	99.3	101.3	99.9
10 纺织工业	97.2	99.7	99.4	99.4	97.0
11 缝纫工业	100.2	79.0	114.8	106.6	95.8
12 皮革工业	120.0	83.2	87.8		
13 造纸工业	105.7	106.1	102.4	97.6	100.0
14 文教艺术用品工业	90.6	106.2	99.4	104.5	102.9
15 其它工业	103.2	101.0	98.6	101.5	101.3

注 1：当年无石油工业产品，故无指数
注 2：皮革工业部分月份无产品，故无指数
注 3：6 月份数据缺失

6月	7月	8月	9月	10月	11月	12月
	98.8	102.3	98.1	100.4	100.3	101.7
	97.6	105.4	96.6	99.6	101.0	104.4
	97.2	107.2	95.3	99.3	101.7	105.7
	99.2	97.3	101.9	100.8	98.6	100.1
	99.8	99.4	99.6	101.2	99.7	99.1
	97.8	96.1	102.7	99.0	96.9	95.1
	100.6	99.4	101.0	101.3	99.1	99.5
	99.3	100.3	97.2	101.7	100.9	99.7
	99.7	99.5	99.5	101.0	99.6	99.4
	97.8	96.1	102.7	99.0	96.9	95.1
	100.3	99.4	100.7	101.0	98.9	99.9
	99.3	100.3	97.4	101.6	101.0	99.7
	97.5	106.1	96.2	99.6	101.3	104.8
	97.0	109.3	91.5	99.6	103.4	106.3
	98.7	97.5	104.6	100.3	94.8	93.7
	96.6	103.8	103.7	99.4	98.1	105.6
	102.3	94.5	104.7	98.6	96.2	103.4
	98.9	98.0	101.6	97.6	97.9	97.4
	103.1	99.8	102.3	99.8	99.6	98.3
	100.2	96.9	104.0	103.8	93.8	98.1
	99.4	102.2	97.3	99.4	100.5	99.3
	100.1	98.7	98.3	101.8	101.6	100.0
	96.1	99.8	100.2	106.8	97.0	102.2
	93.4	96.5	120.1	93.2	87.7	126.8
	97.0	109.3	91.5	99.6	103.4	106.3
	97.4	96.4	104.5	104.2	94.3	97.8
	130.5	107.3	94.4	100.0	89.8	101.3
		100.1	110.1	93.2	93.0	76.3
	99.9	101.0	98.9	96.5	98.1	105.6
	99.1	98.7	98.4	99.1	100.0	90.1
	99.5	100.5	99.6	99.8	101.8	101.8

广西壮族自治区工业品出厂价格主要分组环比指数表（1997 年）

（上月 =100）

项目名称	1 月	2 月	3 月	4 月	5 月
全部工业品	100.4	100.0	99.9	100.2	100.3
其中：轻工业	100.0	99.3	100.1	100.9	98.8
以农产品为原料	100.6	99.6	100.2	101.3	98.3
以非农产品为原料	96.8	98.2	100.0	99.0	100.8
重　工　业	100.8	100.7	99.6	99.7	101.4
采　　掘	104.2	100.9	98.8	101.5	100.1
原　　料	100.5	101.1	97.7	100.5	102.1
加　　工	100.2	100.0	102.4	98.2	100.7
其中：生产资料	100.2	100.7	99.5	99.6	101.5
(1) 采　　掘	104.2	100.9	98.8	101.5	100.1
(2) 原　　料	99.6	101.0	97.8	100.2	101.7
(3) 加　　工	100.0	100.1	102.1	98.2	101.5
生活资料	100.8	99.1	100.4	101.3	98.1
(1) 食　　品	101.6	99.2	100.6	101.2	98.0
(2) 衣　　着	100.7	99.1	102.4	102.3	100.7
(3) 一般日用品	97.4	98.7	98.9	102.5	96.9
(4) 耐用消费品	97.3	98.0	99.6	100.2	99.2
按工业部门分：					
1 冶金工业	100.5	102.1	97.4	103.7	103.3
2 电力工业	100.0	101.1	98.7	100.6	103.2
3 煤炭及炼焦工业	109.3	104.3	98.7	101.5	100.5
4 石油工业					
5 化学工业	100.0	99.4	100.6	100.1	100.6
6 机械工业	99.9	100.1	102.3	98.7	100.6
7 建筑材料工业	99.6	98.2	98.7	95.7	99.4
8 森林工业	102.7	100.9	81.4	100.2	100.6
9 食品工业	101.6	99.2	100.6	101.2	97.9
10 纺织工业	99.8	98.9	102.1	101.0	99.4
11 缝纫工业	97.7	115.8	93.2		102.8
12 皮革工业	113.6	96.6	102.6	99.7	97.7
13 造纸工业	92.4	101.5	98.1	100.0	98.7
14 文教艺术用品工业	92.7	99.8	99.1	93.8	80.9
15 其它工业	96.3	99.2	98.8	101.4	100.3

注 1：当年无石油工业产品，故无指数
注 2：缝纫工业、皮革工业部分月份无产品，故无指数

6月	7月	8月	9月	10月	11月	12月
99.5	100.1	99.7	99.9	99.5	100.5	100.3
99.7	100.6	100.4	99.2	97.7	101.0	101.7
99.6	100.0	100.6	99.2	97.7	101.3	101.8
100.0	101.5	100.0	99.3	97.7	100.5	101.3
99.4	99.7	99.2	100.5	100.8	100.2	99.1
100.6	99.7	98.9	100.4	100.8	100.4	101.5
100.2	99.5	99.2	100.8	101.0	101.2	99.3
97.5	100.1	99.3	99.8	100.5	98.3	97.8
99.4	99.5	99.3	100.2	100.2	100.2	100.2
100.6	99.7	98.9	100.4	100.8	100.4	101.5
100.2	99.4	99.3	100.5	100.5	100.9	99.7
97.7	99.4	99.5	99.5	99.6	98.8	100.4
99.7	102.3	100.5	99.3	98.1	101.1	100.6
101.4	100.4	101.0	99.7	99.4	101.1	101.5
96.3	102.9	100.1	98.6	92.2	105.1	95.1
97.4	101.4	99.8	98.9	99.5	100.2	99.6
105.0	103.4	99.8	99.3	98.0	98.6	106.7
98.4	98.2	100.9	100.2	99.7	99.0	98.0
102.6	102.7	97.1	102.8	100.4	104.4	99.4
100.5	97.9	100.2	98.4	100.8	100.0	101.1
98.0	99.2	99.2	99.2	98.4	102.7	96.9
99.4	102.2	99.3	99.0	100.2	96.4	102.5
97.8	98.5	99.7	102.1	105.4	102.2	99.9
99.4	104.9	94.7	98.3	101.2	96.3	107.4
101.5	100.5	101.0	99.6	99.3	100.9	101.6
99.0	100.1	99.2	99.1	96.2	98.6	98.2
97.2		97.1	99.4	86.6	104.8	93.0
92.9	107.3	108.2		96.2	109.0	97.0
99.2	98.5	98.8	98.3	100.0	99.9	100.4
103.0	99.8	115.3	94.3	95.5	98.7	103.8
99.7	95.5	101.6	98.1	96.2	101.5	111.5

广西壮族自治区工业品出厂价格主要分组环比指数表（1998 年）

（上月 =100）

项目名称	1 月	2 月	3 月	4 月	5 月
全部工业品	98.8	100.0	99.8	99.4	98.6
其中：轻工业	98.5	100.3	99.9	98.6	97.8
以农产品为原料	98.3	102.2	98.6	99.3	97.7
以非农产品为原料	98.6	97.0	102.1	97.4	98.2
重 工 业	99.1	99.7	99.7	100.0	99.2
采 掘	96.9	96.7	100.8	98.8	98.8
原 料	99.5	100.1	99.8	99.9	98.8
加 工	99.3	100.3	99.0	100.7	99.9
其中：生产资料	98.9	99.4	100.6	99.7	99.0
(1) 采 掘	96.9	96.9	100.8	98.8	98.8
(2) 原 料	99.3	99.5	100.6	99.5	98.5
(3) 加 工	98.4	100.1	100.4	100.3	100.1
生活资料	98.8	101.2	98.3	98.9	97.8
(1) 食 品	99.5	100.8	100.1	98.8	98.0
(2) 衣 着	97.9	104.2	86.1	93.4	94.0
(3) 一般日用品	96.3	104.4	100.1	97.6	98.3
(4) 耐用消费品	102.3	96.1	95.8	103.0	100.1
按工业部门分：					
1 冶金工业	100.8	99.7	99.0	100.9	98.8
2 电力工业	97.4	100.0	102.0	98.9	100.3
3 煤炭及炼焦工业	98.8	99.1	100.4	97.1	99.7
4 石油工业					
5 化学工业	99.6	98.8	103.0	98.5	99.5
6 机械工业	99.0	98.8	97.8	100.1	99.7
7 建筑材料工业	98.1	100.5	100.1	100.5	98.1
8 森林工业	91.0	97.8	100.4	100.0	93.4
9 食品工业	99.2	100.8	100.1	98.7	97.9
10 纺织工业	98.3	99.0	94.7	95.1	96.2
11 缝纫工业					96.2
12 皮革工业	96.2	100.1	89.5		86.7
13 造纸工业	96.5	109.5	98.8	104.2	98.7
14 文教艺术用品工业	99.7	96.8	104.4		96.1
15 其它工业	99.8	99.2	100.7	100.7	100.1

注 1：当年无石油工业产品，故无指数

注 2：缝纫工业、皮革工业、文教艺术用品工业部分月份无产品，故无指数

6月	7月	8月	9月	10月	11月	12月
100.7	100.7	99.2	99.3	99.3	100.0	101.7
103.4	101.7	100.5	99.5	96.3	101.1	104.0
104.9	102.9	100.6	98.1	95.9	101.8	105.7
98.9	98.4	100.2	101.4	98.5	99.8	100.3
98.6	99.8	98.3	99.1	101.3	99.3	100.2
100.0	98.2	96.3	100.2	100.5	100.6	100.2
98.1	99.9	98.8	99.2	101.6	99.6	100.4
99.2	100.0	97.9	98.6	101.0	98.3	99.8
98.5	99.6	98.0	99.6	101.3	99.8	101.5
100.0	98.2	96.3	100.2	100.5	100.6	100.2
97.9	99.5	98.3	100.1	101.7	100.4	102.5
99.2	100.1	98.0	98.5	100.7	98.5	99.6
105.0	102.5	101.5	98.7	95.3	100.4	102.1
101.7	104.7	101.4	96.6	94.2	100.5	99.8
129.0	99.1	115.0	99.7	98.1	100.2	122.3
99.2	99.4	98.3	100.3	97.6	100.0	102.5
101.1	98.7	96.2	101.0	100.7	101.0	95.3
96.3	99.1	98.5	99.8	101.5	99.2	100.7
99.7	99.9	96.7	98.7	99.4	99.9	99.1
100.5	97.5	95.3	100.6	100.6	100.9	100.0
99.2	101.0	98.8	99.6	102.7	100.2	101.7
99.8	99.6	97.5	98.9	100.3	98.7	98.4
98.7	99.3	101.6	98.7	101.7	98.7	100.2
103.7	99.6	94.5	102.2	97.7	98.0	99.2
101.7	105.1	99.8	95.5	94.1	100.7	99.8
96.3	94.1	104.3	108.4	100.2	98.9	104.1
148.2	101.0	121.0	98.4	99.6		
113.1		81.5		110.8	134.2	127.1
97.5	97.2	94.5	98.4	98.3	101.1	129.0
94.3	101.0	99.5	97.1	97.6	111.5	100.5
100.0	99.7	106.1	100.6	99.5	99.2	98.8

广西壮族自治区工业品出厂价格主要分组环比指数表（1999年）

（上月=100）

项目名称	1月	2月	3月	4月	5月
全部工业品	99.5	101.2	99.9	99.3	99.2
其中：轻工业	98.8	102.1	100.1	98.5	99.9
以农产品为原料	99.7	100.4	99.5	99.6	98.3
以非农产品为原料	97.4	105.4	101.2	96.7	102.5
重 工 业	99.9	100.4	99.7	99.8	98.7
采 掘	99.6	99.6	98.9	99.8	101.1
原 料	100.3	100.6	100.0	98.8	98.2
加 工	99.2	100.1	99.7	101.9	98.8
其中：生产资料	99.6	100.1	100.2	99.8	99.0
(1) 采 掘	99.6	99.6	98.9	99.8	101.1
(2) 原 料	99.7	100.6	101.0	98.7	98.6
(3) 加 工	99.2	99.1	99.3	102.0	99.2
生活资料	99.2	103.1	99.5	98.3	99.6
(1) 食 品	98.9	100.3	99.4	98.5	97.5
(2) 衣 着	105.9	104.1	100.4	101.3	99.9
(3) 一般日用品	99.9	103.9	98.9	100.4	102.4
(4) 耐用消费品	94.8	113.2	100.3	89.6	103.9
按工业部门分：					
1 冶金工业	100.5	100.1	99.8	99.6	98.0
2 电力工业	99.8	101.7	99.7	99.4	100.2
3 煤炭及炼焦工业	99.2	98.2	98.1	100.2	100.8
4 石油工业					
5 化学工业	100.7	100.3	99.6	99.4	101.7
6 机械工业	97.5	103.1	101.6	100.1	97.9
7 建筑材料工业	100.5	103.2	97.1	96.5	98.8
8 森林工业	93.0	100.2	100.7	97.8	100.1
9 食品工业	98.7	100.3	99.4	98.4	97.4
10 纺织工业	93.7	99.3	108.2	97.8	100.9
11 缝纫工业		108.6		105.5	
12 皮革工业	116.0	104.8	98.0		95.7
13 造纸工业	99.0	99.8	101.7	99.3	100.6
14 文教艺术用品工业	101.2	151.7	107.0	95.7	109.8
15 其它工业	100.0	93.6	96.8	101.6	102.2

注1：当年无石油工业产品，故无指数

注2：缝纫工业、皮革工业部分月份无产品，故无指数

6月	7月	8月	9月	10月	11月	12月
99.4	100.4	99.7	100.7	100.9	100.6	101.2
99.1	100.4	98.4	100.1	98.3	101.3	100.3
99.7	99.7	97.8	99.6	97.4	102.0	98.9
98.1	103.7	100.5	102.3	102.3	98.7	105.1
99.6	100.4	100.7	101.0	102.3	100.1	101.9
96.2	102.9	98.7	98.9	102.1	100.0	100.2
99.8	100.8	101.8	99.5	101.0	101.4	103.3
100.9	98.9	98.7	104.4	104.5	97.0	99.9
99.7	100.8	100.5	100.9	102.2	100.3	101.8
96.2	102.9	98.7	98.9	102.1	100.0	100.2
100.0	101.0	101.2	99.5	100.9	101.2	102.9
100.4	99.9	99.3	104.0	104.4	98.3	100.4
98.9	99.7	98.3	100.2	97.8	101.2	100.1
99.9	99.0	98.3	99.3	96.1	102.7	99.0
101.1	98.9	97.2	108.3	107.3	100.4	95.2
98.4	102.8	99.1	101.6	98.9	99.4	104.6
92.9	100.9	97.8	104.0	100.0	80.7	111.0
101.0	101.2	103.8	99.3	102.4	101.4	102.5
98.9	101.2	100.9	98.8	99.7	101.0	106.1
95.0	102.2	97.8	96.0	109.3	98.0	99.8
99.1	102.9	98.9	99.9	101.8	101.0	104.1
97.2	101.5	98.8	107.6	104.1	97.1	100.4
100.7	96.0	99.9	100.9	101.2	98.7	100.5
98.4	107.5	103.5	99.4	104.1	100.8	97.0
99.9	99.0	98.3	99.2	96.0	102.7	98.9
103.3	100.0	97.8	112.9	104.7	103.1	97.7
				112.7		
99.1	101.3	81.6	126.2	101.9	100.2	100.6
98.9	102.6	100.6	98.4	98.8	100.4	98.8
98.8	126.2	80.1	106.6	101.1	76.8	124.2
98.3	102.6	97.3	99.9	98.9	98.5	99.6

广西壮族自治区工业品出厂价格主要分组环比指数表（2000 年）

（上月 =100）

项目名称	1月	2月	3月	4月	5月
全部工业品	101.2	97.6	102.6	101.5	100.7
其中：轻工业	102.8	97.3	103.8	103.3	101.1
以农产品为原料	103.1	95.8	104.2	104.3	101.5
以非农产品为原料	101.4	102.8	102.0	98.6	99.4
重　工　业	100.3	97.8	101.9	100.5	100.4
采　　　掘	101.8	105.7	101.5	100.1	101.1
原　　　料	100.3	100.9	101.0	100.7	101.8
加　　　工	99.9	90.6	103.1	100.3	97.5
其中：生产资料	100.2	98.1	102.1	101.2	100.6
(1) 采　　掘	101.8	105.7	101.5	100.1	101.1
(2) 原　　料	100.1	101.1	101.2	101.9	101.6
(3) 加　　工	99.9	91.5	103.6	100.3	98.6
生活资料	103.6	96.4	103.6	102.1	100.8
(1) 食　　品	104.5	94.5	104.8	103.5	101.5
(2) 衣　　着	97.9	112.7	94.8	94.4	94.0
(3) 一般日用品	99.4	99.1	100.8	99.1	99.7
(4) 耐用消费品	105.0	98.6	99.8	100.0	98.6
按工业部门分：					
1 冶金工业	102.6	108.3	102.2	101.3	104.4
2 电力工业	94.7	98.4	101.6	99.9	100.8
3 煤炭及炼焦工业	102.6	101.6	101.1	98.0	103.8
4 石油工业					
5 化学工业	101.6	95.0	101.1	98.8	101.1
6 机械工业	98.6	88.0	103.9	99.1	99.9
7 建筑材料工业	102.6	97.2	99.0	102.1	93.8
8 森林工业	105.5	108.5	100.1	100.0	100.4
9 食品工业	104.7	94.3	104.6	103.6	101.6
10 纺织工业	98.4	128.0	104.6	109.2	92.8
11 缝纫工业					
12 皮革工业		175.2	87.6	59.9	100.9
13 造纸工业	98.9	102.5	101.9	116.0	103.0
14 文教艺术用品工业	94.0	87.8		100.5	86.8
15 其它工业	97.9	93.5	105.1	99.0	100.4

注 1：当年无石油工业产品，故无指数

注 2：缝纫工业、皮革工业、文教艺术用品工业部分月份无产品，故无指数

6月	7月	8月	9月	10月	11月	12月
102.0	100.5	99.7	103.1	104.3	100.7	101.3
100.9	102.0	101.5	101.5	99.4	100.5	98.2
101.4	102.8	101.9	101.5	98.8	100.6	97.8
98.5	98.7	97.7	101.5	104.9	99.5	102.2
102.6	99.6	98.5	104.2	107.8	100.8	103.3
101.9	98.4	100.5	100.3	102.3	101.1	100.4
103.3	100.4	98.3	104.8	112.9	101.1	105.1
101.6	98.7	98.4	103.9	98.6	99.9	100.2
102.2	100.0	98.6	103.1	106.7	101.0	102.6
101.9	98.4	100.5	100.3	102.3	101.1	100.4
102.4	100.6	98.3	104.6	112.6	101.1	105.1
102.2	99.5	98.8	100.9	98.7	100.8	99.1
101.3	101.5	102.2	103.2	99.4	100.0	98.4
102.5	103.6	102.8	103.6	98.6	100.0	98.2
98.6	96.9	100.0	100.0	104.6	99.8	102.6
96.4	96.0	98.5	101.4	103.4	100.0	99.0
98.6	97.8	99.2	99.9	99.3	100.4	99.9
106.4	98.5	100.0	102.0	100.3	99.5	99.2
100.1	100.0	95.9	116.3	139.5	106.1	116.4
99.7	100.6	101.1	99.5	101.1	101.0	95.3
102.1	99.6	98.0	98.6	97.4	100.6	100.4
101.3	98.7	98.4	105.2	99.9	99.9	100.4
100.7	101.0	98.0	99.7	107.9	99.2	105.4
100.5	100.4	103.1	105.5	100.9	96.3	103.7
102.6	103.7	102.2	102.0	98.8	100.6	97.9
96.7	100.4	102.4	100.1	100.6	99.1	97.4
			100.0			
109.4	102.1					
92.9	103.0	100.4	97.4	99.2	98.4	97.9
95.4	100.1		111.4		100.0	100.0
99.2	99.9	100.6	100.0	100.2	100.2	101.7

广西壮族自治区工业品出厂价格主要分组环比指数表（2001 年）

（上月 =100）

项目名称	1 月	2 月	3 月	4 月	5 月
全部工业品	101.4	101.7	101.2	100.4	99.9
其中：轻工业	102.7	104.3	103.1	102.1	100.4
以农产品为原料	103.0	104.8	103.7	102.3	100.5
以非农产品为原料	99.2	99.1	97.6	100.0	99.6
重　工　业	100.5	100.1	99.9	99.3	99.6
采　　掘	102.0	102.5	99.4	100.7	97.5
原　　料	100.0	99.7	100.5	99.2	100.0
加　　工	100.9	100.3	98.4	99.1	99.3
其中：生产资料	100.2	100.3	100.5	99.0	99.6
(1) 采　　掘	102.0	102.5	99.4	100.7	97.5
(2) 原　　料	100.0	99.7	100.4	99.3	100.0
(3) 加　　工	100.1	101.0	100.9	98.0	99.6
生活资料	103.9	104.7	102.7	103.5	100.5
(1) 食　　品	105.1	106.3	103.6	104.4	100.5
(2) 衣　　着	98.5	93.1	89.1	104.1	96.3
(3) 一般日用品	99.8	100.1	99.7	100.1	101.3
(4) 耐用消费品	99.0	97.1	100.0	101.1	99.8
按工业部门分：					
1 冶金工业	99.0	100.8	99.8	99.5	99.5
2 电力工业	98.3	100.0	103.3	97.5	100.6
3 煤炭及炼焦工业	106.4	101.7	94.4	98.3	100.5
4 石油工业					
5 化学工业	102.0	99.7	99.9	102.0	99.5
6 机械工业	101.1	100.1	97.7	98.8	99.7
7 建筑材料工业	103.1	97.4	98.6	99.6	98.2
8 森林工业	101.5	99.5	98.4	98.6	98.8
9 食品工业	103.8	105.6	104.6	102.7	100.5
10 纺织工业	97.1	103.8	99.1	96.4	102.3
11 缝纫工业					
12 皮革工业					
13 造纸工业	100.4	102.0	100.0	100.2	99.8
14 文教艺术用品工业			100.0		
15 其它工业	99.7	100.6	99.6	99.6	99.7

注 1：当年无石油工业、缝纫工业、皮革工业产品，故无指数

注 2：文教艺术用品工业部分月份无产品，故无指数

6月	7月	8月	9月	10月	11月	12月
98.0	99.7	99.8	100.4	100.6	96.7	100.4
98.7	100.6	99.7	100.1	100.9	90.7	97.6
98.5	100.8	99.7	100.0	101.0	89.7	97.4
100.0	99.0	99.4	101.0	100.1	100.1	99.6
97.6	99.2	99.8	100.6	100.4	100.5	102.1
98.0	100.3	99.9	97.9	98.7	101.8	98.7
95.2	99.2	98.6	101.1	101.3	100.7	103.2
102.1	98.8	102.5	100.5	99.0	99.8	100.9
97.6	99.3	99.9	100.8	100.4	100.0	101.4
98.0	100.3	99.9	97.9	98.7	101.8	98.7
95.4	99.1	98.6	101.0	101.2	100.7	103.0
100.6	99.3	102.0	101.1	99.4	98.7	99.6
98.9	100.8	99.5	99.5	101.1	89.1	97.9
98.8	100.9	99.3	99.2	101.5	85.9	97.2
100.0	100.4	100.4	117.4	99.4	100.5	100.5
99.2	100.1	99.9	100.3	99.6	99.9	100.9
100.0	101.1	100.1	100.1	100.0	100.1	100.0
100.2	97.2	98.4	100.1	99.5	99.0	98.5
84.5	101.9	100.3	100.0	103.6	100.6	112.1
96.0	104.0	99.9	106.8	104.2	108.7	100.3
100.0	100.0	99.2	99.6	99.7	100.7	99.9
102.3	98.7	103.2	101.2	98.9	99.4	100.8
99.4	98.9	98.0	101.7	100.5	103.8	103.4
94.1	109.0	96.2	104.0	102.2	101.6	98.4
98.6	101.0	99.7	99.9	101.0	88.5	96.8
94.3	97.3	100.1	102.2	98.3	95.9	99.9
101.6	98.3	99.7	99.7	103.8	92.8	97.7
100.0	100.0			100.0		
100.1	99.8	100.3	100.3	101.8	100.2	100.3

广西壮族自治区工业品出厂价格主要分组环比指数表（2002 年）

（上月 =100）

项目名称	1 月	2 月	3 月	4 月	5 月
总指数	99.6	99.4	98.9	100.8	99.8
按轻重工业分					
(1) 轻工业	98.4	98.0	100.5	98.6	99.9
1. 以农产品为原料	98.2	97.8	100.5	98.4	99.9
2. 以非农产品为原料	100.4	100.1	100.7	100.1	100.5
(2) 重工业	100.3	100.2	97.9	101.9	99.7
1. 采掘	99.6	101.5	98.4	100.5	99.9
2. 原料	100.3	99.7	97.5	103.7	100.2
3. 加工	100.6	101.1	98.5	99.5	98.8
按生产生活资料分					
(1) 生产资料	100.1	99.8	98.7	101.8	99.6
1. 采掘	99.6	101.5	98.4	100.5	99.9
2. 原料	100.2	99.6	97.6	103.5	100.3
3. 加工	100.1	99.7	100.5	99.8	98.7
(2) 生活资料	98.2	98.5	99.3	97.8	100.3
1. 食品	97.7	98.0	99.1	97.6	100.3
2. 衣着	100.9	103.9	99.5	98.2	100.7
3. 一般日用品	100.7	100.2	100.6	98.7	100.3
4. 耐用消费品	100.0	100.0	100.0	97.8	99.9
按工业部门分					
(1) 冶金工业	100.6	99.4	98.8	101.0	100.4
(2) 电力工业	100.5	99.3	98.4	102.0	97.0
(3) 煤炭及炼焦工业	101.0	101.4		101.5	99.9
(4) 石油工业				119.3	109.1
(5) 化学工业	100.1	101.3	99.2	101.8	101.0
(6) 机械工业	100.0	101.2	98.5	99.4	97.8
(7) 建筑材料工业	99.2	101.3	93.8	99.8	98.6
(8) 森林工业	100.8	98.1	92.9	93.6	98.7
(9) 食品工业	98.4	97.2	100.8	98.2	99.6
(10) 纺织工业	94.8	99.7	96.0	101.7	99.8
(11) 缝纫工业				97.5	103.5
(12) 皮革工业				98.3	99.3
(13) 造纸工业	99.1	99.1	100.6	99.1	101.2
(14) 文教艺术用品工业		100.0	100.0	100.0	101.4
(15) 其它工业	99.9	99.8	101.1	99.8	99.8

注 1：部分工业部门当月无产品，故部分月度无指数

6月	7月	8月	9月	10月	11月	12月
99.4	99.6	98.9	99.8	100.4	100.7	100.4
99.7	100.1	98.4	99.9	99.7	98.7	98.6
99.9	100.2	97.9	100.0	99.6	98.5	98.4
98.3	99.2	102.0	99.7	100.1	100.2	100.1
99.2	99.3	99.2	99.8	100.8	101.8	101.5
103.5	101.1	99.3	100.8	99.9	101.6	100.7
97.8	99.8	99.9	99.9	101.6	101.7	101.3
100.6	98.5	98.2	99.5	99.6	102.0	101.9
99.4	99.5	99.2	99.9	100.6	101.5	101.5
103.5	101.1	99.3	100.8	99.9	101.6	100.7
98.1	99.7	99.8	99.8	101.5	101.5	101.2
100.4	99.1	98.4	100.0	99.6	101.4	101.9
99.3	99.7	98.2	99.6	99.7	98.5	97.7
99.4	100.2	97.1	99.6	99.4	97.9	96.8
95.2	100.4	102.3	98.2	103.8	104.5	98.0
98.7	99.5	100.9	100.0	100.2	99.7	100.1
99.8	97.8	99.9	99.2	100.4	99.8	99.3
100.7	100.3	99.9	100.6	101.4	100.7	101.8
91.4	99.8	99.4	98.2	101.5	105.0	101.2
104.1	96.3	100.0	100.4	99.3	101.4	99.9
99.8	100.4	100.5	100.9	106.8	101.0	100.2
98.9	99.0	100.5	98.8	99.4	100.4	100.8
100.5	98.4	97.9	99.9	99.5	102.2	102.1
100.9	98.7	98.4	100.9	99.9	101.2	101.1
101.3	101.1	96.5	99.5	99.6	95.3	99.6
99.4	100.3	97.6	99.9	99.6	98.2	97.6
100.3	100.0	99.8	102.2	99.4	98.9	101.3
96.4	100.0	104.0	101.3	101.6	106.2	97.3
104.1	93.8	97.3	100.7	98.4	104.8	98.0
102.0	99.5	98.6	99.3	99.5	99.1	100.4
101.8	100.3	101.6	104.3	100.8	100.2	104.6
100.1	99.5	101.3	99.9	100.6	101.2	101.1

广西壮族自治区工业品出厂价格主要分组环比指数表（2003 年）

（上月 =100）

项目名称	1月	2月	3月	4月	5月
总指数	100.4	100.7	101.3	100.7	99.2
按轻重工业分					
(1) 轻工业	99.9	99.3	101.4	100.7	99.1
1. 以农产品为原料	99.6	99.1	101.8	100.9	98.9
2. 以非农产品为原料	100.6	100.1	100.2	100.0	99.8
(2) 重工业	100.8	101.7	101.2	100.8	99.3
1. 采掘	101.0	102.1	103.8	100.6	100.2
2. 原料	100.5	102.5	101.4	100.4	100.2
3. 加工	101.0	100.6	100.7	101.3	98.2
按生产生活资料分					
(1) 生产资料	100.4	101.1	101.7	100.5	99.9
1. 采掘	101.0	102.1	103.8	100.6	100.2
2. 原料	100.4	102.5	101.8	100.5	100.0
3. 加工	100.4	99.9	101.4	100.5	99.9
(2) 生活资料	100.3	99.7	100.3	101.3	97.4
1. 食品	99.9	99.0	100.9	101.0	99.1
2. 衣着	102.3	102.6	99.4	100.0	98.5
3. 一般日用品	100.9	100.3	100.9	99.9	100.1
4. 耐用消费品	102.2	102.9	96.5	104.0	85.6
按工业部门分					
(1) 冶金工业	101.1	102.7	102.0	101.6	100.6
(2) 电力工业	100.0	100.0	100.0	100.0	100.0
(3) 煤炭及炼焦工业	97.7	106.4	99.3	101.2	98.8
(4) 石油工业	102.2	108.2	101.7	101.4	98.2
(5) 化学工业	101.2	101.0	102.2	99.1	100.0
(6) 机械工业	100.3	99.6	99.7	101.0	97.8
(7) 建筑材料工业	101.1	99.7	102.2	99.3	99.7
(8) 森林工业	99.8	100.2	97.7	99.1	97.3
(9) 食品工业	99.7	98.7	101.0	101.1	99.0
(10) 纺织工业	97.4	101.4	109.8	99.2	94.0
(11) 缝纫工业	102.9	102.3	99.2	99.4	98.5
(12) 皮革工业	101.6	101.9	101.5	101.7	101.3
(13) 造纸工业	99.0	99.8	104.3	101.4	99.6
(14) 文教艺术用品工业	100.4	99.2	98.9	100.5	100.8
(15) 其它工业	101.8	101.6	100.6	101.5	100.7

6月	7月	8月	9月	10月	11月	12月
99.8	99.8	100.4	100.7	100.1	103.8	102.3
100.1	99.7	100.1	100.6	100.5	106.0	101.6
100.0	99.5	99.9	100.8	100.5	106.9	101.9
100.4	100.5	100.7	100.1	100.6	103.2	100.6
99.6	99.8	100.6	100.8	99.9	102.2	102.7
99.9	101.1	99.3	102.3	101.1	98.7	100.4
99.9	99.4	100.5	101.0	100.2	102.3	104.5
99.1	100.3	100.9	100.4	99.4	102.4	101.0
100.0	99.9	100.5	100.7	100.3	103.2	102.3
99.9	101.1	99.3	102.3	101.1	98.7	100.4
99.8	99.4	100.5	101.0	100.2	102.2	104.3
100.2	100.3	100.6	100.3	100.4	104.1	100.8
99.1	99.4	100.1	100.8	99.6	105.5	102.3
99.4	99.1	100.0	101.2	99.6	107.6	102.9
98.3	102.6	98.5	96.5	100.8	101.5	102.7
99.9	102.1	100.0	99.6	101.1	98.8	100.1
96.8	98.5	100.7	99.7	98.9	99.1	100.3
101.1	101.0	101.0	101.7	99.8	105.6	102.6
100.0	100.0	100.0	100.0	100.0	100.1	108.6
98.0	102.8	96.9	104.1	101.3	101.0	98.6
98.0	95.8	101.0	101.1	100.0	100.1	102.2
98.8	100.2	100.2	100.3	100.6	100.8	102.6
99.0	99.9	100.5	100.1	99.4	100.8	99.5
101.1	98.3	103.6	101.2	101.3	108.9	100.8
104.5	101.1	97.9	101.2	97.5	99.6	99.9
99.6	99.2	99.6	100.9	100.3	108.7	102.4
99.2	102.0	102.1	100.7	104.0	107.0	99.9
97.8	103.5	98.0	96.6	101.0	102.0	104.3
99.7	101.6	106.5	96.4	95.7	100.0	93.0
102.2	99.2	100.6	100.1	100.5	99.0	100.7
98.7	99.3	100.2	101.0	98.9	103.5	95.3
100.1	99.1	99.8	99.5	99.8	100.6	100.3

广西壮族自治区工业品出厂价格主要分组环比指数表（2004 年）

（上月 =100）

项目名称	1 月	2 月	3 月	4 月	5 月
总指数	101.2	101.1	101.7	101.6	99.6
按轻重工业分					
(1) 轻工业	100.1	99.8	101.4	102.3	100.2
1. 以农产品为原料	98.9	100.0	102.0	103.6	100.3
2. 以非农产品为原料	102.7	99.2	100.3	99.7	100.0
(2) 重工业	102.0	102.1	101.9	101.1	99.2
1. 采掘	101.2	101.0	105.5	105.2	99.3
2. 原料	100.9	103.9	102.0	100.8	98.7
3. 加工	102.8	101.0	101.5	100.9	99.5
按生产生活资料分					
(1) 生产资料	102.0	101.8	101.7	101.4	99.1
1. 采掘	101.2	101.0	105.5	105.2	99.3
2. 原料	100.9	103.7	101.9	100.8	98.9
3. 加工	102.7	100.9	101.4	101.5	99.3
(2) 生活资料	99.2	99.4	101.6	102.2	100.8
1. 食品	98.5	99.4	101.9	103.1	100.8
2. 衣着	96.3	98.3	99.6	100.4	100.9
3. 一般日用品	102.5	99.4	101.5	99.0	101.1
4. 耐用消费品	100.1	100.1	100.2	100.0	100.1
按工业部门分					
(1) 冶金工业	105.5	106.0	107.0	102.0	97.9
(2) 电力工业	100.4	102.3	100.3	99.6	97.5
(3) 煤炭及炼焦工业	103.5	96.0	102.2	101.8	97.6
(4) 石油工业	101.1	100.9	100.2	101.6	102.6
(5) 化学工业	102.2	99.6	101.7	100.2	100.9
(6) 机械工业	99.9	100.0	99.7	101.2	100.2
(7) 建筑材料工业	103.7	99.3	98.6	99.8	99.3
(8) 森林工业	101.3	105.5	99.4	99.8	97.7
(9) 食品工业	98.8	99.7	102.4	104.4	100.3
(10) 纺织工业	97.9	102.2	99.9	102.1	100.2
(11) 缝纫工业	89.3	96.1	99.2	94.5	101.6
(12) 皮革工业	100.4	100.0	100.2	103.4	100.0
(13) 造纸工业	99.2	101.7	101.0	100.7	100.2
(14) 文教艺术用品工业	108.2	91.4	103.9	102.6	102.2
(15) 其它工业	103.8	101.2	100.8	100.1	99.9

6月	7月	8月	9月	10月	11月	12月
99.8	99.8	100.3	101.3	100.1	100.4	99.9
101.0	100.3	100.1	101.6	99.6	98.4	99.0
101.6	100.3	100.0	102.0	98.9	97.2	98.9
99.9	100.3	100.2	100.6	101.0	101.0	99.4
98.8	99.4	100.4	101.0	100.6	101.9	100.6
101.4	100.4	102.3	101.1	100.5	102.5	101.1
98.4	98.5	98.8	100.9	101.4	102.9	101.2
98.9	100.1	101.5	101.1	100.1	101.2	100.1
98.9	99.6	100.3	101.0	101.0	101.6	100.2
101.4	100.4	102.3	101.1	100.5	102.5	101.1
98.6	98.6	99.0	100.9	101.1	103.0	101.2
98.9	100.2	100.9	101.0	100.9	100.7	99.6
101.9	100.2	100.2	102.0	98.2	97.7	99.2
103.2	100.3	100.2	102.7	98.5	96.9	98.9
101.2	101.3	105.6	98.0	94.7	96.5	98.9
100.2	100.0	99.8	100.4	100.1	100.2	100.2
96.2	100.0	100.0	100.0	94.9	100.0	100.0
97.2	98.6	102.8	102.0	102.4	101.4	99.5
97.2	98.3	97.2	100.0	100.5	104.7	102.7
101.8	101.4	102.9	100.1	100.2	99.1	102.9
101.9	99.9	101.4	104.8	103.6	103.8	100.7
100.6	100.7	101.1	101.7	99.9	101.8	101.2
99.7	100.2	100.2	100.4	99.5	100.8	99.7
99.3	100.1	99.5	100.0	102.1	101.5	98.2
99.7	100.1	100.7	100.8	100.2	99.4	99.0
102.4	100.5	100.0	102.8	98.6	96.2	98.7
96.3	98.6	99.4	99.6	99.5	99.1	98.1
100.0	102.0	107.4	93.3	89.6	94.1	100.0
100.9	100.5	100.6	100.6	100.6	99.7	100.2
101.0	99.2	100.3	98.2	99.6	100.5	99.6
99.7	98.5	96.7	99.5	99.3	100.4	99.7
100.8	101.5	99.4	101.3	102.3	99.5	101.7

广西壮族自治区工业品出厂价格主要分组环比指数表（2005 年）

（上月 =100）

项目名称	1 月	2 月	3 月	4 月	5 月
总指数	100.4	101.1	101.4	100.7	100.2
按轻重工业分					
(1) 轻工业	99.7	101.4	102.3	101.1	100.8
1. 以农产品为原料	99.4	102.1	103.7	101.6	101.1
2. 以非农产品为原料	100.3	99.9	99.1	100.0	100.1
(2) 重工业	100.9	100.9	100.6	100.3	99.7
1. 采掘	102.4	102.6	105.2	102.2	102.2
2. 原料	101.6	102.0	100.4	100.6	98.2
3. 加工	100.2	99.9	100.4	100.0	100.6
按生产生活资料分					
(1) 生产资料	100.7	100.7	100.4	100.5	99.7
1. 采掘	102.4	102.6	105.2	102.2	102.2
2. 原料	101.6	101.7	100.3	100.6	98.4
3. 加工	100.1	100.0	100.1	100.4	100.2
(2) 生活资料	99.6	102.1	103.5	100.9	101.3
1. 食品	99.3	102.6	104.6	101.2	101.4
2. 衣着	103.1	103.3	97.9	103.0	97.5
3. 一般日用品	100.6	100.6	101.5	100.4	100.0
4. 耐用消费品	100.0	100.0	100.0	100.0	102.4
按工业部门分					
(1) 冶金工业	100.8	101.1	101.6	102.2	100.2
(2) 电力工业	101.6	102.1	99.6	99.8	95.5
(3) 煤炭及炼焦工业	99.8	102.0	113.5	107.1	100.9
(4) 石油工业	98.4	101.1	99.6	102.6	101.9
(5) 化学工业	101.0	100.8	100.0	100.0	100.3
(6) 机械工业	100.6	99.7	100.5	99.2	101.0
(7) 建筑材料工业	100.3	100.0	96.7	100.3	99.8
(8) 森林工业	102.7	101.0	98.0	100.6	100.6
(9) 食品工业	99.2	102.5	105.1	101.9	101.1
(10) 纺织工业	98.5	101.2	99.5	101.1	104.6
(11) 缝纫工业	102.1	99.3	100.1	103.7	102.0
(12) 皮革工业	100.9	102.7	97.5	101.4	97.6
(13) 造纸工业	101.2	99.8	99.2	101.0	100.5
(14) 文教艺术用品工业	102.8	102.4	109.4	98.4	99.6
(15) 其它工业	98.7	100.2	100.8	99.4	100.6

6月	7月	8月	9月	10月	11月	12月
99.7	100.4	100.2	100.5	100.9	100.4	101.5
100.2	101.1	101.2	100.9	101.8	99.5	103.1
100.2	101.6	101.7	101.2	102.0	99.3	104.2
100.1	100.1	100.2	100.3	101.3	99.8	100.6
99.3	99.9	99.5	100.2	100.2	101.1	100.2
101.3	99.6	98.5	100.6	101.4	101.6	101.7
98.9	100.2	99.9	100.6	101.0	102.8	102.1
99.4	99.6	99.2	99.9	99.5	99.8	98.7
99.5	99.8	99.7	100.4	100.4	100.7	100.6
101.3	99.6	98.5	100.6	101.4	101.6	101.7
98.9	100.4	100.0	100.6	101.1	102.8	102.0
99.7	99.5	99.5	100.2	100.0	99.5	99.7
100.0	101.8	101.6	100.9	102.0	99.7	103.4
99.9	102.3	102.1	101.4	102.7	99.5	105.7
103.0	100.4	107.6	97.4	99.2	101.2	104.9
100.5	101.0	99.2	99.4	100.0	100.0	100.4
100.3	100.0	100.0	100.0	100.0	100.0	93.3
98.8	98.9	98.9	99.9	101.3	99.4	100.5
97.4	99.8	100.0	100.2	99.9	105.9	102.5
99.9	99.1	99.9	97.4	99.5	103.4	102.7
100.6	100.1	105.0	102.8	100.9	100.5	100.0
100.2	101.2	99.5	99.5	100.4	100.1	100.0
100.1	100.1	99.4	100.6	99.5	100.1	98.9
99.6	98.7	100.4	101.1	103.2	99.3	100.3
100.2	99.0	102.6	99.3	101.0	98.1	100.0
100.3	102.2	101.9	101.6	102.6	99.1	105.5
99.1	100.1	101.1	100.8	100.4	100.3	100.0
100.6	103.4	110.0	97.5	98.9	98.0	108.3
102.4	99.3	102.9	98.5	99.9	101.4	101.3
100.4	100.0	100.8	99.8	99.1	99.9	100.5
100.4	102.4	95.5	95.3	98.2	100.5	101.5
101.1	100.8	99.4	100.0	100.5	99.7	102.7

广西壮族自治区工业品出厂价格主要分组环比指数表（2006年）

（上月=100）

项目名称	1月	2月	3月	4月	5月
总指数	101.3	102.4	101.2	100.1	100.1
按轻重工业分					
(1) 轻工业	102.4	103.6	101.8	99.0	99.2
1. 以农产品为原料	103.6	105.4	103.0	99.0	99.3
2. 以非农产品为原料	99.8	99.6	99.0	99.1	99.0
(2) 重工业	100.4	101.4	100.8	100.9	100.9
1. 采掘	104.2	100.6	105.8	104.3	104.4
2. 原料	101.1	102.4	100.8	100.7	100.2
3. 加工	99.5	100.6	100.4	100.7	101.0
按生产生活资料分					
(1) 生产资料	100.3	101.1	100.6	100.6	100.5
1. 采掘	104.2	100.6	105.8	104.3	104.4
2. 原料	101.1	102.5	100.7	100.8	100.1
3. 加工	99.6	100.4	100.2	100.2	100.5
(2) 生活资料	103.8	105.6	102.7	98.8	99.2
1. 食品	104.8	106.7	103.4	98.8	99.2
2. 衣着	95.7	98.9	99.6	100.6	102.6
3. 一般日用品	99.4	99.8	99.1	98.7	98.5
4. 耐用消费品	99.4	100.4	100.4	98.9	99.3
按工业部门分					
(1) 冶金工业	101.8	101.4	102.6	103.5	105.9
(2) 电力工业	100.0	101.7	100.0	99.0	95.4
(3) 煤炭及炼焦工业	103.5	102.1	99.4	99.4	94.3
(4) 石油工业	100.7	100.0	100.0	101.9	103.2
(5) 化学工业	100.3	100.4	99.6	100.1	99.3
(6) 机械工业	99.3	101.5	100.3	99.9	100.3
(7) 建筑材料工业	100.4	99.0	98.6	98.9	98.5
(8) 森林工业	100.3	100.7	98.9	100.3	100.9
(9) 食品工业	104.7	106.9	103.8	98.7	99.4
(10) 纺织工业	99.6	102.3	100.4	99.1	97.9
(11) 缝纫工业	96.3	100.8	99.6	99.6	100.1
(12) 皮革工业	94.9	98.2	98.9	101.7	103.1
(13) 造纸工业	100.0	100.1	99.7	99.8	99.0
(14) 文教艺术用品工业	97.2	95.7	101.5	95.9	104.5
(15) 其它工业	99.8	100.4	100.8	101.5	100.6

6月	7月	8月	9月	10月	11月	12月
100.1	99.7	100.0	99.9	100.3	101.6	99.6
100.0	99.0	99.6	99.6	100.1	101.3	98.7
99.5	98.6	99.4	99.3	99.9	101.4	98.1
100.9	99.9	100.0	100.3	100.5	101.1	99.9
100.3	100.2	100.3	100.1	100.4	101.9	100.4
103.9	97.8	102.4	100.3	101.4	103.6	100.3
98.7	101.0	100.8	100.5	99.8	102.9	100.6
101.1	99.8	99.7	99.8	100.8	100.9	100.2
100.4	100.1	100.2	100.0	100.6	101.6	100.4
103.9	97.8	102.4	100.3	101.4	103.6	100.3
98.7	100.8	101.0	100.4	99.9	102.9	100.5
101.0	99.9	99.7	99.8	100.8	100.8	100.3
99.5	98.5	99.4	99.5	99.6	101.7	97.8
99.5	98.0	99.2	98.9	99.7	102.1	97.4
99.9	104.8	103.1	100.7	96.2	102.1	102.8
99.2	100.7	99.9	102.9	98.9	99.6	99.5
104.3	100.2	100.1	98.1	101.6	99.8	99.3
101.4	98.1	100.1	100.2	100.3	101.3	100.6
97.6	103.4	101.4	100.2	99.6	105.6	101.3
97.8	98.2	100.3	98.2	101.8	100.7	102.7
103.6	99.7	100.7	100.4	99.0	98.7	100.5
99.5	99.8	100.3	100.6	98.8	100.1	99.3
100.8	100.1	100.0	100.0	101.4	100.9	100.1
102.5	99.4	100.0	99.2	101.3	102.5	100.0
101.1	98.6	100.3	103.2	105.9	97.7	99.6
99.5	98.0	99.0	98.9	99.8	102.1	97.5
99.8	100.6	100.6	101.4	101.2	96.2	99.5
100.0	116.6	103.3	101.8	95.1	100.2	100.3
100.4	98.9	102.9	99.9	95.0	104.0	104.4
100.1	100.0	99.8	99.9	99.7	100.4	100.3
97.1	109.5	96.0	103.1	103.9	99.9	102.6
99.9	100.6	99.1	99.8	100.7	99.8	100.6

广西壮族自治区工业品出厂价格主要分组环比指数表（2007 年）

（上月 =100）

项目名称	1 月	2 月	3 月	4 月	5 月
总指数	99.9	100.4	100.6	100.5	100.2
按轻重工业分					
（1）轻工业	99.0	99.7	100.1	100.4	99.9
1. 以农产品为原料	98.8	99.3	100.1	100.8	99.9
2. 以非农产品为原料	99.4	100.7	99.8	99.3	100.0
（2）重工业	100.4	100.7	100.9	100.5	100.4
1. 采掘	101.1	98.2	101.4	101.4	102.0
2. 原料	100.5	100.6	100.8	100.2	97.7
3. 加工	100.2	101.1	100.9	100.8	103.1
按生产生活资料分					
（1）生产资料	100.2	100.8	100.6	100.4	100.3
1. 采掘	101.1	98.2	101.4	101.4	102.0
2. 原料	100.4	100.6	100.9	100.2	97.8
3. 加工	100.1	101.0	100.4	100.4	102.0
（2）生活资料	98.6	99.0	100.5	100.9	100.0
1. 食品	98.6	98.8	100.5	101.3	99.9
2. 衣着	97.9	100.3	100.9	96.0	98.8
3. 一般日用品	98.6	99.8	100.4	99.4	100.7
4. 耐用消费品	99.9	100.2	100.0	100.4	100.0
按工业部门分					
（1）冶金工业	100.6	101.0	101.9	100.9	104.5
（2）电力工业	101.3	100.8	99.7	99.6	93.3
（3）煤炭及炼焦工业	100.3	97.6	103.5	100.9	99.1
（4）石油工业	99.8	99.3	99.8	100.9	100.6
（5）化学工业	99.7	100.5	101.0	100.1	100.8
（6）机械工业	99.2	100.7	100.4	100.4	100.3
（7）建筑材料工业	99.9	100.8	99.0	99.0	100.0
（8）森林工业	99.4	99.6	100.2	104.4	99.8
（9）食品工业	98.7	99.0	100.3	101.6	99.8
（10）纺织工业	98.7	100.3	96.7	95.7	100.0
（11）缝纫工业	98.8	99.7	100.6	100.1	100.3
（12）皮革工业	97.8	105.1	99.9	98.6	101.4
（13）造纸工业	102.0	99.0	100.6	100.6	100.0
（14）文教艺术用品工业	90.8	99.4	97.9	100.7	100.8
（15）其它工业	97.9	101.0	100.4	99.3	98.2

6月	7月	8月	9月	10月	11月	12月
100.8	99.4	101.0	101.0	101.1	101.7	100.8
100.2	99.1	101.7	100.6	101.3	100.4	99.8
100.1	98.9	101.8	100.3	100.6	99.7	99.4
100.4	99.7	101.4	101.3	102.9	102.2	101.0
101.0	99.6	100.6	101.1	100.9	102.4	101.3
102.9	95.2	102.9	103.8	103.2	98.9	97.5
99.3	100.0	100.8	100.9	100.1	104.0	101.6
102.7	99.5	100.2	101.1	101.7	101.1	101.3
101.0	99.7	100.7	101.2	101.2	102.4	101.2
102.9	95.2	102.9	103.8	103.2	98.9	97.5
99.2	100.1	100.8	100.8	100.2	103.9	101.4
102.1	99.6	100.5	101.4	101.9	101.5	101.4
100.0	98.5	101.9	100.0	100.4	99.2	99.1
100.1	98.5	102.3	100.0	100.7	99.0	98.8
100.1	92.0	97.4	103.3	96.9	102.2	100.8
99.4	99.6	100.2	99.8	99.3	99.6	100.1
100.0	100.3	99.1	100.4	100.0	100.0	100.2
103.7	99.0	101.9	102.2	102.0	99.6	101.4
97.7	100.3	99.9	99.8	99.9	108.5	102.1
96.3	98.4	101.1	98.3	104.9	106.9	104.0
100.9	100.3	100.4	99.2	100.4	105.8	105.7
100.4	100.8	100.1	102.1	101.1	102.1	102.5
100.0	99.6	99.4	100.2	99.9	100.1	98.4
101.2	98.9	102.5	102.8	106.0	104.3	101.8
100.8	101.3	99.2	99.6	99.3	100.3	99.6
100.0	98.2	102.3	100.0	100.9	99.2	99.4
102.6	100.7	99.5	99.5	98.7	100.4	97.6
99.9	100.2	92.1	100.0	100.1	99.9	100.1
99.5	97.9	104.1	100.8	105.7	103.4	102.2
99.8	100.6	99.6	100.3	100.5	101.0	100.8
99.6	100.0	100.7	94.6	95.2	99.8	97.7
99.9	97.8	100.8	103.9	98.1	99.5	95.3

广西壮族自治区工业品出厂价格主要分组环比指数表（2008 年）

（上月 =100）

项目名称	1月	2月	3月	4月	5月
总指数	101.3	100.9	101.7	100.6	99.8
按轻重工业分					
(1) 轻工业	100.4	100.3	100.7	99.0	99.8
1. 以农产品为原料	100.3	100.9	101.5	99.2	99.5
2. 以非农产品为原料	100.7	98.7	98.6	98.6	100.8
(2) 重工业	101.8	101.2	102.2	101.6	99.8
1. 采掘	102.5	102.8	102.5	100.8	101.4
2. 原料	101.0	101.4	101.6	100.4	97.1
3. 加工	102.7	100.8	102.9	102.9	102.7
按生产生活资料分					
(1) 生产资料	101.6	100.9	101.7	101.1	99.9
1. 采掘	102.5	102.8	102.5	100.8	101.4
2. 原料	100.9	101.3	101.5	100.4	97.1
3. 加工	102.0	100.5	101.8	101.6	101.9
(2) 生活资料	100.4	100.7	101.4	99.0	99.5
1. 食品	100.3	101.1	101.5	98.6	99.4
2. 衣着	99.0	100.4	101.8	100.0	100.6
3. 一般日用品	101.4	98.5	101.3	100.8	100.4
4. 耐用消费品	100.0	100.7	100.2	100.6	100.0
按工业部门分					
(1) 冶金工业	103.1	102.1	103.9	102.5	102.3
(2) 电力工业	101.1	100.8	100.2	99.9	93.5
(3) 煤炭及炼焦工业	107.6	106.6	104.5	100.4	103.3
(4) 石油工业	101.3	97.1	100.7	100.7	100.7
(5) 化学工业	101.6	100.8	101.8	102.8	102.8
(6) 机械工业	99.7	99.7	100.8	100.2	100.1
(7) 建筑材料工业	101.0	98.2	96.4	96.7	99.0
(8) 森林工业	101.8	100.5	101.4	100.4	99.7
(9) 食品工业	100.5	101.2	101.5	98.7	99.1
(10) 纺织工业	98.3	100.3	101.6	103.0	100.3
(11) 缝纫工业	96.8	99.9	104.0	99.9	102.1
(12) 皮革工业	100.8	99.8	99.8	99.7	99.9
(13) 造纸工业	100.6	101.3	101.5	101.0	102.2
(14) 文教艺术用品工业	98.8	97.3	100.1	100.9	96.8
(15) 其它工业	97.9	101.4	101.1	96.6	97.1

6月	7月	8月	9月	10月	11月	12月
100.2	101.0	99.6	98.7	97.5	96.4	96.1
100.7	100.6	98.5	98.6	98.3	99.0	99.2
100.1	100.2	97.9	98.0	97.3	98.4	98.6
102.2	101.6	100.2	100.0	100.9	100.4	100.7
99.9	101.2	100.3	98.8	97.1	94.9	94.5
96.0	95.4	97.7	100.4	96.0	91.6	94.5
98.7	101.3	100.4	98.9	98.2	97.3	97.1
101.6	101.8	100.4	98.6	96.0	92.6	92.3
100.4	101.3	100.2	99.0	97.5	95.5	95.3
96.0	95.4	97.7	100.4	96.0	91.6	94.5
98.7	101.2	100.5	98.9	98.1	97.3	97.0
102.0	101.8	100.1	99.0	97.1	94.4	94.3
99.5	99.8	97.7	97.7	97.7	99.7	99.5
99.2	99.6	97.0	97.1	97.2	99.9	99.5
101.5	99.5	101.8	99.7	96.9	96.1	99.5
101.0	101.1	100.8	100.7	100.3	99.0	99.7
100.0	100.4	101.8	100.7	99.6	99.9	100.2
99.8	100.7	99.7	97.0	93.6	86.2	90.2
97.8	100.7	100.5	100.5	100.5	108.6	101.6
101.0	99.6	100.8	111.3	107.7	101.2	99.8
101.3	110.5	105.8	97.6	97.7	90.9	86.6
102.9	101.0	100.9	99.7	98.8	96.4	97.8
100.2	101.9	99.7	100.3	99.7	99.6	95.4
103.4	101.3	99.9	100.5	102.8	100.4	102.3
99.8	101.3	100.2	99.6	99.7	99.3	99.2
99.8	100.0	97.0	97.3	97.1	99.0	98.9
99.6	100.0	100.1	98.1	97.1	95.9	98.5
100.1	101.6	102.0	101.0	94.7	95.1	99.7
100.4	100.5	102.0	96.7	99.5	97.0	99.5
101.3	101.4	100.4	101.9	97.9	94.4	95.2
103.8	101.1	104.4	100.6	97.7	100.6	99.7
102.8	99.4	97.3	99.9	96.8	100.6	100.3

广西壮族自治区工业生产者出厂价格主要分组环比指数表（2009年）

（上月 =100）

项目名称	1月	2月	3月	4月	5月
总指数	99.9	100.0	100.2	100.0	99.0
按轻重工业分					
(1) 轻工业	98.2	99.5	101.4	101.5	101.2
1. 以农产品为原料	98.1	100.3	102.6	102.4	102.0
2. 以非农产品为原料	98.4	97.3	98.4	99.5	99.1
(2) 重工业	100.8	100.3	99.6	99.3	97.9
1. 采掘	103.3	99.7	100.0	98.9	101.0
2. 原料	99.5	100.0	100.2	100.8	98.2
3. 加工	101.5	100.6	99.0	98.2	97.5
按生产生活资料分					
(1) 生产资料	100.4	100.0	99.4	99.4	98.2
1. 采掘	103.3	99.7	100.0	98.9	101.0
2. 原料	99.5	100.0	100.4	100.8	98.3
3. 加工	100.7	100.0	98.9	98.7	97.9
(2) 生活资料	98.1	100.2	103.1	102.5	102.4
1. 食品	97.8	100.5	104.0	103.0	103.0
2. 衣着	98.1	102.2	99.6	100.4	98.1
3. 一般日用品	99.6	98.6	99.3	100.4	99.8
4. 耐用消费品	100.9	99.4	95.3	100.5	99.8
按工业部门分					
(1) 冶金工业	99.1	100.6	98.5	99.0	97.9
(2) 电力工业	101.2	101.0	99.9	99.4	92.8
(3) 煤炭及炼焦工业	100.2	100.9	98.6	96.1	101.0
(4) 石油工业	93.0	98.8	96.9	98.9	111.2
(5) 化学工业	99.3	98.3	99.8	99.4	98.8
(6) 机械工业	103.8	100.2	100.4	99.9	99.8
(7) 建筑材料工业	97.0	95.2	99.0	99.0	98.8
(8) 森林工业	97.7	100.0	102.3	99.3	100.3
(9) 食品工业	97.8	100.4	103.3	102.9	102.7
(10) 纺织工业	102.7	99.6	100.1	102.8	100.1
(11) 缝纫工业	96.7	103.6	99.0	101.6	96.4
(12) 皮革工业	100.4	98.7	99.9	96.9	100.0
(13) 造纸工业	98.7	100.4	99.0	99.9	99.8
(14) 文教艺术用品工业	100.1	100.7	101.0	101.1	99.8
(15) 其它工业	100.3	102.3	100.1	99.8	99.2

6月	7月	8月	9月	10月	11月	12月
100.4	100.9	102.8	100.3	99.8	102.1	103.1
100.2	100.4	101.0	101.6	100.9	102.3	104.5
100.3	100.5	101.2	101.6	100.8	102.6	105.4
99.8	100.2	100.3	101.4	101.1	101.5	102.3
100.5	101.2	103.8	99.7	99.3	102.0	102.4
101.1	101.5	105.3	104.6	101.6	103.1	102.2
100.0	101.4	101.2	101.8	100.2	104.6	102.6
100.8	101.0	105.5	97.9	98.5	100.0	102.2
100.4	101.2	103.3	100.0	99.6	102.0	102.4
101.1	101.5	105.3	104.6	101.6	103.1	102.2
100.0	101.6	101.2	102.0	100.3	104.6	102.8
100.6	101.0	104.3	98.6	99.1	100.5	102.2
100.3	99.6	101.0	101.8	100.8	102.5	105.7
100.5	99.7	101.4	102.0	100.9	103.1	106.8
100.1	97.2	97.6	101.9	100.8	99.4	101.3
99.2	99.7	99.7	100.5	100.1	100.2	100.5
100.4	100.7	99.1	100.4	100.0	99.5	99.2
102.1	102.9	109.2	99.5	98.1	100.3	102.9
98.2	100.0	100.0	99.9	99.9	108.5	102.9
98.3	99.1	102.1	104.3	98.1	105.6	102.8
106.0	105.1	99.6	104.2	100.5	98.9	108.4
99.7	99.4	99.8	100.3	100.4	101.1	102.4
99.6	100.1	100.1	99.9	100.0	100.5	101.0
100.0	100.0	101.0	102.0	102.5	102.6	102.9
99.0	100.9	101.2	98.7	101.2	100.2	100.5
100.4	100.3	101.4	102.0	100.9	102.8	106.5
103.4	102.2	102.8	100.2	96.0	107.5	102.5
101.0	99.6	99.6	100.7	100.9	100.0	98.3
99.7	97.5	97.5	101.7	99.8	98.3	101.0
100.2	100.9	100.3	98.8	102.3	100.8	101.3
100.5	100.2	99.9	101.7	100.3	101.0	100.2
98.8	100.3	101.7	100.2	100.3	102.3	101.9

广西壮族自治区工业品出厂价格主要分组环比指数表（2010 年）

（上月 =100）

项目名称	1 月	2 月	3 月	4 月	5 月
总指数	102.4	101.0	100.5	101.3	99.0
按轻重工业分					
(1) 轻工业	101.3	100.0	100.4	101.0	100.6
1. 以农产品为原料	101.9	100.1	100.8	101.2	100.1
2. 以非农产品为原料	100.0	99.7	99.4	100.6	101.6
(2) 重工业	103.0	101.5	100.6	101.4	98.1
1. 采掘	100.4	106.9	104.7	101.8	101.0
2. 原料	102.9	101.4	100.4	101.4	95.4
3. 加工	103.2	101.2	100.3	101.4	100.1
按生产生活资料分					
(1) 生产资料	102.5	101.2	100.5	101.4	98.7
1. 采掘	100.4	106.9	104.7	101.8	101.0
2. 原料	102.9	101.4	100.6	101.5	95.5
3. 加工	102.4	100.8	100.2	101.4	100.5
(2) 生活资料	102.0	100.1	100.4	100.6	99.9
1. 食品	102.4	100.0	100.2	100.6	99.6
2. 衣着	100.9	100.3	105.1	101.4	101.1
3. 一般日用品	100.2	100.5	100.5	100.8	101.1
4. 耐用消费品	99.7	100.6	99.5	100.6	99.7
按工业部门分					
(1) 冶金工业	105.6	101.9	101.3	103.4	98.8
(2) 电力工业	100.1	101.2	99.7	100.0	92.2
(3) 煤炭及炼焦工业	98.0	103.1	100.1	101.0	100.9
(4) 石油工业	101.5	100.8	100.9	103.8	101.0
(5) 化学工业	103.9	101.7	101.5	100.8	100.9
(6) 机械工业	101.1	101.0	99.9	99.4	100.2
(7) 建筑材料工业	99.0	98.7	98.6	100.4	102.0
(8) 森林工业	100.1	102.7	99.8	102.8	100.8
(9) 食品工业	102.3	99.8	100.4	100.5	99.8
(10) 纺织工业	102.2	99.8	101.0	103.0	102.5
(11) 缝纫工业	100.4	98.3	98.8	100.0	101.1
(12) 皮革工业	100.2	101.5	106.9	102.1	100.8
(13) 造纸工业	100.6	101.5	102.4	106.4	100.2
(14) 文教艺术用品工业	100.4	100.9	99.9	100.0	99.7
(15) 其它工业	101.2	101.4	103.6	109.4	100.2

6月	7月	8月	9月	10月	11月	12月
99.4	99.3	100.4	101.7	102.0	103.5	101.1
99.8	100.1	101.3	102.6	103.1	103.5	101.3
99.7	100.2	101.8	102.0	102.7	104.4	101.3
100.0	100.0	100.2	104.1	104.1	101.4	101.2
99.1	98.9	99.9	101.1	101.4	103.4	101.0
98.7	101.6	102.8	100.1	102.2	102.5	99.5
98.0	99.1	100.5	100.8	100.9	107.8	101.4
100.1	98.5	99.2	101.5	101.7	100.0	100.8
99.3	99.0	100.1	101.6	101.7	103.1	101.0
98.7	101.6	102.8	100.1	102.2	102.5	99.5
98.0	98.9	100.5	100.9	100.8	107.9	101.3
100.1	98.9	99.6	102.2	102.2	100.4	100.9
99.7	100.4	101.6	101.8	102.9	104.8	101.5
99.4	100.5	102.0	102.1	103.5	105.6	101.5
100.2	99.4	100.6	100.1	100.0	101.2	100.6
101.1	100.4	99.9	100.6	100.2	100.9	101.4
101.1	100.7	99.9	98.8	99.4	100.1	100.2
98.9	97.9	100.0	102.1	102.6	100.7	101.0
97.3	99.6	99.8	99.7	100.1	110.3	100.4
102.0	99.4	100.6	101.5	100.1	101.4	101.0
100.6	99.0	99.9	99.7	102.0	103.9	102.1
100.2	98.9	99.5	102.1	102.5	107.7	102.5
100.3	100.1	100.0	100.5	100.0	100.1	100.5
99.8	99.3	100.5	107.0	107.0	101.3	101.1
99.7	99.9	100.4	100.1	100.1	101.0	99.9
99.3	100.4	102.1	102.1	103.3	105.2	101.6
103.7	101.6	102.3	104.3	103.0	105.3	103.8
100.4	100.1	100.0	100.0	100.0	103.3	100.0
100.7	99.0	100.7	99.8	99.9	99.8	100.7
99.5	98.0	100.9	101.7	100.8	99.4	101.3
100.0	102.3	100.0	99.8	100.0	101.3	101.2
100.1	99.8	101.3	101.3	100.3	100.2	99.8

广西壮族自治区工业生产者出厂价格主要分组环比指数表（2011 年）

（上月 =100）

项目名称	1 月	2 月	3 月	4 月	5 月
总指数	101.4	101.0	100.3	100.7	99.7
按轻重工业分					
(1) 轻工业	102.5	101.2	100.6	101.3	100.4
1. 以农产品为原料	102.8	101.2	100.7	101.3	100.3
2. 以非农产品为原料	100.5	100.9	100.4	101.4	100.8
(2) 重工业	101.1	100.9	100.2	100.4	99.4
1. 采掘	103.9	101.4	101.9	102.4	101.6
2. 原料	101.2	100.9	100.7	100.7	96.7
3. 加工	100.8	100.9	99.8	100.1	100.8
按生产生活资料分					
(1) 生产资料	101.1	101.0	100.4	100.5	99.5
1. 采掘	103.9	101.4	101.9	102.4	101.6
2. 原料	101.2	100.9	100.8	100.8	96.9
3. 加工	100.8	101.0	100.0	100.3	100.8
(2) 生活资料	102.4	101.0	100.3	101.1	100.4
1. 食品	103.6	101.5	100.1	101.4	100.3
2. 衣着	104.1	100.2	105.8	100.6	104.4
3. 一般日用品	100.7	100.5	100.3	101.0	100.6
4. 耐用消费品	100.1	100.0	100.0	100.0	100.0
按工业部门分					
(1) 冶金工业	102.5	103.0	100.2	100.7	101.2
(2) 电力工业	100.2	100.0	100.0	100.0	91.5
(3) 煤炭及炼焦工业	108.9	97.9	107.8	103.9	101.5
(4) 石油工业	104.6	99.9	101.7	103.9	102.3
(5) 化学工业	100.1	101.0	101.4	101.4	101.2
(6) 机械工业	100.2	100.1	100.3	100.1	100.0
(7) 建筑材料工业	99.3	99.9	98.1	99.4	101.3
(8) 森林工业	103.0	98.1	100.4	101.7	100.4
(9) 食品工业	103.3	101.4	100.4	101.4	100.2
(10) 纺织工业	100.6	101.7	101.3	100.2	99.2
(11) 缝纫工业	104.5	100.1	109.0	100.8	106.2
(12) 皮革工业	102.0	100.5	99.8	100.0	105.4
(13) 造纸工业	100.5	99.8	100.1	100.3	100.2
(14) 文教艺术用品工业	100.5	100.5	100.1	100.2	100.1
(15) 其它工业	102.0	100.0	101.1	100.3	100.2

6月	7月	8月	9月	10月	11月	12月
100.1	100.3	100.6	100.0	98.9	99.5	99.3
100.0	100.3	100.8	100.2	99.2	99.5	99.0
100.0	100.3	100.9	100.3	99.0	99.4	98.8
100.3	100.1	100.1	100.0	100.0	99.8	100.1
100.1	100.3	100.5	99.9	98.8	99.6	99.4
104.1	100.8	100.7	99.7	98.7	98.5	97.9
99.1	100.5	100.0	99.6	98.5	101.8	99.5
100.3	100.2	100.8	100.1	99.0	98.5	99.5
100.1	100.3	100.6	99.9	98.9	99.5	99.3
104.1	100.8	100.7	99.7	98.7	98.5	97.9
99.1	100.4	100.0	99.5	98.5	101.7	99.4
100.3	100.2	100.9	100.2	99.1	98.5	99.4
100.0	100.3	100.7	100.2	99.0	99.6	99.1
99.9	100.5	101.3	100.3	98.5	99.4	98.6
99.1	100.6	95.9	101.3	101.1	100.1	102.0
100.6	99.9	100.0	100.1	100.1	100.1	100.1
100.0	100.0	100.0	99.6	99.6	99.6	99.6
100.7	100.1	101.2	99.5	97.1	97.2	98.6
99.1	100.5	99.8	100.1	100.1	108.0	102.1
99.5	100.5	102.1	106.9	105.8	99.1	101.4
98.4	98.5	99.5	101.2	99.4	99.8	99.9
100.4	101.1	99.4	98.6	98.9	97.3	97.5
99.9	100.4	99.9	99.8	100.0	99.8	99.9
100.3	99.9	103.5	102.3	98.0	98.1	98.3
100.0	100.6	99.5	100.9	100.8	100.2	99.8
100.0	100.5	101.4	100.4	98.7	99.4	98.6
98.9	98.9	97.6	98.1	99.5	99.8	99.0
97.4	100.2	92.4	96.7	101.6	100.0	103.0
101.9	101.0	101.7	104.5	100.4	100.6	100.7
100.4	99.5	100.3	100.0	99.9	98.7	98.9
100.0	100.1	99.6	100.8	99.8	100.0	99.8
99.8	100.3	102.7	100.3	99.9	98.9	100.5

广西壮族自治区工业生产者出厂价格主要分组环比指数表（2012 年）

（上月 =100）

项目名称	1 月	2 月	3 月	4 月	5 月
总指数	99.8	100.0	100.0	100.4	99.7
按轻重工业分					
(1) 轻工业	99.2	100.2	100.3	100.9	99.8
1. 以农产品为原料	99.0	100.2	100.3	100.9	99.7
2. 以非农产品为原料	100.4	100.1	100.4	100.5	100.2
(2) 重工业	100.0	100.0	99.8	100.2	99.7
1. 采掘	101.8	101.7	100.7	100.0	99.0
2. 原料	99.9	100.6	100.1	100.0	99.7
3. 加工	99.9	99.6	99.6	100.3	99.7
按生产生活资料分					
(1) 生产资料	99.7	100.0	99.9	100.2	99.7
1. 采掘	101.8	101.7	100.7	100.0	99.0
2. 原料	99.8	100.5	100.2	100.0	99.7
3. 加工	99.6	99.6	99.6	100.4	99.7
(2) 生活资料	99.9	100.2	100.3	100.8	99.8
1. 食品	99.0	100.2	100.4	101.0	99.6
2. 衣着	99.9	100.0	100.1	101.2	100.0
3. 一般日用品	100.2	100.2	100.3	101.2	100.2
4. 耐用消费品	101.9	100.0	100.0	100.0	100.0
按工业部门分					
(1) 冶金工业	98.5	99.7	99.8	100.3	99.6
(2) 电力工业	100.2	100.7	99.8	99.9	99.9
(3) 煤炭及炼焦工业	106.2	98.6	101.1	99.7	99.1
(4) 石油工业	100.6	100.9	102.2	102.4	98.0
(5) 化学工业	100.5	100.2	100.6	100.4	99.7
(6) 机械工业	100.7	100.1	99.5	100.1	99.8
(7) 建筑材料工业	100.2	98.2	99.5	100.4	99.4
(8) 森林工业	100.9	100.0	100.3	101.2	100.0
(9) 食品工业	99.0	100.2	100.3	100.9	99.7
(10) 纺织工业	99.5	100.2	100.7	100.9	99.2
(11) 缝纫工业	100.0	100.0	99.9	102.0	100.0
(12) 皮革工业	98.0	98.9	100.9	100.5	100.8
(13) 造纸工业	98.8	100.7	100.8	99.8	99.7
(14) 文教艺术用品工业	100.0	100.0	100.0	100.2	100.0
(15) 其它工业	99.9	101.4	100.3	99.8	100.1

6月	7月	8月	9月	10月	11月	12月
99.4	99.4	99.3	99.6	100.2	100.2	99.9
99.5	99.7	99.4	99.9	99.5	99.7	99.4
99.3	99.6	99.2	99.9	99.4	99.7	99.3
100.4	100.4	100.2	99.9	99.9	100.1	99.9
99.4	99.3	99.2	99.5	100.5	100.3	100.0
99.8	99.3	98.6	99.6	100.7	99.5	99.5
99.6	99.2	100.0	100.6	100.2	99.5	99.9
99.3	99.4	98.9	99.0	100.6	100.8	100.1
99.4	99.3	99.3	99.6	100.5	100.3	100.0
99.8	99.3	98.6	99.6	100.7	99.5	99.5
99.6	99.2	99.9	100.6	100.2	99.6	99.9
99.2	99.4	99.0	99.1	100.6	100.7	100.1
99.6	99.7	99.2	99.7	99.5	99.9	99.5
99.2	99.2	98.7	99.5	99.1	99.9	99.1
100.9	100.4	100.6	99.3	99.4	99.5	99.9
100.2	101.0	99.9	100.0	100.2	100.0	100.2
100.0	100.0	100.0	100.0	100.0	100.0	100.0
98.6	98.3	97.2	98.0	100.3	100.9	99.9
100.2	99.8	100.4	100.4	100.0	100.0	100.2
101.1	89.3	100.8	99.6	98.5	100.1	104.3
95.5	95.7	102.0	104.4	101.5	99.3	98.7
99.6	99.9	99.7	99.4	99.7	99.9	100.2
99.8	99.9	100.1	99.8	100.1	100.0	100.1
99.7	100.3	99.6	100.5	104.3	101.8	99.8
100.9	101.5	99.8	100.7	100.3	99.5	100.0
99.2	99.3	99.0	99.9	99.3	99.7	99.1
98.4	99.6	100.8	100.2	101.2	100.1	100.6
99.9	100.6	100.6	98.9	99.0	99.0	99.8
101.4	100.6	99.5	99.8	100.0	100.3	100.5
99.4	99.3	98.9	99.8	98.5	99.8	99.0
100.0	100.0	100.0	100.0	100.0	100.0	100.0
100.0	99.0	100.1	99.9	100.1	99.7	100.3

广西壮族自治区工业生产者出厂价格主要分组环比指数表（2013年）

（上月=100）

项目名称	1月	2月	3月	4月	5月
总指数	100.2	100.1	99.6	99.4	99.4
按轻重工业分					
(1) 轻工业	100.1	100.1	99.7	99.8	99.6
1. 以农产品为原料	100.0	100.2	99.7	99.8	99.6
2. 以非农产品为原料	100.5	99.8	100.1	100.1	99.5
(2) 重工业	100.3	100.1	99.6	99.3	99.4
1. 采掘	100.6	100.3	99.3	98.8	98.8
2. 原料	100.1	100.2	99.8	99.3	99.7
3. 加工	100.4	100.1	99.5	99.3	99.3
按生产生活资料分					
(1) 生产资料	100.3	100.1	99.6	99.3	99.3
1. 采掘	100.6	100.3	99.3	98.8	98.8
2. 原料	100.0	100.2	99.9	99.3	99.7
3. 加工	100.4	100.1	99.6	99.4	99.2
(2) 生活资料	100.1	100.1	99.5	99.8	99.7
1. 食品	100.0	100.2	99.3	99.6	99.5
2. 衣着	99.5	100.0	99.5	100.2	99.8
3. 一般日用品	100.8	100.0	99.8	100.1	100.0
4. 耐用消费品	100.0	100.0	100.0	100.0	100.0
按工业部门分					
(1) 冶金工业	100.9	100.5	99.4	98.4	98.7
(2) 电力工业	100.1	100.1	99.9	99.9	100.0
(3) 煤炭及炼焦工业	102.8	101.7	100.0	97.8	98.7
(4) 石油工业	100.6	99.9	100.7	97.9	97.7
(5) 化学工业	100.2	100.4	99.8	100.0	99.5
(6) 机械工业	100.0	100.0	99.9	99.9	100.0
(7) 建筑材料工业	98.8	98.3	97.4	98.7	98.9
(8) 森林工业	100.5	100.2	100.0	100.1	100.2
(9) 食品工业	100.0	100.2	99.4	99.7	99.4
(10) 纺织工业	101.0	100.3	100.3	99.2	100.1
(11) 缝纫工业	98.8	99.9	99.5	100.3	99.7
(12) 皮革工业	100.6	100.2	100.7	100.0	100.1
(13) 造纸工业	99.8	100.2	100.2	100.4	99.5
(14) 文教艺术用品工业	100.0	100.0	100.0	100.0	100.0
(15) 其它工业	101.3	100.3	101.7	100.9	100.1

6月	7月	8月	9月	10月	11月	12月
99.7	99.8	100.1	100.4	100.2	100.3	99.8
100.0	99.6	99.9	100.2	100.3	100.2	99.4
99.9	99.6	99.9	100.1	100.3	100.2	99.3
100.3	99.7	99.8	100.2	100.2	100.5	99.8
99.6	99.8	100.2	100.5	100.2	100.3	99.9
99.5	99.2	99.3	102.3	100.1	99.3	98.5
99.7	99.6	100.2	100.9	100.8	100.0	99.8
99.6	99.9	100.3	100.3	99.9	100.6	100.1
99.6	99.8	100.2	100.6	100.2	100.4	99.9
99.5	99.2	99.3	102.3	100.1	99.3	98.5
99.7	99.6	100.2	100.9	100.7	100.1	99.8
99.6	99.9	100.3	100.4	100.0	100.6	100.0
100.0	99.7	99.9	99.9	100.2	100.2	99.5
99.9	99.5	99.8	99.9	100.3	100.1	99.0
100.4	99.9	100.7	100.3	99.9	104.8	100.2
100.0	100.1	99.9	99.9	100.1	99.9	100.1
100.1	100.0	100.0	100.0	100.0	100.0	100.0
99.1	99.3	99.8	100.5	99.5	99.7	99.5
100.1	99.7	99.9	99.9	100.4	99.9	100.0
98.9	99.3	102.6	100.6	100.2	98.1	98.5
99.5	100.9	99.9	102.4	99.6	100.3	101.6
99.6	99.5	100.6	101.7	100.9	100.6	99.9
99.9	99.9	100.2	100.1	99.9	100.2	99.9
99.9	101.1	101.4	101.6	102.2	104.0	100.9
100.0	100.4	100.1	100.0	100.1	100.1	99.9
99.9	99.6	99.9	100.1	100.4	100.1	99.1
100.5	100.4	100.0	100.0	100.2	99.7	99.8
99.9	99.8	100.7	100.0	99.9	107.8	100.1
101.2	99.9	99.9	101.2	100.6	99.5	99.7
99.6	100.0	100.2	100.1	99.8	99.7	99.8
100.9	100.0	100.0	99.9	100.0	100.0	99.9
100.2	99.1	100.0	100.5	101.3	100.0	100.2

广西壮族自治区工业品出厂价格大类指数表（2002—2010 年）

（上年 =100）

项目名称	2002 年	2003 年	2004 年	2005 年	2006 年	2007 年	2008 年	2009 年	2010 年
总指数	95.6	102.8	109.7	104.9	109.6	104.5	109.0	93.5	112.0
煤炭开采和洗选业	118.7	100.9	109.2	133.1	106.1	99.9	140.1	94.7	111.5
石油和天然气开采业									
黑色金属矿采选业	104.9	101.8	115.4	112.5	106.3	105.9	153.5	90.0	120.4
有色金属矿采选业	94.3	116.5	130.5	130.5	158.9	133.7	80.2	89.3	149.9
非金属矿采选业	102.4	103.0	106.5	109.1	105.1	117.0	126.0	101.2	107.4
其他采矿业									
农副食品加工业	81.1	94.6	118.4	111.7	131.3	92.0	101.5	101.1	125.1
食品制造业	101.5	101.3	103.6	101.9	103.5	103.6	112.5	101.7	99.3
饮料制造业	99.2	100.0	100.0	101.1	101.8	99.4	108.5	99.4	112.8
烟草制品业	104.7	102.8	102.1	102.8	102.0	100.8	102.0	102.1	104.3
纺织业	88.8	108.8	115.3	99.9	104.0	91.4	97.8	103.2	125.5
纺织服装、鞋、帽制造业	100.4	101.4	107.0	104.0	101.6	100.2	100.8	102.5	110.7
皮革、毛皮、羽毛（绒）及其制品业	86.7	102.0	106.9	107.4	101.3	100.3	89.8	86.5	118.1
木材加工及竹藤棕草制品业	94.0	97.1	103.2	100.4	103.2	108.9	104.0	98.0	106.8
家具制造业	100.4	97.0	100.6	100.9	100.1	100.0	107.9	109.5	99.7
造纸及纸制品业	96.4	102.1	103.7	102.0	99.7	102.2	107.0	91.4	113.5
印刷业和记录媒介的复制	99.7	97.5	99.9	101.9	97.9	98.3	95.5	102.1	101.2
文教体育用品制造业	100.1	100.3	95.7	100.6	103.9	100.7	101.7	102.0	100.8
石油加工、炼焦及核燃料加工业	104.9	114.0	112.5	120.5	116.5	104.4	120.8	84.9	125.3
化学原料及化学制品制造业	98.3	103.0	110.4	110.1	103.0	103.0	118.3	90.0	117.7
医药制造业	103.5	101.5	100.1	102.4	96.9	101.5	106.7	101.7	103.0
化学纤维制造业	94.1	111.3	113.5				99.0	103.7	
橡胶制品业	97.9	96.0	102.4	101.3	101.9	104.8	105.1	102.1	103.6
塑料制品业									
非金属矿物制品业	98.9	100.3	108.1	98.3	100.1	104.7	113.8	97.9	106.6
黑色金属冶炼及压延加工业	97.5	125.5	137.4	98.4	92.8	118.6	134.4	74.7	111.6
有色金属冶炼及压延加工业	92.9	111.8	124.3	108.0	132.8	112.9	92.4	81.5	126.2
金属制品业	95.5	98.9	107.3	108.5	100.1	102.2	107.8	94.2	102.1
通用设备制造业	98.2	95.2	99.6	101.1	96.9	100.4	106.9	101.4	100.5
专用设备制造业	99.1	102.4	104.3	104.7	105.9	101.3	108.7	100.2	105.3
交通运输设备制造业	98.5	95.7	98.4	98.7	101.5	102.1	100.2	100.9	102.1
电气机械及器材制造业		100.9	106.5	110.4	112.7	103.1	102.0	93.3	104.3
通信设备、计算机及其他电子设备制造业		97.0	98.5	99.5	102.2	94.6	98.4	100.8	89.3
仪器仪表及文化、办公用机械制造业	97.4	96.9	100.3	101.5	98.7	98.1	99.2	99.3	102.2
工艺品及其他制造业	101.6	103.6	92.7	102.7	100.2	102.5	107.7	100.8	102.6
废弃资源和废旧材料回收加工业	101.2								
电力、热力生产供应业	101.8	100.0	102.2	100.9	102.7	102.7	102.0	102.5	102.0
燃气生产供应业			106.7	122.1	114.2	104.9	109.7	81.4	113.7
自来水生产供应业	101.7	102.9	101.9	101.1	106.8	104.7	100.7	114.4	106.1

注 1：因当年部分行业无产品，故无指数

广西壮族自治区工业生产者出厂价格大类（新行业）指数表（2011—2013 年）

（上年 =100）

项目名称	2011 年	2012 年	2013 年
总指数	108.5	97.8	98.2
煤炭开采和洗选业	131.5	113.9	98.9
石油和天然气开采业			
黑色金属矿采选业	107.3	96.4	95.2
有色金属矿采选业	129.3	98.9	95.2
非金属矿采选业	115.0	110.9	99.1
开采辅助活动			
其他采矿业			
农副食品加工业	122.3	95.7	94.0
食品制造业	111.3	106.7	101.9
酒、饮料和精制茶制造业	107.4	101.8	102.4
烟草制品业	100.6	101.9	100.7
纺织业	116.7	96.2	103.2
纺织服装、服饰业	119.2	100.5	95.0
皮革、毛皮、羽毛及其制品和制鞋业	116.0	106.4	106.5
木材加工及竹藤棕草制品业	105.9	105.3	102.8
家具制造业	101.7	106.0	102.4
造纸和纸制品业	102.7	96.1	96.2
印刷和记录媒介复制业	103.0	100.0	100.1
文教、工美、体育和娱乐用品制造业	105.8	101.7	102.9
石油加工、炼焦和核燃料加工业	118.8	101.5	98.0
化学原料和化学制品制造业	118.1	92.4	99.1
医药制造业	102.5	103.2	102.2
化学纤维制造业			
橡胶和塑料制品业	104.9	101.4	100.9
非金属矿物制品业	110.6	97.0	100.6
黑色金属冶炼和压延加工业	107.6	88.5	93.9
有色金属冶炼和压延加工业	111.6	92.4	93.7
金属制品业	103.4	100.1	101.2
通用设备制造业	98.9	100.1	100.2
专用设备制造业	100.2	99.6	99.9
汽车制造业	100.7	100.7	100.1
铁路、船舶、航空航天和其他运输设备制造业	100.2	103.2	103.0
电气机械和器材制造业	105.4	97.1	97.5
计算机、通信和其他电子设备制造业	103.4	100.1	99.3
仪器仪表制造业	112.7	101.8	95.9
其他制造业	100.4	104.1	98.1
废弃资源综合利用业			
金属制品、机械和设备修理业	97.4	100.0	100.0
电力、热力生产供应业	99.3	106.3	100.5
燃气生产供应业	101.4	102.8	103.7
自来水生产供应业	102.2	103.3	107.0

注 1：因当年部分行业无产品，故无指数

广西壮族自治区工业品出厂价格大类行业同比指数表（1993 年）

（上年 =100）

项目名称	1月	2月	3月	4月	5月
煤炭开采业			118.4		112.2
石油和天然气开采业					
黑色金属矿采选业			112.0		95.8
有色金属矿采选业			112.7		124.0
建筑材料及其他非金属矿采选业					103.3
采盐业			122.7		122.5
木材及竹材采运业			90.7		107.2
自来水生产供应业			134.2		119.4
食品制造业			116.3		108.5
饮料制造业			105.4		111.0
烟草制造业			97.8		98.6
饲料工业			117.7		123.4
纺织业			110.2		101.6
缝纫业					
皮革、毛皮及其制品业			118.6		129.0
木材加工及竹藤棕草制品业			111.1		101.3
家具制造业			121.8		140.1
造纸及纸制品业			103.7		107.3
文教体业用品制造业			110.8		87.1
电力、蒸汽、热水生产供应业			111.2		
石油加工业					114.0
炼焦、煤气及煤制品业					
化学工业			111.1		116.8
医药工业			106.4		108.4
化学纤维工业			108.5		119.7
橡胶制品工业			103.5		106.2
塑料制品业			99.8		91.7
建筑材料及其他非金属矿制品业			167.7		204.4
黑色金属冶炼及压延加工业			181.4		206.5
有色金属冶炼及压延加工业			134.3		126.0
金属制造业			136.5		191.5
机械工业			129.1		133.0
交通运输设备制造业			130.9		142.4
电力机械及器材制造业			98.9		115.6
电力及通讯设备制造业			106.0		87.0
仪器仪表及其他计量器具制造业			116.5		115.5
工艺美术制品业			92.8		100.0

注 1：当年广西无石油和天然气开采业、采盐业、炼焦、煤气及煤制品业产品出厂，无指数
注 2：因当月无产品销售，部分行业部分月份无指数
注 3：1、2、4 月未编制月度指数

6月	7月	8月	9月	10月	11月	12月
		111.7			96.3	117.8
117.5	117.5	108.6	117.4	117.4	93.9	
118.0	122.2	125.0	118.9	115.7	116.6	95.9
103.7	109.6		99.2			
		122.2			121.4	
117.6	128.4	121.4	109.0	106.4	107.8	118.3
145.3	146.2	138.3	140.3	134.6	150.5	152.7
112.5	114.9	117.8	110.2	111.9	112.7	154.1
117.5	126.0	120.7	116.1	104.8	110.7	109.7
95.8		96.1	98.3	94.5	101.3	91.9
	108.8	140.3	124.2	135.5	134.8	134.8
123.3	113.9	109.5	89.4	112.3	116.4	101.4
130.6	124.6	125.7	109.5	81.2	119.6	110.0
104.9	132.0	130.8	96.2	93.0	111.9	105.1
		141.6			136.2	128.5
113.6	116.3	115.6	114.8	117.1	112.2	119.3
87.3	95.8	100.0	100.0	119.5	114.2	126.3
96.9	99.8	104.4	95.4	102.3	101.0	98.4
		113.8			95.0	
120.4	117.9	117.9	113.5	116.2	115.1	113.5
108.5	118.8	112.9	119.6	118.5	120.6	115.9
122.0	143.7	147.1	145.4	142.1	142.4	142.8
	110.4	109.9	110.7	112.4	107.5	108.8
111.8	104.7	101.9	106.0	108.6	102.5	99.9
194.3	196.1	172.0	139.3	136.8	132.4	126.2
181.2	189.3	177.9	172.5	161.6	133.2	140.9
123.3	122.3	98.6	99.3	100.3	103.5	102.1
100.1		133.0			120.6	124.4
160.0	153.6	139.2	143.6	142.9	126.8	138.8
135.7	127.4	141.1	124.0	130.8	130.5	129.8
108.2		115.5			100.4	112.0
92.7	105.7	85.0	98.2	92.7	83.6	102.0
	137.1	113.7	133.9	134.2	130.9	105.8
	127.3	121.5			123.7	116.5

广西壮族自治区工业品出厂价格大类行业同比指数表（1994 年）

（上年 =100）

项目名称	1 月	2 月	3 月	4 月	5 月
煤炭开采业	101.1	111.5	126.4	153.6	115.4
石油和天然气开采业					
黑色金属矿采选业	81.9	81.8	82.4	82.4	80.0
有色金属矿采选业	95.9	100.5	157.4	97.9	102.1
建筑材料及其他非金属矿采选业			114.8	103.9	113.0
采盐业					
木材及竹材采运业	112.1	111.5	113.2	123.3	117.3
自来水生产供应业	135.0	135.2	119.9	120.4	116.3
食品制造业	127.7	128.5	127.1	129.0	128.9
饮料制造业	122.1	110.1	118.9	120.6	120.9
烟草制造业	102.9	110.9	101.4	105.2	102.4
饲料工业	129.2	125.9	134.8	136.4	122.0
纺织业	110.5	117.5	138.0	142.8	174.1
缝纫业					
皮革、毛皮及其制品业	150.3	122.3	93.8	107.9	115.6
木材加工及竹藤棕草制品业	156.6	116.2	126.7	96.0	109.4
家具制造业		113.1	152.7	92.5	
造纸及纸制品业	117.1	111.5	107.2	112.1	116.1
文教体业用品制造业		105.8	109.2	123.6	124.4
电力、蒸汽、热水生产供应业	100.0	127.2	152.0	110.0	85.5
石油加工业					
炼焦、煤气及煤制品业					
化学工业	115.6	112.8	112.7	112.4	108.0
医药工业	109.0	116.9	99.1	104.0	122.6
化学纤维工业	139.2	152.8	140.9	144.5	143.1
橡胶制品工业	107.0	108.6	107.5	109.9	110.5
塑料制品业	106.0	110.9	105.8	108.9	99.0
建筑材料及其他非金属矿制品业	126.4	133.6	138.8	95.1	103.3
黑色金属冶炼及压延加工业	116.8	108.7	103.8	97.6	96.9
有色金属冶炼及压延加工业	103.4	99.6	102.2	106.2	112.7
金属制造业	90.5	126.1	110.2	108.4	97.7
机械工业	134.3	137.3	115.5	112.2	111.3
交通运输设备制造业	126.2	102.7	103.9	113.3	93.7
电力机械及器材制造业		123.8	98.4	107.7	110.2
电力及通讯设备制造业	105.8	85.5	128.8	108.3	113.7
仪器仪表及其他计量器具制造业	138.8	96.1	102.8	104.1	101.8
工艺美术制品业			100.2	94.5	187.4

注 1：因当年部分行业无产品，故无指数
注 2：因当月无产品销售，部分行业部分月份无指数

6月	7月	8月	9月	10月	11月	12月
127.4	112.1	122.8	139.2	144.8	129.2	129.2
80.0	80.0		48.6	48.6	60.7	60.7
103.0	107.9	115.1	121.9	123.3	131.6	153.5
	128.2	135.6	127.9		97.6	
113.7	113.3	102.8	109.6	115.6	107.1	96.9
100.0	100.7	113.4	114.2	113.9	119.2	125.1
134.2	122.1	125.8	119.6	119.2	128.3	126.6
123.2	123.6	120.7	121.4	132.1	131.0	131.4
98.4	102.7	106.1	108.4	110.6	108.8	104.8
120.9	118.0	114.2	114.8	117.6	119.0	130.7
164.6	175.5	164.0	169.4	176.7	152.4	151.4
107.9	96.0	124.3	137.8	133.1	151.6	155.1
70.4	91.1	64.1	98.2	92.1	94.3	84.1
217.3			155.5	148.2		
113.6	111.9	117.9	114.6	116.9	118.4	116.3
89.0	122.2	112.3	116.7	112.2	98.3	97.3
146.3	157.8	150.9	144.9	155.6	167.1	158.7
114.8	108.8	110.8	110.3	112.9	119.5	117.4
106.3	112.7	114.4	115.3	115.8	127.1	130.7
129.7	128.3	125.0	127.4	131.2	135.0	141.9
110.5	115.1	118.5	116.4	117.0	106.5	126.0
105.3	117.2	100.9	113.2	104.9	90.2	109.5
99.4	97.4	99.8	109.1	123.1	104.3	96.2
93.0	88.2	85.1	87.1	83.6	88.0	89.5
117.7	118.3	121.3	124.6	132.4	138.8	141.9
109.8	94.6	98.0	87.9	96.1	95.4	92.2
109.7	112.0	110.6	111.1	113.3	119.5	116.7
93.1	85.3	91.9	109.8	94.4	91.6	94.6
98.7	128.1	129.2	113.1	100.2	114.8	102.5
110.8	110.5	115.6	115.8	128.3	130.9	123.5
104.8	101.9	102.8	100.0	105.4	90.4	104.4
		128.8	127.5	117.8	136.6	143.5

广西壮族自治区工业品出厂价格大类行业同比指数表（1995 年）

（上年 =100）

项目名称	1 月	2 月	3 月	4 月	5 月
煤炭开采业	129.2	136.9	138.5	81.3	102.4
石油和天然气开采业					
黑色金属矿采选业		60.7	64.3	60.7	67.9
有色金属矿采选业	147.5	135.7	136.5	157.7	147.8
建筑材料及其他非金属矿采选业	98.8	102.8	103.3	133.8	122.0
采盐业					
木材及竹材采运业	106.4	111.1	110.4	103.3	99.7
自来水生产供应业	120.0	119.9	137.6	130.7	126.8
食品制造业	142.2	141.2	144.3	142.4	138.0
饮料制造业	139.9	141.9	126.6	125.5	125.0
烟草制造业	115.9	121.5	113.9	108.4	109.5
饲料工业	130.6	131.3	132.1	129.6	131.0
纺织业	143.6	144.3	132.6	161.0	116.0
缝纫业	186.5	127.8	122.4	127.0	
皮革、毛皮及其制品业	143.6	156.9	170.8	169.6	128.0
木材加工及竹藤棕草制品业	81.9	78.2	76.0	103.8	107.2
家具制造业			139.2		
造纸及纸制品业	118.8	130.6	141.6	142.2	149.0
文教体业用品制造业	98.9	100.5	103.1	155.0	122.6
电力、蒸汽、热水生产供应业	150.8	120.8	99.7	98.3	112.3
石油加工业					
炼焦、煤气及煤制品业					
化学工业	124.9	126.4	129.3	137.8	137.2
医药工业	125.4	125.6	127.0	125.8	115.7
化学纤维工业	158.9	165.9	167.6	168.0	164.4
橡胶制品工业	113.3	115.3	123.2	132.8	128.5
塑料制品业	123.9	109.7	119.3	110.0	115.7
建筑材料及其他非金属矿制品业	94.4	105.3	87.9	92.2	96.7
黑色金属冶炼及压延加工业	89.0	97.6	87.2	86.7	84.6
有色金属冶炼及压延加工业	145.2	130.2	132.3	122.3	125.7
金属制造业	92.7	89.6	92.3	91.4	92.3
机械工业	107.1	103.6	105.6	108.9	105.3
交通运输设备制造业	100.8	99.3	109.5	109.8	112.0
电力机械及器材制造业	110.2	106.7	106.5	111.2	110.7
电力及通讯设备制造业	118.0	115.4	118.9	117.2	114.8
仪器仪表及其他计量器具制造业	98.1	100.4	99.1	97.1	96.9
工艺美术制品业	137.0	94.3			98.7

注 1：因当年部分行业无产品，故无指数

注 2：因当月无产品销售，部分行业部分月份无指数

6月	7月	8月	9月	10月	11月	12月
102.2	105.9	108.0	103.8	106.3	102.2	96.3
67.9	68.0		188.3	188.2	105.9	
156.3	156.6	135.8	155.2	132.4	135.3	124.2
103.8	114.5				138.6	
104.7	105.0	104.0	102.8	98.2	102.9	106.2
125.1	122.2	105.0	104.9	104.7	100.7	105.0
131.7	130.2	126.9	132.9	122.7	118.2	120.4
122.8	118.5	115.7	113.8	111.0	110.5	102.8
117.8	125.1	126.5	107.2	99.7	102.9	106.4
127.3	126.0	126.4	128.2	122.9	119.3	116.2
112.9	114.7	117.0	113.2	105.1	116.4	106.1
		199.1			82.5	74.8
110.2	115.7	100.8	129.3	98.3	131.2	125.3
92.7	91.1	88.0	89.2	93.1	94.5	110.7
155.5	161.7	157.3	157.9	155.7	146.9	142.2
151.0	130.0	134.6	123.1	116.9	139.9	150.0
96.7	104.9	107.2	106.3	100.0	98.0	99.1
132.3	136.4	134.6	129.1	132.2	131.1	123.6
117.4	121.0	115.4	119.8	113.5	99.4	97.8
150.7	133.5	119.9	112.9	110.5	103.0	97.5
120.4	120.1	118.2	116.3	114.9	111.1	111.5
130.1	150.7	121.5	148.1	132.2	139.3	132.4
97.1	97.5	101.5	98.1	89.1	87.2	95.9
86.4	90.1	94.7	92.6	100.0	96.2	98.4
111.0	114.9	110.0	109.1	105.4	98.9	96.3
91.3	92.4	93.2	86.1	92.4	118.9	115.4
105.0	110.0	106.7	106.5	109.1	103.6	107.9
104.6	106.5	103.5	101.9	104.9	101.5	98.0
113.3	107.5	111.0	113.1	100.6	107.7	103.8
98.4	98.7	101.2	108.7	106.6	98.1	89.1
101.6	103.6	103.1	108.1	112.1	114.3	110.3
		61.9		97.7	69.8	127.9

广西壮族自治区工业品出厂价格大类行业同比指数表（1996 年）

（上年 =100）

项目名称	1 月	2 月	3 月	4 月	5 月
煤炭开采业	82.5	99.6	99.7	118.5	110.9
石油和天然气开采业					
黑色金属矿采选业		112.2	104.7	95.4	100.2
有色金属矿采选业	106.2	114.9	100.0	102.6	96.4
建筑材料及其他非金属矿采选业	93.5	134.7	114.5	89.6	92.0
采盐业					
木材及竹材采运业	102.4	101.1	85.0	93.0	83.4
自来水生产供应业	112.5	112.1	105.9	112.0	112.2
食品制造业	115.1	101.9	95.4	94.9	97.1
饮料制造业	104.7	112.4	92.2	100.1	91.8
烟草制造业	113.9	113.5	120.3	121.2	120.3
饲料工业	113.2	113.8	109.0	101.9	107.2
纺织业	100.1	100.9	96.2	93.6	90.9
缝纫业	77.5	72.8	87.7	89.3	
皮革、毛皮及其制品业	154.0	113.0	124.2		
木材加工及竹藤棕草制品业	98.8	94.3	124.7	95.1	76.7
家具制造业					
造纸及纸制品业	154.5	154.5	132.0	129.6	121.9
文教体业用品制造业	124.4	135.3	117.6	100.1	98.5
电力、蒸汽、热水生产供应业	97.2	99.3	117.5	110.8	108.6
石油加工业					
炼焦、煤气及煤制品业					
化学工业	117.9	117.2	114.8	113.2	112.9
医药工业	99.9	102.7	91.4	95.9	97.3
化学纤维工业	83.2	79.5	65.1	61.6	53.2
橡胶制品工业	117.1	116.3	109.2	104.8	106.2
塑料制品业	109.1	100.2	108.1	99.7	103.2
建筑材料及其他非金属矿制品业	100.8	104.8	99.2	98.1	95.0
黑色金属冶炼及压延加工业	97.6	118.6	106.6	100.8	106.1
有色金属冶炼及压延加工业	96.4	97.3	98.0	98.6	95.2
金属制造业	85.3	107.3	106.0	108.3	105.3
机械工业	106.4	109.0	104.3	100.3	104.3
交通运输设备制造业	109.4	101.2	102.1	102.8	102.5
电力机械及器材制造业	104.3	107.7	104.3	103.7	104.4
电力及通讯设备制造业	99.5	98.0	94.1	97.0	87.0
仪器仪表及其他计量器具制造业	111.0	105.8	106.6	110.7	110.5
工艺美术制品业			91.8	110.1	92.4

注 1：因当年部分行业无产品，故无指数
注 2：因当月无产品销售，部分行业部分月份无指数

6月	7月	8月	9月	10月	11月	12月
107.0	109.1	105.9	111.7	117.3	108.8	105.8
		89.7	59.6	98.9	100.1	
89.2	85.2	84.6	90.6	83.0	81.3	82.8
94.7	81.6				110.8	
84.3	92.1	77.5	71.9	92.9	90.1	83.4
119.9	123.4	122.1	122.4	125.9	128.5	127.9
93.2	94.2	95.1	97.4	101.4	98.2	101.8
94.2	97.6	94.1	95.9	91.5	94.6	99.4
111.3	107.0	132.8	112.5	116.9	109.7	130.3
104.0	108.6	108.2	103.7	104.8	106.0	106.4
89.3	87.5	88.2	87.7	92.5	75.9	77.0
	57.0			70.7	74.4	75.3
		134.2	98.1	107.5	83.4	65.4
105.7	110.6	98.0	92.7	76.3	86.1	67.1
101.0	95.2	95.4	97.8	89.8	93.6	95.4
96.7	93.3	86.8	91.7	114.7	86.1	85.5
107.0	110.3	107.8	110.1	107.5	107.2	107.3
103.9	100.4	104.3	98.3	96.9	97.2	97.2
94.7	92.2	89.1	90.3	92.8	94.9	96.8
52.0	55.1	52.6	61.3	70.5	69.5	64.2
106.9	93.5	98.3	98.3	97.8	97.4	96.0
95.9	97.8	95.8	97.5	101.5	99.1	98.6
92.5	91.2	89.5	87.9	94.6	92.3	89.8
98.0	103.8	100.4	96.6	101.1	102.8	94.7
99.6	97.4	90.7	92.1	88.6	89.1	94.2
107.7	106.5	113.3	102.0	112.4	106.8	95.5
100.1	99.4	97.4	98.3	94.4	106.7	94.2
99.8	97.9	99.8	100.2	104.9	101.9	102.1
99.1	103.4	96.2	95.8	99.2	89.3	97.3
93.0	96.8	87.7	96.7	87.7	78.9	75.7
101.4	103.2	100.4	98.6	93.3	98.8	98.6
112.2			102.6	122.3	148.9	102.9

广西壮族自治区工业品出厂价格大类行业同比指数表（1997 年）

（上年 =100）

项目名称	1月	2月	3月	4月	5月
煤炭开采业	120.3	124.6	121.6	109.5	104.8
石油和天然气开采业					
黑色金属矿采选业		100.1			114.2
有色金属矿采选业	84.3	99.7	81.5	93.4	89.1
建筑材料及其他非金属矿采选业	83.6	102.8	85.0	119.5	68.7
采盐业	100.0	100.0		97.7	120.0
木材及竹材采运业	95.1	90.3	84.4	86.2	93.1
自来水生产供应业	118.1	105.5	117.0	114.1	102.0
食品制造业	99.0	100.2	103.2	101.4	97.0
饮料制造业	92.6	96.4	94.3	94.7	96.4
烟草制造业	94.3	93.1	108.6	95.8	83.9
饲料工业	103.1	107.9	103.3	98.3	98.6
纺织业	89.7	94.0	94.8	95.3	96.0
缝纫业	78.5	117.2	86.9		92.8
皮革、毛皮及其制品业	72.5	75.3	82.1		
木材加工及竹藤棕草制品业	97.7	88.4	88.5	93.6	95.7
家具制造业	107.7	107.0	81.2	88.9	97.3
造纸及纸制品业	87.0	88.3	89.0	88.4	88.1
文教体业用品制造业	98.4	91.1	92.1	81.0	78.0
电力、蒸汽、热水生产供应业	106.5	110.0	104.4	99.7	104.4
石油加工业					
炼焦、煤气及煤制品业					
化学工业	93.5	96.6	95.0	104.4	102.9
医药工业	94.0	89.2	97.2	103.2	100.4
化学纤维工业	64.9	64.4	69.7	93.0	79.5
橡胶制品工业	97.1	90.6	96.9	107.6	98.5
塑料制品业	105.1	98.3	102.5	103.7	84.3
建筑材料及其他非金属矿制品业	82.1	82.6	89.6	83.2	90.2
黑色金属冶炼及压延加工业	96.8	103.9	97.8	99.6	99.0
有色金属冶炼及压延加工业	102.2	88.0	88.3	105.6	103.8
金属制造业	96.8	102.6	109.7	100.3	91.5
机械工业	99.8	94.3	100.9	97.5	103.6
交通运输设备制造业	101.0	105.1	103.6	101.1	102.5
电力机械及器材制造业	100.6	98.7	96.7	118.7	94.2
电力及通讯设备制造业	74.0	74.4	76.9	75.1	82.0
仪器仪表及其他计量器具制造业	100.7	99.8	96.6	98.8	92.8
工艺美术制品业		95.6	94.7	87.3	

注 1：因当年部分行业无产品，故无指数

注 2：因当月无产品销售，部分行业部分月份无指数

6月	7月	8月	9月	10月	11月	12月
106.8	107.5	108.2	107.5	98.4	92.4	108.9
	95.3		106.6	95.4	95.2	
80.8	81.4	84.7	96.0	91.0	97.3	90.6
119.4	116.8	103.8	101.7	102.5	91.2	100.9
			100.0	100.0	100.0	100.0
94.5	100.0	94.6	96.7	87.9	89.8	95.6
101.5	98.4	100.1	102.3	102.2	107.9	110.2
100.3	103.5	101.1	94.6	97.2	96.8	97.9
100.9	104.1	104.1	106.5	97.6	102.9	107.3
91.3	97.5	96.0	95.4	88.8	77.5	98.7
97.2	97.6	95.2	101.8	93.5	94.1	96.8
101.7	100.2	113.7	110.2	100.8	104.8	103.7
117.0		110.3	115.3	99.9	116.7	107.2
		88.5		84.2	104.2	111.5
89.6	91.3	89.3	95.8	90.0	82.3	86.4
86.7	86.4	105.8	106.8	104.3	93.1	114.1
87.1	85.5	85.5	84.0	86.3	88.4	90.3
90.6	91.1	101.5	89.0	77.8	95.9	99.4
108.0	107.0	105.5	104.5	107.4	111.0	107.0
92.8	92.6	91.0	96.6	89.6	91.6	87.6
96.2	97.1	96.4	88.9	96.5	104.4	99.8
95.0	103.5	102.9	99.2	80.3	85.3	87.1
95.3	96.3	99.5	98.0	90.7	99.1	107.7
100.2	99.9	94.7	100.4	99.5	106.8	101.3
92.2	94.9	89.4	92.0	90.2	92.1	100.6
97.1	95.2	96.3	96.8	95.6	94.1	97.6
95.4	97.0	97.1	104.2	99.2	111.4	101.9
101.1	102.9	90.3	97.1	118.4	95.0	99.7
100.9	102.6	100.5	101.8	98.0	101.3	106.9
108.2	97.0	110.4	97.4	106.1	93.0	93.2
93.3	99.0	95.7	99.9	95.8	100.5	100.2
	81.1	83.9	83.0	79.8	81.0	89.8
98.1	98.8	98.3	101.7	103.4	93.4	96.8

广西壮族自治区工业品出厂价格大类行业同比指数表（1998年）

（上年=100）

项目名称	1月	2月	3月	4月	5月
煤炭采选业	113.7	101.4	97.7	93.8	93.5
石油天然气采选业					
黑色金属矿采选业			68.5		
有色金属矿采选业	88.0	80.3	92.9	91.4	91.8
非金属矿采选业		102.1		102.4	101.3
木材竹材采选业	80.6	95.6	95.5	95.5	92.6
食品加工业	95.3	94.3	98.4	90.9	92.5
食品制造业	81.2	95.9	85.1	109.7	96.2
饮料制造业	96.5	97.8	102.0	85.9	102.5
烟草加工业	115.0	94.8	99.5	113.0	96.1
纺织业	98.4	119.4	83.9		82.9
服装及其他纤维制品制造业					
皮鞋皮毛羽绒及其制造业	118.9	82.1	76.1		
木材加工及竹藤棕草制造业	87.0	71.5	87.6	73.3	75.4
家具制造业	106.5			124.0	
造纸和纸制品业	85.8	92.3	94.5	91.3	95.4
文教体育用品制造业	101.0	99.4	106.5		96.5
石油加工及炼焦业					
化学原料及化学制品制造业	95.8	91.6	93.4	89.7	89.4
医药制造业	97.3	102.7	118.1	93.6	95.4
化学纤维制造业	87.9	85.0	87.5	85.0	78.5
橡胶制品业	87.0	100.3	102.9	101.1	102.9
塑料制品业	100.1	97.5	99.8	88.0	90.3
非金属矿制品业	89.3	94.7	96.7	97.9	101.8
黑色金属冶炼及压延加工业	95.7	97.3	90.3	95.5	94.1
有色金属冶炼及压延加工业	97.9	103.3	109.3	96.9	96.2
金属制品业	90.1	97.4	96.6	96.7	94.9
普通机械制造业	99.3	100.8	95.8	98.5	97.1
专用设备制造业	96.5	108.2	94.4	89.8	96.0
交通运输设备制造业	103.9	99.9	80.3	96.4	96.1
电气机械及器材制造业	111.0	85.2	97.3	92.1	91.3
电子及通讯设备制造业	89.7	86.4	85.6	91.3	94.0
仪器仪表及文化办公用机械制造业	101.4	98.0	97.8	102.8	97.4
其他制造业（地毯、首饰、漆器、制伞）	85.1	84.7	96.8		112.9
电气、蒸汽、热力生产供应业	108.6	107.2	107.5	107.1	102.8
煤气生产供应业					
自来水生产供应业	108.3	116.4	111.2	110.6	116.1

注1：因当年部分行业无产品，故无指数

注2：因当月无产品销售，部分行业部分月份无指数

6月	7月	8月	9月	10月	11月	12月
93.0	86.5	92.0	93.6	93.4	92.8	91.8
57.8	89.8					47.3
88.4	86.8	87.2	82.7	83.6	85.6	84.6
95.8	100.5		100.0	100.0		
92.6	92.6		104.5	100.7	100.7	97.0
93.9	102.4	97.2	91.5	82.9	95.7	93.7
97.0	97.0	98.7	97.0	91.5	94.7	95.3
108.2	100.8	97.8	98.0	98.6	86.1	100.7
103.4	96.2	97.7	87.8	116.4	107.9	101.7
77.5	76.4	62.8			85.5	82.8
			75.9			
				66.3		76.1
84.4	79.4	82.2	87.4	85.9	80.4	77.7
89.8	93.6	86.7	91.0	83.7	92.0	112.8
94.3	94.1	100.9	88.7	92.0	102.7	95.0
91.9	90.1	90.5	91.9	92.4	93.5	94.1
100.1	90.7	94.0	96.2	93.2	89.0	90.2
76.7	74.5	71.7	84.1	94.0	85.1	90.0
	117.7	91.4		90.1	94.8	83.2
89.2	103.2	90.9	94.3	86.5	89.1	
99.4	98.8	105.5	101.7	100.0	100.4	101.5
87.7	93.2	89.3		92.7	92.1	91.5
96.1	92.8	91.4	93.3	91.6	90.5	97.7
89.2	99.6	92.8	72.7	80.7	92.5	99.3
94.6	96.7	97.8	95.8	97.1	99.2	92.6
105.7	101.1	100.2	115.9	102.1	105.8	101.0
95.5	89.8	80.8		92.1	94.1	87.3
91.4	94.1	92.5	90.7	97.5	86.4	85.8
	93.2	93.6	96.3	103.8	101.8	87.2
95.8	95.3	89.9	98.4	114.0	97.8	111.0
102.2		92.5	128.6	115.3	93.8	100.5
101.1	98.9	98.1	101.7	99.9	100.2	99.3
117.4	116.3	140.5	148.8	137.1	139.2	140.7

广西壮族自治区工业品出厂价格大类行业同比指数表（1999 年）

（上年 =100）

项目名称	1 月	2 月	3 月	4 月	5 月
煤炭采选业	92.8	89.7	93.7	95.7	96.8
石油天然气采选业					
黑色金属矿采选业	44.4	64.7	64.6	58.1	79.5
有色金属矿采选业	88.7	95.7	92.6	95.0	92.7
非金属矿采选业	100.0	100.0	100.0	100.0	100.0
木材竹材采选业	95.4	95.4	95.4	95.4	98.4
食品加工业	96.2	99.2	94.9	95.2	93.5
食品制造业	92.6	98.5	103.6	101.2	111.1
饮料制造业	93.5	100.9	97.8	99.9	97.9
烟草加工业	93.3	85.9	98.3	100.5	105.6
纺织业	70.7	70.6	82.0	70.3	75.9
服装及其他纤维制品制造业		109.3		122.4	
皮鞋皮毛羽绒及其制造业	84.6	86.1	94.6		109.7
木材加工及竹藤棕草制造业	65.6	83.1	89.2	95.6	93.1
家具制造业			100.2		
造纸和纸制品业	81.9	83.2	88.0	93.4	87.5
文教体育用品制造业	101.9	108.5	97.6	102.4	119.1
石油加工及炼焦业					
化学原料及化学制品制造业	97.9	96.4	96.2	92.0	95.6
医药制造业	94.7	99.4	89.7	86.9	92.8
化学纤维制造业	83.8	88.5	98.6	100.4	107.4
橡胶制品业		83.7	75.5	75.1	87.2
塑料制品业	110.0	88.0	87.8	100.2	98.9
非金属矿制品业	102.6	102.1	99.7	95.8	97.9
黑色金属冶炼及压延加工业	91.7	91.2	91.1	89.7	89.2
有色金属冶炼及压延加工业	97.7	100.0	98.1	97.1	99.0
金属制品业	83.4	86.9	90.5	89.6	90.8
普通机械制造业	92.5	90.2	98.0	97.1	99.6
专用设备制造业	80.1	88.1	107.6	95.7	85.4
交通运输设备制造业	83.7	80.8	83.1	86.0	85.0
电气机械及器材制造业	99.4	97.4	88.1	86.3	85.8
电子及通讯设备制造业	85.8	110.2	94.4	84.9	111.0
仪器仪表及文化办公用机械制造业	123.9	91.2	102.2	156.0	93.6
其他制造业（地毯、首饰、漆器、制伞）	99.1	79.3	87.2	69.9	94.6
电气、蒸汽、热力生产供应业	99.4	99.8	98.9	99.5	100.3
煤气生产供应业					
自来水生产供应业	138.3	138.1	138.0	138.9	130.8

6月	7月	8月	9月	10月	11月	12月
91.3						
102.8						
92.3						
100.0						
98.4						
93.0						
99.1						
93.1						
100.9						
97.9						
89.1						
83.6						
97.5						
89.6						
89.4						
94.2						
91.0						
113.2						
81.2						
104.2						
102.1						
90.1						
97.6						
92.1						
94.3						
99.7						
87.4						
87.1						
86.9						
107.6						
105.5						
100.1						
130.6						

按新行业分：

广西壮族自治区工业品出厂价格大类行业同比指数表（1999 年）（续表）

（上年 =100）

项目名称	1月	2月	3月	4月	5月
煤炭采选业					
石油和天然气开采业					
黑色金属矿采选业					
有色金属矿采选业					
非金属矿采选业					
其他矿采选业					
木材与竹材采选业					
食品加工业					
食品制造业					
饮料制造业					
烟草加工业					
纺织业					
服装及其他纤维制品制造业					
皮革、皮毛、羽绒及其制造业					
木材加工及竹藤棕草制造业					
家具制造业					
造纸和纸制品业					
印刷业、记录媒介的复制					
文教体育用品制造业					
石油加工及炼焦业					
化学原料及化学制品制造业					
医药制造业					
化学纤维制造业					
橡胶制品业					
塑料制品业					
非金属矿制品业					
黑色金属冶炼及压延加工业					
有色金属冶炼及压延加工业					
金属制品业					
普通机械制造业					
专用设备制造业					
交通运输设备制造业					
武器弹药制造业					
电气机械及器材制造业					
电子及通讯设备制造业					
仪表及文化、办公用机械制造业					
其他制造业					
电气、蒸汽、热力生产供应业					
煤气生产供应业					
自来水生产供应业					

注 1：因当年部分行业无产品，故无指数

注 2：因当月无产品销售，部分行业部分月份无指数

注 3：从下半年起按新行业分类统计

6月	7月	8月	9月	10月	11月	12月
	97.0	99.4	95.3	102.7	98.1	99.1
	106.3	93.6	93.3	93.6	98.6	93.8
	92.9	97.2	106.6	98.7	107.7	101.6
	110.2	77.8	110.0	100.0	92.9	92.3
	106.0	106.0	106.0	106.0	102.9	96.2
	81.5	80.4	75.6	78.9	83.5	75.1
	105.9	107.5	102.9	103.3	99.9	101.3
	102.5	93.4	105.7	101.6	92.9	94.4
	104.4	89.7	104.2	95.4	96.4	95.2
	109.8	101.2	101.3	114.0	118.2	119.7
				138.2		
	114.5	93.7				131.9
	94.3	96.3	95.4	98.3	103.1	99.9
					99.7	
	89.0	94.8	94.1	94.0	97.0	97.0
	116.3	97.4	127.5	110.8	81.7	92.1
	104.3	101.0	98.8	99.4	92.5	95.5
	97.9	99.3	98.4	98.9	94.3	97.3
	107.3	127.2	112.9	118.8	134.3	113.4
	77.7	78.1	80.3	85.0	84.8	79.9
	90.1	85.0	96.1	102.0	90.3	97.3
	92.9	92.4	91.5	90.9	93.9	95.0
	88.6	91.6	92.3	91.0	94.5	93.6
	105.1	111.1	108.0	115.3	111.3	112.7
	94.6	86.9	89.3	91.5	91.5	93.2
	95.6	107.2	94.6	93.3	94.4	94.6
	91.1	101.8	98.0	114.1	116.0	105.7
	92.8	88.1	81.8	87.3	94.7	79.8
	102.4	101.6	107.2	100.1	104.0	96.9
		96.2	96.0		76.7	95.6
	110.2	94.1	90.0	99.8	98.7	95.3
	132.4	77.5	81.7		96.4	107.1
	100.3	99.9	99.7	99.7	101.4	107.0
	129.7	109.7	103.5	103.9	104.5	103.8

广西壮族自治区工业品出厂价格大类行业同比指数表（2000年）

（上年=100）

项目名称	1月	2月	3月	4月	5月
煤炭采选业	104.6	101.6	102.9	100.0	106.8
石油和天然气开采业					
黑色金属矿采选业	102.7	107.7	108.2	108.2	108.2
有色金属矿采选业	105.0	108.9	97.2	109.5	105.7
非金属矿采选业	99.9	99.6	101.9	119.3	105.0
其他矿采选业					
木材及竹筏采选业	97.7	97.7	97.7	97.7	97.7
食品加工业	82.6	90.1	101.4	108.7	115.4
食品制造业	102.6	103.7	83.1	78.1	90.4
饮料制造业	97.9	98.7	98.8	109.8	103.9
烟草加工业	101.8	102.2	102.2	99.3	104.9
纺织业	100.3	134.3	135.8	140.2	117.9
服装及其他纤维制品制造业					
皮革、毛皮、羽绒及其制品业		175.2	155.3		93.9
木材加工及竹藤棕草制品业	118.1	115.0	96.9	102.4	102.5
家具制造业	104.2		101.9	100.4	101.1
造纸及纸制品业	96.9	102.5	102.9	121.7	123.5
印刷业、记录媒介的复制					
文教体育用品制造业	78.4	87.8		115.4	84.1
石油加工及炼焦业					
化学原料及化学制品制造业	91.9	95.3	96.4	94.5	97.0
医药制造业	92.9	96.3	98.3	98.5	96.0
化学纤维制造业	118.6	122.2	116.6	133.7	111.6
橡胶制品业	107.1	94.2	90.0	89.5	86.7
塑料制品业	94.8	99.4	100.6	107.4	99.7
非金属矿物制品业	97.2	97.2	96.5	101.2	93.0
黑色金属冶炼及压延加工业	90.7	94.1	97.0	101.3	108.5
有色金属冶炼及压延加工业	118.8	117.0	119.3	114.8	114.4
金属制品业	92.6	94.0	89.3	88.0	91.6
普通机械制造业	98.2	84.8	98.4	93.0	91.3
专用设备制造业	100.4	100.2	95.7	115.2	97.8
交通运输设备制造业	83.6	81.1	92.7	83.3	88.0
武器弹药制造业					
电气机械及器材制造业	98.2	93.8	96.8	94.7	92.6
电子及通讯设备制造业					
仪表及文化、办公用机械制造业	85.9	99.1	108.9	90.7	95.8
其他制造业		116.9	112.0	111.9	
电力、蒸汽、热水生产供应业	99.2	98.4	99.2	100.0	99.7
煤气生产供应业					
自来水生产供应业	105.3	100.0	112.4	110.6	110.7

注1：因当年部分行业无产品，故无指数

注2：因当月无产品销售，部分行业部分月份无指数

6月	7月	8月	9月	10月	11月	12月
107.9	104.9	108.5	99.6	108.5	102.4	101.5
109.5	107.8	115.6		115.9	118.4	118.4
108.1	102.5	107.1	108.6	110.5	112.6	112.5
107.6	134.8		100.0	119.1	95.0	100.0
98.0	94.6	101.5	104.7	104.7	108.3	108.6
112.5	123.5	128.5	136.9	133.6	130.6	128.3
82.8	89.2	89.8	87.7	92.4	96.2	96.1
99.2	97.3	101.4	96.5	103.7	96.7	101.1
101.6	96.4	98.1	97.0	97.7	98.9	99.9
	113.6	119.7	113.1	112.1	106.7	104.7
103.3	80.2					
101.3	101.5	98.2	99.3	103.0	95.1	98.7
100.4	98.9		100.0	100.0	100.0	100.0
113.3	113.6	119.0	112.8	113.0	113.4	108.8
			100.5	107.1	93.2	100.8
98.8	96.9		106.9		113.0	100.0
			104.6		100.0	
102.3	100.7	96.4	96.7	94.4	96.1	94.9
95.3	94.2	92.8	98.8	90.0	98.3	95.1
101.6	113.8	106.8	104.5	104.8	94.3	98.1
91.5	86.2	88.3	88.7	88.9	89.1	90.1
99.0	99.8	108.5	101.7	95.2	99.0	103.0
94.0	108.9	102.9	99.4	105.6	103.4	107.1
111.6	110.0	103.9	105.1	95.3	116.0	103.4
122.2	118.2	111.0	109.6	104.3	102.2	96.9
92.5	95.7	120.6	112.1	108.4	95.2	100.5
94.7	88.9	95.1	98.2	112.9	104.1	101.9
108.6	98.5	97.1	86.0	103.0	106.8	104.3
94.5	97.9	100.4	102.0	97.4	98.2	96.8
87.9	99.8	87.8	92.0	96.2	94.6	96.3
88.2	90.7	118.3	99.0	101.4	112.0	93.5
122.4	103.2					
100.1	98.4	95.9	113.1	144.4	147.2	154.9
110.6	108.4	100.4	103.8	105.5	104.5	107.8

广西壮族自治区工业品出厂价格大类行业同比指数表（2001 年）

（上年 =100）

项目名称	1 月	2 月	3 月	4 月	5 月
煤炭采选业	104.6	106.1	100.0	97.2	101.4
石油和天然气开采业					
黑色金属矿采选业	118.1	105.6	105.0	105.1	105.1
有色金属矿采选业	116.4	115.2	112.6	115.4	108.3
非金属矿采选业	100.0	100.0	100.2	107.7	105.4
其他矿采选业					
木材及竹筏采选业	115.5	115.5	117.2	119.4	120.0
食品加工业	126.6	126.5	127.0	125.8	128.4
食品制造业	95.7	97.8	102.5	92.3	90.1
饮料制造业	102.4	102.1	106.3	105.1	106.6
烟草加工业	98.7	98.9	99.2	97.3	100.1
纺织业	101.2	94.7	103.4	88.8	91.8
服装及其他纤维制品制造业					
皮革、毛皮、羽绒及其制品业					
木材加工及竹藤棕草制品业	102.4	102.2	103.7	101.3	100.5
家具制造业	100.0	100.0	100.0	100.0	100.0
造纸及纸制品业	109.5	115.5	105.5	93.4	100.3
印刷业、记录媒介的复制	100.6	99.4	99.7	99.5	99.6
文教体育用品制造业			95.1		
石油加工及炼焦业					
化学原料及化学制品制造业	98.5	100.8	101.3	101.4	100.7
医药制造业	94.1	91.2	98.2	98.9	99.0
化学纤维制造业	93.0	92.2	87.9	81.4	83.6
橡胶制品业	92.5	95.0	95.0	97.0	97.8
塑料制品业	104.3	105.1	109.9	104.1	105.5
非金属矿物制品业	101.3	105.0	101.8	101.9	101.9
黑色金属冶炼及压延加工业	116.0	107.3	113.8	110.9	106.5
有色金属冶炼及压延加工业	94.8	95.5	92.4	95.0	92.1
金属制品业	99.7	96.1	93.6	103.5	97.3
普通机械制造业	105.2	105.4	95.0	95.0	95.3
专用设备制造业	97.0	94.0	95.5	95.4	102.2
交通运输设备制造业	102.6	99.2	98.0	95.0	96.3
武器弹药制造业					
电气机械及器材制造业	96.0	99.7	94.8	97.0	99.0
电子及通讯设备制造业					
仪表及文化、办公用机械制造业	92.7	101.1	94.2	113.2	102.2
其他制造业					
电力、蒸汽、热水生产供应业	156.4	125.7	132.7	158.9	158.0
煤气生产供应业					
自来水生产供应业	109.0	110.4	107.8	104.6	101.7

注 1：因当年部分行业无产品，故无指数
注 2：因当月无产品销售，部分行业部分月份无指数

6月	7月	8月	9月	10月	11月	12月
93.2	97.9	97.8	105.6	110.1	121.2	121.5
103.6	97.3	86.0	68.4	75.3	68.4	68.4
108.6	105.1	102.4	96.7	94.7	90.4	88.1
100.0	92.1	112.7	113.4	100.0	101.4	104.5
120.7	111.2	102.9	101.0	99.8	99.3	94.8
120.1	117.8	104.1	109.7	115.3	96.5	97.1
92.1	97.4	94.9	98.7	95.4	104.9	97.7
102.3	105.0	106.0	106.9	106.9	104.2	104.1
98.5	96.5	87.7	110.5	106.2	101.0	110.4
83.5	90.2	87.4	85.7	83.4	80.9	78.4
97.3	108.3	102.4	105.4	101.9	108.6	101.4
100.0	100.0	100.0	100.0	100.0	100.0	100.0
100.5	96.1	98.3	100.8	105.1	96.2	98.3
99.7	99.9	100.4	99.8	102.3	100.6	97.6
147.2	147.2			100.0		
97.7	97.3	100.6	101.7	101.8	101.5	99.6
96.8	101.9	101.0	103.8	104.7	96.9	108.6
79.6	76.9	73.7	71.4	72.8	76.3	72.2
96.7	99.3	99.3	101.8	100.8	103.9	103.3
105.3	106.7	106.9	103.8	104.1	98.8	97.3
100.8	103.6	101.3	99.7	94.2	103.1	102.3
106.4	104.8	104.8	99.5	101.0	106.0	101.8
90.2	86.6	85.7	84.6	84.8	84.9	85.2
93.0	96.1	96.8	82.5	99.4	97.8	102.8
96.3	98.5	102.8	96.6	92.4	91.6	89.4
97.5	86.4	98.6	83.5	101.2	96.3	96.7
95.9	94.1	96.4	97.7	98.6	100.3	99.0
98.8	93.2	97.1	95.3	96.8	95.3	97.7
101.9	98.1	94.1	142.8	87.8	104.0	120.0
133.5	136.0	148.2	98.0	109.4	100.8	97.8
100.8	101.6	101.5	101.6	103.1	104.5	102.0

广西壮族自治区工业品出厂价格大类行业同比指数表（2002 年）

（上年 =100）

项目名称	1 月	2 月	3 月	4 月	5 月
总指数	96.0	94.6	93.4	94.2	94.7
煤炭开采和洗选业	118.9	120.5		125.6	127.8
石油和天然气开采业					
黑色金属矿采选业	105.2	105.1	105.2	104.8	88.8
有色金属矿采选业	85.8	85.4	90.1	88.4	88.3
非金属矿采选业	104.3	103.6	102.0	90.1	101.4
其他采矿业					
农副食品加工业	92.9	82.8	80.5	79.5	77.5
食品制造业	105.1	102.2	102.2	102.3	101.2
饮料制造业	101.5	100.7	103.1	105.6	95.8
烟草制品业	100.0	111.1	118.7	101.6	104.2
纺织业	77.5	76.5	78.2	85.9	87.0
纺织服装、鞋、帽制造业				94.1	97.6
皮革、毛皮、羽毛（绒）及其制品业				76.9	101.9
木材加工及竹藤棕草制品业	101.9	101.0	107.8	81.0	81.7
家具制造业	100.0	100.0	100.0	100.0	100.0
造纸及纸制品业	96.7	93.7	94.3	92.7	95.5
印刷业和记录媒介的复制	97.5	96.5	97.4	101.0	101.1
文教体育用品制造业		100.0	100.0	70.0	
石油加工、炼焦及核燃料加工业				96.5	97.5
化学原料及化学制品制造业	99.5	100.5	98.6	95.5	98.4
医药制造业	102.0	114.1	106.0	103.1	100.4
化学纤维制造业	74.9	72.6	76.4	85.2	94.5
橡胶制品业	100.7	97.3	96.7	111.9	102.5
塑料制品业					
非金属矿物制品业	100.6	102.8	99.0	99.0	98.3
黑色金属冶炼及压延加工业	95.8	96.8	91.4	93.1	94.5
有色金属冶炼及压延加工业	88.7	86.4	87.6	88.1	89.8
金属制品业	93.6	90.0	101.7	97.2	99.8
通用设备制造业	96.4	95.5	103.6	99.1	97.2
专用设备制造业	106.7	103.0	99.9	98.4	100.6
交通运输设备制造业	99.2	101.3	100.8	100.0	98.7
电气机械及器材制造业					
通信设备、计算机及其他电子设备制造业					
仪器仪表及文化、办公用机械制造业				89.8	98.4
工艺品及其他制造业	123.3	99.4	107.5	102.0	101.7
废弃资源和废旧材料回收加工业				100.0	101.4
电力、热力生产供应业	99.7	101.7	97.8	101.7	105.1
燃气生产供应业					
自来水生产供应业	102.2	101.2	103.1	100.6	100.5

注 1：因当年部分行业无产品，故无指数

注 2：因当月无产品销售，部分行业部分月份无指数

6月	7月	8月	9月	10月	11月	12月
95.4	95.5	95.6	95.5	96.0	98.0	98.6
121.6	114.9	116.9	116.7	110.2	116.1	116.3
97.4	117.7	103.0	102.3	114.2	114.2	100.7
93.6	95.7	96.0	100.8	101.0	99.9	106.1
100.1	112.3	105.7	106.3	100.9	100.6	101.4
79.7	80.3	76.6	77.5	76.2	84.6	84.7
101.5	100.9	101.8	99.8	100.6	99.9	100.3
100.4	102.9	101.4	96.8	95.6	94.5	92.3
101.2	93.8	101.2	108.3	110.7	101.7	104.2
89.9	90.2	90.8	93.8	95.4	98.8	101.8
100.2	98.9	107.5	100.0	101.8	100.7	102.4
88.8	82.8	80.9	76.5	77.5	95.1	99.7
95.0	96.3	92.8	92.1	94.3	89.0	95.5
98.9	100.0	100.0	100.0	106.0	100.0	100.0
97.8	94.2	98.1	97.0	98.4	99.5	98.3
101.7	99.5	98.8	101.4	103.9	94.7	103.6
100.0	100.0	130.6	100.0	100.0	100.0	100.0
103.8	97.7	101.2	104.4	110.5	109.7	122.9
95.6	97.0	97.3	99.8	98.1	99.2	100.0
102.8	100.9	102.3	102.4	102.7	102.8	102.1
103.0	98.6	102.5	106.4	106.5	107.3	101.1
107.7	105.0	93.0	84.2	92.0	93.1	90.8
99.4	98.5	99.7	98.1	98.4	96.7	96.7
96.4	92.9	96.5	100.3	99.9	104.0	108.0
89.5	93.0	97.2	94.8	97.1	103.3	99.7
100.8	94.9	90.4	88.8	95.0	94.0	99.5
98.4	100.1	96.2	97.6	96.2	98.6	99.3
100.5	95.9	99.3	97.3	96.8	98.3	92.2
99.1	97.5	96.5	97.0	96.5	96.3	99.4
98.7	96.6	99.7	99.9	90.5	98.0	97.2
98.8	97.7	94.7	96.6	101.0	96.7	99.6
99.7	98.6	101.3	102.0	103.6	102.3	102.0
101.3	107.5	104.9	98.6	101.2	101.6	100.0
100.5	100.7	101.3	102.6	101.4	103.6	103.1

广西壮族自治区工业品出厂价格大类行业同比指数表（2003 年）

（上年 =100）

项目名称	1月	2月	3月	4月	5月
总指数	100.2	102.0	104.3	103.2	102.3
煤炭开采和洗选业	113.6	107.7	107.0	100.1	98.9
石油和天然气开采业					
黑色金属矿采选业	95.8	98.7	113.3	119.0	113.5
有色金属矿采选业	109.9	107.6	109.0	113.4	112.3
非金属矿采选业	100.7	101.6	108.9	110.1	103.4
其他采矿业					
农副食品加工业	92.7	91.7	97.5	94.2	92.3
食品制造业	95.0	97.1	100.0	99.0	105.1
饮料制造业	99.0	100.4	101.4	102.1	96.7
烟草制品业	105.8	107.2	100.9	105.0	101.7
纺织业	102.9	107.8	112.0	115.0	103.7
纺织服装、鞋、帽制造业	99.6	102.6	98.6	111.5	105.4
皮革、毛皮、羽毛（绒）及其制品业	98.6	105.8	102.9	96.8	107.6
木材加工及竹藤棕草制品业	94.9	94.0	93.6	96.6	95.5
家具制造业	97.9	96.7	91.8	94.0	100.4
造纸及纸制品业	97.8	101.1	105.8	109.5	105.5
印刷业和记录媒介的复制	98.0	99.0	95.7	100.6	99.0
文教体育用品制造业	95.2	100.0	100.0	100.0	100.0
石油加工、炼焦及核燃料加工业	113.1	139.5	138.5	128.6	120.0
化学原料及化学制品制造业	101.5	103.8	105.3	101.9	100.9
医药制造业	102.6	103.5	103.2	101.3	99.9
化学纤维制造业	119.9	131.7	129.3	112.0	91.0
橡胶制品业	91.4	90.7	92.6	92.5	95.5
塑料制品业					
非金属矿物制品业	94.3	94.1	96.3	97.3	97.5
黑色金属冶炼及压延加工业	117.7	121.0	124.8	122.1	123.4
有色金属冶炼及压延加工业	100.5	104.8	108.6	108.2	111.6
金属制品业	98.0	95.2	99.3	97.6	98.4
通用设备制造业	95.6	96.0	96.1	92.0	98.7
专用设备制造业	102.2	96.4	103.8	111.1	102.7
交通运输设备制造业	96.2	95.0	96.0	96.5	95.8
电气机械及器材制造业	102.0	100.1	98.6	99.1	102.2
通信设备、计算机及其他电子设备制造业	97.4	94.2	97.9	98.7	100.2
仪器仪表及文化、办公用机械制造业	95.2	86.8	97.6	99.2	102.0
工艺品及其他制造业	108.2	102.4	112.8	107.5	103.7
废弃资源和废旧材料回收加工业					
电力、热力生产供应业	100.0	100.0	100.0	100.0	100.0
燃气生产供应业					
自来水生产供应业	101.4	102.2	103.6	104.6	102.3

注 1：因当年部分行业无产品，故无指数

6月	7月	8月	9月	10月	11月	12月
101.6	101.4	101.7	101.9	101.9	105.4	107.5
91.7	102.0	91.6	104.0	99.1	100.6	94.6
110.6	96.5	96.7	94.6	94.2	94.7	94.6
115.2	112.9	122.5	122.8	123.6	122.8	125.9
98.0	98.6	95.4	107.2	106.9	104.6	100.6
92.1	90.8	89.9	90.7	92.6	102.1	109.0
103.9	107.2	103.5	105.9	98.0	100.7	99.9
98.0	97.5	101.0	101.8	96.2	101.8	104.5
106.1	104.3	103.6	102.2	100.9	97.3	99.1
104.1	104.3	107.8	106.9	109.1	115.8	115.5
103.7	102.1	101.1	97.4	102.0	97.8	95.1
96.5	102.7	111.9	97.6	101.8	103.5	98.2
95.8	96.6	99.4	99.4	97.8	102.0	99.9
99.0	99.1	96.0	93.6	96.7	94.0	103.4
100.5	98.5	100.4	99.0	101.1	102.1	104.1
98.9	100.0	96.9	98.1	94.7	96.0	93.4
100.0	102.9	101.0	104.2	100.0	113.7	86.8
115.1	104.7	104.6	105.6	98.2	98.7	100.9
100.2	103.2	101.7	102.4	104.3	103.8	106.8
99.8	100.8	101.0	101.3	101.1	101.1	102.2
95.5	101.3	108.3	115.2	114.6	111.2	105.4
98.2	99.1	101.7	95.0	96.4	99.0	99.8
97.6	97.1	99.5	99.4	101.7	111.5	117.4
120.4	124.5	126.7	130.6	127.4	135.8	131.1
112.4	112.7	113.3	113.8	113.8	120.2	121.5
97.1	99.0	101.0	101.5	100.1	100.1	99.7
93.6	93.5	92.3	92.9	94.2	94.3	102.8
98.8	101.4	103.6	100.4	105.6	103.3	99.2
96.2	95.2	97.1	94.6	93.8	95.6	95.7
102.9	103.1	100.6	100.0	97.9	103.4	101.0
100.6	99.8	93.6	91.1	95.9	96.7	98.2
99.1	96.9	94.7	94.1	93.7	103.5	99.6
100.6	95.5	102.6	102.0	102.3	103.0	103.0
100.0	100.0	100.0	100.0	100.0	100.0	100.0
104.9	104.7	101.2	101.9	101.8	103.1	103.5

广西壮族自治区工业品出厂价格大类行业同比指数表（2004 年）

（上年 =100）

项目名称	1月	2月	3月	4月	5月
总指数	107.7	107.8	108.4	110.4	109.9
煤炭开采和洗选业	97.0	96.7	99.2	113.2	111.3
石油和天然气开采业					
黑色金属矿采选业	99.3	103.8	100.4	105.8	105.5
有色金属矿采选业	119.0	124.7	132.1	138.0	131.8
非金属矿采选业	103.2	100.1	101.1	104.0	110.6
其他采矿业					
农副食品加工业	111.3	111.1	112.8	118.6	119.1
食品制造业	96.4	102.5	102.6	106.8	106.7
饮料制造业	93.9	89.8	97.8	97.2	97.2
烟草制品业	96.0	100.0	98.8	106.0	99.9
纺织业	122.9	122.5	115.1	118.1	120.9
纺织服装、鞋、帽制造业	115.4	104.4	96.5	97.4	101.4
皮革、毛皮、羽毛（绒）及其制品业	98.8	104.5	105.9	108.2	105.6
木材加工及竹藤棕草制品业	102.3	109.0	107.4	105.8	106.0
家具制造业	99.1	99.4	94.0	97.1	105.2
造纸及纸制品业	101.4	103.0	103.4	103.1	103.2
印刷业和记录媒介的复制	103.8	97.6	101.8	98.9	99.6
文教体育用品制造业	96.9	95.9	96.3	99.9	100.6
石油加工、炼焦及核燃料加工业	109.2	100.6	99.8	104.5	108.2
化学原料及化学制品制造业	107.5	106.4	106.4	106.2	107.2
医药制造业	100.2	98.6	100.1	100.6	98.3
化学纤维制造业	105.1	110.4	100.2	101.7	122.3
橡胶制品业	98.6	99.4	99.4	98.3	95.8
塑料制品业					
非金属矿物制品业	110.8	110.0	108.8	109.4	108.5
黑色金属冶炼及压延加工业	152.0	148.2	145.9	147.5	139.5
有色金属冶炼及压延加工业	115.5	124.0	127.6	128.7	129.4
金属制品业	99.7	101.9	106.6	111.6	108.4
通用设备制造业	96.1	98.3	98.1	100.3	99.3
专用设备制造业	102.9	105.3	105.9	104.2	103.8
交通运输设备制造业	97.0	97.2	97.9	97.6	98.6
电气机械及器材制造业	103.3	101.6	103.2	107.7	106.5
通信设备、计算机及其他电子设备制造业	100.9	98.1	94.0	98.8	98.8
仪器仪表及文化、办公用机械制造业	97.3	101.8	99.8	97.4	92.7
工艺品及其他制造业	97.8	88.5	88.8	90.3	94.2
废弃资源和废旧材料回收加工业					
电力、热力生产供应业	100.6	102.1	102.8	102.4	101.6
燃气生产供应业	104.1	104.5	100.7	99.2	100.0
自来水生产供应业	102.2	102.0	102.3	101.7	101.4

注 1：因当年部分行业无产品，故无指数

6月	7月	8月	9月	10月	11月	12月
109.8	110.7	111.4	112.6	112.4	108.8	107.0
116.3	110.4	115.2	113.6	111.0	111.6	115.1
128.1	128.3	127.7	126.8	126.0	125.6	108.2
129.3	128.7	132.0	139.9	125.6	133.5	131.4
108.0	105.8	109.2	108.4	110.1	110.3	107.6
121.8	126.6	127.8	130.6	128.7	109.6	103.3
103.4	102.5	100.9	104.3	107.1	104.1	105.9
102.2	105.7	104.9	102.4	101.6	105.1	101.6
100.3	99.1	109.6	102.7	103.6	105.4	103.8
121.6	120.7	117.4	115.8	112.0	97.4	99.7
102.8	100.5	110.3	131.6	102.8	103.6	117.0
106.5	109.6	112.6	110.1	105.6	104.9	111.0
98.7	99.0	99.7	104.8	102.6	101.8	101.2
95.8	104.0	102.9	105.6	100.8	101.4	101.7
104.4	105.5	104.1	103.5	104.2	104.6	103.6
101.5	98.7	99.6	98.6	99.5	99.0	99.9
98.7	93.0	93.0	94.1	93.8	92.8	92.9
112.8	114.1	111.4	117.8	121.7	126.1	123.6
109.2	109.6	112.2	114.5	114.7	114.8	116.2
98.0	99.1	98.7	101.3	98.5	103.9	104.0
121.9	111.0	111.0	119.6	118.2	120.6	120.6
96.7	106.0	109.0	107.2	107.1	104.9	105.9
106.9	108.1	109.5	108.4	109.5	103.8	103.1
129.3	126.3	131.8	132.9	136.7	132.5	126.5
124.3	125.7	123.0	122.6	128.1	124.5	117.9
107.4	107.0	106.4	109.5	108.8	110.6	109.7
101.8	100.5	98.7	100.6	99.4	100.0	101.6
106.7	107.9	104.3	101.7	103.8	102.7	102.3
97.8	98.2	98.5	99.3	99.4	99.9	99.9
105.3	105.7	108.4	109.7	111.4	107.8	107.2
96.8	90.7	89.4	99.1	99.2	111.5	104.3
96.9	98.3	100.2	100.6	105.4	104.9	107.7
91.3	92.0	90.5	93.6	95.0	91.6	98.6
102.7	101.5	101.7	102.4	101.4	104.1	103.8
100.0	100.0	121.6	120.5	107.2	106.2	116.8
102.0	101.5	102.5	102.0	102.0	101.6	101.2

广西壮族自治区工业品出厂价格大类行业同比指数表（2005 年）

（上年 =100）

项目名称	1月	2月	3月	4月	5月
总指数	105.1	105.1	104.7	104.0	104.9
煤炭开采和洗选业	101.8	124.9	135.9	140.2	141.8
石油和天然气开采业					
黑色金属矿采选业	136.5	128.3	128.2	118.2	118.2
有色金属矿采选业	139.1	140.9	134.2	120.7	129.1
非金属矿采选业	101.9	109.1	111.9	118.5	113.6
其他采矿业					
农副食品加工业	101.5	107.1	109.5	109.0	109.3
食品制造业	103.0	101.9	105.0	103.0	100.2
饮料制造业	102.2	100.1	100.8	101.3	102.4
烟草制品业	106.3	99.5	103.8	97.3	105.4
纺织业	94.5	95.9	97.1	95.7	96.7
纺织服装、鞋、帽制造业	104.0	115.0	108.0	98.4	102.4
皮革、毛皮、羽毛（绒）及其制品业	110.3	111.6	110.2	108.1	107.2
木材加工及竹藤棕草制品业	102.2	99.9	95.7	95.0	100.8
家具制造业	101.9	100.1	101.4	100.3	99.4
造纸及纸制品业	103.9	102.8	100.7	102.4	102.4
印刷业和记录媒介的复制	100.9	102.1	108.2	105.2	98.5
文教体育用品制造业	95.5	96.3	101.3	101.1	104.7
石油加工、炼焦及核燃料加工业	120.0	119.2	119.2	119.8	118.6
化学原料及化学制品制造业	113.0	113.9	112.1	112.1	111.4
医药制造业	107.0	105.0	103.5	101.4	102.0
化学纤维制造业					
橡胶制品业	106.9	110.0	98.7	97.6	104.4
塑料制品业					
非金属矿物制品业	98.8	97.9	97.6	95.8	98.9
黑色金属冶炼及压延加工业	111.1	103.8	98.9	101.8	104.7
有色金属冶炼及压延加工业	115.0	110.6	103.8	105.6	107.8
金属制品业	111.3	112.1	106.6	112.9	109.7
通用设备制造业	104.1	101.8	103.3	101.1	102.0
专用设备制造业	100.1	101.2	106.3	100.3	105.2
交通运输设备制造业	99.8	99.0	98.7	99.0	98.9
电气机械及器材制造业	107.2	105.3	110.3	104.0	108.0
通信设备、计算机及其他电子设备制造业	99.7	99.9	102.2	95.7	98.2
仪器仪表及文化、办公用机械制造业	106.2	105.0	103.2	103.3	105.1
工艺品及其他制造业	105.3	105.4	102.4	104.0	105.5
废弃资源和废旧材料回收加工业					
电力、热力生产供应业	101.7	102.2	100.2	100.7	99.7
燃气生产供应业	128.4	141.5	141.5	128.4	129.4
自来水生产供应业	101.3	101.0	100.9	100.5	100.6

注 1：因当年部分行业无产品，故无指数

6月	7月	8月	9月	10月	11月	12月
104.3	104.9	104.8	103.9	104.7	104.9	107.1
141.1	139.5	139.2	128.4	126.8	132.8	144.9
110.9	107.3	97.9	97.5	99.1	103.3	104.7
128.5	134.5	128.0	125.1	129.5	127.4	128.7
113.6	112.0	107.1	103.9	108.1	103.4	106.3
106.1	107.9	112.3	109.7	113.8	119.8	134.2
101.7	103.7	102.3	103.0	100.0	99.3	99.7
100.8	97.9	98.6	103.2	101.2	102.3	102.5
106.7	106.5	99.0	97.9	103.4	103.9	104.3
96.8	99.5	101.3	101.6	102.3	107.0	109.9
108.4	97.1	96.2	94.9	100.4	111.6	111.2
107.7	106.3	108.8	105.1	102.8	104.7	106.4
104.1	100.5	102.4	100.6	102.6	98.3	103.2
100.3	100.7	100.9	101.7	102.2	101.6	100.2
100.8	102.0	102.2	102.7	102.6	99.8	101.5
115.0	103.9	97.1	97.9	98.4	99.3	96.5
103.3	101.7	101.7	100.2	100.2	100.8	100.2
120.4	120.9	125.2	125.0	121.3	118.7	117.6
110.9	111.6	108.8	108.7	109.0	107.4	102.8
101.8	103.4	102.4	100.5	101.6	99.7	100.0
98.3	99.7	99.7	97.5	100.0	101.9	100.7
97.8	97.2	97.3	99.2	100.5	98.5	100.7
106.4	103.4	97.8	92.7	90.9	88.0	81.1
105.5	109.6	107.9	108.1	106.7	105.0	110.6
109.9	109.1	107.8	109.4	106.4	104.4	102.3
100.1	101.1	101.3	100.8	99.8	99.9	97.3
103.2	103.7	109.9	111.0	105.7	106.4	103.3
99.7	99.1	98.5	98.1	99.4	97.7	96.8
116.9	118.2	115.4	113.8	108.9	108.1	108.7
98.3	99.6	96.1	103.2	100.3	100.2	100.1
102.8	102.0	99.4	98.0	96.2	100.5	96.4
102.1	101.6	103.5	101.5	100.4	100.6	100.2
99.3	99.8	101.4	101.3	101.6	101.6	101.4
105.9	128.4	117.0	109.9	109.9	118.1	107.3
100.0	99.8	99.9	100.4	100.4	100.4	107.8

广西壮族自治区工业品出厂价格大类行业同比指数表（2006 年）

（上年 =100）

项目名称	1 月	2 月	3 月	4 月	5 月
总指数	111.8	112.3	112.0	110.6	111.0
煤炭开采和洗选业	144.1	121.7	108.6	108.4	100.5
石油和天然气开采业					
黑色金属矿采选业	108.6	109.4	107.1	102.7	103.8
有色金属矿采选业	136.2	131.5	139.5	151.3	155.0
非金属矿采选业	108.1	102.8	110.9	103.4	97.7
其他采矿业					
农副食品加工业	148.0	154.9	152.3	144.1	140.2
食品制造业	105.8	105.1	104.3	104.7	105.9
饮料制造业	101.6	100.6	98.8	103.0	102.3
烟草制品业	102.0	103.5	103.4	94.5	97.7
纺织业	107.5	110.3	109.0	107.9	102.2
纺织服装、鞋、帽制造业	105.5	106.8	104.0	100.1	101.7
皮革、毛皮、羽毛（绒）及其制品业	102.0	96.5	100.9	101.2	106.2
木材加工及竹藤棕草制品业	99.9	100.5	99.9	102.8	103.2
家具制造业	100.4	100.0	100.1	100.0	100.0
造纸及纸制品业	101.6	100.3	101.4	101.1	99.4
印刷业和记录媒介的复制	106.0	100.9	104.3	97.0	94.4
文教体育用品制造业	100.3	99.9	100.8	100.6	122.3
石油加工、炼焦及核燃料加工业	120.8	119.0	121.4	117.6	118.0
化学原料及化学制品制造业	105.8	105.4	104.9	105.5	103.9
医药制造业	101.2	100.5	100.0	99.0	96.9
化学纤维制造业					
橡胶制品业	101.9	102.2	106.6	104.0	100.3
塑料制品业					
非金属矿物制品业	99.8	100.3	101.2	99.7	99.6
黑色金属冶炼及压延加工业	84.9	82.9	82.3	82.6	89.9
有色金属冶炼及压延加工业	120.4	123.8	125.2	126.4	139.6
金属制品业	100.5	99.9	98.5	100.3	99.3
通用设备制造业	98.0	99.0	97.0	97.4	96.3
专用设备制造业	107.2	109.4	112.0	107.5	105.0
交通运输设备制造业	99.4	98.7	99.7	99.1	99.8
电气机械及器材制造业	108.0	112.3	109.2	111.9	114.6
通信设备、计算机及其他电子设备制造业	129.1	97.8	100.8	103.0	97.8
仪器仪表及文化、办公用机械制造业	99.2	98.5	99.0	100.3	99.3
工艺品及其他制造业	100.4	100.7	101.4	100.0	100.2
废弃资源和废旧材料回收加工业					
电力、热力生产供应业	101.8	101.4	101.9	100.6	100.3
燃气生产供应业	124.3	128.0	112.0	116.1	119.6
自来水生产供应业	105.3	104.7	105.2	106.4	106.8

注 1：因当年部分行业无产品，故无指数

6月	7月	8月	9月	10月	11月	12月
111.4	110.3	109.6	108.4	106.7	107.7	104.8
99.0	98.3	98.8	101.3	102.4	99.7	90.9
103.8	103.7	108.7	110.0	108.6	105.3	103.7
173.8	157.3	170.3	184.6	165.9	178.3	163.0
103.1	114.6	112.7	103.1	95.5	108.3	100.7
138.1	130.3	121.5	119.3	113.3	112.2	101.5
105.6	101.4	102.9	98.7	102.3	103.9	101.8
102.6	103.8	102.2	102.2	103.1	101.1	100.7
106.6	100.5	122.8	97.7	95.2	99.9	100.2
101.6	102.3	103.8	103.2	104.0	99.4	97.1
96.7	102.9	103.2	102.4	96.8	100.0	99.3
105.9	116.8	99.9	99.6	98.0	96.8	91.9
105.0	102.8	99.7	103.7	108.8	106.8	105.6
99.9	100.2	99.9	100.2	100.0	100.0	100.0
99.4	99.4	98.3	98.4	98.4	98.9	99.3
84.4	95.5	94.7	98.3	99.8	101.9	97.9
122.3	99.0	99.2	99.0	99.8	102.6	100.7
121.3	121.2	117.2	112.7	110.9	109.2	109.1
102.7	100.5	101.7	102.5	100.2	100.9	101.6
94.3	93.4	95.4	98.2	95.1	93.9	95.4
107.6	107.4	104.3	94.1	96.4	98.8	99.1
101.6	100.0	102.5	99.2	97.3	100.8	99.0
96.8	100.4	96.3	94.3	96.9	101.4	104.9
148.2	139.7	141.8	141.0	135.3	139.2	132.0
98.5	101.6	101.4	98.7	99.8	101.6	101.3
96.4	95.9	94.8	94.8	98.1	96.9	98.1
107.2	111.0	100.9	103.0	104.9	96.8	106.3
99.1	102.4	103.2	102.4	103.4	104.1	106.7
109.5	111.7	112.6	116.1	116.1	117.6	112.7
106.2	95.4	95.9	97.7	102.5	106.6	93.8
97.6	97.1	99.0	98.5	99.1	99.3	97.9
100.1	100.0	99.5	99.5	101.3	98.9	100.1
99.9	104.0	104.6	104.6	104.0	104.7	104.2
117.7	109.7	117.9	115.8	105.8	101.0	102.5
108.3	106.9	106.8	108.6	109.3	108.8	104.9

广西壮族自治区工业品出厂价格大类行业同比指数表（2007 年）

（上年 =100）

项目名称	1 月	2 月	3 月	4 月	5 月
总指数	104.4	103.5	103.1	103.1	103.2
煤炭开采和洗选业	94.9	90.9	95.7	98.3	100.0
石油和天然气开采业					
黑色金属矿采选业	104.1	103.9	100.3	101.1	106.9
有色金属矿采选业	146.6	147.1	149.9	142.8	143.7
非金属矿采选业	103.8	106.5	101.4	109.5	110.4
其他采矿业					
农副食品加工业	94.9	87.6	84.9	87.7	88.0
食品制造业	101.9	99.5	97.8	102.7	101.4
饮料制造业	99.4	99.8	99.9	99.7	99.8
烟草制品业	97.4	97.9	102.1	107.2	103.0
纺织业	92.5	90.5	87.8	87.6	91.8
纺织服装、鞋、帽制造业	100.1	105.2	100.2	100.6	100.9
皮革、毛皮、羽毛（绒）及其制品业	103.0	100.4	100.1	100.1	108.2
木材加工及竹藤棕草制品业	105.3	107.5	108.4	114.2	114.9
家具制造业	100.0	100.0	100.0	100.0	100.0
造纸及纸制品业	101.5	100.5	101.1	101.7	102.7
印刷业和记录媒介的复制	92.4	100.2	104.4	100.6	100.2
文教体育用品制造业	100.2	100.6	99.9	102.3	102.3
石油加工、炼焦及核燃料加工业	107.8	106.9	106.6	106.0	102.9
化学原料及化学制品制造业	98.8	98.7	98.9	98.4	99.1
医药制造业	98.7	98.4	101.2	100.3	101.8
化学纤维制造业					
橡胶制品业	98.1	97.1	97.1	106.1	120.2
塑料制品业					
非金属矿物制品业	98.2	101.1	101.6	100.0	101.5
黑色金属冶炼及压延加工业	106.6	109.2	111.0	109.0	114.2
有色金属冶炼及压延加工业	128.1	124.1	118.9	116.3	106.1
金属制品业	101.4	99.0	101.1	100.2	104.4
通用设备制造业	99.7	100.0	99.3	101.5	100.8
专用设备制造业	100.2	98.7	104.0	100.2	103.9
交通运输设备制造业	102.6	103.3	103.6	105.0	104.8
电气机械及器材制造业	110.4	109.5	107.9	110.3	101.9
通信设备、计算机及其他电子设备制造业	90.8	100.4	93.1	92.5	92.8
仪器仪表及文化、办公用机械制造业	97.4	102.6	100.7	97.4	97.8
工艺品及其他制造业	100.1	100.2	97.8	103.0	103.3
废弃资源和废旧材料回收加工业					
电力、热力生产供应业	105.9	104.9	104.4	104.2	105.1
燃气生产供应业	91.6	89.2	94.5	93.4	98.8
自来水生产供应业	108.1	106.3	107.0	106.0	104.0

注 1：因当年部分行业无产品，故无指数

6月	7月	8月	9月	10月	11月	12月
103.6	102.3	104.0	105.9	106.5	106.9	108.1
98.7	100.1	99.6	99.4	102.5	108.6	109.7
112.7	100.2	105.8	105.9	108.0	104.6	117.8
158.9	142.6	142.8	122.2	111.0	104.4	92.5
106.9	108.5	117.6	127.1	122.6	135.5	154.4
89.2	88.7	95.0	96.7	98.2	94.6	98.3
101.9	102.3	102.4	105.2	111.3	110.1	106.3
100.3	96.9	98.8	99.0	99.3	99.3	101.0
99.1	101.3	100.2	101.2	102.7	97.8	99.9
94.1	93.3	92.2	91.3	89.3	93.1	92.9
100.7	100.6	91.4	101.0	101.0	100.0	100.8
98.5	94.0	96.3	105.3	98.4	107.3	91.5
114.4	113.2	112.2	107.8	101.6	103.5	103.7
100.0	100.0	100.0	100.0	100.0	100.0	100.0
101.5	102.4	101.6	102.4	102.8	104.0	104.1
104.0	98.6	102.5	100.1	93.2	92.8	90.3
102.3	97.1	99.3	101.5	101.0	101.0	101.0
100.3	100.7	100.6	99.3	100.8	107.4	113.7
101.8	102.5	102.8	104.3	106.2	109.7	114.7
102.2	104.7	101.3	102.6	101.8	102.5	102.8
104.4	105.7	105.6	104.5	107.5	109.2	102.0
101.1	99.6	102.8	104.8	110.0	116.0	119.5
117.6	113.7	116.4	124.4	127.8	134.2	138.5
105.6	107.5	113.8	114.9	112.4	104.3	103.3
104.1	101.7	104.7	102.4	101.7	104.5	101.6
99.7	100.9	100.0	101.5	99.6	101.3	100.2
103.3	99.1	102.3	99.8	100.0	102.6	101.0
102.0	101.8	100.6	101.9	101.4	99.9	97.9
102.5	99.7	97.1	100.1	98.6	98.9	100.1
99.1	98.3	91.1	88.8	88.1	100.2	100.0
98.6	96.7	97.5	96.4	97.9	96.9	97.9
98.3	97.4	98.6	110.4	109.3	107.2	104.0
104.6	101.8	100.3	101.1	101.0	99.9	99.2
97.3	105.9	101.5	103.3	118.5	141.4	123.3
101.7	104.4	104.9	102.8	104.1	104.0	103.0

广西壮族自治区工业品出厂价格大类行业同比指数表（2008 年）

（上年 =100）

项目名称	1 月	2 月	3 月	4 月	5 月
总指数	111.5	111.8	112.6	112.5	113.3
煤炭开采和洗选业	127.4	127.9	128.2	126.2	130.9
石油和天然气开采业					
黑色金属矿采选业	141.9	141.7	152.2	162.3	168.5
有色金属矿采选业	88.5	96.7	94.6	90.8	91.4
非金属矿采选业	126.6	122.1	129.4	126.9	136.8
其他采矿业					
农副食品加工业	108.7	110.1	111.0	105.3	105.2
食品制造业	104.9	107.3	108.4	110.2	110.8
饮料制造业	103.5	99.4	107.1	111.5	114.8
烟草制品业	101.4	99.0	104.5	102.9	102.2
纺织业	91.7	98.6	95.6	102.2	101.1
纺织服装、鞋、帽制造业	98.7	100.3	102.5	100.2	100.1
皮革、毛皮、羽毛（绒）及其制品业	98.7	97.7	91.0	93.3	86.6
木材加工及竹藤棕草制品业	107.1	107.5	108.7	104.4	103.2
家具制造业	99.5	99.2	99.6	101.7	102.2
造纸及纸制品业	102.9	103.9	104.9	105.7	108.9
印刷业和记录媒介的复制	92.1	99.2	94.4	91.3	98.2
文教体育用品制造业	107.3	101.7	100.9	101.7	102.6
石油加工、炼焦及核燃料加工业	116.6	120.6	121.1	120.9	120.9
化学原料及化学制品制造业	109.8	110.8	112.1	119.1	121.3
医药制造业	103.0	103.1	103.8	103.5	108.9
化学纤维制造业	92.0	92.0	92.0	92.0	92.0
橡胶制品业	97.7	100.8	108.8	107.2	108.4
塑料制品业					
非金属矿物制品业	124.3	122.0	117.7	115.9	115.1
黑色金属冶炼及压延加工业	140.2	140.0	143.0	146.3	149.2
有色金属冶炼及压延加工业	105.6	105.4	105.9	103.3	101.0
金属制品业	105.1	105.6	106.5	104.6	105.6
通用设备制造业	104.8	105.2	105.5	102.7	103.5
专用设备制造业	106.9	107.2	108.1	106.9	110.3
交通运输设备制造业	99.7	98.7	98.8	99.8	100.9
电气机械及器材制造业	97.7	99.0	101.7	97.8	99.0
通信设备、计算机及其他电子设备制造业	100.0	102.4	100.0	100.8	89.0
仪器仪表及文化、办公用机械制造业	103.2	100.9	92.5	96.3	97.6
工艺品及其他制造业	108.8	107.5	106.8	105.3	107.3
废弃资源和废旧材料回收加工业					
电力、热力生产供应业	101.6	101.5	101.1	100.9	100.2
燃气生产供应业	124.5	119.2	118.4	123.5	117.8
自来水生产供应业	100.2	100.5	100.1	100.0	100.1

注 1：因当年部分行业无产品，故无指数

6月	7月	8月	9月	10月	11月	12月
112.1	113.1	112.6	110.0	107.2	100.7	90.7
135.6	135.6	138.6	157.2	166.7	160.4	146.8
156.5	157.8	164.2	168.8	162.8	153.2	112.1
87.6	77.9	77.6	73.5	68.7	62.4	52.8
133.8	134.4	126.6	128.9	126.6	118.3	101.9
104.0	104.9	99.9	95.6	93.1	91.7	88.1
113.4	115.4	114.7	117.4	116.9	116.5	113.9
111.1	113.5	111.8	111.0	110.7	106.7	100.8
105.7	101.4	103.0	101.9	101.3	100.2	100.5
99.7	99.4	99.2	99.4	98.6	94.5	93.2
106.6	106.5	102.0	103.2	97.4	100.2	91.8
88.4	90.0	90.6	90.3	83.3	85.7	82.4
105.6	102.8	102.1	102.4	102.5	102.5	99.6
103.6	104.6	115.0	118.1	116.9	117.1	117.4
110.4	110.7	112.6	112.2	110.0	103.7	97.7
92.9	92.2	96.1	96.1	96.6	98.7	97.6
103.4	101.7	100.0	100.0	101.7	99.2	100.0
121.9	133.6	139.6	133.4	129.2	110.0	82.0
125.3	126.5	128.3	126.3	120.6	113.9	105.1
108.9	108.1	109.2	109.5	106.1	108.3	108.6
92.0	92.0	108.7	108.7	108.7	108.7	108.7
113.1	109.8	94.9	102.0	113.5	111.9	92.5
112.9	115.6	113.6	110.1	110.1	106.9	101.0
144.9	145.4	147.1	138.6	129.4	107.0	81.3
95.4	97.1	91.6	86.2	81.8	71.9	63.6
106.1	106.5	105.6	117.3	116.6	114.5	99.8
106.1	109.1	109.5	109.6	111.6	109.6	105.4
109.3	110.1	110.0	111.1	108.7	109.8	106.0
98.7	101.4	103.6	103.2	105.3	103.0	89.1
102.4	105.7	109.4	105.9	106.1	100.7	98.6
100.4	94.3	97.7	99.5	99.4	99.8	97.2
96.3	98.3	101.6	101.0	101.5	101.4	100.1
112.8	112.3	111.8	105.6	105.0	107.1	101.7
101.0	101.6	102.1	104.7	105.1	105.2	99.6
122.5	116.5	106.4	103.6	98.1	86.4	79.4
100.1	100.0	100.1	100.7	101.1	103.0	103.1

广西壮族自治区工业品出厂价格大类行业同比指数表（2009 年）

（上年 =100）

项目名称	1 月	2 月	3 月	4 月	5 月
总指数	93.8	91.9	90.2	89.4	88.9
煤炭开采和洗选业	130.6	114.6	109.5	101.4	98.9
石油和天然气开采业					
黑色金属矿采选业	111.8	117.8	91.8	87.9	74.2
有色金属矿采选业	64.0	60.2	55.9	55.8	61.7
非金属矿采选业	96.4	99.6	95.6	95.1	102.1
其他采矿业					
农副食品加工业	86.4	82.5	86.3	91.1	95.8
食品制造业	110.5	103.1	100.6	101.5	104.5
饮料制造业	98.8	101.2	98.1	99.2	97.5
烟草制品业	99.6	99.8	100.5	101.8	100.9
纺织业	92.9	93.5	90.9	92.8	95.0
纺织服装、鞋、帽制造业	94.8	100.6	100.4	100.0	100.0
皮革、毛皮、羽毛（绒）及其制品业	83.8	81.6	83.8	80.4	92.2
木材加工及竹藤棕草制品业	97.2	98.0	99.0	97.4	97.8
家具制造业	119.0	115.5	117.9	116.5	115.2
造纸及纸制品业	96.1	94.7	91.8	91.0	89.5
印刷业和记录媒介的复制	98.3	103.3	102.9	104.9	107.1
文教体育用品制造业	101.7	103.4	102.6	101.7	100.8
石油加工、炼焦及核燃料加工业	77.9	79.9	76.0	74.6	83.5
化学原料及化学制品制造业	101.4	98.5	95.7	91.3	89.4
医药制造业	103.7	105.2	102.3	103.6	102.8
化学纤维制造业	92.0	108.7	108.7	108.7	108.7
橡胶制品业	100.0	97.4	90.4	101.0	96.1
塑料制品业					
非金属矿物制品业	99.8	96.1	99.1	99.7	98.9
黑色金属冶炼及压延加工业	83.8	81.6	74.6	68.4	61.9
有色金属冶炼及压延加工业	66.3	64.1	62.5	66.1	69.3
金属制品业	114.3	113.4	95.2	96.5	95.6
通用设备制造业	110.4	106.2	105.2	105.7	106.1
专用设备制造业	116.0	100.7	100.2	96.8	95.3
交通运输设备制造业	102.9	102.9	103.7	102.0	100.7
电气机械及器材制造业	101.2	98.4	91.6	91.4	93.1
通信设备、计算机及其他电子设备制造业	97.8	95.2	99.0	96.2	99.3
仪器仪表及文化、办公用机械制造业	101.5	100.3	99.0	96.9	100.1
工艺品及其他制造业	97.4	97.9	105.6	107.4	109.5
废弃资源和废旧材料回收加工业					
电力、热力生产供应业	103.1	103.7	104.0	103.8	103.2
燃气生产供应业	79.4	76.7	74.7	71.2	74.1
自来水生产供应业	105.3	114.9	114.8	115.0	114.9

注 1：因当年部分行业无产品，故无指数

6月	7月	8月	9月	10月	11月	12月
88.5	89.0	91.1	92.6	95.2	101.5	109.4
90.1	88.6	89.4	83.6	74.5	77.6	77.8
78.6	76.9	74.7	77.0	88.5	99.4	100.9
66.6	74.6	83.5	91.3	116.6	142.0	199.7
101.7	102.9	103.2	103.9	104.0	105.4	104.7
96.5	96.6	102.5	109.2	114.0	119.1	132.9
101.7	97.9	98.3	97.5	100.0	103.4	101.5
94.9	98.8	97.2	98.5	98.7	101.7	108.5
100.7	101.3	102.1	102.6	104.1	102.3	109.0
99.2	102.2	102.8	104.2	109.5	129.2	126.2
97.8	98.1	101.8	100.1	100.0	111.5	125.2
82.6	82.0	81.6	86.7	92.0	93.4	97.7
95.9	97.4	97.3	97.8	98.0	99.9	100.2
112.7	112.0	104.5	100.8	100.4	100.9	98.4
87.8	87.2	88.8	84.5	88.3	95.1	101.4
102.7	101.6	98.2	96.5	98.8	109.1	102.0
99.2	98.4	103.1	103.1	102.9	103.9	103.1
88.3	83.5	79.6	84.2	86.0	95.8	109.2
87.1	84.1	82.1	81.6	83.1	90.6	94.8
102.6	102.1	100.2	100.1	97.9	98.4	101.0
108.7	108.7	100.0	100.0	100.0	100.0	100.0
102.1	107.0	102.3	104.9	105.9	107.2	111.4
96.5	97.0	96.0	97.0	96.9	98.7	99.0
63.1	62.6	69.9	70.1	72.9	87.7	99.4
71.7	75.2	79.0	88.0	95.3	113.6	127.1
93.5	99.3	90.6	82.9	79.1	82.2	87.5
102.2	99.5	96.1	94.8	96.9	96.8	96.3
93.0	93.8	97.3	97.5	98.4	105.2	108.0
96.7	100.2	99.7	99.5	99.5	98.5	105.0
92.1	88.8	92.0	91.5	91.3	92.4	95.2
110.6	112.0	97.3	95.0	106.8	99.6	101.4
100.1	99.0	98.6	98.4	99.3	99.1	98.9
102.0	101.7	100.8	97.8	97.3	96.8	95.4
103.0	102.5	102.1	100.8	101.1	100.6	102.2
71.2	72.2	77.5	83.8	89.6	93.3	112.7
109.7	114.7	119.5	115.6	117.5	116.4	114.5

广西壮族自治区工业品出厂价格大类行业同比指数表（2010 年）

（上年 =100）

项目名称	1 月	2 月	3 月	4 月	5 月
总指数	111.7	112.4	112.7	113.9	113.7
煤炭开采和洗选业	89.2	104.1	101.6	108.6	114.4
石油和天然气开采业					
黑色金属矿采选业	95.9	103.6	141.5	139.9	144.3
有色金属矿采选业	189.4	192.0	170.1	163.3	157.0
非金属矿采选业	105.2	105.2	116.2	117.1	111.8
其他采矿业					
农副食品加工业	134.0	132.5	128.4	124.9	119.2
食品制造业	100.5	102.5	103.3	101.8	100.5
饮料制造业	116.7	112.2	112.5	110.5	113.1
烟草制品业	102.5	105.6	103.9	101.7	102.1
纺织业	113.4	112.8	118.6	131.3	133.7
纺织服装、鞋、帽制造业	112.9	111.6	112.9	112.9	112.9
皮革、毛皮、羽毛（绒）及其制品业	106.2	103.3	111.7	120.9	114.8
木材加工及竹藤棕草制品业	103.7	105.7	103.4	107.1	107.8
家具制造业	96.5	97.7	98.4	99.5	98.0
造纸及纸制品业	105.2	105.2	110.0	118.9	117.3
印刷业和记录媒介的复制	101.7	101.0	101.1	100.7	100.2
文教体育用品制造业	99.9	99.9	99.9	99.9	99.9
石油加工、炼焦及核燃料加工业	141.0	138.9	139.2	146.7	130.5
化学原料及化学制品制造业	99.7	103.8	107.4	112.2	118.8
医药制造业	102.4	102.7	103.9	102.3	104.0
化学纤维制造业					
橡胶制品业	102.8	109.7	108.0	101.0	103.9
塑料制品业					
非金属矿物制品业	99.5	100.3	99.4	101.9	105.4
黑色金属冶炼及压延加工业	105.7	105.4	108.7	118.3	122.9
有色金属冶炼及压延加工业	140.9	139.3	142.3	137.3	131.1
金属制品业	97.7	100.5	104.7	99.7	106.2
通用设备制造业	96.2	99.0	100.2	99.7	102.3
专用设备制造业	109.7	107.0	104.7	104.0	106.0
交通运输设备制造业	100.1	105.1	102.5	102.6	101.5
电气机械及器材制造业	99.4	103.6	103.9	106.4	106.9
通信设备、计算机及其他电子设备制造业	89.5	90.6	86.8	90.8	90.8
仪器仪表及文化、办公用机械制造业	98.8	101.9	102.4	102.0	100.3
工艺品及其他制造业	106.0	106.3	102.1	104.5	104.6
废弃资源和废旧材料回收加工业					
电力、热力生产供应业	101.7	102.1	101.7	101.6	101.9
燃气生产供应业	108.0	114.0	124.2	121.8	122.7
自来水生产供应业	114.6	104.6	104.9	104.9	105.0

注 1：因当年部分行业无产品，故无指数

6月	7月	8月	9月	10月	11月	12月
112.0	110.6	108.4	109.5	112.2	114.0	112.7
120.4	120.8	119.1	116.1	118.7	113.7	111.5
118.8	126.7	120.8	115.7	115.6	111.6	110.9
133.2	134.2	134.7	129.4	131.3	134.3	129.8
109.9	105.1	104.8	104.5	103.2	103.0	102.7
118.0	119.2	120.3	120.8	124.6	132.3	127.3
97.6	97.1	96.1	95.6	97.3	99.8	99.2
113.8	113.9	113.0	113.6	112.4	114.2	108.3
103.7	105.1	105.6	104.6	105.4	107.2	104.1
126.1	122.9	122.8	127.1	131.6	131.9	133.9
112.9	112.9	108.8	107.4	107.4	107.4	107.6
112.5	129.5	129.3	121.2	122.3	122.6	123.3
108.1	107.2	106.5	108.3	107.5	108.8	107.4
100.6	101.0	102.0	102.6	99.5	99.8	101.2
116.9	113.7	114.1	115.3	117.3	114.6	113.8
100.2	102.7	102.3	101.6	100.1	100.0	102.6
100.8	101.7	101.7	101.5	101.5	101.5	101.5
120.0	113.6	113.4	112.3	113.6	119.8	114.4
119.6	117.4	116.5	119.8	123.6	133.7	139.8
103.6	104.7	104.1	102.2	102.3	101.9	101.9
101.0	106.6	101.4	101.3	102.1	100.5	105.1
105.8	105.1	105.1	110.6	116.9	115.6	113.8
119.5	112.7	98.9	105.7	114.1	114.3	112.6
125.1	120.5	116.6	112.9	116.2	115.6	117.0
104.9	95.9	103.7	102.3	105.4	102.8	101.3
100.0	100.0	100.6	101.5	101.6	101.9	102.7
105.0	105.2	104.9	104.5	104.0	104.5	104.4
102.6	102.6	101.3	101.4	102.0	101.4	101.8
105.2	105.4	104.5	103.3	105.1	104.1	103.3
86.1	86.1	89.9	89.9	90.0	90.9	90.4
100.3	102.9	103.2	103.8	101.1	101.9	107.5
103.9	101.0	101.0	100.6	100.9	101.1	99.8
103.0	102.7	102.3	102.4	102.1	102.8	99.3
121.7	117.8	110.0	104.9	104.0	108.6	106.9
104.4	106.9	104.0	106.4	106.9	104.7	106.3

广西壮族自治区工业生产者出厂价格大类同比指数表（2011 年）

（上年 =100）

项目名称	1月	2月	3月	4月	5月
总指数	109.0	109.3	109.4	109.1	109.9
煤炭开采和洗选业	122.7	116.4	125.7	129.4	130.2
石油和天然气开采业					
黑色金属矿采选业	141.3	124.9	113.6	110.7	108.8
有色金属矿采选业	130.5	125.9	128.3	129.7	127.9
非金属矿采选业	100.5	111.5	107.6	108.7	112.3
其他采矿业					
农副食品加工业	123.3	126.6	126.5	127.6	127.5
食品制造业	104.0	103.9	104.1	106.0	110.3
饮料制造业	106.0	106.1	106.3	108.8	108.7
烟草制品业	101.6	99.0	99.6	100.4	100.7
纺织业	130.0	132.2	132.9	130.2	125.6
纺织服装、鞋、帽制造业	106.4	107.9	122.8	124.2	135.6
皮革、毛皮、羽毛（绒）及其制品业	122.0	120.0	113.6	107.0	110.1
木材加工及竹藤棕草制品业	110.0	104.4	105.8	105.2	105.0
家具制造业	103.6	103.4	101.7	101.0	102.0
造纸及纸制品业	110.1	108.5	105.3	99.9	99.8
印刷业和记录媒介的复制	104.5	103.9	104.3	104.4	104.9
文教体育用品制造业	107.3	107.3	108.1	108.8	108.8
石油加工、炼焦及核燃料加工业	119.1	119.6	122.0	122.4	123.5
化学原料及化学制品制造业	122.5	122.4	122.8	122.8	124.0
医药制造业	100.6	99.9	99.8	102.1	103.0
化学纤维制造业					
橡胶制品业	105.3	105.2	108.8	110.3	110.5
塑料制品业	101.9	103.2	101.5	103.0	102.6
非金属矿物制品业	116.4	116.8	116.5	114.3	113.0
黑色金属冶炼及压延加工业	107.5	108.4	108.8	105.0	107.9
有色金属冶炼及压延加工业	107.2	112.5	111.2	110.8	115.1
金属制品业	103.9	102.4	101.3	103.3	105.6
通用设备制造业	95.7	100.1	99.1	99.7	99.3
专用设备制造业	100.0	100.2	99.9	100.9	100.8
交通运输设备制造业	101.6	99.8	100.0	101.3	101.4
电气机械及器材制造业	106.5	106.5	107.6	107.8	106.7
通信设备、计算机及其他电子设备制造业	102.2	105.9	111.1	104.7	105.5
仪器仪表及文化、办公用机械制造业	106.8	107.9	108.4	111.0	110.9
工艺品及其他制造业	103.7	103.4	103.2	102.3	102.1
废弃资源和废旧材料回收加工业					
电力、热力生产供应业	99.2	98.1	98.4	98.4	97.5
燃气生产供应业	101.5	101.4	99.7	101.7	103.5
自来水生产供应业	103.1	103.3	103.1	103.1	103.2

注 1：因当年部分行业无产品，故无指数

6月	7月	8月	9月	10月	11月	12月
110.2	111.3	111.7	110.0	107.1	103.6	101.9
126.9	128.4	130.1	137.2	145.2	141.6	142.1
101.3	98.9	98.9	103.7	101.6	99.8	99.0
148.6	144.8	140.7	133.6	124.3	114.9	108.8
110.6	118.9	119.3	119.3	122.9	122.4	126.4
128.8	128.5	127.0	124.4	117.5	109.5	105.5
112.3	112.7	115.3	117.2	117.1	117.3	115.6
108.3	108.3	109.5	107.1	107.8	104.6	106.9
99.3	101.8	101.8	100.9	101.0	100.5	100.1
120.9	118.6	113.8	108.4	105.5	99.6	95.8
130.5	131.0	116.5	110.6	113.4	113.2	118.5
111.5	112.4	116.5	120.8	120.9	119.0	119.2
105.1	106.4	105.2	106.2	106.8	105.6	105.7
98.0	97.8	98.8	99.5	104.9	104.7	105.4
100.9	103.4	103.5	102.1	101.5	100.5	98.6
104.8	102.4	101.9	102.6	102.3	101.1	99.8
108.8	108.8	108.8	112.1	112.1	112.1	112.2
120.6	119.6	118.8	120.5	117.3	112.8	110.4
123.6	127.9	126.9	120.7	114.9	102.1	94.2
103.6	103.5	103.8	103.7	103.0	102.8	103.7
111.1	109.5	112.0	111.3	111.2	112.7	112.9
103.3	103.2	103.5	105.5	104.8	104.6	104.2
113.2	113.3	117.1	111.7	103.3	99.9	96.3
107.2	111.0	114.8	112.3	107.4	103.6	101.8
118.0	120.0	118.5	115.8	108.2	103.8	100.4
104.6	99.1	99.3	99.8	99.0	100.3	101.1
99.0	102.1	102.0	102.6	103.4	101.1	101.3
100.0	101.1	101.0	99.5	100.0	99.3	99.9
100.8	100.9	101.1	100.4	100.4	100.8	100.2
106.1	107.5	106.2	106.2	104.0	101.3	99.3
102.3	102.6	102.3	100.0	101.7	101.5	101.9
111.2	111.9	116.6	116.6	118.1	119.1	113.4
102.2	103.3	104.4	104.4	103.7	101.4	101.8
99.2	100.1	100.0	100.4	100.5	99.1	100.8
102.8	101.8	102.4	102.6	101.8	100.6	97.5
103.7	103.7	102.6	100.2	100.2	100.1	100.2

广西壮族自治区工业生产者出厂价格大类同比指数表（2012 年）

（上年 =100）

项目名称	1 月	2 月	3 月	4 月	5 月
总指数	100.2	99.2	98.9	98.6	98.6
煤炭开采和洗选业	138.4	139.4	130.5	125.0	122.0
石油和天然气开采业					
黑色金属矿采选业	97.8	99.5	96.9	96.2	96.5
有色金属矿采选业	104.8	107.3	108.3	104.5	101.1
非金属矿采选业	128.5	120.2	117.3	116.0	111.1
其他采矿业					
农副食品加工业	100.0	98.6	98.5	98.0	97.8
食品制造业	111.9	110.9	110.1	109.9	106.5
饮料制造业	105.8	105.0	104.5	101.8	101.1
烟草制品业	100.5	100.5	101.0	102.4	102.4
纺织业	95.0	93.7	93.2	93.8	93.9
纺织服装、鞋、帽制造业	110.0	110.0	96.6	98.0	89.8
皮革、毛皮、羽毛（绒）及其制品业	115.9	115.8	113.4	113.3	109.9
木材加工及竹藤棕草制品业	103.4	105.5	105.2	104.7	104.2
家具制造业	103.8	105.2	107.0	106.4	108.1
造纸及纸制品业	97.0	97.8	98.5	98.0	97.5
印刷业和记录媒介的复制	100.4	99.9	99.9	99.9	99.8
文教体育用品制造业	104.5	104.5	103.8	103.1	103.1
石油加工、炼焦及核燃料加工业	105.4	106.4	106.8	105.3	100.8
化学原料及化学制品制造业	95.7	94.9	93.9	93.1	91.2
医药制造业	103.3	103.5	103.9	103.2	102.5
化学纤维制造业					
橡胶制品业	107.2	107.6	103.0	102.2	102.0
塑料制品业	103.9	101.2	102.4	101.7	102.2
非金属矿物制品业	96.5	95.7	97.4	98.2	96.6
黑色金属冶炼及压延加工业	97.4	92.8	92.5	92.7	90.6
有色金属冶炼及压延加工业	96.6	94.3	93.7	93.0	92.8
金属制品业	100.4	100.1	100.8	100.2	99.8
通用设备制造业	101.6	99.9	99.7	99.1	98.1
专用设备制造业	100.0	100.9	100.1	99.4	98.6
交通运输设备制造业	101.1	101.2	100.7	100.8	100.8
电气机械及器材制造业	98.7	98.7	98.1	96.7	97.5
通信设备、计算机及其他电子设备制造业	101.7	101.0	97.8	101.2	99.8
仪器仪表及文化、办公用机械制造业	113.7	113.2	110.4	104.8	104.8
工艺品及其他制造业	102.1	102.1	103.8	103.8	104.0
废弃资源和废旧材料回收加工业					
电力、热力生产供应业	100.8	101.5	101.2	101.1	110.5
燃气生产供应业	100.7	102.2	104.2	103.2	100.9
自来水生产供应业	100.3	101.5	103.4	103.5	103.5

注 1：因当年部分行业无产品，故无指数

6月	7月	8月	9月	10月	11月	12月
98.0	97.1	95.8	95.4	96.7	97.3	97.9
124.0	109.7	108.4	100.8	93.7	94.7	97.5
97.7	97.5	96.2	94.3	94.1	94.8	95.8
93.0	92.2	90.0	91.8	97.6	98.9	101.5
109.7	109.2	106.4	106.2	104.2	104.5	103.6
96.5	95.3	92.6	92.1	92.8	93.1	93.6
106.3	107.0	106.0	103.9	103.4	102.4	103.6
102.4	101.1	100.2	100.4	100.5	100.2	99.8
102.4	102.4	102.4	102.4	102.3	102.3	102.3
93.5	94.3	96.9	98.7	100.0	100.3	101.7
93.2	92.9	105.4	109.1	104.8	103.3	98.3
108.3	107.5	102.5	98.6	98.1	99.5	99.3
105.1	106.2	106.6	106.4	106.0	105.1	105.4
108.4	108.4	106.9	106.3	103.9	104.5	103.3
96.6	96.3	94.9	94.8	93.4	94.4	94.5
99.8	99.7	100.1	99.8	99.9	100.0	100.2
103.1	103.1	103.1	100.0	100.0	100.0	100.0
97.6	94.3	96.7	100.0	102.2	101.8	100.5
90.1	88.2	88.6	89.7	90.9	94.8	98.9
102.6	103.4	103.2	103.4	103.1	103.3	103.0
102.1	102.4	101.2	101.1	100.7	100.0	100.0
102.2	101.1	101.0	99.6	99.6	99.1	99.6
96.3	96.6	93.0	91.4	97.7	101.5	103.3
88.1	86.5	82.4	79.7	81.6	86.6	87.7
93.0	90.8	87.3	87.9	92.3	93.6	94.7
99.4	100.0	99.6	99.6	100.1	100.3	100.6
97.2	98.0	97.6	95.8	95.3	96.1	95.7
99.5	98.5	99.8	99.9	99.8	99.7	99.6
100.9	100.5	100.5	100.4	100.6	100.8	101.2
96.1	95.6	95.5	95.3	97.3	98.4	98.2
99.9	99.1	99.7	103.1	100.8	99.0	98.5
104.1	102.7	98.4	97.0	92.6	91.7	92.8
105.0	102.0	100.6	100.7	101.9	101.5	101.8
111.8	111.0	111.6	112.0	111.8	103.5	101.5
100.2	101.8	103.4	103.8	104.9	104.2	104.2
103.5	103.7	103.9	103.9	103.9	104.0	103.9

广西壮族自治区工业生产者出厂价格大类同比指数表（2013 年）

（上年 =100）

项目名称	1 月	2 月	3 月	4 月	5 月
总指数	98.3	98.4	98.0	97.1	96.9
煤炭开采和洗选业	94.3	97.3	96.2	94.2	93.9
石油和天然气开采业					
黑色金属矿采选业	96.0	95.4	96.1	96.6	96.4
有色金属矿采选业	99.8	97.1	94.5	93.0	92.5
非金属矿采选业	102.8	101.7	100.5	98.9	99.5
其他采矿业					
农副食品加工业	94.9	94.7	93.7	92.2	91.7
食品制造业	103.7	104.2	103.6	101.8	101.8
饮料制造业	100.5	101.3	101.5	102.3	102.3
烟草制品业	101.9	102.2	101.7	100.2	100.2
纺织业	103.0	103.1	102.8	101.2	102.0
纺织服装、鞋、帽制造业	96.5	96.5	95.7	93.6	93.1
皮革、毛皮、羽毛（绒）及其制品业	101.2	102.1	105.2	105.9	107.8
木材加工及竹藤棕草制品业	104.9	105.2	104.9	103.6	103.8
家具制造业	103.8	102.4	102.0	102.0	102.3
造纸及纸制品业	95.4	95.0	94.4	94.9	94.7
印刷业和记录媒介的复制	100.2	100.2	100.2	100.0	100.0
文教体育用品制造业	100.0	100.0	100.0	100.0	100.0
石油加工、炼焦及核燃料加工业	100.2	99.2	97.9	93.2	92.9
化学原料及化学制品制造业	98.0	98.1	97.0	96.7	96.7
医药制造业	103.3	103.3	103.0	103.0	102.7
化学纤维制造业					
橡胶制品业	100.1	99.6	99.5	99.5	99.3
塑料制品业	100.9	101.3	101.6	101.0	101.0
非金属矿物制品业	102.0	102.2	100.0	98.5	97.9
黑色金属冶炼及压延加工业	90.8	93.3	93.4	91.3	90.1
有色金属冶炼及压延加工业	96.6	95.0	93.9	92.2	91.7
金属制品业	100.8	100.8	101.0	101.1	101.0
通用设备制造业	95.7	97.0	97.6	97.2	97.1
专用设备制造业	99.3	98.7	99.9	100.1	99.9
交通运输设备制造业	100.3	100.1	100.3	100.0	100.3
电气机械及器材制造业	97.1	96.6	96.1	96.8	96.7
通信设备、计算机及其他电子设备制造业	98.9	99.0	101.6	99.1	99.8
仪器仪表及文化、办公用机械制造业	92.9	92.5	92.8	95.8	95.5
工艺品及其他制造业	105.3	104.3	102.0	103.0	99.0
废弃资源和废旧材料回收加工业					
电力、热力生产供应业	101.3	100.7	100.8	100.8	100.9
燃气生产供应业	107.4	106.5	102.6	102.3	101.7
自来水生产供应业	103.3	102.1	104.3	104.3	104.3

注 1：因当年部分行业无产品，故无指数

6月	7月	8月	9月	10月	11月	12月
97.1	97.5	98.3	99.1	99.1	99.3	99.2
91.7	102.4	104.2	105.3	107.2	104.9	98.8
95.6	95.4	92.0	94.3	94.5	95.2	95.2
92.3	91.7	94.2	98.1	96.8	96.6	95.7
100.6	97.3	98.2	98.5	97.6	96.9	96.4
92.7	92.9	94.0	94.2	95.5	96.1	96.0
101.2	101.0	100.7	100.9	101.1	101.3	102.2
101.9	102.4	102.8	103.2	103.4	103.6	104.1
100.2	100.3	100.3	100.3	100.3	100.3	100.3
103.8	104.2	103.5	103.3	102.5	105.2	104.4
93.1	92.8	93.1	94.7	96.0	97.5	97.9
108.5	106.6	106.2	108.2	108.6	108.7	108.6
102.8	101.6	101.9	101.2	101.0	101.6	101.6
102.3	102.2	102.7	102.8	102.7	102.1	102.1
94.9	95.5	96.9	97.1	98.5	98.4	99.2
100.0	100.0	100.1	100.0	100.0	100.0	100.0
105.9	105.9	105.9	105.9	105.9	105.9	105.9
96.9	102.7	100.6	98.6	96.5	97.5	100.3
96.6	96.5	97.9	101.4	103.3	104.4	103.6
102.5	101.6	101.5	101.5	101.3	101.1	101.4
99.2	99.3	99.3	99.5	99.6	99.5	99.4
101.4	101.5	101.2	101.4	101.7	101.5	101.6
98.0	99.2	100.9	102.1	100.0	102.3	103.5
90.8	92.2	96.0	99.7	98.6	96.4	96.0
92.2	92.9	94.0	94.3	94.1	93.9	93.6
101.2	100.9	101.1	100.8	100.8	100.7	100.1
98.2	97.4	97.6	99.3	99.0	98.7	97.8
99.5	99.9	99.8	99.9	100.5	100.5	100.3
100.2	100.3	100.4	100.6	100.4	100.4	100.2
98.5	97.9	98.4	98.4	97.3	98.0	99.0
99.0	98.7	98.7	97.8	97.8	100.9	101.0
95.2	95.1	94.8	95.9	100.9	100.4	99.7
98.0	100.9	100.6	100.1	100.1	99.9	99.1
100.8	100.8	100.3	99.8	100.2	100.2	100.0
104.4	104.4	102.4	102.1	102.5	102.5	105.7
104.3	104.4	106.1	107.6	114.3	114.4	114.4

广西壮族自治区工业品出厂价格大类环比指数表（1993 年）

（上月 =100）

项目名称	1 月	2 月	3 月	4 月	5 月
煤炭开采业					
石油和天然气开采业					
黑色金属矿采选业					
有色金属矿采选业					
建筑材料及其他非金属矿采选业					
采盐业					
木材及竹材采运业					
自来水生产供应业					
食品制造业					
饮料制造业					
烟草制造业					
饲料工业					
纺织业					
缝纫业					
皮革、毛皮及其制品业					
木材加工及竹藤棕草制品业					
家具制造业					
造纸及纸制品业					
文教体业用品制造业					
电力、蒸汽、热水生产供应业					
石油加工业					
炼焦、煤气及煤制品业					
化学工业					
医药工业					
化学纤维工业					
橡胶制品工业					
塑料制品业					
建筑材料及其他非金属矿制品业					
黑色金属冶炼及压延加工业					
有色金属冶炼及压延加工业					
金属制造业					
机械工业					
交通运输设备制造业					
电力机械及器材制造业					
电力及通讯设备制造业					
仪器仪表及其他计量器具制造业					
工艺美术制品业					

注 1：当年广西无石油和天然气开采业、采盐业、炼焦、煤气及煤制品业产品出厂，无指数
注 2：因当月无产品销售，部分行业部分月份无指数
注 3：环比数据从 6 月份开始编制，此前无月度环比数据
注 4：当年 8 月份为季报，无月度环比数据

6月	7月	8月	9月	10月	11月	12月
103.7	100.0		96.3	100.8	98.1	107.2
117.5	105.9		100.0	100.0	80.0	
114.5	101.8		96.2	100.5	98.8	93.2
103.8	96.0		106.1	127.8	80.2	51.1
					99.1	
107.6	100.1		92.7	98.4	94.1	108.0
118.9	99.9		97.5	100.0	100.0	100.0
95.6	106.9		99.7	103.3	102.6	145.9
101.9	108.5		94.1	102.0	101.6	100.6
99.4	100.6		102.4	96.4	106.2	101.8
	102.8		102.7	110.5	101.8	97.5
91.8	104.5		86.2	101.1	103.9	97.5
127.2	105.9			101.3	116.2	105.3
103.0	102.3		105.7	104.8	100.6	112.1
107.0	109.0		95.7	100.0	92.6	113.5
123.0	95.7		118.5	102.0	100.3	100.6
103.7	104.6		106.1	109.0	100.6	103.0
99.8	100.1		103.4	106.8	115.9	108.4
100.7	97.6		100.3	102.6	100.7	102.9
					101.4	
101.4	100.6		98.4	99.4	99.0	100.2
103.7	101.9		103.0	93.6	95.3	98.4
102.0	117.8		98.8	98.0	99.1	100.4
100.6	103.5		101.9	102.5	102.4	102.5
104.5	100.2		93.6	103.4	99.9	101.9
99.8	101.5		100.8	110.2	106.5	92.5
141.5	103.2		102.8	104.0	95.2	99.0
98.4	101.5		97.1	97.7	100.3	101.1
94.6	99.6		98.0	99.7	107.6	99.9
101.7	102.0		100.3	101.0	99.6	103.0
92.3	107.9		98.7	102.0	134.2	99.4
90.5	113.5		108.6	105.1	95.0	102.3
99.9	106.9		98.5	95.7	96.3	93.4
96.0	97.6		100.2	100.6	112.5	99.9
97.9	116.4		111.2	104.5	90.9	105.8

广西壮族自治区工业品出厂价格大类环比指数表（1994 年）

（上月 =100）

项目名称	1 月	2 月	3 月	4 月	5 月
煤炭开采业	92.4	119.5	113.4	121.2	99.4
石油和天然气开采业					
黑色金属矿采选业	100.1	99.9	100.1	100.0	100.0
有色金属矿采选业	98.7	102.2	117.6	102.1	116.9
建筑材料及其他非金属矿采选业	205.3	102.5	100.0	94.0	108.7
采盐业					
木材及竹材采运业	100.3	91.9	100.8	104.5	97.9
自来水生产供应业	100.0	100.0	100.0	100.0	100.7
食品制造业	107.2	105.2	96.6	100.7	100.3
饮料制造业	101.4	104.5	110.3	104.0	103.5
烟草制造业	97.3	103.5	102.4	99.8	97.7
饲料工业	101.8	101.8	103.9	100.4	98.4
纺织业	104.9	107.3	114.0	100.9	113.3
缝纫业	92.4	128.3	95.2	103.1	151.7
皮革、毛皮及其制品业	103.1	96.3	102.7	110.3	118.8
木材加工及竹藤棕草制品业	105.7	96.7	103.4	99.4	107.7
家具制造业		100.4	98.7	115.2	
造纸及纸制品业	103.7	104.2	102.0	103.0	102.8
文教体业用品制造业		107.8	94.6	98.2	110.5
电力、蒸汽、热水生产供应业	100.0	123.2	118.7	96.4	95.9
石油加工业					
炼焦、煤气及煤制品业					
化学工业	102.6	102.7	101.9	105.9	100.4
医药工业	98.1	103.4	97.6	99.6	111.1
化学纤维工业	102.0	100.6	102.4	106.0	104.4
橡胶制品工业	101.8	99.8	105.8	107.8	100.2
塑料制品业	99.9	101.9	96.9	106.9	98.8
建筑材料及其他非金属矿制品业	100.5	108.9	103.8	92.1	101.7
黑色金属冶炼及压延加工业	99.3	100.9	99.3	98.0	105.8
有色金属冶炼及压延加工业	101.5	138.6	102.9	102.1	107.5
金属制造业	91.9	134.8	90.2	107.5	101.8
机械工业	102.6	104.5	97.4	101.2	102.4
交通运输设备制造业	103.8	96.1	96.5	102.8	100.4
电力机械及器材制造业	103.7	95.4	100.6	101.8	116.8
电力及通讯设备制造业	127.2	87.1	113.7	101.4	105.4
仪器仪表及其他计量器具制造业	135.8	103.6	99.1	108.3	105.2
工艺美术制品业		109.2	94.9	101.2	76.2

注 1：当年无石油和天然气开采业、采盐业、石油加工业、炼焦、煤气及煤制品业产品
注 2：因当月无产品销售，部分行业部分月份无指数

6月	7月	8月	9月	10月	11月	12月
100.3	100.7	107.7	106.8	112.0	100.0	100.0
100.0	100.0	60.6	100.0	100.1	99.9	99.9
101.1	96.7	103.3	102.8	103.2	109.1	108.7
	102.7	99.7	101.3	92.4	84.0	99.9
106.8	98.5	96.0	101.5	96.9	99.1	95.0
100.0	102.2	108.7	100.6	100.0	100.0	100.5
109.4	97.5	103.1	104.1	105.5	107.7	99.2
101.6	106.8	96.1	104.8	104.7	98.8	102.2
99.3	99.2	102.6	103.2	105.8	101.6	93.2
101.0	100.8	101.2	100.3	103.8	103.9	108.0
98.9	88.1	99.6	99.9	100.4	100.3	114.9
59.3	104.8	99.5	108.8	128.3	115.4	107.6
107.4	90.0	108.1	97.2	110.9	113.0	99.1
96.6	102.5	91.6	99.2	97.6	91.4	92.3
172.9			100.0	95.0		
103.0	99.5	105.7	100.0	105.1	102.3	100.8
73.3	118.5	101.2	102.5	96.0	90.1	99.2
102.3	99.8	99.8	102.5	124.0	113.6	91.7
104.6	98.5	101.6	100.7	105.1	102.9	101.0
97.2	103.4	101.7	101.4	100.5	103.1	99.8
103.2	104.8	101.4	100.4	100.7	103.6	105.2
102.8	103.7	107.7	100.0	104.9	100.3	102.9
97.9	103.2	95.6	104.2	99.5	85.6	101.2
98.3	96.8	97.3	108.7	105.8	99.9	94.3
96.5	98.2	97.9	98.6	92.7	99.2	101.1
117.3	107.9	99.3	100.7	105.0	105.3	105.5
102.8	100.7	112.8	92.6	97.5	96.4	102.4
100.7	101.0	103.3	99.6	102.7	100.1	99.5
99.4	96.6	105.7	111.3	100.7	97.0	102.2
97.6	116.6	98.3	117.7	96.9	103.2	97.2
169.2	115.6	101.4	93.9	100.9	106.8	102.5
101.8	99.2	101.8	96.7	101.6	93.8	103.6
		81.7	121.0	102.2	101.1	101.4

广西壮族自治区工业品出厂价格大类环比指数表（1995 年）

（上月 =100）

项目名称	1 月	2 月	3 月	4 月	5 月
煤炭开采业	100.0	105.9	101.1	100.0	96.7
石油和天然气开采业					
黑色金属矿采选业		100.0	105.9	94.5	111.8
有色金属矿采选业	105.2	95.7	101.2	101.3	105.3
建筑材料及其他非金属矿采选业	100.0	106.7	100.4	121.9	99.1
采盐业					
木材及竹材采运业	107.5	97.0	102.9	98.7	103.0
自来水生产供应业	100.3	100.1	119.8	100.1	101.5
食品制造业	106.6	113.3	102.2	102.0	98.6
饮料制造业	101.8	101.6	104.1	101.4	102.3
烟草制造业	106.6	96.1	103.2	99.1	99.3
饲料工业	102.9	101.8	100.4	101.6	99.9
纺织业	102.7	100.9	99.5	103.0	100.7
缝纫业	100.0	88.0	91.2	104.6	
皮革、毛皮及其制品业	90.7	106.1	87.0	109.7	94.8
木材加工及竹藤棕草制品业	120.1	99.6	97.7	98.1	114.5
家具制造业			120.3		
造纸及纸制品业	104.7	104.8	107.4	101.6	109.0
文教体业用品制造业	97.6	104.7	96.7	153.0	105.5
电力、蒸汽、热水生产供应业	101.7	100.7	99.3	99.7	100.9
石油加工业					
炼焦、煤气及煤制品业					
化学工业	105.0	105.7	103.2	109.3	104.7
医药工业	100.4	101.2	103.7	99.1	97.8
化学纤维工业	112.1	108.6	107.5	106.3	102.0
橡胶制品工业	100.8	102.2	108.5	109.5	99.6
塑料制品业	112.9	113.8	109.9	93.6	105.7
建筑材料及其他非金属矿制品业	103.7	96.9	98.6	97.1	99.3
黑色金属冶炼及压延加工业	99.5	98.2	100.6	98.3	100.6
有色金属冶炼及压延加工业	99.7	101.5	99.9	101.8	102.0
金属制造业	100.3	98.2	100.5	101.1	100.4
机械工业	97.9	101.6	101.0	102.9	100.7
交通运输设备制造业	99.1	102.0	96.7	102.6	101.9
电力机械及器材制造业	101.0	98.1	99.2	100.5	97.4
电力及通讯设备制造业	101.3	104.2	99.4	96.8	100.5
仪器仪表及其他计量器具制造业	100.1	102.6	99.5	100.1	107.7
工艺美术制品业	103.6	97.6			114.0

注 1：当年无石油和天然气开采业、采盐业、石油加工业、炼焦、煤气及煤制品业产品
注 2：因当月无产品销售，部分行业部分月份无指数

6月	7月	8月	9月	10月	11月	12月
101.4	98.8	100.0	100.9	101.7	99.1	101.2
99.9	100.2		100.0	100.0	75.0	
106.3	95.9	101.5	97.6	101.3	98.7	99.3
102.2	109.6	171.7		101.4	99.5	
99.7	98.1	96.4	99.9	95.2	102.7	99.1
100.0	100.0	101.0	100.0	100.0	97.7	99.4
99.6	97.7	98.9	99.5	96.1	101.8	103.7
98.9	98.0	103.7	95.4	101.3	100.7	99.4
98.4	107.7	101.7	97.6	99.1	102.1	101.0
99.7	99.3	99.7	100.5	102.3	101.2	100.5
98.2	99.5	98.5	99.5	96.0	102.5	99.0
		104.3	134.3		85.5	100.1
95.4	93.1	107.9	127.9	84.7	115.8	97.9
90.5	105.7	96.7	104.4	99.2	91.9	105.7
106.9	106.1	99.8	99.8	101.0	102.3	99.9
97.3	102.1	106.9	93.0	93.3	110.3	100.0
99.7	100.1	99.6	100.1	101.1	98.9	98.2
99.6	100.9	101.4	100.5	99.4	99.8	100.6
101.1	102.1	102.2	110.1	94.9	94.5	94.4
95.4	92.7	91.0	95.9	96.1	97.3	98.4
100.4	100.3	99.8	99.9	99.9	101.0	93.5
110.1	108.1	91.2	105.1	91.2	104.5	97.2
100.7	99.9	97.7	99.7	101.1	101.1	104.3
98.6	100.0	105.0	102.1	98.0	101.3	100.5
99.3	101.6	94.5	100.3	97.2	95.4	101.3
100.0	99.1	99.8	98.1	101.4	101.9	101.3
100.9	105.1	96.6	100.8	104.0	98.3	102.3
101.1	99.3	90.6	103.6	103.0	100.1	99.2
104.7	100.2	101.0	103.8	92.2	103.0	97.9
95.9	104.7	104.1	100.5	98.2	103.5	92.0
103.7	99.2	102.0	102.5	99.8	97.5	97.9
96.7		87.0	100.2	100.1	76.2	106.1

广西壮族自治区工业品出厂价格大类环比指数表（1996 年）

（上月 =100）

项目名称	1 月	2 月	3 月	4 月	5 月
煤炭开采业	106.6	100.6	100.6	118.8	95.8
石油和天然气开采业					
黑色金属矿采选业		100.1	99.6	96.8	103.8
有色金属矿采选业	100.6	99.7	102.0	105.4	97.1
建筑材料及其他非金属矿采选业	100.7	80.0	91.1	95.3	101.8
采盐业					
木材及竹材采运业	99.7	101.7	93.0	101.6	91.1
自来水生产供应业	112.5	99.9	100.0	106.2	100.0
食品制造业	101.5	101.4	98.1	101.3	99.9
饮料制造业	98.3	98.9	100.5	102.6	93.0
烟草制造业	113.0	94.4	101.1	101.1	100.7
饲料工业	101.1	100.2	100.3	100.4	101.3
纺织业	97.4	99.6	100.6	99.6	98.5
缝纫业	100.2	79.0	114.8	106.6	95.8
皮革、毛皮及其制品业	120.0	83.2	87.8		
木材加工及竹藤棕草制品业	104.8	98.9	115.0	77.6	93.4
家具制造业		98.5	104.4		98.0
造纸及纸制品业	105.7	106.1	102.4	97.6	100.0
文教体业用品制造业	90.6	106.2	98.7	105.4	100.3
电力、蒸汽、热水生产供应业	101.2	102.9	103.3	105.6	101.0
石油加工业					
炼焦、煤气及煤制品业					
化学工业	98.5	100.5	100.9	101.1	99.9
医药工业	101.7	104.5	96.1	99.9	101.2
化学纤维工业	96.3	100.3	91.3	98.1	88.6
橡胶制品工业	98.9	95.9	95.7	98.9	100.9
塑料制品业	96.3	99.7	104.7	94.3	106.1
建筑材料及其他非金属矿制品业	103.6	97.9	95.9	96.3	97.7
黑色金属冶炼及压延加工业	94.3	108.9	100.5	98.3	102.6
有色金属冶炼及压延加工业	103.5	102.0	101.8	102.1	98.5
金属制造业	97.3	100.0	96.4	103.2	102.1
机械工业	98.6	102.5	97.8	100.5	104.0
交通运输设备制造业	100.7	101.1	100.6	100.0	100.8
电力机械及器材制造业	100.6	100.4	99.9	99.2	100.3
电力及通讯设备制造业	98.9	105.6	99.1	101.0	89.6
仪器仪表及其他计量器具制造业	98.5	99.5	103.0	98.8	101.4
工艺美术制品业			100.2	103.6	105.4

注 1：因当年无石油和天然气开采业、采盐业、石油加工业、炼焦、煤气及煤制品业产品，故无指数
注 2：因当月无产品销售，部分行业部分月份无指数
注 3：6 月数据丢失

6月	7月	8月	9月	10月	11月	12月
	100.2	96.9	104.0	103.8	93.8	98.1
		89.7	111.5	100.1	100.0	
	96.8	95.6	101.8	94.8	97.9	93.6
	87.2	109.5	95.7	105.2	103.9	91.7
	100.4	90.9	98.8	102.5	100.1	90.6
	103.1	100.1	100.0	100.3	101.1	103.8
	99.3	98.3	98.0	98.8	100.1	101.8
	107.9	99.1	97.5	105.2	102.2	99.6
	91.0	132.4	78.9	100.3	109.8	113.6
	100.1	99.6	100.5	99.9	102.5	100.8
	97.9	96.6	105.1	102.1	93.9	100.0
	130.5	107.3	94.4	100.0	89.8	101.3
		100.1	110.1	93.2	93.0	76.3
	111.7	81.9	102.1	96.2	92.9	89.0
	74.8	111.5	146.8	86.8	77.9	170.0
	99.9	101.0	98.9	96.5	98.1	105.6
	99.1	98.7	97.6	97.4	95.4	84.1
	103.1	99.8	102.3	99.8	99.6	98.3
	99.7	102.2	95.7	99.5	100.9	99.9
	100.8	103.4	99.6	99.3	98.0	100.4
	93.7	95.4	100.3	114.8	95.5	91.7
	100.6	103.5	102.1	98.3	101.1	97.6
	98.0	100.0	98.8	99.0	99.3	97.5
	96.1	99.8	100.2	106.8	97.0	102.2
	100.3	98.8	101.2	100.4	98.7	99.1
	98.1	99.8	101.4	95.2	95.7	99.7
	98.3	100.5	99.4	100.5	99.8	99.5
	99.2	99.3	95.5	99.6	104.9	96.7
	98.5	100.5	101.2	105.1	96.6	104.4
	100.8	96.6	100.7	101.4	90.7	110.8
	107.5	92.2	108.7	103.4	98.7	96.5
	101.3	99.1	100.5	99.7	103.5	100.1
			100.0	99.8	108.6	92.8

广西壮族自治区工业品出厂价格大类环比指数表（1997 年）

（上月 =100）

项目名称	1 月	2 月	3 月	4 月	5 月
煤炭开采业	109.3	104.3	98.7	101.5	100.5
石油和天然气开采业					
黑色金属矿采选业		100.1			114.2
有色金属矿采选业	100.4	98.7	101.2	100.0	100.1
建筑材料及其他非金属矿采选业	106.1	98.3	81.5	120.8	100.0
采盐业	100.0	100.0		97.7	130.0
木材及竹材采运业	103.4	100.1	91.5	98.3	97.7
自来水生产供应业	95.1	93.1	98.2	100.0	100.3
食品制造业	102.7	98.4	100.7	101.0	99.0
饮料制造业	113.7	99.0	99.8	101.1	98.5
烟草制造业	97.9	100.5	100.5	102.5	89.7
饲料工业	96.9	102.4	98.8	101.4	104.3
纺织业	100.1	98.7	102.7	102.4	99.2
缝纫业	97.7	115.8	93.2		102.8
皮革、毛皮及其制品业	113.6	96.6	102.6	99.7	97.7
木材加工及竹藤棕草制品业	111.2	99.4	102.5	101.5	101.0
家具制造业	89.5	101.9	75.9	97.1	103.7
造纸及纸制品业	92.4	101.5	98.1	100.0	98.7
文教体业用品制造业	97.9	100.0	99.4	96.4	80.9
电力、蒸汽、热水生产供应业	100.0	101.1	98.7	100.6	103.2
石油加工业					
炼焦、煤气及煤制品业					
化学工业	100.6	100.0	100.7	100.1	100.8
医药工业	99.9	95.7	101.3	102.9	99.3
化学纤维工业	98.1	99.6	100.2	97.2	99.8
橡胶制品工业	100.2	99.7	99.8	102.3	97.2
塑料制品业	94.2	100.1	102.9	99.5	97.9
建筑材料及其他非金属矿制品业	99.6	98.2	98.7	95.2	99.4
黑色金属冶炼及压延加工业	98.6	105.3	95.0	102.4	100.3
有色金属冶炼及压延加工业	106.1	100.1	97.4	106.0	106.6
金属制造业	101.0	101.1	100.4	92.4	98.2
机械工业	100.2	99.9	104.4	97.1	102.6
交通运输设备制造业	99.9	101.3	99.8	101.2	99.6
电力机械及器材制造业	100.4	100.9	99.9	91.6	96.4
电力及通讯设备制造业	96.8	97.0	101.6	97.4	99.1
仪器仪表及其他计量器具制造业	100.1	98.7	99.7	99.6	96.9
工艺美术制品业	82.9	99.5	98.6	91.8	

注 1：因当年无石油和天然气开采业、石油加工业、炼焦、煤气及煤制品业产品，故无指数

注 2：因当月无产品销售，部分行业部分月份无指数

6月	7月	8月	9月	10月	11月	12月
100.5	97.9	100.2	98.4	100.8	100.0	101.1
100.4	100.1		99.9	100.3	99.8	
101.6	99.3	100.0	112.7	98.1	97.9	98.5
104.1	99.8	96.7	96.6	100.9	120.8	116.8
			100.0	100.0	100.0	100.0
99.1	106.9	91.5	96.4	104.5	100.4	103.9
100.3	98.5	101.9	99.9	100.0	104.4	99.0
99.8	97.9	100.2	99.4	100.3	101.5	102.7
99.1	103.5	100.3	102.6	92.9	101.3	100.7
111.3	107.5	104.8	97.2	103.1	97.9	98.5
99.2	93.4	101.5	97.4	94.3	100.6	118.0
97.5	100.4	97.9	97.1	98.0	99.9	99.4
97.2		97.1	99.4	86.6	104.8	93.0
92.9	107.3	108.2		96.2	109.0	97.0
101.7	105.1	91.0	100.4	97.4	97.1	104.9
94.7	94.8	113.6	103.6	100.1	77.3	127.2
99.2	98.5	98.8	98.3	100.0	99.9	100.4
103.0	99.8	115.3	94.3	95.5	98.7	103.8
102.6	102.7	97.1	102.8	100.4	104.4	99.4
99.1	98.6	98.4	99.5	97.8	101.4	97.4
95.8	103.1	99.4	98.8	97.9	110.4	95.4
100.5	99.9	100.0	100.0	95.6	98.3	98.0
97.5	98.4	109.4	101.9	100.1	102.1	103.9
96.5	99.4	102.3	97.9	102.6	103.7	93.0
97.8	98.5	99.8	102.0	105.4	101.8	99.4
98.8	97.4	101.6	99.0	99.1	98.8	98.5
95.4	101.5	98.5	101.1	103.0	100.6	97.6
101.2	99.7	96.7	99.5	119.3	91.3	103.0
96.9	105.7	97.9	98.3	101.0	101.2	100.3
102.7	99.2	100.8	98.0	101.6	88.1	99.8
100.3	99.3	100.8	100.8	99.5	99.9	101.1
	100.5	99.6	98.9	94.1	99.3	107.6
101.1	102.2	99.1	101.0	100.2	94.3	102.8

广西壮族自治区工业品出厂价格大类环比指数表（1998 年）

（上月 =100）

项目名称	1 月	2 月	3 月	4 月	5 月
煤炭采选业	98.8	99.1	100.4	97.1	99.7
石油天然气采选业					
黑色金属矿采选业			101.0	112.8	71.8
有色金属矿采选业	97.1	84.8	102.9	100.6	100.2
非金属矿采选业		74.9		105.3	99.6
木材竹材采选业	86.3	100.0	100.0	100.0	97.0
食品加工业	100.0	98.8	99.5	98.6	97.6
食品制造业	95.8	101.2	96.7	101.1	99.7
饮料制造业	101.7	100.3	99.7	99.8	100.3
烟草加工业	95.0	107.9	105.8	93.8	95.7
纺织业		118.8	77.6	98.4	102.5
服装及其他纤维制品制造业	96.2				96.2
皮鞋皮毛羽绒及其制造业	93.9	100.1	89.5		86.7
木材加工及竹藤棕草制造业	99.7	87.4	100.9	99.8	88.9
家具制造业	96.5			100.0	
造纸和纸制品业	99.7	109.5	98.8	104.2	98.7
文教体育用品制造业		96.8	104.7		91.7
石油加工及炼焦业	99.0				
化学原料及化学制品制造业	99.4	99.6	100.3	98.9	100.6
医药制造业	99.1	96.8	114.8	102.9	93.8
化学纤维制造业	87.1	94.1	100.5	94.2	94.6
橡胶制品业	102.5	98.6	100.5	108.0	100.7
塑料制品业	98.1	97.0	102.0	90.6	101.4
非金属矿制品业	100.9	100.7	100.1	100.5	98.0
黑色金属冶炼及压延加工业	101.3	101.1	99.2	100.9	98.7
有色金属冶炼及压延加工业	97.1	99.9	90.9	99398.0	100.6
金属制品业	100.0	97.6	99.6	99.9	96.9
普通机械制造业	92.1	101.6	99.2	95.3	98.9
专用设备制造业	98.4	100.0	96.1	108.0	100.8
交通运输设备制造业	102.5	100.0	89.5	104.0	98.9
电气机械及器材制造业	98.6	93.9	100.0	89.6	100.4
电子及通讯设备制造业	102.2	95.0	100.0	101.6	102.0
仪器仪表及文化办公用机械制造业	93.2	99.8	99.9	92.7	100.9
其他制造业（地毯、首饰、漆器、制伞）	97.4	102.7	101.6		96.9
电气、蒸汽、热力生产供应业		100.0	102.0	98.9	100.3
煤气生产供应业	102.2				
自来水生产供应业		99.9	100.2	99.9	99.5

注 1：因当年无石油天然气采选业产品，故无指数
注 2：因当月无产品销售，部分行业部分月份无指数

6月	7月	8月	9月	10月	11月	12月
100.5	97.5	95.3	100.6	100.6	100.9	100.0
77.4	99.8	106.4				99.7
98.4	97.4	98.9	98.8	100.4	100.1	100.8
118.2	100.5		62.1	99.2		
100.0	100.0		100.0	100.0	100.0	100.0
101.4	109.0	98.1	97.5	91.0	99.6	100.0
99.3	99.6	100.1	98.2	96.9	98.8	102.2
101.5	99.7	98.5	99.2	101.1	101.2	99.9
107.0	106.5	106.5	91.3	103.6	104.7	97.8
93.3	94.3	104.5	108.1	99.5	99.9	101.9
148.2	101.0	121.0	98.4	99.6		
113.1		81.5		110.8	134.2	127.1
108.3	99.2	94.5	104.4	97.0	95.5	95.2
97.5	97.2	94.5	98.4	98.3	101.1	129.0
98.2	101.0	99.5	97.1	97.6	111.5	97.9
99.0	101.0	99.2	99.9	103.1	100.5	101.9
104.5	96.1	100.8	100.4	100.0	101.1	98.4
97.1	94.0	104.2	108.5	100.7	98.4	105.1
	120.1	100.0		100.5	100.2	100.0
95.1	103.2	94.6	96.4	71.2	97.5	
98.3	99.3	101.6	98.7	101.7	98.7	100.2
95.9	99.2	97.6		99.7	98.8	99.6
98.6	99.2	101.9	100.3	103.1	100.9	105.5
98.9	98.9	95.4	112.4	97.0	101.3	105.0
101.4	101.5	98.7	99.7	99.2	101.5	98.1
99.5	112.1	106.2	101.6	100.1	94.0	100.9
100.0	95.6	80.8		99.8	111.7	104.3
97.5	101.4	96.1	93.8	115.8	92.1	98.0
	96.9	99.1	101.1	101.2	97.1	92.0
92.8	105.5	96.9	119.7	95.4	103.1	138.8
92.8		93.1	120.8	90.4	82.5	104.6
99.7	99.9	96.7	98.7	99.4	99.9	99.1
100.8	95.8	125.5	107.5	99.9	98.1	98.4

广西壮族自治区工业品出厂价格大类环比指数表（1999 年）

（上月 =100）

项目名称	1 月	2 月	3 月	4 月	5 月
煤炭采选业	99.2	98.2	98.1	100.2	100.8
石油天然气采选业					
黑色金属矿采选业	98.4	100.6	99.8	101.4	98.2
有色金属矿采选业	102.1	100.8	100.8	98.1	103.5
非金属矿采选业	100.0	100.0	100.0	100.0	100.0
木材竹材采选业	98.4	100.0	100.0	100.0	100.0
食品加工业	100.2	98.3	98.5	97.9	96.2
食品制造业	101.4	104.1	100.8	94.9	103.0
饮料制造业	99.4	100.4	99.1	99.7	101.9
烟草加工业	89.7	100.1	99.3	101.2	95.7
纺织业	91.5	96.7	103.8	99.7	101.4
服装及其他纤维制品制造业		108.6		105.5	
皮鞋皮毛羽绒及其制造业	116.0	104.8	98.0		95.7
木材加工及竹藤棕草制造业	85.9	101.1	101.9	94.9	100.1
家具制造业			100.2		
造纸和纸制品业	99.0	99.8	101.7	99.3	100.6
文教体育用品制造业	105.6	91.5	111.1	95.7	113.2
石油加工及炼焦业					
化学原料及化学制品制造业	100.2	100.9	101.8	99.9	101.4
医药制造业	102.6	98.1	92.5	100.0	100.0
化学纤维制造业	94.4	100.4	109.8	97.3	100.7
橡胶制品业		99.6	97.7	94.6	101.4
塑料制品业	103.8	96.4	92.5	99.5	105.5
非金属矿制品业	100.5	103.2	97.1	96.5	98.8
黑色金属冶炼及压延加工业	99.7	99.3	98.4	99.6	96.5
有色金属冶炼及压延加工业	103.6	103.4	102.3	99.9	101.9
金属制品业	92.2	93.9	102.5	97.7	98.8
普通机械制造业	97.2	104.1	96.7	101.7	103.2
专用设备制造业	98.8	94.1	123.6	94.0	88.3
交通运输设备制造业	89.9	93.4	100.0	95.3	100.1
电气机械及器材制造业	100.2	96.8	99.1	111.5	90.8
电子及通讯设备制造业	96.9	120.1	99.2	87.5	105.4
仪器仪表及文化办公用机械制造业	110.5	93.9	105.5	128.8	86.3
其他制造业（地毯、首饰、漆器、制伞）	96.8	143.2	107.4	98.9	108.9
电气、蒸汽、热力生产供应业	99.8	101.6	99.7	99.4	100.2
煤气生产供应业					
自来水生产供应业	101.1	100.0	100.0	100.5	100.4

注 1：因当年无石油天然气采选业产品，故无指数
注 2：因当月无产品销售，部分行业部分月份无指数

6月	7月	8月	9月	10月	11月	12月
95.0						
100.0						
98.0						
100.8						
100.0						
100.7						
96.6						
96.3						
102.8						
103.0						
99.1						
96.7						
97.5						
98.9						
71.6						
97.5						
102.4						
103.4						
100.9						
103.1						
100.7						
101.5						
99.9						
100.6						
95.7						
102.6						
100.3						
100.4						
90.6						
108.4						
101.0						
98.9						
100.0						

按新行业分：

广西壮族自治区工业品出厂价格大类环比指数表（1999 年）（续表）

（上月 =100）

项目名称	1 月	2 月	3 月	4 月	5 月
煤炭采选业					
石油和天然气开采业					
黑色金属矿采选业					
有色金属矿采选业					
非金属矿采选业					
其他矿采选业					
木材与竹材采选业					
食品加工业					
食品制造业					
饮料制造业					
烟草加工业					
纺织业					
服装及其他纤维制品制造业					
皮革、皮毛、羽绒及其制造业					
木材加工及竹藤棕草制造业					
家具制造业					
造纸和纸制品业					
印刷业、记录媒介的复制					
文教体育用品制造业					
石油加工及炼焦业					
化学原料及化学制品制造业					
医药制造业					
化学纤维制造业					
橡胶制品业					
塑料制品业					
非金属矿制品业					
黑色金属冶炼及压延加工业					
有色金属冶炼及压延加工业					
金属制品业					
普通机械制造业					
专用设备制造业					
交通运输设备制造业					
武器弹药制造业					
电气机械及器材制造业					
电子及通讯设备制造业					
仪表及文化、办公用机械制造业					
其他制造业					
电气、蒸汽、热力生产供应业					
煤气生产供应业					
自来水生产供应业					

注 1：因当年部分行业无产品，故无指数

注 2：因当月无产品销售，部分行业部分月份无指数

注 3：从下半年起按新行业分类统计

6月	7月	8月	9月	10月	11月	12月
	102.2	97.8	96.0	109.3	98.0	99.8
	103.3	93.6	99.7	100.2	105.3	95.2
	102.8	99.8	99.3	98.2	101.5	101.2
	101.2	72.7	143.6	100.0	100.0	106.3
	107.7	100.0	100.0	100.0	97.0	93.6
	97.7	97.8	97.7	95.2	101.4	97.3
	99.9	100.8	96.9	98.5	104.9	103.9
	101.2	95.3	108.3	91.8	101.6	98.0
	103.0	97.2	101.9	100.5	103.7	98.6
	99.0	96.2	122.5	104.3	100.1	98.8
				112.7		
	101.3	81.6	126.2	101.9	100.2	100.6
	107.4	104.5	99.0	105.3	103.3	98.1
					99.7	
	102.6	100.6	98.4	98.8	100.4	98.8
	126.2	80.1	106.6	101.1	76.8	124.2
	103.6	98.9	99.7	101.6	101.4	106.1
	103.5	100.7	96.6	100.1	96.5	100.3
	102.8	105.7	104.0	106.0	105.9	94.5
	97.4	99.5	99.9	103.2	100.1	96.0
	105.4	92.3	108.4	102.9	99.0	96.8
	96.0	100.1	100.6	101.2	98.7	100.5
	96.3	101.5	98.8	99.0	101.3	10.7
	104.0	106.6	99.6	106.0	101.4	104.1
	100.2	96.8	101.3	97.7	103.0	93.6
	103.0	98.3	100.4	101.4	97.4	102.4
	95.8	102.3	106.3	110.7	97.9	95.5
	101.2	88.1	117.3	106.7	95.5	99.5
	105.4	99.1	93.4	105.4	103.7	96.5
		102.0	105.1		68.3	117.5
	102.6	90.9	105.5	101.5	100.8	102.4
	105.1	115.3	112.1		96.4	98.0
	101.2	100.9	98.8	99.7	101.0	106.1
	100.1	100.0	100.0	100.0	99.7	100.3

广西壮族自治区工业品出厂价格大类环比指数表（2000 年）

（上月 =100）

项目名称	1 月	2 月	3 月	4 月	5 月
煤炭采选业	102.6	101.6	101.1	98.0	103.8
石油和天然气开采业					
黑色金属矿采选业	100.0	107.7	100.4	100.0	100.1
有色金属矿采选业	101.9	108.9	102.0	100.9	100.1
非金属矿采选业	99.9	99.6	98.8	117.2	81.4
其他矿采选业					
木材及竹筏采选业	100.0	97.7	100.0	100.0	100.0
食品加工业	104.5	90.1	106.5	104.7	102.9
食品制造业	100.9	103.7	101.2	100.8	98.6
饮料制造业	102.1	98.7	105.6	107.0	99.7
烟草加工业	104.3	102.2	101.2	98.0	101.3
纺织业	100.4	134.3	103.3	104.9	99.7
服装及其他纤维制品制造业					
皮革、毛皮、羽绒及其制品业		175.2	87.6	59.9	100.9
木材加工及竹藤棕草制品业	109.3	115.0	99.7	99.8	100.3
家具制造业	104.2		101.9	100.4	101.1
造纸及纸制品业	98.9	102.5	101.9	116.0	103.0
印刷业、记录媒介的复制					
文教体育用品制造业	94.0	87.8		100.5	86.8
石油加工及炼焦业					
化学原料及化学制品制造业	101.9	95.3	102.3	99.7	102.4
医药制造业	100.0	96.3	100.2	98.3	99.2
化学纤维制造业	96.5	122.2	105.8	113.1	86.4
橡胶制品业	102.1	94.2	95.1	95.1	93.8
塑料制品业	94.0	99.4	100.6	103.7	98.0
非金属矿物制品业	102.6	97.2	99.0	102.0	93.9
黑色金属冶炼及压延加工业	98.1	94.1	100.9	104.6	108.9
有色金属冶炼及压延加工业	106.0	117.0	103.2	98.6	102.7
金属制品业	96.6	94.0	103.5	100.1	101.6
普通机械制造业	94.9	84.8	109.5	98.0	100.4
专用设备制造业	100.7	100.2	99.7	97.3	99.6
交通运输设备制造业	101.6	81.1	101.2	99.9	99.8
武器弹药制造业					
电气机械及器材制造业	100.3	93.8	108.1	98.0	96.9
电子及通讯设备制造业					
仪表及文化、办公用机械制造业	94.7	99.1	100.6	103.8	103.9
其他制造业		116.9	99.5	105.5	
电力、蒸汽、热水生产供应业	94.7	98.4	101.6	99.9	100.8
煤气生产供应业					
自来水生产供应业	100.0	100.0	112.1	100.1	100.1

注 1：因当年部分行业无产品，故无指数
注 2：因当月无产品销售，部分行业部分月份无指数

6月	7月	8月	9月	10月	11月	12月
99.7	100.6	101.1	99.5	101.1	101.0	95.3
101.2	101.1	100.6		97.9	102.2	100.0
103.1	96.0	100.1	100.5	100.8	102.0	102.0
111.8	114.3		100.0	115.7	95.0	100.0
100.0	104.3	107.0	102.4	100.0	100.0	100.0
102.6	107.7	103.4	103.3	97.6	100.3	97.5
103.9	98.3	105.4	96.0	102.9	97.5	99.7
100.4	100.9	101.8	99.2	105.0	101.4	99.7
100.7	95.6	94.3	95.7	102.0	102.9	100.3
97.4	99.4	102.4	100.1	100.6	99.1	97.4
			100.0			
109.4	102.1					
100.6	99.4	98.1	106.1	101.1	95.6	104.4
100.4	98.9		100.0	100.0	100.0	100.0
92.9	103.0	100.4	97.0	99.0	98.9	97.4
			100.1	100.2	95.3	100.5
95.4	100.1		111.4		100.0	100.0
			100.0		100.0	
102.1	100.4	97.0	97.4	96.9	99.8	101.4
99.1	100.3	99.2	104.5	94.0	105.4	92.4
96.0	105.7	101.4	102.0	102.8	93.3	97.5
103.3	92.9	100.0	100.2	100.7	100.9	101.2
100.7	100.7	100.2	101.5	98.9	104.0	101.5
100.6	101.0	98.0	99.7	107.2	99.6	105.3
102.8	97.5	99.2	101.2	104.2	103.6	97.0
109.9	99.9	100.6	103.1	99.2	96.9	99.4
102.1	104.6	97.8	104.4	89.5	94.1	115.6
101.6	96.9	99.3	108.4	103.3	99.5	100.7
100.8	97.7	101.5	96.6	101.6	105.5	98.1
101.0	98.1	98.8	102.8	98.0	100.2	100.4
99.7	105.8	93.9	98.4	102.2	99.4	99.8
102.1	99.1	103.2	102.8	100.5	112.3	87.9
108.9	95.6					
100.1	100.0	95.9	116.3	139.5	106.1	116.4
100.1	100.0	100.6	100.0	100.2	100.0	101.9

广西壮族自治区工业品出厂价格大类环比指数表（2001 年）

（上月 =100）

项目名称	1 月	2 月	3 月	4 月	5 月
煤炭采选业	106.4	101.7	94.4	98.3	100.5
石油和天然气开采业					
黑色金属矿采选业	100.0	100.0	100.0	100.0	100.0
有色金属矿采选业	100.8	103.0	100.7	101.6	96.7
非金属矿采选业	100.0	100.0	100.5	99.8	95.6
其他矿采选业					
木材及竹筏采选业	100.0	100.0	100.9	101.2	100.5
食品加工业	105.4	106.4	105.4	103.4	100.4
食品制造业	100.0	102.9	100.0	94.7	98.8
饮料制造业	99.7	101.0	100.9	101.2	100.4
烟草加工业	97.5	103.8	102.1	101.5	101.5
纺织业	97.1	103.8	99.1	96.4	102.3
服装及其他纤维制品制造业					
皮革、毛皮、羽绒及其制品业					
木材加工及竹藤棕草制品业	101.8	99.5	98.0	98.3	98.5
家具制造业	100.0	100.0	100.0	100.0	100.0
造纸及纸制品业	100.6	102.6	99.9	100.3	99.8
印刷业、记录媒介的复制	99.4	98.8	100.0	99.7	100.1
文教体育用品制造业			100.0		
石油加工及炼焦业					
化学原料及化学制品制造业	102.9	100.4	100.0	102.3	99.2
医药制造业	102.4	96.1	100.0	102.0	100.3
化学纤维制造业	93.6	98.8	102.9	98.9	94.2
橡胶制品业	99.7	97.8	97.1	99.8	101.7
塑料制品业	96.6	100.0	102.4	100.5	98.7
非金属矿物制品业	103.1	97.4	98.4	99.6	98.4
黑色金属冶炼及压延加工业	99.9	100.1	101.8	98.7	101.6
有色金属冶炼及压延加工业	98.0	100.6	98.7	99.4	99.7
金属制品业	97.8	102.9	96.6	103.3	94.5
普通机械制造业	95.7	102.7	92.4	99.8	99.2
专用设备制造业	94.0	98.1	93.6	102.8	98.7
交通运输设备制造业	104.7	97.0	100.9	98.4	100.1
武器弹药制造业					
电气机械及器材制造业	99.8	101.9	100.6	96.6	99.7
电子及通讯设备制造业					
仪表及文化、办公用机械制造业	100.9	113.2	95.4	105.9	101.6
其他制造业					
电力、蒸汽、热水生产供应业	98.3	100.0	103.3	97.5	100.6
煤气生产供应业					
自来水生产供应业	99.6	100.4	99.7	99.5	99.6

注 1：因当年部分行业无产品，故无指数
注 2：因当月无产品销售，部分行业部分月份无指数

6月	7月	8月	9月	10月	11月	12月
96.0	104.0	99.9	106.8	104.2	108.7	100.3
100.0	94.7	88.9	81.2	107.7	92.8	100.0
98.5	99.0	99.9	94.6	96.9	99.9	97.6
100.0	101.8	101.0	101.8	100.0	101.7	103.8
101.4	98.9	97.6	100.0	98.9	99.6	95.2
98.1	101.4	100.2	99.6	101.7	85.0	95.3
94.2	107.8	93.6	108.8	93.2	106.4	101.7
101.3	100.0	101.9	99.9	98.9	100.8	100.0
100.9	98.9	96.5	100.0	99.1	97.9	103.9
94.3	97.3	100.1	102.2	98.3	95.9	99.9
93.0	110.6	95.8	104.6	102.7	101.9	98.7
100.0	100.0	100.0	100.0	100.0	100.0	100.0
101.9	98.0	99.6	99.8	104.0	91.6	97.8
100.0	100.2	100.3	99.3	102.5	99.9	97.5
100.0	100.0			100.0		
100.4	98.7	99.2	99.0	99.4	101.5	99.3
95.4	106.0	97.9	100.1	100.1	97.4	104.2
95.7	97.7	88.1	99.4	100.7	98.2	94.0
99.2	102.3	100.2	105.0	101.7	103.1	99.5
100.1	100.1	100.5	99.7	98.5	99.8	100.1
99.4	98.8	97.8	101.7	100.5	103.9	103.4
105.8	98.1	100.9	100.5	99.9	101.1	97.9
99.0	95.8	96.6	102.1	100.3	97.7	99.0
99.4	101.9	99.3	91.8	103.0	94.9	105.8
103.1	101.8	102.1	98.7	98.0	97.9	99.7
98.5	76.1	101.1	101.7	103.1	104.2	100.4
102.1	98.7	104.6	102.8	99.3	100.2	101.5
101.7	96.2	94.4	99.1	99.3	98.3	100.1
101.9	103.8	97.4	111.9	96.9	105.6	106.6
84.5	101.9	100.3	100.0	103.6	100.6	112.1
100.1	99.7	100.4	100.1	101.9	100.1	100.2

广西壮族自治区工业品出厂价格大类环比指数表（2002 年）

（上月 =100）

项目名称	1月	2月	3月	4月	5月
总指数	99.6	99.4	98.9	100.8	99.8
煤炭开采和洗选业	101.0	101.4		101.5	99.9
石油和天然气开采业					
黑色金属矿采选业	153.7	100.0	100.0	100.0	104.0
有色金属矿采选业	98.2	101.7	98.4	99.7	99.4
非金属矿采选业	102.1	101.6	99.0	100.3	100.0
其他采矿业					
农副食品加工业	97.8	96.7	100.5	96.9	99.5
食品制造业	107.3	100.0	100.0	100.0	98.0
饮料制造业	99.6	99.5	101.8	99.5	100.9
烟草制品业	100.0	98.7	102.1	101.6	99.2
纺织业	94.8	99.7	96.0	101.6	100.1
纺织服装、鞋、帽制造业				94.1	96.7
皮革、毛皮、羽毛（绒）及其制品业				98.3	99.3
木材加工及竹藤棕草制品业	100.0	98.2	92.0	91.0	98.6
家具制造业	100.0	100.0	100.0	100.0	100.0
造纸及纸制品业	99.1	99.1	100.7	98.8	100.8
印刷业和记录媒介的复制	99.3	99.0	99.7	100.9	104.0
文教体育用品制造业		100.0	100.0	100.0	
石油加工、炼焦及核燃料加工业				119.3	109.1
化学原料及化学制品制造业	101.3	102.0	98.9	102.0	101.1
医药制造业	96.1	106.7	100.1	101.0	98.7
化学纤维制造业	92.9	100.0	104.3	108.6	101.1
橡胶制品业	99.3	96.9	99.7	104.5	97.1
塑料制品业					
非金属矿物制品业	99.0	101.3	93.5	99.8	98.6
黑色金属冶炼及压延加工业	97.4	104.2	96.7	102.8	101.5
有色金属冶炼及压延加工业	102.7	95.5	100.3	100.6	99.9
金属制品业	115.8	101.0	101.2	97.3	100.9
通用设备制造业	98.9	103.1	98.9	99.2	99.8
专用设备制造业	101.0	100.9	94.7	101.4	100.6
交通运输设备制造业	100.5	100.2	98.4	98.9	95.3
电气机械及器材制造业					
通信设备、计算机及其他电子设备制造业					
仪器仪表及文化、办公用机械制造业				99.6	99.7
工艺品及其他制造业	103.5	98.5	102.2	101.1	97.7
废弃资源和废旧材料回收加工业				100.0	101.4
电力、热力生产供应业	100.5	99.3	98.4	102.0	97.0
燃气生产供应业					
自来水生产供应业	99.9	99.8	101.1	99.5	99.8

注 1：因当年部分行业无产品，故无指数

注 2：因当月无产品销售，部分行业部分月份无指数

6月	7月	8月	9月	10月	11月	12月
99.4	99.6	98.9	99.8	100.4	100.7	100.4
106.8	95.9	100.1	100.9	99.1	102.2	100.1
103.3	113.6	101.3	102.0	101.3	101.3	98.7
100.7	102.8	99.5	101.1	101.2	102.4	101.4
103.2	104.2	96.4	100.6	98.1	99.5	101.7
100.3	100.6	97.6	99.8	100.0	97.1	96.1
98.9	99.3	97.9	104.1	97.8	99.7	101.7
101.8	100.5	98.1	93.8	99.7	99.7	96.8
94.6	99.7	97.1	103.0	99.1	100.9	102.3
100.1	100.0	99.9	102.2	99.5	99.1	101.2
97.8	100.4	105.5	99.2	100.2	99.4	104.2
102.1	93.8	97.3	100.7	98.4	106.5	96.2
101.4	101.2	96.0	99.8	99.5	94.6	99.8
101.3	100.0	100.0	100.0	100.0	100.0	100.0
102.6	99.6	98.5	99.4	99.4	100.0	99.3
98.0	99.0	99.1	98.4	100.1	92.8	107.6
100.0	100.0	100.0	100.0	100.0	100.0	100.0
99.8	100.4	100.5	100.9	106.8	101.0	100.2
98.6	99.0	101.1	98.3	98.8	100.5	101.2
100.4	99.8	100.5	99.6	100.4	100.5	99.6
103.9	93.5	99.4	103.2	100.4	101.5	96.6
100.8	99.6	98.3	91.5	110.5	99.1	100.5
100.6	98.0	98.7	101.0	100.1	101.4	101.0
102.2	99.7	99.8	99.2	101.8	101.1	103.0
100.0	100.6	99.9	101.3	101.2	100.4	101.0
102.0	95.8	99.3	100.6	100.4	98.8	101.3
99.8	99.9	100.5	100.2	98.7	100.9	100.6
100.5	99.1	102.4	98.3	100.2	104.4	102.8
101.4	96.1	94.9	100.3	99.6	102.3	102.9
99.5	98.8	100.0	100.6	98.6	98.7	98.2
97.7	100.4	97.0	99.5	101.0	101.0	102.0
101.4	98.9	102.5	97.2	102.1	100.1	102.6
91.4	99.8	99.4	98.2	101.5	105.0	101.2
99.6	99.9	100.8	101.4	100.1	101.3	100.8

广西壮族自治区工业品出厂价格大类环比指数表（2003 年）

（上月 =100）

项目名称	1 月	2 月	3 月	4 月	5 月
总指数	100.4	100.7	101.3	100.7	99.2
煤炭开采和洗选业	97.7	106.4	99.3	101.2	98.8
石油和天然气开采业					
黑色金属矿采选业	93.2	97.9	101.7	101.3	99.0
有色金属矿采选业	106.1	100.7	100.5	100.9	101.0
非金属矿采选业	99.5	98.7	118.1	98.7	101.4
其他采矿业					
农副食品加工业	98.9	99.1	101.3	100.3	98.9
食品制造业	97.0	103.7	100.9	99.2	99.1
饮料制造业	101.2	100.3	99.9	100.4	98.7
烟草制品业	102.3	94.7	100.6	104.8	99.3
纺织业	97.9	101.3	108.9	99.2	94.2
纺织服装、鞋、帽制造业	99.2	107.5	100.8	99.5	98.7
皮革、毛皮、羽毛（绒）及其制品业	101.6	101.9	101.2	101.7	100.9
木材加工及竹藤棕草制品业	99.8	100.2	97.7	99.0	97.2
家具制造业	97.6	100.2	102.0	101.9	100.1
造纸及纸制品业	99.0	99.8	104.3	101.4	99.6
印刷业和记录媒介的复制	99.5	99.0	98.7	100.7	100.8
文教体育用品制造业	104.5	100.0	100.0	100.0	100.0
石油加工、炼焦及核燃料加工业	102.2	108.2	101.7	101.4	98.2
化学原料及化学制品制造业	101.6	101.1	102.8	98.9	100.2
医药制造业	101.8	99.7	100.5	99.2	100.2
化学纤维制造业	103.3	111.7	100.4	96.0	84.6
橡胶制品业	99.8	100.2	101.2	99.7	100.0
塑料制品业					
非金属矿物制品业	101.2	100.0	100.0	99.1	99.5
黑色金属冶炼及压延加工业	104.8	103.4	103.2	103.2	99.9
有色金属冶炼及压延加工业	99.0	102.6	101.5	101.0	100.9
金属制品业	98.0	99.5	102.9	100.6	99.9
通用设备制造业	100.0	99.1	100.2	99.7	101.4
专用设备制造业	98.2	99.0	103.5	102.3	101.1
交通运输设备制造业	101.0	100.2	98.4	101.6	93.5
电气机械及器材制造业	100.5	99.0	99.5	100.8	101.3
通信设备、计算机及其他电子设备制造业	99.6	99.9	99.8	100.8	100.9
仪器仪表及文化、办公用机械制造业	98.2	97.9	104.2	105.5	102.8
工艺品及其他制造业	105.5	105.7	102.6	102.1	102.5
废弃资源和废旧材料回收加工业					
电力、热力生产供应业	100.0	100.0	100.0	100.0	100.0
燃气生产供应业					
自来水生产供应业	100.2	100.2	99.8	101.8	100.0

注 1：因当年部分行业无产品，故无指数

6月	7月	8月	9月	10月	11月	12月
99.8	99.8	100.4	100.7	100.1	103.8	102.3
98.0	102.8	96.9	104.1	101.3	101.0	98.6
100.7	99.3	101.4	99.7	100.9	100.7	98.6
100.2	100.4	100.4	100.4	101.5	100.0	103.5
102.1	100.1	100.5	103.9	100.0	91.8	98.0
99.7	98.4	98.7	100.7	101.2	113.1	102.5
99.3	100.0	99.4	99.8	100.3	100.5	102.3
100.1	101.2	101.4	100.2	98.3	103.1	103.0
98.7	100.4	101.5	102.6	98.2	96.8	102.2
99.3	102.1	102.2	100.7	103.8	107.1	99.8
100.8	101.0	98.3	100.0	107.0	97.6	100.0
97.4	102.4	102.9	95.3	96.9	100.0	98.7
104.5	101.2	97.9	101.3	97.5	99.6	99.9
106.1	100.8	100.2	98.9	100.0	100.1	99.6
102.2	99.2	100.5	100.1	100.5	99.0	100.7
98.7	98.2	100.6	100.3	98.6	101.3	99.5
100.0	104.8	98.2	104.2	100.0	113.7	85.0
98.0	95.8	101.0	101.1	100.0	100.1	102.2
98.0	100.1	100.1	100.0	100.7	101.0	103.3
100.1	99.9	101.0	101.1	100.3	99.9	99.4
107.2	106.3	102.6	101.9	99.6	101.7	94.7
99.5	100.3	98.7	100.6	103.9	100.4	98.2
101.0	97.9	103.4	100.6	101.5	109.7	100.9
100.3	102.7	101.4	102.1	98.7	107.8	104.6
101.7	100.2	100.9	101.7	100.2	105.3	101.6
98.5	100.6	100.3	99.7	100.5	100.4	100.1
100.4	100.1	99.7	101.3	99.9	100.0	101.4
95.2	101.2	101.4	98.8	101.0	103.0	97.6
98.5	98.9	101.6	100.1	98.9	100.5	98.7
100.6	100.1	98.8	98.6	98.7	102.7	99.3
100.1	102.6	97.2	100.0	99.2	100.2	100.9
98.5	100.6	100.8	97.8	99.7	101.3	102.6
99.0	97.0	100.9	99.6	99.7	102.2	99.9
100.0	100.0	100.0	100.0	100.0	100.1	108.6
100.0	100.0	100.1	100.0	100.0	101.3	100.0

广西壮族自治区工业品出厂价格大类环比指数表（2004 年）

（上月 =100）

项目名称	1 月	2 月	3 月	4 月	5 月
总指数	101.2	101.1	101.7	101.6	99.6
煤炭开采和洗选业	103.5	96.0	102.2	101.8	97.6
石油和天然气开采业					
黑色金属矿采选业	97.9	100.0	101.9	100.0	100.4
有色金属矿采选业	100.6	104.0	108.8	109.1	97.5
非金属矿采选业	101.7	97.4	100.2	99.1	106.8
其他采矿业					
农副食品加工业	98.8	98.8	102.8	105.7	100.9
食品制造业	100.0	100.2	99.8	102.5	101.0
饮料制造业	95.8	108.3	101.6	98.8	98.7
烟草制品业	100.5	99.9	100.8	99.8	97.2
纺织业	97.9	102.2	99.9	102.1	100.2
纺织服装、鞋、帽制造业	88.4	95.0	99.1	93.8	101.7
皮革、毛皮、羽毛（绒）及其制品业	99.7	102.1	102.4	101.4	100.1
木材加工及竹藤棕草制品业	101.3	105.7	99.4	99.7	97.6
家具制造业	101.2	101.3	99.8	100.6	102.5
造纸及纸制品业	99.2	101.7	101.0	100.7	100.2
印刷业和记录媒介的复制	108.4	91.2	104.0	102.7	102.4
文教体育用品制造业	100.0	100.0	100.3	100.0	94.0
石油加工、炼焦及核燃料加工业	100.7	100.9	100.3	101.7	102.7
化学原料及化学制品制造业	103.4	100.7	101.9	100.3	101.1
医药制造业	100.0	97.0	101.1	99.7	100.8
化学纤维制造业	103.2	107.3	94.8	100.7	102.8
橡胶制品业	98.8	99.2	101.9	100.9	98.7
塑料制品业					
非金属矿物制品业	103.8	99.5	98.6	99.8	98.8
黑色金属冶炼及压延加工业	112.2	105.2	108.6	99.6	94.9
有色金属冶炼及压延加工业	100.6	108.3	105.7	103.2	100.5
金属制品业	102.8	102.3	104.2	99.3	100.9
通用设备制造业	97.6	99.6	99.6	101.0	100.8
专用设备制造业	101.6	98.5	101.6	100.7	98.5
交通运输设备制造业	100.7	100.4	99.8	100.6	100.6
电气机械及器材制造业	102.4	99.8	99.9	104.0	97.2
通信设备、计算机及其他电子设备制造业	100.1	99.7	95.2	105.6	95.6
仪器仪表及文化、办公用机械制造业	99.1	100.8	102.5	98.1	100.6
工艺品及其他制造业	106.9	101.2	100.1	100.6	99.5
废弃资源和废旧材料回收加工业					
电力、热力生产供应业	100.4	102.3	100.3	99.6	97.5
燃气生产供应业	108.2	99.7	98.9	99.6	100.0
自来水生产供应业	100.8	100.0	100.3	100.5	100.0

注 1：因当年部分行业无产品，故无指数

6月	7月	8月	9月	10月	11月	12月
99.8	99.8	100.3	101.3	100.1	100.4	99.9
101.8	101.4	102.9	100.1	100.2	99.1	102.9
111.1	99.6	100.6	99.3	100.1	100.0	100.2
99.2	100.1	102.9	102.1	100.8	104.6	101.1
103.4	100.5	100.1	99.3	100.1	100.3	99.1
102.6	100.1	99.7	103.3	98.6	95.3	98.4
98.2	99.8	102.2	102.4	100.4	100.9	100.1
101.7	104.0	99.0	97.0	100.2	99.2	100.0
102.9	100.7	102.4	103.9	97.1	98.9	99.5
96.4	98.6	99.4	99.6	99.5	99.1	98.1
100.0	102.2	107.9	92.1	88.7	93.6	99.9
100.5	100.2	100.3	102.3	101.7	101.0	104.4
99.8	100.1	100.8	101.0	100.0	99.4	99.0
99.4	99.3	100.1	100.0	100.0	100.5	100.2
101.0	99.2	100.3	98.2	99.6	100.5	99.6
99.7	98.5	96.6	99.5	99.3	100.5	99.7
100.2	100.3	100.0	100.6	99.6	100.0	100.0
102.0	99.9	100.9	105.0	103.8	104.0	100.2
101.1	100.4	101.3	101.8	100.3	101.7	101.9
99.4	101.9	99.5	100.8	99.1	101.5	100.1
103.3	95.9	107.5	103.6	98.8	103.6	100.0
99.1	100.4	100.7	100.9	98.1	100.0	98.8
99.2	100.4	99.5	100.1	102.5	101.2	98.3
94.3	99.1	106.8	103.8	102.3	101.5	99.6
98.6	97.1	99.2	100.4	103.3	100.7	98.8
99.8	100.6	100.5	100.5	101.4	100.6	100.8
100.5	99.3	99.6	100.9	100.4	100.0	100.9
101.7	103.0	99.5	100.1	100.3	99.9	100.6
99.4	99.7	100.4	100.1	98.7	101.6	99.1
99.0	101.7	101.1	100.6	100.9	100.7	99.9
95.9	109.6	100.5	100.0	100.1	95.5	95.9
100.7	101.0	100.8	100.9	100.5	99.0	102.8
100.7	101.1	98.6	101.7	102.0	100.3	100.3
97.2	98.3	97.2	100.0	100.5	104.7	102.7
100.0	100.0	111.9	101.3	100.0	100.0	109.9
100.7	100.0	100.0	100.0	100.0	100.1	100.0

广西壮族自治区工业品出厂价格大类环比指数表（2005 年）

（上月 =100）

项目名称	1 月	2 月	3 月	4 月	5 月
总指数	100.4	101.1	101.4	100.7	100.2
煤炭开采和洗选业	99.8	102.0	113.5	107.1	100.9
石油和天然气开采业					
黑色金属矿采选业	99.5	100.0	101.1	105.6	100.9
有色金属矿采选业	105.3	103.1	103.9	99.3	102.8
非金属矿采选业	98.0	103.8	101.1	104.9	102.3
其他采矿业					
农副食品加工业	99.0	103.3	106.5	103.0	101.1
食品制造业	97.6	99.1	102.3	99.5	98.0
饮料制造业	98.5	100.7	102.0	99.8	99.9
烟草制品业	101.5	99.2	99.4	96.1	102.3
纺织业	98.5	101.2	99.5	101.1	104.6
纺织服装、鞋、帽制造业	101.7	99.5	100.0	104.3	102.4
皮革、毛皮、羽毛（绒）及其制品业	100.2	104.3	97.5	101.4	100.1
木材加工及竹藤棕草制品业	102.8	101.1	97.9	100.6	100.6
家具制造业	100.3	98.4	101.1	100.0	100.1
造纸及纸制品业	101.2	99.8	99.2	101.0	100.5
印刷业和记录媒介的复制	102.8	102.4	109.7	98.3	99.6
文教体育用品制造业	100.0	100.0	100.0	100.1	100.0
石油加工、炼焦及核燃料加工业	98.2	101.2	99.6	102.7	101.9
化学原料及化学制品制造业	100.9	101.7	100.5	99.9	100.1
医药制造业	101.7	99.2	98.8	100.3	100.2
化学纤维制造业					
橡胶制品业	103.0	98.8	97.9	100.5	103.4
塑料制品业					
非金属矿物制品业	100.0	99.8	96.6	100.0	99.8
黑色金属冶炼及压延加工业	99.7	99.2	100.1	102.9	98.9
有色金属冶炼及压延加工业	101.3	102.4	102.8	102.1	100.6
金属制品业	100.3	102.8	100.5	101.6	100.9
通用设备制造业	101.0	97.9	100.2	98.2	102.7
专用设备制造业	100.5	99.8	101.8	99.2	102.0
交通运输设备制造业	100.2	100.5	100.0	99.5	100.2
电气机械及器材制造业	102.0	101.3	103.8	100.4	100.8
通信设备、计算机及其他电子设备制造业	100.0	99.8	100.2	98.4	100.3
仪器仪表及文化、办公用机械制造业	97.9	100.4	98.4	100.0	101.6
工艺品及其他制造业	101.0	98.8	101.6	100.9	99.6
废弃资源和废旧材料回收加工业					
电力、热力生产供应业	101.6	102.1	99.6	99.8	95.5
燃气生产供应业	103.7	100.0	100.0	100.0	100.7
自来水生产供应业	99.1	100.0	100.1	100.0	100.0

注 1：因当年部分行业无产品，故无指数

6月	7月	8月	9月	10月	11月	12月
99.7	100.4	100.2	100.5	100.9	100.4	101.5
99.9	99.1	99.9	97.4	99.5	103.4	102.7
104.0	96.2	92.7	98.9	101.8	104.2	101.3
101.5	100.7	99.1	101.9	101.7	101.6	101.5
100.7	97.3	97.8	101.3	102.7	96.6	101.7
100.6	102.7	102.4	101.6	103.3	99.4	106.3
101.2	102.2	101.1	101.6	99.7	98.2	101.5
99.8	100.5	100.3	100.8	99.6	100.5	100.0
98.6	100.5	99.6	102.8	100.6	96.9	104.7
99.1	100.1	101.1	100.8	100.4	100.3	100.1
100.4	103.9	110.7	97.3	98.8	97.6	109.1
102.2	98.9	102.7	99.1	99.7	100.5	101.2
100.2	98.9	102.8	99.3	101.0	98.1	100.0
100.4	99.6	100.2	100.8	100.5	100.1	100.0
100.4	100.0	100.8	99.9	99.1	99.9	100.5
100.4	102.4	95.4	95.3	98.2	100.5	101.5
100.0	100.0	100.0	100.0	100.0	100.0	100.0
100.6	100.2	105.2	103.1	100.9	100.2	100.0
100.5	101.3	99.0	99.4	100.3	100.1	100.3
99.6	100.3	100.6	99.3	100.8	99.9	99.3
100.5	100.7	100.8	100.4	99.3	100.3	100.2
99.9	99.2	100.3	101.0	103.0	99.3	100.1
96.3	96.1	98.4	98.0	99.5	98.0	97.5
100.2	101.2	99.4	101.4	103.3	100.1	103.4
100.1	100.0	99.7	99.4	99.8	99.6	99.5
99.0	100.0	99.8	100.6	99.3	99.1	99.5
99.6	99.0	102.5	101.0	97.0	100.4	98.5
100.3	100.3	99.4	100.5	99.5	100.2	98.3
103.2	99.6	99.0	99.9	101.2	103.2	100.3
99.7	100.1	95.0	103.0	98.3	99.9	99.7
99.6	100.7	98.4	99.3	99.7	100.5	100.7
100.3	99.9	99.5	100.0	101.3	99.8	99.9
97.4	99.8	100.0	100.2	99.9	105.9	102.5
101.4	98.0	100.0	96.5	100.0	107.3	100.0
100.0	100.0	100.1	100.0	100.0	100.0	107.6

广西壮族自治区工业品出厂价格大类环比指数表（2006 年）

（上月 =100）

项目名称	1月	2月	3月	4月	5月
总指数	101.3	102.4	101.2	100.1	100.1
煤炭开采和洗选业	103.5	102.1	99.4	99.4	94.3
石油和天然气开采业					
黑色金属矿采选业	102.1	100.8	99.3	99.3	101.6
有色金属矿采选业	105.7	100.6	108.6	107.5	109.4
非金属矿采选业	98.8	98.3	106.7	99.7	96.2
其他采矿业					
农副食品加工业	106.3	109.1	105.3	98.9	98.7
食品制造业	101.3	98.3	101.7	99.1	99.5
饮料制造业	100.6	99.4	99.5	100.9	99.8
烟草制品业	98.7	100.5	98.6	95.6	103.3
纺织业	99.6	102.3	100.4	99.1	97.9
纺织服装、鞋、帽制造业	95.9	100.9	99.7	99.7	100.0
皮革、毛皮、羽毛（绒）及其制品业	94.9	101.0	101.1	103.9	102.5
木材加工及竹藤棕草制品业	100.3	100.8	98.8	100.3	100.9
家具制造业	100.0	100.0	99.9	100.0	100.0
造纸及纸制品业	100.0	100.1	99.7	99.8	99.0
印刷业和记录媒介的复制	97.1	95.6	101.5	95.9	104.6
文教体育用品制造业	100.0	100.0	101.5	96.4	100.0
石油加工、炼焦及核燃料加工业	100.2	100.0	100.3	101.9	103.4
化学原料及化学制品制造业	101.1	100.0	100.2	100.8	99.8
医药制造业	98.7	101.2	97.8	99.3	97.4
化学纤维制造业					
橡胶制品业	100.3	100.2	100.3	98.2	99.8
塑料制品业					
非金属矿物制品业	100.3	99.0	98.2	99.2	98.9
黑色金属冶炼及压延加工业	98.9	97.8	101.0	103.0	103.9
有色金属冶炼及压延加工业	103.8	105.6	103.2	103.6	108.1
金属制品业	101.1	100.6	98.8	100.1	98.9
通用设备制造业	97.3	103.2	99.7	99.9	97.7
专用设备制造业	103.5	98.7	100.9	100.3	98.2
交通运输设备制造业	99.9	100.7	100.4	99.9	100.6
电气机械及器材制造业	102.0	101.7	101.6	99.2	105.2
通信设备、计算机及其他电子设备制造业	91.1	97.4	100.0	100.4	100.2
仪器仪表及文化、办公用机械制造业	99.2	101.5	99.6	101.9	100.2
工艺品及其他制造业	101.4	100.0	100.3	99.5	99.9
废弃资源和废旧材料回收加工业					
电力、热力生产供应业	100.0	101.7	100.0	99.0	95.4
燃气生产供应业	112.0	99.4	91.6	102.0	98.3
自来水生产供应业	100.1	100.0	101.5	100.7	100.6

注 1：因当年部分行业无产品，故无指数

6月	7月	8月	9月	10月	11月	12月
100.1	99.7	100.0	99.9	100.3	101.6	99.6
97.8	98.2	100.3	98.2	101.8	100.7	102.7
98.9	101.3	98.9	99.8	100.5	101.2	100.1
105.8	96.1	104.0	102.1	102.2	104.0	100.4
107.1	103.5	99.8	94.5	97.7	107.7	96.5
99.0	97.6	94.9	98.4	99.9	102.4	96.5
100.2	100.2	100.8	98.2	101.0	99.9	102.0
99.2	100.5	100.7	100.5	100.5	100.2	99.8
102.5	97.6	123.7	100.8	97.8	102.3	100.4
99.8	100.6	100.6	101.4	101.2	96.2	99.5
100.1	118.2	103.6	101.9	94.9	100.3	100.0
99.2	102.4	98.0	99.8	99.5	103.3	104.5
101.2	98.6	100.3	103.3	106.0	97.7	99.6
100.0	100.1	100.0	100.0	100.0	100.0	100.0
100.1	100.0	99.8	99.9	99.7	100.4	100.3
97.1	109.5	96.0	103.1	103.9	99.9	102.6
100.0	100.0	100.0	100.0	100.8	100.3	100.0
103.7	100.0	100.4	100.4	99.1	98.7	100.4
99.3	100.0	99.5	100.1	98.7	100.0	99.5
99.4	99.8	102.2	103.9	98.3	99.6	98.8
108.0	100.0	100.0	91.1	101.2	103.5	100.1
102.1	99.2	100.0	99.5	101.4	102.1	100.2
103.0	99.7	99.3	99.6	98.7	100.6	101.0
98.8	96.7	100.1	100.1	101.4	101.2	100.4
99.4	100.6	98.7	99.9	100.7	101.5	99.9
101.4	99.9	99.1	100.3	102.2	97.7	100.9
102.5	99.0	100.0	99.8	99.3	99.3	102.1
100.6	101.3	101.2	99.3	101.1	102.9	100.0
100.0	98.5	99.0	102.6	99.9	102.9	98.1
100.2	92.0	94.7	98.8	104.9	99.8	97.7
97.3	99.9	100.9	101.1	100.1	99.9	100.1
100.1	99.6	99.3	99.7	100.6	99.2	101.1
97.6	103.4	101.4	100.2	99.6	105.6	101.3
102.7	92.3	109.1	99.4	97.4	98.6	103.4
100.8	100.0	100.0	99.9	100.2	100.0	100.7

广西壮族自治区工业品出厂价格大类环比指数表（2007 年）

（上月 =100）

项目名称	1 月	2 月	3 月	4 月	5 月
总指数	99.9	100.4	100.6	100.5	100.2
煤炭开采和洗选业	100.3	97.6	103.5	100.9	99.1
石油和天然气开采业					
黑色金属矿采选业	101.6	100.5	99.0	100.4	106.9
有色金属矿采选业	100.4	97.1	101.4	100.9	100.9
非金属矿采选业	103.0	97.5	102.4	105.1	101.5
其他采矿业					
农副食品加工业	97.9	98.2	100.3	101.8	99.5
食品制造业	101.0	99.0	100.9	102.7	102.0
饮料制造业	99.6	99.9	98.2	100.5	100.2
烟草制品业	101.6	101.9	102.2	101.0	101.1
纺织业	98.7	100.3	96.8	95.7	100.0
纺织服装、鞋、帽制造业	98.7	99.7	100.8	100.1	100.2
皮革、毛皮、羽毛（绒）及其制品业	94.8	104.1	99.8	98.7	98.6
木材加工及竹藤棕草制品业	99.4	99.6	100.2	104.7	99.8
家具制造业	100.0	100.0	100.0	100.0	100.0
造纸及纸制品业	102.0	99.0	100.6	100.6	100.0
印刷业和记录媒介的复制	90.7	99.4	97.9	100.7	100.8
文教体育用品制造业	100.0	100.4	100.2	100.0	100.0
石油加工、炼焦及核燃料加工业	99.8	99.5	100.0	100.9	100.4
化学原料及化学制品制造业	99.8	101.0	100.8	100.0	100.8
医药制造业	99.8	100.0	101.9	99.4	100.3
化学纤维制造业					
橡胶制品业	98.7	100.1	99.1	100.9	113.0
塑料制品业					
非金属矿物制品业	99.7	100.9	99.1	98.7	100.0
黑色金属冶炼及压延加工业	100.9	101.7	101.7	101.1	106.5
有色金属冶炼及压延加工业	100.0	100.3	102.6	100.4	101.9
金属制品业	102.9	98.9	99.5	103.1	100.2
通用设备制造业	98.9	100.2	99.0	100.3	99.8
专用设备制造业	96.7	102.1	100.8	99.3	99.4
交通运输设备制造业	99.4	100.7	100.7	100.3	100.0
电气机械及器材制造业	100.4	100.0	100.6	101.4	102.3
通信设备、计算机及其他电子设备制造业	97.1	101.3	100.6	99.7	100.6
仪器仪表及文化、办公用机械制造业	99.5	102.7	98.6	97.7	99.4
工艺品及其他制造业	101.8	100.0	99.9	102.3	100.2
废弃资源和废旧材料回收加工业					
电力、热力生产供应业	101.3	100.8	99.7	99.6	93.3
燃气生产供应业	99.7	97.2	96.2	100.4	104.3
自来水生产供应业	103.5	100.1	100.3	99.8	100.0

注 1：因当年部分行业无产品，故无指数

6月	7月	8月	9月	10月	11月	12月
100.8	99.4	101.0	101.0	101.1	101.7	100.8
96.3	98.4	101.1	98.3	104.9	106.9	104.0
103.9	93.6	103.5	101.4	101.7	104.3	103.5
105.5	92.4	103.1	107.3	103.2	92.7	87.8
102.1	102.5	103.6	103.0	102.9	103.7	114.5
100.3	98.0	103.3	99.9	101.0	99.3	99.0
101.5	99.2	100.4	100.1	104.8	99.0	97.9
100.3	98.9	100.0	100.1	100.7	101.1	101.6
98.0	100.1	98.5	101.2	99.7	97.6	100.9
102.6	100.7	99.5	99.5	98.7	100.4	97.6
100.0	100.0	91.1	100.0	100.0	100.0	100.0
100.0	96.5	103.3	102.7	101.0	102.0	95.9
100.8	101.4	99.2	99.5	99.3	100.3	99.6
100.0	100.0	100.0	100.0	100.0	100.0	100.0
99.8	100.6	99.6	100.3	100.5	101.0	100.8
99.6	99.9	100.7	94.6	95.1	99.8	97.6
100.0	100.2	100.2	100.0	99.8	100.2	100.0
101.0	100.3	100.1	99.2	100.3	105.2	106.3
100.6	100.1	99.6	102.3	101.3	102.4	102.4
100.3	102.3	101.5	102.2	99.4	100.2	100.2
90.8	100.0	100.3	100.4	100.5	100.1	101.3
101.2	98.9	102.5	102.7	105.9	104.3	101.8
106.1	99.5	100.9	102.8	103.6	102.4	104.5
100.1	99.2	103.3	100.8	99.4	96.1	98.4
100.3	98.5	101.8	99.9	100.1	100.2	100.4
100.7	101.8	98.8	100.8	98.8	101.1	100.0
101.0	99.8	98.3	99.5	99.2	102.0	100.1
100.0	99.6	99.8	100.0	100.0	99.6	97.9
100.1	98.0	98.8	101.2	100.6	101.2	98.2
97.4	100.0	98.0	100.0	99.9	100.0	100.0
100.3	99.5	100.8	99.8	99.6	100.0	100.7
97.4	98.3	100.0	109.5	99.9	96.7	98.8
97.7	100.3	99.9	99.8	99.9	108.5	102.1
100.8	100.4	104.5	99.2	102.1	117.6	95.6
99.9	100.0	99.9	100.1	100.1	100.2	100.0

广西壮族自治区工业品出厂价格大类环比指数表（2008 年）

（上月 =100）

项目名称	1 月	2 月	3 月	4 月	5 月
总指数	101.3	100.9	101.7	100.6	99.8
煤炭开采和洗选业	108.3	107.1	104.8	100.5	103.5
石油和天然气开采业					
黑色金属矿采选业	104.2	101.7	104.3	103.3	109.0
有色金属矿采选业	100.7	102.9	100.6	99.2	95.8
非金属矿采选业	100.7	100.7	104.2	101.9	105.6
其他采矿业					
农副食品加工业	100.4	101.6	101.3	97.8	98.5
食品制造业	101.4	101.1	102.9	100.7	100.4
饮料制造业	98.4	99.1	103.6	104.5	101.6
烟草制品业	101.8	99.2	100.0	99.9	100.4
纺织业	98.1	100.2	102.2	102.9	100.6
纺织服装、鞋、帽制造业	98.5	101.1	100.0	100.0	100.0
皮革、毛皮、羽毛（绒）及其制品业	97.2	101.4	100.3	95.0	96.3
木材加工及竹藤棕草制品业	101.8	100.5	101.4	100.4	99.7
家具制造业	100.6	99.6	100.5	101.6	100.9
造纸及纸制品业	100.6	101.3	101.5	101.0	102.2
印刷业和记录媒介的复制	98.8	97.3	100.1	100.9	96.7
文教体育用品制造业	98.4	98.3	100.9	100.8	100.8
石油加工、炼焦及核燃料加工业	101.2	97.0	100.9	100.6	100.7
化学原料及化学制品制造业	102.5	101.4	102.4	103.8	102.1
医药制造业	100.2	100.1	100.8	99.8	105.0
化学纤维制造业	100.0	100.0	100.0	100.0	100.0
橡胶制品业	100.0	100.0	101.0	99.9	107.9
塑料制品业					
非金属矿物制品业	101.2	98.3	96.5	96.9	99.0
黑色金属冶炼及压延加工业	105.0	102.4	104.1	105.3	104.6
有色金属冶炼及压延加工业	100.1	101.7	104.2	98.4	98.8
金属制品业	100.8	100.1	101.5	100.6	101.4
通用设备制造业	101.2	100.3	100.6	99.8	101.0
专用设备制造业	99.8	101.9	101.9	99.6	100.7
交通运输设备制造业	100.0	99.2	100.8	100.5	100.4
电气机械及器材制造业	98.0	99.9	101.3	99.8	100.9
通信设备、计算机及其他电子设备制造业	98.1	98.4	98.0	100.0	91.9
仪器仪表及文化、办公用机械制造业	99.6	102.0	98.7	103.4	100.0
工艺品及其他制造业	98.9	99.1	100.2	100.8	102.5
废弃资源和废旧材料回收加工业					
电力、热力生产供应业	101.1	100.8	100.2	99.9	93.5
燃气生产供应业	102.8	98.9	97.8	101.6	101.6
自来水生产供应业	99.8	100.4	100.1	99.9	99.9

注 1：因当年部分行业无产品，故无指数

6月	7月	8月	9月	10月	11月	12月
100.2	101.0	99.6	98.7	97.5	96.4	96.1
101.0	99.5	100.8	112.1	108.3	101.3	99.8
95.8	101.4	101.0	99.6	101.1	92.9	96.2
94.2	89.9	94.8	98.5	89.1	87.7	91.4
101.6	100.7	99.7	98.8	98.6	97.9	100.3
99.3	99.8	95.7	96.5	96.3	98.8	98.7
102.7	104.4	99.8	101.4	99.0	98.1	100.6
102.0	100.6	102.5	100.1	99.8	98.5	99.0
100.7	100.3	100.1	99.0	99.4	100.0	98.8
99.5	100.3	100.4	98.6	96.9	95.3	98.6
100.0	100.0	99.2	98.8	94.6	101.6	100.0
103.1	98.9	97.7	97.0	94.8	98.5	99.6
99.8	101.3	100.0	99.5	99.7	99.3	99.2
101.0	101.1	109.4	101.0	98.9	100.0	101.0
101.3	101.4	100.4	101.9	97.9	94.4	95.2
103.9	101.1	104.5	100.6	97.7	100.7	99.6
100.8	100.0	100.0	100.0	100.0	99.2	100.8
101.1	111.0	106.3	97.6	97.8	90.8	86.6
104.0	101.2	101.2	99.6	98.8	94.7	97.1
99.7	100.2	101.1	100.1	98.8	102.3	100.2
100.0	100.0	108.7	100.0	100.0	100.0	100.0
99.3	97.7	94.4	105.0	102.3	98.4	99.7
103.2	101.4	100.0	100.5	102.6	100.4	102.2
102.9	102.6	100.8	96.6	93.1	85.6	89.4
95.6	99.3	98.5	97.0	94.0	85.5	90.2
101.4	99.5	101.2	99.9	99.5	98.3	99.5
101.2	102.4	99.2	101.6	100.7	99.2	100.0
101.1	100.4	101.3	101.3	98.7	102.5	99.8
99.6	101.1	100.2	99.9	100.4	99.8	93.8
100.8	105.8	97.5	100.2	98.2	96.3	98.6
99.6	100.0	99.7	101.0	96.2	102.4	101.9
100.3	99.4	100.3	100.0	100.0	100.3	99.5
105.1	99.5	99.2	103.2	99.9	100.2	102.9
97.8	100.7	100.5	100.5	100.5	108.6	101.6
104.5	100.0	97.3	97.2	97.2	94.6	88.8
100.0	100.0	100.0	100.6	100.5	102.1	100.0

广西壮族自治区工业品出厂价格大类环比指数表（2009 年）

（上月 =100）

项目名称	1 月	2 月	3 月	4 月	5 月
总指数	99.9	100.0	100.2	100.0	99.0
煤炭开采和洗选业	100.2	101.0	98.5	95.8	101.1
石油和天然气开采业					
黑色金属矿采选业	103.3	102.8	90.9	94.9	96.9
有色金属矿采选业	104.7	96.4	106.4	101.6	102.8
非金属矿采选业	99.1	98.7	96.9	100.2	104.0
其他采矿业					
农副食品加工业	97.0	100.6	104.4	103.4	103.7
食品制造业	98.3	99.9	99.2	101.8	101.4
饮料制造业	96.0	99.4	101.3	102.5	99.5
烟草制品业	101.4	99.7	100.6	101.2	99.4
纺织业	101.5	99.6	99.9	103.0	100.1
纺织服装、鞋、帽制造业	100.0	107.5	100.0	100.0	94.6
皮革、毛皮、羽毛（绒）及其制品业	100.9	98.4	101.2	95.4	99.9
木材加工及竹藤棕草制品业	97.6	100.0	102.3	99.3	100.3
家具制造业	102.0	98.2	100.4	100.0	100.0
造纸及纸制品业	98.7	100.4	99.0	99.9	99.8
印刷业和记录媒介的复制	100.1	100.7	101.0	101.2	99.8
文教体育用品制造业	100.0	100.0	100.0	100.0	100.0
石油加工、炼焦及核燃料加工业	92.4	99.1	97.2	98.8	112.3
化学原料及化学制品制造业	100.2	98.0	99.4	98.4	98.4
医药制造业	100.6	99.5	99.0	100.5	99.6
化学纤维制造业	100.0	100.0	100.0	100.0	100.0
橡胶制品业	100.3	95.0	99.3	108.5	103.3
塑料制品业					
非金属矿物制品业	97.4	95.3	98.9	99.2	98.5
黑色金属冶炼及压延加工业	98.7	101.6	97.2	96.3	94.7
有色金属冶炼及压延加工业	98.5	98.4	101.5	105.3	104.4
金属制品业	99.4	99.1	91.8	99.3	100.6
通用设备制造业	99.5	97.8	98.9	100.5	99.1
专用设备制造业	100.3	104.7	99.6	99.6	98.6
交通运输设备制造业	105.9	99.6	100.9	99.8	99.9
电气机械及器材制造业	99.5	99.0	99.1	100.8	100.0
通信设备、计算机及其他电子设备制造业	99.5	95.3	100.0	101.1	103.7
仪器仪表及文化、办公用机械制造业	99.5	98.7	99.0	99.8	101.6
工艺品及其他制造业	91.7	98.9	100.6	102.7	100.0
废弃资源和废旧材料回收加工业					
电力、热力生产供应业	101.2	101.0	99.9	99.4	92.8
燃气生产供应业	101.1	95.6	94.3	100.0	96.0
自来水生产供应业	100.9	109.7	99.9	100.1	99.8

注 1：因当年部分行业无产品，故无指数

6月	7月	8月	9月	10月	11月	12月
100.4	100.9	102.8	100.3	99.8	102.1	103.1
98.2	99.0	102.2	104.7	98.0	106.1	103.1
99.4	98.4	109.9	103.6	101.0	102.5	100.0
102.3	104.1	104.3	106.0	102.9	103.4	103.7
103.1	100.4	99.8	99.6	100.5	100.6	99.4
100.5	100.3	101.5	102.7	101.1	103.8	108.5
100.3	100.7	100.2	100.3	99.9	99.7	99.7
99.9	101.5	101.0	101.9	100.5	100.8	102.8
100.1	100.5	101.6	99.4	100.8	99.4	100.0
103.3	102.1	102.5	100.2	96.4	107.0	102.1
101.2	100.0	99.8	100.8	99.5	100.0	98.8
98.7	98.6	99.3	101.4	100.3	101.2	103.0
99.0	100.9	101.2	98.6	101.2	100.2	100.5
100.2	100.5	98.7	99.6	100.1	100.6	99.4
100.2	100.9	100.3	98.8	102.3	100.8	101.3
100.6	100.2	99.9	101.7	100.3	101.1	100.2
99.2	99.2	100.0	100.0	99.9	100.1	100.0
106.4	105.5	98.9	103.9	100.2	98.6	108.5
99.7	98.4	99.4	99.9	100.6	101.2	102.4
99.1	100.8	100.0	100.1	99.0	100.5	100.1
100.0	100.0	100.0	100.0	100.0	100.0	100.0
100.1	94.7	99.0	102.5	104.6	103.3	98.1
99.8	100.0	101.0	102.1	102.5	102.6	103.0
103.2	102.3	112.5	95.7	96.0	99.1	103.3
99.9	104.3	104.0	106.2	101.5	102.1	101.6
100.0	105.2	92.7	101.5	96.1	101.6	108.6
101.4	99.2	99.9	99.5	100.4	100.9	99.9
99.7	100.6	100.3	99.6	99.7	101.7	103.9
99.4	100.0	99.8	99.8	100.1	100.1	100.2
99.7	99.6	101.7	100.8	99.4	101.1	101.8
99.0	101.2	99.8	99.7	102.1	100.0	100.5
101.1	98.9	99.8	99.1	100.8	100.2	99.4
98.3	99.6	100.3	100.0	99.9	102.0	101.6
98.2	100.0	100.0	99.9	99.9	108.5	102.9
100.0	100.0	107.5	106.8	103.5	102.5	106.0
99.9	99.8	104.4	99.7	100.0	100.3	99.9

广西壮族自治区工业品出厂价格大类环比指数表（2010 年）

（上月 =100）

项目名称	1月	2月	3月	4月	5月
总指数	102.4	101.0	100.5	101.3	99.0
煤炭开采和洗选业	97.9	103.2	100.1	101.0	100.9
石油和天然气开采业					
黑色金属矿采选业	97.1	112.9	111.8	101.0	102.1
有色金属矿采选业	103.1	106.7	99.3	102.6	100.4
非金属矿采选业	101.7	97.4	105.7	101.8	100.6
其他采矿业					
农副食品加工业	103.0	99.3	100.6	100.7	99.8
食品制造业	101.0	100.7	100.6	99.7	99.7
饮料制造业	102.4	100.9	100.9	100.3	101.0
烟草制品业	96.1	102.6	99.4	99.3	99.7
纺织业	101.9	99.9	100.8	102.8	102.7
纺织服装、鞋、帽制造业	101.1	98.6	100.0	100.0	100.0
皮革、毛皮、羽毛（绒）及其制品业	101.5	102.3	108.7	108.6	100.5
木材加工及竹藤棕草制品业	100.1	102.8	99.8	102.9	100.9
家具制造业	99.2	99.8	101.2	101.1	98.4
造纸及纸制品业	100.6	101.5	102.4	106.4	100.2
印刷业和记录媒介的复制	100.4	100.9	99.9	100.0	99.7
文教体育用品制造业	100.0	100.0	100.0	100.0	100.0
石油加工、炼焦及核燃料加工业	101.4	100.9	100.6	104.5	101.4
化学原料及化学制品制造业	105.2	101.9	101.7	101.6	101.0
医药制造业	101.5	100.6	99.7	98.4	100.1
化学纤维制造业					
橡胶制品业	100.0	103.8	100.0	98.7	100.0
塑料制品业					
非金属矿物制品业	99.0	98.9	98.1	100.9	102.0
黑色金属冶炼及压延加工业	106.2	102.0	99.9	104.8	99.4
有色金属冶炼及压延加工业	106.9	99.5	102.8	101.6	97.1
金属制品业	99.9	102.1	100.6	99.8	98.9
通用设备制造业	99.4	100.0	98.7	101.0	101.8
专用设备制造业	103.6	99.7	99.7	99.5	100.7
交通运输设备制造业	101.3	101.8	100.4	98.5	99.8
电气机械及器材制造业	101.4	100.7	99.9	100.7	100.0
通信设备、计算机及其他电子设备制造业	87.4	97.2	96.1	105.7	100.0
仪器仪表及文化、办公用机械制造业	100.3	100.3	100.6	99.6	99.9
工艺品及其他制造业	100.0	100.5	100.0	103.5	100.4
废弃资源和废旧材料回收加工业					
电力、热力生产供应业	100.1	101.2	99.7	100.0	92.2
燃气生产供应业	101.8	100.0	103.3	98.5	97.8
自来水生产供应业	101.1	99.8	100.0	100.0	100.0

注 1：因当年部分行业无产品，故无指数

6月	7月	8月	9月	10月	11月	12月
99.4	99.3	100.4	101.7	102.0	103.5	101.1
102.1	99.3	100.7	101.6	100.1	101.5	101.1
106.3	101.7	99.6	95.1	102.6	100.6	99.6
90.4	104.5	106.7	104.0	103.4	105.1	100.1
101.6	95.7	101.3	99.9	99.7	100.6	97.2
99.0	100.6	102.7	102.5	104.3	106.6	102.1
98.9	100.0	99.0	100.1	101.0	100.7	100.3
100.2	101.2	100.0	102.2	99.2	103.5	98.0
101.4	97.6	100.0	100.8	100.0	100.5	100.4
103.6	101.5	102.2	104.1	102.8	105.6	103.6
100.0	100.0	100.0	100.0	100.0	100.2	100.0
100.6	99.6	101.7	100.0	100.5	99.9	100.2
99.5	99.9	100.4	100.1	100.2	101.1	99.9
102.8	100.3	100.5	99.8	97.7	100.0	100.7
99.5	98.0	100.9	101.7	100.8	99.4	101.3
100.0	102.4	100.0	99.8	99.9	101.4	101.3
100.0	100.0	100.0	100.0	100.0	100.0	100.0
100.8	99.3	100.1	99.7	102.0	103.5	102.0
100.6	98.3	99.3	102.7	103.5	110.3	104.5
99.8	100.2	99.9	100.1	101.1	100.2	99.7
99.4	101.8	95.7	102.3	102.5	97.9	98.9
99.7	99.7	100.5	107.3	107.2	101.4	101.4
100.0	96.0	97.4	102.3	102.7	99.7	100.7
97.0	98.7	103.6	102.5	102.6	102.0	102.0
101.4	104.8	100.1	99.5	100.3	97.8	99.9
99.3	100.8	100.3	100.2	100.2	100.2	100.5
100.0	100.4	99.5	100.9	99.5	100.3	100.1
100.4	100.1	99.9	100.5	99.9	99.7	100.4
100.4	99.1	100.8	100.4	101.2	101.4	101.3
103.2	100.0	100.1	100.0	100.0	100.2	100.0
100.8	101.1	100.4	101.0	98.0	100.8	105.5
99.7	96.0	100.2	99.7	99.4	100.5	99.7
97.3	99.6	99.8	99.7	100.1	110.3	100.4
99.3	97.4	98.9	100.0	101.6	106.1	102.6
99.4	99.9	100.9	102.4	100.0	100.0	100.0

广西壮族自治区工业生产者出厂价格大类环比指数表（2011 年）

（上月 =100）

项目名称	1月	2月	3月	4月	5月
总指数	101.4	101.0	100.3	100.7	99.7
煤炭开采和洗选业	109.2	97.9	108.1	104.1	101.5
石油和天然气开采业					
黑色金属矿采选业	100.6	98.8	101.6	100.0	100.2
有色金属矿采选业	106.0	100.8	101.1	103.2	101.3
非金属矿采选业	100.6	107.8	102.3	102.7	103.7
其他采矿业					
农副食品加工业	104.0	101.7	100.5	101.4	99.9
食品制造业	103.6	100.6	101.0	101.6	103.7
饮料制造业	99.9	100.8	100.7	102.7	100.7
烟草制品业	100.0	100.0	100.0	100.0	100.0
纺织业	100.4	101.5	101.1	100.2	99.3
纺织服装、鞋、帽制造业	107.7	100.0	113.8	101.2	109.1
皮革、毛皮、羽毛（绒）及其制品业	101.4	100.4	101.7	100.5	103.6
木材加工及竹藤棕草制品业	103.1	98.0	100.5	101.7	100.6
家具制造业	101.5	100.1	99.2	100.5	98.5
造纸及纸制品业	100.5	99.8	100.1	100.3	100.2
印刷业和记录媒介的复制	99.3	100.6	100.0	100.2	100.1
文教体育用品制造业	107.4	100.0	100.7	100.7	100.0
石油加工、炼焦及核燃料加工业	105.2	99.9	101.9	104.1	102.4
化学原料及化学制品制造业	99.6	101.1	101.8	101.2	101.4
医药制造业	100.8	100.1	100.1	100.9	100.9
化学纤维制造业					
橡胶制品业	105.2	100.0	104.4	100.8	100.2
塑料制品业	100.4	102.4	98.5	101.3	99.4
非金属矿物制品业	99.6	99.1	97.8	99.4	101.1
黑色金属冶炼及压延加工业	102.4	103.2	99.6	100.7	101.9
有色金属冶炼及压延加工业	102.2	104.0	101.0	100.1	99.9
金属制品业	100.7	100.2	99.4	100.5	100.5
通用设备制造业	99.3	100.6	99.5	100.3	100.8
专用设备制造业	99.9	99.7	99.5	100.6	100.6
交通运输设备制造业	100.3	100.0	100.4	99.8	99.8
电气机械及器材制造业	100.9	100.3	100.8	100.9	99.1
通信设备、计算机及其他电子设备制造业	100.0	100.5	100.7	99.6	100.8
仪器仪表及文化、办公用机械制造业	100.2	101.1	100.9	102.0	100.1
工艺品及其他制造业	100.2	100.1	99.9	100.0	100.2
废弃资源和废旧材料回收加工业					
电力、热力生产供应业	100.2	100.0	100.0	100.0	91.5
燃气生产供应业	99.4	99.9	99.7	101.3	100.7
自来水生产供应业	100.7	100.0	99.9	100.0	100.0

注 1：因当年部分行业无产品，故无指数

6月	7月	8月	9月	10月	11月	12月
100.1	100.3	100.6	100.0	98.9	99.5	99.3
99.5	100.5	102.1	107.1	106.0	99.0	101.4
98.7	100.2	100.3	100.5	100.3	99.1	98.8
108.7	100.6	100.3	98.2	95.3	97.6	96.1
100.1	102.3	101.6	99.9	102.8	99.9	100.2
100.0	100.4	101.5	100.4	98.3	99.2	98.2
100.7	100.1	101.2	101.7	100.9	100.8	98.7
99.8	101.1	101.0	99.8	99.9	100.1	100.3
100.0	100.0	100.0	100.0	100.1	100.0	100.0
99.1	99.1	98.0	98.4	99.6	99.8	99.2
96.3	100.3	88.9	95.0	102.5	100.0	104.7
102.0	100.9	104.7	103.5	100.5	98.3	100.4
100.1	100.6	99.4	101.0	100.7	100.2	99.7
99.8	100.0	101.4	100.5	102.5	100.1	101.3
100.4	99.5	100.3	100.0	99.9	98.7	98.9
100.0	100.1	99.5	100.4	99.8	100.0	99.8
100.0	100.0	100.0	103.1	100.0	100.0	100.0
98.3	98.6	99.5	101.3	99.4	99.6	100.0
100.6	101.6	98.9	97.9	98.3	95.7	96.2
100.2	100.0	100.3	99.9	100.3	100.0	100.1
99.9	99.7	101.2	99.8	100.3	100.7	100.0
99.6	100.7	100.4	101.2	100.0	100.5	99.8
100.1	99.8	103.5	102.4	97.5	98.0	98.2
100.8	99.9	100.8	99.6	97.6	96.4	99.0
98.7	100.5	102.6	99.6	96.0	97.9	98.2
100.2	99.5	100.1	100.3	99.5	100.0	100.3
99.5	100.1	100.4	100.3	100.3	99.5	100.6
99.4	101.2	99.2	99.5	100.0	99.8	100.4
100.0	100.1	100.1	99.9	100.0	99.9	99.8
99.9	100.5	99.6	100.3	98.8	98.7	99.3
100.3	100.3	99.7	97.8	101.7	100.2	100.4
101.0	101.5	104.5	100.9	99.6	101.4	99.5
100.0	99.9	101.4	100.0	99.2	100.3	100.6
99.1	100.5	99.8	100.1	100.1	108.0	102.1
99.0	97.9	100.1	100.2	99.9	101.4	98.1
100.0	99.8	99.8	100.0	100.0	100.0	100.0

广西壮族自治区工业生产者出厂价格大类环比指数表（2012 年）

（上月 =100）

项目名称	1 月	2 月	3 月	4 月	5 月
总指数	99.8	100.0	100.0	100.4	99.7
煤炭开采和洗选业	106.4	98.6	101.1	99.7	99.0
石油和天然气开采业					
黑色金属矿采选业	99.3	100.5	99.0	99.4	100.5
有色金属矿采选业	102.1	103.3	102.0	99.6	98.0
非金属矿采选业	102.3	100.9	99.8	101.6	99.4
其他采矿业					
农副食品加工业	98.6	100.3	100.3	101.0	99.6
食品制造业	100.3	99.7	100.2	101.5	100.5
饮料制造业	98.9	100.0	100.1	100.0	100.0
烟草制品业	100.4	100.0	100.5	101.4	100.0
纺织业	99.6	100.1	100.5	100.9	99.4
纺织服装、鞋、帽制造业	100.0	100.0	100.0	102.6	100.0
皮革、毛皮、羽毛（绒）及其制品业	98.6	100.3	99.7	100.4	100.5
木材加工及竹藤棕草制品业	100.9	99.9	100.2	101.3	100.1
家具制造业	100.0	101.4	100.9	100.0	100.0
造纸及纸制品业	98.8	100.7	100.8	99.8	99.7
印刷业和记录媒介的复制	100.0	100.0	100.0	100.2	100.0
文教体育用品制造业	100.0	100.0	100.0	100.0	100.0
石油加工、炼焦及核燃料加工业	100.4	100.8	102.3	102.6	98.0
化学原料及化学制品制造业	101.1	100.4	100.7	100.4	99.3
医药制造业	100.4	100.3	100.4	100.3	100.2
化学纤维制造业					
橡胶制品业	99.9	100.4	100.0	100.0	100.0
塑料制品业	100.1	99.7	99.7	100.6	99.9
非金属矿物制品业	99.8	98.2	99.6	100.2	99.5
黑色金属冶炼及压延加工业	98.0	98.3	99.3	100.9	99.6
有色金属冶炼及压延加工业	98.3	101.5	100.4	99.4	99.7
金属制品业	100.0	100.0	100.0	99.9	100.1
通用设备制造业	99.6	98.8	99.4	99.6	99.8
专用设备制造业	100.0	100.7	98.7	99.9	99.8
交通运输设备制造业	101.2	100.2	99.9	100.0	99.8
电气机械及器材制造业	100.4	100.3	100.2	99.5	99.8
通信设备、计算机及其他电子设备制造业	99.8	99.8	97.5	103.1	99.4
仪器仪表及文化、办公用机械制造业	100.4	100.6	98.4	96.9	100.0
工艺品及其他制造业	100.5	100.1	101.5	100.0	100.4
废弃资源和废旧材料回收加工业					
电力、热力生产供应业	100.2	100.7	99.8	99.9	99.9
燃气生产供应业	102.6	101.4	101.7	100.3	98.4
自来水生产供应业	100.8	101.2	101.8	100.1	100.0

注 1：因当年部分行业无产品，故无指数

6月	7月	8月	9月	10月	11月	12月
99.4	99.4	99.3	99.6	100.2	100.2	99.9
101.1	88.9	100.8	99.6	98.5	100.1	104.4
99.9	100.0	98.9	98.5	100.0	99.8	99.9
99.9	99.7	97.9	100.1	101.4	99.0	98.7
98.9	101.9	99.0	99.7	100.8	100.2	99.3
98.7	99.1	98.6	99.9	99.0	99.5	98.8
100.5	100.7	100.3	99.8	100.4	99.8	99.9
101.1	99.8	100.1	100.0	99.9	99.9	99.8
100.0	100.0	100.0	100.0	100.0	100.0	100.0
98.7	100.0	100.7	100.2	101.0	100.1	100.5
99.9	100.0	100.9	98.4	98.4	98.5	99.8
100.5	100.1	99.8	99.6	100.0	99.6	100.3
100.9	101.6	99.8	100.8	100.3	99.5	100.0
100.0	100.0	100.0	100.0	100.1	100.7	100.1
99.4	99.3	98.9	99.8	98.5	99.8	99.0
100.0	100.0	100.0	100.0	100.0	100.0	100.0
100.0	100.0	100.0	100.0	100.0	100.0	100.0
95.2	95.3	102.0	104.8	101.6	99.2	98.8
99.3	99.4	99.4	99.1	99.6	99.9	100.4
100.3	100.8	100.1	100.1	100.0	100.2	99.9
100.0	100.0	100.0	99.7	100.0	100.0	100.0
99.6	99.7	100.2	99.9	99.9	100.0	100.3
99.8	100.0	99.7	100.6	104.3	101.8	99.9
98.0	98.0	96.0	96.3	100.0	102.3	100.3
99.0	98.1	98.6	100.3	100.8	99.2	99.4
99.8	100.1	99.7	100.2	100.0	100.2	100.6
98.6	100.9	100.0	98.5	99.7	100.4	100.2
100.2	100.2	100.4	99.7	99.9	99.8	100.4
100.0	99.7	100.0	99.9	100.2	100.2	100.2
98.5	100.0	99.6	100.1	101.0	99.8	99.0
100.4	99.5	100.4	101.0	99.4	98.4	100.0
100.3	100.2	100.1	99.5	95.1	100.4	100.7
100.9	97.1	100.0	100.1	100.4	99.9	100.9
100.2	99.8	100.4	100.4	100.0	100.0	100.2
98.4	99.5	101.7	100.5	100.9	100.8	98.0
100.0	100.0	100.0	100.0	100.0	100.0	100.0

广西壮族自治区工业生产者出厂价格大类环比指数表（2013 年）

（上月 =100）

项目名称	1月	2月	3月	4月	5月
总指数	100.2	100.1	99.6	99.4	99.4
煤炭开采和洗选业	102.9	101.7	100.0	97.7	98.6
石油和天然气开采业					
黑色金属矿采选业	99.5	99.9	99.7	99.9	100.2
有色金属矿采选业	100.3	100.5	99.2	98.0	97.6
非金属矿采选业	101.5	99.8	98.5	99.9	100.0
其他采矿业					
农副食品加工业	100.0	100.0	99.2	99.4	99.1
食品制造业	100.4	100.2	99.7	99.8	100.5
饮料制造业	99.6	100.8	100.4	100.8	100.0
烟草制品业	100.0	100.3	100.0	100.0	100.0
纺织业	100.8	100.2	100.3	99.4	100.1
纺织服装、鞋、帽制造业	98.2	99.9	99.2	100.4	99.5
皮革、毛皮、羽毛（绒）及其制品业	100.4	101.2	102.7	101.1	102.3
木材加工及竹藤棕草制品业	100.5	100.2	99.9	100.1	100.2
家具制造业	100.4	100.1	100.4	100.0	100.3
造纸及纸制品业	99.8	100.2	100.2	100.4	99.5
印刷业和记录媒介的复制	100.0	100.0	100.0	100.0	100.0
文教体育用品制造业	100.0	100.0	100.0	100.0	100.0
石油加工、炼焦及核燃料加工业	100.0	99.9	101.0	97.7	97.7
化学原料及化学制品制造业	100.1	100.5	99.6	100.1	99.2
医药制造业	100.6	100.4	100.1	100.2	100.0
化学纤维制造业					
橡胶制品业	100.0	99.9	99.9	100.0	99.8
塑料制品业	101.5	100.0	100.1	100.0	99.9
非金属矿物制品业	98.7	98.3	97.5	98.6	98.8
黑色金属冶炼及压延加工业	101.5	101.0	99.5	98.6	98.3
有色金属冶炼及压延加工业	100.3	99.8	99.2	97.6	99.1
金属制品业	100.1	100.0	100.2	100.0	100.0
通用设备制造业	99.7	100.2	99.9	99.3	99.6
专用设备制造业	99.6	100.1	99.9	100.1	99.6
交通运输设备制造业	100.3	100.0	100.0	99.7	100.1
电气机械及器材制造业	99.3	99.7	99.7	100.2	99.8
通信设备、计算机及其他电子设备制造业	100.2	99.8	100.1	100.6	100.1
仪器仪表及文化、办公用机械制造业	100.6	100.2	98.7	100.0	99.8
工艺品及其他制造业	104.0	99.2	99.3	100.9	96.5
废弃资源和废旧材料回收加工业					
电力、热力生产供应业	100.1	100.1	99.9	99.9	100.0
燃气生产供应业	105.8	100.5	97.9	100.0	97.9
自来水生产供应业	100.2	100.0	104.0	100.1	100.0

注 1：因当年部分行业无产品，故无指数

6月	7月	8月	9月	10月	11月	12月
99.7	99.8	100.1	100.4	100.2	100.3	99.8
98.8	99.3	102.7	100.6	100.2	98.0	98.4
99.1	99.8	95.4	101.0	100.3	100.5	99.9
99.6	99.1	100.6	104.3	100.0	98.8	97.8
100.0	98.5	99.9	100.0	100.0	99.5	98.7
99.7	99.3	99.8	100.1	100.4	100.1	98.7
99.9	100.5	99.9	100.0	100.7	100.0	100.8
100.7	100.4	100.5	100.4	100.1	100.1	100.3
100.0	100.0	100.0	100.0	100.0	100.0	100.0
100.4	100.3	100.0	100.0	100.2	102.7	99.8
99.9	99.7	101.2	100.1	99.8	100.0	100.2
101.2	98.4	99.5	101.4	100.3	99.8	100.2
100.0	100.4	100.1	100.0	100.1	100.1	99.9
100.0	100.0	100.5	100.1	100.0	100.1	100.1
99.6	100.0	100.2	100.1	99.8	99.7	99.8
100.0	100.0	100.0	99.9	100.0	100.0	99.9
105.9	100.0	100.0	100.0	100.0	100.0	100.0
99.3	101.0	99.9	102.7	99.4	100.2	101.7
99.2	99.3	100.9	102.6	101.5	100.9	99.7
100.0	99.9	100.0	100.1	99.8	100.0	100.2
99.9	100.1	100.0	99.9	100.1	99.8	99.9
100.0	99.7	99.9	100.1	100.2	99.8	100.4
99.9	101.3	101.5	101.7	102.2	104.2	101.0
98.9	99.4	100.0	100.1	98.9	100.0	99.8
99.5	98.9	99.8	100.6	100.5	99.1	99.0
99.9	99.9	99.9	99.9	100.0	100.2	100.0
99.8	100.1	100.2	100.3	99.4	100.1	99.3
99.8	100.5	100.4	99.8	100.5	99.8	100.1
99.9	99.9	100.1	100.1	100.0	100.1	99.9
100.3	99.4	100.0	100.2	99.8	100.5	100.1
99.6	99.2	100.4	100.2	99.4	101.6	100.0
100.0	100.0	99.8	100.7	100.0	99.9	100.0
99.9	99.9	99.7	99.6	100.5	99.6	100.1
100.1	99.7	99.9	99.9	100.4	99.9	100.0
101.0	99.5	99.7	100.2	101.3	100.8	101.1
100.0	100.2	101.6	101.4	106.2	100.1	100.0

广西壮族自治区原材料、燃料、动力购进价格主要分组指数表（1990—1996年）

（上年=100）

类　别	1990年	1991年	1992年	1993年	1994年	1995年	1996年
全部原材料	102.2	107.8	112.5	141.7	117.8	112.9	103.4
（一）燃料、动力类	107.9	109.0	111.2	131.1	123.1	107.8	108.6
（二）黑色金属材料类	99.9	101.6	123.2	182.4	101.7	94.7	99.4
其中：钢材			126.6	182.0	100.0	94.4	100.8
其它					106.6	95.7	93.8
（三）有色金属材料和电线类	90.3	115.4	108.7	111.6	112.3	137.6	85.6
（四）化工原料类	101.3	108.1	102.3	122.1	116.2	125.2	95.1
（五）木材及纸浆类	102.1	113.8	106.6	115.4	110.5	108.9	101.9
（六）建筑材料类	97.7			170.6	103.0	88.1	97.4
（七）非金属矿类				154.8	139.0	91.7	101.5
（八）农副产品类	100.4	108.2	108.4	137.9	145.2	148.2	117.0
（九）纺织原料类	105.8	113.3	97.3	104.0	142.5	150.5	99.1

注：部分大类当年无购进，故无指数

广西壮族自治区原材料、燃料、动力购进价格主要分组指数表（1997—2013 年）

（上年 =100）

类　别	1997 年	1998 年	1999 年	2000 年	2001 年	2002 年	2003 年
全部原材料	99.3	95.2	93.6	100.9	103.7	95.6	101.2
（一）燃料、动力类	108.7	99.6	93.1	98.9	103.8	101.8	101.3
（二）黑色金属材料类	94.6	93.9	96.2	103.0	107.8	99.8	108.7
其中：钢材	93.2	92.2	96.3	105.0	101.1	98.6	110.4
其它	97.9	97.7	95.7	99.5	117.4	101.5	106.5
（三）有色金属材料和电线类	94.9	83.8	99.8	123.8	90.3	94.6	110.6
（四）化工原料类	95.3	92.6	95.9	104.5	96.9	97.9	106.3
（五）木材及纸浆类	94.4	99.7	93.7	99.8	94.3	101.0	103.5
（六）建筑材料及非金属矿类	94.4	98.7	95.6	92.6	96.7	98.3	98.8
（七）其他工业原材料及半成品类	100.4	96.4	90.7	104.7	112.0	91.4	98.2
（八）农副产品类	92.3	89.4	92.5	90.3	105.3	94.6	92.7
（九）纺织原料类	91.5	88.1	102.0	106.3	95.6	89.8	119.7

2004年	2005年	2006年	2007年	2008年	2009年	2010年	2011年	2012年	2013年
116.3	108.2	111.4	106.1	110.6	95.1	111.2	110.0	99.2	98.9
110.1	112.1	103.7	105.4	117.7	100.8	109.3	105.5	104.0	97.8
135.1	111.3	94.3	108.9	129.1	82.8	103.7	107.7	95.2	97.6
126.3	105.9	95.4	108.3	122.6	83.2	105.7	109.1	96.4	97.4
146.5	118.2	93.0	109.6	136.9	82.3	101.2	103.8	91.7	98.0
139.6	114.5	131.8	124.0	104.7	81.2	128.6	114.5	95.2	95.5
114.8	110.0	104.0	105.3	121.3	85.8	112.3	116.5	98.3	98.1
111.5	94.4	102.7	110.9	104.5	84.3	111.2	108.6	97.5	100.2
109.9	103.6	98.5	101.5	114.0	96.1	114.6	109.5	98.3	98.6
113.5	103.7	112.2	105.8	106.9	100.2	110.3	107.0	98.5	98.6
109.8	116.8	124.1	98.9	102.6	101.7	116.6	115.9	101.3	103.4
117.2	90.6	102.3	101.6	102.2	94.1	121.4	119.5	92.1	98.5

广西壮族自治区原材料、燃料、动力价格主要分组同比指数表（1993 年）

（上年 =100）

类　　别	1 月	2 月	3 月	4 月	5 月
全部原材料			139.6		152.5
（一）燃料、动力类			133.5		136.5
（二）黑色金属材料类			169.1		196.8
其中：钢材			175.6		195.9
其它			148.4		199.6
（三）有色金属材料和电线类			135.8		113.3
（四）化工原料类			102.5		117.4
（五）木材及纸浆类			105.5		118.6
（六）建筑材料类			164.9		202.6
（七）非金属矿类			160.0		160.0
（八）农副产品类			137.9		188.4
（九）纺织原料类			96.4		99.6

注 1：同比指数从 3 月份起开始编制
注 2：4 月份未编制月度指数
注 3：部分大类当月无购进，故无指数

广西壮族自治区原材料、燃料、动力价格主要分组同比指数表（1994 年）

（上年 =100）

类　　别	1 月	2 月	3 月	4 月	5 月
全部原材料	136.4	116.1	120.6	119.7	111.3
（一）燃料、动力类	153.6	113.1	122.3	123.1	114.4
（二）黑色金属材料类	122.9	122.7	119.8	110.1	97.3
其中：钢材	118.5	112.3	111.1	108.1	99.7
其它	137.8	151.3	146.0	115.8	89.1
（三）有色金属材料和电线类	98.5	89.1	104.0	98.0	101.6
（四）化工原料类	130.0	129.3	126.9	117.7	118.5
（五）木材及纸浆类	109.3	110.5	116.1	118.0	109.3
（六）建筑材料类	100.9	122.8	142.0	119.4	106.6
（七）非金属矿类	213.8	156.9	134.3	144.0	127.0
（八）农副产品类	107.1	121.8	122.7	133.1	134.3
（九）纺织原料类				142.5	

注 1：部分大类月度无购进，故无指数

6月	7月	8月	9月	10月	11月	12月
149.7	146.7	143.7	145.8	134.7	131.2	130.1
143.3	134.7	132.7	137.2	115.9	121.9	128.0
197.5	188.5	197.3	190.1	182.3	166.4	149.8
188.0	183.7	195.4	186.9	172.3	161.4	143.0
225.1	203.5	203.9	197.8	224.5	183.6	168.7
125.0	119.2	96.0	116.9	123.3	101.3	95.2
123.7	129.8	138.4	130.3	132.7	130.1	130.0
106.0	104.6	112.3	110.5	109.0	125.3	112.8
181.8	112.5	198.5			116.3	
153.7	160.0	149.5	149.5	149.6	149.5	149.5
123.0	118.7	110.6	118.3	120.6	114.6	117.7
100.3		104.7		125.1	115.5	

6月	7月	8月	9月	10月	11月	12月
120.2	113.0	118.0	111.3	114.1	116.9	116.2
123.9	115.7	134.4	121.2	113.7	124.1	118.2
113.7	97.9	86.7	84.4	89.4	84.2	90.8
118.5	99.5	84.4	85.0	87.6	85.4	90.7
99.3	92.8	94.3	82.4	98.2	80.4	91.3
111.4	100.7	113.7	121.7	128.7	143.7	136.9
110.6	106.6	106.6	106.7	111.2	112.6	118.0
110.6	114.9	109.2	109.0	105.6	106.9	106.6
83.3	88.4	98.9	92.6	95.4	92.6	93.0
146.2	120.5	120.5	120.5	122.3	136.7	124.7
137.2	173.5	177.3	147.1	184.9	148.1	154.7

广西壮族自治区原材料、燃料、动力价格主要分组同比指数表（1995 年）

（上年 =100）

类　　别	1 月	2 月	3 月	4 月	5 月
全部原材料	122.4	118.4	116.7	117.6	113.5
（一）燃料、动力类	116.3	120.5	111.6	120.0	106.5
（二）黑色金属材料类	94.9	88.3	91.7	90.9	91.3
其中：钢材	96.4	87.4	90.1	90.9	91.3
其它	90.6	91.4	97.2	90.7	91.5
（三）有色金属材料和电线类	167.8	158.6	139.7	152.4	144.9
（四）化工原料类	120.5	127.2	127.3	128.5	133.1
（五）木材及纸浆类	114.3	103.0	110.2	108.1	111.2
（六）建筑材料类	91.0	89.9	87.0	79.4	77.9
（七）非金属矿类	76.6	70.2	84.1	82.7	91.1
（八）农副产品类	206.2	164.6	158.2	139.7	148.8
（九）纺织原料类	171.3	171.3	169.5	153.4	135.4

注 1：部分大类月度无购进，故无指数

广西壮族自治区原材料、燃料、动力价格主要分组同比指数表（1996 年）

（上年 =100）

类　　别	1 月	2 月	3 月	4 月	5 月
全部原材料	105.6	107.2	104.9	103.4	104.7
（一）燃料、动力类	102.8	101.7	105.5	107.5	110.3
（二）黑色金属材料类	101.9	102.1	99.3	94.9	105.6
其中：钢材	102.2	102.2	99.8	96.7	109.0
其它	101.0	101.2	97.6	88.4	94.2
（三）有色金属材料和电线类	98.0	86.7	88.6	92.1	87.2
（四）化工原料类	116.6	106.7	101.9	97.7	91.4
（五）木材及纸浆类	119.1	105.1	115.2	104.8	104.5
（六）建筑材料类	94.6	92.9	94.4	112.7	102.1
（七）非金属矿类	115.7	116.2	81.0	114.0	91.1
（八）农副产品类	119.0	154.2	135.4	122.5	118.9
（九）纺织原料类	100.0	97.9	99.3	97.4	100.0

6月	7月	8月	9月	10月	11月	12月
111.4	109.0	109.7	110.1	110.2	110.6	105.1
101.4	102.7	102.8	103.5	102.7	103.7	101.4
94.1	90.9	102.9	95.5	98.4	100.2	97.0
93.4	90.4	96.4	95.2	98.8	101.9	100.4
96.5	92.6	125.3	97.0	96.4	94.2	85.2
140.0	133.5	133.5	126.8	118.7	122.2	113.5
132.9	132.3	129.1	125.9	118.3	114.8	112.5
106.9	109.7	111.1	105.1	112.5	109.4	105.2
92.2	83.6	92.1	102.5	94.7	91.2	75.4
81.8	98.5	94.7	106.0	89.0	121.3	104.5
145.9	140.2	127.4	130.5	155.2	136.3	125.4
139.4	137.5	126.1	130.5	171.3	129.2	171.3

6月	7月	8月	9月	10月	11月	12月
103.8	102.4	101.9	98.8	103.9	101.6	102.3
108.7	111.0	111.6	108.7	109.5	111.8	114.3
104.1	99.9	97.2	96.5	97.2	97.1	97.7
105.7	104.1	99.9	97.7	97.8	97.0	97.3
98.7	78.5	83.5	90.5	94.3	97.5	100.0
88.6	83.1	80.1	79.6	85.2	79.8	78.5
92.6	90.4	90.3	87.3	89.1	89.5	87.6
110.0	101.3	95.7	93.0	90.0	95.1	89.3
86.5	101.0	89.7	92.2	102.6	95.3	105.0
102.9	105.3		74.8	124.0		89.6
110.7	94.4	108.9	100.6	132.8	102.1	104.9
94.0	100.0	100.0	100.0	100.0	100.0	100.0

广西壮族自治区原材料、燃料、动力价格主要分组同比指数表（1997 年）

（上年 =100）

类　别	1 月	2 月	3 月	4 月	5 月
全部原材料	102.2	103.7	100.5	103.8	102.1
（一）燃料、动力类	115.4	118.9	113.7	114.9	108.9
（二）黑色金属材料类	90.6	96.8	96.5	99.8	100.1
其中：钢材	93.0	95.7	96.1	100.0	99.8
其它	79.2	102.8	99.1	99.6	100.2
（三）有色金属材料和电线类	85.9	84.8	88.9	96.5	96.9
（四）化工原料类	89.6	88.4	92.5	95.1	97.1
（五）木材及纸浆类	95.4	100.9	83.0	90.7	93.6
（六）建筑材料及非金属矿类	108.4	64.4	85.1	88.8	135.3
（七）其他工业原材料及半成品类	111.4	102.7	102.7	112.0	104.2
（八）农副产品类	99.1	98.1	87.4	92.9	92.1
（九）纺织原料类	100.0	100.0	100.0	100.5	94.9

广西壮族自治区原材料、燃料、动力价格主要分组同比指数表（1998 年）

（上年 =100）

类　别	1 月	2 月	3 月	4 月	5 月
全部原材料	96.2	97.5	96.5	92.7	92.3
（一）燃料、动力类	101.1	102.8	96.6	95.2	97.4
（二）黑色金属材料类	98.9	95.9	92.6	94.2	92.6
其中：钢材	100.7	94.0	91.4	89.3	90.1
其它	94.9	101.0	95.3	105.4	98.0
（三）有色金属材料和电线类	90.0	96.2	87.2	93.7	71.1
（四）化工原料类	98.6	98.3	95.8	94.7	93.6
（五）木材及纸浆类	91.6	107.6	116.5	114.1	107.6
（六）建筑材料及非金属矿类	96.1	111.2	105.5	97.7	93.0
（七）其他工业原材料及半成品类	97.2	95.3	92.9	90.3	94.1
（八）农副产品类	90.2	88.3	96.2	92.1	83.4
（九）纺织原料类	87.6	85.4	89.5	70.9	75.7

注 1：部分大类月度无购进，故无指数

6月	7月	8月	9月	10月	11月	12月
98.9	98.9	96.9	96.8	96.5	95.9	95.6
105.7	106.3	104.4	103.8	104.0	104.2	104.3
99.0	90.1	90.1	92.9	92.6	93.5	93.7
94.2	88.7	86.1	90.9	90.0	92.2	91.9
110.7	93.6	99.1	97.4	98.4	96.2	98.2
85.6	110.9	96.2	95.4	101.2	95.4	101.2
94.6	93.1	98.1	100.9	100.3	96.9	96.8
89.5	102.4	97.4	90.3	93.0	90.2	106.2
86.9	92.2	92.6	105.5	89.2	88.1	96.0
96.3	91.8	98.0	96.8	97.0	95.4	96.1
91.4	92.3	86.9	84.6	98.1	95.0	90.2
98.1		95.3	99.2	73.1	73.8	71.9

6月	7月	8月	9月	10月	11月	12月
90.9	99.0	94.2	95.8	97.1	94.4	96.3
97.8	104.4	100.1	102.4	100.3	98.7	98.7
87.9	96.7	95.0	92.5	95.6	90.5	94.2
87.1	97.4	93.1	90.6	91.2	89.8	92.0
89.9	95.1	99.8	97.7	103.7	91.9	99.3
82.5	80.5	85.6	79.4	89.9	78.2	71.9
85.5	95.7	88.7	86.3	90.9	93.5	89.2
99.1	95.6	93.9	100.0	91.3	89.3	89.8
103.7	92.8	102.5	89.1	90.3	102.0	101.0
90.6	101.6	92.5	106.3	97.9	89.9	108.8
81.1	88.2	83.2	93.1	97.7	83.0	96.8
78.0			73.5	83.5	129.6	106.9

广西壮族自治区原材料、燃料、动力价格主要分组同比指数表（1999 年）

（上年 =100）

类　　别	1 月	2 月	3 月	4 月	5 月
全部原材料	97.1	94.2	98.0	94.1	96.5
（一）燃料、动力类	97.4	93.5	95.7	95.3	95.2
（二）黑色金属材料类	90.0	88.8	96.6	95.1	92.3
其中：钢材	91.9	88.3	96.2	97.0	93.6
其它	85.7	89.9	97.3	90.6	89.2
（三）有色金属材料和电线类	103.8	89.2	78.1	87.5	101.0
（四）化工原料类	97.7	92.0	85.9	93.0	94.6
（五）木材及纸浆类	90.9	92.4	94.2	89.6	80.6
（六）建筑材料及非金属矿类	97.5	95.5	98.4	99.8	95.8
（七）其他工业原材料及半成品类	106.9	95.8	94.6	93.4	98.7
（八）农副产品类	101.9	101.4	112.4	93.5	103.9
（九）纺织原料类	87.7	97.4	85.2	81.9	

注 1：部分大类月度无购进，故无指数

广西壮族自治区原材料、燃料、动力价格主要分组同比指数表（2000 年）

（上年 =100）

类　　别	1 月	2 月	3 月	4 月	5 月
全部原材料	91.9	93.2	95.7	95.1	96.4
（一）燃料、动力类	92.7	93.9	95.6	94.1	93.5
（二）黑色金属材料类	99.3	94.9	100.4	100.4	101.7
其中：钢材	97.7	96.4	102.8	103.3	104.8
其它	102.2	92.4	95.7	95.4	96.3
（三）有色金属材料和电线类	125.3	126.4	126.7	136.7	135.2
（四）化工原料类	103.1	100.3	113.9	100.4	99.8
（五）木材及纸浆类	94.5	105.2	102.6	107.5	103.6
（六）建筑材料及非金属矿类	85.4	87.6	97.1	73.0	90.7
（七）其他工业原材料及半成品类	87.4	93.9	91.3	104.8	99.5
（八）农副产品类	81.5	84.4	81.0	83.9	88.1
（九）纺织原料类	131.9	102.2	100.0	117.3	97.4

注 1：部分大类月度无购进，故无指数

6月	7月	8月	9月	10月	11月	12月
96.1	91.5	91.7	89.0	93.0	90.5	91.7
94.4	89.6	89.0	90.1	98.3	90.8	87.6
96.0	98.3	97.1	102.6	97.8	97.9	101.8
97.4	95.9	97.1	104.6	97.4	98.1	98.6
92.8	102.7	97.1	99.0	98.6	97.6	107.8
95.4	96.7	96.5	106.6	111.2	110.1	121.1
97.6	96.7	103.2	92.9	103.6	93.1	100.9
96.6	97.6	95.9	99.0	99.5	88.7	99.6
103.9	95.0	89.9	85.3	100.9	87.3	97.8
94.6	86.3	88.4	72.1	75.6	87.4	94.6
98.5	88.3	87.0	78.9	79.6	84.2	80.0
102.2	99.8	124.2	110.2	109.7	114.0	109.1

6月	7月	8月	9月	10月	11月	12月
99.7	101.2	106.5	108.3	107.5	107.1	108.8
99.3	101.8	100.2	103.2	103.6	102.6	106.1
102.3	103.9	104.6	107.2	104.5	109.4	106.9
106.4	109.4	104.2	114.1	105.2	103.5	112.0
94.5	93.7	105.2	97.7	103.6	116.8	100.0
145.2	136.4	124.9	117.5	109.1	105.5	96.2
104.8	104.5	106.0	109.3	103.1	105.2	103.1
109.3	101.9	96.5	93.9	93.8	94.3	94.1
92.3	94.7	96.4	99.8	99.4	96.4	98.3
96.5	99.9	111.4	113.9	119.1	117.4	121.3
83.2	86.3	84.3	100.3	97.1	103.3	110.4
109.5	101.2			103.5	101.3	98.9

广西壮族自治区原材料、燃料、动力价格主要分组同比指数表（2001 年）

（上年 =100）

类　别	1 月	2 月	3 月	4 月	5 月
全部原材料	110.0	110.8	112.3	105.3	105.7
（一）燃料、动力类	107.8	104.5	107.1	107.6	108.2
（二）黑色金属材料类	108.0	109.3	111.9	115.5	110.7
其中：钢材	106.8	109.7	109.5	103.3	102.8
其它	109.9	108.8	115.6	134.6	122.4
（三）有色金属材料和电线类	100.4	96.5	87.3	94.7	100.6
（四）化工原料类	103.0	104.2	102.0	101.9	100.7
（五）木材及纸浆类	94.6	93.3	99.6	92.3	94.1
（六）建筑材料及非金属矿类	98.3	98.2	100.5	93.7	94.9
（七）其他工业原材料及半成品类	123.4	119.9	124.3	112.2	112.8
（八）农副产品类	110.8	124.7	123.9	104.9	99.1
（九）纺织原料类	98.9	100.0	101.1	98.1	96.8

广西壮族自治区原材料、燃料、动力价格主要分组同比指数表（2002 年）

（上年 =100）

类　别	1 月	2 月	3 月	4 月	5 月
全部原材料	95.9	93.6	91.1	93.1	95.7
（一）燃料、动力类	99.5	101.2	101.9	102.4	105.4
（二）黑色金属材料类	95.7	97.5	98.3	99.3	99.6
其中：钢材	91.0	95.7	93.4	96.8	98.7
其它	102.2	100.0	105.0	103.4	101.1
（三）有色金属材料和电线类	84.2	83.4	84.5	94.5	94.9
（四）化工原料类	94.0	93.7	93.6	96.3	97.0
（五）木材及纸浆类	96.7	98.7	100.9	92.8	97.0
（六）建筑材料及非金属矿类	100.0	95.2	95.2	97.9	98.5
（七）其他工业原材料及半成品类	98.6	91.3	82.1	91.9	91.4
（八）农副产品类	96.3	90.8	90.2	86.0	96.9
（九）纺织原料类	93.2	98.6	92.2	72.3	81.3

6月	7月	8月	9月	10月	11月	12月
104.9	102.8	100.1	99.1	98.0	98.3	97.0
104.7	103.2	101.3	97.9	100.5	102.3	101.2
112.2	110.4	103.7	104.3	101.0	107.3	99.7
99.0	103.1	99.3	97.3	94.5	94.9	93.7
131.0	119.7	109.8	113.8	111.3	122.6	109.1
89.9	93.9	83.1	87.9	83.6	82.0	83.2
96.9	94.1	93.6	93.2	92.9	91.8	88.5
91.1	101.8	87.0	89.9	91.0	96.1	100.9
94.8	96.1	96.0	96.8	96.2	99.7	95.1
114.4	110.9	108.3	109.2	104.5	103.6	100.7
100.8	101.8	103.6	89.5	98.8	101.9	103.5
102.3	95.1	99.2	93.8	101.1	79.1	82.1

6月	7月	8月	9月	10月	11月	12月
94.6	96.8	97.0	97.2	96.9	97.8	97.2
100.0	102.1	101.9	101.9	101.7	101.0	102.7
100.4	99.8	101.0	100.7	100.9	101.6	102.2
99.1	98.8	101.4	101.6	102.2	101.8	102.3
102.6	101.4	100.4	99.3	98.7	101.3	102.2
94.4	95.2	95.0	96.1	104.0	104.6	104.1
99.1	98.1	99.4	99.6	100.1	101.3	102.6
103.8	100.6	101.7	102.8	104.6	108.2	103.9
97.3	98.1	99.4	97.1	98.6	103.1	99.0
90.4	91.8	91.7	91.1	91.6	91.9	93.3
93.0	103.2	100.1	103.0	94.0	92.5	88.6
82.0	83.1	95.8	95.8	89.3	99.3	94.7

广西壮族自治区原材料、燃料、动力价格主要分组同比指数表（2003 年）

（上年 =100）

类　别	1 月	2 月	3 月	4 月	5 月
全部原材料	97.1	98.1	100.0	100.8	100.3
（一）燃料、动力类	101.2	101.2	102.8	101.9	101.3
（二）黑色金属材料类	102.7	103.4	104.1	108.6	108.6
其中：钢材	103.0	106.5	107.3	109.3	110.8
其它	102.3	99.5	100.1	107.7	105.7
（三）有色金属材料和电线类	100.8	103.7	111.4	111.3	113.4
（四）化工原料类	104.0	104.8	108.5	105.9	103.6
（五）木材及纸浆类	105.6	102.6	105.9	108.7	105.2
（六）建筑材料及非金属矿类	96.7	97.0	98.9	99.6	96.7
（七）其他工业原材料及半成品类	94.0	94.9	95.8	96.9	97.3
（八）农副产品类	89.8	88.8	90.0	89.3	88.0
（九）纺织原料类	101.9	116.7	109.0	121.1	121.4

广西壮族自治区原材料、燃料、动力价格主要分组同比指数表（2004 年）

（上年 =100）

类　别	1 月	2 月	3 月	4 月	5 月
全部原材料	110.0	112.4	113.4	116.4	116.7
（一）燃料、动力类	103.6	104.7	105.9	105.9	110.5
（二）黑色金属材料类	130.3	138.7	142.9	143.7	137.6
其中：钢材	124.4	127.7	129.6	131.2	129.6
其它	138.1	153.1	160.1	160.0	147.8
（三）有色金属材料和电线类	122.6	125.3	135.0	146.4	144.0
（四）化工原料类	109.0	111.2	109.2	110.7	114.7
（五）木材及纸浆类	115.9	108.3	97.0	103.8	115.2
（六）建筑材料及非金属矿类	104.7	107.5	111.7	112.0	109.0
（七）其他工业原材料及半成品类	108.8	108.8	109.6	112.6	114.1
（八）农副产品类	98.5	105.6	102.4	108.0	106.2
（九）纺织原料类	137.2	133.8	131.3	124.4	124.9

6月	7月	8月	9月	10月	11月	12月
99.6	98.1	100.1	101.8	102.4	106.8	109.7
101.2	101.1	101.2	100.5	101.9	100.4	101.1
106.8	107.9	107.5	106.1	109.6	117.7	122.2
109.1	110.3	111.5	110.8	111.9	116.0	119.6
103.9	104.9	102.3	100.0	106.7	119.9	125.6
109.6	108.4	107.6	109.6	111.0	118.4	121.8
103.7	105.2	105.1	106.0	107.6	110.1	112.1
102.0	98.9	98.8	98.5	98.4	103.3	111.8
96.4	98.3	99.9	97.8	98.3	100.0	106.6
96.5	94.0	99.0	99.2	100.8	103.6	106.7
91.8	86.3	86.2	99.6	96.6	102.0	103.8
120.5	121.5	118.3	114.1	109.9	141.7	140.0

6月	7月	8月	9月	10月	11月	12月
117.4	118.9	117.8	118.1	118.4	118.8	117.0
108.4	108.5	110.9	113.4	115.1	116.7	118.1
135.9	137.0	131.5	127.4	138.2	131.9	126.0
126.8	124.9	124.6	124.0	126.3	123.6	122.7
147.6	152.7	140.4	131.9	153.6	142.7	130.3
147.1	146.3	138.8	139.9	140.6	143.1	146.4
115.4	114.8	117.5	117.4	118.6	120.8	118.3
117.8	111.0	113.4	115.0	108.8	117.0	115.3
109.3	113.7	113.3	111.8	108.4	109.8	107.7
114.6	118.1	115.8	116.7	116.5	115.7	111.0
108.9	111.9	114.6	112.9	114.5	116.0	118.1
125.6	118.6	110.7	113.3	104.8	94.8	87.5

广西壮族自治区原材料、燃料、动力价格主要分组同比指数表（2005 年）

（上年 =100）

类　别	1 月	2 月	3 月	4 月	5 月
全部原材料	113.6	111.4	110.2	109.7	109.6
（一）燃料、动力类	117.4	117.3	114.8	113.9	112.2
（二）黑色金属材料类	122.1	113.1	106.6	112.7	112.3
其中：钢材	117.7	112.3	106.4	109.9	109.7
其它	127.9	114.1	106.8	116.4	115.6
（三）有色金属材料和电线类	121.4	134.4	126.5	116.8	117.7
（四）化工原料类	116.5	118.3	115.5	113.8	112.5
（五）木材及纸浆类	122.3	100.1	104.5	104.5	104.4
（六）建筑材料及非金属矿类	104.5	105.9	104.7	104.1	106.5
（七）其他工业原材料及半成品类	110.4	103.6	105.3	105.2	104.7
（八）农副产品类	119.1	115.1	114.2	117.8	118.5
（九）纺织原料类	88.4	84.6	86.1	85.3	82.9

广西壮族自治区原材料、燃料、动力价格主要分组同比指数表（2006 年）

（上年 =100）

类　别	1 月	2 月	3 月	4 月	5 月
全部原材料	109.4	113.4	111.1	112.7	111.2
（一）燃料、动力类	106.6	105.9	104.4	101.9	101.7
（二）黑色金属材料类	94.7	93.3	91.9	87.5	88.1
其中：钢材	90.8	90.8	88.8	87.4	88.9
其它	99.3	96.2	95.5	87.6	87.1
（三）有色金属材料和电线类	113.1	118.2	114.8	119.0	134.4
（四）化工原料类	103.9	105.2	104.9	104.2	104.2
（五）木材及纸浆类	103.0	98.7	99.2	99.9	99.4
（六）建筑材料及非金属矿类	99.7	99.3	98.5	99.7	99.5
（七）其他工业原材料及半成品类	110.6	117.6	110.8	117.3	114.4
（八）农副产品类	124.1	132.3	135.3	133.0	118.2
（九）纺织原料类	100.0	102.7	103.9	104.6	103.9

6月	7月	8月	9月	10月	11月	12月
109.7	106.7	106.9	105.0	104.5	104.7	106.2
113.2	113.5	112.6	110.2	108.7	106.3	105.2
119.6	119.2	113.0	104.7	107.7	102.7	101.7
110.2	109.6	104.5	101.5	100.6	95.2	93.5
131.7	131.6	124.0	108.8	116.9	112.5	112.4
110.8	113.3	113.2	109.6	101.9	103.7	105.0
111.6	109.7	106.6	104.8	104.2	103.7	102.2
86.3	87.6	87.3	87.6	87.1	80.5	80.4
106.2	103.0	102.8	101.2	103.6	100.3	100.3
107.6	100.6	101.1	100.0	99.2	102.4	104.8
116.9	113.3	117.0	116.4	117.8	116.5	119.5
84.1	88.8	92.5	91.0	97.5	97.7	108.0

6月	7月	8月	9月	10月	11月	12月
110.3	113.2	113.2	112.5	110.8	108.9	110.5
100.8	101.0	103.3	104.5	103.8	104.3	105.7
90.1	94.5	92.7	98.0	98.3	100.3	102.4
91.9	97.0	97.7	100.0	101.4	104.6	105.4
87.9	91.5	86.7	95.5	94.6	95.1	98.7
139.3	142.3	137.5	140.7	140.9	138.9	142.6
102.9	102.5	106.8	105.9	103.4	103.1	101.2
101.5	100.5	102.3	101.3	104.5	109.4	112.3
98.8	98.5	97.4	97.4	96.8	97.6	99.4
109.6	113.9	114.3	111.5	108.6	107.3	110.1
120.4	126.0	129.0	125.7	123.0	110.8	111.0
104.2	104.4	102.4	100.7	100.4	99.7	100.3

广西壮族自治区原材料、燃料、动力价格主要分组同比指数表（2007 年）

（上年 =100）

类　别	1 月	2 月	3 月	4 月	5 月
全部原材料	108.0	104.3	104.4	105.4	104.5
（一）燃料、动力类	104.5	104.4	105.5	106.6	106.2
（二）黑色金属材料类	101.7	104.5	105.0	106.6	107.2
其中：钢材	105.5	106.9	107.9	108.4	107.5
其它	97.1	101.4	101.4	104.5	107.0
（三）有色金属材料和电线类	135.7	133.5	130.3	131.3	117.0
（四）化工原料类	101.1	102.8	102.0	102.5	103.3
（五）木材及纸浆类	111.9	115.5	119.1	117.4	115.4
（六）建筑材料及非金属矿类	100.3	100.3	100.6	99.6	98.8
（七）其他工业原材料及半成品类	106.3	99.3	102.3	103.7	104.7
（八）农副产品类	106.3	100.0	96.4	97.9	97.6
（九）纺织原料类	106.4	99.5	99.0	99.5	100.0

广西壮族自治区原材料、燃料、动力价格主要分组同比指数表（2008 年）

（上年 =100）

类　别	1 月	2 月	3 月	4 月	5 月
全部原材料	113.6	113.5	114.4	113.3	113.8
（一）燃料、动力类	110.3	111.1	114.7	112.0	116.0
（二）黑色金属材料类	120.3	122.2	130.2	128.4	136.2
其中：钢材	114.6	116.6	121.0	124.4	131.7
其它	127.0	128.9	141.1	133.2	141.5
（三）有色金属材料和电线类	129.8	128.6	124.5	115.1	118.4
（四）化工原料类	123.9	118.4	124.2	128.5	132.4
（五）木材及纸浆类	109.4	108.8	109.1	107.7	108.7
（六）建筑材料及非金属矿类	116.2	116.3	109.0	111.7	112.5
（七）其他工业原材料及半成品类	110.2	112.0	112.7	111.8	108.7
（八）农副产品类	103.1	103.3	103.4	102.6	101.0
（九）纺织原料类	103.8	103.6	103.7	103.4	103.1

6月	7月	8月	9月	10月	11月	12月
105.3	104.3	105.4	106.0	107.2	108.2	110.6
106.5	105.9	104.4	103.7	104.5	105.7	106.4
107.1	106.5	108.1	110.5	113.6	114.5	122.0
105.1	105.0	107.9	109.1	111.5	109.1	116.2
109.6	108.2	108.2	112.2	116.1	120.8	128.8
114.0	114.1	119.9	128.2	123.8	122.4	118.2
105.2	105.3	102.8	104.0	106.0	108.4	120.6
107.8	109.9	110.1	109.6	108.0	103.2	102.6
96.3	96.9	99.8	100.2	104.6	107.6	112.6
107.2	105.0	105.8	106.5	109.6	108.8	110.2
99.4	97.5	100.5	96.2	95.4	99.8	100.2
102.2	101.5	101.5	101.8	102.7	102.9	101.9

6月	7月	8月	9月	10月	11月	12月
114.6	113.6	112.4	109.9	106.9	102.4	98.4
119.1	123.3	126.5	126.6	123.4	116.8	112.2
137.7	144.6	143.7	137.3	126.7	114.3	107.8
134.6	133.8	133.3	129.1	122.2	108.7	101.1
141.3	157.4	155.9	146.9	132.0	121.0	116.2
114.4	100.6	98.7	90.4	89.9	77.2	68.5
133.8	128.0	127.5	125.3	115.7	101.2	96.0
108.1	110.0	110.3	99.5	100.5	95.2	86.7
116.6	118.0	119.1	117.5	114.4	110.1	107.2
109.1	108.3	106.1	104.2	101.9	100.4	97.7
102.8	102.3	103.2	102.5	100.7	104.1	102.2
102.9	103.0	100.8	102.0	101.0	101.2	98.2

广西壮族自治区原材料、燃料、动力价格主要分组同比指数表（2009 年）

（上年 =100）

类　别	1月	2月	3月	4月	5月
全部原材料	96.3	94.4	92.4	91.6	91.5
（一）燃料、动力类	110.7	106.3	108.0	102.0	99.7
（二）黑色金属材料类	98.9	92.5	87.3	84.0	79.6
其中：钢材	94.8	91.5	87.8	83.2	78.6
其它	103.8	93.7	86.6	85.1	80.7
（三）有色金属材料和电线类	68.1	68.2	63.5	67.2	69.4
（四）化工原料类	90.0	87.9	86.2	86.2	83.4
（五）木材及纸浆类	88.2	79.3	78.3	76.9	76.2
（六）建筑材料及非金属矿类	106.1	101.0	102.8	97.9	96.6
（七）其他工业原材料及半成品类	95.9	95.6	93.7	95.0	96.5
（八）农副产品类	101.2	101.2	101.1	98.8	99.8
（九）纺织原料类	97.0	93.6	90.7	90.7	91.2

广西壮族自治区原材料、燃料、动力价格主要分组同比指数表（2010 年）

（上年 =100）

类　别	1月	2月	3月	4月	5月
全部原材料	106.2	108.5	111.1	113.2	113.9
（一）燃料、动力类	105.2	106.8	110.0	112.6	112.7
（二）黑色金属材料类	91.9	95.4	96.0	102.4	107.8
其中：钢材	91.9	93.3	99.4	104.7	109.4
其它	91.9	97.7	91.7	99.9	106.1
（三）有色金属材料和电线类	140.0	149.3	146.2	138.3	132.2
（四）化工原料类	104.3	107.4	110.1	111.3	112.7
（五）木材及纸浆类	101.2	106.0	107.5	112.1	115.9
（六）建筑材料及非金属矿类	100.0	103.4	105.2	109.9	115.9
（七）其他工业原材料及半成品类	105.7	105.9	113.0	113.4	111.2
（八）农副产品类	113.8	114.9	115.7	117.7	117.5
（九）纺织原料类	103.9	105.7	116.1	119.8	120.4

6月	7月	8月	9月	10月	11月	12月
91.6	91.6	92.1	93.9	96.0	101.3	108.5
98.9	96.8	93.0	92.7	95.7	101.7	103.7
76.6	74.3	75.4	74.8	76.5	84.6	89.0
75.5	77.8	78.4	77.2	77.7	85.8	90.2
77.8	70.1	71.9	72.0	75.1	83.2	87.6
72.5	75.6	83.3	88.1	92.3	105.1	120.9
81.6	80.9	79.7	80.9	82.8	92.4	98.3
77.3	77.9	78.7	86.2	87.5	97.9	107.4
97.3	92.8	88.6	89.6	92.8	93.0	94.3
97.3	97.8	99.2	102.1	103.8	107.4	118.3
99.3	101.7	101.6	101.3	102.3	103.9	107.9
91.5	92.3	93.1	95.3	95.4	96.9	101.9

6月	7月	8月	9月	10月	11月	12月
112.5	111.4	110.0	110.4	111.5	112.4	113.0
110.5	109.0	109.1	108.8	109.4	109.0	108.4
111.4	107.3	104.4	104.9	106.9	108.0	107.4
112.3	108.3	107.5	108.5	110.0	111.4	112.3
110.3	106.3	100.5	100.3	103.4	104.3	102.1
126.7	124.6	118.1	117.3	117.3	116.1	116.9
112.2	111.4	108.3	111.2	113.8	120.6	123.9
115.2	113.5	112.8	111.9	115.2	112.0	111.5
116.4	117.2	113.1	119.4	123.6	125.8	125.2
110.3	111.1	108.6	110.6	110.8	112.8	110.7
113.3	115.2	115.4	115.1	116.6	119.1	124.8
122.3	119.5	122.9	121.0	126.3	139.7	139.0

广西壮族自治区工业生产者购进价格主要分组同比指数表（2011 年）

（上年 =100）

类　　别	1 月	2 月	3 月	4 月	5 月
全部原材料	111.5	111.8	112.0	111.8	110.4
（一）燃料、动力类	107.0	106.9	106.8	107.6	102.4
（二）黑色金属材料类	108.9	110.0	110.1	106.9	106.1
其中：钢材	108.7	110.6	111.4	107.7	107.2
其它	109.4	108.4	106.6	104.6	103.2
（三）有色金属材料和电线类	111.0	111.2	111.9	115.5	116.5
（四）化工原料类	116.7	117.5	117.3	117.6	117.7
（五）木材及纸浆类	117.8	115.5	114.4	112.4	111.9
（六）建筑材料及非金属矿类	121.8	117.8	113.4	114.4	106.1
（七）其他工业原材料及半成品类	106.6	107.1	107.6	107.2	108.5
（八）农副产品类	117.4	119.2	121.3	120.5	119.9
（九）纺织原料类	141.4	144.7	145.4	136.7	131.1

广西壮族自治区工业生产者购进价格主要分组同比指数表（2012 年）

（上年 =100）

类　　别	1 月	2 月	3 月	4 月	5 月
全部原材料	102.0	100.8	99.7	98.8	99.4
（一）燃料、动力类	104.9	103.4	102.1	100.9	106.5
（二）黑色金属材料类	100.1	98.8	98.5	97.9	96.8
其中：钢材	102.1	100.5	99.4	98.8	98.0
其它	94.3	93.9	96.1	95.2	93.4
（三）有色金属材料和电线类	102.7	101.5	100.8	96.2	93.5
（四）化工原料类	103.7	102.4	101.3	100.3	99.5
（五）木材及纸浆类	100.6	99.0	99.4	98.5	98.2
（六）建筑材料及非金属矿类	100.7	99.7	101.2	100.5	99.9
（七）其他工业原材料及半成品类	100.3	99.8	99.1	99.0	98.2
（八）农副产品类	102.6	100.8	97.7	97.2	98.1
（九）纺织原料类	88.4	85.7	83.7	84.8	88.8

6月	7月	8月	9月	10月	11月	12月
111.8	112.1	111.8	110.1	107.8	105.8	104.1
103.0	104.5	104.3	104.5	104.0	108.3	106.6
109.7	110.9	110.3	108.6	107.1	102.7	102.0
111.1	111.9	111.5	109.5	109.0	106.7	104.9
106.0	108.2	107.0	106.3	101.9	91.6	94.1
123.2	125.6	122.4	116.8	110.6	107.2	104.3
119.2	122.2	121.8	118.4	116.6	109.6	105.3
111.4	109.3	106.7	102.5	101.6	102.4	101.7
108.1	105.3	114.5	110.3	103.2	102.3	101.6
109.3	109.5	108.6	108.0	106.1	103.8	102.6
119.2	117.5	116.2	115.1	112.3	108.2	105.9
127.5	112.6	109.6	112.6	104.8	94.9	92.5

6月	7月	8月	9月	10月	11月	12月
99.5	98.9	98.3	98.0	98.5	98.1	98.1
108.9	107.5	107.0	106.7	106.1	99.1	96.3
95.6	94.2	92.4	89.5	90.3	94.2	94.3
97.0	95.9	94.3	92.3	92.3	92.9	94.0
91.7	89.3	87.0	81.8	84.7	98.2	95.4
93.8	91.0	89.3	91.2	94.1	93.8	96.0
99.0	97.1	96.0	95.0	93.9	95.6	96.1
97.1	97.0	96.0	95.7	95.5	95.4	97.2
98.7	98.0	95.9	94.6	96.4	97.0	97.2
97.8	97.8	97.5	97.5	98.1	98.6	99.1
99.0	100.6	102.3	103.4	104.0	104.6	105.4
89.2	100.1	98.4	97.9	97.6	97.5	98.4

广西壮族自治区工业生产者购进价格主要分组同比指数表（2013 年）

（上年 =100）

类　别	1月	2月	3月	4月	5月
全部原材料	98.2	98.6	98.8	98.6	98.6
（一）燃料、动力类	96.2	96.9	97.3	97.1	97.2
（二）黑色金属材料类	94.9	95.4	96.7	96.3	96.2
其中：钢材	95.0	95.5	96.8	96.5	96.2
其它	94.4	95.0	96.3	95.7	96.3
（三）有色金属材料和电线类	96.3	96.4	94.9	95.2	96.4
（四）化工原料类	97.0	96.9	96.5	96.5	97.0
（五）木材及纸浆类	97.1	98.8	99.9	100.0	100.3
（六）建筑材料及非金属矿类	97.2	98.4	98.5	98.2	98.1
（七）其他工业原材料及半成品类	99.2	99.3	99.2	98.9	98.7
（八）农副产品类	104.9	104.6	105.1	104.6	104.2
（九）纺织原料类	98.2	98.5	98.9	99.0	98.7

6月	7月	8月	9月	10月	11月	12月
98.7	98.8	99.1	99.4	99.4	99.2	98.9
97.4	97.8	98.5	98.8	98.8	98.9	98.8
95.6	96.5	97.7	101.4	101.6	100.0	99.6
96.1	96.6	97.8	100.0	100.0	99.8	99.5
94.3	96.4	97.4	105.9	106.6	100.7	99.7
96.1	93.8	95.5	95.1	94.9	95.7	95.7
97.9	97.8	98.2	99.3	99.9	100.0	100.1
100.8	100.2	101.1	100.7	101.1	101.5	100.4
98.5	98.9	98.9	99.1	98.9	99.0	100.0
98.7	98.6	98.2	97.7	98.0	98.2	98.4
104.3	104.9	104.1	102.9	102.2	101.0	98.9
98.2	98.2	98.7	98.3	98.1	98.3	98.3

广西壮族自治区原材料、燃料、动力价格主要分组环比指数表（1993 年）

（上月 =100）

类　　别	1月	2月	3月	4月	5月
全部原材料					
（一）燃料、动力类					
（二）黑色金属材料类					
其中：钢材					
其它					
（三）有色金属材料和电线类					
（四）化工原料类					
（五）木材及纸浆类					
（六）建筑材料类					
（七）非金属矿类					
（八）农副产品类					
（九）纺织原料类					

注 1: 月度环比指数从 6 月份起开始编制
注 2:8 月未编制月度环比指数

广西壮族自治区原材料、燃料、动力价格主要分组环比指数表（1994 年）

（上月 =100）

类　　别	1月	2月	3月	4月	5月
全部原材料	103.6	101.0	103.7	102.2	101.3
（一）燃料、动力类	100.8	101.2	105.9	101.2	102.9
（二）黑色金属材料类	100.6	98.1	101.3	99.7	98.0
其中：钢材	101.2	97.5	101.9	101.0	97.9
其它	98.5	100.4	99.3	96.0	98.4
（三）有色金属材料和电线类	90.6	96.0	110.2	96.0	108.7
（四）化工原料类	99.6	100.0	100.6	102.4	105.4
（五）木材及纸浆类	90.3	103.0	103.3	95.3	103.5
（六）建筑材料类	101.7	100.1	103.1	96.3	98.6
（七）非金属矿类	133.6	117.5	85.6	107.3	88.4
（八）农副产品类	116.1	109.9	103.3	102.7	106.5
（九）纺织原料类	100.0	100.0	100.0	138.3	101.8

6月	7月	8月	9月	10月	11月	12月
105.8	104.3		106.7	99.4	100.8	99.5
101.2	99.1		100.9	96.3	96.2	101.5
116.7	112.5		121.2	98.5	100.2	95.0
106.5	103.7		122.8	98.5	100.8	93.9
150.5	141.7		115.8	98.6	98.3	98.5
106.4	101.7		105.5	106.1	100.1	94.1
105.4	104.4		101.0	104.0	100.1	101.3
112.4	99.6		103.1	99.5	100.4	97.9
114.3	106.4		100.6	101.4	107.9	101.9
100.6	100.0		100.0	100.0	100.0	100.0
94.5	104.3		103.1	100.5	109.6	113.3
95.4	109.9		100.0	102.9	108.3	100.0

6月	7月	8月	9月	10月	11月	12月
100.1	101.0	103.2	99.9	102.5	100.6	101.7
102.0	98.4	102.1	100.8	100.6	100.1	100.1
98.6	100.6	97.3	95.8	100.0	96.8	102.2
98.8	100.0	97.1	96.0	99.4	96.6	102.0
98.0	102.7	97.9	95.3	102.7	97.3	102.8
91.2	101.8	109.0	99.2	109.9	122.6	97.6
101.5	100.4	102.8	101.8	103.3	101.5	101.8
99.3	100.8	100.8	104.5	95.6	95.7	99.3
98.7	97.1	94.6	95.5	112.6	104.5	99.8
115.1	82.4	100.0	100.0	101.4	111.8	91.3
94.5	121.6	120.5	108.4	107.3	93.7	111.5
100.0	100.5	97.3	99.2	90.3	100.0	100.0

广西壮族自治区原材料、燃料、动力价格主要分组环比指数表（1995 年）

（上月 =100）

类　　别	1 月	2 月	3 月	4 月	5 月
全部原材料	103.1	102.5	101.7	100.4	101.8
（一）燃料、动力类	107.4	102.8	101.4	98.3	99.2
（二）黑色金属材料类	99.7	97.4	101.7	99.7	100.9
其中：钢材	99.6	96.0	100.7	100.9	101.8
其它	100.0	102.0	104.9	95.8	98.2
（三）有色金属材料和电线类	100.1	111.2	102.1	98.9	105.0
（四）化工原料类	104.7	104.0	101.6	104.3	103.0
（五）木材及纸浆类	103.4	100.2	101.3	103.6	104.1
（六）建筑材料类	99.3	98.7	100.3	97.9	95.5
（七）非金属矿类	82.1	107.7	102.1	105.6	97.4
（八）农副产品类	103.7	106.7	101.5	105.4	109.5
（九）纺织原料类	100.0	100.0	103.4	100.0	100.0

广西壮族自治区原材料、燃料、动力价格主要分组环比指数表（1996 年）

（上月 =100）

类　　别	1 月	2 月	3 月	4 月	5 月
全部原材料	100.7	98.7	100.8	101.6	100.6
（一）燃料、动力类	101.3	99.4	102.4	103.6	99.9
（二）黑色金属材料类	101.8	98.5	101.1	98.8	104.1
其中：钢材	101.6	98.7	101.1	99.8	103.9
其它	102.4	97.8	101.1	95.3	104.7
（三）有色金属材料和电线类	93.6	100.7	99.3	99.2	99.9
（四）化工原料类	100.0	99.3	96.3	98.0	100.1
（五）木材及纸浆类	102.1	89.3	98.1	106.0	99.6
（六）建筑材料类	100.0	100.8	97.7	99.9	92.4
（七）非金属矿类	90.9	99.4	91.9	114.8	98.2
（八）农副产品类	103.7	98.6	103.0	102.1	97.7
（九）纺织原料类	100.0	98.6	100.1	99.7	100.0

注 1：部分大类月度无购进，故无指数

6月	7月	8月	9月	10月	11月	12月
100.5	100.3	100.8	100.5	100.1	100.8	97.3
98.6	98.6	99.1	103.7	100.5	102.0	95.8
101.8	100.8	105.8	98.1	101.0	101.1	96.1
101.2	100.6	103.7	97.5	101.2	102.3	97.2
103.7	101.5	111.0	101.5	100.3	97.2	92.5
99.6	101.4	97.8	97.8	99.5	97.6	98.5
102.0	99.7	96.7	100.0	98.2	99.3	98.3
101.5	101.5	102.4	97.9	101.3	100.0	98.8
102.4	112.5	101.6	99.2	95.4	98.5	83.2
100.7	99.3	96.1	111.9	85.2	111.6	107.4
102.9	103.1	97.9	97.3	102.4	99.6	101.7
100.0	100.4	101.1	98.9	100.0	98.3	100.0

6月	7月	8月	9月	10月	11月	12月
101.2	99.3	100.2	97.3	100.5	101.6	101.6
98.3	101.0	101.0	99.6	101.9	103.8	102.9
102.0	99.5	100.6	98.6	98.3	101.3	101.4
103.4	99.5	100.6	97.2	99.0	99.2	101.8
97.4	99.8	100.8	105.5	96.1	110.6	98.9
99.8	97.0	96.7	96.3	96.6	97.6	98.4
102.6	96.4	98.4	97.3	98.9	98.9	98.9
105.9	93.6	101.2	97.1	100.4	101.6	95.3
97.7	103.3	94.6	99.5	100.8	110.3	94.7
116.7	101.6		68.7	141.1		101.8
104.3	96.5	100.9	92.1	90.6	98.3	105.5
99.4	100.0	100.0	100.0	100.0	100.0	100.0

广西壮族自治区原材料、燃料、动力价格主要分组环比指数表（1997 年）

（上月 =100）

类　　别	1 月	2 月	3 月	4 月	5 月
全部原材料	100.4	100.7	100.3	101.8	99.1
（一）燃料、动力类	102.1	101.0	99.8	102.4	98.7
（二）黑色金属材料类	96.2	103.8	100.4		100.2
其中：钢材	97.6	103.9	100.2		100.0
其它	89.1	103.7	101.1		100.2
（三）有色金属材料和电线类	101.7	102.3	104.9	103.6	102.1
（四）化工原料类	97.9	99.2	99.9	101.4	98.2
（五）木材及纸浆类	101.7	97.4	93.7	102.8	98.3
（六）建筑材料及非金属矿类	100.3	76.2	122.9	118.1	104.8
（七）其他工业原材料及半成品类	113.1	92.1	100.0	106.7	98.3
（八）农副产品类	100.7	100.6	99.2	96.6	98.2
（九）纺织原料类	100.0	100.0	100.0		96.7

注 1：部分大类月度无购进，故无指数

广西壮族自治区原材料、燃料、动力价格主要分组环比指数表（1998 年）

（上月 =100）

类　　别	1 月	2 月	3 月	4 月	5 月
全部原材料	99.9	98.8	99.8	99.1	99.2
（一）燃料、动力类	102.5	99.7	98.4	99.7	102.3
（二）黑色金属材料类	102.3	103.7	95.5	97.3	97.1
其中：钢材	103.1	104.2	96.5	96.5	95.7
其它	100.2	102.2	93.3	99.2	100.4
（三）有色金属材料和电线类	101.7	100.2	98.6	101.6	99.6
（四）化工原料类	99.2	100.0	99.5	96.8	101.1
（五）木材及纸浆类	101.0	97.5	97.5	103.9	101.1
（六）建筑材料及非金属矿类	95.5	103.2	111.9	90.5	97.3
（七）其他工业原材料及半成品类	95.0	99.0	95.0	101.3	98.7
（八）农副产品类	93.8	94.3	105.5	98.2	94.5
（九）纺织原料类	99.9	98.7	99.4	100.0	95.1

注 1：部分大类月度无购进，故无指数

6月	7月	8月	9月	10月	11月	12月
100.7	97.8	98.6	98.7	98.0	101.3	99.9
99.4	98.7	99.9	98.4	101.9	103.7	103.1
104.1	94.2	96.9	102.4	98.7	102.3	99.1
103.5	94.0	96.7	101.8	98.9	102.4	98.8
105.0	94.5	97.5	103.8	98.3	102.1	99.9
97.8	99.1	96.3	99.6	99.0	98.5	100.0
101.6	98.3	100.6	99.5	99.5	98.0	99.1
102.5	105.5	98.6	93.7	100.6	97.7	105.7
86.6	106.5	99.9	101.9	88.5	100.0	103.3
97.9	99.0	105.1	99.8	103.2	100.5	99.6
101.7	96.0	95.8	96.3	101.0	98.8	94.1
100.3	100.0	100.9	99.8	75.6	100.1	99.5

6月	7月	8月	9月	10月	11月	12月
98.6	103.6	99.0	99.5	101.3	100.1	104.7
99.9	106.9	100.2	99.0	98.5	101.9	103.1
96.3	101.5	99.1	97.6	98.9	100.0	102.1
95.4	102.5	100.6	95.9	99.3	100.2	100.6
98.4	98.9	95.1	102.5	98.1	99.5	105.5
98.3	99.3	100.4	90.7	101.8	100.4	105.2
94.9	99.4	99.1	93.3	97.2	100.0	100.4
98.8	92.9	96.0	99.4	103.5	96.6	98.1
102.0	93.5	109.3	92.0	93.5	100.4	100.7
97.1	111.7	89.6	108.6	118.4	101.8	113.4
98.9	100.8	97.8	120.4	98.5	97.7	109.5
100.0			87.2	96.9	100.1	114.8

广西壮族自治区原材料、燃料、动力价格主要分组环比指数表（1999 年）

（上月 =100）

类　别	1月	2月	3月	4月	5月
全部原材料	101.7	98.9	98.3	99.2	97.7
（一）燃料、动力类	98.8	98.7	99.3	99.1	96.0
（二）黑色金属材料类	97.6	97.7	99.5	100.3	98.3
其中：钢材	97.4	96.1	99.9	101.1	98.0
其它	97.8	101.1	98.7	98.3	99.1
（三）有色金属材料和电线类	99.2	99.7	99.9	100.0	100.6
（四）化工原料类	98.6	98.9	101.2	100.1	100.9
（五）木材及纸浆类	100.7	95.5	101.7	95.3	97.7
（六）建筑材料及非金属矿类	99.9	100.6	105.0	98.3	95.8
（七）其他工业原材料及半成品类	110.3	98.6	101.1	101.7	99.9
（八）农副产品类	109.9	101.7	91.4	99.0	99.0
（九）纺织原料类	95.7	97.7	101.4	96.8	

注 1：部分大类月度无购进，故无指数

广西壮族自治区原材料、燃料、动力价格主要分组环比指数表（2000 年）

（上月 =100）

类　别	1月	2月	3月	4月	5月
全部原材料	102.3	100.3	100.7	99.4	100.1
（一）燃料、动力类	105.7	100.5	100.3	100.0	97.9
（二）黑色金属材料类	98.6	96.0	100.6	99.4	101.1
其中：钢材	97.9	99.2	100.9	99.0	101.4
其它	99.9	90.0	100.0	100.2	100.8
（三）有色金属材料和电线类	103.1	100.6	101.4	96.0	104.5
（四）化工原料类	101.4	101.0	100.5	99.9	99.5
（五）木材及纸浆类	96.1	103.6	100.2	99.0	102.0
（六）建筑材料及非金属矿类	99.2	100.4	98.9	93.5	101.8
（七）其他工业原材料及半成品类	103.9	101.4	101.2	100.1	108.1
（八）农副产品类	100.0	101.5	101.3	98.6	97.9
（九）纺织原料类	95.8	97.9	94.2	116.1	87.8

注 1：部分大类月度无购进，故无指数

6月	7月	8月	9月	10月	11月	12月
96.1	91.5	99.0	89.0	102.9	97.2	98.3
94.4	89.6	99.5	90.1	105.2	96.9	96.8
96.0	98.3	108.7	102.6	101.3	100.2	102.5
97.4	95.9	111.8	104.6	102.1	101.0	100.4
92.8	102.7	102.6	99.0	99.7	98.7	106.8
95.4	96.7	102.5	106.6	102.1	102.0	107.3
97.6	96.7	99.8	92.9	105.8	96.0	100.7
96.6	97.6	98.8	99.0	101.1	103.5	103.8
103.9	95.0	100.2	85.3	101.4	101.0	97.8
94.6	86.3	92.5	72.1	100.6	100.8	97.6
98.5	88.3	93.9	78.9	100.2	92.8	95.8
102.2	99.8	85.3	110.2	95.6	103.5	92.8

6月	7月	8月	9月	10月	11月	12月
101.1	100.8	101.4	101.1	100.5	102.1	100.4
100.1	100.9	99.6	101.5	101.0	102.4	104.0
101.7	100.6	102.9	101.6	100.6	99.4	105.2
102.6	100.9	102.9	105.2	96.1	98.2	106.6
100.1	100.0	102.9	96.7	107.2	101.0	103.3
100.4	107.4	105.1	97.7	100.0	99.2	97.6
104.5	107.9	99.7	98.9	101.4	98.8	98.9
102.2	99.6	96.8	100.1	99.9	100.3	99.8
99.3	102.5	100.2	99.9	100.0	99.7	100.1
102.9	95.1	103.8	99.9	101.3	106.7	97.6
99.0	99.5	90.5	114.8	95.7	100.9	101.5
99.7	104.1			99.7	100.0	100.0

广西壮族自治区原材料、燃料、动力价格主要分组环比指数表（2001 年）

（上月 =100）

类　别	1 月	2 月	3 月	4 月	5 月
全部原材料	100.8	102.3	101.9	99.0	99.2
（一）燃料、动力类	101.8	99.9	101.4	99.9	98.5
（二）黑色金属材料类	97.9	101.8	103.3	102.7	101.9
其中：钢材	99.4	103.8	99.8	99.8	99.0
其它	95.6	98.9	108.9	107.2	106.4
（三）有色金属材料和电线类	98.8	101.0	99.7	98.3	101.0
（四）化工原料类	98.4	100.5	99.9	98.8	100.5
（五）木材及纸浆类	100.1	99.7	99.8	92.8	100.1
（六）建筑材料及非金属矿类	100.0	100.0	100.0	95.2	100.0
（七）其他工业原材料及半成品类	102.0	103.5	104.3	103.6	97.5
（八）农副产品类	102.3	106.6	102.6	95.8	99.0
（九）纺织原料类	100.0	100.0	99.1	89.7	98.7

广西壮族自治区原材料、燃料、动力价格主要分组环比指数表（2002 年）

（上月 =100）

类　别	1 月	2 月	3 月	4 月	5 月
全部原材料	100.6	98.0	99.9	98.9	102.4
（一）燃料、动力类	100.1	99.9	102.1	101.5	98.2
（二）黑色金属材料类	99.2	99.1	101.0	100.0	104.6
其中：钢材	98.4	100.1	99.3	99.0	103.4
其它	100.3	97.8	103.2	101.6	106.6
（三）有色金属材料和电线类	98.4	100.1	98.8	100.8	100.9
（四）化工原料类	105.1	100.4	100.3	102.2	100.0
（五）木材及纸浆类	98.8	100.3	97.7	98.3	100.3
（六）建筑材料及非金属矿类	100.3	100.0	100.0	99.7	100.0
（七）其他工业原材料及半成品类	99.4	93.1	97.1	99.0	99.8
（八）农副产品类	102.6	99.8	100.8	92.4	114.2
（九）纺织原料类	95.3	98.4	104.8	101.2	100.8

6月	7月	8月	9月	10月	11月	12月
99.0	99.5	99.3	99.2	102.6	98.3	97.8
96.2	98.3	99.1	98.2	103.5	101.7	104.8
101.4	98.5	100.2	99.0	99.7	97.4	99.4
99.5	103.2	99.2	98.9	98.8	100.9	99.0
104.4	91.3	101.8	99.2	101.2	92.3	100.1
99.0	96.7	94.7	98.7	100.0	97.8	100.4
98.8	99.4	99.6	99.9	98.9	98.1	96.1
98.8	103.4	99.7	103.2	101.3	100.0	99.4
101.2	100.0	100.0	100.5	99.5	99.1	98.9
99.0	102.2	100.0	100.2	101.2	94.8	95.9
97.3	99.3	100.4	97.7	125.4	100.8	94.5
102.3	95.4	99.2	93.8	104.6	97.3	89.9

6月	7月	8月	9月	10月	11月	12月
99.3	100.3	99.0	100.7	100.5	100.1	99.2
96.4	98.7	99.5	100.5	100.6	101.6	103.8
100.4	100.2	100.1	99.8	99.9	100.8	100.2
100.9	100.3	100.1	100.3	100.2	100.9	100.4
99.5	100.1	100.2	99.1	99.5	100.6	99.8
102.2	100.5	100.0	100.9	107.4	100.3	98.5
100.3	99.5	100.1	100.7	100.2	100.5	99.7
99.0	105.7	101.4	99.5	99.5	100.9	97.2
97.7	99.6	98.6	100.8	100.3	101.8	98.2
98.8	100.8	99.1	99.9	100.5	99.7	98.8
99.9	100.4	93.5	104.1	94.7	98.3	98.2
101.5	98.8	113.2	94.8	104.3	97.3	94.3

广西壮族自治区原材料、燃料、动力价格主要分组环比指数表（2003 年）

（上月 =100）

类　别	1 月	2 月	3 月	4 月	5 月
全部原材料	99.5	100.1	101.1	100.6	99.7
（一）燃料、动力类	99.8	100.5	101.1	99.5	98.2
（二）黑色金属材料类	100.8	101.5	103.0	101.6	101.5
其中：钢材	101.5	102.6	102.9	100.7	100.4
其它	99.8	100.0	103.2	102.9	102.9
（三）有色金属材料和电线类	100.1	98.8	104.0	102.2	100.7
（四）化工原料类	101.5	102.5	101.6	99.6	99.7
（五）木材及纸浆类	100.3	99.9	103.5	101.8	97.5
（六）建筑材料及非金属矿类	98.1	100.5	99.3	99.7	100.7
（七）其他工业原材料及半成品类	98.2	99.4	100.0	100.6	99.8
（八）农副产品类	100.7	99.6	101.0	100.0	99.6
（九）纺织原料类	100.6	103.1	102.0	103.4	99.9

广西壮族自治区原材料、燃料、动力价格主要分组环比指数表（2004 年）

（上月 =100）

类　别	1 月	2 月	3 月	4 月	5 月
全部原材料	101.0	101.6	103.2	101.7	100.6
（一）燃料、动力类	102.9	101.1	101.9	100.4	100.2
（二）黑色金属材料类	103.6	108.3	107.3	102.8	99.6
其中：钢材	104.7	104.4	106.2	101.7	98.7
其它	102.2	113.3	108.6	104.2	100.9
（三）有色金属材料和电线类	106.8	103.2	106.9	104.1	101.1
（四）化工原料类	99.1	102.2	99.5	100.4	102.2
（五）木材及纸浆类	100.0	101.4	100.8	99.9	97.2
（六）建筑材料及非金属矿类	98.6	100.4	101.9	99.9	99.9
（七）其他工业原材料及半成品类	100.9	101.1	103.6	101.9	100.9
（八）农副产品类	97.9	100.5	102.5	102.2	99.9
（九）纺织原料类	98.2	100.3	100.2	100.8	102.0

6月	7月	8月	9月	10月	11月	12月
99.6	99.2	100.6	100.8	102.1	103.2	102.1
97.0	99.2	99.6	100.0	100.7	102.3	105.1
98.9	101.7	100.7	99.5	104.0	104.7	102.8
99.8	101.6	102.2	100.3	100.4	101.9	105.0
97.7	101.7	98.7	98.5	108.7	108.3	99.8
101.1	100.8	102.9	102.7	101.6	103.1	103.7
100.1	100.9	101.0	101.2	100.6	102.9	102.2
104.6	100.0	99.8	100.0	100.0	100.0	108.3
99.6	100.1	100.2	100.4	104.7	103.5	100.5
99.4	97.5	100.2	101.3	101.2	103.2	101.4
100.0	100.2	100.1	100.8	103.6	100.5	100.3
100.0	99.3	103.4	95.3	106.4	120.9	100.1

6月	7月	8月	9月	10月	11月	12月
101.0	101.4	100.4	100.8	101.6	102.9	100.1
95.9	98.9	101.4	101.8	101.3	103.9	105.6
95.7	99.9	103.1	101.0	101.6	102.4	99.8
98.7	99.4	101.5	101.0	100.7	101.3	100.3
91.8	100.5	105.2	100.9	102.6	103.9	99.1
104.3	97.4	101.2	102.8	103.2	104.4	102.9
101.4	99.2	102.2	102.6	100.2	102.6	100.6
104.8	99.5	101.3	101.5	100.8	100.0	100.1
100.0	103.4	99.5	99.3	99.3	103.7	99.4
101.5	104.4	100.2	100.7	101.6	99.4	97.4
103.0	101.5	98.0	99.5	104.5	108.5	101.1
99.4	96.1	100.6	98.2	92.7	101.5	94.6

广西壮族自治区原材料、燃料、动力价格主要分组环比指数表（2005年）

（上月=100）

类　别	1月	2月	3月	4月	5月
全部原材料	100.5	98.6	103.0	101.0	100.5
（一）燃料、动力类	102.4	100.8	101.1	100.4	97.9
（二）黑色金属材料类	100.4	98.8	100.9	103.8	99.6
其中：钢材	100.9	101.4	102.2	103.0	99.9
其它	99.8	95.4	99.3	104.8	99.2
（三）有色金属材料和电线类	99.9	101.9	104.0	99.6	100.1
（四）化工原料类	98.9	100.6	100.5	100.6	99.4
（五）木材及纸浆类	100.0	86.6	100.0	100.0	100.0
（六）建筑材料及非金属矿类	98.7	100.7	101.7	98.8	101.9
（七）其他工业原材料及半成品类	101.3	96.9	106.6	101.0	101.5
（八）农副产品类	99.3	97.1	99.7	103.0	101.0
（九）纺织原料类	101.8	101.2	99.8	99.2	100.2

广西壮族自治区原材料、燃料、动力价格主要分组环比指数表（2006年）

（上月=100）

类　别	1月	2月	3月	4月	5月
全部原材料	101.4	102.9	100.5	101.3	101.2
（一）燃料、动力类	101.8	100.2	100.0	99.6	98.1
（二）黑色金属材料类	98.7	97.9	99.8	100.8	100.1
其中：钢材	97.2	100.0	99.7	100.7	102.2
其它	100.5	95.4	99.9	101.0	97.7
（三）有色金属材料和电线类	105.9	108.8	100.6	103.3	112.6
（四）化工原料类	98.6	99.2	100.4	100.5	99.5
（五）木材及纸浆类	99.7	100.0	100.6	102.0	100.2
（六）建筑材料及非金属矿类	100.1	100.3	99.2	99.7	101.0
（七）其他工业原材料及半成品类	103.6	104.7	99.4	103.0	99.2
（八）农副产品类	98.4	104.5	104.1	99.8	102.2
（九）纺织原料类	98.3	99.9	100.7	99.9	99.9

6月	7月	8月	9月	10月	11月	12月
100.1	98.6	101.2	99.7	100.7	102.4	101.1
96.3	99.1	99.9	99.6	100.7	102.3	104.8
100.9	98.5	99.1	96.8	102.5	98.2	98.7
98.9	97.5	98.5	98.1	99.6	97.2	98.2
103.5	99.6	99.8	95.1	106.4	99.6	99.4
97.4	99.3	101.1	99.0	97.8	101.7	100.3
99.8	101.3	99.0	100.6	100.2	100.4	100.2
100.1	100.1	100.2	100.0	100.1	92.6	100.0
99.9	100.2	99.1	99.8	100.1	100.0	98.7
103.2	97.4	102.6	99.7	101.4	102.2	99.3
97.8	97.8	101.8	100.3	101.1	107.8	105.0
100.0	99.7	103.0	99.8	100.1	102.8	101.6

6月	7月	8月	9月	10月	11月	12月
98.7	101.4	101.4	101.2	100.3	99.4	101.2
95.1	99.1	101.9	100.7	100.0	103.1	105.2
101.8	100.1	99.5	100.8	100.0	100.4	100.4
102.6	100.0	99.5	101.5	99.9	100.4	100.8
101.0	100.3	99.5	99.9	100.0	100.5	99.9
98.8	104.6	99.6	104.4	100.5	100.0	104.4
100.7	100.6	101.3	101.3	100.0	100.4	99.4
102.9	98.1	101.1	99.8	104.1	102.7	102.9
100.3	99.8	98.6	100.2	99.4	100.4	101.7
98.1	102.6	103.4	98.9	100.2	98.7	98.2
98.4	101.0	100.1	105.6	101.1	95.4	103.4
100.3	100.4	100.8	99.9	100.0	99.9	100.5

广西壮族自治区原材料、燃料、动力价格主要分组环比指数表（2007 年）

（上月 =100）

类　别	1月	2月	3月	4月	5月
全部原材料	99.8	99.8	100.3	100.7	100.3
（一）燃料、动力类	101.9	100.2	100.8	100.4	98.2
（二）黑色金属材料类	101.0	100.0	100.6	102.1	101.0
其中：钢材	101.0	100.0	101.0	101.8	101.0
其它	101.0	100.0	100.1	102.4	101.1
（三）有色金属材料和电线类	99.9	101.2	100.9	104.6	100.7
（四）化工原料类	99.5	100.0	100.2	100.7	100.2
（五）木材及纸浆类	94.9	102.7	103.4	100.3	99.2
（六）建筑材料及非金属矿类	100.2	99.8	99.8	98.8	99.8
（七）其他工业原材料及半成品类	99.8	98.5	99.8	100.5	100.5
（八）农副产品类	98.2	100.3	100.1	99.9	101.7
（九）纺织原料类	100.5	99.6	100.3	100.7	100.3

广西壮族自治区原材料、燃料、动力价格主要分组环比指数表（2008 年）

（上月 =100）

类　别	1月	2月	3月	4月	5月
全部原材料	102.2	100.9	101.1	101.4	100.4
（一）燃料、动力类	103.1	101.6	103.6	100.4	99.2
（二）黑色金属材料类	103.9	102.0	107.1	102.4	105.9
其中：钢材	102.4	100.9	105.3	102.6	105.9
其它	105.6	103.3	109.2	102.0	106.1
（三）有色金属材料和电线类	101.2	100.2	99.2	101.1	99.1
（四）化工原料类	102.8	100.8	104.1	101.9	103.8
（五）木材及纸浆类	100.8	99.9	100.7	100.3	100.5
（六）建筑材料及非金属矿类	104.7	99.2	95.1	101.7	100.2
（七）其他工业原材料及半成品类	100.9	100.4	100.8	100.8	99.5
（八）农副产品类	103.2	103.1	100.0	102.9	99.8
（九）纺织原料类	100.5	99.7	100.3	100.2	100.0

6月	7月	8月	9月	10月	11月	12月
99.3	100.1	101.3	100.2	101.0	101.5	102.3
95.6	99.2	100.0	100.2	100.5	104.0	106.0
101.2	100.6	100.4	102.4	102.7	101.9	103.8
100.2	100.9	100.9	101.3	102.7	100.2	102.4
102.4	100.4	99.6	103.6	102.7	103.9	105.5
98.2	101.6	102.9	101.6	95.9	101.2	97.2
102.3	100.8	100.2	101.2	101.5	103.1	107.6
100.6	100.1	100.5	104.3	100.0	100.7	101.0
96.6	100.5	101.5	100.4	103.9	102.8	104.2
100.0	99.9	102.6	99.0	101.7	100.9	101.1
99.3	99.6	99.5	100.0	100.6	99.7	100.5
100.0	100.3	101.6	99.3	101.2	100.1	99.4

6月	7月	8月	9月	10月	11月	12月
100.7	101.1	99.9	99.3	98.1	96.7	98.5
97.9	103.6	102.9	100.9	99.8	100.2	102.6
103.0	107.9	100.5	98.6	93.4	92.8	96.2
103.9	102.1	100.7	99.5	95.3	91.7	94.1
101.8	114.8	100.2	97.6	91.1	94.1	98.7
98.9	99.1	98.9	98.3	93.1	88.5	91.8
103.0	100.4	100.5	97.2	94.8	89.9	97.5
99.9	100.9	99.8	94.7	99.7	95.0	95.9
101.0	101.8	99.9	102.6	100.0	99.6	100.7
101.0	100.1	99.1	98.9	99.1	98.4	98.7
100.6	100.3	99.8	100.3	100.0	99.5	99.9
100.5	100.3	99.7	100.3	99.8	100.1	97.5

广西壮族自治区原材料、燃料、动力价格主要分组环比指数表（2009 年）

（上月 =100）

类　　别	1 月	2 月	3 月	4 月	5 月
全部原材料	99.4	98.4	99.1	100.4	100.5
（一）燃料、动力类	100.3	97.4	99.6	98.2	96.8
（二）黑色金属材料类	95.8	99.9	97.7	98.1	98.8
其中：钢材	98.3	98.9	98.4	97.7	97.7
其它	92.7	101.2	97.0	98.5	100.2
（三）有色金属材料和电线类	102.3	93.5	99.4	105.8	105.4
（四）化工原料类	97.5	98.3	99.3	101.4	99.2
（五）木材及纸浆类	100.8	95.4	98.5	99.3	99.9
（六）建筑材料及非金属矿类	100.3	93.9	96.0	96.6	99.1
（七）其他工业原材料及半成品类	99.1	100.3	99.4	100.8	101.6
（八）农副产品类	100.1	100.1	100.5	99.9	100.2
（九）纺织原料类	98.2	97.0	97.3	100.1	100.6

广西壮族自治区原材料、燃料、动力价格主要分组环比指数表（2010 年）

（上月 =100）

类　　别	1 月	2 月	3 月	4 月	5 月
全部原材料	102.3	101.1	100.8	101.1	100.3
（一）燃料、动力类	102.4	100.7	100.6	100.7	100.0
（二）黑色金属材料类	101.6	101.3	99.6	102.2	101.1
其中：钢材	101.0	99.4	102.4	103.5	101.5
其它	102.2	103.4	96.3	100.7	100.6
（三）有色金属材料和电线类	103.2	102.5	101.6	101.1	98.4
（四）化工原料类	104.1	100.6	101.7	100.7	99.5
（五）木材及纸浆类	102.0	102.6	99.9	102.5	102.0
（六）建筑材料及非金属矿类	101.8	102.8	100.9	101.3	105.1
（七）其他工业原材料及半成品类	101.5	99.9	101.6	101.2	100.4
（八）农副产品类	102.3	101.7	101.8	100.8	100.0
（九）纺织原料类	102.1	100.4	100.9	102.8	101.9

6月	7月	8月	9月	10月	11月	12月
100.3	100.4	101.2	101.3	101.2	101.5	102.5
97.0	99.9	100.5	100.1	100.1	104.1	105.0
99.4	101.3	102.4	99.5	97.9	101.3	100.6
99.8	100.8	101.9	99.4	97.6	99.2	101.1
98.9	101.8	103.0	99.5	98.4	104.0	99.9
101.5	102.5	106.5	102.7	104.7	101.5	100.8
98.7	99.8	99.9	100.1	100.3	100.7	102.5
100.6	101.6	100.6	101.1	101.3	103.0	101.4
101.6	99.9	99.2	104.0	103.0	100.3	101.0
101.3	99.8	101.2	101.7	101.1	101.3	103.3
100.3	100.4	99.8	100.0	100.7	101.2	101.8
100.9	101.1	100.7	102.4	100.0	101.8	102.3

6月	7月	8月	9月	10月	11月	12月
97.8	99.5	100.6	100.9	101.1	102.9	102.7
96.5	99.6	99.9	100.2	100.2	103.5	104.3
98.3	98.4	101.4	100.5	100.8	100.6	100.4
98.8	98.9	101.3	101.7	100.3	100.7	100.2
97.7	97.8	101.6	99.0	101.3	100.6	100.6
95.3	101.2	103.2	103.2	101.9	102.1	101.8
98.0	98.7	101.0	103.1	103.3	107.0	105.9
101.5	98.7	101.2	100.6	100.9	99.8	100.0
100.0	101.5	97.1	103.8	105.1	102.0	100.2
99.1	99.8	101.7	101.2	101.8	102.8	100.1
99.7	99.8	100.4	100.9	101.8	103.3	102.9
100.7	100.6	105.0	100.0	105.5	110.4	102.0

广西壮族自治区工业生产者购进价格主要分组环比指数表（2011 年）

（上月 =100）

类　别	1月	2月	3月	4月	5月
全部原材料	101.9	101.0	101.0	100.9	99.0
（一）燃料、动力类	101.7	100.6	100.9	101.1	94.4
（二）黑色金属材料类	102.5	101.5	100.1	100.7	100.7
其中：钢材	102.7	101.7	101.0	100.8	100.6
其它	102.2	101.0	97.3	100.5	100.9
（三）有色金属材料和电线类	101.1	101.7	101.7	103.9	100.0
（四）化工原料类	101.2	101.1	101.6	100.6	99.8
（五）木材及纸浆类	100.9	100.0	99.4	101.0	100.0
（六）建筑材料及非金属矿类	100.5	99.6	97.7	100.5	100.2
（七）其他工业原材料及半成品类	102.1	100.6	100.9	100.2	100.7
（八）农副产品类	102.8	102.3	103.3	101.0	99.8
（九）纺织原料类	104.4	103.0	101.7	98.9	95.5

广西壮族自治区工业生产者购进价格主要分组环比指数表（2012 年）

（上月 =100）

类　别	1月	2月	3月	4月	5月
全部原材料	99.9	99.8	100.0	100.0	99.6
（一）燃料、动力类	100.1	99.2	99.6	99.9	99.6
（二）黑色金属材料类	100.6	100.2	99.8	100.0	99.5
其中：钢材	99.9	100.2	99.9	100.2	99.7
其它	102.5	100.5	99.6	99.5	99.1
（三）有色金属材料和电线类	99.6	100.6	100.9	99.2	97.2
（四）化工原料类	99.7	99.9	100.4	99.6	99.1
（五）木材及纸浆类	99.7	98.5	99.8	100.0	99.7
（六）建筑材料及非金属矿类	99.6	98.6	99.2	99.8	99.7
（七）其他工业原材料及半成品类	99.8	100.1	100.1	100.1	99.8
（八）农副产品类	99.6	100.5	100.2	100.5	100.7
（九）纺织原料类	99.8	99.9	99.3	100.1	100.1

6月	7月	8月	9月	10月	11月	12月
99.4	100.1	100.3	100.1	99.6	100.5	100.1
97.0	100.5	99.6	100.2	100.5	107.5	103.1
100.5	99.7	100.2	100.1	98.9	96.9	100.3
100.6	99.6	100.1	99.9	99.7	99.0	99.1
100.3	100.0	100.6	100.4	96.6	90.6	104.2
99.9	103.1	100.8	98.3	97.1	99.4	97.6
99.7	101.3	100.9	100.5	101.0	98.1	99.4
100.1	100.3	100.6	100.3	99.9	100.0	99.3
100.8	100.4	102.1	101.6	98.9	99.8	99.5
100.2	100.1	100.3	100.1	99.2	99.3	99.2
99.1	98.2	99.5	100.1	100.3	99.8	99.8
99.7	89.1	101.3	100.5	100.2	99.9	99.0

6月	7月	8月	9月	10月	11月	12月
99.5	99.5	99.7	99.8	100.1	100.1	100.1
99.1	99.1	99.1	99.9	100.0	100.4	100.2
99.3	98.2	98.3	97.0	99.7	101.0	100.5
99.5	98.5	98.4	97.9	99.7	99.7	100.2
98.4	97.4	97.9	94.5	100.0	105.2	101.1
100.2	99.9	98.9	100.4	100.1	99.1	99.9
99.2	99.5	99.7	99.4	99.8	99.9	99.9
99.0	100.2	99.6	100.0	99.7	99.8	101.2
99.5	99.7	100.0	100.1	100.9	100.4	99.7
99.8	100.0	100.1	100.0	99.8	99.8	99.7
100.0	99.8	101.1	101.2	100.9	100.4	100.5
100.2	99.9	99.5	100.0	99.9	99.8	99.9

广西壮族自治区工业生产者购进价格主要分组环比指数表（2013 年）

（上月 =100）

类　　别	1 月	2 月	3 月	4 月	5 月
全部原材料	100.0	100.2	100.2	99.8	99.7
（一）燃料、动力类	100.0	99.9	100.0	99.8	99.7
（二）黑色金属材料类	101.2	100.8	101.1	99.6	99.4
其中：钢材	101.1	100.7	101.2	99.9	99.4
其它	101.5	101.1	100.9	99.0	99.6
（三）有色金属材料和电线类	99.9	100.7	99.4	99.5	98.3
（四）化工原料类	100.5	99.9	99.9	99.7	99.6
（五）木材及纸浆类	99.7	100.2	100.9	100.1	100.0
（六）建筑材料及非金属矿类	99.6	99.9	99.3	99.5	99.6
（七）其他工业原材料及半成品类	99.9	100.2	100.1	99.8	99.7
（八）农副产品类	99.2	100.3	100.6	100.0	100.4
（九）纺织原料类	99.6	100.1	99.8	100.2	99.8

6月	7月	8月	9月	10月	11月	12月
99.6	99.6	99.9	100.1	100.1	99.9	99.8
99.3	99.6	99.8	100.2	100.0	100.5	100.0
98.7	99.1	99.5	100.7	99.9	99.4	100.0
99.5	99.0	99.7	100.0	99.7	99.4	100.0
96.4	99.5	99.0	102.7	100.6	99.3	100.2
99.9	97.5	100.7	100.0	99.9	99.9	99.8
100.1	99.4	100.0	100.6	100.3	100.1	100.0
99.4	99.7	100.5	99.5	100.1	100.2	100.1
99.9	100.0	99.9	100.4	100.6	100.6	100.7
99.8	99.8	99.6	99.5	100.2	99.9	100.0
100.0	100.4	100.3	100.1	100.2	99.2	98.3
99.7	99.9	100.0	99.6	99.7	100.0	99.9

广西壮族自治区工业生产者购进价格大类指数表（2011—2013 年）

（上年 =100）

项目名称	2011 年	2012 年	2013 年
总指数	110.0	99.2	98.9
农业	115.5	103.9	101.5
林业	113.7	94.2	107.2
畜牧业	120.1	100.8	110.8
渔业	102.5	90.0	114.4
农、林、牧、渔服务业	122.4	80.9	102.4
煤炭开采和洗选业	118.3	103.8	93.2
石油和天然气开采业	136.2	111.4	102.8
黑色金属矿采选业	99.7	89.3	100.4
有色金属矿采选业	115.7	96.3	97.3
非金属矿采选业	114.3	104.9	99.6
其他采矿业	100.0	100.0	100.0
农副食品加工业	113.4	101.7	100.5
食品制造业	119.9	95.1	98.7
饮料制造业	106.0	90.7	97.1
烟草制品业	101.5	105.6	102.7
纺织业	119.5	92.1	98.5
皮革、毛皮、羽毛（绒）及其制品业	119.1	98.9	101.2
木材加工及竹藤棕草制品业	104.0	103.8	104.4
造纸及纸制品业	104.0	93.0	98.5
印刷业和记录媒介的复制	127.1	96.3	94.8
石油加工、炼焦及核燃料加工业	112.8	98.5	96.2
化学原料及化学制品制造业	117.1	98.2	98.1
医药制造业	95.5	95.8	100.9
化学纤维制造业	107.5	84.9	94.0
橡胶制品业	131.1	96.7	93.2
塑料制品业	108.4	101.1	100.3
非金属矿物制品业	108.3	96.5	98.4
黑色金属冶炼及压延加工业	109.4	96.3	97.0
有色金属冶炼及压延加工业	113.6	94.3	94.1
金属制品业	108.3	94.3	92.3
通用设备制造业	107.5	101.3	100.2
专用设备制造业			
交通运输设备制造业	102.6	101.2	100.0
电气机械及器材制造业	109.4	92.2	97.0
通信设备、计算机及其他电子设备制造业	101.2	97.7	98.6
仪器仪表及文化、办公用机械制造业	107.2	100.0	100.0
废弃资源和废旧材料回收加工业	111.8	91.8	90.0
电力、热力生产供应业	96.6	106.8	99.8
燃气生产供应业	104.6	102.0	98.2
自来水生产供应业	106.9	105.5	102.7

注：部分行业当年无购进，故无指数

广西壮族自治区工业生产者购进价格大类（新行业）同比指数表（2011 年）

（上年 =100）

项目名称	1 月	2 月	3 月	4 月	5 月
总指数	111.5	111.8	112.0	111.8	110.4
农业	113.9	115.5	117.7	117.9	117.9
林业	124.1	127.3	126.7	122.0	116.3
畜牧业	124.8	121.5	123.5	120.8	129.1
渔业	106.2	106.8	106.6	109.2	106.1
农、林、牧、渔服务业	156.6	171.0	182.9	171.2	149.6
煤炭开采和洗选业	111.6	113.0	112.9	114.3	116.3
石油和天然气开采业	121.1	120.0	139.2	155.5	137.7
黑色金属矿采选业	107.1	105.7	102.8	100.1	97.8
有色金属矿采选业	108.6	109.1	110.9	115.9	117.2
非金属矿采选业	116.1	114.9	116.9	115.2	113.3
其他采矿业	100.0	100.0	100.0	100.0	100.0
农副食品加工业	114.1	115.7	116.3	116.5	117.2
食品制造业	130.5	130.8	131.1	129.9	131.7
酒、饮料和精制茶制造业	111.4	111.5	106.2	107.0	106.8
烟草制品业	91.6	91.6	91.6	93.3	90.7
纺织业	141.4	144.7	145.4	136.7	131.1
皮革、毛皮、羽毛及其制品和制鞋业	120.7	116.7	115.3	119.9	123.9

6月	7月	8月	9月	10月	11月	12月
111.8	112.1	111.8	110.1	107.8	105.8	104.1
117.4	116.8	116.1	115.9	114.9	113.2	109.9
115.5	118.6	121.3	113.8	99.8	95.3	93.6
130.5	123.8	116.8	115.6	117.4	111.4	109.3
102.5	95.5	97.1	96.8	106.9	102.5	94.8
139.8	124.3	112.9	109.3	89.7	68.1	74.5
119.0	120.5	121.8	122.5	122.9	122.5	121.0
142.4	146.0	147.3	138.7	137.9	126.0	126.3
102.3	104.4	104.0	104.3	98.2	82.5	88.0
127.8	134.7	127.6	117.1	110.2	106.2	107.4
112.7	113.1	114.9	115.2	114.4	112.9	112.2
100.0	100.0	100.0	100.0	100.0	100.0	100.0
118.4	118.3	116.3	114.3	109.6	104.3	102.8
123.7	115.6	116.0	117.3	110.1	107.3	105.9
105.8	104.9	103.9	103.7	104.3	104.4	103.6
105.2	108.9	110.2	110.2	110.2	110.2	110.8
127.5	112.6	109.6	112.6	104.8	94.9	92.5
123.9	122.5	121.5	117.9	118.4	115.5	113.1

广西壮族自治区工业生产者购进价格大类（新行业）同比指数表 (2011 年)（续表）

（上年 =100）

项目名称	1 月	2 月	3 月	4 月	5 月
木材加工和竹藤棕草制品业	105.6	105.7	106.2	104.3	104.6
造纸和纸制品业	114.2	109.5	106.2	103.1	102.8
印刷和记录媒介复制业	156.3	156.3	156.3	156.3	156.3
文教、工美、体育和娱乐用品制造业					
石油加工、炼焦和核燃料加工业	113.9	114.2	113.8	115.0	115.8
化学原料和化学制品制造业	116.4	117.2	116.8	117.7	118.6
医药制造业	109.5	99.9	97.0	93.6	94.6
化学纤维制造业	135.0	141.7	139.3	119.8	117.8
橡胶和塑料制品业	116.1	116.5	117.0	117.4	114.6
非金属矿物制品业	123.3	118.6	112.5	114.2	104.3
黑色金属冶炼和压延加工业	109.3	111.0	111.6	108.3	107.9
有色金属冶炼和压延加工业	112.8	112.9	112.6	115.3	116.0
金属制品业	101.6	105.6	106.0	105.0	109.8
通用设备制造业	107.0	106.5	105.5	105.6	105.7
专用设备制造业					
汽车制造业	99.9	99.6	101.5	102.5	103.1
铁路、船舶、航空航天和其他运输设备制造业	113.6	113.6	100.0	91.3	91.3
电气机械和器材制造业	112.5	114.6	115.1	111.2	113.7
计算机、通信和其他电子设备制造业	100.2	101.4	101.4	101.4	101.4
仪器仪表制造业	108.6	109.4	108.4	109.4	109.4
废弃资源综合利用业	111.8	112.2	109.9	107.7	110.6
金属制品、机械和设备修理业					
电力、热力生产供应业	102.1	101.4	100.7	100.6	90.2
燃气生产供应业	98.5	103.8	101.5	103.1	104.1
自来水生产供应业	109.8	109.1	110.1	107.3	107.4

注 1：部分行业当年无购进，故无指数

6月	7月	8月	9月	10月	11月	12月
104.6	106.6	99.2	100.9	99.7	104.8	107.2
102.5	104.6	104.0	103.1	101.3	100.3	97.7
156.3	125.0	125.0	100.0	100.0	100.0	100.0
113.8	115.5	114.2	113.2	110.1	109.0	106.0
120.2	123.2	123.7	119.6	117.8	110.7	105.2
93.8	94.1	93.9	93.4	92.9	92.2	91.7
109.4	109.4	112.8	107.4	91.1	66.8	74.6
116.7	119.7	115.9	114.9	115.0	111.5	109.2
106.8	103.3	114.4	109.1	100.4	99.6	98.9
111.3	112.2	111.6	109.5	108.9	106.8	104.9
119.9	118.9	118.5	116.5	110.9	108.0	101.8
113.5	113.6	112.1	112.8	110.6	105.7	104.1
107.6	107.5	108.4	109.8	109.8	108.9	109.1
103.1	103.2	102.8	103.2	104.0	104.0	104.1
91.3	91.3	91.3	91.3	91.3	91.3	91.3
112.9	114.5	112.1	109.2	103.7	100.0	95.5
101.4	101.4	101.4	101.3	101.3	101.2	101.2
108.2	106.9	106.5	105.3	108.2	107.0	100.0
117.1	119.3	118.1	116.4	108.1	105.8	105.5
90.6	91.7	91.5	92.3	92.7	102.3	101.2
108.0	110.8	107.9	108.0	107.3	100.9	102.7
108.3	107.5	106.8	105.0	104.5	104.7	103.5

广西壮族自治区工业生产者购进价格大类（新行业）同比指数表（2012 年）

（上年 =100）

项目名称	1 月	2 月	3 月	4 月	5 月
总指数	102.0	100.8	99.7	98.8	99.4
农业	106.1	104.2	100.8	100.4	102.0
林业	92.0	91.6	91.1	89.4	90.3
畜牧业	106.0	106.4	102.6	100.9	93.1
渔业	95.4	93.4	89.3	85.5	82.7
农、林、牧、渔服务业	73.1	68.3	67.5	69.8	76.0
煤炭开采和洗选业	117.7	116.8	114.9	112.9	108.9
石油和天然气开采业	117.9	125.4	114.8	109.4	102.3
黑色金属矿采选业	89.4	88.8	93.0	92.8	91.2
有色金属矿采选业	107.1	106.9	103.6	98.8	93.6
非金属矿采选业	111.2	109.7	107.2	106.7	106.1
其他采矿业	100.0	100.0	100.0	100.0	100.0
农副食品加工业	100.3	99.9	99.9	101.4	100.8
食品制造业	103.2	101.2	98.6	98.7	95.9
酒、饮料和精制茶制造业	93.2	92.8	91.5	91.0	90.8
烟草制品业	110.9	110.0	110.8	108.8	104.1
纺织业	88.4	85.7	83.7	84.8	88.8
皮革、毛皮、羽毛及其制品和制鞋业	105.0	103.3	106.7	101.0	95.7
木材加工和竹藤棕草制品业	105.9	104.4	106.1	104.2	103.3
造纸和纸制品业	96.2	94.0	94.1	93.6	94.4
印刷和记录媒介复制业	100.0	100.0	100.0	100.0	98.1
文教、工美、体育和娱乐用品制造业					
石油加工、炼焦和核燃料加工业	103.2	102.4	101.6	99.6	97.0
化学原料和化学制品制造业	103.9	103.2	101.7	100.5	99.6
医药制造业	90.6	92.8	93.5	95.2	94.5
化学纤维制造业	75.9	78.1	72.9	80.0	82.7
橡胶和塑料制品业	105.8	102.6	103.0	101.4	101.0
非金属矿物制品业	98.0	97.1	99.6	98.8	98.3
黑色金属冶炼和压延加工业	102.2	100.8	99.6	98.8	97.9
有色金属冶炼和压延加工业	99.4	97.7	98.7	94.3	93.4
金属制品业	103.5	100.0	98.5	97.2	95.6
通用设备制造业	102.1	102.1	102.9	103.4	103.3
专用设备制造业					
汽车制造业	102.7	103.3	101.7	100.9	101.0
铁路、船舶、航空航天和其他运输设备制造业	91.3	91.3	91.3	100.0	100.0
电气机械和器材制造业	91.7	90.7	90.3	91.6	90.3
计算机、通信和其他电子设备制造业	101.2	100.0	98.9	97.1	96.2
仪器仪表制造业	100.0	100.0	100.0	100.0	100.0
废弃资源综合利用业	102.6	100.7	99.3	97.5	92.8
金属制品、机械和设备修理业					
电力、热力生产供应业	100.7	98.6	97.6	97.3	111.9
燃气生产供应业	102.4	100.9	107.1	106.2	104.3
自来水生产供应业	102.9	103.8	105.6	106.4	106.4

注 1：部分行业当年无购进，故无指数

6月	7月	8月	9月	10月	11月	12月
99.5	98.9	98.3	98.0	98.5	98.1	98.1
102.9	103.9	104.8	105.4	105.6	105.2	105.4
92.6	90.8	91.8	93.4	101.4	102.6	105.2
92.2	95.1	98.9	101.9	100.2	106.0	107.8
82.8	87.9	91.1	94.6	89.6	92.2	97.4
76.5	85.7	92.4	92.4	93.5	96.9	99.2
104.9	102.3	99.2	95.6	93.5	93.0	92.2
109.3	98.1	98.4	118.6	117.2	118.0	112.9
88.9	87.4	83.8	76.7	81.0	103.7	97.7
93.4	88.4	88.3	92.7	95.3	95.2	96.1
105.0	104.5	103.4	102.3	101.7	101.4	101.0
100.0	100.0	100.0	100.0	100.0	100.0	100.0
100.8	101.9	102.0	102.7	103.4	103.4	103.9
96.1	94.4	93.5	90.4	90.1	90.1	90.2
90.3	90.1	90.5	91.3	90.2	88.7	88.6
103.2	103.2	102.0	102.0	102.0	105.8	105.5
89.2	100.1	98.4	97.9	97.6	97.5	98.4
97.7	97.1	94.6	95.9	95.7	98.1	97.8
103.5	103.6	102.2	103.0	102.6	102.0	104.6
93.3	93.4	91.8	90.6	90.4	91.4	92.6
94.2	94.2	94.2	94.2	94.2	92.3	94.2
98.2	96.2	96.3	96.7	96.9	97.2	96.7
98.7	96.7	95.3	94.9	93.6	95.5	96.1
95.3	95.2	97.8	98.0	98.3	99.1	99.7
86.1	90.8	93.2	90.9	90.8	93.1	96.0
101.1	99.4	98.6	95.9	95.4	96.2	96.5
97.0	96.2	94.0	92.5	95.0	95.8	96.2
96.9	95.5	94.0	92.1	92.1	92.6	93.7
94.1	93.0	90.1	90.0	93.1	92.6	95.8
93.8	92.3	91.1	89.6	88.8	90.4	91.9
101.4	101.7	100.8	99.6	99.6	99.6	99.6
100.9	101.0	101.3	101.0	100.5	100.4	100.5
100.0	100.0	100.0	100.0	100.0	100.0	100.0
90.6	89.9	89.0	90.6	95.7	97.3	99.4
96.9	96.9	96.9	96.9	96.9	97.0	97.0
100.0	100.0	100.0	100.0	100.0	100.0	100.0
89.9	88.1	85.9	84.0	86.7	87.7	88.2
117.5	117.6	117.8	117.2	116.9	101.6	96.7
102.4	100.6	99.7	100.3	98.9	100.8	100.8
105.4	105.7	105.9	105.8	105.8	106.0	106.1

广西壮族自治区工业生产者购进价格大类（新行业）同比指数表（2013年）

（上年 =100）

项目名称	1月	2月	3月	4月	5月
总指数	98.2	98.6	98.8	98.6	98.6
农业	104.2	104.0	104.4	103.8	102.7
林业	107.3	106.6	105.0	104.2	104.1
畜牧业	108.5	109.2	109.9	110.1	112.0
渔业	100.9	102.1	105.2	107.5	116.7
农、林、牧、渔服务业	101.5	99.9	100.3	101.2	103.1
煤炭开采和洗选业	91.5	91.0	90.7	90.6	91.0
石油和天然气开采业	113.6	106.8	106.5	103.5	99.6
黑色金属矿采选业	96.6	97.7	98.9	97.4	97.8
有色金属矿采选业	96.4	98.1	98.3	98.8	99.4
非金属矿采选业	101.3	100.9	100.5	100.1	99.9
其他采矿业	100.0	100.0	100.0	100.0	100.0
农副食品加工业	103.8	104.3	103.8	101.8	100.5
食品制造业	89.8	92.0	93.1	93.8	95.0
酒、饮料和精制茶制造业	97.2	96.5	97.0	97.1	97.4
烟草制品业	102.1	103.1	101.9	101.9	103.0
纺织业	98.2	98.5	98.9	99.0	98.7
皮革、毛皮、羽毛及其制品和制鞋业	100.7	104.1	101.0	100.6	100.5
木材加工和竹藤棕草制品业	104.6	104.5	104.7	105.3	105.8
造纸和纸制品业	92.7	96.5	98.4	98.5	98.1
印刷和记录媒介复制业	92.3	92.3	94.2	92.3	94.1
文教、工美、体育和娱乐用品制造业					
石油加工、炼焦和核燃料加工业	95.7	95.8	96.0	94.9	94.8
化学原料和化学制品制造业	96.8	96.9	96.3	96.4	97.1
医药制造业	100.4	99.7	101.9	101.7	101.2
化学纤维制造业	99.6	90.3	93.2	96.3	90.8
橡胶和塑料制品业	97.2	97.4	97.2	97.1	97.2
非金属矿物制品业	96.1	97.8	98.0	97.8	97.7
黑色金属冶炼和压延加工业	94.5	94.9	96.2	96.1	95.9
有色金属冶炼和压延加工业	96.1	95.0	92.4	92.6	94.1
金属制品业	89.6	89.8	89.5	91.7	91.6
通用设备制造业	100.4	100.7	100.7	100.1	100.1
专用设备制造业					
汽车制造业	100.8	100.7	100.7	100.5	100.4
铁路、船舶、航空航天和其他运输设备制造业	100.0	100.0	100.0	100.0	100.0
电气机械和器材制造业	99.9	99.4	99.2	96.9	97.4
计算机、通信和其他电子设备制造业	96.8	96.9	97.9	99.8	100.6
仪器仪表制造业	100.0	100.0	100.0	100.0	100.0
废弃资源综合利用业	87.4	87.5	87.3	88.0	89.3
金属制品、机械和设备修理业					
电力、热力生产供应业	97.1	98.8	99.6	100.0	100.2
燃气生产供应业	103.2	100.8	96.6	95.1	96.1
自来水生产供应业	106.1	104.8	102.0	102.2	101.8

注 1：部分行业当年无购进，故无指数

6月	7月	8月	9月	10月	11月	12月
98.7	98.8	99.1	99.4	99.4	99.2	98.9
102.3	102.7	101.3	100.1	99.5	98.4	95.8
104.2	106.6	110.0	111.4	109.3	109.0	108.2
114.7	114.6	114.6	111.5	111.3	107.5	107.0
119.4	122.4	124.4	121.8	118.0	118.8	117.9
104.3	104.7	103.0	102.5	102.7	103.0	103.2
91.7	92.6	94.0	95.7	96.6	96.6	96.8
97.6	108.9	108.1	94.2	96.1	100.5	101.3
95.0	96.8	99.5	112.5	113.0	102.7	101.1
99.3	94.4	96.2	96.8	96.3	96.5	96.6
100.1	100.1	98.9	98.8	98.6	98.1	98.3
100.0	100.0	100.0	100.0	100.0	100.0	100.0
100.9	99.5	98.1	97.4	98.1	98.7	99.3
96.1	95.2	96.3	100.6	109.1	112.2	113.9
97.4	97.4	96.7	95.5	96.4	98.2	98.5
103.9	103.9	103.9	103.9	103.9	100.6	100.4
98.2	98.2	98.7	98.3	98.1	98.3	98.3
98.0	99.4	100.2	102.2	103.9	102.4	102.3
106.0	105.4	104.7	103.2	103.8	104.1	100.9
97.6	97.3	99.9	100.1	101.0	100.7	101.8
98.0	95.9	95.9	95.9	95.9	97.9	93.9
95.4	95.3	96.5	97.8	97.9	97.2	97.3
98.2	98.1	98.5	99.2	100.0	100.2	100.1
102.1	102.2	100.7	100.4	100.5	100.5	99.9
96.9	97.8	93.4	94.7	91.3	91.7	92.7
97.0	97.1	97.3	100.1	100.1	100.2	100.7
98.1	98.6	98.9	99.3	98.9	99.2	100.4
95.8	96.5	97.4	99.5	99.6	99.4	99.2
93.7	93.4	94.9	93.8	93.9	95.1	94.9
91.5	91.9	92.4	93.9	95.3	95.0	95.9
100.0	100.0	100.0	100.1	100.0	100.0	100.0
100.3	100.3	100.3	99.0	98.8	98.8	98.9
100.0	100.0	100.0	100.0	100.0	100.6	100.6
97.3	97.4	96.5	96.4	94.3	95.0	94.7
100.0	102.0	100.0	96.7	97.1	97.1	98.2
100.0	100.0	100.0	100.0	100.0	100.0	100.0
88.5	87.7	90.0	92.4	95.7	94.5	93.5
100.2	100.2	100.4	100.5	100.0	100.3	99.9
98.4	98.0	98.5	96.8	98.5	98.3	98.5
102.2	102.4	102.5	102.5	102.4	102.1	102.1

广西壮族自治区工业生产者购进价格大类（新行业）环比指数表（2011 年）

（上月 =100）

项目名称	1 月	2 月	3 月	4 月	5 月
总指数	101.9	101.0	101.0	100.9	99.0
农业	103.0	102.6	103.4	100.9	99.6
林业	101.3	100.5	101.1	102.2	99.9
畜牧业	104.5	97.9	103.5	101.4	107.9
渔业	98.0	101.2	106.9	104.4	98.6
农、林、牧、渔服务业	102.0	108.8	101.8	96.8	90.2
煤炭开采和洗选业	103.4	101.0	101.2	101.7	102.6
石油和天然气开采业	107.3	100.6	112.2	106.1	106.5
黑色金属矿采选业	102.0	101.3	95.1	100.2	100.9
有色金属矿采选业	99.8	100.3	103.2	104.6	101.9
非金属矿采选业	100.8	101.7	102.8	101.0	100.7
其他采矿业	100.0	100.0	100.0	100.0	100.0
农副食品加工业	102.7	100.6	100.9	100.2	100.8
食品制造业	101.3	100.5	101.8	99.0	102.9
酒、饮料和精制茶制造业	99.3	100.1	101.3	100.5	100.0
烟草制品业	102.5	100.0	100.0	101.8	103.4
纺织业	104.4	103.0	101.7	98.9	95.5
皮革、毛皮、羽毛及其制品和制鞋业	104.7	98.3	100.1	105.7	105.9
木材加工和竹藤棕草制品业	100.9	101.3	98.4	102.0	100.8
造纸和纸制品业	101.3	99.1	99.2	100.8	99.3
印刷和记录媒介复制业	100.0	100.0	100.0	100.0	100.0
文教、工美、体育和娱乐用品制造业					
石油加工、炼焦和核燃料加工业	103.1	100.9	100.6	102.8	102.6
化学原料和化学制品制造业	100.8	100.5	102.0	100.8	99.8
医药制造业	100.3	98.2	97.0	98.5	101.1
化学纤维制造业	100.3	106.6	103.0	87.8	96.0
橡胶和塑料制品业	102.8	102.9	99.7	101.6	100.2
非金属矿物制品业	100.5	99.0	96.4	100.4	100.1
黑色金属冶炼和压延加工业	102.6	101.6	101.1	100.8	100.6
有色金属冶炼和压延加工业	102.2	102.8	100.6	103.3	98.6
金属制品业	101.7	103.3	101.4	99.6	100.8
通用设备制造业	106.2	99.7	99.2	100.1	100.1
专用设备制造业					
汽车制造业	101.3	99.5	101.6	100.9	100.1
铁路、船舶、航空航天和其他运输设备制造业	100.0	100.0	100.0	91.3	100.0
电气机械和器材制造业	103.8	101.9	100.8	98.7	100.6
计算机、通信和其他电子设备制造业	100.0	101.3	100.0	100.0	100.0
仪器仪表制造业	100.0	100.0	100.0	100.0	100.0
废弃资源综合利用业	103.6	101.5	101.2	101.1	102.9
金属制品、机械和设备修理业					
电力、热力生产供应业	100.3	100.2	100.4	99.7	86.7
燃气生产供应业	100.7	101.6	96.0	101.8	100.6
自来水生产供应业	100.7	100.3	101.3	99.6	100.4

注 1：因当年部分行业无产品，故无指数

6月	7月	8月	9月	10月	11月	12月
99.4	100.1	100.3	100.1	99.6	100.5	100.1
99.3	99.1	100.5	100.3	100.2	100.4	100.3
98.1	100.8	98.5	98.8	95.9	99.1	97.5
100.8	95.8	96.7	100.7	103.2	98.1	99.1
96.5	92.9	97.4	98.5	109.2	96.8	95.4
98.2	88.9	92.7	100.0	98.9	96.6	97.9
102.0	100.9	101.2	101.7	101.4	101.2	101.1
93.6	101.3	100.6	96.9	100.3	96.5	103.2
100.2	99.6	101.0	100.6	94.8	85.1	108.1
100.3	106.8	99.7	94.9	97.8	99.7	98.9
100.8	100.4	101.2	100.9	100.5	100.2	100.5
100.0	100.0	100.0	100.0	100.0	100.0	100.0
99.7	100.1	100.9	100.3	98.8	98.8	98.9
100.0	101.4	101.0	100.1	98.9	99.1	99.7
100.5	100.2	99.9	100.7	100.9	100.8	99.3
100.9	100.0	101.2	100.0	100.0	100.0	100.5
99.7	89.1	101.3	100.5	100.2	99.9	99.0
100.0	100.0	100.1	97.2	101.4	99.0	100.4
99.7	100.5	102.2	100.1	100.0	100.7	100.4
100.2	100.2	100.0	100.3	99.4	99.1	98.7
100.0	100.0	100.0	100.0	100.0	100.0	100.0
97.3	101.7	97.9	99.4	99.6	100.0	100.1
99.9	101.4	100.9	100.4	101.1	97.9	99.5
98.9	100.0	98.5	99.7	99.4	99.5	100.1
89.0	94.1	102.5	102.0	100.1	96.6	95.0
100.1	101.6	100.6	100.5	100.4	99.1	99.4
100.8	100.5	102.3	101.7	98.5	99.7	99.2
100.6	99.8	100.1	100.0	99.7	99.1	99.0
99.6	100.2	101.7	101.0	96.5	99.2	96.5
101.2	99.8	101.0	100.1	99.6	98.4	97.3
101.8	99.8	100.8	101.2	100.0	100.0	100.0
100.1	99.9	99.7	100.3	100.7	100.0	100.1
100.0	100.0	100.0	100.0	100.0	100.0	100.0
99.0	100.2	100.5	98.6	96.4	97.8	97.3
100.0	100.0	100.0	100.0	100.0	100.0	100.0
100.0	100.0	100.0	100.0	100.0	100.0	100.0
102.2	101.3	100.1	99.5	93.2	99.6	99.5
94.9	99.5	99.7	100.3	100.7	115.7	105.4
100.1	100.5	100.5	99.7	101.8	98.7	100.6
101.1	99.9	100.0	100.1	100.1	100.0	99.9

广西壮族自治区工业生产者购进价格大类（新行业）环比指数表（2012 年）

（上月 =100）

项目名称	1 月	2 月	3 月	4 月	5 月
总指数	99.9	99.8	100.0	100.0	99.6
农业	99.5	100.8	100.1	100.5	101.2
林业	99.5	100.1	100.5	100.3	101.0
畜牧业	101.3	98.3	99.8	99.8	99.6
渔业	98.6	99.1	102.2	100.0	95.4
农、林、牧、渔服务业	100.0	101.6	100.7	100.0	98.2
煤炭开采和洗选业	100.6	100.2	99.6	100.0	99.0
石油和天然气开采业	100.2	107.0	102.7	101.1	99.6
黑色金属矿采选业	103.5	100.7	99.6	100.0	99.2
有色金属矿采选业	99.4	100.1	100.0	99.8	96.6
非金属矿采选业	99.9	100.3	100.5	100.5	100.2
其他采矿业	100.0	100.0	100.0	100.0	100.0
农副食品加工业	100.1	100.3	101.0	101.7	100.3
食品制造业	98.8	98.6	99.2	99.1	100.0
酒、饮料和精制茶制造业	89.3	99.8	99.9	99.9	99.8
烟草制品业	102.6	99.2	100.8	100.0	98.9
纺织业	99.8	99.9	99.3	100.1	100.1
皮革、毛皮、羽毛及其制品和制鞋业	97.2	96.7	103.4	100.0	100.4
木材加工和竹藤棕草制品业	99.6	99.8	100.0	100.2	100.0
造纸和纸制品业	99.8	96.9	99.3	100.2	100.1
印刷和记录媒介复制业	100.0	100.0	100.0	100.0	98.1
文教、工美、体育和娱乐用品制造业					
石油加工、炼焦和核燃料加工业	100.5	100.0	99.8	100.9	99.9
化学原料和化学制品制造业	99.6	99.8	100.5	99.6	98.8
医药制造业	99.2	100.5	97.7	100.3	100.3
化学纤维制造业	102.1	109.6	96.1	96.3	99.3
橡胶和塑料制品业	99.6	99.8	100.2	100.0	99.8
非金属矿物制品业	99.6	98.1	98.9	99.6	99.6
黑色金属冶炼和压延加工业	100.0	100.2	99.8	100.0	99.6
有色金属冶炼和压延加工业	99.7	101.0	101.7	98.7	97.7
金属制品业	101.1	99.9	99.9	98.3	99.1
通用设备制造业	99.4	99.7	99.9	100.6	100.0
专用设备制造业					
汽车制造业	99.9	100.0	100.0	100.2	100.1
铁路、船舶、航空航天和其他运输设备制造业	100.0	100.0	100.0	100.0	100.0
电气机械和器材制造业	99.7	100.8	100.4	100.2	99.2
计算机、通信和其他电子设备制造业	100.0	100.0	98.9	98.1	99.1
仪器仪表制造业	100.0	100.0	100.0	100.0	100.0
废弃资源综合利用业	100.7	99.5	99.9	99.2	98.0
金属制品、机械和设备修理业					
电力、热力生产供应业	99.8	98.2	99.3	99.5	99.7
燃气生产供应业	100.4	100.1	101.9	101.0	98.7
自来水生产供应业	100.1	101.2	103.1	100.4	100.4

注 1：因当年部分行业无产品，故无指数

6月	7月	8月	9月	10月	11月	12月
99.5	99.5	99.7	99.8	100.1	100.1	100.1
100.2	100.1	101.4	100.9	100.4	100.0	100.4
100.5	98.9	99.6	100.5	104.1	100.3	100.1
99.8	98.8	100.6	103.8	101.4	103.8	100.8
96.6	98.7	101.0	102.3	103.4	99.6	100.8
98.9	99.6	100.0	100.0	100.0	100.2	100.2
98.2	98.4	98.1	97.9	99.2	100.7	100.2
100.0	90.9	101.0	116.9	99.0	97.1	98.7
97.7	97.9	96.9	92.1	100.1	109.0	101.8
100.0	101.0	99.5	99.7	100.5	99.6	99.9
99.7	99.9	100.1	99.8	100.0	99.9	100.1
100.0	100.0	100.0	100.0	100.0	100.0	100.0
99.8	101.1	101.0	101.1	99.5	98.8	99.4
100.2	99.6	100.0	96.7	98.6	99.2	99.8
100.0	100.0	100.4	101.5	99.7	99.0	99.2
100.0	100.0	100.0	100.0	100.0	103.8	100.2
100.2	99.9	99.5	100.0	99.9	99.8	99.9
102.1	99.4	97.6	98.5	101.2	101.6	100.0
99.9	100.6	100.8	101.0	99.6	100.1	102.9
99.1	100.3	98.3	99.0	99.1	100.2	100.0
96.1	100.0	100.0	100.0	100.0	98.0	102.1
98.5	99.6	98.0	99.9	99.7	100.4	99.6
99.1	99.3	99.6	99.9	99.7	100.0	100.1
99.8	99.9	101.3	99.9	99.7	100.4	100.7
92.7	99.2	105.2	99.5	100.0	99.1	97.9
100.1	99.9	99.8	97.7	99.9	99.9	99.7
99.5	99.6	99.9	100.2	101.1	100.6	99.6
99.6	98.3	98.5	97.9	99.7	99.6	100.2
100.3	99.0	98.5	100.9	99.9	98.7	99.8
99.3	98.2	99.6	98.5	98.7	100.2	98.8
100.0	100.0	100.0	100.0	100.0	100.0	100.0
100.0	100.0	100.0	100.0	100.2	100.0	100.1
100.0	100.0	100.0	100.0	100.0	100.0	100.0
99.2	99.6	99.4	100.4	101.8	99.4	99.5
100.7	100.0	100.0	100.0	100.0	100.0	100.0
100.0	100.0	100.0	100.0	100.0	100.0	100.0
98.9	99.3	97.6	97.3	96.3	100.7	100.1
99.6	99.6	99.9	99.8	100.5	100.5	100.4
98.3	98.8	99.7	100.4	100.3	100.7	100.6
100.2	100.2	100.1	100.0	100.1	100.2	100.0

广西壮族自治区工业生产者购进价格大类（新行业）环比指数表（2013 年）

（上月 =100）

项目名称	1 月	2 月	3 月	4 月	5 月
总指数	100.0	100.2	100.2	99.8	99.7
农业	98.4	100.5	100.5	100.0	100.0
林业	101.4	99.4	99.0	99.6	100.9
畜牧业	101.9	98.9	100.4	100.0	101.3
渔业	102.1	100.3	105.3	102.2	103.6
农、林、牧、渔服务业	102.3	100.0	101.0	101.0	100.0
煤炭开采和洗选业	99.8	99.6	99.3	99.9	99.4
石油和天然气开采业	100.8	100.6	102.5	98.3	95.8
黑色金属矿采选业	102.3	101.8	100.9	98.5	99.7
有色金属矿采选业	99.8	101.9	100.1	100.2	97.2
非金属矿采选业	100.2	100.0	100.1	100.0	100.1
其他采矿业	100.0	100.0	100.0	100.0	100.0
农副食品加工业	100.0	100.8	100.5	99.6	99.1
食品制造业	98.4	101.0	100.4	99.9	101.3
酒、饮料和精制茶制造业	97.9	99.1	100.4	100.0	100.1
烟草制品业	99.4	100.1	99.6	100.0	100.0
纺织业	99.6	100.1	99.8	100.2	99.8
皮革、毛皮、羽毛及其制品和制鞋业	100.1	100.0	100.3	99.6	100.3
木材加工和竹藤棕草制品业	99.7	99.8	100.1	100.8	100.4
造纸和纸制品业	99.9	100.9	101.3	100.2	99.7
印刷和记录媒介复制业	98.0	100.0	102.1	98.0	100.0
文教、工美、体育和娱乐用品制造业					
石油加工、炼焦和核燃料加工业	99.4	100.2	99.9	99.7	99.8
化学原料和化学制品制造业	100.4	99.8	99.9	99.7	99.6
医药制造业	99.9	99.8	99.9	100.0	99.9
化学纤维制造业	105.9	99.4	99.3	99.5	93.6
橡胶和塑料制品业	100.4	100.1	99.9	99.8	100.0
非金属矿物制品业	99.4	99.9	99.1	99.4	99.5
黑色金属冶炼和压延加工业	100.9	100.6	101.2	99.9	99.4
有色金属冶炼和压延加工业	100.1	99.8	98.9	98.9	99.3
金属制品业	98.6	100.0	99.6	100.7	99.0
通用设备制造业	100.2	100.0	100.0	100.0	100.0
专用设备制造业					
汽车制造业	100.2	99.9	100.0	100.0	100.0
铁路、船舶、航空航天和其他运输设备制造业	100.0	100.0	100.0	100.0	100.0
电气机械和器材制造业	100.2	100.3	100.1	97.9	99.7
计算机、通信和其他电子设备制造业	99.9	100.0	100.0	100.0	99.9
仪器仪表制造业	100.0	100.0	100.0	100.0	100.0
废弃资源综合利用业	99.8	99.7	99.6	100.0	99.5
金属制品、机械和设备修理业					
电力、热力生产供应业	100.2	99.9	100.2	99.8	99.9
燃气生产供应业	102.8	97.8	97.7	99.4	99.7
自来水生产供应业	100.0	99.9	100.4	100.7	100.0

注 1：因当年部分行业无产品，故无指数

6月	7月	8月	9月	10月	11月	12月
99.6	99.6	99.9	100.1	100.1	99.9	99.8
99.8	100.4	100.0	99.7	99.8	98.8	97.8
100.5	101.3	102.7	101.9	102.1	100.0	99.4
102.3	98.6	100.6	101.0	101.2	100.3	100.3
98.8	101.2	102.7	100.1	100.2	100.3	100.0
100.0	100.0	98.4	99.5	100.2	100.5	100.4
98.9	99.4	99.5	99.8	100.1	100.6	100.5
97.9	101.5	100.2	101.9	101.1	101.5	99.5
94.9	99.8	99.5	104.2	100.6	99.0	100.2
100.0	96.0	101.4	100.4	99.9	99.8	100.0
99.9	99.9	98.9	99.7	99.9	99.4	100.2
100.0	100.0	100.0	100.0	100.0	100.0	100.0
100.1	99.7	99.6	100.3	100.2	99.4	100.0
101.3	98.6	101.2	101.1	106.9	102.0	101.2
100.0	100.0	99.7	100.3	100.7	100.8	99.5
100.8	100.0	100.0	100.0	100.0	100.5	100.0
99.7	99.9	100.0	99.6	99.7	100.0	99.9
99.6	100.8	98.3	100.6	102.8	100.1	100.0
100.1	100.0	100.1	99.5	100.3	100.4	99.8
98.6	100.0	100.9	99.2	100.0	100.0	101.1
100.0	97.9	100.0	100.0	100.0	100.0	97.9
99.1	99.6	99.2	101.2	99.8	99.6	99.7
100.2	99.2	100.0	100.6	100.5	100.2	99.9
100.7	100.0	99.8	99.6	99.8	100.4	100.1
98.9	100.1	100.5	100.9	96.5	99.4	99.0
99.9	100.0	100.1	100.5	99.9	99.9	100.2
99.9	100.1	100.2	100.6	100.8	100.9	100.8
99.5	99.0	99.5	100.0	99.8	99.5	100.0
99.9	98.7	100.1	99.7	100.0	99.9	99.7
99.2	98.7	100.1	100.0	100.3	99.9	99.7
99.9	100.0	100.0	100.0	100.0	100.0	100.0
99.9	100.0	100.0	98.7	100.0	100.0	100.2
100.0	100.0	100.0	100.0	100.0	100.6	100.0
99.1	99.7	98.4	100.4	99.5	100.2	99.1
100.2	102.0	98.0	96.8	100.4	100.0	101.1
100.0	100.0	100.0	100.0	100.0	100.0	100.0
98.0	98.4	100.2	99.9	99.7	99.5	99.0
99.6	99.6	100.1	99.9	100.0	100.8	100.0
100.6	98.4	100.2	98.6	102.1	100.4	100.9
100.5	100.5	100.2	100.0	100.0	100.0	100.0

广西壮族自治区固定资产投资价格指数（1991—2013 年）

（上年 =100）

年　份	总指数	建筑安装工程	设备、工器具购置	其他费用
1991	101.7	103.2	102.4	80.1
1992	117.9	116.8	119.5	123.5
1993	131.2	131.5	132.9	124.7
1994	112.3	112.2	113.6	109.6
1995	103.4	101.8	106.2	105.5
1996	103.6	104.2	102.9	101.5
1997	100.3	100.3	98.2	104.4
1998	99.9	101.4	95.2	100.4
1999	96.1	96.6	94.5	95.9
2000	101.4	102.4	95.7	104.5
2001	102.0	103.6	97.7	100.0
2002	100.3	100.8	98.4	100.1
2003	101.8	103.5	96.9	100.3
2004	104.6	106.8	99.3	101.6
2005	101.4	101.3	100.8	102.0
2006	101.2	101.1	100.7	101.9
2007	102.3	103.0	101.0	101.1
2008	107.9	110.7	101.7	103.7
2009	97.9	96.8	98.4	100.8
2010	103.1	103.8	101.2	102.6
2011	106.2	108.7	101.0	103.9
2012	100.6	100.8	99.3	101.5
2013	100.1	99.9	99.6	101.3

广西壮族自治区分季度固定资产投资价格指数（2003—2013 年）

（上期 =100）

年份	总指数				建筑安装工程				设备、工器具购置				其他费用			
	一季度	二季度	三季度	四季度	一季度	二季度	三季度	四季度	一季度	二季度	三季度	四季度	一季度	二季度	三季度	四季度
2003	101.0	101.4	101.9	102.9	102.0	102.8	103.1	105.9	97.1	97.1	96.0	97.1	100.9	100.4	102.5	97.2
2004	106.1	104.7	104.3	103.3	109.0	107.4	106.1	104.8	98.2	98.7	99.5	100.8	103.2	100.7	102.1	100.3
2005	100.9	101.8	101.5	101.2	100.6	102.4	101.8	100.4	101.2	100.7	101.1	100.2	101.5	100.6	100.9	105.1
2006	100.5	101.1	101.1	101.9	100.5	101.2	100.9	101.7	100.0	100.3	100.9	101.7	101.0	101.5	101.9	103.1
2007	101.8	101.7	102.1	103.7	102.0	102.0	102.9	105.1	101.5	101.5	100.9	100.1	101.3	100.9	100.5	101.7
2008	106.9	109.9	110.6	104.1	109.0	113.3	114.2	106.4	100.6	101.3	102.0	103.0	105.9	106.5	106.2	96.2
2009	97.8	97.5	96.3	99.8	97.2	95.3	95.2	99.4	99.5	98.6	97.7	97.7	98.0	103.1	98.6	103.6
2010	101.7	103.9	102.7	104.0	101.3	105.2	103.6	105.2	101.2	101.2	101.2	101.3	103.4	102.4	101.4	103.0
2011	107.6	105.9	106.6	104.8	110.8	108.1	109.1	106.6	101.3	101.4	101.1	100.3	104.2	103.2	104.4	103.9
2012	101.8	102.0	99.1	99.4	102.5	102.4	99.1	99.1	99.6	99.3	99.0	99.3	102.3	103.7	99.5	100.7
2013	99.6	99.2	100.1	101.4	99.1	99.0	99.9	101.7	99.4	99.2	99.4	100.3	101.7	99.7	102.1	101.8

附　录

1985—2013年全国及广西居民消费价格、商品零售价格指数

以上年价格为100

年份	居民消费价格指数		商品零售价格指数	
	全国	广西	全国	广西
1985	109.3	113.0	108.8	111.2
1986	106.5	106.2	106.0	105.1
1987	107.3	108.2	107.3	108.0
1988	118.8	120.8	118.5	121.0
1989	118.0	121.1	117.8	121.3
1990	103.1	101.1	102.1	100.1
1991	103.4	102.8	102.9	102.5
1992	106.4	105.9	105.4	104.6
1993	114.7	122.0	113.2	118.9
1994	124.1	126.0	121.7	124.4
1995	117.1	118.4	114.8	116.4
1996	108.3	106.5	106.1	104.5
1997	102.8	100.8	100.8	99.6
1998	99.2	97.0	97.4	96.3
1999	98.6	97.7	97.0	97.2
2000	100.4	99.7	98.5	98.6
2001	100.7	100.6	99.2	97.8
2002	99.2	99.1	98.7	98.1
2003	101.2	101.1	99.9	100.2
2004	103.9	104.4	102.8	103.9
2005	101.8	102.4	100.8	101.1
2006	101.5	101.3	101.0	100.3
2007	104.8	106.1	103.8	104.8
2008	105.9	107.8	105.9	107.6
2009	99.3	97.9	98.8	98.0
2010	103.3	103.0	103.1	103.0
2011	105.4	105.9	104.9	106.0
2012	102.6	103.2	102.0	102.3
2013	102.6	102.2	101.4	101.2

1985 年全国及各省（区、市）城乡居民消费价格和商品零售价格指数

以上年价格为 100

地 区	居民消费价格指数			商品零售价格指数		
	全省（区、市）	城市	农村	全省（区、市）	城市	农村
全国	109.3	111.9	107.6	108.8	112.2	107.0
北京市	117.6	117.6		118.6	118.6	
天津市	113.1	113.1		113.9	113.9	
河北省	108.1	108.9	107.7	107.8	109.2	107.0
山西省	108.5	109.1	107.8	107.6	108.5	106.6
内蒙古自治区	109.3	108.9	110.0	108.5	108.5	108.4
辽宁省		111.4	106.7	110.0	111.8	106.1
吉林省		110.3	107.9	109.7	111.1	107.8
黑龙江省	111.8	111.9	111.0	111.7	112.0	110.0
上海市	115.2	115.2		116.4	116.4	
江苏省	109.5	109.6	109.4	109.2	109.9	108.6
浙江省	114.8	115.1	114.3	114.0	115.2	112.9
安徽省	107.1	107.8	106.4	106.4	107.7	105.0
福建省	111.3	114.0	107.5	110.6	114.4	106.7
江西省	109.0	108.8	109.1	108.3	109.0	107.8
山东省	108.7	108.8	108.7	107.1	108.9	106.6
河南省		106.5	103.6	104.9	106.4	103.4
湖北省	108.4	110.3	106.2	107.5	110.6	105.2
湖南省	110.9	111.9	110.2	111.1	112.5	110.1
广东省	114.8	117.1	111.2	113.6	117.5	109.1
广西壮族自治区	113.0	114.7	111.8	111.2	114.5	109.3
海南省						
重庆市						
四川省	107.3	109.5	105.3	106.8	109.6	104.9
贵州省	107.7	110.3	105.7	107.7	111.0	105.1
云南省	108.2	111.9	105.7	108.0	112.7	104.9
西藏自治区						
陕西省	107.4	107.6	107.0	106.5	107.2	105.6
甘肃省	109.2	110.6	107.1	108.5	110.7	106.3
青海省	110.7	111.8	106.2	110.7	112.2	105.8
宁夏回族自治区	108.6	108.6	108.3	107.8	108.5	106.8
新疆维吾尔自治区		109.5	106.4	108.1	110.0	106.9

1986 年全国及各省（区、市）城乡居民消费价格和商品零售价格指数

以上年价格为 100

地 区	居民消费价格指数			商品零售价格指数		
	全省（区、市）	城市	农村	全省（区、市）	城市	农村
全国	106.5	107.0	106.1	106.0	107.0	105.0
北京市	106.8	106.8		106.7	106.7	
天津市	106.8	106.8		107.2	107.2	
河北省	105.7	106.0	105.4	105.2	105.7	104.8
山西省	105.6	106.4	104.8	105.3	106.3	104.6
内蒙古自治区	105.2	105.5	104.5	105.0	105.5	104.1
辽宁省		107.0	105.0	106.0	106.8	104.1
吉林省		106.0	105.1	105.4	105.9	103.5
黑龙江省	106.2	106.0	107.5	105.9	106.0	105.5
上海市	106.3	106.3		106.7	106.7	
江苏省	107.1	106.4	107.7	106.5	106.5	106.4
浙江省	106.2	106.3	106.1	106.0	106.1	105.9
安徽省	106.2	105.8	106.5	105.2	105.4	105.0
福建省	106.5	106.9	105.4	105.9	106.9	104.5
江西省	106.6	106.0	107.4	105.8	105.7	106.2
山东省	104.8	105.0	104.6	104.2	104.9	103.8
河南省	105.3	106.8	104.3	105.0	106.5	104.3
湖北省	105.5	106.0	104.8	104.2	105.4	103.1
湖南省	105.3	105.4	105.3	104.8	105.2	104.4
广东省	104.9	104.7	105.3	104.8	104.5	105.3
广西壮族自治区	106.2	106.2	106.2	105.1	106.0	104.4
海南省						
重庆市						
四川省	104.7	104.8	104.7	103.9	104.6	103.5
贵州省	105.4	106.4	104.6	105.3	106.3	104.6
云南省	106.1	104.8	106.4	105.0	104.4	105.3
西藏自治区						
陕西省	106.1	106.6	105.3	105.2	106.5	103.9
甘肃省	106.6	107.0	106.0	106.0	107.2	104.8
青海省	106.2	106.4	105.7	106.1	106.1	105.9
宁夏回族自治区	105.8	106.0	105.1	104.9	105.7	104.0
新疆维吾尔自治区	107.3	106.8	107.6	106.7	107.0	106.6

1987年全国及各省（区、市）城乡居民消费价格和商品零售价格指数

以上年价格为100

地区	居民消费价格指数			商品零售价格指数		
	全省（区、市）	城市	农村	全省（区、市）	城市	农村
全国	107.3	108.8	106.2	107.3	109.1	106.3
北京市	108.6	108.6		108.7	108.7	
天津市	106.8	106.8		106.9	106.9	
河北省	107.8	108.2	107.4	108.3	108.3	108.2
山西省	107.4	108.5	106.6	107.5	108.9	106.5
内蒙古自治区	107.8	108.5	106.0	108.1	108.8	106.3
辽宁省	108.8	109.8	105.6	109.0	109.9	106.7
吉林省	107.6	108.0	105.3	107.5	108.1	105.1
黑龙江省	109.4	109.7	106.6	109.6	110.1	106.6
上海市	108.1	108.1		108.8	108.8	
江苏省	109.2	110.5	107.7	109.3	110.8	108.0
浙江省	108.8	110.9	106.4	109.5	111.3	107.4
安徽省	109.1	109.9	108.3	109.7	109.9	109.4
福建省	109.4	110.6	107.9	109.4	111.0	107.8
江西省	106.6	107.9	105.1	106.9	108.2	105.7
山东省	108.3	109.1	107.5	108.0	109.4	107.1
河南省	106.3	107.8	105.3	108.1	108.0	108.2
湖北省	107.5	108.7	106.4	107.6	108.6	107.0
湖南省	109.8	111.3	108.8	110.6	111.3	110.2
广东省	111.1	112.8	109.7	111.7	113.1	110.4
广西壮族自治区	108.2	110.2	105.8	108.0	110.5	105.5
海南省						
重庆市						
四川省	107.6	110.1	105.6	107.5	110.6	105.7
贵州省	107.1	109.7	105.8	107.3	109.9	105.9
云南省	107.0	107.4	106.6	106.6	107.3	106.1
西藏自治区						
陕西省	108.2	109.2	106.3	108.6	109.7	107.1
甘肃省	107.6	108.4	106.5	107.4	108.7	106.0
青海省	107.2	107.8	105.2	107.3	108.0	105.0
宁夏回族自治区	107.3	109.9	105.3	108.0	110.6	106.2
新疆维吾尔自治区	107.2	108.5	105.1	107.1	108.8	104.3

1988 年全国及各省（区、市）城乡居民消费价格和商品零售价格指数

以上年价格为 100

地 区	居民消费价格指数			商品零售价格指数		
	全省（区、市）	城市	农村	全省（区、市）	城市	农村
全国	118.8	120.7	117.5	118.5	121.3	117.1
北京市	120.4	120.4		121.9	121.9	
天津市	116.9	116.9		117.7	117.7	
河北省	118.0	118.3	117.8	118.1	119.0	117.5
山西省	120.9	122.1	119.7	121.0	123.0	119.4
内蒙古自治区	116.3	117.0	115.0	116.3	117.1	115.1
辽宁省	119.3	119.6	115.9	119.3	120.0	116.5
吉林省	120.3	121.6	117.1	119.9	121.5	117.0
黑龙江省	118.0	118.6	116.1	117.8	119.1	115.4
上海市	120.1	120.1		121.3	121.3	
江苏省	121.9	122.6	121.4	121.7	123.5	120.7
浙江省	121.5	123.4	119.8	122.1	124.2	120.5
安徽省	120.9	121.4	119.1	121.8	122.5	119.2
福建省	126.5	127.0	126.0	126.5	128.0	125.4
江西省	121.8	123.7	119.7	121.8	124.7	119.4
山东省	118.7	120.6	117.0	118.3	121.2	116.5
河南省	119.4	121.5	118.1	120.2	122.1	119.4
湖北省	119.0	120.5	117.2	119.5	121.5	117.8
湖南省	125.6	125.7	125.4	125.9	126.0	125.8
广东省	129.4	129.5	129.3	130.2	130.5	130.1
广西壮族自治区	120.8	123.3	118.4	121.0	123.2	119.4
海南省						
重庆市						
四川省	119.9	122.9	118.5	120.0	123.7	118.7
贵州省	119.8	121.5	117.2	120.2	122.3	117.0
云南省	119.8	121.1	118.8	119.6	122.5	118.0
西藏自治区						
陕西省	118.8	120.1	116.8	119.0	120.6	117.5
甘肃省	119.1	120.6	116.0	118.6	120.8	115.1
青海省	118.0	118.6	116.2	118.3	118.9	115.8
宁夏回族自治区	117.1	117.7	115.7	117.5	118.4	116.1
新疆维吾尔自治区	114.7	117.0	111.7	114.6	118.1	111.0

1989年全国及各省（区、市）城乡居民消费价格和商品零售价格指数

以上年价格为100

地 区	居民消费价格指数			商品零售价格指数		
	全省（区、市）	城市	农村	全省（区、市）	城市	农村
全国	118.0	116.3	119.3	117.8	116.0	118.8
北京市	117.2	117.2		118.5	118.5	
天津市	114.7	114.7		115.1	115.1	
河北省	118.7	115.9	122.2	118.4	115.8	120.8
山西省	119.5	116.3	122.9	119.1	116.1	121.5
内蒙古自治区	115.3	114.2	118.3	115.9	114.4	118.8
辽宁省	118.2	117.2	120.1	118.4	117.1	121.2
吉林省	117.2	116.9	119.3	116.9	116.7	117.4
黑龙江省	114.6	114.6	114.6	114.0	114.2	113.4
上海市	115.9	115.9		116.7	116.7	
江苏省	117.1	116.0	118.5	118.0	115.7	119.7
浙江省	118.2	116.8	119.6	117.8	116.6	118.7
安徽省	117.2	115.7	118.8	117.1	115.3	118.6
福建省	118.9	118.8	118.9	118.8	118.8	118.8
江西省	118.5	117.2	119.7	118.6	117.1	119.5
山东省	117.3	115.7	118.9	117.1	115.2	118.4
河南省	118.7	114.9	122.0	118.3	114.5	120.5
湖北省	116.3	114.1	118.2	117.0	113.9	119.0
湖南省	118.2	117.3	119.1	118.1	116.2	119.4
广东省	122.1	121.9	122.4	121.0	121.0	120.9
广西壮族自治区	121.1	119.7	123.3	121.3	119.1	123.5
海南省	128.4	127.6	129.8	126.8	126.3	127.5
重庆市						
四川省	119.8	117.8	121.3	118.3	116.8	119.2
贵州省	118.3	117.9	118.8	117.4	116.8	118.1
云南省	118.6	117.9	119.0	119.3	118.5	119.6
西藏自治区						
陕西省	118.5	117.6	121.0	118.8	117.2	121.5
甘肃省	117.9	118.2	117.6	116.4	115.9	116.8
青海省	117.5	117.3	118.0	117.7	117.5	118.2
宁夏回族自治区	117.2	116.2	118.5	117.8	116.6	118.9
新疆维吾尔自治区	116.0	114.5	118.3	116.7	115.2	118.7

1990年全国及各省（区、市）城乡居民消费价格和商品零售价格指数

以上年价格为100

地 区	居民消费价格指数			商品零售价格指数		
	全省（区、市）	城市	农村	全省（区、市）	城市	农村
全国	103.1	101.3	104.5	102.1	100.2	103.2
北京市	105.4	105.4		104.1	104.1	
天津市	103.0	103.0		102.7	102.7	
河北省	100.6	101.2	99.9	99.9	99.9	100.0
山西省	102.2	101.5	103.0	102.1	100.6	103.3
内蒙古自治区	102.3	101.8	103.4	102.9	101.3	105.6
辽宁省	103.3	103.1	104.1	102.7	102.1	104.7
吉林省	104.9	103.9	108.2	103.9	103.1	106.4
黑龙江省	105.7	105.6	106.3	104.9	104.8	105.2
上海市	106.3	106.3		104.8	104.8	
江苏省	103.2	103.4	103.0	102.3	102.6	102.0
浙江省	102.1	102.1	102.0	101.6	101.4	101.8
安徽省	102.7	102.6	102.8	101.9	101.2	102.6
福建省	99.3	100.1	98.6	98.9	99.5	98.6
江西省	102.1	101.5	102.8	101.3	100.3	102.2
山东省	103.4	102.6	104.0	101.8	101.6	102.0
河南省	100.7	100.5	100.9	99.7	99.8	99.7
湖北省	104.2	103.1	105.1	102.9	102.3	103.3
湖南省	100.4	100.6	100.2	99.4	99.2	99.6
广东省	97.5	97.4	97.6	95.6	95.6	95.6
广西壮族自治区	101.1	98.3	104.4	100.1	97.4	102.4
海南省	102.1	99.6	108.1	100.6	97.7	106.4
重庆市						
四川省	103.8	101.5	105.0	103.1	100.4	104.2
贵州省	101.8	101.1	102.8	101.4	100.4	102.5
云南省	102.8	101.6	103.4	102.1	100.2	102.9
西藏自治区						
陕西省	102.4	102.6	102.1	101.6	101.4	101.8
甘肃省	103.2	101.9	104.7	103.4	100.6	105.8
青海省	105.1	104.7	107.6	104.5	103.7	107.4
宁夏回族自治区	107.1	105.5	109.0	104.2	102.3	105.7
新疆维吾尔自治区	105.0	104.5	105.9	104.1	103.2	105.3

1991年全国及各省（区、市）城乡居民消费价格和商品零售价格指数

以上年价格为100

地 区	居民消费价格指数			商品零售价格指数		
	全省（区、市）	城市	农村	全省（区、市）	城市	农村
全国	103.4	105.1	102.3	102.9	104.5	102.0
北京市	111.9	111.9		108.5	108.5	
天津市	110.2	110.2		108.0	108.0	
河北省	103.4	106.6	101.6	102.8	106.5	101.3
山西省	104.8	106.2	102.9	103.9	105.0	102.8
内蒙古自治区	104.6	106.0	102.5	104.5	106.1	102.9
辽宁省	105.6	106.0	104.2	104.1	104.6	102.9
吉林省	106.8	107.1	105.2	105.1	105.5	104.7
黑龙江省	107.4	108.2	105.3	106.5	107.5	105.0
上海市	110.5	110.5		109.5	109.5	
江苏省	104.9	107.7	101.9	104.4	107.8	101.7
浙江省	103.5	105.6	101.5	103.0	105.2	101.4
安徽省	106.1	107.4	104.1	105.7	107.5	103.7
福建省	103.5	104.6	102.4	103.6	104.2	103.1
江西省	102.8	104.4	101.3	102.4	104.0	101.2
山东省	104.9	106.2	104.0	104.7	106.1	103.6
河南省	102.3	105.1	100.0	101.7	105.0	99.8
湖北省	104.9	106.2	103.6	104.3	105.6	103.1
湖南省	104.4	105.1	103.8	104.1	104.4	103.1
广东省	101.2	102.3	99.9	100.6	101.4	99.7
广西壮族自治区	102.8	102.7	103.0	102.5	102.5	102.5
海南省	103.9	104.0	104.4	103.1	103.6	102.9
重庆市						
四川省	103.0	104.3	102.1	102.3	103.7	101.4
贵州省	104.4	103.9	105.1	103.3	103.4	103.3
云南省	103.1	103.8	102.7	103.7	103.1	103.9
西藏自治区						
陕西省	106.6	107.3	105.3	105.8	106.5	103.6
甘肃省	104.9	105.7	104.5	104.6	105.2	104.4
青海省	107.6	108.7	105.2	106.3	107.1	104.4
宁夏回族自治区	106.3	106.9	105.3	105.7	106.6	104.8
新疆维吾尔自治区	108.6	109.3	107.9	108.0	108.9	106.8

1992年全国及各省（区、市）城乡居民消费价格和商品零售价格指数

以上年价格为100

地 区	居民消费价格指数			商品零售价格指数		
	全省（区、市）	城市	农村	全省（区、市）	城市	农村
全国	106.4	108.6	104.7	105.4	107.7	103.9
北京市	109.9	109.9		108.3	108.3	
天津市	111.4	111.4		109.4	109.4	
河北省	106.1	108.5	103.9	105.2	107.4	103.3
山西省	107.3	109.1	104.6	106.3	108.2	103.7
内蒙古自治区	107.4	108.7	103.9	106.8	108.7	103.4
辽宁省	106.7	108.1	102.3	106.0	107.5	102.7
吉林省	108.0	107.3	103.9	107.1	107.7	103.7
黑龙江省	109.2	109.7	105.9	108.5	108.6	106.9
上海市	110.0	110.0		109.7	109.7	
江苏省	106.6	108.8	104.4	104.8	107.2	103.2
浙江省	107.5	109.2	104.8	106.6	108.9	104.1
安徽省	108.2	108.8	108.0	106.6	107.5	106.0
福建省	105.9	108.0	104.1	105.0	107.4	103.3
江西省	105.7	107.5	103.5	105.6	107.2	103.9
山东省	106.8	108.6	104.6	105.9	108.1	103.1
河南省	105.4	107.7	102.9	104.4	107.5	101.9
湖北省	109.6	110.5	108.1	107.0	108.4	104.7
湖南省	110.7	113.5	107.9	109.5	111.4	106.6
广东省	107.3	108.4	105.9	105.8	107.5	103.9
广西壮族自治区	105.9	107.0	105.4	104.6	106.2	103.9
海南省	108.7	109.0	103.4	108.7	109.1	102.5
重庆市						
四川省	107.4	109.8	104.6	106.4	108.4	104.4
贵州省	107.8	108.7	106.9	107.4	108.2	106.6
云南省	108.9	110.4	108.8	107.7	109.0	107.4
西藏自治区						
陕西省	110.3	111.2	107.3	109.5	111.1	106.3
甘肃省	107.2	107.3	106.4	105.8	106.1	105.2
青海省	108.0	108.6	106.6	106.4	107.5	104.1
宁夏回族自治区	108.3	109.3	106.5	107.4	109.1	105.5
新疆维吾尔自治区	108.6	109.3	107.6	108.1	108.6	107.1

1993年全国及各省（区、市）城乡居民消费价格和商品零售价格指数

以上年价格为100

地 区	居民消费价格指数			商品零售价格指数		
	全省（区、市）	城市	农村	全省（区、市）	城市	农村
全国	114.7	116.1	113.7	113.2	114.2	112.6
北京市	119.0	119.0		116.9	116.9	
天津市	117.6	117.6		114.3	114.3	
河北省	113.8	115.5	111.9	110.5	111.7	109.5
山西省	115.1	116.1	112.7	113.1	113.7	111.7
内蒙古自治区	114.1	114.7	112.5	112.5	113.2	110.8
辽宁省	115.2	116.7	110.9	113.5	114.4	110.5
吉林省	112.6	113.2	108.8	111.3	111.9	108.6
黑龙江省	114.8	115.2	113.7	114.6	113.5	117.0
上海市	120.2	120.2		117.5	117.5	
江苏省	118.2	118.7	117.3	115.4	116.6	114.0
浙江省	119.8	121.4	117.4	116.7	119.1	115.2
安徽省	114.7	114.4	115.4	112.9	112.1	114.0
福建省	115.4	116.8	114.2	113.4	115.7	111.8
江西省	114.6	115.8	112.5	111.1	112.6	110.1
山东省	112.7	114.6	110.7	110.7	112.3	109.1
河南省	110.4	110.6	110.3	108.4	108.5	108.4
湖北省	118.4	118.8	117.6	115.0	116.2	113.2
湖南省	116.8	117.4	116.4	115.1	115.7	114.6
广东省	121.6	122.0	120.6	118.2	120.9	116.7
广西壮族自治区	122.0	123.3	119.1	118.9	121.9	114.8
海南省	123.3	123.7	116.5	123.9	124.2	119.1
重庆市						
四川省	116.8	116.9	116.7	113.9	114.7	113.7
贵州省	116.0	115.8	116.2	114.8	113.6	116.1
云南省	121.3	118.8	123.3	118.9	116.3	120.2
西藏自治区						
陕西省	113.1	114.0	113.0	111.8	110.6	112.2
甘肃省	115.4	115.2	115.8	113.0	112.3	114.5
青海省	113.2	114.0	110.5	112.5	112.9	111.9
宁夏回族自治区	114.3	115.2	113.8	112.8	112.4	113.4
新疆维吾尔自治区	113.0	113.6	110.8	112.6	113.4	110.1

1994年全国及各省（区、市）城乡居民消费价格和商品零售价格指数

以上年价格为100

地 区	居民消费价格指数			商品零售价格指数		
	全省（区、市）	城市	农村	全省（区、市）	城市	农村
全国	124.1	125.0	123.4	121.7	120.9	122.9
北京市	124.9	124.9		117.9	117.9	
天津市	124.0	124.0		115.6	115.6	
河北省	122.6	124.9	120.0	121.4	123.1	119.8
山西省	125.2	125.9	124.4	121.6	121.3	122.0
内蒙古自治区	122.9	124.3	121.3	119.3	119.6	118.8
辽宁省	124.3	126.1	120.9	120.6	120.7	120.4
吉林省	120.6	123.2	117.0	119.9	120.1	119.7
黑龙江省	121.9	122.0	121.3	120.7	120.5	121.3
上海市	123.9	123.9		117.5	117.5	
江苏省	123.2	125.3	121.7	123.6	121.7	124.8
浙江省	124.8	124.7	124.9	121.7	120.0	124.8
安徽省	126.9	127.4	126.3	123.3	122.7	123.8
福建省	125.3	125.1	125.5	123.0	122.6	123.7
江西省	126.9	126.9	126.7	125.1	122.9	127.6
山东省	123.4	125.4	121.7	120.3	120.6	120.0
河南省	125.2	127.4	123.5	120.6	118.2	122.3
湖北省	125.3	127.0	124.1	124.9	124.0	125.6
湖南省	125.3	124.8	125.6	125.3	121.7	129.6
广东省	121.7	121.0	122.5	118.9	118.1	120.0
广西壮族自治区	126.0	125.4	126.5	124.4	122.7	125.6
海南省	126.7	125.6	128.2	121.8	121.2	122.9
重庆市						
四川省	124.6	127.9	122.5	123.9	124.1	123.6
贵州省	122.8	122.0	123.6	119.5	116.7	123.3
云南省	119.2	117.3	119.9	116.0	113.8	117.9
西藏自治区						
陕西省	126.7	128.2	125.2	126.1	125.1	127.4
甘肃省	123.7	124.6	123.5	122.5	121.5	125.2
青海省	121.8	123.2	120.7	123.2	123.1	123.0
宁夏回族自治区	123.1	124.8	121.6	120.1	120.0	120.2
新疆维吾尔自治区	126.7	127.7	125.6	125.7	126.2	125.3

1995年全国及各省（区、市）城乡居民消费价格和商品零售价格指数

以上年价格为100

地 区	居民消费价格指数			商品零售价格指数		
	全省（区、市）	城市	农村	全省（区、市）	城市	农村
全国	117.1	116.8	117.5	114.8	113.5	116.4
北京市	117.3			112.6		
天津市	115.3			110.6		
河北省	115.2	116.1	114.8	115.8	115.2	116.6
山西省	116.9	116.7	117.2	115.6	114.5	116.9
内蒙古自治区	117.5	117.1	118.0	116.8	115.4	118.9
辽宁省	116.1	116.1	116.0	114.0	113.6	115.0
吉林省	115.2	115.1	115.6	114.2	114.0	115.4
黑龙江省	116.1	115.9	116.2	114.3	113.7	115.7
上海市	118.7			113.0		
江苏省	115.8	116.2	115.3	114.3	112.5	115.6
浙江省	116.6	117.0	116.4	113.5	113.0	114.3
安徽省	114.8	115.9	113.7	112.7	113.1	112.3
福建省	115.2	116.4	114.4	114.4	114.3	114.7
江西省	116.9	116.9	117.0	115.9	115.0	116.9
山东省	117.6	116.8	117.9	114.2	113.2	116.2
河南省	116.5	116.9	116.3	114.9	113.3	116.5
湖北省	120.0	120.1	119.9	116.6	115.1	118.3
湖南省	119.0	118.1	119.5	115.5	114.5	116.8
广东省	114.0	113.1	115.3	111.6	110.8	112.7
广西壮族自治区	118.4	118.0	118.6	116.4	115.0	117.7
海南省	113.5	110.6	118.4	111.3	108.7	115.5
重庆市						
四川省	118.5	119.0	118.3	117.0	115.8	118.2
贵州省	121.4	119.5	124.7	117.2	115.2	120.1
云南省	121.3	120.3	121.8	118.1	116.3	120.1
西藏自治区						
陕西省	119.0	118.0	119.9	117.0	115.3	119.4
甘肃省	119.8	118.9	120.3	116.5	115.7	118.3
青海省	118.0	119.7	115.7	116.3	115.9	116.7
宁夏回族自治区	117.1	117.3	116.4	115.3	114.7	115.9
新疆维吾尔自治区	119.7	118.4	122.5	116.7	115.7	118.3

1996年全国及各省（区、市）城乡居民消费价格和商品零售价格指数

以上年价格为100

地 区	居民消费价格指数			商品零售价格指数		
	全省（区、市）	城市	农村	全省（区、市）	城市	农村
全国	108.3	108.8	107.9	106.1	105.8	106.4
北京市	111.6			107.3		
天津市	109.0			105.1		
河北省	107.1	107.6	106.8	106.2	106.0	106.3
山西省	107.9	108.3	107.3	106.2	106.0	106.5
内蒙古自治区	107.6	107.5	107.7	105.8	105.9	105.6
辽宁省	107.9	108.2	106.8	105.4	105.5	104.9
吉林省	107.2	107.7	105.8	105.1	105.1	105.0
黑龙江省	107.1	107.6	105.8	105.1	105.2	105.1
上海市	109.2			105.0		
江苏省	109.3	110.8	107.1	106.8	106.8	106.8
浙江省	107.9	109.8	107.0	105.8	106.4	105.1
安徽省	109.9	110.1	109.7	107.1	107.0	107.2
福建省	105.9	106.9	105.4	104.5	104.4	104.7
江西省	108.4	108.1	108.6	106.6	106.4	106.7
山东省	109.6	110.5	109.0	107.0	106.7	107.4
河南省	110.5	109.5	110.9	107.9	106.2	109.4
湖北省	109.4	110.2	107.9	106.5	106.2	106.9
湖南省	107.7	107.2	108.2	105.2	105.2	105.1
广东省	107.0	107.2	106.5	104.4	104.1	105.0
广西壮族自治区	106.5	105.5	107.4	104.5	104.1	104.9
海南省	104.3	104.8	103.7	102.3	102.7	101.4
重庆市						
四川省	109.3	109.8	109.1	107.7	106.4	108.8
贵州省	109.1	110.6	107.8	106.9	107.2	106.5
云南省	108.7	108.2	108.8	106.6	105.0	108.4
西藏自治区						
陕西省	109.7	110.3	109.6	108.1	107.7	109.5
甘肃省	110.2	110.3	109.7	106.6	106.1	107.9
青海省	110.8	111.4	108.8	107.8	108.1	107.3
宁夏回族自治区	106.8	106.6	106.9	106.7	106.3	107.4
新疆维吾尔自治区	110.5	110.4	110.6	108.8	108.7	109.0

1997年全国及各省（区、市）城乡居民消费价格和商品零售价格指数

以上年价格为100

地 区	居民消费价格指数			商品零售价格指数		
	全省（区、市）	城市	农村	全省（区、市）	城市	农村
全国	102.8	103.1	102.5	100.8	100.8	100.7
北京市	105.3			103.8		
天津市	103.1			100.7		
河北省	103.5	103.7	103.4	102.1	102.0	102.1
山西省	103.1	103.1	103.0	101.3	100.9	101.7
内蒙古自治区	104.5	104.6	104.3	102.3	102.4	101.9
辽宁省	103.1	103.8	102.1	101.0	101.0	100.5
吉林省	103.7	103.7	103.7	101.8	101.7	102.0
黑龙江省	104.4	104.5	103.8	102.2	102.0	102.6
上海市	102.8			98.8		
江苏省	101.7	101.3	102.0	99.3	99.1	99.5
浙江省	102.8	104.1	102.1	100.3	100.9	99.4
安徽省	101.3	101.9	100.7	99.4	100.1	98.9
福建省	101.7	102.5	101.3	99.8	99.6	100.1
江西省	102.0	103.0	101.2	99.6	100.1	99.3
山东省	102.8	103.2	102.4	100.8	100.8	100.7
河南省	103.5	102.4	103.9	100.5	99.8	101.2
湖北省	103.2	102.6	103.6	101.5	100.8	102.2
湖南省	102.8	103.0	102.5	100.3	100.6	99.8
广东省	101.9	102.1	101.5	99.8	99.8	99.8
广西壮族自治区	100.8	100.7	100.8	99.6	99.9	99.4
海南省	100.8	101.5	100.3	99.4	99.6	99.1
重庆市	103.1			101.6		
四川省	105.1	105.1	105.0	102.9	102.8	102.9
贵州省	103.4	103.4	103.4	101.5	101.4	101.7
云南省	104.3	104.6	103.9	102.3	101.6	103.2
西藏自治区						
陕西省	104.8	105.2	104.0	101.6	101.3	101.8
甘肃省	102.9	102.8	102.9	101.6	101.4	101.9
青海省	104.8	105.1	104.2	103.0	103.2	102.7
宁夏回族自治区	103.8	103.9	103.5	102.2	102.2	102.1
新疆维吾尔自治区	103.7	103.5	103.9	101.8	101.3	102.5

1998 年全国及各省（区、市）城乡居民消费价格和商品零售价格指数

以上年价格为 100

地　区	居民消费价格指数			商品零售价格指数		
	全省（区、市）	城市	农村	全省（区、市）	城市	农村
全国	99.2	99.4	99.0	97.4	97.4	97.6
北京市	102.4			98.3		
天津市	99.5			96.6		
河北省	98.4	98.7	98.1	97.7	97.9	97.3
山西省	98.6	98.7	98.5	97.0	96.9	97.0
内蒙古自治区	99.3	99.3	99.2	98.1	98.1	98.0
辽宁省	99.3	99.8	98.7	97.6	97.6	97.4
吉林省	99.2	99.3	99.0	97.9	97.9	97.7
黑龙江省	100.4	100.9	99.7	98.4	98.5	98.2
上海市	100.0			95.1		
江苏省	99.4	100.0	99.0	98.2	98.2	98.1
浙江省	99.7	100.5	99.3	98.4	98.4	98.4
安徽省	100.0	100.3	99.9	98.1	98.4	98.0
福建省	99.7	100.0	99.5	98.5	98.3	98.9
江西省	101.0	101.0	101.0	98.8	98.5	98.9
山东省	99.4	99.7	99.0	97.1	97.1	97.2
河南省	97.5	97.9	97.1	96.6	96.6	96.5
湖北省	98.4	97.9	99.0	97.1	96.3	98.0
湖南省	100.2	100.5	100.1	97.9	98.3	97.4
广东省	98.2	98.3	98.1	97.0	96.9	97.2
广西壮族自治区	97.0	97.1	96.8	96.3	96.7	95.9
海南省	97.3	97.6	96.6	96.5	96.3	96.8
重庆市	96.4			94.5		
四川省	99.6	99.8	99.5	97.7	97.7	97.6
贵州省	100.1	100.5	99.6	98.9	98.9	98.8
云南省	101.7	102.4	101.1	99.2	98.8	99.6
西藏自治区						
陕西省	98.4	97.7	99.3	96.2	95.6	97.5
甘肃省	99.0	99.0	98.9	98.1	98.0	98.3
青海省	100.7	100.6	101.0	99.6	99.7	99.6
宁夏回族自治区	100.0	100.0	99.8	97.5	97.3	97.9
新疆维吾尔自治区	100.2	99.9	100.8	99.7	99.6	99.9

1999年全国及各省（区、市）城乡居民消费价格和商品零售价格指数

以上年价格为100

地 区	居民消费价格指数			商品零售价格指数		
	全省（区、市）	城市	农村	全省（区、市）	城市	农村
全国	98.6	98.7	98.5	97.0	97.0	97.1
北京市	100.6			98.8		
天津市	98.9			97.5		
河北省	98.1	98.7	97.6	97.8	98.0	97.7
山西省	99.6	100.4	98.5	96.8	97.2	96.1
内蒙古自治区	99.8	100.3	99.1	97.7	97.9	97.4
辽宁省	98.6	98.7	98.3	96.1	95.9	97.2
吉林省	98.0	97.9	98.6	96.7	96.4	97.6
黑龙江省	96.8	97.0	96.3	96.1	96.4	95.3
上海市	101.5			97.3		
江苏省	98.7	98.6	98.8	96.9	96.7	97.3
浙江省	98.8	99.5	98.5	97.7	97.7	97.7
安徽省	97.8	97.6	98.0	96.6	96.6	96.6
福建省	99.1	98.7	99.2	96.5	96.2	96.9
江西省	98.6	99.1	98.1	96.8	97.3	96.3
山东省	99.3	100.0	98.6	97.1	97.1	97.1
河南省	96.9	96.6	97.1	96.2	95.7	96.6
湖北省	97.8	97.2	98.3	95.9	95.2	96.7
湖南省	100.5	99.6	101.4	97.6	97.8	97.5
广东省	98.2	98.4	97.7	96.7	96.7	96.6
广西壮族自治区	97.7	97.2	98.2	97.2	96.8	97.6
海南省	98.3	99.1	97.3	96.6	98.0	95.2
重庆市	99.3			96.5		
四川省	98.5	98.1	99.0	97.3	96.9	97.6
贵州省	99.2	98.9	99.7	97.9	97.7	97.9
云南省	99.7	98.8	100.7	98.3	97.4	99.3
西藏自治区	100.0	99.4	100.5	98.8	98.5	99.0
陕西省	97.8	97.2	98.4	97.5	97.4	97.7
甘肃省	97.6	97.2	98.2	97.2	97.3	97.2
青海省	99.5	99.5	99.6	98.5	98.4	98.8
宁夏回族自治区	98.7	99.1	98.1	97.9	98.4	97.0
新疆维吾尔自治区	97.4	97.7	96.8	96.2	96.6	95.6

2000年全国及各省（区、市）城乡居民消费价格和商品零售价格指数

以上年价格为100

地区	居民消费价格指数			商品零售价格指数		
	全省（区、市）	城市	农村	全省（区、市）	城市	农村
全国	100.4	100.8	99.9	98.5	98.5	98.5
北京市	103.5			98.9		
天津市	99.6			98.6		
河北省	99.7	100.5	99.1	99.1	99.2	98.9
山西省	103.9	104.7	103.0	97.1	96.8	97.5
内蒙古自治区	101.3	101.3	101.2	98.8	98.7	98.9
辽宁省	99.9	100.0	99.7	98.4	98.4	98.6
吉林省	98.6	98.3	99.6	98.0	97.6	99.2
黑龙江省	98.3	98.7	97.2	97.8	97.9	97.6
上海市	102.5			96.4		
江苏省	100.1	100.0	100.1	98.6	98.5	99.0
浙江省	101.0	100.9	101.1	99.0	98.8	99.1
安徽省	100.7	100.9	100.5	98.0	97.9	98.0
福建省	102.1	103.2	101.3	98.9	99.0	98.9
江西省	100.3	102.1	99.1	98.5	98.6	98.5
山东省	100.2	101.2	99.3	98.6	98.8	98.3
河南省	99.2	99.1	99.2	98.5	98.8	98.3
湖北省	99.0	100.0	98.2	97.8	98.1	97.1
湖南省	101.4	101.3	101.4	99.3	99.8	98.4
广东省	101.4	102.2	100.0	99.9	100.0	99.6
广西壮族自治区	99.7	100.0	99.5	98.6	98.4	98.8
海南省	101.1	101.5	100.2	99.9	101.0	99.0
重庆市	96.7			95.5		
四川省	100.1	99.7	100.6	97.7	97.5	97.8
贵州省	99.5	99.2	100.2	97.3	96.9	97.8
云南省	97.9	97.6	98.4	97.6	97.0	98.4
西藏自治区	99.9	100.4	99.8	99.2	99.1	99.5
陕西省	99.5	100.3	99.0	98.3	98.8	97.7
甘肃省	99.5	99.2	100.1	99.1	98.9	99.6
青海省	99.5	99.6	99.4	99.0	99.3	98.9
宁夏回族自治区	99.6	99.7	99.5	97.6	97.8	97.4
新疆维吾尔自治区	99.4	100.1	97.6	98.3	98.9	97.4

2001年全国及各省（区、市）城乡居民消费价格和商品零售价格指数

以上年价格为100

地 区	居民消费价格指数			商品零售价格指数		
	全省（区、市）	城市	农村	全省（区、市）	城市	农村
全国	100.7	100.7	100.8	99.2	98.9	99.6
北京市	103.1	103.1		98.8	98.8	
天津市	101.2	101.2		98.6	98.6	
河北省	100.5	100.4	100.6	99.8	99.4	100.2
山西省	99.8	99.5	100.4	99.0	98.6	99.5
内蒙古自治区	100.6	100.6	100.5	100.0	100.0	99.9
辽宁省	100.0	99.9	100.2	99.4	99.2	100.4
吉林省	101.3	101.5	100.5	100.9	100.8	101.5
黑龙江省	100.8	100.8	100.4	100.4	100.3	101.2
上海市	100.0	100.0		98.6	98.6	
江苏省	100.8	100.1	101.5	98.9	98.6	99.3
浙江省	99.8	99.6	100.0	98.1	97.4	99.0
安徽省	100.5	100.0	101.3	99.6	98.5	100.6
福建省	98.7	98.3	99.3	98.0	97.6	98.4
江西省	99.5	99.8	99.2	98.4	98.3	98.4
山东省	101.8	101.1	102.4	100.0	99.5	100.7
河南省	100.7	100.7	100.7	99.8	99.5	100.1
湖北省	100.3	100.4	99.8	97.4	97.0	98.0
湖南省	99.1	98.9	99.3	98.8	98.1	99.4
广东省	99.3	99.2	99.6	98.7	98.6	98.9
广西壮族自治区	100.6	101.3	99.6	97.8	97.3	99.0
海南省	98.5	98.8	98.3	97.7	97.6	97.8
重庆市	101.7	101.7		99.0	99.0	
四川省	102.1	101.8	102.7	100.8	100.5	101.2
贵州省	101.8	102.4	101.1	98.4	97.8	99.1
云南省	99.1	98.1	100.6	98.4	98.0	98.7
西藏自治区	100.1	99.1	100.9	99.6	99.6	99.4
陕西省	101.0	100.1	102.9	99.1	98.9	99.6
甘肃省	104.0	103.0	105.5	99.6	99.2	100.5
青海省	102.6	103.0	101.2	99.9	99.9	99.9
宁夏回族自治区	101.6	101.3	102.2	100.0	100.3	99.6
新疆维吾尔自治区	104.0	104.0	103.8	102.5	102.7	102.3

2002年全国及各省（区、市）城乡居民消费价格和商品零售价格指数

以上年价格为100

地 区	居民消费价格指数			商品零售价格指数		
	全省（区、市）	城市	农村	全省（区、市）	城市	农村
全国	99.2	99.0	99.6	98.7	98.5	99.1
北京市	98.2	98.2		98.4	98.4	
天津市	99.6	99.6		97.4	97.4	
河北省	99.0	98.6	99.5	99.2	98.8	99.6
山西省	98.4	97.8	99.3	98.6	98.3	99.1
内蒙古自治区	100.2	99.3	101.9	99.4	99.5	99.2
辽宁省	98.9	98.9	98.7	97.4	97.4	97.6
吉林省	99.5	99.2	100.3	99.0	98.7	99.7
黑龙江省	99.3	99.3	99.5	98.5	98.4	98.7
上海市	100.5	100.5		98.7	98.7	
江苏省	99.2	98.4	100.2	98.1	98.0	99.0
浙江省	99.1	98.8	99.3	98.7	98.4	99.3
安徽省	99.0	99.1	98.7	99.2	99.1	99.4
福建省	99.5	99.2	99.8	98.3	98.2	98.3
江西省	100.1	100.2	99.9	100.2	100.1	100.3
山东省	99.3	98.7	99.9	98.8	98.5	99.7
河南省	100.1	99.8	100.6	99.2	99.0	99.3
湖北省	99.6	99.2	100.8	98.8	98.4	99.5
湖南省	99.5	99.6	99.4	99.2	99.1	99.3
广东省	98.6	98.6	98.6	98.5	98.4	98.6
广西壮族自治区	99.1	98.9	99.3	98.1	98.2	98.0
海南省	99.5	99.0	100.2	98.4	99.0	97.7
重庆市	99.6	99.6		98.9	98.9	
四川省	99.7	99.5	100.0	99.4	99.0	99.8
贵州省	99.0	98.9	99.3	99.3	99.6	98.9
云南省	99.8	99.3	100.5	98.1	97.5	98.9
西藏自治区	100.4	101.0	99.9	99.5	99.4	99.6
陕西省	98.9	98.2	100.4	98.6	98.4	99.1
甘肃省	100.0	99.3	100.9	98.9	98.6	99.3
青海省	102.3	102.1	102.9	99.3	99.4	99.2
宁夏回族自治区	99.4	99.4	99.5	98.6	98.6	98.7
新疆维吾尔自治区	99.4	98.9	100.9	97.9	97.5	99.3

2003年全国及各省（区、市）城乡居民消费价格和商品零售价格指数

以上年价格为100

地 区	居民消费价格指数			商品零售价格指数		
	全省（区、市）	城市	农村	全省（区、市）	城市	农村
全国	101.2	100.9	101.6	99.9	99.6	100.5
北京市	100.2	100.2		98.2	98.2	
天津市	101.0	101.0		97.4	97.4	
河北省	102.2	102.3	102.0	100.2	100.1	100.4
山西省	101.8	101.6	102.5	100.3	100.2	100.6
内蒙古自治区	102.2	101.5	103.5	99.6	99.6	99.6
辽宁省	101.7	101.2	103.7	98.9	98.4	101.3
吉林省	101.2	101.1	101.5	100.5	100.4	101.1
黑龙江省	100.9	100.8	101.2	99.7	99.2	101.1
上海市	100.1	100.1		99.0	99.0	
江苏省	101.0	100.9	101.2	99.8	99.6	100.2
浙江省	101.9	100.5	102.9	99.6	99.4	99.9
安徽省	101.7	101.8	101.7	101.3	100.8	101.7
福建省	100.8	100.7	101.0	99.1	98.7	99.5
江西省	100.8	100.9	100.6	100.1	99.4	100.7
山东省	101.1	100.7	101.5	100.2	99.6	101.0
河南省	101.6	101.7	101.4	101.3	101.2	101.4
湖北省	102.2	102.6	101.3	101.2	101.4	100.8
湖南省	102.4	101.4	104.1	100.6	100.1	101.1
广东省	100.6	100.7	100.4	100.0	99.7	100.6
广西壮族自治区	101.1	100.9	101.3	100.2	99.6	100.8
海南省	100.1	99.4	100.9	100.4	100.2	100.8
重庆市	100.6	100.6		99.5	99.5	
四川省	101.7	101.9	100.9	100.1	100.1	100.1
贵州省	101.2	100.9	102.0	100.0	99.2	101.1
云南省	101.2	101.3	101.0	99.9	100.5	99.3
西藏自治区	100.9	100.8	100.9	99.4	99.1	100.0
陕西省	101.7	100.8	103.5	100.5	100.2	101.0
甘肃省	101.1	100.9	101.4	100.2	100.0	100.6
青海省	102.0	101.8	102.5	100.8	101.2	100.1
宁夏回族自治区	101.7	101.5	102.0	99.5	99.2	100.1
新疆维吾尔自治区	100.4	100.5	100.2	99.2	99.1	99.5

2004年全国及各省（区、市）城乡居民消费价格和商品零售价格指数

以上年价格为100

地 区	居民消费价格指数			商品零售价格指数		
	全省（区、市）	城市	农村	全省（区、市）	城市	农村
全国	103.9	103.3	104.8	102.8	102.1	104.2
北京市	101.0	101.0		99.2	99.2	
天津市	102.3	102.3		100.8	100.8	
河北省	104.3	103.7	104.8	103.2	102.3	104.0
山西省	104.1	103.6	105.4	103.1	102.4	104.2
内蒙古自治区	102.9	102.5	103.9	102.7	102.4	103.1
辽宁省	103.5	102.8	106.3	101.9	101.5	103.9
吉林省	104.1	103.6	105.1	103.5	103.1	104.9
黑龙江省	103.8	103.5	105.2	102.8	102.1	105.0
上海市	102.2	102.2		100.9	100.9	
江苏省	104.1	103.7	104.6	102.2	101.7	103.5
浙江省	103.9	102.8	104.6	102.7	102.0	103.6
安徽省	104.5	104.3	104.8	102.7	102.2	103.3
福建省	104.0	103.8	104.3	102.7	102.4	103.2
江西省	103.5	103.3	103.5	103.0	101.9	104.0
山东省	103.6	102.8	104.6	102.8	102.3	103.7
河南省	105.4	105.4	105.4	105.7	105.3	106.0
湖北省	104.9	104.5	105.8	104.1	103.1	105.4
湖南省	105.1	104.1	105.7	103.9	103.0	105.0
广东省	103.0	102.6	103.7	102.9	102.5	103.7
广西壮族自治区	104.4	104.1	104.9	103.9	103.4	104.4
海南省	104.4	103.2	106.4	103.4	103.0	103.8
重庆市	103.7	103.7		101.4	101.4	
四川省	104.9	104.6	105.2	103.7	102.8	104.6
贵州省	104.0	103.5	105.3	103.2	102.4	104.4
云南省	106.0	106.1	105.9	104.7	104.5	105.0
西藏自治区	102.7	102.0	103.4	100.7	100.5	101.2
陕西省	103.1	103.0	103.2	102.5	101.9	103.7
甘肃省	102.3	101.3	104.3	102.1	102.0	102.1
青海省	103.2	102.1	105.5	102.6	102.7	102.2
宁夏回族自治区	103.7	103.3	104.5	102.8	102.1	104.2
新疆维吾尔自治区	102.7	102.1	104.5	100.7	99.4	103.2

2005年全国及各省（区、市）城乡居民消费价格和商品零售价格指数

以上年价格为100

地 区	居民消费价格指数			商品零售价格指数		
	全省（区、市）	城市	农村	全省（区、市）	城市	农村
全国	101.8	101.6	102.2	100.8	100.5	101.4
北京市	101.5	101.5		99.7	99.7	
天津市	101.5	101.5		99.9	99.9	
河北省	101.8	101.4	102.2	101.1	101.0	101.2
山西省	102.3	101.7	103.7	100.3	100.0	100.7
内蒙古自治区	102.4	102.0	103.3	101.5	101.5	101.4
辽宁省	101.4	100.8	104.0	100.1	100.0	100.9
吉林省	101.5	101.4	101.9	101.1	101.0	101.5
黑龙江省	101.2	100.8	102.3	100.4	99.7	102.3
上海市	101.0	101.0		99.4	99.4	
江苏省	102.1	102.0	102.4	100.3	100.0	101.1
浙江省	101.3	101.5	101.2	100.9	101.0	100.7
安徽省	101.4	101.0	101.9	100.6	100.0	101.1
福建省	102.2	101.9	102.8	100.6	100.3	101.0
江西省	101.7	101.5	102.2	100.9	100.3	101.4
山东省	101.7	101.1	102.4	100.6	100.4	101.2
河南省	102.1	102.1	102.1	101.7	101.8	101.6
湖北省	102.9	102.7	103.3	102.1	101.9	102.4
湖南省	102.3	102.1	102.8	102.3	101.6	103.0
广东省	102.3	102.0	102.7	101.8	101.5	102.2
广西壮族自治区	102.4	103.0	101.6	101.1	101.3	101.0
海南省	101.5	101.3	101.7	100.9	100.4	101.5
重庆市	100.8	100.8		98.7	98.7	
四川省	101.7	101.7	101.6	100.6	100.1	101.0
贵州省	101.0	100.6	102.1	101.3	100.3	102.8
云南省	101.4	101.7	101.0	100.1	100.4	99.8
西藏自治区	101.5	101.5	100.9	100.8	100.8	100.4
陕西省	101.2	100.9	101.8	100.1	99.8	100.8
甘肃省	101.7	101.2	103.0	99.9	99.5	100.6
青海省	100.8	99.7	103.1	100.7	100.6	101.0
宁夏回族自治区	101.5	101.6	101.2	100.4	100.5	100.1
新疆维吾尔自治区	100.7	100.6	101.2	99.4	99.5	99.3

2006 年全国及各省（区、市）城乡居民消费价格和商品零售价格指数

以上年价格为 100

地 区	居民消费价格指数			商品零售价格指数		
	全省（区、市）	城市	农村	全省（区、市）	城市	农村
全国	101.5	101.5	101.5	101.0	100.9	101.4
北京市	100.9	100.9		100.2	100.2	
天津市	101.5	101.5		100.4	100.4	
河北省	101.7	101.7	101.7	101.5	101.6	101.5
山西省	102.0	101.8	102.5	101.2	101.2	101.2
内蒙古自治区	101.5	101.3	102.0	101.4	101.5	101.2
辽宁省	101.2	101.1	101.6	101.3	101.2	101.9
吉林省	101.4	101.2	102.0	101.5	101.4	101.9
黑龙江省	101.9	101.8	102.4	101.5	101.2	103.4
上海市	101.2	101.2		100.2	100.2	
江苏省	101.6	101.6	101.7	100.8	100.5	101.3
浙江省	101.1	101.1	101.0	100.8	100.7	101.0
安徽省	101.2	101.4	100.9	100.8	100.8	100.9
福建省	100.8	101.1	100.3	100.5	100.3	101.0
江西省	101.2	100.9	101.6	101.2	101.0	101.4
山东省	101.0	101.0	101.0	100.6	100.5	100.9
河南省	101.3	101.2	101.5	100.9	100.7	101.1
湖北省	101.6	101.4	101.9	101.1	100.8	101.6
湖南省	101.4	101.6	101.2	101.3	101.2	101.4
广东省	101.8	101.8	101.6	101.5	101.4	101.6
广西壮族自治区	101.3	101.6	100.9	100.3	100.8	99.8
海南省	101.5	101.2	102.3	101.3	100.6	102.3
重庆市	102.4	102.4		101.6	101.6	
四川省	102.3	102.4	102.3	101.7	101.5	101.9
贵州省	101.7	101.6	102.0	100.9	100.4	101.6
云南省	101.9	101.9	101.8	100.8	100.0	101.7
西藏自治区	102.0	101.9	102.4	100.2	99.9	100.8
陕西省	101.5	102.1	100.4	101.8	101.6	102.2
甘肃省	101.3	101.2	101.4	101.2	100.8	102.0
青海省	101.6	101.8	101.1	102.0	102.4	101.1
宁夏回族自治区	101.9	101.7	102.3	101.3	101.2	101.8
新疆维吾尔自治区	101.3	101.0	102.0	101.8	100.9	103.5

2007年全国及各省（区、市）城乡居民消费价格和商品零售价格指数

以上年价格为100

地 区	居民消费价格指数			商品零售价格指数		
	全省（区、市）	城市	农村	全省（区、市）	城市	农村
全国	104.8	104.5	105.4	103.8	103.3	104.9
北京市	102.4	102.4		100.8	100.8	
天津市	104.2	104.2		103.2	103.2	
河北省	104.7	104.3	105.1	104.1	103.5	104.6
山西省	104.6	104.2	105.7	104.2	103.9	104.7
内蒙古自治区	104.6	104.3	105.2	103.6	103.4	104.0
辽宁省	105.1	104.6	107.0	104.4	104.1	106.1
吉林省	104.8	104.4	106.1	103.3	103.2	103.8
黑龙江省	105.4	105.4	105.4	105.6	105.3	107.2
上海市	103.2	103.2		102.4	102.4	
江苏省	104.3	104.1	104.8	102.9	102.1	104.6
浙江省	104.2	103.9	104.4	103.8	103.7	103.9
安徽省	105.3	105.3	105.2	104.5	104.4	104.7
福建省	105.2	105.1	105.4	104.3	104.0	105.0
江西省	104.8	104.4	105.8	104.0	103.5	105.1
山东省	104.4	103.8	105.3	103.6	103.1	104.6
河南省	105.4	105.4	105.5	104.4	103.8	105.1
湖北省	104.8	104.7	105.1	104.2	103.4	105.4
湖南省	105.6	105.2	106.9	104.3	103.6	106.7
广东省	103.7	103.7	103.5	103.4	103.2	103.8
广西壮族自治区	106.1	105.6	106.8	104.8	104.2	105.3
海南省	105.0	104.6	106.2	103.8	102.8	105.2
重庆市	104.7	104.7		103.7	103.7	
四川省	105.9	105.9	106.0	105.3	105.1	105.5
贵州省	106.4	105.9	107.4	104.2	103.6	105.2
云南省	105.9	105.9	105.9	104.4	103.8	105.1
西藏自治区	103.4	102.9	104.2	101.7	101.3	102.5
陕西省	105.1	105.2	105.1	105.0	104.8	105.2
甘肃省	105.5	105.2	106.3	104.4	103.9	105.5
青海省	106.6	106.3	107.3	106.0	105.9	106.3
宁夏回族自治区	105.4	105.1	105.9	104.1	103.7	105.4
新疆维吾尔自治区	105.5	104.6	107.2	105.1	104.7	105.9

2008 年全国及各省（区、市）城乡居民消费价格和商品零售价格指数

以上年价格为 100

地 区	居民消费价格指数			商品零售价格指数		
	全省（区、市）	城市	农村	全省（区、市）	城市	农村
全国	105.9	105.6	106.5	105.9	105.5	106.7
北京市	105.1	105.1		104.4	104.4	
天津市	105.4	105.4		105.1	105.1	
河北省	106.2	105.2	108.1	106.7	105.4	107.9
山西省	107.2	107.0	107.7	107.2	107.3	107.2
内蒙古自治区	105.7	105.4	106.3	104.7	104.1	106.1
辽宁省	104.6	104.4	105.5	105.3	105.2	105.9
吉林省	105.1	105.1	105.3	106.2	106.1	106.4
黑龙江省	105.6	105.0	107.2	105.8	105.1	108.2
上海市	105.8	105.8		105.3	105.3	
江苏省	105.4	105.2	105.6	104.9	104.9	105.1
浙江省	105.0	104.8	105.3	106.3	106.3	106.1
安徽省	106.2	106.0	106.4	106.3	106.0	106.7
福建省	104.6	104.5	104.6	105.7	105.5	106.1
江西省	106.0	105.9	106.3	106.1	106.0	106.4
山东省	105.3	104.7	106.2	104.9	104.5	105.8
河南省	107.0	106.5	107.9	107.5	107.4	107.5
湖北省	106.3	105.5	107.4	106.3	105.4	107.6
湖南省	106.0	105.8	107.4	105.6	104.5	108.7
广东省	105.6	105.5	105.8	106.0	106.0	106.2
广西壮族自治区	107.8	107.6	108.5	107.6	107.6	108.3
海南省	106.9	106.1	108.8	106.7	105.7	108.3
重庆市	105.6	105.6		105.0	105.0	
四川省	105.1	104.7	105.5	105.3	105.1	105.4
贵州省	107.6	107.0	108.8	107.2	106.3	108.4
云南省	105.7	105.4	106.0	106.1	105.3	107.0
西藏自治区	105.7	105.7	105.7	103.9	104.1	103.5
陕西省	106.4	106.2	106.7	106.9	106.8	107.1
甘肃省	108.2	108.0	108.7	107.9	107.7	108.4
青海省	110.1	108.9	112.3	110.6	110.2	111.3
宁夏回族自治区	108.5	107.9	109.9	108.5	107.1	112.5
新疆维吾尔自治区	108.1	107.3	109.5	108.5	108.3	108.8

2009年全国及各省（区、市）城乡居民消费价格和商品零售价格指数

以上年价格为100

地 区	居民消费价格指数			商品零售价格指数		
	全省（区、市）	城市	农村	全省（区、市）	城市	农村
全国	99.3	99.1	99.7	98.8	98.7	99.0
北京市	98.5	98.5		97.8	97.8	
天津市	99.0	99.0		98.9	98.9	
河北省	99.3	98.8	100.3	99.0	98.9	99.1
山西省	99.6	99.0	100.9	99.1	99.0	99.3
内蒙古自治区	99.7	99.7	99.8	99.5	99.4	99.6
辽宁省	100.0	100.0	100.3	99.8	99.7	100.3
吉林省	100.1	99.9	100.7	99.3	99.0	100.3
黑龙江省	100.2	99.8	101.2	98.9	98.6	100.7
上海市	99.6	99.6		99.4	99.4	
江苏省	99.6	99.6	99.5	98.9	99.1	98.5
浙江省	98.5	98.7	98.2	98.8	98.9	98.6
安徽省	99.1	98.9	99.4	99.0	99.0	99.1
福建省	98.2	98.3	97.9	97.9	98.0	97.7
江西省	99.3	99.4	99.2	99.1	99.1	98.8
山东省	100.0	99.9	100.1	99.4	99.3	99.4
河南省	99.4	98.8	100.4	99.4	99.6	99.2
湖北省	99.6	99.3	100.0	98.6	98.4	98.9
湖南省	99.6	99.7	99.6	98.5	98.2	98.8
广东省	97.7	97.6	97.8	96.8	96.7	97.0
广西壮族自治区	97.9	97.9	97.5	98.0	98.1	96.9
海南省	99.3	99.5	99.0	98.5	99.0	97.2
重庆市	98.4	98.4		97.3	97.3	
四川省	100.8	100.7	101.0	100.1	99.8	100.4
贵州省	98.7	98.6	99.0	97.6	97.6	97.7
云南省	100.4	100.5	100.2	100.1	99.9	100.4
西藏自治区	101.4	101.5	101.3	99.5	99.5	99.6
陕西省	100.5	100.0	101.8	99.9	99.9	100.1
甘肃省	101.3	100.9	102.2	101.8	101.5	102.3
青海省	102.6	103.2	101.7	101.6	101.8	101.3
宁夏回族自治区	100.7	100.3	101.5	99.5	99.4	100.0
新疆维吾尔自治区	100.7	100.2	102.0	100.4	99.9	101.6

2010年全国及各省（区、市）城乡居民消费价格和商品零售价格指数

以上年价格为100

地 区	居民消费价格指数			商品零售价格指数		
	全省（区、市）	城市	农村	全省（区、市）	城市	农村
全国	103.3	103.2	103.6	103.1	102.8	103.6
北京市	102.4	102.4		100.4	100.4	
天津市	103.5	103.5		103.4	103.4	
河北省	103.1	102.8	103.6	103.1	102.7	103.5
山西省	103.0	103.1	102.8	102.3	102.5	102.0
内蒙古自治区	103.2	103.0	103.5	103.0	102.9	103.3
辽宁省	103.0	102.8	104.0	103.2	102.9	104.8
吉林省	103.7	103.4	104.1	104.1	104.1	104.3
黑龙江省	103.9	103.6	104.9	103.1	102.5	105.5
上海市	103.1	103.1		101.7	101.7	0.0
江苏省	103.8	103.6	104.3	103.2	103.0	103.6
浙江省	103.8	104.0	103.7	103.9	103.9	103.9
安徽省	103.1	103.0	103.4	103.2	102.6	104.0
福建省	103.2	103.1	103.4	103.4	103.3	103.6
江西省	103.0	102.9	103.3	102.7	102.6	102.9
山东省	102.9	102.6	103.5	102.7	102.4	103.2
河南省	103.5	103.4	103.8	103.7	103.5	104.0
湖北省	102.9	102.8	103.1	103.1	103.0	103.4
湖南省	103.1	103.1	103.2	103.1	102.9	103.3
广东省	103.1	103.1	103.2	103.3	103.4	103.1
广西壮族自治区	103.0	102.9	103.4	103.0	103.0	103.2
海南省	104.8	104.5	105.8	104.6	104.0	106.0
重庆市	103.2	103.2		101.7	101.7	
四川省	103.2	103.3	103.1	103.0	102.7	103.3
贵州省	102.9	103.1	102.6	103.0	102.9	103.1
云南省	103.7	103.8	103.6	103.6	103.5	103.7
西藏自治区	102.2	102.2	102.2	101.0	101.0	101.0
陕西省	104.0	103.7	104.7	103.6	103.1	104.5
甘肃省	104.1	104.4	103.6	104.6	105.3	103.2
青海省	105.4	105.1	105.8	104.3	104.0	105.0
宁夏回族自治区	104.1	103.7	104.6	103.2	102.7	104.5
新疆维吾尔自治区	104.3	103.6	105.8	104.6	103.9	106.4

2011年全国及各省（区、市）城乡居民消费价格和商品零售价格指数

以上年价格为100

地区	居民消费价格指数			商品零售价格指数		
	全省（区、市）	城市	农村	全省（区、市）	城市	农村
全国	105.4	105.3	105.8	104.9	104.7	105.5
北京市	105.6	105.6		103.2	103.2	
天津市	104.9	104.9		104.7	104.7	
河北省	105.7	105.3	106.5	105.0	104.7	106.0
山西省	105.2	105.1	105.4	104.9	104.9	105.0
内蒙古自治区	105.6	105.5	105.7	104.9	105.0	104.7
辽宁省	105.2	105.1	105.5	105.0	105.0	105.4
吉林省	105.2	105.2	105.4	104.9	104.8	105.5
黑龙江省	105.8	105.6	106.4	104.5	104.2	105.8
上海市	105.2	105.2		104.1	104.1	
江苏省	105.3	105.1	105.9	104.6	104.4	105.2
浙江省	105.4	105.3	105.6	105.5	105.4	105.8
安徽省	105.6	105.4	105.9	105.3	105.0	106.1
福建省	105.3	105.2	105.3	104.8	104.7	105.1
江西省	105.2	105.1	105.6	104.8	104.8	105.0
山东省	105.0	104.7	105.9	104.7	104.3	105.3
河南省	105.6	105.4	106.1	105.7	105.4	106.1
湖北省	105.8	105.5	106.3	105.6	105.1	106.2
湖南省	105.5	105.5	105.6	105.5	105.4	105.6
广东省	105.3	105.3	105.6	105.1	104.9	105.6
广西壮族自治区	105.9	105.7	106.4	106.0	105.7	106.6
海南省	106.1	105.5	107.8	105.4	105.2	106.7
重庆市	105.3	105.3		104.7	104.7	
四川省	105.3	105.1	105.8	104.6	104.4	105.2
贵州省	105.1	105.3	104.8	105.5	105.4	105.9
云南省	104.9	104.8	104.9	105.1	104.9	105.3
西藏自治区	105.0	105.2	104.7	103.7	103.9	103.3
陕西省	105.7	105.7	105.6	104.8	104.8	104.8
甘肃省	105.9	106.0	105.7	105.4	105.6	104.9
青海省	106.1	106.0	106.4	105.4	105.5	105.2
宁夏回族自治区	106.3	105.8	107.5	105.3	105.0	107.8
新疆维吾尔自治区	105.9	105.5	106.8	105.1	104.5	106.6

2012年全国及各省（区、市）城乡居民消费价格和商品零售价格指数

以上年价格为100

地　区	居民消费价格指数			商品零售价格指数		
	全省（区、市）	城市	农村	全省（区、市）	城市	农村
全国	102.6	102.7	102.5	102.0	101.9	102.2
北京市	103.3	103.3		100.6	100.6	
天津市	102.7	102.7		103.0	103.0	
河北省	102.6	102.7	102.5	102.2	102.1	102.3
山西省	102.5	102.4	102.6	101.8	101.7	102.1
内蒙古自治区	103.1	103.3	102.5	102.5	102.5	102.4
辽宁省	102.8	102.9	102.5	102.2	102.3	101.6
吉林省	102.5	102.5	102.4	101.7	101.6	101.9
黑龙江省	103.2	103.3	102.9	102.2	102.2	102.3
上海市	102.8	102.8		101.2	101.2	
江苏省	102.6	102.6	102.6	102.1	102.0	102.3
浙江省	102.2	102.2	102.3	101.9	101.9	101.8
安徽省	102.3	102.2	102.4	102.1	102.0	102.3
福建省	102.4	102.4	102.4	101.8	101.6	102.4
江西省	102.7	102.6	103.0	102.1	101.9	102.5
山东省	102.1	102.1	102.0	101.6	101.5	101.9
河南省	102.5	102.6	102.4	102.3	102.4	102.1
湖北省	102.9	102.8	103.0	102.6	102.4	102.7
湖南省	102.0	102.2	101.6	101.7	101.7	101.8
广东省	102.8	102.8	102.9	102.2	102.1	102.4
广西壮族自治区	103.2	103.2	103.3	102.3	102.2	102.4
海南省	103.2	103.2	103.2	102.7	102.7	102.8
重庆市	102.6	102.6		101.6	101.6	
四川省	102.5	102.8	102.0	101.6	101.7	101.4
贵州省	102.7	102.7	102.8	102.0	101.8	102.6
云南省	102.7	103.0	102.3	102.4	102.3	102.5
西藏自治区	103.5	103.6	103.4	102.9	103.1	102.5
陕西省	102.8	102.6	103.1	102.3	102.3	102.3
甘肃省	102.7	102.5	103.1	102.6	102.3	103.3
青海省	103.1	103.0	103.1	102.1	102.1	102.1
宁夏回族自治区	102.0	102.2	101.7	101.0	100.9	101.7
新疆维吾尔自治区	103.8	103.4	104.7	103.3	103.0	104.0

2013年全国及各省（区、市）居民消费价格和商品零售价格指数

以上年价格为100

地 区	居民消费价格指数	商品零售价格指数
全 国	102.6	101.4
北京市	103.3	99.8
天津市	103.1	101.7
河北省	103.0	102.2
山西省	103.1	101.8
内蒙古自治区	103.2	102.6
辽宁省	102.4	101.6
吉林省	102.9	101.6
黑龙江省	102.2	101.1
上海市	102.3	100.2
江苏省	102.3	101.4
浙江省	102.3	101.0
安徽省	102.4	101.3
福建省	102.5	101.1
江西省	102.5	101.5
山东省	102.2	101.4
河南省	102.9	101.9
湖北省	102.8	101.8
湖南省	102.5	101.7
广东省	102.5	101.0
广西壮族自治区	102.2	101.2
海南省	102.8	101.5
重庆市	102.7	101.8
四川省	102.8	101.7
贵州省	102.5	101.5
云南省	103.1	102.6
西藏自治区	103.6	103.0
陕西省	103.0	101.8
甘肃省	103.2	102.6
青海省	103.9	102.7
宁夏回族自治区	103.4	102.4
新疆维吾尔族自治区	103.9	103.3

全国工业生产者（工业品）价格指数（1985—2013 年）

上年 =100

年份	工业生产者出厂价格	工业生产者购进价格
1985	108.7	
1986	103.8	109.5
1987	107.9	111.0
1988	115.0	120.2
1989	118.6	126.4
1990	104.1	105.6
1991	106.2	109.1
1992	106.8	111.0
1993	124.0	135.1
1994	119.5	118.2
1995	114.9	115.3
1996	102.9	103.9
1997	99.7	101.3
1998	95.9	95.8
1999	97.6	96.7
2000	102.8	105.1
2001	98.7	99.8
2002	97.8	97.7
2003	102.3	104.8
2004	106.1	111.4
2005	104.9	108.3
2006	103.0	106.0
2007	103.1	104.4
2008	106.9	110.5
2009	94.6	92.1
2010	105.5	109.6
2011	106.0	109.1
2012	98.3	98.2
2013	98.1	98.0

注：工业品价格指数于 2010 年起改称工业生产者价格指数

各省工业生产者（工业品）出厂价格指数（1993—2013 年）

上年 =100

地区	1993	1994	1995	1996	1997	1998	1999	2000	2001	2002
北京	128.3	111.8	116.7	103.2	100.6	95.1	97.8	102.5	99.4	96.6
天津	126.3	120.4	110.2	102.8	98.3	94.7	96.4	102.8	95.9	95.9
河北	129.1	119.1	111.4	101.1	98.8	94.4	95.9	105.3	99.9	99.4
山西	132.5	120.1	113.5	106.4	102.2	97.5	95.3	100.9	100.3	103.6
内蒙古	133.2	112.1	109.1	101.7	101.5	98.0	100.4	102.8	100.1	99.3
辽宁	138.4	119.9	109.9	102.1	100.1	95.8	102.0	108.8	98.6	97.8
吉林	127.9	115.7	115.0	103.8	101.4	96.9	100.1	105.1	100.3	98.6
黑龙江	141.3	127.7	116.0	104.6	102.3	97.7	107.4	122.9	95.9	97.8
上海	128.1	118.1	111.5	98.6	98.9	93.9	97.6	102.5	96.7	96.4
江苏	118.5	121.4	114.1	100.7	97.9	94.5	96.1	101.1	99.1	97.6
浙江	117.3	117.5	112.3	99.5	99.2	96.0	96.8	101.1	98.3	96.9
安徽	125.3	120.9	117.1	101.6	99.4	96.4	92.9	98.9	98.6	99.8
福建	117.1	116.9	115.7	101.8	100.3	95.7	96.6	100.5	98.1	97.2
江西	115.3	124.7	114.8	104.1	101.7	98.4	96.1	101.0	98.1	98.5
山东	123.0	124.2	117.0	104.2	101.1	96.0	97.2	105.9	99.1	98.8
河南	118.1	124.1	115.0	104.1	100.6	95.3	95.4	104.0	100.5	98.6
湖北	126.3	126.2	113.1	102.7	98.6	96.2	97.8	101.7	99.0	98.2
湖南	128.9	117.6	121.4	105.7	99.2	95.9	98.5	102.9	99.8	99.2
广东	124.1	126.0	112.3	101.8	100.1	94.8	97.7	103.4	98.5	96.5
广西	121.1	118.8	117.2	102.6	97.7	95.4	95.6	105.5	106.3	95.6
海南										98.7
重庆	118.4	113.4	112.4	104.1	98.0	94.6	97.7	98.6	98.1	97.6
四川	127.4	114.7	112.2	102.2	101.2	97.3	97.0	98.1	100.4	97.7
贵州	118.1	113.3	113.1	104.9	101.2	98.2	99.7	100.4	102.2	98.9
云南	125.0	116.7	110.2	101.4	100.7	97.2	98.2	101.2	99.9	98.2
西藏										
陕西	119.8	119.9	112.6	104.2	103.7	96.6	97.9	101.5	100.4	100.7
甘肃	125.3	121.2	114.9	104.4	104.9	95.2	98.1	107.2	98.5	97.9
青海	124.4	124.9	114.6	106.7	104.3	100.7	102.8	108.1	93.7	97.6
宁夏					100.3	97.7	98.4	103.6	100.3	99.7
新疆	126.2	118.4	117.2	104.9	104.9	95.8	100.2	129.4	96.3	97.3

注：工业品出厂价格指数于 2010 年起改称工业生产者出厂价格指数

2003	2004	2005	2006	2007	2008	2009	2010	2011	2012	2013
101.5	103.0	101.3	99.1	99.7	103.3	94.4	102.2	102.3	98.4	97.4
102.5	104.1	100.1	100.6	101.5	104.1	92.5	105.1	103.8	97.0	97.0
107.1	111.6	104.4	100.8	106.9	116.7	89.1	109.0	107.7	94.7	96.6
112.2	116.1	110.2	101.0	107.4	122.4	92.0	109.5	107.5	94.5	90.7
103.2	105.1	105.1	103.0	105.7	112.5	96.2	106.7	107.8	100.2	97.0
103.6	107.1	105.1	104.1	104.4	110.9	94.0	107.4	106.5	99.9	99.0
102.5	105.0	104.3	101.7	102.7	104.9	96.1	105.2	105.4	99.1	98.7
111.9	113.1	116.7	109.9	105.3	114.0	87.4	115.0	112.0	100.0	98.0
101.4	103.6	101.7	100.6	101.2	102.2	93.8	102.3	102.9	98.4	98.2
102.3	106.5	102.6	101.5	102.6	104.6	95.2	107.3	106.2	97.1	98.0
100.6	105.0	102.3	103.8	102.4	104.3	94.9	106.2	105.0	97.3	98.2
103.5	108.2	103.3	103.1	103.6	108.4	92.8	109.0	108.3	98.3	98.2
100.7	102.6	100.2	99.2	100.8	102.7	95.5	103.2	103.9	98.7	98.4
104.0	109.7	108.8	109.7	106.2	106.4	93.0	115.3	111.3	96.5	98.5
103.5	106.4	103.7	102.3	103.3	108.6	94.1	107.2	106.0	98.4	98.4
105.0	110.2	106.1	104.3	105.2	112.1	94.9	107.8	107.2	99.4	98.5
103.5	105.7	104.5	102.9	103.9	106.1	95.6	104.9	106.6	100.3	99.2
102.6	108.0	106.0	104.3	106.1	109.3	94.3	106.9	108.5	99.1	98.5
99.3	101.7	101.5	101.4	101.3	103.1	95.8	103.2	103.7	99.5	98.8
102.8	109.7	104.9	109.6	104.5	109.0	93.5	112.0	108.5	97.8	98.2
99.5	100.0	99.5	100.8	102.7	104.5	90.6	107.7	108.8	100.8	99.5
100.6	103.3	103.0	102.2	103.5	105.8	95.5	103.1	103.8	99.9	98.0
100.5	105.4	104.0	101.9	103.9	109.3	96.5	105.0	107.3	98.6	98.7
103.4	108.0	107.2	104.3	105.0	112.4	95.1	104.7	105.4	101.0	97.4
101.4	108.8	104.5	104.6	105.7	105.8	91.5	108.8	104.7	97.9	97.5
			106.0	101.1	105.6	98.2	105.8	104.3	99.7	99.8
105.7	107.3	110.4	109.6	102.9	108.4	96.1	108.7	107.2	100.7	97.3
110.0	114.3	109.6	109.8	105.5	104.9	91.0	115.0	111.0	96.8	96.9
105.5	111.2	110.2	109.5	104.2	107.6	91.3	109.3	107.4	96.9	97.0
103.9	110.0	106.2	106.2	103.7	112.9	93.9	109.1	109.5	97.4	96.0
115.1	116.4	116.6	114.4	106.3	116.4	85.5	125.3	114.8	96.9	96.5

1991—2013年部分国家居民消费价格指数

以上年价格为100

年份	发达国家					
	日本	美国	法国	德国	英国	加拿大
1991	103.3	104.2	103.2	104.0	107.5	105.6
1992	101.7	103.0	102.4	105.1	104.3	101.5
1993	101.3	103.0	102.1	104.5	102.5	101.9
1994	100.7	102.6	101.7	102.7	102.0	100.2
1995	99.9	102.8	101.8	101.7	102.6	102.1
1996	100.1	102.9	102.0	101.4	102.5	101.6
1997	101.8	102.3	101.2	101.9	101.8	101.6
1998	100.7	101.6	100.6	100.9	101.6	101.0
1999	99.7	102.2	100.5	100.6	101.3	101.7
2000	99.3	103.4	101.7	101.4	100.8	102.7
2001	99.2	102.8	101.6	102.0	101.2	102.5
2002	99.1	101.6	101.9	101.4	101.3	102.3
2003	99.8	102.3	102.1	101.0	101.4	102.8
2004	100.0	102.7	102.1	101.7	101.3	101.9
2005	99.7	103.4	101.7	101.5	102.1	102.2
2006	100.2	103.2	101.7	101.6	102.3	102.0
2007	100.1	102.9	101.5	102.3	102.3	102.1
2008	101.4	103.8	102.8	102.6	103.6	102.4
2009	98.7	99.6	100.1	100.3	102.2	100.3
2010	99.3	101.6	101.5	101.1	103.3	101.8
2011	99.7	103.2	102.1	102.1	104.5	102.9
2012	100.0	102.1	102.0	102.0	102.8	101.5
2013	100.4	101.5	100.9	101.5	102.6	100.9

以上年价格为 100

年份	发展中国家					
	印度	印尼	巴西	俄罗斯	越南	中国
1991	113.9	109.4	532.8		181.8	103.4
1992	111.8	107.5	1052.0		137.7	106.4
1993	106.3	109.7	2027.4	974.2	108.4	114.7
1994	110.2	108.5	2175.9	407.5	109.5	124.1
1995	110.2	109.4	166.0	297.5	116.9	117.1
1996	109.0	108.0	115.8	147.9	105.6	108.3
1997	107.2	106.2	106.9	114.7	103.1	102.8
1998	113.2	158.5	103.2	127.8	108.1	99.2
1999	104.7	120.5	104.9	185.7	104.1	98.6
2000	104.0	103.7	107.0	120.8	98.2	100.4
2001	103.8	111.5	106.8	121.5	99.7	100.7
2002	104.3	111.9	108.5	115.8	104.1	99.2
2003	103.8	106.8	114.7	113.7	103.3	101.2
2004	103.8	106.1	106.6	110.9	107.9	103.9
2005	104.2	110.5	106.9	112.7	108.4	101.8
2006	105.8	113.1	104.2	109.7	107.5	101.5
2007	106.4	106.4	103.6	109.0	108.3	104.8
2008	108.3	110.2	105.7	114.1	123.1	105.9
2009	110.9	104.4	104.9	111.7	106.7	99.3
2010	112.0	105.1	105.0	106.9	109.2	103.3
2011	108.9	105.4	106.6	108.4	118.6	105.4
2012	109.3	104.3	105.4	105.1	109.2	102.6
2013	110.9	107.0	106.2	106.8	106.6	102.6

广西 CPI 波动规律及对策研究

课题组

二〇一四年五月

前 言

价格水平是判断通货膨胀或通货紧缩的基本尺度，也是衡量宏观经济是否过热的“晴雨表”。2013 年 7 月 9 日，国务院总理李克强在主持召开部分省区经济形势座谈会时强调，宏观调控要立足当前、着眼长远，使经济运行处于合理区间，经济增长率、就业水平等不滑出“下限”，物价涨幅等不超出“上限”。其“下限”就是稳增长、保就业，“上限”就是防范通货膨胀。

改革开放以来，广西物价总水平出现多次较大的波动。回顾物价波动轨迹，分析其波动原因及影响，对总结物价调控的经验教训，保持市场物价的平稳运行，进一步深化物价管理体制改革，都有积极的现实意义。

反映物价水平的统计指标较多，本文采用国际上通用的衡量通胀或通缩水平的 CPI（Consumer Price Index），即居民消费价格指数（1994 年前称为生活费用价格指数）作为考察指标。

改革开放前，国家对商品价格实行计划管理，许多商品价格多年不变。1952—1978 年，除了 1960—1962 年三年自然灾害期间广西 CPI 出现大幅波动外，其他各年涨跌幅均在 5% 范围内变动（见图 1 所示）。因此，本文只研究改革开放以来的价格波动情况。

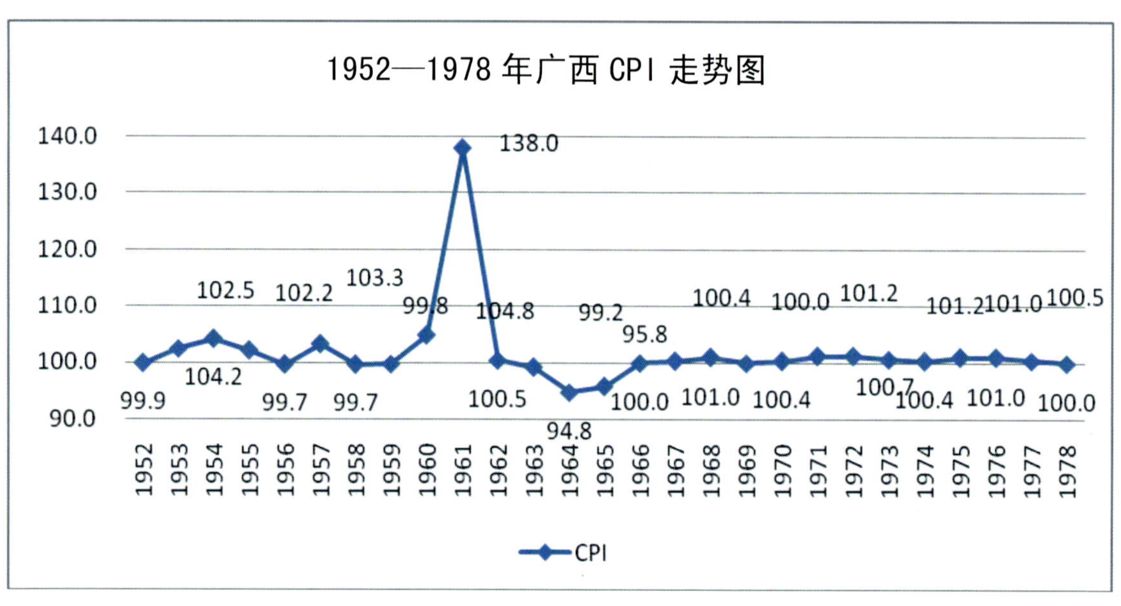

图 1 1952—1978 年广西 CPI 走势图（以上年价格为 100）

一、广西 CPI 波动情况分析

（一）广西 CPI 波动轨迹回顾

改革开放三十多年来，广西 CPI 几度大起大落，大致经历了六个阶段，其中有两次严重的通货膨胀、一次通货紧缩（见图 2 所示）。1978—2013 年，广西 CPI 累计上涨 614.4%，年均上涨 5.8%。

1. 第一阶段（1979—1984 年），价格开始上

图 2　1979—2013 年广西 CPI 走势图
（以上年价格为 100）

涨阶段。这一时期，多数商品和服务价格开始上涨。各年 CPI 分别上涨 2.8%、12.6%、2.7%、4.1%、3.0% 和 3.3%，累计上涨 31.7%，年均上涨 4.7%。食品价格上涨是影响 CPI 上涨的主要因素。据测算，食品价格上涨拉动 CPI 上涨 3.4 个百分点，对 CPI 上涨的影响程度为 71.7%。在食品中，肉禽蛋价格上涨拉动 CPI 上涨 1.5 个百分点，对 CPI 上涨的影响程度达 44.6%。

2. 第二阶段（1985—1989 年），第一次通货膨胀阶段。这一时期，各种商品和服务价格普遍大幅上涨。各年 CPI 涨幅分别为 13.0%、6.2%、8.2%、20.8% 和 21.1%，累计上涨 90.0%，年均上涨 13.7%，是前 6 年平均水平的 3 倍，为改革开放以来的第一个历史高点。食品价格上涨仍是影响 CPI 上涨的主要因素。据测算，食品价格上涨拉动 CPI 上涨 7.1 个百分点，对 CPI 上涨的影响程度为 51.8%。在食品中，肉禽蛋价格上涨拉动 CPI 上涨 3.9 个百分点，对 CPI 上涨的影响程度为 28.4%。各类商品及服务价格上涨幅度及对 CPI 的影响见表一。

表一

1985—1989 年各类商品及服务价格上涨幅度及对 CPI 的影响

项目	年均涨幅（%）	拉动 CPI 百分点	对 CPI 影响程度（%）
CPI	13.7	13.7	100.0
一、食品类	16.6	7.1	51.8
鲜菜	19.0	1.0	7.1
肉禽蛋	21.5	3.9	28.4
水产品	21.7	1.1	8.0
粮食	10.9	0.6	4.6

续表 1

项目	年均涨幅（%）	拉动 CPI 百分点	对 CPI 影响程度（%）
二、衣着类	6.8	0.8	5.8
三、日用品类	9.8	1.4	10.2
四、文化娱乐用品类	6.2	0.1	0.7
五、书报杂志类	25.0	0.3	2.2
六、药及医疗用品类	14.1	0.4	2.9
七、建筑装潢材料类	25.1	1.3	9.5
八、燃料类	13.0	0.6	4.4
九、服务项目价格指数	18.4	1.7	12.4

数据来源：《广西调查年鉴》

3.第三阶段（1990—1991 年），价格平稳回落阶段。这一时期，食品、建筑装潢材料和文化娱乐用品价格下降，服务项目、衣着、日用品等其他价格继续上涨。CPI 涨幅呈现回落趋势，各年分别上涨 1.1% 和 2.8%，累计上涨 3.9%，年均上涨 1.9%。食品价格呈现负增长，是 CPI 涨幅回落的主要原因。据测算，食品、建筑装潢材料和娱乐价格下降分别拉动 CPI 下降 0.2、0.1 和 0.1 个百分点，对 CPI 上涨的影响程度为 −11.1%、−5.6% 和 −5.6%；衣着、服务项目、燃料、日用品和书报杂志价格上涨分别拉动 CPI 上涨 0.8、0.6、0.5、0.2 和 0.1 个百分点，对 CPI 上涨的影响程度分别为 44.4%、33.3%、27.8%、11.1% 和 5.6%。在食品中，猪肉价格下降拉动 CPI 下降 0.9 个百分点，对 CPI 上涨的影响程度为 −44.7%。各类商品及服务价格上涨幅度及对 CPI 的影响见表二。

表二

1990—1901 年各类商品及服务价格上涨幅度及对 CPI 的影响

项目	年均涨幅（%）	拉动 CPI 百分点	对 CPI 影响程度（%）
CPI	1.9	1.90	100.00
一、食品类	-0.3	-0.21	-11.11
粮食	8.1	0.22	11.58
鲜菜	1.1	0.02	1.05
猪肉	-16.8	-0.85	-44.74
水产品	-1.7	-0.02	-1.05
二、衣着类	7.3	0.84	44.44
三、日用品类	2.0	0.21	11.11
四、文化娱乐用品类	-3.1	-0.11	-5.56
五、书报杂志类	6.5	0.11	5.56
六、药及医疗用品类	0.8	—	—
七、建筑装潢材料类	-2.2	-0.11	-5.56
八、燃料类	10.6	0.53	27.78
九、服务项目价格指数	5.9	0.63	33.33

数据来源：《广西调查年鉴》

4.第四阶段（1992—1996年），第二次通货膨胀阶段。这一时期，各类商品和服务价格普遍大幅度上涨。各年CPI分别上涨5.9%、22.0%、26.0％、18.4%和6.5%，累计上涨105.3％，年均上涨15.5%，成为改革开放以来最严重的通货膨胀时期。食品类价格上涨仍是影响CPI上涨的主要因素。据测算，食品价格上涨拉动CPI上涨8个百分点，对CPI上涨的影响程度为51.3%。在食品中，粮食和猪肉价格上涨分别拉动CPI上涨2.1和1.2个百分点，对CPI上涨的影响程度为13.5%和7.9%。各类商品及服务价格上涨幅度及对CPI的影响见表三。

表三

1992—1996年各类商品及服务价格上涨幅度及对CPI的影响

项目	年均涨幅（%）	拉动CPI百分点	对CPI影响程度（%）
CPI	15.5	15.50	100.00
一、食品类	18.6	7.95	51.28
粮食	34.9	2.09	13.48
鲜菜	26.0	0.93	6.00
猪肉	18.3	1.22	7.87
水产品	14.3	0.40	2.58
二、衣着类	11.3	0.99	6.41
三、家庭设备及用品	7.7	0.70	4.49
四、居住	14.0	1.09	7.05
五、文化娱乐用品类	4.2	0.40	2.56
六、药及医疗用品	11.0	0.40	2.56
七、建筑装潢材料类	24.9	0.89	5.77
八、燃料类	30.9	0.40	2.56
九、交通	17.3	0.70	4.49
十、服务项目价格指数	21.6	1.99	12.82

注：1992年，国家统计局对CPI统计项目分类作了调整，将日用品改为家庭设备及用品，将交通从服务项目中单独列出。
数据来源：《广西调查年鉴》

5.第五阶段（1997—2002年），通货紧缩阶段。这一时期，除居住、娱乐教育文化用品、医疗保健价格继续上涨外，其他多数商品和服务价格普遍下降。CPI持续低位运行，各年分别为100.8、97.0、97.7、99.7、100.6和99.1。六年间，CPI累计下降5.1％，年均降幅为0.9%。食品价格下降成为影响CPI下降的主要因素。据测算，食品、交通和通讯工具、衣着和家庭设备及用品价格下降分别拉动CPI下降1.3、0.5、0.3和0.1个百分点，对CPI上涨的影响程度分别为−142.9%、−57.1%、−28.6%和−14.3%；居住、娱乐教育文化用品及服务、医疗保健价格上涨分别拉动CPI上涨0.8、0.4和0.1个百分点，对CPI上涨的影响程度分别为85.7%、42.9%和14.3%。在食品中，猪肉、粮食和水产品价格下降分别拉动CPI下降0.4、0.3和0.2个百分点，对CPI上涨的影响程度为−42.2%、−27.8%和−20%。各类商品及服务价格上涨幅度及对CPI的影响见表四。

表四

1997—2002 年各类商品及服务价格上涨幅度及对 CPI 的影响

项目	年均涨幅（%）	拉动 CPI 百分点	对 CPI 影响程度（%）
CPI	-0.9	-0.90	-100.00
一、食品类	-2.8	-1.29	-142.86
粮食	-5.7	-0.25	-27.78
鲜菜	-2.2	-0.07	-7.78
猪肉	-6.1	-0.38	-42.22
水产品	-7.1	-0.18	-20.00
二、烟酒类	-0.4	—	—
三、衣着类	-1.8	-0.26	-28.57
四、家庭设备及用品	-1.8	-0.13	-14.29
五、医疗保健	1.0	0.13	14.29
六、交通和通讯工具	-5.9	-0.51	-57.14
七、娱乐教育文化用品	3.6	0.39	42.86
八、居住	2.0	0.77	85.71

注：1997 年，国家统计局对 CPI 统计项目分类作了调整，将烟酒从食品中单独列出，将建筑装潢材料和燃料合并为居住，将药及医疗用品改为医疗保健。

数据来源：《广西调查年鉴》

6.第六阶段（2003—2013 年），价格小幅波动阶段。这一时期，除食品价格涨幅较大外，其他商品和服务价格比较平稳。CPI 告别了大起大落，呈现小幅波动态势。11 年间累计上涨 41%，年均上涨 3.2%。期间，出现三次小周期上涨和一次下跌，即 2004 年上涨 4.4%，2007—2008 年分别上涨 6.1% 和 7.8%，2011 年上涨 5.9%，2009 年则下跌 2.1%。食品价格仍然主导了 CPI 整体走势。据测算，食品价格上涨拉动 CPI 上涨 2.6 个百分点，对 CPI 上涨的影响度为 80%。其他商品和服务价格波动对 CPI 的影响甚小。各类商品及服务价格上涨幅度及对 CPI 的影响见表五。

表五

2003—2013 年各类商品及服务价格上涨幅度及对 CPI 的影响

项目	年均涨幅（%）	拉动 CPI 百分点	对 CPI 影响程度（%）
CPI	3.2	3.20	100.00
一、食品	7.3	2.56	80.00
粮食	7.8	0.22	6.88
鲜菜	11.7	0.33	10.31
猪肉	6.9	0.24	7.50
水产品	6.7	0.17	5.31
二、烟酒	1.1	—	—
三、衣着	-0.2	—	—
四、家庭设备用品及维修服务	0.3	—	—
五、医疗保健和个人用品	2.2	0.26	8.00
六、交通和通信	-0.6	-0.13	-4.00
七、娱乐教育文化用品及服务	0.4	0.13	4.00
八、居住	3.0	0.38	12.00

数据来源：《广西调查年鉴》

（二）广西与全国 CPI 走势比较

1979—2013 年，全国 CPI 累计上涨了 494.9%，年均上涨 5.2%；广西累计上涨了 614.4%，年均上涨 5.8%。分阶段看，第一阶段（1979—1984 年），广西年均上涨 4.7%，全国年均上涨 3.1%；第二阶段（1985—1989 年），广西年均上涨 13.7%，全国年均上涨 11.9%；第三阶段（1990—1991 年），广西年均上涨 1.9%，全国年均上涨 3.2%；第四阶段（1992—1996 年），广西年均上涨 15.5%，全国年均上涨 13.9 %；第五阶段（1997—2002 年），广西年均下跌 0.9%，全国年均上涨 0.1%；第六阶段（2003—2013 年），广西年均上涨 3.2%，全国年均上涨 2.9%。

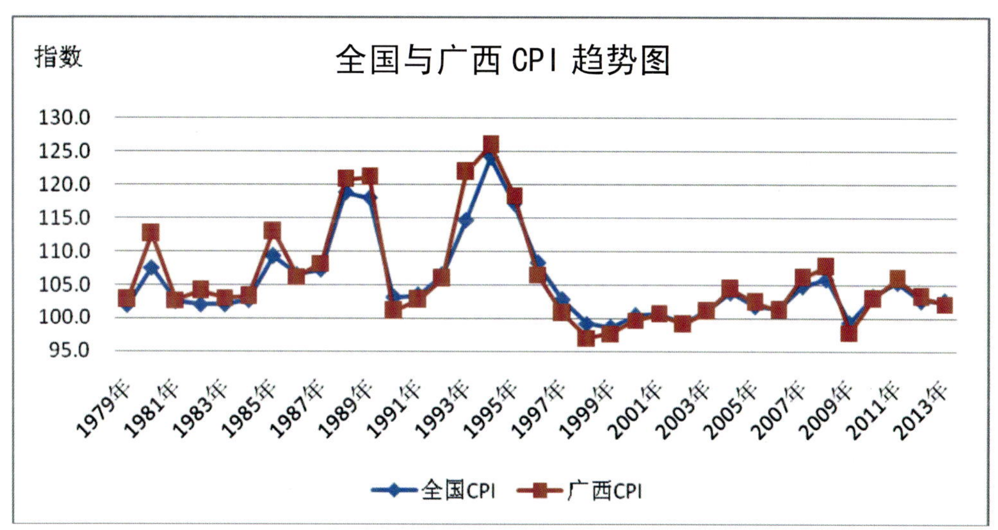

图 3　1979—2013 年全国与广西 CPI 趋势图
（上年价格为 100）

归纳起来，与全国比较，广西 CPI 有如下特点：

1. 从整体趋势看，广西与全国 CPI 的走势基本一致，各年 CPI 的变化呈现同涨同跌之势（见图 3 所示）。

2. 从几轮物价波动周期表现看，广西 CPI 的波动幅度大于全国的平均水平。即在上升时期，涨幅大于全国平均水平；在回落时期，回落速度快于全国。呈两头冒尖的态势，被通俗的称为“两头跑”现象。

3. 广西 CPI 波动存在滞后性。1993—2012 年间，除 1997—2001 年通货紧缩时期外，在每次通货膨胀的谷底和高峰，广西的转折时间都落后于全国，大体上晚于全国 1—5 个月。

（1）1993—1995 年的严重通货膨胀时期，时滞现象初显。在此轮通货膨胀中，全国 CPI 在 1994 年 10 月达到最高点（同比上涨 27.7%），而广西则在 1994 年 11 月才达到最高点（同比上涨 34.1%），比全国滞后一个月。

（2）2003—2005 年通货膨胀时期，回落时间滞后近五个月。在此轮通货膨胀中，全国 CPI 在 2004 年 7、8 月达到顶点（同比上涨 5.3%），2004 年 10 月即回落到 5% 的通货膨胀警戒线下；而广西虽然也在 2004 年 7 月达到顶点（同比上涨 6.5%），但回落过程则一波三折，直到 2005 年 3 月才真正回落到 5% 的通货膨胀警戒线下，比全国滞后了 5 个月。

（3）2007—2008 年通胀时期，滞后现象也较明显。在此轮通货膨胀中，全国和广西 CPI 均在 2008 年 2 月达到顶点（同比分别上涨 8.7% 和 12.2%），但是全国在 2008 年 8 月即回落到 5% 的通货膨胀警戒线下，而广西到 2008 年 11 月才回落到 5% 以下，比全国滞后了 3 个月。

（4）2010—2013 年，滞后现象减弱。在此轮通货膨胀中，全国与广西基本同步在 2011 年 6 月和 7 月达到这一时期的涨幅最高水平（同比涨幅分别为 6.5% 和 7 .7%），全国于 2012 年 6 月涨幅回落至 3 %以下，广西则滞后于全国一个月。

（三）广西与周边省 CPI 走势比较

1990—2013 年，广西、广东、湖南、海南和贵州五省 CPI 累计分别上涨 185.6%、146.3%、218.8%、188.4% 和 209.6%，年均分别上涨 4.5%、3.8%、5.0%、4.5% 和 4.8%。虽然各省有所差异，但总体变动趋于一致。广东作为发达地区，市场发育程度较高，经济实力和政府调控能力强，消费结构升级快，价格变动幅度最小。而以农业为主的广西、湖南、贵州和海南，上涨幅度均较大，变动幅度趋于一致。特别是在 2003—2013 年期间，以农产品上涨为主导引发的物价小幅波动时期，特征更为明显。这期间，广西、广东、湖南、海南和贵州五省分别累计上涨 41%、32.1%、41.5%、41.6% 和 39.1%，年均分别上涨 3.2%、2.6%、3.2%、3.2% 和 3.0%。（见图 4 所示）

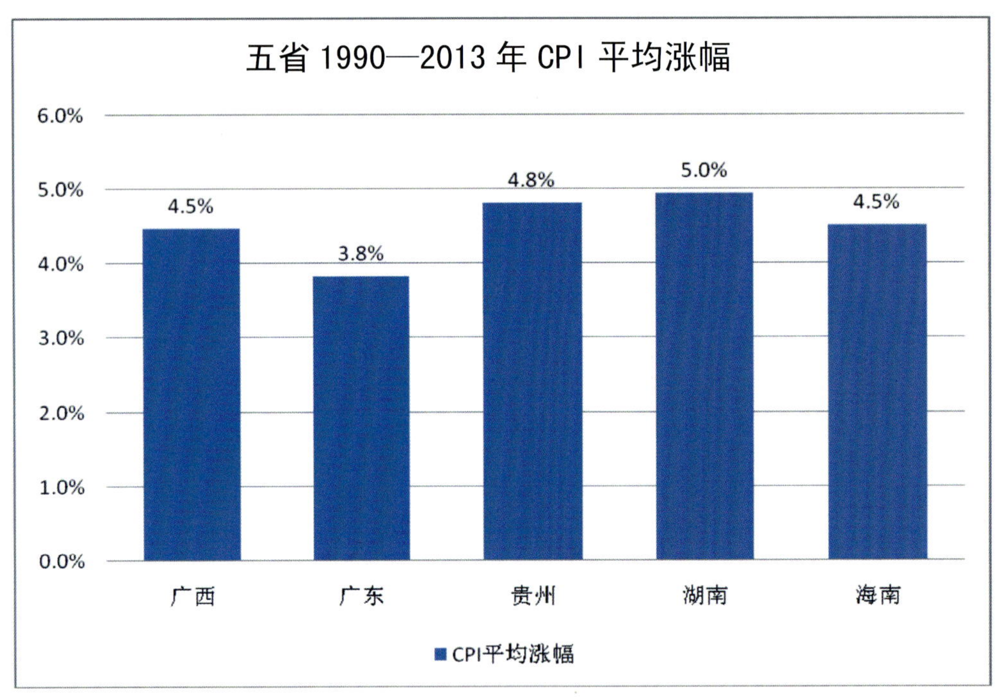

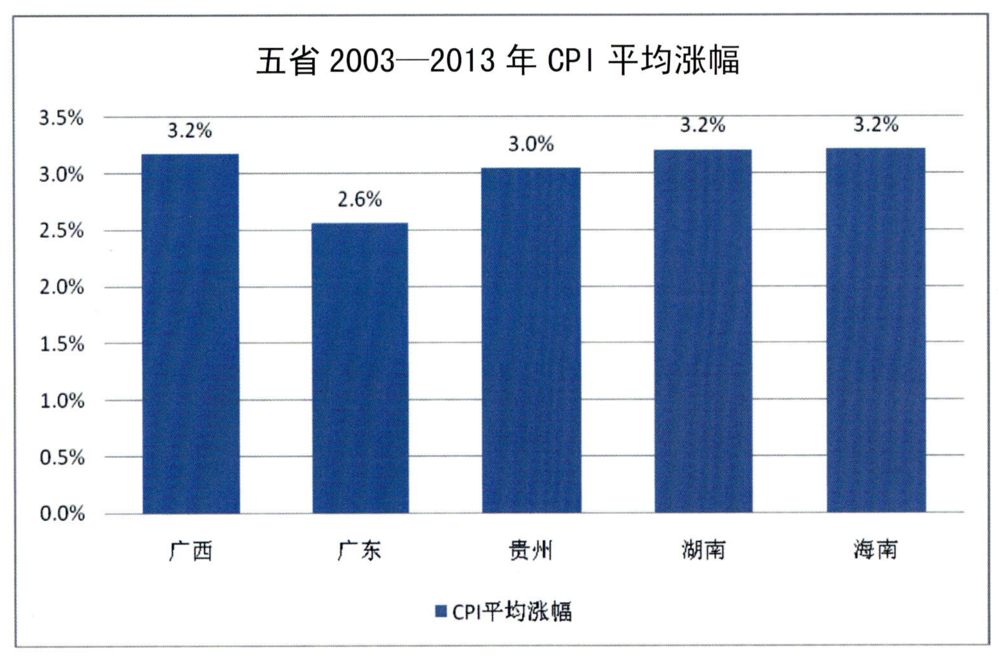

图 4　五省各时期 CPI 平均涨幅

（四）广西 CPI 波动特点小结

综观三十多年来广西 CPI 的运行轨迹及与全国和周边省份同期数据比较，广西 CPI 呈现出一定的规律性，主要特点是：

1. 价格波动呈现明显的周期性。一共经历了六个周期，每个周期 5—6 年。

2. 随着经济规模扩大和市场经济体制不断成熟，以及宏观调控机制日臻完善，价格周期性波动幅度越来越小。

3. 广西 CPI 的变化趋势整体上与全国保持同向，但涨跌幅度有差异。一是在上升时期，涨幅大于全国平均水平；二是在回落时期，回落速度快于全国；三是在每次通货膨胀的谷底和高峰，广西的转折时间都落后于全国。

4. 食品类价格始终是影响 CPI 波动的主要因素。特别是近十年，以农产品为主的食品类价格变动主导了 CPI 整体走势，影响程度达到 80%。

5. 广西 CPI 变动幅度大于经济发达的广东省，与湖南、贵州和海南的变动幅度趋于一致。

二、广西 CPI 波动的原因分析

广西 CPI 波动是各种因素综合作用的结果，既有经济管理体制改革、宏观经济周期性波动、货币发行量变化、输入性通胀和突发事件等全国普遍性因素，也有经济发展水平低、地理位置特殊以及调控体系不完善等广西特有的因素。

（一）全国普遍性因素

我国是单一制国家，执行统一的财政、金融、外贸等政策。经济管理体制改革、宏观经济周期性波动、货币发行量的变化、输入性通胀、突发性事件等因素，对各省、市、自治区 CPI 的影响基本上是一致的。在一定程度上可以说，各省、市、自治区 CPI 的波动，是全国 CPI 波动的缩影。

1. 经济管理体制改革尤其是价格管理体制改革影响

价格管理体制改革是 CPI 波动的起点，也是影响 CPI 波动的重要因素。可以说，价格管理体制改革的进程主导了 CPI 的运行轨迹。改革开放三十多年来，与 CPI 波动轨迹相似，价格管理体制改革大致经历了下面六个阶段：

（1）第一阶段（1979—1984 年），价格改革开始启动。这一时期，国家采取“以调为主，调放结合”的方针，开始启动价格改革，先后进行了 6 次全国范围的、影响较大的调整。1979 年，大幅度调整提高了粮食、油料、棉花、糖料等农副产品收购价格，以及猪肉等 8 种主要副食品的零售价格；1980 年，对部分机电产品实行浮动价格；1981 年，提高了烟、酒零售价格；1983 年，提高了棉布价格，降低了化纤产品及电视机、洗衣机等部分耐用消费品价格，逐步放开小商品和部分高档消费品价格；1984 年，调高部分矿产、原材料和能源价格。在这 6 年中，还先后调整了部分交通费、装卸搬运费、学杂费、医疗收费等服务收费价格。这一阶段，长期“冻结”的物价开始松动，广西 CPI 累计上涨 31.7%，年均上涨 4.7%。

（2）第二阶段（1985—1989 年），价格改革全面展开。党的十二届三中全会提出“价格改革是整个经济体制改革的关键”，价格体制改革全面推进，大范围地放开了除国家定购的粮食、棉花、油料、糖料等少数品种以外的绝大多数农副产品购销价格管理权限，生产资料价格和许多工业消费品价格实行“双轨制”。1988 年，同时宣布启动价格改革和收入分配制度改革，再加上经济过热引发投资、消费双膨胀和货币超量发行带来的信贷膨胀，以及多年以来积累下来的社会总需求大于总供给的矛盾加剧，出现了短缺经济下的恐慌消费，居民消费价格大幅上涨，进入了新中国成立以来第一次真正意义上的通货膨胀周期。这一阶段，广西 CPI 大幅上涨，五年累计上涨 90.0%，年均涨幅高达 13.7%。

（3）第三阶段（1990—1991 年），价格改革转入调整阶段。针对经济领域出现的较为明显的通货膨胀，为稳定市场物价，价格改革转入调整期，从第二阶段的“以放为主，调放结合”逐步转向“抑制通胀，调控结合”。1989 年开始采取“治理整顿，深化改革”的方针，提出用 3 年或更长一些时间基本完成治理整顿任务，使用大力度的调整措施。从宏观上采取了包括压缩投资规模、提高银行存贷款利率、严格控制消费基金的过快增长、暂缓调价方案出台、对主要农业生产资料实行专营等紧缩措施。严重的通货膨胀迅速得到控制，价格涨幅明显回落。这一阶段，广西CPI平稳运行，累计上涨3.9%，年均上涨1.9%。

（4）第四阶段（1992—1996年），价格改革步伐明显加快。党的十四大把建立社会主义市场经济体制确定为改革的总目标。1992年重新修订中央管理价格目录，将管理价格种类和收费项目由原来的近800种大幅度缩减至141种，绝大部分双轨价格放开由市场调节。1994年工业生产资料价格"双轨制"基本取消，相继推进石油、粮食、棉花、化肥和医药价格管理体制改革。价格结构性调整迈出重大步伐，多次调整粮食、原油、化肥、铁路运输和电力等价格，各地也择机疏导了城市公共交通、房租、教育等多年积累的价格矛盾，基础产业和公共产品定价偏低的状况有所改善。经济体制改革不断向更广泛、更深刻的领域推进，大大加快了由计划经济体制向社会主义市场经济体制转变的进程，出台了财政、金融、外贸、价格改革措施，培育了新的经济增长点。同时，消费结构不断升级，以电视机、冰箱、洗衣机为代表，以家电普及为标志的发展型消费需求旺盛。在这样的经济大环境影响下，多年积累的深层次矛盾集中释放，形成了以农产品为龙头，带动价格总水平结构性大幅度上涨的局面。这一阶段，广西CPI累计上涨105.3%，年均上涨15.5%。

（5）第五阶段（1997—2002年），价格改革进入巩固阶段。经过几年的经济高速发展，大幅度提高了工农业产品的有效供给，供求关系发生了根本性的变化，多数商品特别是主要农产品，由长期短缺变为供求基本平衡、丰年有余，部分品种出现相对过剩。受买方市场格局制约和国内外经济一体化进程加快的影响，经济运行中已经出现了有效需求不足的问题。1997年又叠加亚洲金融危机的外部冲击，我国经济运行遇到了前所未有的困难，出现了较为严重的通货紧缩。这一阶段，广西CPI累计下降5.1%，年均降幅为0.9%。

（6）第六阶段（2003—2013年），价格改革进入深化完善阶段。党的十六大以后，在科学发展观指引下，中央不断加强和完善宏观调控，深化经济体制改革，积极转变经济发展方式，成功应对国际金融危机冲击、"非典"、"甲型H1N1流感疫情"等突发性事件及自然灾害等挑战，经济持续平稳较快发展。这期间，深化教育和医疗改革，资源性价格改革不断推进，水、电、燃气、油价格进行了比较大的调整。除部分农产品外，大部分商品供给丰富，价格基本稳定，物价变动告别了以往的大起大落，呈现小幅波动态势。这一阶段，广西CPI累计上涨40.6%，年均上涨3.2%。

2. 宏观经济周期性波动影响

在一定程度上可以说，CPI的起伏波动，是经济周期性运行的结果。当经济处于上升通道时，投资欲望普遍增强，生产能力利用率提高，企业盈利和职工收入增加，出现投资和消费双膨胀，价格上扬。而当经济处于下降通道时，投资减少，经济活动收缩，产能过剩，职工收入下降，投资品和消费品需求减少，市场疲软，价格回落。

改革开放三十多年来，无论是全国，还是广西，CPI波动与经济发展周期波动都有密切关联性。

从全国来看，CPI变动与经济发展的走向基本保持同一性，见图5所示。

从广西来看，除1988—1990年CPI的走势与GDP稍有背离外，其余年份两者走向保持较高的一致性，见图6所示。

具体来说，广西CPI受宏观经济周期波动影响主要表现为五个方面：

（1）经济快速增长，价格涨幅紧随而上。1980年，广西GDP增长率由上年的3.4%提高到10.2%，价格涨幅也从上年的2.6%攀升至12.6%；1985年GDP增长率由上年的6.9%提高到11.0%，

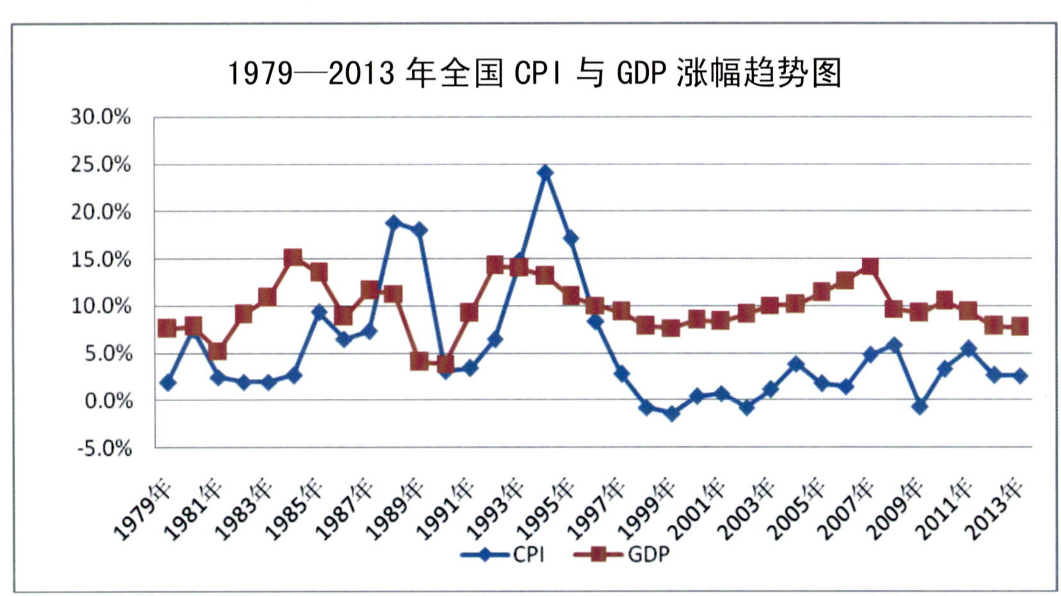

图 5 1979—2013 年全国 CPI 与 GDP 涨幅趋势图

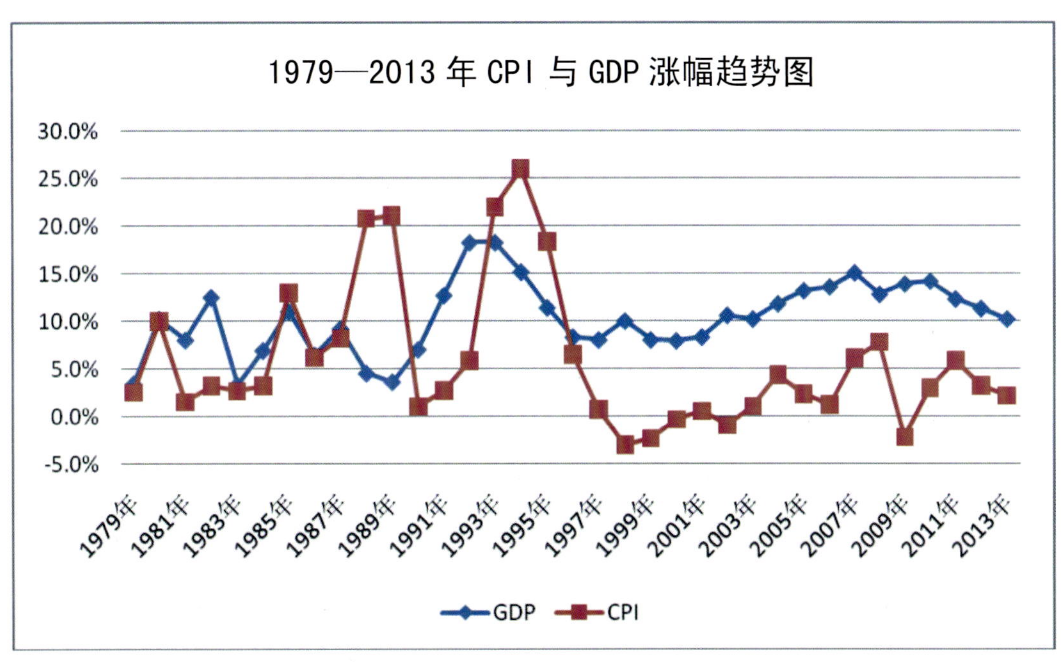

图 6 1979—2013 年广西 CPI 与 GDP 涨幅趋势图

价格涨幅也从上年的 3.3% 提高到 13.0%；1992 和 1993 年经济增长率均以 18.3% 的幅度创改革开放以来的新高，价格涨幅也在 1994 年以 26.0% 达到最高；1992—1996 年，以经济高增长和高通货膨胀为特点，广西 GDP 年均增长 14.2%，同期 CPI 年均上涨 15.5%。

（2）经济低速增长，价格涨幅也随之回落。1981 年，广西 GDP 增长率由上年的 10.2% 下跌至 8.0%，价格涨幅也由上年的 12.6% 回落至 2.7%。1989 年经济急剧下滑，GDP 增长率以 3.6% 跌入谷底，价格涨幅也于次年跌到较低点，为 1.1%。1996—2001 年，经济增长率始终徘徊在 10% 以下，价格水平也从 1997 年起连续 7 年低位运行，年均跌幅为 0.6%。

（3）价格涨跌波动滞后于经济增长一年左右。当经济快速增长时，价格运行在第二年呈现快速上涨态势；当经济增长速度回落时，价格涨幅回落也在第二年表现出来。从 20 世纪 90 年代以来广西经济波动情况看，GDP 增速的峰值分别出现在 1992 年(18.3%)、1993 年(18.3%)、2007 年(15.1%)和 2010 年（14.2%），价格涨幅的峰值分别出现在次年的 1993 年（22.0%）、1994 年（26.0%）、2008 年（7.8%）和 2011 年（5.9%）。在经济发展跌入低谷的 1989 年（3.6%），价格涨幅在次年回落至 1.1%。据测算，GDP 与滞后一年的 CPI 相关系数为 0.75, 而与同期的 CPI 相关系数仅为 0.52。

（4）物价上涨速度明显低于经济增长速度。三十多年来，广西经济总体上保持了持续快速发展的良好态势。2013 年与 1978 年相比， GDP 增长超过 29 倍，年均增长 10.3%; CPI 累计上涨 614.4%，年均上涨 5.8%，物价上涨速度明显低于经济增长速度。

（5）经济增长与价格变动相关性逐渐增强。据测算，1979—1989 年，广西 GDP 增长率与同期 CPI 涨幅的相关系数为 −0.18，相关度不高；1990−2013 年，二者的相关系数上升到 0.53，相关程度越来越高。表明价格运行受经济增长的影响越来越大，CPI 作为经济变化的晴雨表和信号灯的作用越来越显著。

3. 货币供应量增长速度影响

在其他条件不变的情况下，货币供应量的多少决定了价格水平的变化。当货币投放过多时，较多的货币追逐较少的商品，导致货币购买力下降，商品价格上涨。当货币发行量过少时，金融机构紧缩银根，市场货币流动性减少，借贷利率大幅提高，高利率使得企业经营困难，大量中小企业濒临倒闭，市场萧条，物价下跌。

改革开放三十多年来，无论是全国，还是广西，CPI 与全国货币发行量增长率的波动轨迹十分相似，见图 7 所示。

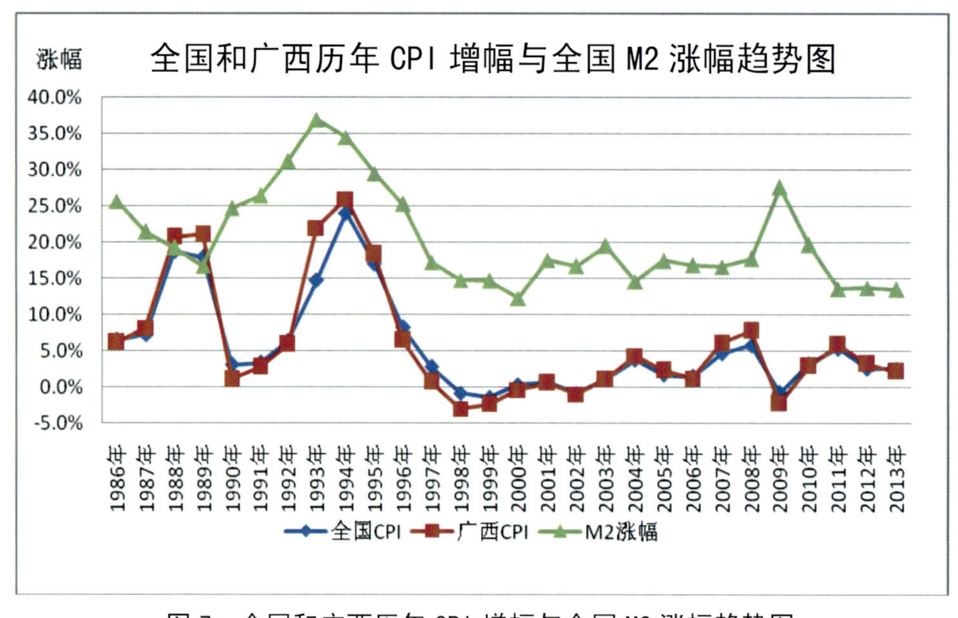

图 7 全国和广西历年 CPI 增幅与全国 M2 涨幅趋势图

以广西为例，据测算，1990—2013 年，全国广义货币（M2）增长率与广西当期的 CPI 相关系数为 0.718，与滞后一年的 CPI 相关系数为 0.841。可见，货币供应量对 CPI 有较大影响，且具有明显滞后性。

从一些典型年份看，货币供应量对 CPI 的影响更为明显。1986 和 1987 年，全国广义货币 (M2) 连续二年增长率超 20%，1988 年广西 CPI 涨幅突破 20%；1989 年全国广义货币 (M2) 的增速在紧缩中回落，1990 年广西 CPI 涨幅从上年的 21.1% 回落到 1.1%；1992—1994 年，全国广义货币 (M2) 急剧膨胀，连续三年增幅达 30%，1993—1995 年广西 CPI 涨幅也处于历史最高水平，三年涨幅均在 18% 以上；1998—2000 年全国广义货币

(M2) 增幅徘徊在 15.0% 以内，CPI 涨幅也跌入低谷。由此可见，广义货币 (M2) 连续几年超速增长，会导致价格连续上涨，最终必然会引起通货膨胀。可以这么说，广义货币 (M2) 的高增长是经济高增长和高通胀之间联系的中介。

4. 输入性通胀的影响

在经济全球化背景下，一国物价波动不再仅仅由国内因素决定，国际市场的价格变化也会对本国物价造成重要影响。输入性通胀对国内物价波动的影响程度取决于两个因素，一是对外贸易依存度的高低，二是国际市场价格波动幅度的大小。

改革开放 30 多年来，特别是加入WTO和东盟自贸区建成后，我国经济已深深融入国际分工和国际贸易体系之中。2012 年，我国对外贸易依存度达到 47%。从大宗商品看，粮食进口依存度达 12%，植物油达 80%，原油达 58.7%，铁矿石达 63%。

从最近十年的情况看，国内与国际市场物价波动具有较高的关联性。以广西为例，2006—2007 年，世界粮食平均价格分别上涨 8% 和 24%，2008 年 3 月同比又上涨 53%；2008 年 7 月，国际大豆价格较 2007 年 5 月翻了一倍多。受此影响，2007 和 2008 年，广西粮食价格分别上涨 6.4% 和 11.9%，油脂价格分别上涨 22.3% 和 21.5%。又如，2005 年 6 月至 2008 年 7 月，国际原油价格从 60 美元 / 桶上涨到 147.27 美元 / 桶，金融危机后的 2009 年 1 月 21 日跌至 33.20 美元 / 桶。受国际市场原油价格波动影响，2008 年 7 月，广西汽油、柴油和液化石油气价格比 2005 年 6 月分别上涨 53.8%、59.7% 和 59.8%；2009 年 2 月比 2008 年 7 月则分别下跌 18.1%、20.4% 和 29.8%。

5. 突发事件影响

突如其来的自然灾害、公共事件、社会安全、经济安全等社会经济生活中的不确定因素，会引发商品和服务市场供求关系、公众消费心理突然发生变化，从而导致价格发生异常波动的现象，影响 CPI 波动。

（1）重大经济危机影响。历次经济危机发生对居民消费价格走势均产生了比较大的影响，甚至改变其走势。一方面，经济危机发生导致外部需求减弱，造成出口困难，加剧国内市场供大于求矛盾，价格大幅度下降；另一方面，危机蔓延到实体经济，引起国际市场大宗产品价格暴跌，从而传导到国内市场。以广西为例，1997 年亚洲金融危机时，广西 CPI 从年初开始呈现逐步下降态势，由 1 月的 106.1 下降至 12 月的 96.6, 并从 8 月份开始由正转负，进入长达 37 个月的负区间运行。2008 年美国次贷危机发生当年，CPI 从前六个月的高位运行，转入急剧下降，到 12 月降至 101.4，2009 年 2 月开始由正转负，进入连续 10 个月的负区间运行。2011 年欧债危机发生，当年的 CPI 于 11 月结束连续 10 个月涨幅超 5 % 的高位上涨态势，开始步入低位运行区间。

（2）公共事件影响。公共安全突发事件，由于其持续时间较短、影响范围相对较小，对 CPI 有一定的影响，但不能改变 CPI 的中长期走势。2003 年非典疫情暴发期间，全国各地白醋、板蓝根、口罩、消毒液等一些与疫情相关的商品迅速被抢购一空，价格大幅度飙升，当年 4 月，广西中药材价格环比上涨 21.2%，影响 CPI 上涨约 0.15 个百分点。2009 年受甲型 H1N1 流感影响，广西上半年猪肉价格同比下降 23.4%，影响价格总水平下降 0.9 个百分点，影响程度为 33.3%。2013 年受禽流感影响，居民减少禽类消费，禽类销售量大幅减少，导致禽类价格大幅下降，广西 4 月和 5 月环比分别下降 7.9% 和 4.8%，5 月下旬随着多地解除禽流感 IV 级预警，各地禽类交易价格呈现恢复性上涨。

（3）自然灾害影响。自然灾害由于其发生的时间短、范围小，对 CPI 影响有限，只对当月环比影响较大，之后很快能恢复正常走势，不足以改变 CPI 中长期走势。近年来，异常气候频发，自然灾害层出不穷，严重影响蔬菜、水产品等鲜活类商品的生产、流通，造成部分商品供应减少或需求突然增加，短期内供求失衡，带动相关商品价格快速上涨。2008年初，南方地区遭受罕见冰冻雨雪灾害，广西2月份的鲜菜价格环比涨幅高达60.3%,3月则大幅回落至22.1%。2010年初，西南大旱强化了农民对价格上涨的预期，囤粮惜售的心理加重，广西1—3月各月粮食价格涨幅达5%左右。极端气候或自然灾害都会加剧农产品供需矛盾，加上一些人为炒作因素影响，极易强化市场涨价预期，成为物价上涨的重要推手,如2010年出现了“蒜你狠”、“豆你玩”、“姜你军”和“糖高宗”等农产品价格疯涨现象。

（二）广西特有因素

改革开放三十多年来，虽然广西CPI波动趋势总体上与全国基本一致，但波动幅度大于全国平均水平。之所以如此，与广西经济发展水平低、地理位置的特殊性以及调控体系不完善有着密切的关系。

1.经济发展水平低

国内外经济发展历程表明，经济发展水平高低与CPI波动大小密切相关，即经济发展水平越高，CPI波动幅度越小,反之亦然。

从国际上看，发展中国家CPI的波动幅度都较大，而发达国家一般都较小。例如，在1991—2013年间，经济发达的日本、法国、德国、加拿大、英国和美国CPI年均涨幅分别为0.3%、1.7%、2%、2%、2.5%和2.5%,而发展中国家的中国、印度、印尼、越南、俄罗斯（注：俄罗斯为1993—2013年数据）和巴西CPI年均涨幅分别高达4.5%、7.9%、10.2%、11.4%、44.5%和67.1%。详见表六和图8。

表六

部分国家1991—2013年CPI

年份	发达国家					
	日本	美国	法国	德国	英国	加拿大
1991年	103.3	104.2	103.2	104.0	107.5	105.6
1992年	101.7	103.0	102.4	105.1	104.3	101.5
1993年	101.3	103.0	102.1	104.5	102.5	101.9
1994年	100.7	102.6	101.7	102.7	102.0	100.2
1995年	99.9	102.8	101.8	101.7	102.6	102.1
1996年	100.1	102.9	102.0	101.4	102.5	101.6
1997年	101.8	102.3	101.2	101.9	101.8	101.6
1998年	100.7	101.6	100.6	100.9	101.6	101.0
1999年	99.7	102.2	100.5	100.6	101.3	101.7
2000年	99.3	103.4	101.7	101.4	100.8	102.7
2001年	99.2	102.8	101.6	102.0	101.2	102.5
2002年	99.1	101.6	101.9	101.4	101.3	102.3
2003年	99.8	102.3	102.1	101.0	101.4	102.8
2004年	100.0	102.7	102.1	101.7	101.3	101.9
2005年	99.7	103.4	101.7	101.5	102.1	102.2
2006年	100.2	103.2	101.7	101.6	102.3	102.0

续表六

年份	发达国家					
	日本	美国	法国	德国	英国	加拿大
2007年	100.1	102.9	101.5	102.3	102.3	102.1
2008年	101.4	103.8	102.8	102.6	103.6	102.4
2009年	98.7	99.6	100.1	100.3	102.2	100.3
2010年	99.3	101.6	101.5	101.1	103.3	101.8
2011年	99.7	103.2	102.1	102.1	104.5	102.9
2012年	100.0	102.1	102.0	102.0	102.8	101.5
2013年	100.4	101.5	100.9	101.5	102.6	100.9
年份	发展中国家					
	印度	印尼	巴西	俄罗斯	越南	中国
1991年	113.9	109.4	532.8		181.8	103.4
1992年	111.8	107.5	1052.0		137.7	106.4
1993年	106.3	109.7	2027.4	974.2	108.4	114.7
1994年	110.2	108.5	2175.9	407.5	109.5	124.1
1995年	110.2	109.4	166.0	297.5	116.9	117.1
1996年	109.0	108.0	115.8	147.9	105.6	108.3
1997年	107.2	106.2	106.9	114.7	103.1	102.8
1998年	113.2	158.5	103.2	127.8	108.1	99.2
1999年	104.7	120.5	104.9	185.7	104.1	98.6
2000年	104.0	103.7	107.0	120.8	98.2	100.4
2001年	103.8	111.5	106.8	121.5	99.7	100.7
2002年	104.3	111.9	108.5	115.8	104.1	99.2
2003年	103.8	106.8	114.7	113.7	103.3	101.2
2004年	103.8	106.1	106.6	110.9	107.9	103.9
2005年	104.2	110.5	106.9	112.7	108.4	101.8
2006年	105.8	113.1	104.2	109.7	107.5	101.5
2007年	106.4	106.4	103.6	109.0	108.3	104.8
2008年	108.3	110.2	105.7	114.1	123.1	105.9
2009年	110.9	104.4	104.9	111.7	106.7	99.3
2010年	112.0	105.1	105.0	106.9	109.2	103.3
2011年	108.9	105.4	106.6	108.4	118.6	105.4
2012年	109.3	104.3	105.4	105.1	109.2	102.6
2013年	110.9	107.0	106.2	106.8	106.6	102.6

数据来源：越南数据来源于国际货币基金组织世界展望数据库。其余国家数据来源OECD（经济合作与发展组织数据库）

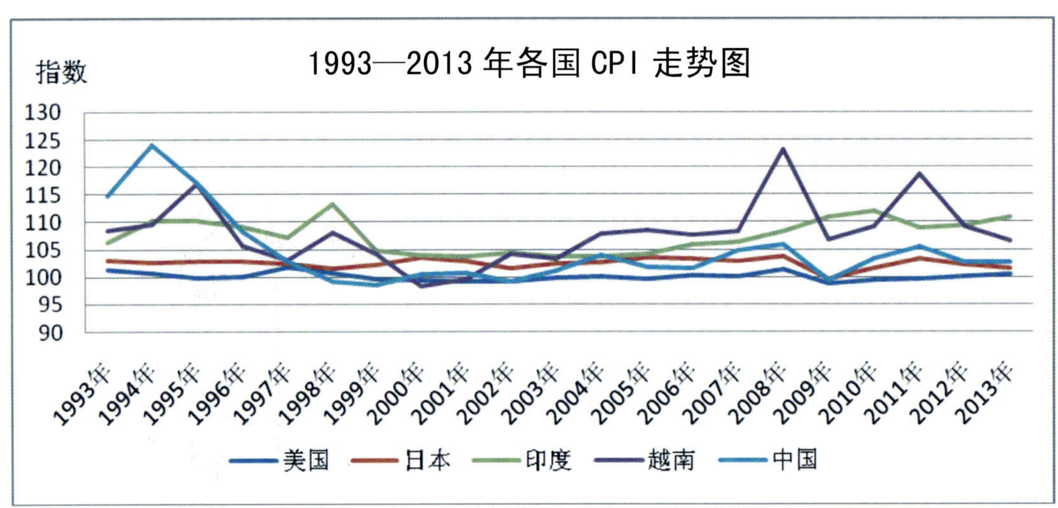

图 8 部分国家 1993—2013 年 CPI 走势图

从国内来看，经济欠发达省份 CPI 波动幅度普遍大于经济发达省份。例如，在 2003—2013 年间，经济发达的北京、上海、广东、天津、浙江和江苏 CPI 年均涨幅分别为 2.2%、2.4%、2.6%、2.6%、2.6% 和 2.9%，经济发展水平中等的江西、安徽、河北、湖南和湖北分别为 2.8%、3%、3.1%、3.2%、3.3% 和 3.3%，经济较落后的贵州、广西、云南、甘肃和青海分别为 3%、3.2%、3.3%、3.4% 和 4.1%。详见表七和图 9。

表七

部分省（市、区）1991—2013 年 CPI

年份	发达省份					
	北京市	上海市	广东省	浙江省	天津市	江苏省
1991 年	111.9	110.5	101.2	103.5	110.2	104.9
1992 年	109.9	110.0	107.3	107.5	111.4	106.6
1993 年	119.0	120.2	121.6	119.8	117.6	118.2
1994 年	124.9	123.9	121.7	124.8	124.0	123.2
1995 年	117.3	118.7	114.0	116.6	115.3	115.8
1996 年	111.6	109.2	107.0	107.9	109.0	109.3
1997 年	105.3	102.8	101.9	102.8	103.1	101.7
1998 年	102.4	100.0	98.2	99.7	99.5	99.4
1999 年	100.6	101.5	98.2	98.8	98.9	98.7
2000 年	103.5	102.5	101.4	101.0	99.6	100.1
2001 年	103.1	100.0	99.3	99.8	101.2	100.8
2002 年	98.2	100.5	98.6	99.1	99.6	99.2
2003 年	100.2	100.1	100.6	101.9	101.0	101.0
2004 年	101.0	102.2	103.0	103.9	102.3	104.1
2005 年	101.5	101.0	102.3	101.3	101.5	102.1
2006 年	100.9	101.2	101.8	101.1	101.5	101.6
2007 年	102.4	103.2	103.7	104.2	104.2	104.3
2008 年	105.1	105.8	105.6	105.0	105.4	105.4

续表七

年份	发达省份					
	北京市	上海市	广东省	浙江省	天津市	江苏省
2009 年	98.5	99.6	97.7	98.5	99.0	99.6
2010 年	102.4	103.1	103.1	103.8	103.5	103.8
2011 年	105.6	105.2	105.3	105.4	104.9	105.3
2012 年	103.3	102.8	102.8	102.2	102.7	102.6
2013 年	103.3	102.3	102.5	102.3	103.1	102.3
年份	经济发展水平中等省份					
	湖南省	湖北省	安徽省	江西省	河南省	河北省
1991 年	104.4	104.9	106.1	102.8	102.3	103.4
1992 年	110.7	109.6	108.2	105.7	105.4	106.1
1993 年	116.8	118.4	114.7	114.6	110.4	113.8
1994 年	125.3	125.3	126.9	126.9	125.2	122.6
1995 年	119.0	120.0	114.8	116.9	116.5	115.2
1996 年	107.7	109.4	109.9	108.4	110.5	107.1
1997 年	102.8	103.2	101.3	102.0	103.5	103.5
1998 年	100.2	98.4	100.0	101.0	97.5	98.4
1999 年	100.5	97.8	97.8	98.6	96.9	98.1
2000 年	101.4	99.0	100.7	100.3	99.2	99.7
2001 年	99.1	100.3	100.5	99.5	100.7	100.5
2002 年	99.5	99.6	99.0	100.1	100.1	99.0
2003 年	102.4	102.2	101.7	100.8	101.6	102.2
2004 年	105.1	104.9	104.5	103.5	105.4	104.3
2005 年	102.3	102.9	101.4	101.7	102.1	101.8
2006 年	101.4	101.6	101.2	101.2	101.3	101.7
2007 年	105.6	104.8	105.3	104.8	105.4	104.7
2008 年	106.0	106.3	106.2	106.0	107.0	106.2
2009 年	99.6	99.6	99.1	99.3	99.4	99.3
2010 年	103.1	102.9	103.1	103.0	103.5	103.1
2011 年	105.5	105.8	105.6	105.2	105.6	105.7
2012 年	102.0	102.9	102.3	102.7	102.5	102.6
2013 年	102.5	102.8	102.4	102.5	102.9	103.0
年份	欠发达省份					
	广西壮族自治区	贵州省	云南省	甘肃省	青海省	
1991 年	102.8	104.4	103.1	104.9	107.6	
1992 年	105.9	107.8	108.9	107.2	108.0	

续表七

年份	欠发达省份					
	广西壮族自治区	贵州省	云南省	甘肃省	青海省	
1993 年	122.0	116.0	121.3	115.4	113.2	
1994 年	126.0	122.8	119.2	123.7	121.8	
1995 年	118.4	121.4	121.3	119.8	118.0	
1996 年	106.5	109.1	108.7	110.2	110.8	
1997 年	100.8	103.4	104.3	102.9	104.8	
1998 年	97.0	100.1	101.7	99.0	100.7	
1999 年	97.7	99.2	99.7	97.6	99.5	
2000 年	99.7	99.5	97.9	99.5	99.5	
2001 年	100.6	101.8	99.1	104.0	102.6	
2002 年	99.1	99.0	99.8	100.0	102.3	
2003 年	101.1	101.2	101.2	101.1	102.0	
2004 年	104.4	104.0	106.0	102.3	103.2	
2005 年	102.4	101.0	101.4	101.7	100.8	
2006 年	101.3	101.7	101.9	101.3	101.6	
2007 年	106.1	106.4	105.9	105.5	106.6	
2008 年	107.8	107.6	105.7	108.2	110.1	
2009 年	97.9	98.7	100.4	101.3	102.6	
2010 年	103.0	102.9	103.7	104.1	105.4	
2011 年	105.9	105.1	104.9	105.9	106.1	
2012 年	103.2	102.7	102.7	102.7	103.1	
2013 年	102.2	102.5	103.1	103.2	103.9	

数据来源：中华人民共和国国家统计局数据库

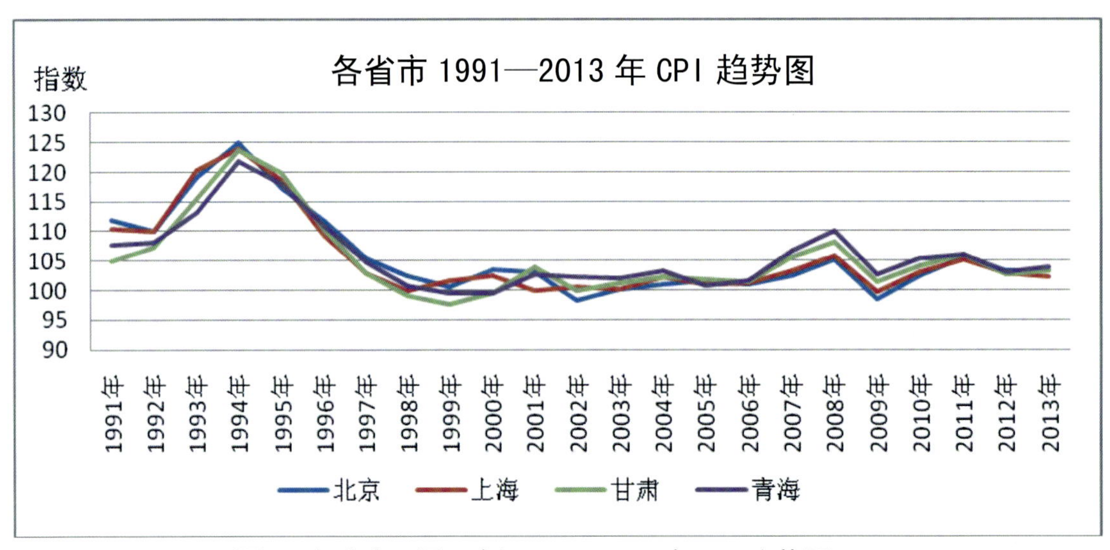

图 9 部分省（区、市）1991—2013 年 CPI 走势图

经济发展水平对CPI的影响，大致有两条路径。对发达国家和地区来说，其影响路径是：经济发展水平高→居民收入水平高→食品支出占居民消费支出的比重小→统计上食品占CPI的权重小→食品价格波动幅度大→CPI受食品价格波动影响程度相对小→CPI波动幅度小。对欠发达国家和地区而言，其影响路径则是：经济发展水平低→居民收入水平低→食品支出占居民消费支出的比重大→统计上食品占CPI的权重大→食品价格波动幅度大→CPI受食品价格波动影响程度大→CPI波动幅度大。具体来说，之所以出现经济发展水平越高、CPI波动越小，经济发展水平越低、CPI波动越大的现象，主要是以下三个原因。

第一、食品占CPI权重的差异。目前，在各国的统计实践中，CPI的编制流程大体是：计算CPI的权数→抽选价格调查点→确定代表规格品→收集各调查点规格品价格→计算各规格品平均价格及指数→加权计算小类指数（如禽类下的鸭）→加权计算中类指数（如食品大类下的禽）→加权计算大类指数（如食品大类）→加权计算CPI。其中，CPI的权数是根据居民家庭消费支出中，食品、烟酒、衣着、家庭设备用品及维修服务、医疗保健和个人用品、交通和通讯、娱乐教育文化用品及服务、居住等大类及其项下中类、小类的比重制定的。某类商品或服务支出占居民生活消费支出比重越大，其权数就越大，反之则越小。而某类商品或服务权数越大，意味着其对CPI的影响越大，反之则越小。由于各国和各地区间经济发展水平差异较大，从而居民消费结构的差异也较大，其中，最大的差异表现在食品支出占生活消费支出的比重。一般来说，居民收入和生活水平越高，用于食品支出的比重越低，而用于其他支出的比重越高，反之亦然。也就是说，经济越发达的国家和地区，其食品占CPI的权数越小；而经济越落后的国家和地区，其食品占CPI的权数越大。例如，据经合组织（OLIS）数据库显示，2010年，美国居民家庭食品支出占生活消费总支出的比重为6.61%，加拿大为9.65%，英国为9.66%，德国为11.01%，法国为13.37%，日本为14.64%（2008年），我国年城镇和农村居民家庭分别为35.7%和41.1%，相应地，在CPI中食品的权数，我国要大于美国、加拿大、英国、德国、法国和日本。

第二、食品价格波动幅度往往大于其他商品和服务价格。从全球范围看，农产品供不应求是一种长期趋势，其价格波动大于工业品及服务项目价格是普遍现象。主要原因在于耕地的有限性和农业对自然条件依赖性强，以及农业技术进步相对缓慢。以广西为例，在2002—2013年间，农产品生产价格（指农业生产者直接出售农业产品的价格）年均上涨12.2%，而工业品出厂价格（指工业生产者直接出售工业产品的价格）和服务项目价格年均仅分别上涨4.5%和2.9%（见图10）。目前，农产品仍是人们食品的主要来源，其价格波动大

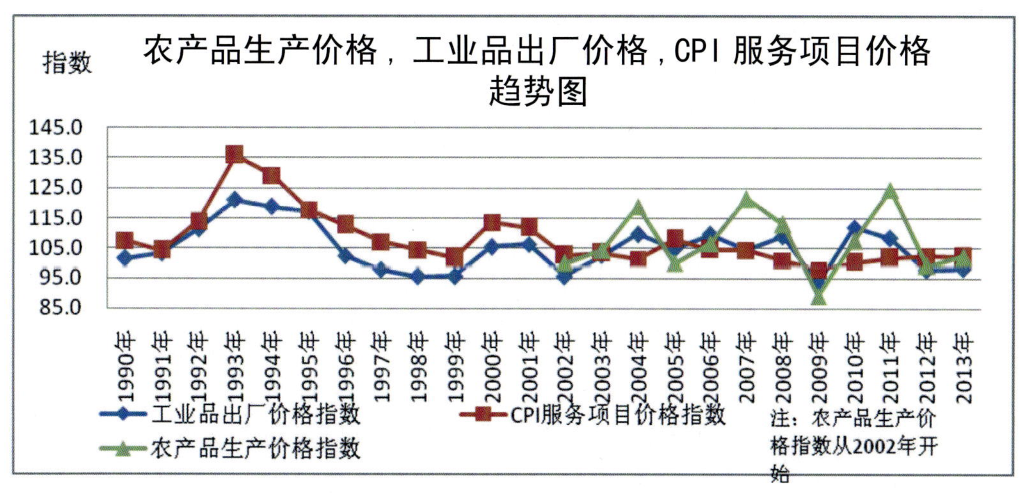

图10 1991—2013年广西农产品生产价格、工业品出厂价格和服务项目价格走势图

于工业品及服务项目价格，意味着食品价格波动程度会大于工业品及服务项目价格。

第三、CPI受食品价格波动影响程度的差异。农产品生产价格变动对CPI的影响表现在两个方面。一是作为消费资料直接进入消费领域，农产品生产价格变动直接引起CPI变动；二是农产品价格变动推动以农产品为原料的工业品出厂价格变动，最终导致进入消费领域的工业消费品价格变动，间接引起CPI变动。在农产品价格波动幅度相同的情况下，因为农产品仍是人们食品的主要来源，以及欠发达国家和地区食品占CPI的权重大于发达国家和地区，因而欠发达国家和地区食品价格对CPI的影响程度就会大于发达国家和地区，自然地，欠发达国家和地区CPI的波动幅度就会大于发达国家和地区。例如，中国的CPI受食品价格影响的程度要大于美国、加拿大、英国、德国、法国和日本，从而中国CPI波动幅度就大于美国、加拿大、英国、德国、法国和日本。

目前，后发展、欠发达仍是广西的最大区情。总体上看，广西经济发展水平比全国落后5年左右。2013年，广西人均GDP30588元(全国为42115元)，大体上相当于全国2010年的水平；人均财政收入4256元(全国为9514元)，大体上相当于全国2007年的水平；城镇居民人均可支配收入23305元(全国为26955元)，大体上相当于全国2011年的水平；农民人均纯收入6791元(全国为8896元)，大体上相当于全国2011年的水平；城镇居民恩格尔系数(食品支出占生活消费支出比重)为37.9(全国为35)，大体上相当于全国2008年的水平；农村居民恩格尔系数为40(全国为37.7)，大体上相当于全国2009年的水平。由于广西居民食品支出占生活消费支出的比重高于全国，广西CPI中食品的权重相应地大于全国。在食品价格波动幅度大于工业品和服务价格，以及食品价格仍然是主导CPI走势主要因素的情况下，广西CPI波动幅度自然会大于全国。

2.地理位置的特殊性

从商品流通的角度看，广西地理位置的特殊性，主要表现在紧靠经济发达的广东省，面对粤港澳消费大市场，容易形成农产品价格的“蹦蹦床”效应。一方面，广西加工业不发达，农产品仍以销售初级产品为主，除满足区内需求外，鲜活农产品主要销往广东。另一方面，广东是农产品短缺地区，大量农产品需要从广西、海南、湖南等周边省区调入，其需求状况往往左右周边省区的农产品价格走势。当农产品供不应求时，在市场机制作用下，周边省区的农产品源源不断地流到广东市场，从而推高周边省区农产品价格。而当农产品供过于求时，原本销往广东的大量农产品只能滞留在生产地，加剧了周边省区农产品供求矛盾，此时，周边省区农产品价格下跌幅度往往会大于广东。

从最近11年的情况看，广西农产品价格波动幅度远远大于广东。2002—2013年，广西农产品生产价格指数在89.5%—124.6%之间波动，而广东的波动区间为95%—113.9%。再从具体品种看，同期，广西猪肉零售价格指数波动区间为78.3%—149.4%，广东为83.6%—134.4%；广西鲜菜零售价格指数波动区间为101.1%—139.5%，广东为99.9%—115.9%。详见图11、图12、图13。

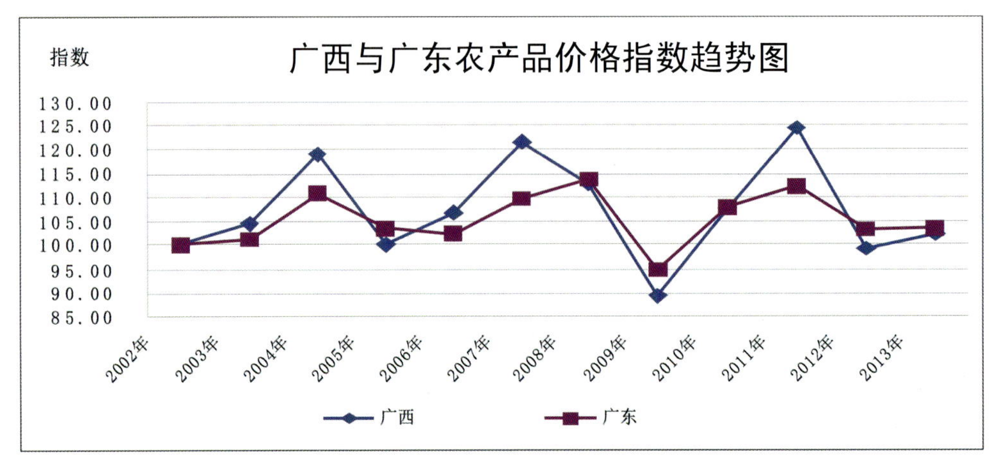

图11 2002—2013年广西、广东农产品生产价格指数趋势图

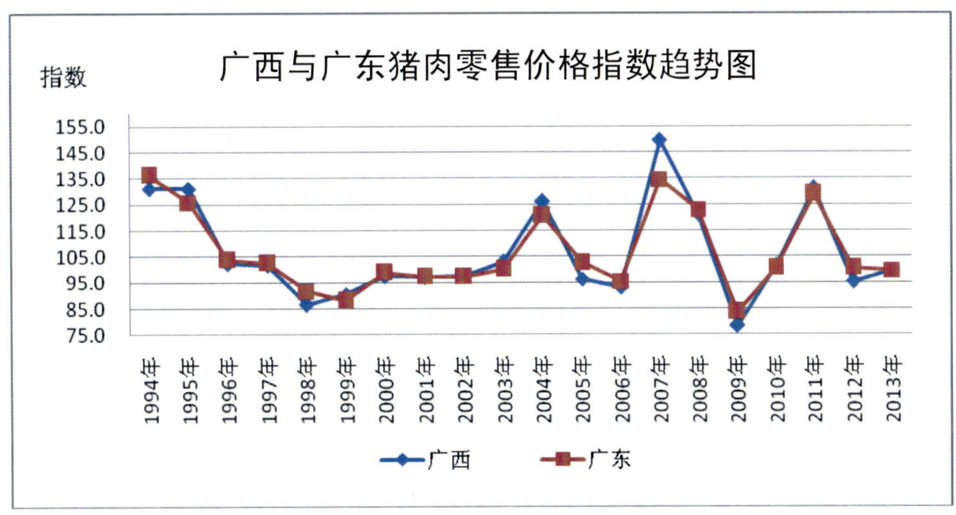

图 12　1994—2013 年广西、广东猪肉零售价格指数趋势图

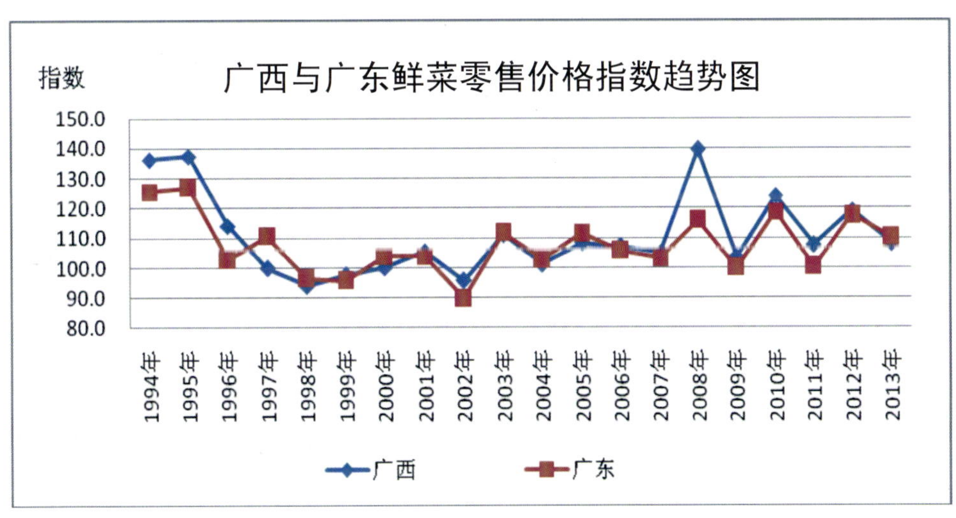

图 13　1994—2013 年广西、广东鲜菜零售价格指数趋势图

在目前农产品仍是人们的主要食品来源，以及食品价格仍是主导CPI走势主要因素的情况下，广西农产品价格波动幅度大，自然地，CPI 的波动幅度就会大。

3.调控体系不完善

在市场经济条件下，虽然市场对资源配置起着决定性作用，但市场也有其不可克服的缺陷。要克服市场固有的缺陷，需要政府对市场失灵进行矫正，而地方政府调控 CPI 是矫正市场失灵的重要手段之一。地方政府调控物价措施的出台，对 CPI 运行趋势的影响，主要表现在四个方面：一是政府向市场投放平价商品，增加了供给，直接降低了相关商品的价格；二是对部分商品实行限价销售，有效控制了相关商品价格上涨幅度；三是政府对部分商品生产实施补贴，直接提高供给能力，会间接抑制相关商品价格过度上涨；四是政府采取上述措施后，向社会表明了稳定物价的决心，对稳定群众的心理预期起到积极作用。

但是，由于各地政府的财力和调控水平不一，调控措施出台后对 CPI 运行的影响差异较大。一般来说，调控能力强，CPI 波动相对平稳；而调控能力弱，则 CPI 波动就大。例如，2010 年，湖南省先后投入价格调节基金 8000 多万元，用于扶持蔬菜、生猪等重要农产品生产，蔬菜价格涨幅明显低于全国，对于稳定价格总水平起到了关键性作用，当年 CPI 上涨 3.1%，比全国平均水平低 0.2 个百分点，排第 20 位。2011 年，广东省开全国之先河，大力推进平价商店建设（当年累计建设平价商店近2000家），实现产销对接，减少中间环节，降低运营成本，对稳定蔬菜等农副产品价格发挥了有效作用，当年CPI涨幅比全国平均水平低0.1个百分点。

广西财力较弱，调控价格往往心有余而力不足。在2011年11月之前，还没有建立价格调节基金制度，从而很多调控价格政策难以及时出台，调控体系不完善。2011年下半年，广西各级政府开始以财政补贴等各种方式调控猪肉、蔬菜等价格，对稳定价格总水平起到了积极作用。据统计，2011年全区用于实施临时价格干预措施的资金约3亿元，就拉低居民消费价格指数0.5个百分点。在调控措施出台前的上半年，广西CPI涨幅比全国高1.5个百分点，而调控措施出台后，下半年CPI涨幅比全国低0.5个百分点。

三、控制CPI波动过大的对策建议

保持价格总水平基本稳定是宏观调控的四大目标之一。价格总水平长期不变或持续低迷，将会导致经济增长率低于潜在增长率，进而造成就业萎缩、收入减少，影响社会安定。而价格总水平持续大幅度上涨，将导致市场价格信号紊乱、交易成本上升，进而降低市场经济的效率，影响经济健康发展。同时，价格过快上涨还会影响民生，造成居民财富缩水，引发群众不满情绪，处理不好直接引起社会动荡。

从前面分析影响CPI波动的因素中可见，要保持价格总水平基本稳定，需要中央和地方各级政府共同努力。从中央层面来说，主要是把握好价格改革的力度和节奏，同时通过财政、货币、税收、投融资、进出口等宏观政策，从而影响价格的形成和走向。从地方政府来说，一方面，贯彻执行好中央出台的宏观调控政策；另一方面，结合本地区实际，制定更具体的地域性价格调控政策和措施，稳定区域价格总水平。

针对前述对影响广西CPI波动特有因素的分析，提出以下对策建议：

（一）大力发展经济，提高居民收入水平，推动消费结构升级

大力发展经济，提高居民收入水平，推动消费结构升级，是保持价格总水平基本稳定的根本性措施。

1、大力发展经济，壮大经济总量

改革开放三十多年来，广西各方面建设取得了有目共睹的成就，GDP从1978年不足76亿元，增加到2013年的1.4万亿元。但经济总量不大，仍处于工业化中期阶段，与经济发达省份差距还较大。2013年，GDP不足广东省的四分之一，在全国仅排第18位。要突出工业化和城镇化建设重点，抢抓机遇，壮大经济总量，做大蛋糕，力争广西经济发展速度超过全国平均水平，缩小与发达地区的差距。一是着眼于加快建成我国西南中南地区开放发展新的战略支点、与全国同步全面建成小康社会的“两个建成”奋斗目标，抓住得天独厚的区位优势和面临的难得机遇，深入实施北部湾经济区和西江经济带“双核”驱动战略。二是发挥投资对经济增长的关键作用，优化投资结构，围绕“海上丝绸之路”、“两区一带”、千亿元产业、战略性新兴产业、基础设施等重点领域和关键环节，加大重大项目储备，积极争取国家项目、资金和政策倾斜，统筹推进重大项目建设。三是最大限度地释放经济增长过程中的改革红利。要以全面深化改革为契机，把各种经济发展的要素优势真正转化为经济优势，以改革推动经济加快发展。

2、不断完善国民收入分配体系

落实城乡居民收入倍增计划，确保居民收入与经济发展同步。大力发展特色农业和劳务经济，广开农民增收渠道。加大就业帮扶和创业扶持力度，推进就业创业。缓解行业收入分配差距，完善收入增长机制。积极探索城乡社会保障一体化建设有效途径，健全城乡低保标准合理增长机制。进一步完善社会救助和保障标准与物价上涨挂钩的联动机制，努力实现各项社会救助和保障标准

提高幅度与经济发展速度、居民收入增长水平基本同步的目标。

3、推动消费升级

采取有效措施，开拓农村市场，扩大农村消费需求。结合城镇化和新农村建设，加快改善农村生产生活条件，推进农村商贸流通和市场体系建设，改善农村消费环境。培育信息消费等一批拉动力强的消费增长点，增强消费对经济增长的基础作用。落实鼓励消费的各项政策，积极培育消费需求，推动消费升级。

（二）发展现代农业，增加有效供给，增强抵御市场风险能力

未来较长时期，食品价格仍将是主导广西CPI走势的主要因素。因此，提高农产品的有效供给能力，对稳定CPI具有非常重要的意义。

1、提高农业产业化、规模化、专业化、标准化水平

加强农业科技投入，加快农业技术引进消化吸收再创新步伐。完善扶持农业产业化龙头企业发展的综合性政策，启动实施农业产业化经营跨越发展行动，推进农业产业化经营跨越式发展。加强规范化管理，开展标准化生产，实施品牌化经营。完善土地承包经营权流转市场，引导农业向规模化、专业化方向发展。

2、开展农业价格保险，增强农业抵御市场风险能力

从发达国家的经验看，价格保险是破解农产品价格过度波动的办法之一。结合四川、北京等地开展农业价格保险试点的一些经验和广西现状，我们建议：

（1）逐步以农业价格保险替代农业生产补贴或收购补贴政策。运用价格保险工具，在财政实力较强且农业产业化程度较高的地区，选择蔬菜、生猪等重要品种进行试点，在此基础上加以推广，逐步以农业价格保险替代农业生产补贴或收购补贴政策。

（2）建立保费分级负担的机制。将农业保费列入财政预算，由自治区、市和县（区）分级负担，并承担大部分保费。

（3）建立合理保险标的和保费标准。物价和统计调查部门要建立一套科学合理公正、能实时反映市场变化情况的蔬菜、生猪等重要品种价格指数体系和猪粮比测算体系，将这套体系用于农产品价格保险标的。保险公司也要测算出一套合理规范的包含保险金额、保险价格、免赔率、保险费率、赔偿计算方式的农产品价格保险体系。

（三）建立和完善价格宏观调控手段

从历史和实践来看，建立和完善价格宏观调控手段，是稳定区域价格总水平不可或缺的措施。

1、合理设定价格预期调控目标

西方经济发达国家的央行一般将通货膨胀率2%作为货币政策调控目标。比如，美联储委员会将通胀长期目标设为2%，只要高出目标0.5个百分点，将调整联邦基金利率，实施紧缩货币政策。在我国，新一届中央政府将年CPI上涨3.5%左右作为宏观调控的上限。各省也都根据其自身确定一个价格调控目标。

如何设定调控目标？从理论上分析，根据马柯维茨的均值方差理论，价格总水平波动合理区间＝价格总水平波动平均趋势值 ± 标准差值。我们采用1984—2013年CPI数据，剔除一些噪音数据，推算出广西年CPI波动平均趋势值为3.8%。从我区当前及今后的发展趋势来看，广西作为经济后发展地区，要实现“两个建成”目标，必须加快经济发展，保持比全国略高的发展速度，因而价格涨幅和波动幅度可能会更大一些。因此，将广西年CPI涨幅目标确定在4%左右是比较合适的。

2、恰当把握价格改革的力度和节奏

一是实行差别化价格政策。为减少价格改革对居民生活的影响，同时促进经济发展和节能减排，对居民生活用电、用气、用水，要区分基本和非基本需求，逐步建立完善兼顾人民群众基本生活需求和资源要素节约利用的阶梯价格制度，

基本生活需求价格保持相对稳定，非基本生活需求价格更多反映市场供求。

二是把握好价格改革的力度和节奏。当出现价格大幅上涨时，政府相关部门要审慎推出重大调价项目，特别要防止出现公用事业类项目竞相调价、集中涨价的现象，进一步弱化通货膨胀的预期，避免引起社会恐慌和震荡。而当价格相对稳定时，要适时推进价格改革，疏导价格矛盾。

3、强化价格调节基金功能，增强调控物价能力

作为政府调控市场的主要经济手段，价格调节基金能在很大程度上有助于“菜篮子”工程建设，在扶持生产、促进流通、调控市场、稳定物价方面可发挥重要作用。在生产方面，价格调节基金能重点用于扶持农产品生产基地建设；在流通方面，能在城市批发市场建设和市场信息化建设发挥作用；另外还能在物价上涨时，扶持弱势群体，平抑物价。因此，要健全和完善价格调节基金制度，发挥好基金的蓄水池功能，尽可能减弱价格波动。

4、完善市场流通体系建设，减少中间环节

加强市场基础设施建设。合理规划布局，科学编制农贸市场发展规划，建立农产品集中配送仓储中心、区域性农贸批发市场、社区零售农贸市场和平价农贸市场，并将其纳入城市总体规划和区域详规。强化农贸市场的公益性，加大对农产品批发市场、集贸市场建设的政策支持力度，逐步建立与农贸市场公益性地位相适应的投资、经营和管理体制。

建立“菜篮子”平价专营区、放心平价商店。在城市建成区，通过政府补贴办法，建立一批“菜篮子”平价专营区、放心平价商店，向市场投放平价粮食、食用油、肉禽蛋和蔬菜等日常生活用品，树立价格标杆，稳定市场预期。

5、扶持冷链物流建设，完善农产品储备制度

目前，广西农产品冷链设施和装备不足，原有的设施设备陈旧，发展和分布不均衡，难以为农产品流通系统地提供低温保障。由此产生两个后果，一是农产品大量损耗。据调查，广西水果、蔬菜的损耗率为25%~30%，全国为15%~20%，而美国仅仅为1%~2%，直接导致农产品销售成本上升。二是难以调节供求。由于没有冷库，农产品在价格低时没法收储保存，价格高时没法从冷库抛出，难以稳定农产品价格。因此，要鼓励和支持企业联合建立生鲜配送中心，推动产地配送中心的建设；鼓励第三方物流企业强化低温冷链系统建设，实现冷链物流配送的专业化、规模化、组织化。

对于粮食、生猪等重要农产品，要研究建立健全相关储备制度，进一步提高本地储备能力。通过储备的吞吐，平抑价格波动。

6、加强价格预警预测，大力推进价格监测和统计信息化建设，利用信息手段调控物价

国家将开展金价工程建设，统计部门也有相应市场信息化建设项目，广西应在国家有关部门支持下，配套建设覆盖各个环节的信息采集、发布体系。加强对粮油、钢材、煤炭、水泥、化肥等重要生活生产资料的价格监测，建立重要商品和物资价格变动数据库，编制本地特色产品价格指数（如：蔗糖、生猪畜禽等重要商品价格指数），尤其是要加大价格预警预测力度，增强价格调控监管的前瞻性、科学性和针对性。

7、加强价格监督检查和反价格垄断工作

按照相对集中行政执法权的原则，研究建立省以下价格监督检查与反价格垄断执法垂直管理体制的思路，切实提高执法的威慑力和执行力。加强人员、资金和技术的支持与保障，提高监管手段的科技水平，为执法人员配置符合需要的办案工具，不断提高价格监管的信息化、电子化和网络化水平。积极探索运用信息化检查手段，试行并推广电子检查软件，用好用足价格法律法规授予的调查取证手段，提高调查取证的能力和效果。对各种价格违法行为要依法依规进行查处，大力推进价格诚信建设，保持市场良好的价格秩序。

8、坚持和完善市场价格调控部门联席会议制度

政府各职能部门要树立价格调控的全局意识，各尽其责，形成合力，共同做好价格调控工作。进一步发挥市场价格调控部门联席会议制度的统筹协调作用。联席会议办公室建议放在价格主管部门，与有关部门一起坚持定期分析，月度分析要坚持、季度分析要强化，重点对居民基本生活用品的供应、需求、价格进行分析，发现苗头性、倾向性问题，及时采取措施加以解决。

9、发挥媒体引导作用，形成理性预期

由物价部门牵头建立价格新闻通气会制度。通过公开价格信息，强化民众监督、防止“搭车涨价”和不正当竞争行为，同时将调价情况、物价补贴、价格干预等政策实施情况及时向社会宣传公布，合理诠释和正确解读CPI，引导舆论，正面宣传，引导群众正确认识物价形势，减少新闻宣传中的不科学报道和误导，以稳定民心和稳定物价。

（课题总顾问：林念修，课题组组长：李杰云，课题组副组长：邹伟忠、杨京凯，课题组成员：梁开光、程华兴、梁磊、彭金娥、苏然荣、陆俊全、吴世忠、蒋周能、隆甫、刘 剑、黄岚兰、李辉，执笔人：梁开光、黄岚兰、刘 剑）

参考资料：

（1）胡瑶，罗莎 . 我国物价变动及其主要影响因素分析 [J]. 商场现代化 ,2006（9）

（2）翟春 . 农产品价格上涨速度加快推动物价总水平温和上涨 [J]. 价格理论与实践，2006（2）

（3）王小广 . 2006 年上半年物价形势及趋势分析 [J]. 价格月刊，2006（11）

（4）甘肃调查总队 . 改革开放 30 年甘肃价格改革及 CPI 运行回顾

（5）广西调查总队 . 建国六十年来广西居民消费价格波动情况综述

（6）广西社会科学院课题组 . 广西与全国物价水平比较分析及预测研究报告

（7）历年中国统计年鉴

（8）历年广西统计年鉴